JN181066

川西宏幸 著

脱進化の考古学

同成社

目　次

脱進化の考古学

序章　考古学と近代

学術総体のなかで独自の体系を得て輪郭を鮮明にした分野には、通常、学の接尾辞が与えられてきたが、考古学もその例に漏れず幾多の先学達が学的定立をはかり、今に至っている。ところが日本の考古学の場合には、日本という国民国家内での地歩を明治期以来確保してきたけれども、地歩の獲得と確保の軌跡を学的定立と表現するのがふさわしいのかどうか、問題がある。本書は日本の考古学を論述の主たる対象とはしていない。既存の用語を用いるならば、比較考古学ということになるのであろう。しかし、著者の念頭には常に日本の考古学がある。そこで日本を対象にして、この問題を説き起こすことにしよう。

さて、学的輪郭をもっとも端的に言いあらわしているのは、定義である。考古学の定義というと、大正一一年（一九二二）刊行の浜田青陵『通論考古学』の域を大きくは出ないように思われるかもしれない。確かに的を外してはいないが、しかし小異を穿鑿してみると、日本の考古学が明治期の創始以来辿ってきた軌跡が垣間見えてくる。

考古学が研究対象とするのは、遺構、遺物であり、先学の定義においても「遺存せる事物」、「物質的遺物」、「物質的資料」などの表現を用いて、対象が「物」であることを説いている。厳密にいうと、物質、資料、遺物は語意に相違があり、研究対象の物質が資料で、考古学上の資料は遺構、遺物を合わせて遺された物すなわち遺物と呼ぶ。このような相違はあっても、ともかく指す対象は変わらない。そのなかにあって、泉拓良のいう「人類の残したあらゆる行動の痕跡」は、遺構、遺物よりも対象が広がる点で注意を引く。また、環境考古学、動物考古学、地震考古学という現今の用語を眼にすると、土中に残る人工的・自然的痕跡のことごとくを考古学の対象とする感がある。さらに、理論構築をめざす理論考古学、概念的研究対象を掲げた社会考古学や認知考古学のような用例を考慮すると、

考古学は一の纏まりたる内容を有する科学と称するよりは、寧ろ物質的資料を取扱う科学的研究方法と云うを当れりとするを以て、此の方法によって其の研究する所は、如何なる方面にても可なり。

という『通論考古学』の言は、現今の○○考古学の群立を予見していたかのようであるが、理論考古学のような、その予見から外れる分野が出現するほどの拡張ぶりには、泉下の浜田も驚いているにちがいない。既存の諸領域において学的輪郭が溶解し細分化が進む現今の風潮は、考古学にも及んでいるわけである。

さて、研究対象の拡張が現今の動静であるのに対して、研究目的は明治期以来、変化を重ねてきた経緯がある。煩を厭わずに引用すると、

鳥居邦太郎「上古の状態を考究」明治二二年（一八八九）(1)
三宅米吉「古代の事実を知る」明治三〇年（一八九七）(2)
坪井正五郎「当時の事実を推考」明治三〇年（一八九七）(3)
八木奘三郎「事物の変遷発達せる迹を科学的に推究」明治三一・三二年（一八九八・九九）(4)
高橋健自「古代の事物を研究」大正二年（一九一三）(5)
浜田青陵「人類の過去を研究」大正一一年（一九二二）(6)
後藤守一「古代の文化を研究」昭和二年（一九二七）(7)
大場磐雄「過去の文化を追求」昭和二三年（一九四八）(8)
小林行雄「人類の過去の文化を研究」昭和三四年（一九五九）(9)
藤田亮策「過去の人類の生活と文化の変遷を研究」昭和三五年（一九六〇）(10)

関野雄「人類の過去を究明」昭和五四年（一九七九）[11]
藤本強「過去の生活（文化）を復原」平成六年（一九九四）[12]
安斎正人「過去を復元」平成八年（一九九六）[13]
泉拓良「人類の過去を研究」平成二一年（二〇〇九）[14]
松藤和人「過去の社会、文化、経済、宗教などを究明」平成二二年（二〇一〇）[15]

となる。これらはもとより嘱目した例であるが、それでも変化の傾向をみてとることができそうである。すなわち、明治・大正期には「事実」や「状態」さらには「事物」自体の研究を目的に掲げ、昭和期に入ると「文化」が前面に現れた。そうして昭和期後半からは「文化」が退き、「過去」が主流を占めて今に至っている。「過去」とは時制を指すだけにとどまらず、藤本のいう「生活（文化）」、松藤のいう「社会、文化、経済、宗教など」が含意されていることはいうまでもない。「人類の過去を研究する科学」と切言した浜田の先見性は、この点でも評価に値する。

さて、浜田以前にヨーロッパ流の考古学を日本に移植した先達が坪井正五郎であったことは、よく知られている。坪井がイギリス留学で接した一九世紀後半のヨーロッパ考古学界は、一八世紀のJ・J・ヴィンケルマンを祖とする古典考古学と、聖書の記述を史実とするキリスト教側の抵抗を排除しつつ進展を遂げた先史考古学とが、H・シュリーマンのトロイの発掘によって繋がり、C・J・トムセンの三時代法がスイスの湖畔集落址の発掘で検証され、エジプトやメソポタミア方面へ発掘調査が及ぶようになった頃であり、かつ、考古学が学的定立に向かいつつあった時期にあたる。坪井の定義がヨーロッパ学界のこのような気運を映していることは、彼が引用した国外の学者の弁からも察せられるし、鳥居や三宅の定義もまたこれに連なる。

ところが坪井にとって考古学とは、民族学などと並んで人類学の補助学であった。すなわち、人類学上の考古学とは、太古人民の生活の有様、開化の変遷体格知識の異同、人類の移住、古跡古物の時代と場所等を研究する……ということで、「太古人民」の部分を担う分野とみなされていた。[16] 現在のアメリカ人類学の枠組みに近い坪井のこの構想は、もとより彼の創案ではなく、当時のヨーロッパの学界が学としての定立に欠かせない学理上の不備を抱えていた実状に由来するように思われる。坪井の興味が人間に傾斜した直接の理由は定かでないけれども、考古学が過去の物質資料によって過去の研究を行うという域にとどまり、過去復原の方法に充分な成案を得ていなかった点に、考古学を人類学の下位に置いた理由の少なくとも一斑があった。

その意味で、O・モンテリウスが練磨し、*Die Älteren Kulturperioden im Orient und in Europa* (Stockholm 1903) の第一冊で示した型式学的研究法は、その欠を補い、既存の層位学的・民族学的研究法と並んで考古学の定立に寄与した。浜田がJ・デシュレットに倣いつつ「人類の過去を研究する科学」と切言して当時の日本の考古学者の定義と鮮やかな一線を画した背景に、このようなヨーロッパの動向があったことを指摘しておこう。

ついで「文化」の登場を問題にすると、内藤湖南が大正一一年（一九二二）一月五〜七日の『大阪朝日新聞』に「日本文化とは何ぞや」と題して執筆し、その冒頭で「文化と云う語は、近頃流行し……」と述べたことや、[17] 和洋折衷の住宅が大正期に流行して「文化住宅」の名で呼ばれたことが想起される。また旧制中学用の日本史の教科書が、大正期を挟んで、正逆順道の人物伝から脱して国家主義色を強めるとともに、「文化」の記述に彩られるようになる。これらの点を汲むと、昭和期に考古学の研究目的として「文化」を掲げるようになったのは、社会的な流布や教育方針の改変とも連なっていたことが察せられる。文明開化の語が象徴するように明治期が「文明」の時代であったとすると、大正期を転換点として「文化」の時代に移ったといってさしつかえない。

なお、後藤守一の言によると、考古学が目指すべき「文化」とは、「風俗・制度・文物・技能等の文化事象」であり、「直接これ（考古学―筆者注）のみによって政治史経済史等の研究を試みようとしてはいけない」という。[18] それならば、高橋健自が説いた「事物を研究する学問なり」の「事物」を「文化」に置き換えたにすぎない。文化人類学の祖といわれるE・B・タイラーが『原始文化』（一八七一）ですでに、

文化または文明とは、知識、信仰、芸術、道徳、法律、慣習その他、社会成員としての人間によって獲得されたあらゆる能力や慣習の複合総体である。[19]

と述べていたことと対比すると、後藤の「文化」観は軽く映る。

もっとも、昭和二年（一九二七）当時の国内外の情勢をふりかえると、ドイツでは「厳密に地域を限ることのできる考古学上の文化領域は、いつの時代でも特定の民族または部族と一致する」として、ゲルマン人の民族的自律と優位を主張するG・コッシナの説が[20]、ヒトラーの政権奪取後ほどではないにせよ時流に乗り、他方、一九一七年のロシア革命から一九二三年のソヴィエト連邦の成立に至る社会主義政権の登場で世界が揺れた頃であり、日本では労働争議や騒擾が頻発するとともに、金融恐慌が始まった年であった。世界大戦後の、国家や階級に根ざした社会運動の世界的高揚のなかに、後藤の「文化」観をおくならば、加えて、日本史教科書の「文化」採用がコッシナ流の民族観に基づくことを考慮するならば[21]、考古学が政治・経済史研究に踏み込むのを避けようとした後藤の定義の底に、このような内外の時流とは一線を画そうとする意図が伏在していたとみることができるであろう。

さて、日本の考古学者が示した定義のなかで研究目的として「文化」が幅をきかせていた昭和前半代、すなわち一九二〇年代後半～一九六〇年代というと、人類学の方面ではタイラーの文化論がB・マリノフスキーやF・ボアズに継承され、民族学ではW・シュミットらのウィーン学派の文化圏論が影響力をとどめ、考古学では、ボアズ流の文化編年、J・スチュワードの文化生態学、六〇年代に登場したニューアーケオロジーの旗手L・ビンフォードのプロセス考古学がそれぞれ「文化」を掲げ、アメリカの学派が世界的影響力を行使していた時期であった。たとえば『図解考古学辞典』のなかで水野清一が示した「文化」観、すなわち、

人類諸集団の特定な生活様式である。言語、道具つくり、産業、芸術、科学、法律、政治、道徳、宗教だけでなく、その業績の具体的なあらわれである道具、建築、機械、伝達機構、芸術品のような物質的器具や製作品をも含む。文化は……それらが無関係に、ばらばらにあるのでなく、たがいに関連をもち、統合されている。

という説明をみると、考古学に添わせつつタイラーの「文化」観を踏襲していることが察せられる。(22)

ところが一九七〇年代後半から、「集団と個人に対して一般法則的な文化変化を強調する割合に匿名的」であり、「小集団および個人としての人の貢献を無視する傾向」があり、「文化変化プロセス」の探求が過去から人間性を奪っているようにみえるなどとして、「文化」を掲げて第二次世界大戦後の考古学に多大な影響を与えたプロセス考古学が批判に晒されるようになった。ポストプロセス考古学と総称されている諸主張がこうして登場し、人間の意識世界を積極的に問う指向が八〇年代に認知考古学を生み、固有の歴史を「否定」されてきた人びとを無視する不平等の考古学が排されて、考古学従事者の社会的責任や自覚が論議の俎上にのぼった。(23)「文化」よりもそれを形成した人間自体、さらには研究主体としての個人を問うこのような欧米の思潮が、日本の考古学者の定義から「文化」を脱落させた、ことごとくではないにせよ一つの要因になったことは否めない。

以上、日本の考古学者が定義に掲げてきた研究目的の推移を辿ると、欧米の動向と連動している点で、直接にせよ間接にせよ、その影響下にあったことが知られる。考古学が他の諸科学とともに一八世紀のヨーロッパ啓蒙思想のもとで育まれ、市民革命、植民地主義、進化主義、社会主義革命など、自らのもとで惹起した主義や革命のなかで、さらには二次にわたる世界大戦やヴェトナム戦争の動乱を経て、さまざまな思潮のうねりを派出させて現在に至っている。この欧米の考古学の学史の変転をふりかえると、日本の考古学はその受容に終止してきた感が否めないのである。

日本の考古学が、土器編年を代表格として、実証研究によくその実を発揮してきたことは、もとより特筆されなければならない。そうしてその成果が、考古学による「日本史」として、国民国家史の欠かせない一部を形成したことも、贅言を要しないところであろう。(24)さらに敗戦後の歴史学界を想起すると、マルキシズムが歴史叙述に濃い影を落とし、考古学もその例に漏れなかったことは、筆者の世代ならば記憶に新しい。マルキシズム考古学は、神話で綴られた敗戦前の「国史」教科書を一新するうえで、労働運動が盛んであった昭和二〇〜三〇年代の社会情勢に応えるうえで、ふさわしいとされたのであろうし、のちには、高度成長期の遺跡破壊に反対する文化財保存運動を支えた槓桿としても機能した。その意味で、労働争議件数が一九七〇年代中葉に頂点に達し、以降激減に転じたのと時を同じくして、考古学を含めた歴史学界でマルキシズム色が退いていったことは示唆的である。「文化」の採用といい、マルキシズム考古学の隆盛とその退潮後に訪れたニューアーケオロジーへの関心の高まりといい、日本の考古学が常に範を欧米に求めるとともに、それを求める必然性が日本の社会情勢の変化のなかに内在していたことも、忘れずに付記しておこう。

さて、国内情勢に促されつつ欧米の考古学思潮を受容し実践するという、創業期に端を発する日本の考古学の構図は、一九八〇年以降、いっそう鮮明さを加えて今に至っていることが、昨今におけるパブリック・アーケオロジー受容の一事を取り上げても容易に知られる。その結果、欧米の新思潮に連なる考古学者と、帰納法的立証を旨とする大半の考古学者との間に、埋めがたい乖離をもたらせている。もとよりこのような乖離は発振源である欧米にも存在するであろうし、ドイツの考古学のように帰納法的立証を第一義に据える学風を堅持している例もある。ヘーゲルなどの観念論哲学を生んだドイツが帰納法的立証に、ベーコンなどの経験論哲学を成したイギリスやプラグマティズムを育んだアメリカが理論に、それぞれ傾斜するに至った考古学上の背景には、必ずやその国の近化史が絡みついているにちがいない。

これらの欧米考古学思潮の淵源は、既述したように啓蒙主義思想に求められる。すなわち、中世キリスト教と対峙して、人間の能力や生を肯定し、理性に立脚しようとするこの啓蒙思想のなかから近世の諸科学が生まれ、考古学もまたここに生を享けた。こうして聖書の記述は科学によって改変を迫られ、中世キリスト教の頑迷さは後退を余儀なくされたけれども、意識の有無にかかわらず、肯否によらず、ヨーロッパの人びとの精神世界からキリスト教が消え去ることなく、血肉化している。したがって、聖俗を分離して考古学を俗に含めるとしても、このような近世的伝統を継承する欧米の人びとが発信する考古学上の新思潮を、この伝統と隔たったところに位置する者が奥底から理解するのは容易でない。創造者は変革者になりうるが、受容者は模倣者の域を出ないからである。丸山眞男はヨーロッパ近代思想を定点として日本の思想上の特質を解きあかし、「思想的座標軸の欠如」と「無構造の伝統」を指摘したが、(25)丸山のこの指摘は日本の考古学界の一世紀余に及ぶ伝統をも言いあてているのである。

「モノをして語らしめよ」という格言が示すように、遺構や遺物を内在的に熟視することによって、「何か」が導き出されると考える立場が、日本の考古学が錬磨した帰納法的立証の一部にある。技法や用途の精細な観察結果から人間の行動や心理を尋ねようとする研究が、これにあたる。対象に自己を内在化させるこのような研究法を、一部にせよ日本の考古学が育成したことは、人類学の発言や基層文化論と接点をもつ点で、評価されてよい。(26)

しかし本書の論点は、欧米か日本かということではない。また、論議を交えることなく研究上の目的を変えていった日本の考古学者の非をあげつらうことでもない。新思潮を発信し続ける欧米の考古学であれ、その受容に終始する日本の考古学であれ、いずれも時代を共有して近代という船に乗りあわせている。この点にこそ問題の所在がある。

注

（1）鳥居邦太郎『日本考古提要』一八八九年。
（2）三宅米吉「本邦に於ける史前及び旧辞時代考古学の進歩」（『考古学会雑誌』第一編第七号　一八九七年）。
（3）坪井正五郎「考古学の真価」（『考古学会雑誌』第一編第八号　一八九七年）。

（4）八木奘三郎『日本考古学』嵩山房　一八九八・九九年。
（5）高橋健自『考古学』聚精堂　一九一三年。
（6）浜田青陵『通論考古学』全国書房　一九二二年。
（7）後藤守一『日本考古学』四海書房　一九二七年。
（8）大場磐雄『日本考古学新講』あしかび書房　一九四八年。
（9）小林行雄「考古学」（水野清一・小林行雄編『図解考古学辞典』創元新社　一九五九年）。
（10）藤田亮策「考古学の意義」（『歴史教育』第八巻第三号　一九六〇年）。
（11）関野雄「考古学」（有光教一ほか編『世界考古学事典』平凡社　一九七九年）。
（12）藤本強『増補考古学を考える―方法論的展望と課題―』雄山閣出版　一九九四年。
（13）安斎正人『現代考古学』同成社　一九九六年。
（14）泉拓良「考古学とは何か」（泉拓良・上原真人編『考古学―その方法と現状―』放送大学教育振興会　二〇〇九年）。
（15）松藤和人・門田誠一編『よくわかる考古学』ミネルヴァ書房　二〇一〇年。
（16）坪井正五郎「日本考古学講義」（『文』二―八　一八八九年）。
（17）『内藤湖南全集』第九巻（筑摩書房　一九六九年）所収。なお、寺脇丕信『ヤスパースの実存と政治思想』（北樹出版　一九九一年）が三木清の弁を引用し、文化という語が文明に遅れて大正期から流布したことを述べている。日本における文明から文化への変化について、西川長夫『増補国境の越え方―国民国家論序説―』（平凡社　二〇〇一年）が詳述していることも付記しておく。本書を貫く脱国民国家への指向は拙著『倭の比較考古学』（同成社　二〇〇八年）と通底し、補論に盛られた「私文化」論はこのたびの小著と触れるところが多い。
（18）注7に同じ。
（19）Tylor, E. B., *Primitive Culture : Researches into the Development of Mythology, Philosophy, Religion, Art and Custom*, (1871). 比屋根安定訳『原始文化』（誠信書房　一九六二年）。
（20）Eggers, H. J., *Einführung in die Vorgeschichte* (R. Piper and Company, 1959). 田中琢・佐原真訳『考古学研究入門』（岩波書店　一九八一年）より引用。なお、日本ではあまり紹介されていないコッシナの著述や事績を、星野達雄が精力的に公刊している。星野達雄『若きコッシナの遍歴―文献学から「考古学」へ―』（レスキス企画　二〇〇一年）など、レスキス・フィロソフィークのシリーズとして公刊されている。その精力的な公刊活動に加え、星野が説く等身大のコッシナに対する再評価は、ナチスにまみれさせた通有のコッシナ像に再考をせまる。

(21) 伊藤純郎『郷土教育運動の研究』思文閣出版　一九九八年、注17西川参照。

(22) 注9水野・小林に同じ。

(23) Fagan, B. M., *A Brief History of Archaeology : Classical Times to the Twenty-First Century* (Pearson Education, Inc., 2005). 小泉龍人訳『考古学のあゆみ―古典期から未来に向けて―』(朝倉書店　二〇一〇年) 参照。

(24) 注17川西に同じ。

(25) 丸山眞男『日本の思想』岩波書店　一九六一年。

(26) 川田順造『ヨーロッパの基層文化』岩波書店　一九九五年。保苅実『ラディカル・オーラル・ヒストリー―オーストラリア先住民アボリジニの歴史実践―』御茶の水書房　二〇〇四年。

第一章　近代科学としての考古学

第一節　考古学上の活動

啓蒙期　ドイツのヴィンケルマン（一七一七～一七六八）が考古学の祖と言われるわけは、遺物自体を考察の対象にするという方法を採ったことによる。ローマ市からの出土品を中心とし、法王庁やフィレンツェのメディチ家などの富豪による収集彫像、その頃すでに始まっていたヘルクラネウムやポンペイでの発掘による出土彫像を対象とした。出土と言い発掘と呼んでも、層位や出土状況を無視した宝捜しであったから、彫像それ自体を資料とせざるをえなかったわけである。ヴィンケルマンが生きた一八世紀の研究水準が、このように美術史研究と未分化の状況にあったことは、草創期として致し方がなかったが、他方、考古学が古典考古学を嚆矢とした点について、これにはそうなさしめた経緯があった。

A・ミハイエリス『美術考古学発見史』によると、(1)ローマにおける美術品収集熱は一五世紀後半に至って現れはじめた。その中心は教皇で、カピトリーノ博物館を設けて収集を急ぎ、枢機卿や有力者達もこれに倣った。ところが、ユリウスⅢ世（在位一五五〇～一五五五）を最後にして、惹起した宗教的反動によって教皇や関係者による収集は衰微し、博物館も閉ざされた。他方、民間における収集は止まず、メディチ家のような大富豪から「中等階級」にもその熱が伝わり、「捜索と収集」に血道をあげる一七世紀の隆盛を迎えるに至ったという。なお宗教的反動とは、プロテスタントに対してカトリック教会の教義を明確にし、教会を革新し、反宗教改革をめざした運動であり、この運動に伴って偶像が忌避されたのである。

一六・一七世紀には曲折を経ながらもローマで彫像を筆頭に数多くの古物が収集され、コレクション熱を満たしていたが、一八世紀に入ると、ローマにあった美術品が分散する傾向が目立つようになってきた。これはローマ貴族の貧困化だけにとどまらず、メディチ家の収集品がフィレンツェ市に移管されるなど、ローマ以外でも富豪層が没落して所有主が替わったことによる。イギリス人やスペイン王家、ザクセン公家などにこうして収集品が移るようになったことに危機感を懐いた教皇庁は、都市ローマの文化的ひいては宗教的優位を確保するために、カピトリーノ博物館を拡張し、公開をはかった(2)。教皇庁が主導したこの企てに加わったのが、ヴィンケルマンだったというわけである。

さて、ミハイエリスが記述した一五～一八世紀の沿革は、当時のヨーロッパの情勢と無関係ではなく、イタリアの国際的地位の低下を表している。すなわち、ルネサンス運動を生みその中核を占めた一四～一六世紀のイタリアは当時、小国の分立状態にあったが、そのひとつであるベネツィアは東地中海方面の各地に商業交易の基地を設け、ギリシアのエヴィア島やクレタを領土に加えて、イスラム教国および東方からヨーロッパにもたらされる香料や織物などの物資を扱い、こうして巨利を得ていた。またフィレンツェのメディチ家は、銀行や両替業で巨万の富を築き、その金融活動はヨーロッパの各地に広く及んでいた。

ところが、一五世紀前半に繁栄の極に達したベネツィアは、一五世紀末から始まる大航海時代のなかで商業の中心地としての地位をリスボンに奪われてもなお、手工業生産などで経済的隆盛を維持していたが、一七世紀にクレタをオスマントルコに占領されて海洋国家としての基盤を失った。またメディチ家も、一七世紀初めに銀行業を閉鎖し、一八世紀初めに同家が支配したトスカーナ公国の衰微と命運を共にし、家系は断絶した。

ローマ美術品のイタリアからの分散とならんで、古典考古学を嚆矢としたもうひとつの背景は、もとよりルネサンス運動であり、一七世紀後半〜一八世紀のヨーロッパを覆った啓蒙思想である。イタリアを中核とするルネサンス運動が教皇庁や一部の大富豪を後援者とする天才達によって推進されたのに対し、啓蒙思想はイギリスやフランスを中心に、王侯貴族だけにとどまらず広汎な富裕市民層にも流布した。啓蒙思想は進歩主義的であると同時に、自然へ帰れというルソーの主張に代表されるように回帰的である。すなわち、キリスト教の教義に縛られていなかった古代に対する関心が高まりをみせ、ロンドン古物研究協会が一七〇七年に創設されたのを手はじめに、一八世紀にヨーロッパ中で古物研究協会が設立されたという(3)。

そうして、このような古物愛好家のサロン的集まりのなかから大収集家が現れ、その一人であるH・スローンの収集品を母体として、一七五三年に大英博物館が開設され、一般市民にも若干の制限付きではあるが広く公開された(4)。その後、一七八一年にウィーンの王立絵画ギャラリーが、一九世紀初頭にルーヴル美術館、ベルリン博物館が一般公開に踏み切った。啓蒙思想期のこのような風潮のなかで、ギリシア・ローマ文化への憧憬が強くなっていったが、当時オスマントルコの支配下にあったギリシアで考古学調査を行うことは至難であり、建造物や彫像などのギリシア時代の文物がヨーロッパで広く知られるようになったのは、一八二一年に始まるギリシア独立戦争以後である。したがって、ヴィンケルマンがもし望んだとしても、ギリシア彫像の実物に接することはかなわなかったのである。

ところで、ルネサンス運動から啓蒙思想期に至る間の一七世紀は、科学革命の時代とも呼ばれる。ガリレイが自作の望遠鏡による天体観測の結果からコペルニクスの地動説を立証し、ニュートンが万有引力の原理を導入して惑星運動を説明するとともに、光のスペクトル現象を実験によって証明した。一七世紀前半のガリレイは教皇庁の掣肘を被って宗教裁判にかけられ、軟禁状態で晩年をおくったのに対し、一七世紀後半に生きたニュートンはヨーロッパ中から英雄としてその業績を讃えられたという。明暗に分かれたこの違いが、一七世紀における時流の推移によるのか、イタリアとイギリスとの宗教事情や国情の相違が明暗をきわだたせたのか、あるいは両方の理由によるのか、定かではないが、いずれにせよ、宗教上の教義に基づく所与の説を疑い、実験や観察によって真実を見いだそうとする新しい「知」の方法が一七世紀に確立されたわけである。

そうして、ニュートンがデカルトの著作に接していたことからも察せられるように、(5)主体と客体とを分離して機械論的世界観を構築しようとするデカルトの哲学は、科学的、実証的と呼ばれるこの新しい「知」の方法に理念的裏付けを与えた。この方法がヴィンケルマンをして考古学の祖たらしめ、ひいては近代の諸科学を生んだ。その意味で、「我思うゆえに我あり」という著名な一語は、科学の独立宣言であり、近代が始まる人権宣言であったといえる。

ヨーロッパの動向をひとまず終えて東アジアに眼を転じると、中国における古物への関心は古く漢代に遡るが、二〇世紀にヨーロッパ流の考古学に接するまでは、もっぱら金属・石製品を扱い、刻まれた銘文を収集して考証を加える金石学が主流であった。金石学がわけても隆盛の色をみせたのは宋代であり、元・明代は低調であった。しかし清代に入ると、乾隆帝（在位一七三五～一七九五）のもとで再興し、以後民国の成立に至るまで隆盛はいや増して金石書の出版があいついだ。

この間の動向を歴史的に辿った貝塚茂樹の言によると、宋代の銅器研究は、銘文の解読だけにとどまらず、原器の形制を対象とする器形学的研究に、より大きな力を注いだ観がある。宋王朝は理想的礼楽制度を復興するために、新祭器の模範として新出銅器を調査しようとした。研究はこのような生きた政治的関心によって駆りたてられた結果であると解することができる。これに対して清代の銅器研究は、単に銘文だけの解読研究に傾いていた点に宋代との相違があり、この間の元・明代に金石学が衰微したのは、形而上学である理学が学術・思想界を風靡して実証的な研究がまったく忘れさられたことに起因するという。(6)宋が漢以来の漢民族の統一王朝で、しかも遼のちの金による圧迫を受け西夏のような小国にさえ外交的譲歩をせざるをえなかった当時の情勢を考えると、銅器研究がうわべだけの尚古趣味とは異なり、夏商周三代への復古の意志と王朝の由来とを示す中華思想に沿ったものであったことも頷ける。宋代に流行した漢の遺品の模作ともこれは通じる。

他方、銘文研究に傾斜していたにせよ金石学の隆盛をもたらせた乾隆帝は、清朝の最盛期に即位し、外征に意を用いて最大の版図を得るとともに、『四庫全書』の一大編纂事業の推進や金文関係では『西清古鑑』の上梓によって知れるように、文化活動を保護奨励した。しかしもういっぽうで、反清思想を弾圧し厳しい禁書策をとったことが、清代の金石学に陰影を与えた。すなわち、清初の顧炎武が基礎を据えたとされる清代考証学のなかで、金石文は経典や歴史を補い検証する史料として扱われたが、この思想弾圧のなかで、君主の独善を退けて民のための政治を説く考証学の実学的側面が失われ、文献考証学や訓古学や文字学の色を濃くした。しかし後述するように、反清に向かって伸びる芽を奥底にとどめていたのである。

ヨーロッパではルネサンス運動、啓蒙思想という流れのなかで、古典古代への憧憬や、キリスト教神学と対峙しつつ育まれた科学思想や、王侯貴族だけにとどまらない広汎な市民層の支持が一八世紀に考古学を胚胎させたことを先に述べたが、それに較べると、時を同じくして中国で隆盛をみた古器物を扱う金石学は、皇帝や官僚や一部の学者が担い手となった点で体制内の学の域を出なかった。しかし、記録され上梓された古器物の数かずが、基礎資料としてのちに中国古代史研究を大いに裨益したことを忘れてはならない。たしかに博物館の開設や一般公開を促すような啓蒙思想は生まれなかったけれども、基礎資料の収集と刊行に費やした意力と心血を思いうかべるならば、金石学の足跡をヨーロッパ流の物差しで一方的に推しはかるのは避けるべきであろう。

そこで清代金石学の流行を別の角度からみるならば、同学に業績を残した主だった人物は、顧炎武を筆頭にして江蘇の出身者が多く、しかも漢人にほぼ限られる。彼等は清朝の官僚として出仕しつつ、無意識であったにせよ古器物にアイデンティティーを付託していたことが、清代末期に「滅洋排満」を高唱する革命思想が考証学に由来していたことから推測される。このように考えると、清代における金石学の流行は、古器物愛玩の裏に、民族対立の芽を宿していたことになる。

さて、一八世紀はまた倭でも古器物への関心が高まった時期であった。明治中期に坪井正五郎によってヨーロッパ流の近代考古学が導入される以前の考古学を、旧考古学と名付けて再評価に努めたのは、清野謙次（一八八五～一九五五）であるが、その所説によると、旧考古学は三期に区分されるという。(7) すなわち、安永・寛政（一八世紀後葉）以前の揺籃期、安永・寛政の形成期、文化・文政（一九世紀前葉）以降の爛熟期である。そうして、揺籃期には「考古学としての纏りが無く、唯局部的発達を見せ」、形成期に「旧考古学の纏まりが附いて、之が分類せられた。つまり考古学の形態も整い、考古学の研究目的も明示せられ」、爛熟期には「間口が割合に狭くして奥行の深い仕事が多く行わるる様になった。……研究よりも趣味の色彩が濃厚となった」という。

そもそも倭の一八世紀は、松下見林による『前王廟陵記』（一六九六）を先駆けとして、陵墓関係の書物が急激に増して蒲生君平の『山陵志』（一八〇八）に至る時期であり、(8) また、荷田春満（一六六九～一七三六）、賀茂真淵（一六九七～一七六九）を経て本居宣長（一七三〇～一八〇一）によって大成をみた国学の興隆期であった。清野が形成期を代表する学者としてあげた藤貞幹《とう》、木村蒹葭堂、木内石亭がさかんに古器物の収集、刊行に励んだのもこの頃であり、いまも資料的価値を失わない『柳園古器略考』などの著作を残した青柳種信が考古学的活動を始めたのは、やや遅れて一八世紀の末である。

国学の興隆と、古器物や陵墓への関心の高まりとは、一八世紀の時代相として通底しているようにみえる。この点に探りをいれてみると、藤は公卿と交流して有職故実を学び、しかも無仏斎と号するほどの仏教嫌いであり、青柳種信は本居宣長に弟子の礼をとり、蒲生は水戸学の影響を受けた形跡があるという。これに対して、木村は本草学や物産学、木内は物産学に連なるから、古器物や陵墓への関心の高まりを国学興隆の影響だけで説明するのは難しいようである。また、国学側では荷田と賀茂が神官出身であるのに対し、藤は仏寺、青柳は下級武士、木村は商家、木内は郷代官、松下は医家、蒲生は半農半商と出自が多様であり、関心の高まりは貧富差を内包しながら広汎な職種にまたがっている。清朝下での金石学の興隆、ヨーロッパにおける考古学の成立事情とこれを較べるならば、諸侯貴族や官吏がほとんど関与せず、民間中心であったことが注意される。(9) なお、本居の生家もまた商家であったから、国学側も民間中心であったといえるのかもしれないが、国学の影響を受けた水戸学の存在を考慮に入れると、この点はあまり強調しない方がよい。

江戸時代の儒教のなかに、古学派と称される学派がある。朱子や王陽明の解釈によらず直接に古聖人の教えを理解しようとするこの学派は、一七世紀後半に興り、荻生徂徠（一六六七〜一七二八）の登場で一段の隆盛をみせ、国学の成立に影響を及ぼしたという。(10) 影響の実際を確かめる準備はないが、古学派、国学、旧考古学が一八世紀に至って興りあるいは隆盛の度を増したことは、過去へ眼を向けようとする尚古志向が社会的広がりをもつようになった時代相を示している。

過去というと、ヨーロッパではキリスト教の流布に先立つギリシア、ローマの古典古代、中国では夏商周に漢を加えた中華世界を指すが、日本では国学や旧考古学の場合、武士抬頭以前の天皇親政期あるいはそれ以前をいうことになる。したがって、この志向が流布したならば、ヨーロッパで神学思想に撤回をせまり、中国でやがて排満運動の興起を促したように、倒幕へと結びついたにちがいない。その芽は確かに萌え出で、国学は平田篤胤のもとで狭隘な神道思想へ傾いて後に訪れる倒幕運動を思想面で支え、これに対して旧考古学はあくまで民間の学にとどまったかにみえる。しかしそのなかにあって、陵墓を扱った、わけても松下と蒲生の著述は、その荒廃を説いたので、勤王家に与えた影響は少なくなかったようである。その点では、ヨーロッパや中国と結ばれる。

争覇期　○○ラッシュというとゴールドラッシュが思い浮かぶが、富を求めて人びとが狂奔した例は、一九世紀カリフォルニアの金だけにとどまらなかった。瞥見しただけでも、一六～一八世紀に熱帯アフリカの原住民、一七～一九世紀にラッコや鯨、二〇世紀に石油の例をあげることができる。こうして今に至っていることを考えると、一六世紀以降はまさにラッシュの時代であるといってもさしつかえない。

過去の文化遺産もまたラッシュの対象となった例であり、このヘリテージ・ラッシュが始まる契機となったのは一七九八年のナポレオンによるエジプト占領であった。一七五七年のプラッシーの戦いでインド北部のベンガルを実質的にイギリスが支配したが、革命の混乱を収拾したナポレオンはこれに打撃を与えるためにオスマントルコ治下のエジプトに軍を進めて占領した。地中海とインド洋とを結ぶ政戦略上の重要地であったからである。エジプトに入ったナポレオン軍には、啓蒙思想が横溢していた当時の風潮を反映してか、自然史、考古、民俗などの学者達が随行していた。(11) しかし、直後の海戦でネルソン率いるイギリス艦隊に敗れてフランス軍はエジプトで孤立し、一八〇一年、ナポレオンは軍隊や学者達を置きざりにして帰国した。

ナポレオンの企図はこうして潰えたが、学者達はエジプト各地で遺跡や風景を図に残し、地図を作成し、古物を収集し、それらの資料を携えやがて帰国がかなった。もっとも、ロゼッタ石や大彫刻類はイギリス軍に接収され、大英博物館に寄贈されて古代エジプト・コレクションの充実に寄与し、他方、帰国したフランスの学者達は成果を『エジプト誌』として集大成し、一八〇九～一八二二年に刊行した。写実的で精確な図版の出来とあいまって、その刊行は古代エジプトに初めて接したヨーロッパの多くの人びとを驚嘆させた。『エジプト誌』が刊行を終えた一八二二年はまたJ・F・シャンポリオンがヒエログリフの解読に成功した年でもあったから、以後、古代エジプトはヨーロッパ人の好尚心をそそり、学的探究心を掻きたてたのである。

大英博物館だけにとどまらずルーヴル、ウィーン、トリノなどヨーロッパ各地の博物館で古代エジプトのコレクションが、この頃を境にして急速に拡充していった。王侯貴顕や富豪による個人コレクションがそれに輪をかけて盛んに

図1　ルクソールのラムシス神殿からラムセスⅡ世像を運び出すベルツォーニ：現在大英博物館蔵（仁田三夫編『図説古代エジプト』1 河出書房新社　1998　p. 104）

なり、これがまた博物館に寄贈あるいは購入されて、古代エジプトのコレクション熱は競いあうように高まりをみせていった。たとえば大英博物館の古代エジプト・コレクションは、一七五三年の開館当時一五〇点であったが、一〇〇年後に一万点に達し、一九二四年には五万七〇〇〇点を数えたという(12)。

フランス軍の敗走後、エジプトはオスマントルコが任命したムハンマド・アリが、総督として実質上の統治者となった。一八〇五年のことである。彼は外国使節や商人、旅行者にエジプトを開き、その結果、夥しい数の遺物が来訪者によって国外へ持ち出された。イギリスの在エジプト総領事H・ソールトが個人コレクションのために雇ったJ・B・ベルツォーニの盗掘・略奪ぶり（図1）、フランスの在エジプト総領事V・ドロヴェッティの悪辣な収集ぶりは、その代表格である(13)。ソールトのコレクションは大英博物館とルーヴル美術館が購入し、五〇〇〇点にのぼったというドロヴェッティの最初の収集品はサルディニア国王が購入してトリノ博物館に収まり(14)、第二の収集品はルーヴル美術館が購入した。エジプトがヨーロッパ列強のパワーゲームに否応なく組み入れられると同時に、古物の乱獲が始まり、博物館が優品を大金で購入して展示に供するというハンティングまがいの仕組みが、こうして成立した。この仕組みが博物館における古代エジプト・コレクションの拡充をもたらせたのである。こうした仕組みの最底辺には、古物が金銭の対象になることを知った現地の人びとがいたにちがいない。

拡充した古代エジプト・コレクションはたしかに、展示を通じて人びとの蒙を啓き、学術分野でエジプト学を成立、進展させた。また、ヨーロッパへ運ばれ博物館に収蔵されたことによって、現地の人びとの「心ない破壊」から免れたという抗弁も成立するかもしれない。しかし、一八〇〇年当時の遺跡が驚くほど保存状態が良かったことを伝える『エジプト誌』は同時に、その後の破壊の甚だしさを告発している(15)。パンドラの箱を開けて「心ない破壊」に導いたのは、資本主義体制下での列強のパワーゲームであり、「探検」という看板を掲げた射幸心や金銭・名誉欲であり、「学術」という美名に覆われた国家的野心や個人的功名心に他ならないといえば過ぎるであろうか。いずれにせよ、啓蒙思想の暗部である。

さて、文化遺産目当てのヘリテージ・ラッシュが赴いた先は、エジプトだけにとどまらなかった。一八世紀後半にロシアの南下を被って敗れたオスマントルコは、クリミア半島を失った。そこでヨーロッパ流の改革を試みたが国力の回復ははかばかしくなく、一九世紀に入るとギリシアを失い、エジプトで実質上の統治力を奪われた。弱体化した帝国の体制をヨーロッパ風の近代国家へ改造することで食い止め、列強の侵出に対抗しようとしていたのが、一六世紀以降北アフリカ、西アジア、東ヨーロッパを領有したオスマントルコの、一九世紀前半の情況である。帝国の東方にあって一八世紀以降現在のイランを支配したガージャール朝も、ロシアの南下策に苦しんでいた。このような西アジアの情勢に乗じてまずイギリスが、遅れてフランスが侵出を開始し、一九世紀前半には列強の影響力が強くなったことを考えると、メソポタミア遺跡への考古学的接近がイギリスとフランスによって時を同じくしたのも故ないことではない。

イギリス、フランスがメソポタミア遺跡へ接近をはかった直接の要因は、もとより、出土品を自国へ持ち帰ることであったが、もうひとつの理由として考えられるのは、ユダヤの民の捕囚地として『旧約聖書』の「ナホム書」などが記すアッシリアの王都ニネヴェを発見することであった。考古学的接近はこうして英仏によるアッシリアの遺跡から始まったが、しかし聖書に記された都市ということならば、カルケミシュでもバビロンでもさしつかえなかったであろうし、バビロンは捕囚地でもあった。そこで現在のイラク北部に位置するモースル近郊の地に絞った理由を求めるとすれば、ロシアの南下を牽制するうえで地の利を得ていたこと、スエズ運河開鑿以前にここがヨーロッパとインド洋・中央アジア方面とを結ぶ陸路上の政戦略的重要拠点であったことがあげられる。このように考えれば、考古学的接近の背後に潜む両国の国益上の思惑が透けてみえてくる。

調査の先鞭をつけたのは、在モースルのフランス領事P・E・ボッタであった。一八四〇年、赴任するとただちに彼はクユンジクの丘を発掘したが、所期の成果をあげることができなかった。そこでチグリス川をさらに遡ったホルサバードに調査地を移して王都の宮殿を掘りあて、ここをニネヴェと同定して意気揚々帰国したけれども、H・C・ローリンソンによる楔形文字の解読によってたちまちに否定された。なお、一八五一年からフランス領事V・プラスがホルサバードの発掘を再開し、王宮から大量の金属細工品を得たが、大部分が輸送中にチグリスの河底に沈み今も見いだされていない(16)。

ボッタに次いで調査を始めたのは、コンスタンチノープルのイギリス大使付の諜報部員A・H・レイヤードであり、彼は華々しい「成功」を収めたことで学史に深く名が刻まれている。レイヤードは最初ニムルドに手を着けて王宮を発見し、壁を飾る見事な浅彫りの石材などの優品を壁から剝ぎ取ってさっそく本国へ送った。そうして今度は、ボッタの不首尾に終ったクユンジクの丘へ調査地を移し、一八四九〜五〇年の間に、イスラエルのラキシュとの戦闘図など多数の優れた浅浮彫りの石材や、粘土板文書が詰まった文書庫を発見した。ラキシュとの戦闘は「列王記」が述べ

図 2　大英博物館に到着したアッシリアの有翼ライオン像（本章注 17 カーティス　p. 214）

ていたから『旧約聖書』の史実性が高まったということで、さらには、粘土板文書の解読によってここがニネヴェと立証されたことで、大いに話題を集めた。彼が宮殿から取り出した発掘品は、本国に運ばれて大英博物館に展示された。彼の調査活動は一九世紀前半で終了したが、大英博物館のアッシリア調査は後継者によって続行されて二〇世紀に及び、収蔵・展示品は拡充の度を加えていった（図2）。

しかしレイヤードの発掘は、のちに行ったバビロンの発掘で日乾レンガを見分けることができなかったというから、優品目当ての乱掘であったことが察せられる。もとより現在の発掘水準から一世紀半余り前の当時の水準を一方的に査定することは避けなければならない。咎められるべきは、レイヤード個人の力量不足ではなく、限られた予算でそれを推進して展示の充実をはかろうとした大英博物館のエゴイズムであり、ひいてはパワーゲームに血道をあげた列強である。これはホルサバードを調査したボッタについてもいえる[17]。

エジプト学がそうであったように、英仏に運ばれた古遺物はアッシリア学を大成へと導くとともに、史実に満ちた写実的な浅浮彫り図は博物館来訪者の眼を釘付けにしたにちがいない。しかし、優品を取り外して自国へ持ち帰る乱暴な所業は、エネルギー源としての鯨油の採取だけを目的に行った鯨の乱獲と変わるところがない。一八九九〜一九一七年、Ｒ・コルデヴァイの率いたドイツのバビロン調査隊が、彩釉レンガで華麗に装飾されたイシュタル門をペルガモン博物館に運搬して復原展示をしたことなど、乱暴な所業はその後も止むことがなかった。ヨーロッパの遠隔地にあったせいと王侯墓が乏しかったために、エジプトの場合のような、個人コレクションに加え、解体ショーや動力燃料向けのミイラ輸出による盗掘ブームが発生しなかったことは、まだしも幸いであったが、それでも、粘土板文書や円筒印章のような小遺物は盗掘、流出が続いて個人の有に帰し、このような行為は今も絶えない。

なお、一九世紀におけるヨーロッパ考古学界の特筆すべきもうひとつの動向として、いわゆる先史学の発達があげられる。すなわち、一八三二年にトムセンの提唱した三時代法が多くの賛同を得て時代区分の枠組みが整い、先史時代研究は石器時代へ遡る方向と鉄器時代に下ろうとする方向とに分岐していった。そうして、前者が『旧約聖書』の記す創世譚を神話世界へ追いやり、後者がゲルマン・ケルト研究として結実したことは、よく知られているところである。この時代区分法は実証を重んじる啓蒙思想の成果として評価しなければならないが、他方、一八五九年にＣ・Ｒ・ダーウィンの『種の起源』が刊行されると、変異と自然選択による進化を説くこの生物進化説を、既存の社会進化思想が理論的支柱として取り入れ、三時代法が歴史的にそれを補強し、その結果、非ヨーロッパ系民族に対する蔑視が助長された。これも啓蒙思想の暗部といえる。旧石器研究の進展による「創世記」の記述の神話化についてはＢ・Ｍ・フェイガンの著作(18)で詳述されているのでそれを参照願うことにし、考古学上の進化論については本章第三節で詳しく取り上げる。

次に一九世紀の中国に移ると、清代の金文学は、排満興漢を呼号する太平天国の乱（一八五一～一八六四年）に伴う江南の混乱が一時的な衰微をもたらせたものの、収束すると以前にも増す力をもって再生し、一九一二年の清朝滅亡に至る半世紀の間に完成期を迎えたという(19)。そうして中華民国期に入っても、羅振玉や女婿の王国維がその伝統を継承、発展させるとともに、清代末に安陽で発見された甲骨文の羅らによる解読がさらに加わって、中国の文字学はいっそう充実し、学的水準も向上した。

文字学の進展期は中国にとって政治上の混乱期であった。太平天国の乱収束の翌年に惹起した清と英仏とのアロー戦争で英仏共同軍が北京に迫り、離宮の円明園が破壊、略奪を被って一八六〇年清は敗北した。第二次アヘン戦争とも呼ばれるこの事件を契機にして、英仏を筆頭にヨーロッパ列強の中国侵出が露骨になった。清朝は近代化をめざして洋務運動を始めたが、しかし宮廷内部で西太后を中心とする守旧派の抵抗を受けて進捗しなかった。加えて、ヴェトナムの支配権をめぐる清仏戦争、朝鮮半島の支配権をめぐる日清戦争に敗北して隣国への影響力が削がれ、国内で反欧運動が激化して一八九九年に義和団が蜂起し、王朝は満身創痍の苦境に陥った。一八五八年インドがイギリスの直轄植民地となり、一八六九年にスエズ運河の開通したことが、英仏の中国侵出を容易にしたにちがいない。

列強の侵出は軍事・経済面だけにとどまらず、古遺物にも及んだ。ボストン美術館（一八七〇年設立）、ギメ美術館（一八七九年設立）、ベルリン東洋美術館（一九〇六年コレクション誕生）に加え、ジュネーヴのA・P・バウアー、ロンドンのP・デイビッドなどの東洋コレクションの始まった時期が清代末にあたるのも、偶然ではなかろう。また、中国以外では最大とされる住友友純による古銅器コレクションが始まったのも、この頃のことである。清代末に焦四という名の「本事最絶」の墓荒らしが多数の手下を擁して江南で暗躍し、このなかには骨董商も含まれていたらしい。(20)この一事からみても、盗掘が横行して出土品が海外に流出したことは、推測に難くない。

それに呼応して欧米による考古学的調査活動が始まった。流出よりもやや遅れて始まった初期の主な調査活動を列挙すると、

一八九三年～九七年　S・A・ヘディン（スウェーデン人）によるタリム盆地探検
一八九九～一九〇二年　同人による楼蘭発掘ならびにチベット探検
一九〇七年　E・E・シャヴァンヌ（仏人）による華北・東北調査行

一九〇七年　M・A・スタイン（英人）による敦煌千仏洞（莫高窟）調査
一九〇八年　P・ペリオ（仏人）による敦煌千仏洞（莫高窟）調査
一九〇八〜一〇年　B・ラウファー（米人）による中国・チベット調査行
一九一三〜一六年　スタインによるモンゴル西部・パミール高原・アフガニスタン調査行

となる。(21)

これらのうち、ヘディンの楼蘭発掘は多数の古文書を持ち帰った宝探しである。スタインの千仏洞調査は偶然の発見にせよ多数の経典や仏画を半ば略奪し、それをイギリスのインド政庁と大英博物館とが折半した。調査の出資者であったからである。それでもまだ千仏洞には取り残しがあったらしく、これをペリオが攫っていった。清代末期の欧米による中国調査がこのように西域方面に集中していたことについて、清朝の辺境支配が弛緩し、ヨーロッパに近い西域がまず調査対象となったことが考えられる。イギリスの露骨な東洋侵出と無関係でないスタインの例を取り上げると、一八五八年にインドを直轄支配したイギリスは反英運動の高まりを硬軟使いわけて弾圧しつつ、周辺への影響力の拡大を企てていた。そうして武力を背景にして、清朝の宗主権を排除しチベットとの間で一九〇四年に保護国化の条約を結び、ロシアの南下に抗しつつ翌年アフガニスタンも保護国に加えた。スタインがイギリスのインド政庁に招かれて大規模な中央アジアの考古学的探検を始めたのは、一九〇〇年であるから両地域を保護国化する直前にあたり、敦煌調査、モンゴル西部などの調査は事後にあたる。古代中央アジア研究にはかり知れない功績を残したとして、スタインの調査を高く評価する意見が斯界では一般的であるけれども、パワーゲームの渦中に巻き込まれた中国やチベット、アフガニスタンの立場に立てば、諸手を挙げて功績を讃美するのははばかられるにちがいない。

中国への侵出は日本もまた同前であり、欧米に遅れることなく考古学的調査を開始した。朝鮮半島の例を含めて初期の主な調査を列挙すると、

一八九五・一九〇五・〇七年　鳥居龍蔵による遼寧方面での新石器・漢代遺跡調査
一九〇二～一四年　三次にわたる大谷探検隊による西域の仏跡調査
一九〇七年　関野貞による山東方面での漢墓や石窟の調査
一九〇九年　関野貞らによる旧楽浪郡の墳墓調査
一九一〇・一二年　浜田耕作（青陵）による遼寧方面での漢墓調査

となる。そこで、この間における事件や事項を示すと、

一八九四～九五年　日清戦争
一八九八年　イギリスが威海衛、ドイツが青島、ロシアが旅順、大連を租借
一八九八年　東亜同文会成立
一八九九年　山東で義和団蜂起
一九〇二年　日英同盟締結
一九〇三年　ロシアによる東北地方駐留
一九〇四～〇五年　日露戦争
一九〇六年　南満州鉄道株式会社設立
一九〇八年　満鉄東京支社に調査部設置
一九一〇年　朝鮮半島併合
一九一二年　清朝滅亡、中華民国成立
　朝鮮総督府古蹟調査略報告刊行。以後、報告の刊行続く
一九一五年　朝鮮総督府博物館創設

一九一六年　京都帝国大学に考古学講座開設
一九一八年　浜田耕作が朝鮮総督府古蹟委員就任

である。すなわち、鳥居の調査は日露の攻防が激しかった遼寧、関野の調査は義和団の余燼が残りしかも英独の租借地がある山東、浜田の調査はロシアの権益を日本が引き継いだ遼寧、大谷探検隊の調査はイギリスによるチベットの保護国化がなってもロシアの干渉が続いていた頃の西域というように関連づけると、日本による初期の調査はヨーロッパ列強の争覇地に集中している傾向がある。これは偶然ではないだろう。

そもそも日本で明治中期に考古学が出発した頃から、二つの潮流があった。単純化していうと、ひとつはヨーロッパ流の洋学派であり、もうひとつは有職故実や古物学の流れを汲む国学派である。この両派の違いは、前章で列挙した定義における高橋健自や後藤守一と浜田耕作との間の考古学観の齟齬に、用いた時代区分名の差異に、これを垣間見ることができる。そうして敗戦前に日本の考古学を主導したのは東亜考古学を掲げた洋学派であり、欧米に倣って占領地の文化事業を展開した国策に考古学者としてよく応じたのも、この帝国大学系の洋学派であった。日本が日露戦争、半島併合を経て大陸へ本格的に侵出し始めた時期に京都帝国大学に考古学講座が開設されたのは、その意味で国家的要請であったにちがいない。

明治期における日本の動向としてもうひとつ指摘しておきたいのは、遺跡の乱掘と古物の海外流出である。「旧考古学」の実態を克明に記述した清野謙次によると、遺跡ことに古墳の乱掘は木内石亭、藤貞幹が活動していた一八世紀から始まって一九世紀後半の明治中期に及び、維新後の在来文化の軽視によって拍車がかかったという(22)。成務・垂仁・称徳陵の例から知られるように、幕末には陵墓が盗掘の対象となった(23)。これは盗掘品の売却が目的であったらしいが、物産会などに集まる趣味本位の好古家の増加が各地で乱掘を誘い、古遺物を金銭の対象とする風潮を促したことを推測させる一事である。なお清野によると、好古家の記録のなかに中国の古銅器が頻繁に現れ始めるのは、江戸後期の一九世紀であるという。清朝の衰退と無関係ではないであろう。

明治期に入り海外諸国との通交が開けると、古物の流出が激増した。廃仏毀釈や大名家の没落、生活様式の変化、ヨーロッパにおけるジャポニスムの高揚によって海外へ流出した美術・骨董品に混じって出土品があった。これらのうち、一八七七年頃に自らの手で発掘した大阪府東大阪市石切町芝山古墳出土品を含むW・ゴーランドのコレクションは大英博物館へ、出土品を伴う一五〇〇〇点余のE・キオッソーネのコレクションは死後、リグーリア博物館を経てジェノヴァ市立キオッソーネ東洋美術館に、E・S・モースのコレクションは陶磁器類がボストン美術館にそれぞれ移った。これらはいわゆる御雇外国人の収集品であり、恒常的な施設が与えられた例である。このような恵まれた例は一部で、出土地や由来がわからない状態で個人の手に渡り、湮滅していった古物が少なくなかったにちがいない。

開発期　ヨーロッパ人による大規模な乱掘は、二〇世紀に入るとエジプトで影をひそめた。一八五八年エジプトに新しく考古局が設けられて初代局長にフランス人のA・マリエットが就いて以降、一九〇〇年に専門学術誌が刊行、一九〇二年にエジプト博物館が開設、一九三〇年にフランス考古学研究所が創設され、フランス主導にせよ調査体制の整備が重ねられていったからである。また、イギリスのW・M・F・ピートリが一九世紀末から、当時としては科学的の名に値する発掘調査をあいついで実施し、報告書を上梓したことも、優品目当ての乱掘を過去に追いやったにちがいない。あえて乱掘で手を汚さなくても発掘品を本国に持ち帰ることが、公的に許されていたからである。

遺跡破壊の不幸は、しかし別のかたちで現れた。一九世紀後半、スエズ運河の開鑿と併行して鉄道の敷設が始まり、綿花の栽培が盛んになった。綿花栽培は三~四月に播種して一〇月に収穫するから、ナイルの渇水期後半から増・減水期にまたがる。水路を深くして導・排水を行う通年灌漑方式を採用して作付面積は拡がったが、揚水を人力に頼るこの方式に多くを望むことができず、耕作地をさらに拡げようとすれば、ナイルの流水量を統御するしかなかった。そこで、一八九七年アスワンダムの建設が始まり、一九〇三年に完工し、その後も利水効果を高めるためにダムの拡張が続けられた。

夏季におけるナイルの増水は、溢れた水がシルトを豊富に含む肥料分を耕地に供給するとともに土中の塩分を流し去り、減水期の一〇月に理想的な耕地を準備した。ところが綿花栽培のモノカルチュアは、自然の増・減水の脈動に沿って営まれてきた伝統的農業を阻害しただけでなく、地力を奪うので大量の施肥が欠かせなかった。そこで肥料の代替として遺跡の堆積土の利用が政府の抑制措置にもかかわらずいっそう盛んになり、ナイル河谷の集落遺跡はこれによって壊滅的な破壊を被り、一九五一年に至ってようやく禁止令が出された。土取りの過程で大量の遺物が出土したにちがいないから、これらは隠密裏に国外へ流出していったのであろう。

アスワンダムの建設によって、エジプトの綿花生産高は三倍になったという。ダム建設当時のエジプトは事実上イギリスの保護国であったから、増産された綿花は本国の工場で織物や製品に加工し、各国に輸出してイギリスを潤わせた。この仕組みは植民地インドにおける綿花栽培の場合と変わらないが、曲がりなりにも国の体裁をとり近代化を進めようとしていたエジプトに残ったのは、ヨーロッパ系銀行への多額の債務に加えて、深刻な遺跡破壊であった。

他方、西アジアでは一九世紀中葉を境にして、にわかに発掘調査が隆盛に向かった。イラク北部のアッシリアの王都だけにとどまらず、調査の波は西アジア全域に及ぶようになり、二〇世紀前半までに得られた諸成果は、新石器時代からローマ時代に至る西アジア古代史の体系を構築した。かつてのような乱掘を止めて、専門家による学術的な調査に転換したからである。一九二三年のイラク国立博物館、一九三五年のイラン考古学博物館の開設はこのような流れを汲んだ動きであった。もっとも、発掘資料の大半わけても優品はエジプトの場合と同様に調査団の本国へ送られ、たとえばウルの王墓の出土品は大英博物館を飾り、スーサ発見のハンムラビ法典碑はルーヴル美術館の所蔵に帰した。

数や規模のうえで諸調査隊の首座を占めたのはイギリスであり、他方、ドイツはアナトリア方面で、フランスはシリア・パレスチナ方面でそれぞれ主導権を握っていた。ここで注目されるのは、アメリカの参入である。すなわち、一八八九年に始まったペンシルヴァニア大学によるシュメール都市ニップールの調査を嚆矢として、中央アジア寄りのアナウ、シリア東部のドゥラ・ユーロポス、イラク北部クルディスタンのヨルガン・テペ（別名ヌジ）、同じく北部のホルサバードと近隣のテペ・ガウラ、ウルの合同調査とあげていくと、イラクの南北とその周辺に及んでいることが知られる。そうして欧米によるこれらの調査活動は、第一次世界大戦（一九一四～一八年）や世界恐慌（一九二九年）による停滞は避けられなかったにせよ、途絶えることなく続いた。

欧米の研究者をかくも旺盛に調査に駆りたてたのはもとより学術的探究心であろうが、当時の諸情勢はそれだけにとどまらなかったことを示唆している。そのひとつが石油の採掘である。一九世紀中葉にアメリカで油井の機械掘りが始まって大量生産が可能になった石油は、燈油目的の鯨の乱獲を鎮静させ、二〇世紀初頭には内燃機関の燃料として重視されるようになったことが、一九一四年にブリティッシュ・ペトロリアム社の前身アングロ・ペルシアン石油会社とイギリス海軍が燃料供給の長期契約を結んだ一事からも知られる。

西アジア最初の油田は一八七〇年代のロシア時代にパイプラインが設けられた、アゼルバイジャンのバクー油田である。カスピ海の西岸を占めるバクー油田の対岸にも油田があり、アメリカによる初期の西アジア調査地アナウはこのトルクメニスタンに位置する。しかも、ドイツの考古学者H・シュミットと組んで始めた調査の主体の大学があるペンシルヴァニアこそ、機械掘りを始めた最初の地であったのである。発掘地の選定に石油がからんでいた可能性が高い。その後、一九〇一年に時のイラン政府がイギリス人のW・K・ダーシーに石油採掘の利権を与え、一九二〇年代後半にイギリスの手でイラク北部のモースル油田の開発が始まった。また、ロックフェラーの設立したスタンダード石油が二〇世紀に入る頃から海外の石油資源に眼を向け始めたというから、西アジアに植民地を持たないアメリカが考古学調査に積極的に参入してきた背景が、いっそう明瞭になってくる。

西アジア調査が盛況を呈したもうひとつの理由は、ドイツを加えたヨーロッパ列強のパワーゲームである。オスマントルコの弱体化に乗じてドイツは、一九世紀末からベルリン、ビザンチウム（イスタンブール）、バグダッドを繋ぐ鉄道建設を企てて三B政策といわれる西アジア侵出策を掲げ、イギリスの、露仏と結ぶ三国協商や三C政策と対抗した。ドイツがアナトリア方面の調査で主導権をとったのは、このような侵出策と無関係ではなかろう。しかしドイツの侵出策は第一次世界大戦の敗戦によって潰え、戦後に発足した国際連盟のもと戦勝国フランスはシリア、レバノンを、イギリスはイラクを委任統治領として得た。

さて、第二次世界大戦によるヨーロッパ列強の疲弊と民族自律熱の高揚とによって、かつての保護国や委任統治領は独立を勝ちえていった。エジプトは一九五二年にナセルらのクーデターが有名無実化していた王制を倒し、レバノンは一九四四年、シリア、ヨルダンは一九四六年に独立し、一九三二年に王制として独立していたイラクは一九五八年に共和制へ移行した。一九二三年に共和制を発足させていたトルコ、一九三二年に王国として独立したサウジアラビア、王制を続けたイランを加えると、エジプト、西アジアの戦後は独立国でほぼ覆われるようになった。こうして列強の軛を脱した各国が、かつてのような野放しの発掘品の国外持ち出しを制限する方向に政策を転じたのは、当然の措置であったといえる。しかし他方、収蔵・展示施設の整備が追いつかず、管見の範囲でもシリア、レバノン、エジプトで夥しい出土品が死蔵状態を余儀なくされている現状にある(24)。

独立を得た各国にとって近代化は急務であった。一九六〇年に着工し七〇年に完成したエジプトのアスワンハイダムに続いて、シリアのユーフラテス水系では一九六八～七三年のタブカダム、八〇年代のハブール、ティシュリンの両ダム、イラクのチグリス水系では七〇年代のモースル、ハムリンの両ダムなど、ダム建設があいついだ。そこで、水没遺跡の救済、発掘が当事国にのしかかってきた。それを曲がりなりにも遂行するモデルになった事例が、アスワンハイダム建設に伴うヌビア水没遺跡調査で先鞭をつけたユネスコの活動であった。

そもそも近代化とは、産業社会の形成であり、資本主義化であり、消費・情報社会化である。ひたすら富国強兵をめざす近代化が後景に退き、露骨な覇権主義は衰えたけれども、エネルギー多消費型のこの新しい近代化が人間社会や地球生態系の存続を脅かしつつあることは、多くの論者が指摘する通りである。筆者もまた四〇年近い海外調査活動のなかで、エジプトの無燈の一農村社会がムバラクの近代化政策のもとで資本主義の脈絡に取りこまれていく推移を、一九六〇年代に筆者の身近にあった「高度経済成長期」の日本の姿と重ねあわせながら眼にしてきた。また、一九七〇年代末に参加したシリア調査時に伝統的な生活を営んでいた無燈の一寒村が、電力の供給によって驚くほどの変貌を遂げて殷賑化したとも聞く。遠い将来これらの地をもし発掘したならば、考古学者はたとえば消費材の充実ぶりを取り上げて農村から町邑への「発達」を描くにちがいない。近代化が人びとに植えつけた激しい飢餓感や焦燥感を、現行の考古学の思潮や方法によっては汲み上げることが難しいからである。

近代化の弊は文化遺産にも及んでいる。イラク戦争やエジプトの「革命」によって生じた権力の空白が博物館の略奪や盗掘の横行を招き、シリアの内戦も盗掘を助長している。金銭的代価が得られるからである。日々の生活に追われる多くの人びとにとって博物館や遺跡は、国外からの観光客や調査隊、国内の富裕層が訪れるところであり、遺跡は立ち入りが制限されている無縁の地である。この現状を考えると、略奪や盗掘の根は深い。

中国に移ると、一九一二年の中華民国の成立後、外国人による発掘調査がにわかに盛況をみせた。しかも、河北や河南のような中国中心都にも調査の手が及ぶようになったことが、清代との相違としてあげられる。それを促したのは主に日本人考古学者であった。すなわち、一九二六年の東亜考古学会の設立以降、日本人の主導する発掘が河北、山東、山西、遼寧、黒龍江、内蒙古の中国北・東域一帯に拡がって、欧米人や中国人による調査を数の上でも規模の面でも大きく凌ぐようになった。

そこで、日本人の手による調査活動の主要例を辿ってみると、一九二〇年代は貔子窩、牧羊城など遼東半島先端部の遺跡にほぼ限られ、一九三〇年代に入ると、黒龍江省の東京城址、内蒙古自治区の赤峰紅山後とその北西方の慶陵、河南省南端の響堂山石窟、河南省洛陽南方の龍門石窟、山西省北端の雲岡石窟など調査地の範囲が飛躍的に拡大する。そうして四〇年代に入ると、河北省南端の趙王城址、山東省南西部の魯城址など南方への拡がりが眼につく。当時植民地であった朝鮮半島ではもっぱら日本人の考古学者が調査にあたっていたので、一九三〇年代から敗戦までの東アジアの調査は日本人考古学者の独擅場であった。

遼東半島先端部というと、日露戦争後の講和でロシアから権益を譲りうけた日本の租借地であった。その後一九三〇年代に入ると、その初頭に柳条湖事件を契機に満州事変が起き、翌一九三二年に満州国の成立に至る。そうして一九三六年に内蒙古自治政府が日本の支援を受けて樹立され、三七年に盧溝橋事件を盾に取って中国側と戦火を交え、北京、天津、上海、南京に軍を進めた。さらに、ソ連と満州国との国境紛争に端を発した一九三九年のノモンハン事件、三国軍事同盟による対ソ参戦を想定した一九四一年の関特演と続いて、三・四〇年の交にはソヴィエト侵出の動きをみせた。四〇年代に入って第二次世界大戦に日本が参戦すると、北上した中国軍を「掃蕩」するために山東方面で四二年から軍事作戦を続け、西行して内陸に軍を向けた(25)。以上、年表風に摘記した日本軍による中国侵出の推移を念頭におくならば、日本人考古学者の活動は、侵出の推移と見事なほど足並みを揃えていることがわかる。

さて、一九四九年に中華人民共和国が成立すると、調査活動はことごとく中国人の手に移った。山西省西陰村遺跡、河南省殷墟、山東省城子崖遺跡など、例数は多くないが、すでに民国期に李済や董作賓ら中国人による考古学的調査の蓄積があった。共和国成立と同年に李済は台湾へ亡命したが、翌五〇年に設立された中国社会科学院考古研究所のもとで調査活動が隆盛を呈するようになった。五二年に『考古学報』と改称された一誌に加え、五〇年に『文物参考資料』、五五年に『考古通訊』が発刊され、『中国田野考古報告集』と題する調査報告集の出版も五六年から始まった。そうして、一九六五～七六年の文化大革命に伴う活動の停頓を挟んで七〇年末に改革解放という名の資本主義化が始まると、調査研究は旧倍の盛況をみせるようになって今に至っている。

文化大革命当時の情況を知る者からすると隔世の感がある中国考古学の昨今の隆盛ぶりを概観すると、まず第一に、土地開発に伴う緊急発掘の激増をあげることができる。その代表格は、一九九四年に着工し二〇〇九年に完工した、長江の三峡ダムの建設である。中国政府の手で水没遺跡の調査・救済措置が講じられたのであるが、アスワンハイダムの完工後半世紀を閲して土壌の塩化が進み農業や遺跡に被害を与えつつある現状を勘案すると、大規模開発に伴う生態系や文化遺産への負荷は、際限なく続くとみなければならない。

第二は、国際シンポジウムが盛んに開かれ、また調査においても中国側との合同にせよ外国隊が受けいれられるようになった国際交流の進展である。中国人の論文のなかに、中国外周はもとより、メソポタミア、エジプト、アメリカ大陸の古代に言及し、メソポタミアの農耕生産の発生を専門的に論じた例も散見されるようになった。また、アメリカ流のセトルメント・アーケオロジーが中国で存在感を増し、アメリカ隊がその調査に参入している。後述するように、他国に類をみないほどよく整った遺跡・史跡集成である『中国文物地図集』の作成、発刊が二〇世紀末から始まり、集落址の踏査の進展したことが、この契機になったと思われる。なお、前漢の王都長安の発掘や前漢皇帝陵の測量に日本隊が技術的に協力しているのも、例のひとつにあげられる。

第三は、始皇帝陵の調査で知られるように著名遺跡の発掘が推進されている点である。学術上の意義はいうまでもないが、国威発揚と観光開発、さらに加えるならば報告書の頒布や国外での展示による経済効果を織り込んだ活動であろう。最後に第四として、発掘資料を対象とする理化学的分析の充実をあげておきたい。

管見の範囲にとどまったが、以上略言したような考古学の潮流が中国で生まれたのは、科学的進歩を掲げる国策によるところが大きい。論文の多くが進歩史観に彩られていることから、それを察することができる。おそらく教育のせいであろうが、中間層の生活体験にも根差しているのであろう。また、進歩の阻害因子として気候変動を取り上げる論調も眼につく。経済の高度成長に伴う昨今の環境悪化がここに反映していることは疑いない。欧米のニューアーケオロジスト達が意識の有無にかかわらずポストモダンの考古学を模索しているが、このような内的省察を今の中国考古学に期待するのは難しい。そもそも考古学上の諸活動は、常に国民国家の政策や利益に沿って推進されてきた。これは既述した欧米列強や日本の動向が示している通りである。その意味で中国の現状は、考古学が育まれ置かれてきた大枠を出るものではない。

最後に日本を取り上げると、第二次世界大戦の敗戦によって植民地を失った日本で奈良時代以前を語る手だては、考古学に委ねられた。神話教育が否定されたからである。そこで、時代区分の学理上の不備が指摘されて文化論から時代論への転換がはかられ、さらに旧石器の存在が確認されて、現行の時代区分が完整をみた(26)。この完整に大きく貢献したのは、日本の考古学の学統からいえば非洋学派に属する小林行雄であった。

こうして整備をみた時代区分体系を基礎にして、一九五〇年代後半すなわち昭和三〇年代から大規模開発に伴う発掘調査が始まり、得られた膨大な土中の資料が精細な時代論を紡ぎ出してきた。当初は大学の研究室や個人に委託されていた調査は、主体を地方公共団体や法人に移し、一九八〇年代後半のバブルが崩壊して以後は発掘会社に首座を譲りつつある。さらに近年では、発掘だけにとどまらず測量、分析、調査用具製作などの分野に企業が進出し、発掘調査はますます資本主義化の趨勢を色濃くしている。かつては批判の対象であった産学協同が、現在では時代を主導している感さえある。これは考古学の分野だけにとどまらない。

敗戦後の「日本」考古学の動向としてもうひとつ指摘しておきたいのは、マスコミ、出版業界との関係である。一九七二年三月、奈良県高松塚で壁画が発見されて耳目を集めた。前月に発生した浅間山荘事件の陰惨な記憶が生なましい時であったから、マスコミ発表の美麗な壁画像が人びとの眼をいっそう引きつけたのであろう。マスコミは競って調査の推移や被葬者探しを大きく取り上げ、報道合戦が過熱した。歴史関係の中間雑誌も便乗して特集を組み、世の歴史好きの関心を煽った。考古学とマスコミとの癒着がこうして始まったのである。その後も、一九七八年の埼玉県埼玉稲荷山古墳の鉄剣銘、一九八六年の佐賀県吉野ケ里遺跡、一九九二年の青森県三内丸山遺跡、一九九七年の奈良県黒塚古墳と話題になる発見や調査が続き、マスコミはこれらの報道に血道をあげた。この間、発掘件数、調査費用、専門職員数とも右肩上がりに増加し(27)、増大した調査結果が盛んにマスコミを賑わした。まさに蜜月状態であったといえる。

ところが、二〇〇〇年に発覚した旧石器捏造によって、考古学に寄せられてきた社会的信頼は大きく揺らいだ。さらに、二〇〇四年に判明した高松塚壁画の劣化が汚点として追いうちをかけ、その前年に発表された弥生時代開始年代遡上のような学界にとっては歓迎すべき問題でさえ、信頼を失わせる方向に作用した。このような社会的影響の大きい、時に指弾を被る事件があいついだ結果、マスコミとの蜜月状態は去り、考古学ブームの熱気は過去の記憶になりつつある。今が正常で、高松塚壁画以降の四半世紀余が異常であったように筆者には思われるが、いずれにせよ、発掘、発見、報道合戦は、バブル経済に向かい崩壊後もなお公共投資が増加を続けた情況にこそ、ふさわしいものであった。この点からすると、開発なくして考古学なしという因果関係が当を得ているようにみえてくるが、こと新しく始まった情況でないことは既述した通りである。

ところで、日本から再び国外へ考古学の調査隊が出ていくようになった最初は、一九五六年の江上波夫を中心とするイラク・イラン調査である。一九五八年の泉靖一によるペルーのアンデス遺跡調査、翌年の水野清一らによるパキスタン、インドの仏教遺跡調査がこれに続く。イランの石油国有化に乗じて出光佐三が大量のガソリンと軽油を自社のタンカーで輸入し、石油資源開発株式会社が発足してエネルギー資源の石油依存が始まるなど、もう戦後ではないといわれて日本が高度経済成長期の入口にさしかかった頃、符帳を合わせたように海外調査が始まったわけである。これを調査対象国側からみると、欧米の経済的軛を外して近代化を進めようとしていた頃にあたるから、時宜を得ていたともいえる。

こうして一九六〇年代に入ると、イスラエル、エジプトへ調査対象地が拡がるとともに、調査主体も戦前に東亜考古学の実績を重ねた東大、京大のうえに、新規の隊が加わった。さらに一九七〇年代に至り、隊の数が増えてシリアが対象地に加わり、トルコ、サウジアラビアを除く西アジアの主要地に日本の調査隊の姿がみられるまでになった。そのトルコでも一九八〇年代に調査が始まり、隊の数もさらに増え続け、西アジア、エジプトだけでその数は二〇余を数える盛況を呈するまでになり(28)、しかし今は治安の悪化で減少傾向にある。もとより西アジア、エジプトだけにとどまらず、日本の考古学調査隊の足跡はオーストラリアを除く世界各地に及んでいるという。

一九九〇年代末を境に日本では、発掘件数、費用、専門職員数とも減少傾向にある。それに較べると海外調査が盛況を失わないのは、さまざまな理由があるが、調査に携わってきた一人として率直にいえば、円高の恩恵が大きい。これは日本のおかれた経済環境に関わることであるから、国外調査の隆替が国家の諸動静を映すという構図は、敗戦前と変わらない。

第二節　考古学上の慣用語

文明　文明という語は、メソポタミア文明やエジプト文明などのように、考古学では通有の学術用語として定着している。楔形文字やヒエログリフなどを扱う文献史学の分野でも、考古学の場合ほど甚だしくはないにせよこの語が使われ、A・トインビーなどの文明類型論や文明同士を比較する比較文明論の領域では、基本用語にあたる。しかし、人類学や民族学のように文明という語の使用に慎重な分野があることを勘案すると、考古学でふだん頻用しているこの語について、あらためて吟味する必要がある。

文明という語は、その用法と含意に基づくと、管見の範囲で三つの範疇に区分される。すなわち、範疇A　複数の文化を束ねる広域的で強固に組織された状態を指す。歴史上の或る段階から出現。
範疇B　自然の借用による物質的手段、技術、慣習と同義。人間と土地、自然との関係において人間本来の知性がそこに見られる状態をいう。フランスの地理学者ヴィダル・ド・ラ・ブランシュの所説に代表される文明観で、[29]これによると、人類の出現以降は文明状態ということになる。縄文文明という語もここにおいて成立する余地がある。
範疇C　物質文化や機械文化を文明と呼び、文化すなわち精神文化と区別する。[30]文明は累積されるのに対して、文化は世代ごとに新たに獲得される。明治期における和魂洋才、清代末の洋務運動の文明観はここから派生。この文明、文化の使いわけを歴史的脈絡におきかえると、文明は文化と並んで人類出現時にホモ・ファベルとして存在したことになる。

なお、W・シュミット、W・コッパースは『民族と文化』のなかで、自然民族、文化民族という民族学上の区分を批判的に継承して再定義を行い、食料獲得を狩猟採集に依存した民族を「相対的自然民族」と名付けた。[31]これに従うと、農耕牧畜の出現以降は文化段階ということになるが、文化のこの用法は範疇Aの文明のそれと変わらない。これが文明という語を嫌うウィーン学派の共通見解であるのかどうか筆者には判断がつかないが、ともかく文化にこのような用法があることを付記しておく。

そもそも語源的にいうと、文化はラテン語のcultus-cultura（土地または心田を耕す）であり、これに対して文明は、ラテン語のcivilitas-civil（蛮風から脱す）に由来する。したがってその意味では、範疇Aは範疇B・Cに較べて語源に近いといえるし、範疇Cならびにシュミット、コッパースの文化観は文化の原義を無視していない。しかし、語源に近い範疇Aのなかを探ってみると、文明の含意は一様でない。すなわち、文明と呼んでいる段階ないし状態を認定する基準に差異がある。都市の出現をもって文明の誕生とみたV・G・チャイルドの都市革命説が、考古学者の間では広く知られているが、それだけにとどまらないのである。

そこで、少し紙幅を費やして異説を紹介すると、西ヨーロッパが中世封建制から王制国家へと移行していく段階で、財貨や暴力装置が王に集中し始めるとともに、それにあやかろうとする貴族達が宮廷に蝟集して戦士の廷臣化が進み、「原始的欲求」の抑制を強制されて礼儀作法を身につける。これがフランスの例を取り上げてN・エリアスの説いた、一六世紀に始まる「文明化」である(32)。すなわち、絶対王制の国家が抬頭するとともに、蛮風を去って洗練された行動様式が宮廷内で求められるに至った情況の変化を指すわけである。フランスにおけるこの「文明化」がモデルとなって王・帝制諸国で宮廷風への転換を促し、市民層にも流布していったことを思い浮かべ、さらにこの転換が中世と近代との間に設けられる一線であることに注目すると、この「文明化」のもつ歴史的意義はけっして小さくない。

ついでF・ブローデルの見解を取り上げると、文明は多様な人間科学と関連づけて定義されると断ったうえで、文明は空間である、環境に依存はしないがそれとの関係のなかで成立する、と説く(33)。そうして、「文明というのは、ある特定の経済でもなければ社会でもなく、一連の経済、一連の社会をつらぬいて生きつづけてゆき、少しずつわずかにしか方向を変えられないものである」と結論づける。いかにもアナール学派の泰斗にふさわしい帰結であるが、文明化ということについては、文化と文明との差異を指摘したうえで両者の「もっとも著しい外的なしるしはおそらく都市が存在するか否かということだろう」と説く。チャイルド説を踏襲しているのであろうが、この慎重で素っ気ない叙述ぶりが示唆しているように、文明の出現には力点が置かれていない。都市の出現を「都市革命」という語で人類史上の画期と評したチャイルドとは、この点で違っている。文明という語は用いる人の史観に関わり、便利使いは避けるべきであることを、エリアスやブローデルの所説は教えている。

ところで、明治八年（一八七五）に刊行された福沢諭吉『文明論之概略』をみると(34)、福沢はこのなかで、文明の是非をめぐる論争があると断ったうえで、その「本旨」をF・ギゾー『ヨーロッパ文明史』(35)に倣って、もと文明の字義はこれを広く解すべし、またこれを狭く解すべし。その狭き字義に従えば、人力を以て徒に人間の需用を増し、衣食住の虚飾を多くするの意に解すべし。また、その広き字義に従えば、衣食住の安楽のみならず、智を研き徳を脩めて人間高尚の地位に昇るの意に解すべし。

と述べている。つまり、狭義の文明とは物質の豊かさを指し、広義の文明とは物質の豊かさと精神の高尚さとの両義にわたる、というのである。

福沢の主張は、広義の文明を高進するという点にこそある。維新直後の混迷から抜け出せない当時の日本が欧米の強圧のもとで独立を堅持する方策として、啓蒙を目的に書かれた著作であるから、学術的な専門書と論調は違っているが、福沢の文明観は野蛮、半開《ママ》、文明というヨーロッパ中心の単線的な社会進化論に基づいていた。文明という語が社会進化論的意味ではじめてヨーロッパで使われたのは、ブローデルによると、V・R・ミラボーの『人口論』（一七五六年）であるという。一八世紀中葉に遡るヨーロッパの啓蒙思想期に、「遅れた」海外社会の情報が横溢するなかで、この社会進化論の枠組みがエスノセントリズムすなわち自集団中心主義として構築されたわけである。したがって、福沢が和魂洋才にくみせず広義の文明論を掲げて脱亜入欧をめざし、こうして啓蒙の旗をあげたのは、当時の国際情勢を顧慮すると、頷けるところがある。

以上取り上げた範疇Ａの文明観はいずれも、考古学の通有のそれと、距離に差はあっても隔たっていた。範疇Ｂ・Ｃとはさらにその隔たりが大きかった。考古学の文明観も、もとよりひとつの見解として尊重されるべきであるし、この観点から都市とは何かを問うことは問題を深化させる意味で必要なことであろう。しかし、メソポタミアなどユーラシア西部の古代都市を念頭において導かれた例えばチャイルドの都市の条件付けを援用し、「弥生都市」の存否をめぐって論争する「日本」考古学の情況は、入欧の時代を思い浮かばせる。この点については前著で詳述したので、参照願いたい(36)。

そもそも範疇Aでは、歴史上の或る変化に着目し、変化が生じた以降を文明段階と認定する。しかも、変化が地球的規模で一斉に発現するということではなくて、遅速の差があり有無の違いが横たわるとみる。ここにおいて必然的に成立するのが、I・ウォーラーステインの近代世界システム論である[37]。すなわち、近代の資本主義的世界経済の成立を論じて、中核諸国家、外周の半辺境地域、その外囲を占める辺境地域という三重構造のもとで世界がひとつの経済システムに併呑された経緯を詳述した。その所説の一部を『近代世界システム』（一九七四年）から引用すると、

> この「世界経済」を構成する各地域――それぞれ、中核、半辺境、辺境とよぶ――はそれぞれに固有の経済的役割をもち、それぞれに異った階級構造を発展させた。その結果、それぞれの地域には独自の労働管理の方式が成立した。これに対して政治は、基本的には国家の枠組のなかで動いていたが、各国が「世界経済」のなかで担う役割が違っていたから、国家の構造にも差が生じた。なかでも、中核地域の国家の中央集権化がもっとも進行したのである。

となる。

提唱者の真意を置き去りにしたままこの理論はモデル化され、古代メソポタミアに関するG・アルガゼの「ウルク世界システム」論を生み[38]、J・L・アブ=ルゴドの一三世紀世界システム論を啓発し[39]、ユーラシア西方さらには古代世界全体にこの理論を敷衍しようとする論集があいつぐなど、考古学に限ったとしても、応用・援用説が叢生し、反響と与えた影響はきわめて大きかった[40]。

燎原の火のように世界システム論が広がっていった背景について、器物の分布や伝播を問い慣れてきた考古学にとって、都市発生論と並んで扱いやすい理論であったことも、たしかに流布の一因としてあげられる。加えて、公表された二〇世紀後葉以降、国家という単位を越えた情報と市場のグローバリゼイションがめまぐるしいほどに加速した情況の変化もまた、理論に現実感を与えたにちがいない。世界システム論というのは、植村邦彦によると[41]、C・レ

ヴィ＝ストロースの歴史批判の影響を受けた「歴史の構造化」の試みであるというが、他方、淵源を辿ると、K・ポランニーの経済論に逢着する。[42] 交換・交易が文字を生み国家、王朝、文明を成立に導いたと高唱する、エジプト学の分野でいえばT・A・H・ウィルキンソンらの学説[43]もまた、母体はポランニーの経済論にある。第二次世界大戦後の市場経済の拡大と深化がなければ、世界経済システム論や交換・交易論は、考古学の所説にかくも大きな影響を与えることはなかったであろう。

そもそも、時間と空間とに基づく歴史的限定のもとで文明を認定する範疇Aの文明観は、近代を貫く社会進化論の影がその周囲に揺曳している。ウォーラーステインの所説もまた、三重構造を社会進化の同時代的置換とみなしうる点で例外ではない。とりわけ考古学者は揶揄混じりの弁を投げかけられるほど[44]、進化論的指向が強かったし、その傾向は今も変わらない。ひるがえって考えてみると、文明を認定することは非文明の存在を想定することであり、文明の興隆は同時に衰滅を伴うことであり、都市／都市民の出現は非都市／非都市民の誕生を意味するはずである。非文明、衰滅、非都市／非都市民を考古学的に把握し立証するのが容易でないことは、フィールドに立つ同学として良く理解できるが、しかし把握、立証が容易でないことは、興隆、出現に問題を傾斜させる理由にはならない。ここに考古学の陥穽がある。

国家　日本の考古学ひいては歴史学のなかで、国家の形成をめぐる論議が活発になったのは、神話から解放された敗戦後のことであった。狭隘な国家主義的思想統制の軛が外れた結果、神話にかわる国家形成史を求める社会的要請に早急に応える必要があったからである。敗戦前の旧制中学校の「国史」教科書を見ると、辻善之助『新編国史』（昭和一一年版）のような良質な例は現在の記述内容と大きな隔たりはない。ただし、国家形成に関わる「上古」を除いてである。この一事をとっても、国家形成史の構築に向けた社会的要請とそれに応えようとする研究者側の熱気は、想像を超えたものがあったにちがいない。手元にある『共同研究古代国家』（昭和二四年）という論集は[45]、日本史、東洋史、西洋史、インド史などの、国家史が必ずしも専門とはいえない諸碩学が集い、昭和二一年から「古代に於ける国家観」というテーマで研究会を重ね、上梓に至ったことを序が述べている。当時の歴史研究者側の熱気を伝える例である。

輿望を担って始まった日本の国家形成史研究は、江上波夫のいわゆる騎馬民族征服説で論議が沸騰した。これは石田英一郎編の「日本民族＝文化の源流と日本国家の形成」という題で、昭和二三年のシンポジウムの速記録として翌年『民族学研究』誌上で始めて公表された(46)。日向から東征して大和に入ったという神武東遷譚とも、米軍の占領下にあった当時の情況とも微妙に共鳴しつつ、当時の「日本民族」観や天皇観に大胆に改変をせまった点で、同説が与えた衝撃は学界だけにとどまらず大きかった。戦中に行ったモンゴル調査の蓄積が江上を同説へ導いたのであろうが、それだけでなく背景に、類型的文化史観を採って社会進化論を退けるウィーン学派民族学との接触があったことを、岡正雄の後日談から汲みとることができる(47)。すなわち、シュミット、コッパース『民族と文化』のなかで、まさに騎馬民族征服説のモデルが、漂泊遊牧民と農耕民との対比として開陳されている(48)。また、ウィーン学派に属するのかどうか筆者にはわからないが、F・オッペンハイマー『国家』（一九〇七年）にも同様な論述があり(49)、これもまた江上説のモデルになった可能性は否定できない。いずれにせよ同説の根が、類型的文化史観から発していることは疑いない。

この江上説に対する反論は少なくないが、他を凌ぐ古墳時代研究の蓄積に基づいて小林行雄が「わが古墳時代の文化を二期に区分するための原理としては、その区分の時期をいつに求めるとしても、騎馬民族の征服によって事を理解する方法は考慮の余地がない」（一九五一年）と述べ(50)、年代上の問題と古墳文化の連続性を説いて学理上の不備を衝いたことは、ありうべき反論のひとつのかたちであった。もうひとつのかたちは、藤間生大『日本民族の形成』（一九五一年）(51)が氏族制から奴隷制へ、部族制から部族連合へ、そして国家へという変化の段階を想定して、この変化を生産力と生産関係とによって社会経済史的に説明したように、マルキシズムの内的発展史観を援用した反論であった。

前者が一部で文献資料の記述に依拠しつつ考古学的知見に即した実証的反論であるとすると、後者はマルキシズムの内的発展史観をアプリオリに認めたうえでそれに実証的肉付けをした演繹的反論であったといえる。実証の域をけっして越えようとしなかった小林の姿勢はもちろん評価に値するが、藤間のこの著作の上梓がサンフランシスコ講和条約の締結と同年であり、彼が附篇で述べているように独立に資する民族問題の解決が焦眉の急であった当時の情勢を思い浮かべるならば、マルキシズムの内的発展史観がその要請に応える唯一最上の理論であると信じたことは理解されるべきである。また、実証上の不備をいたずらに非難して本書にみなぎる使命観を貶めることも、神ならぬ身として避けるべきであろう。

昭和二〇年代における小林の仕事の多くは、「日本考古学」の体系の整備に費やされた。それが結果として、昭和三〇年代に始まる高度経済成長に伴う大規模発掘の「成果」を高からしめたことはすでに述べたが、小林のあとに続いた近藤義郎に代表される若い考古学者達が、マルキシズムの内的発展史観を掲げ、共感を得て学界の先進的一流を形成したのは、炭鉱事故の頻発などに現れた戦後社会の諸矛盾を直視する若者が多かったことを物語る。しかし、もし小林の実証的体系がなかったならば、彼等の演繹的叙述ぶりはおそらく空論に堕するか、お題目の域にとどまらざるを得なかったであろう。要するに、小林の昭和二〇年代の仕事は、一方で、高度経済成長に伴う大規模発掘で得られた膨大な情報を学術上の「成果」たらしめ、他方で、成長に向かう戦後社会の諸矛盾を直視したマルキシズム考古学者の論述を下支えしたといえる。汎用性や両用性、射程の広さが優れた体系の条件のひとつであるとするならば、小林が樹てた「日本考古学」の体系はみごとにその条件に叶っていたのである。

日本の論壇において国家論がもっとも高揚したのは、実は一九七〇年代から八〇年代初頭に至る昭和期末であった。一九八五年のプラザ合意以降の五年間をバブル経済期と呼ぶならば、まさにその直前にあたる。論壇では一九七二年の『国家論研究』の創刊、マルキシズムを批判的に継承した竹内芳郎『国家と文明』（一九七五年）の刊行、歴史学界では、渡辺義通『古代社会の構造』（一九七〇年）、石母田正の『日本の古代国家』（一九七一年）と『日本古代国家論』（一九七三年）、吉田晶『日本古代国家成立史論』（一九七三年）、鬼頭清明『日本古代国家の形成と東アジア』（一九七六年）、熊野聰『共同体と国家の歴史理論』（一九七六年）の刊行に加え、一九七二年に『歴史科学大系』、一九七四年に『原始古代社会研究』、一九七五年に『大系日本国家史』の刊行が始まり、七〇年代のとりわけその前半は文字通りバブル状態を呈している。しかもそのほとんどが、マルキシズムの内的発展史観に則り、といえばやや語弊があるが、その理論的深化と充足、あるいはその発展や批判的継承を骨子とする著述であったことは、国家論バブルの起因を示唆しているように思われる。すなわち、一九六〇年代末に欧米や日本で惹起した広義のカウンター・カルチュア運動によって、近代に組み込まれたマルキシズムの内的発展史観が揺さぶられたからである。[52]

しかしこのような国家論の高揚は、主としてアカデミズムの世界にとどまり、昭和二〇年代のような現実社会との熱い抱擁を再現することができなかった。バブルに向かおうとする社会の趨勢、物質的満足を得た中間層の肥大と意識の変革が主因となって、マルキシズム自身を後景に押しやろうとしていたのである。たとえば考古学の分野に例を求めると、古墳時代後期の群集墳の形成について、一九五二年刊行の『佐良山古墳群の研究』のなかで近藤義郎は「古代家族＝奴隷制的家父長家族の広汎にして、深刻な成長と発展とが……曾ての古い体制をつき破」ると説き[53]、ところが一九七〇年刊行『古代の日本』の今井堯との共著論文において、「巨大首長を頂点とする階級構成」のなかで階級・階層分化が進んだとする現象的・静的認識にとどめている。[54]大手出版社が刊行する講座本という制約はあるにせよ、高揚した労働運動にエールを送るかのような論調を振りかざす時代ではなくなった、ということであろう。そうして、高松塚壁画の発見が火をつけた七〇年代に始まる考古学ブームのなかで、マルキシズム考古学者達は、その発展史観の枠に激増する考古学情報を投げ入れてマスコミや出版業界の要請に応え、あるいは、調査現場や教養講座でマニアやカルチュア族の知識欲を満たし、こうして社会的接点を保った。このような情況のなかで新たな国家論の枠組みが求められたのは頷けるし、欧米の人類学上の成果がそれを準備しつつあったのは時宜を得ていた。

そのひとつがE・R・サーヴィスの首長制論である。すなわち、一九七一年公刊の『未開の社会組織』によると、(55)首長制社会とは、(1)稠密な人口、(2)より複雑で組織化され、経済、社会、宗教的諸活動を調整するセンターの存在、(3)恒常的な中央調整機関を伴う再配分社会、によって特徴付けられる点で部族社会と一線を画し、合法的な力を含む特殊な機構によって統合され法的に構成される国家とも、これらの点で相違するという。現存の民族や記録上の民族を世界的に博捜し、共通点を抽出するという方法で首長制社会を措定し、これが世界的に分布することを示すとともに、部族社会―首長制社会―国家という進化の段階を設定したサーヴィスの仕事は、L・H・モーガン(56)のいう未開あるいは未開と文明との間に、この首長制社会段階が存在することを提示したものであった。

もうひとつは、H・J・M・クラエッセンらが提唱した初期国家論であった。一九七八年に始まり九〇年代に至る間にあいついで公刊された一連の初期国家論を、*Early State Dynamics*（一九八七年）の総説によって紹介すると、(57)首長制社会や身分制社会との相違として、(1)公的強制力をそなえた中央政府の存在、(2)支配者グループの存在、(3)政府を正統化するイデオロギーの存在をあげ、成熟国家との相違として、(1)税でなく貢納、(2)本源的な階級分化をあげ、さらに成熟国家については(1)正統性の強化、(2)官僚制、(3)法体系の発達、(4)恒常的治安維持力の形成によって特色づけた。つまり、サーヴィスのいう首長制社会の一部と国家段階とを、初期国家段階と成熟国家とにあらためて区分し、部族社会―首長制社会―初期国家―成熟国家という進化段階に設定し直したわけである。これはまた、非国家段階との間が一線で分離されることになるF・エンゲルス『家族・私有財産・国家の起源』（一八九一年）の国家段階設定に対して、国家形成に段階があることを提起したことにもなるであろう。サーヴィスにせよクラエッセンらにせよ、モーガンに依拠した一九世紀のエンゲルスの時代と違い、格段に恵まれた資料から導かれた論であることが、国家形成に関心を寄せる研究者を引きつけたのも、無理からぬところがある。

なお、初期国家の存在を導出するうえで対象となった資料は、ほとんどが歴史上の国家である。現存ないし民族誌上の例を主たる対象とするサーヴィスの方法が年代上の制約を被っているのに対して、その制約がないから、時空を跨いで自由に歴史上の国家を選別して性格付けることができた。ヨーロッパに大胆に踏み込みえたのもそのせいである。ただし、いわゆる四大文明にはほとんど論及していない。理由は想像するしかないが、奇異に映る。いずれの理由にせよ、倭のような無文字社会の国家形成論として初期国家論を援用しようとすれば、その方がかえってふさわしかったにちがいない。

こうして、縄文時代＝部族社会段階、弥生時代＝首長制社会段階、古墳時代＝初期国家段階、奈良時代＝成熟国家段階という整然とした発展段階が構想され、列島の歴史的推移が世界史のなかで帰趨を得たかにみえる。しかしこれには問題がある。ひとつは援用ぶりであり、もうひとつはサーヴィスやクラエッセンらの論説自体についてである。

まず援用ぶりを取り上げると、倭の考古学上の資料によって色付けしたにせよ、これらの枠組みをアプリオリに採用した点である。福沢が『文明論之概略』を執筆するにあたって、ギゾーの『ヨーロッパ文明史』とH・T・バックルの『イギリス文明史』を下地にしつつ、しかしそれらの内容を噛み砕いて独自の文明論に昇化させた顎の強靭さと比較するのは酷であるとしても、アプリオリの採用は、丸山眞男が論述したように明治期以来幾多の例がある欧米思想の導入パターンである。筆者の世代ならば、マルキシズム史観を前提に据えて歴史叙述を試みていた史家の例が思い浮かぶ。つまり、欧米思想受容の伝統的パターンがここでも再現されている点を、問題にしたいのである。

サーヴィスやクラエッセンらの所説を採用しようとすれば、まず求められるのは彼等が依拠した実例に遡って、その真偽ないし適否を吟味することであろう。構想の骨子を成す枢要な概念であれば、いっそうそれが不可欠になってくる。モーガンの『古代社会』に例示されたアメリカ原住民社会の事例研究の過誤や不備をF・ボアズが衝いて、本書の学的生命が失われたことを想起するからである。加えて、彼等が抽出したのはあくまで理念型であるから、倭の歴史的推移として援用する場合にはその可否や適否をまず検討したうえで、理念型との同異点を抽出し、同と異とを等価に扱う慎重さが学理上は欠かせない。なお、この点に関する筆者の対案は前著で詳述したので、参照願いたい。

次に、サーヴィスとクラエッセンらの論説自体を俎上にのせると、問題になると考えるひとつは、社会進化論に立脚している点であるが、これは次の第三節に譲り、もうひとつの問題すなわち資料の扱い方について取り上げたい。先述したように、主としてサーヴィスは現存ないし民族誌上の民族を、クラエッセンらは開かれた時系列のなかから歴史上の国家を、それぞれ検索して資料としていた。しかし、ひるがえって考えを巡らせると、資料化された社会や国家は第一義的には地域的所産であるはずである。ところが、それぞれを成立させ存続せしめた地域的脈絡を絶ち切り、こうして資料化している。このような資料の扱い方は、生物学にたとえるならば、生態を無視して標本化する行為にあたる。そうして、部族社会、首長制社会、初期国家、成熟国家に弁別する操作は、標本を分析し、分類し、系統的に整理する分類学の手法になぞらえられるであろう。また、その結果から発展段階を構想することは、系統的な分類結果から進化の過程を復原する古生物学の方法と変わらない。もっとも、古生物学の場合には化石が帰属する岩層によって新旧をつけることができる。サーヴィスとクラエッセンらの方法では、それは難しい。

若干の尽きない疑問を添えておくと、いったい彼等が措定した発展段階の射程は、古代までにとどまるのか、古代以降にも及ぶのか、この点が定かでない。日本の考古学者は古代に及ぶ発展過程としてこれを援用しているが、それならば、成熟国家段階に達したという律令国家体制が瓦解して以降、明治期の国民国家に至るまでの国家の段階をいったい何と呼ぶのか。同じ問題は、たとえば漢帝国崩壊後の中国、ローマ帝国衰滅後のイタリア半島にもある。そうではなく古代以降も含んでいるということであれば、現在の世界を覆っている国民国家とどのような脈絡で結ばれるのであろうか。人類学者が導いた理念型を、時間軸に重きをおく歴史的推移のなかに据えようとするところに、無理があるのではなかろうか。彼等の理念型を納得して援用しようとする諸賢からご教導を賜われば幸いである。

社会　一七～一八世紀の啓蒙思想期に、神を掲げるキリスト教神学に抗して人間あるいは個人を首座におき、T・ホッブスが自然権を主張し、J・ロックが社会契約説を唱え、こうして国家や政治制度が構想された。しかし、社会という個人の集合体への関心が高まるのはこれよりも遅れ、田辺元が述べているように一九世紀のことであった[58]。すなわち、社会はもっとも高度な有機体であると説いて社会有機体説を唱えたフランスのA・コント（一七九八～一八五七）が社会学の祖と称され、イギリスのH・スペンサー（一八二〇～一九〇三）が動物にきわめて類似するとして有機体説をとり、その適者生存説が日本の明治期に多大な影響を及ぼし、また、フランスのJ・タルド（一八四三～一九一八）が模倣、ドイツのG・ジンメル（一八五八～一九一八）が心的相互作用をもって、それぞれ社会の本質とした[59]。同じ頃フランスのE・デュルケーム（一八五八～一九一七）が、生物になぞらえる社会有機体説や心的機能に帰着させる心理的本質論を排し、客観的・社会学的方法を提唱して学としての確立をはかった。彼の『宗教生活の原初形態』によれば、社会は「集合的意識」であるという[60]。このうえに、マルクス、エンゲルス、モーガンを加えM・ウェーバーを添えると、社会という人的集合体が一九世紀に人びとの関心を強く引きつけ、二〇世紀もその延長上にあったことが察せられるのである。

一七～一八世紀と一九～二〇世紀との間にこのような変化が惹起したのは、市民革命を経て国民国家が英仏などで成立するもういっぽうで、一八世紀後半から産業革命の進捗に伴って労働者階級の不満が高まったこと、植民地の獲得によって原住民情報が激増したこと、生物進化の要因を説いたラマルクやダーウィンの見解が社会認識に多大な影響を及ぼしたことが相乗して、社会へ眼を向けさせたせいであろう。このような変化の主体となったヨーロッパの列強にとっては国家体制を維持し植民地を経営していくうえで、国民にとっては生活の向上をめざすうえで、社会事象に関心を寄せるようになったのである。

そもそも社会とは、実在しない擬制的なものでもなく、個人から独立して彼岸にある存在でもなく、個人とあいまって実在するものであり、高田保馬によると、個人の間に「何らかの統合即ち依存または親しみ」があって社会が成立するという。(61)それならば、考古学でいう縄文社会とは当然複数形でなければならないし、弥生社会もそうであろう。縄文・弥生時代と呼びうる地域内全体が、ひとつの「統合」のもとにあったとは考えられないからである。縄文・弥生社会という言葉が単数であるかのようにもし受けとられているとすれば、それは単複を書き分ける習慣がないせいか、社会という語の意味に通じていないか、国民国家史の枠組みが無意識的にせよ脳中を占めていることによる。

さて、日本の考古学で社会が論議にのぼるようになったのは、若い考古学者達がマルキシズムに同感し、考古学上の活動としてそれを表現することが可能になった敗戦後のことである。マルキシズムによれば、生産力は自己運動し、それに従って人間は生産関係に入りこむ。この生産関係の総体が社会の経済構造であり、また社会であり、それが社会の下部構造を形成する。ところが、生産力が増大すると、生産関係はただちにこれに対応することができず、両者の間で矛盾が発生し、この矛盾は階級対立として反映する。この対立は必ず新しい生産関係の確立を導き、古い生産関係の支配階級は打倒される。下部構造のこの変革に従って精神文化や政治形態などの上部構造も変動する、ということになる。つまり人間とは、生産し、生産関係のなかに身をおく、「フォイエルバッハにかんするテーゼ」に従えば「社会的諸関係の総体」であり、歴史とは『共産党宣言』がうたうように階級闘争の歴史である、というわけである。したがって、このような理論に考古学を添わせるとすれば、研究対象が生産力や生産関係に関連する生産技術、分業、共同体、階級階層に集中したのは、当然の成り行きであった。

そこで、マルキシズム考古学に始まり新イズム考古学に引きつがれた社会考古学を取り上げ、三木清の時間論を借りて、その流れを辿ってみよう。三木は『歴史哲学』のなかで、時間というものを考察し、継起的に持続する歴史的時間、「今」を指す事実的時間、時計が刻む自然的時間に分けている。(62)これを考古学に引きつけていうと、たとえば特定の土器様式が他の様式に置きかわるのが歴史的時間、考古学者がそれを認識する今が事実的時間、暦年代や実年代と呼んでいるのが自然的時間ということになる。

歴史叙述に参画する際の考古学者の時間がこれらの三者によって構成されているとみた場合、マルキシズム考古学は事実的時間によって歴史的時間を構造づけているといえる。歴史を階級闘争の歴史と説く史観がその極まった例であり、生産力発展論や階級国家論もこれに属する。そもそも生産力と生産関係とによって歴史の発展を描くことは、資本制生産様式の次代に共産制生産様式をおき、次代の実現を目標として過去を構造づけることに他ならないからである。したがってこれは、事実的時間の「今」を本源とする目的的史観であるといってよい。

ところが、一九七〇年代を境にしてマルキシズムが退潮に向かうとともに、この種の考古学が描き出す社会像から目的的色合いが抜け落ちて、マルキシズム的社会観は社会分析の手法へと転じていく。先述した古墳時代後期の群集墳論がその変化の一例であるが、古墳の規模や形によって階層構造を復原しようとする、西嶋定生に端を発して盛んになった古墳時代社会復原の試みもこの範疇に入る(63)。三木によれば、事実的時間から「根源的な意識としての史観」が発し、そこに歴史的認識の主体であり客体である人間が働くのであるが、これに則っていうと、マルキシズム的社会観が社会分析の手法に転じたことは、考古学者の意識のなかで事実的時間の観念が稀薄になったことを意味する。

階層にせよ共同体にせよ、社会学の用語でありこそすれ、マルキシズム特有の用語ではない。したがって、社会を問うというのであれば、社会を生産関係に限定せず、すでに社会学で実行されているように、社会に帰属するさまざまな因子が問われるはずである。その意味で、婚姻関係や親族構造、祭儀や習俗、人口や意識や居住形態などが一九七〇年代以降、次つぎに考古学の俎上にのぼり、これらが結果として社会像を豊かにしてきたのは、当然の成り行きであった。また、C・レンフリューによるサブシステムの相互関係としてのミケーネ社会の復原(64)、日本では社会学者の高田保馬の体系は、個別研究の成果を社会復原に結びつけるモデルを提出した点で、加えて、マルキシズムの生産関係論や上・下部構造論に代わる新たな社会像を示した点で、評価されるはずである。

ところが、物質資料を研究対象とする考古学の場合、社会復原には限界がある。技術を復原し、モノの大小、多寡、種類、精粗で階層の上下を識別する域にとどまるならば、考古学は大いにその特色を発揮し、これがまたマルキシズム的社会観にかなってもいたのであるが、婚姻関係や親族構造、精神文化などをもの言わぬモノで復原することは容易でない。不可能ではないし復原に向けて不断の努力が傾注されてはいるが、確実性という点に問題を残しているのが残念な現状ではなかろうか。分析科学のさらなる発達によってこの問題の解決される日が、早晩訪れるのかもしれないが、現在実行されているもうひとつの解決方法があるので、それを取り上げたい。それは、民族・民族誌調査の結果や、文献資料などによって実態が比較的判明している社会例に着目して、関連する情報を援用する方法である。この方法自体は考古学の方法のひとつとして早くから認められきたが、しかし民族・民族誌研究が肥大して一研究領域を形成している現状をみると、吟味なく個別データへ安易に便乗することは避けるべきであろうと思う。

民族・民族誌研究のデータを積極的に援用しようとする考古学の一流がある。これはエスノ・アーケオロジーすなわち民族考古学の名称をもって欧米で一学派を形成している。この方法の適否について論議がかわされているが、結局は「現在の行動情報を使って解釈を行わない限り、考古遺物・遺跡はどこまで行ってもただの物質にしかすぎない」という言がその学的根拠をよく表している。(65) すなわち、社会進化論を前提にしなければ、民族考古学は成立しないということである。民族・民族誌学の対象とされた社会には変動という意味での歴史が欠落しているか、あるいは、変動が緩慢なために「進歩」の途中段階にあるとみることによって、考古学上の時代への援用が可能になるからである。人間に対して知能が「遅れる」という表現を戒めなければならないのと同様に、民族・民族誌学上の社会を「遅れた」社会、「化石化した過去」とはいえない。民族考古学批判としてこの点はすでに指摘されていることであり、進化論については次節で述べるので多くはそれらに譲り、ともかく、考古学者が民族・民族誌学上のデータを援用する場合、このような陥穽が隠れていることを自覚すべきであろう。

話を戻すと、マルキシズム的社会観が一九七〇年代を境に社会分析の手法に転じたことを指し、歴史叙述を紡ぎ出す考古学者の意識のなかで事実的時間の観念が稀薄になったことを述べた。また、分析科学の発達に依拠しつつ、方法上の問題を内包する民族考古学の成果を取り入れつつ、過去の社会の諸因子を忠実に復原しようとする動きについても言及した。どの史観に則るにせよ、過去の社会の復原は必要なことであるが、しかし、目的的に過去を手繰りよせていた史観そのものが、L・アルチュセールの構造主義的マルキシズムに倣う動きが一部で見られるにせよ、ほとんど消失したように思われる。未来を展望し過去を記憶する事実的時間のなかから未来への展望が脱落し、ひたすら過去に向かう一方向的指向が、こうしてあらわになったのである。

このことは一方においてアカデミズムの発達を促し、過去の社会像を多面的に精細に浮かび上がらせるにちがいない。それはしかし、もう一方において専門別の細分化が進むことであり、その趨勢はすでに現実になりつつある。かつてのマルキシズム考古学のような現実社会との熱い抱擁を再現することは難しいであろうし、筆者の主張もそこにはない。それよりも、事実的時間を再措定させ、細分化が進む専門領域を貫いて、人間像を新たに構築することが望まれるのではなかろうか。その意味で、ニューアーケオロジーの思潮が大勢として人間論へ向かいつつあることは、この予兆のように思われる。

第三節　「興隆」の考古学

社会進化論の展開　揶揄混じりの弁を投げかけられるほど考古学者に進化論的指向が強いことを先に触れたが、その言を吐いたのは西アジア古代史家のN・ヨッフィである[66]。確かに筆者にも思いあたるところがあるので、これはフィールドの場所を問わず考古学者一般の通性といえるであろう。土中に人間活動の痕跡を求め、痕跡が濃いほど高く評価する指向があるからである。しかし、少し身を引いて考えてみると、この指向は考古学者だけにとどまらない。近代社会全体が共有している価値観であることが、後述する歴史教科書の記述ぶりや、経済的拡大を競う国際情勢をみてもわかる。考古学者の指向を弁護するつもりはないが、その指向の根は近代的価値観に発しているのである。考古学が近代科学として出発したことを思うと、これは当然であるともいえる。

　考古学者にこのような指向を帯びさせた近代的価値観は、一八世紀のヨーロッパ啓蒙思想期に現れた社会進化という思想に淵源がある。進化という概念はギリシア時代に端を発するが、現在流布している社会進化思想の直接の先駆けは啓蒙思想期に求められる。爾来現在に至るまで、社会進化思想は変転を遂げてきたが、これを概括するならば、一八～二〇世紀前半は単系進化が主唱されて大方もこれを認め、二〇世紀中葉以降はこれが批判され、新進化論と総称される諸説が提示され、帰趨を得ない情況にあるといえる。おそらくこれからも社会進化に関する論議は、新装を重ねつつ継承されていくにちがいない。

　さて、社会進化思想が考古学に与えた影響は、研究者の指向だけにとどまらず、それをめぐる論議が歴史叙述に濃い影を落としている。そこで、考古学に関連する論議を取り上げてその変遷を辿っていくと、人間中心主義を掲げてキリスト教神学と対峙した一八世紀の啓蒙期の思想家のなかでは、社会進化という考え方は一般的であったことが、イギリスの経済学者Ａ・スミスやドイツの哲学者Ｇ・Ｗ・Ｆ・ヘーゲルの所説から知られる。すなわち、スミスは狩猟採集、牧畜遊牧、農業、商業という四段階の進化を唱え[67]、ヘーゲルは東洋を少年期、ローマ帝国を壮年期、ゲルマン世界を老年期と表現して、精神史上の進化を論じている[68]。スミスは生業、ヘーゲルは精神によってそれぞれ過去、現在の社会を一系列の進化過程のなかに押し入れたわけであるが、植民地と市場の獲得をめぐるヨーロッパ列強の争覇がすでに始まって各地の情報が飛躍的に増大し、しかも、神学の説く他律的歴史譚の否定が求められていた時代背景が、ここに刻印されている。すなわち、人間社会の自律的進化のメルクマールとして、スミスが生業に着目して最上位に商業を、ヘーゲルが精神を掲げて最上位にゲルマン民族を置いたのは、学的基盤の相違に加え、それぞれが母国を念頭においていたせいでもあろう。また進化上の初期例として、スミスが狩猟採集段階をおき、ヘーゲルはこれを無視してアジアを据えたところには、ヨーロッパ人の差別意識が表れている。

一九世紀に入ると、イギリスの博物学者C・R・ダーウィンによる『種の起源』（一八五九年）の刊行が特筆される。(69)ダーウィンは自説の形成にあたってA・スミス『国富論』（一七七六年）の影響を受けたといわれているので、(70)社会科学からいうと逆移入になるが、ともかく生物進化を変異と自然選択とによって説明するその論述は、既存の社会進化論を鼓舞し強化して、一般に浸透させた。すなわち、社会を生物になぞらえ、自然選択を適者生存と読み替えたうえで、一から多へ、単純から複雑へ向かう社会進化を説いたイギリスのH・スペンサーの社会有機体説が、ヨーロッパに流布し、日本やアメリカでも大いに受け入れられた。日本やアメリカはともに開拓を掲げた若い国民国家であったことを考えれば、そのすみやかな受容は納得がいく。(71)

この時代の数多くの社会進化論の著述のなかで、考古学に関する筆頭はアメリカのL・H・モーガンの『古代社会』（一八七七年）であろう。(72)このなかで、野蛮、未開、文明という社会進化の段階が設けられているが、段階分離の基準になったのは主に生産技術である。すなわち、野蛮段階の火の使用と弓矢の発明、未開段階の土器発明、動物飼育、日乾レンガ・石材使用、灌漑、鉄の生産と使用、文明段階の文字使用である。公刊が『古代社会』に二年先行する福沢の『文明論之概略』に野蛮、半開、文明という区分の記述があるので、段階設定はモーガンの創案ではなかったであろうが、それでもエンゲルス晩年の著作『家族・私有財産・国家の起源』（一八九一年）がこれを踏襲し、生産技術の進歩を重視したことは、産業革命以来、生産技術の進歩が進化を決定づけることに広汎な理解が得られるようになった一九世紀の変化を映している。同時代にはE・デュルケームの説く団結による社会進化論もあるが、モーガン・エンゲルス流の進化論は、一八三八年公表のトムセンの三時代法とあいまって、生産技術の探求を考古学上の課題に浮上させた。

この課題を考古学的叙述として実現させたのが、イギリスのV・G・チャイルドであった。農耕牧畜や金属生産が西アジアに起源し、それがヨーロッパへ伝播したことを説いて学界の注目を集めた彼が、一九三六年刊行の『文明の起源』のなかで、農耕の発生と都市の出現をそれぞれ「革命」と名付け、人類史のうえで大きな評価を与えたことはよく知られている。(73)生産技術の進歩によってイギリスが大変革を遂げた産業革命に倣った呼称であろうが、ロシア革命ともだぶるこの挑発的な命名とともに彼の学説は、後代の考古学者を刺激し強い影響を与えた。しかし彼も時代の子であった。同書のなかで彼は進化について、生物学の進化と歴史家のいう進化とが同種のものであると述べて、種の繁栄すなわち人口の増加によって進歩を説明し、その例として一六～一九世紀のイギリスの人口を取り上げる。そうして、一八世紀後半の産業革命による人口の急増を、進歩の実例として評価するのである。しかし、工場制度による労働環境の劣悪さには言及しながら、エジプトやインドのような、産業革命を革命たらしめてイギリスに富をもたらした植民地、従属国の過酷な情況や、彼の論述の糧となった西アジアやエジプトの遺跡での乱掘については、いっさい触れていない。

チャイルドの革命論はなお構想の域にとどまり、その検証が西アジアのフィールドで実現するのは第二次世界大戦後のことである。そこでJ・ブレイドウッドが農耕牧畜の開始問題を掲げて、一九四八年からイラクでジャルモ遺跡などを調査して土器出現前の農耕村落址を発見し、チャイルドのオアシス理論に代わる、メソポタミア外縁の肥沃な三日月地帯に起源する天水農耕説を唱えたことは、(74)すでに旧聞に属するので立ち入らない。また、K・M・ケニヨンがイスラエルのイェリコ遺跡で無土器新石器段階の都市址を発掘し、両者の間で都市の出現をめぐって一九五〇年代に激烈な論争が起きたことも、(75)本項の主旨からすると贅言にあたるので詳述しない。ともかく農耕牧畜と都市の出現問題は、二〇世紀以後における西アジア考古学の中心課題となって、日本を含む各国の調査隊を発起させたのである。

この一事からもチャイルドの影響の大きさを窺い知ることができる。

この問題はアメリカ大陸においても追究された。そうして、西アジアと比較しつつ文明出現の道程を辿り、共通するメカニズムを抽出しようとするR・M・アダムスに代表される研究を生んだ。(76) モーガン批判に立つボアズ流の個別実証主義的な、アメリカ大陸重視の内的な人類学が後景に退き、かわって擡頭した新進化主義の影響を受けて、単系進化に基づく一種の普遍史を指向する動きが、アメリカ考古学のなかで始まったのである。第二次世界大戦後のアメリカが、ソ連と対峙しつつ圧倒的存在感を誇示するようになった変化をこれに重ねるならば、新進化主義の擡頭、普遍史への指向は頷けるし、農耕牧畜と都市の出現という進化主義的テーマがそこで重視されたのも納得がいく。

ところで、進化論に関連する論説をもうひとつ加えておくと、それは科学とイデオロギーとの関係を問う科学史という領域の議論である。すなわち、科学がアプリオリに普遍でも善でもなく、同時代のイデオロギーがからみついているという主張であり、両者の関係の如何を問題にする科学哲学などの立場に立った議論を指す。欧米では一九八〇年代から日本では九〇年代から擡頭したこの領域は、本来イデオロギーと親和性が強い人文科学はもとより、客観的でそれと関連が薄いようにみえる自然科学をも対象とし、科学総体の相対化をめざしているのである。

そもそも科学 Science という語が英語に定着したのは一七世紀初めであり、知識のなかの或る特定の部分を指すような特別の意味をもち始めるのは、一九世紀半ば近くであるらしい。一七世紀というと、ニュートンによる万有引力の発見など後代に繋がる重要な発見があいついだ時期であり、一八世紀には産業革命を生んだ蒸気機関の発明やヴォルタによる電池原理の発見があった。そうして一九世紀に入ると、ファラデーによる有線電信機の実用化、ベルによる電話機、エディソンによる蓄音機、白熱電球、活動写真の発明など、科学の実用面での応用が著しく進み、科学万能の観を呈した。まさに社会が科学を導き、科学が社会を変えつつあったわけである。科学者という現在に続く職種がこの頃に生まれたというのも頷ける。

したがって科学史の立場からみると、一九世紀にモーガンの『古代社会』が生産技術によって発展段階を区分し、エンゲルスがそれに倣ったのも、また、科学技術の発達がさらに著しかった二〇世紀にチャイルドが新石器・都市革命論を唱えたのも、時代の息吹きを受けたということができる。(77)

さて、第二次世界大戦後の社会進化論の展開は、単系進化説と多系進化説とに分かれて始まった。単系進化説といっても、欧米社会を最上位におくかつての露骨なそれではない。たとえば、L・ホワイトは人力に始まって原子力に至るエネルギーの獲得法と消費量、G・レンスキーは情報量とその使用、T・パーソンズはシステム理論をそれぞれ進化の基準におく。これをみると、戦後社会とりわけアメリカでの動向を色濃く映していることが察せられる。過去の単系進化説にみられたキリスト教的、ヨーロッパ中心的、生産技術論的色彩は、戦後社会の動向を汲んで塗りかえられたわけである。

他方、多系進化説については、O・シュペングー、K・ヤスパース、A・J・トインビーを先駆けとするが、考古学に直接影響を与えたのは、論説が新進化主義の名で呼ばれている戦後のM・サーリンズとJ・H・スチュワードであろう。すなわち、サーリンズは生物学の進化系統樹になぞらえて、社会進化を一般進化と特殊進化に分けて説き、(78)スチュワードは、異なった環境と技術が異なった種類の適応を促し、こうして文化が多系的進化を遂げたとみる。(79)もっともスチュワードの場合は、多系進化を前提としつつ同時に多系間の類似性や規則性を抽出しようとする点で、普遍史を指向している。これがアダムスらの考古学者の支持を得てフィールドで実践されるとともに、ニューアーケオロジーのプロセス考古学として一潮流を形成することにもなった。その意味で、スチュワードを単系進化論者としたB・G・トリッガーの指摘は、的を外していない。(80)

スチュワードが考古学に与えたもうひとつの影響は、文化生態学の祖と称されているように、生業、技術、居住形態などの「文化の核」は環境によって強く規定されるので、この核に焦点を合わせることによって、環境と文化との関係、文化進化の過程が明らかになるという、文化進化を環境への適応とみる視点を提供したことである。古典期マヤ文明に関する崩壊原因説の推移を辿ったR・R・ウィルクによると、戦争原因説がヴェトナム戦争当時の一九六〇年代後半に抬頭し、環境悪化や自然破壊が甚だしくなり始めた七〇年代に環境・宗教原因説が有勢になる。したがってこの変化は、アメリカ合衆国の重要な政治問題を反映しているという。[81]スチュワードが自らの立場を開陳したのは一九七〇年以前であるが、七〇年代に深刻化した環境悪化が考古学者をウィルクの指摘のように生態重視へ導いた結果、スチュワードの視点がいっそう強い影響力をもつことになったのであろう。生物進化の最上位を占める人間が自然に立ち向かい、圧服させるところに人間活動の意義を見いだしていた伝統的人間中心主義に、こうして揺らぎが見え始めたのである。

また、進化を大筋で承認していたトリッガーが遺著 *Understanding Early Civilizations*（二〇〇三年[82]）でS・ミズンの『心の先史時代[83]』などを引いて、進化の認知心理学的・生物学的研究方向を評価して、末尾で次のように述べている。すなわち、

社会的な文化的な現象は独自の特質を有し、心理学または生物学の用語でそのことごとくを説明することはできない。しかし、進化心理学や進化神経科学上の発見を注意深く考慮しなければ、人間の行動あるいは社会や文化の性質は理解できない（拙訳）

と説き、従来型の進化論からの離脱に言及している。社会や文化に包摂された存在から、心をそなえ生理活動を行う存在へと人間観が転換しつつある現今の時流を映していると考えれば、この言及は示唆的である。

社会進化論の受容　日本に社会進化論が紹介されて流布したのは、民権運動が盛んで維新政府の体制が揺らいでいた明治期前半であった。欧米とりわけイギリスに範を求めて、科学技術の進展をはかりスペンサー流の適者生存を掲げる国権的方向と、フランスに範をとって、無政府状態→君子専断制→立憲制→民主制という政治上の進化論を立憲

運動の寄辺とする民権的方向とが対立しつつ、ともに社会進化論に依拠していたのである。しかし、天賦人権説を捨てて適者生存説へ転向した加藤弘之はますます顕官の途を歩み、他方、天賦人権説に立って民主制を進化の終極とした中江兆民は、主義と現実との落差のなかで孤立を深めていった。二人の人生の明暗が物語っているように、明治期の社会進化論は、洋才模倣と適者生存のうえに、国家間競争が社会発展を促すとするE・ヘッケル説を加えた社会進化論が、明治二三年（一八九〇）の議会開設以降、国是に沿う論説として選別されていった[84]。

日本では受容以降、四半世紀の選別期を経て国是化されるほど容易に、社会進化論が流布した。これに対して中国では、その受容に抵抗があったという。この点を指摘して対比を試みた丸山眞男は、

> ダーウィニズムが中国においては永遠不易の「道」の伝統の強靭な抵抗に遭遇し、それだけ革命的な役割を担ったのに対し、日本では明治初期にそれが輸入されると間もなく「進歩」観を併呑して無人の野をゆくように蔓延し、在朝・在野を問わず、国体論者から「主義者」までを吸引した……

と説く[85]。そうして「このコントラストを解明する一つの鍵」として、「つぎつぎになりゆくいきほひ」という終極目標のない単線的な継起が日本の歴史を貫いていたこと、この古層の「執拗低音《バッソオスティナート》」が進化論の表象と奇妙にも相性があうことになったことをあげた。

筆者は前著『倭の比較考古学』で、霊威観と斎忌観とが、それぞれの濃淡によって地域色を現出させつつ、倭の基層文化として存続してきたことを論じた。そうして、霊威観が丸山のいう古層と結ばれることを、考古学上の資料によって示した。中国での抵抗の要因として「道」を丸山があげたことには少し異論があるし、共和国成立後の進化論の高唱についても共産党政権による教育の結果というだけにとどまらないように思うが、ともかく、明治期の日本における社会進化論のすみやかな流布は、霊威観の伏在からみても頷ける。

ところが、日本の考古学のなかで社会進化に則った論説が提出されたのは意外に遅く、昭和期をまたなければなら

なかった。考古学資料の整備と時代区分の設定に時間を要したからであろうが、考古学者の歴史意識の成熟も関わっていた。もとより、時代区分の呼称として先史、原史、有史（歴史）やトムセンの三時代法というヨーロッパ流の進化論的時代区分を、すでに明治期に採り入れ、大正期にはこれも進化論的色彩が濃いモンテリウスの型式学を実践に移していたので、考古学者の脳裏に進化という概念がなかったわけではない。しかし、時代区分の枠に考古学資料を盛って文化像として結実させ、新古の文化像をひとつの歴史観によって貫くためには、時間の経過が必要であった。日本の考古学を零から出発させざるをえなかった事情を考えると、先学達の遅滞を詰ることはできない。

さて、倭における文化／時代の変遷を考古学資料に基づいて社会進化論的に提示した初期の論説は、山内清男「日本遠古の文化」（一九三二年）、同「日本に於ける農業の起源」（一九三七年）、森本六爾『考古学』（一九三五年）である。[86] すなわち、縄文時代は狩猟、漁撈、採集、弥生時代は稲作の流布、大陸との交渉、古墳時代は農業の技術的進展と依存度の高進を山内は述べ、森本は、縄文時代は狩猟、漁撈、採集、弥生時代は農業の一般化、技術的進歩、弥生後期の農具の鉄器化、古墳時代は農業の集約化、牛馬の使用による労働力の増大、それに伴う古墳の発生、条里制水田の出現、分業の進展として、それぞれの時代像を描き出した。約八〇年後の今日の水準から見ると、もとより過不足は拭えないけれども、ともに生産技術の進歩を骨格に据えている点が注意を引く。

荒畑寒村によると、モーガンの『古代社会』を始めて読んだのは一九一二年（大正元年）で、昭和期の初めにこれを翻訳出版して数版を重ね、最近の戦争（太平洋戦争―筆者注）の勃発と同時に発行を禁止された、という。[87] またエンゲルスの『家族・私有財産・国家の起源』は、初訳が一九二二年（大正一一年）、次訳が一九二七年（昭和二年）で、この次訳が一九二九年（昭和四年）に岩波文庫に収められたことを、筆者の手元にある同書の訳者、戸原四郎が解説で記している。したがってこれらの経緯からすると、山内、森本とも二書を手にしようと思えば難しくはなかったにちがいない。[88] 森本論文の題目からみて筆者としては『古代社会』の方を着想の原点として推したいが、いずれにせよ、考古学資料による初期の通史がこうして生産技術を重視する進化論的構成をとったことは、敗戦後に歴史学界を風靡し考古学界を染めたマルキシズム史学あるいは唯物史観の先蹤をなした点で、学史上の意義が大きい。なお、執筆当時ともに三〇歳代前半で、身分的にも経済的にも恵まれていなかった両者が、社会主義思想に傾倒していた形跡はない。モーガンの、ことによればエンゲルスの、生産技術に基づく社会進化論に構想の種を求めたのは、物質資料を扱うという考古学の性格によるのであろうが、欧米の思潮を倣う明治期以来の伝統上に位置する。

さて、敗戦後の考古学における社会進化論の展開は、動的進化論と静的進化論との二方向にこれを大別することができる。すなわち、進化の要因や構造を問う why 論と、進化段階の設定に力点をおく how 論とである。動的進化論の代表格として、生産力、生産関係、社会構造に焦点をおいた近藤義郎の一連の仕事があげられる。また小林行雄「古墳時代文化の成因について」（一九五二年）が、

……鉄器の普遍化こそは、それによってもたらされる生産力の急激な増大を基礎として、無階級社会から階級社会への道を徐々に歩みつつあった古代日本の動向を急速に推し進めた一因であったとすれば、鉄器使用の普遍化が弥生時代の生活をその後期を以て終らしめ、新しい構成の古墳時代を築き上げることを可能にしたということも、かならずしも奇矯にすぎる表現ではあるまい。

と説いた論調も、動的進化論色に彩られた例である。[89]

これに対し静的進化論として、先述したホワイトの発展段階説を石田英一郎が紹介し、同説に依拠しつつ縄文時代を「古期」、弥生時代を「形成期」、古墳時代以後を「古典期」にあてることを提唱した。[90] また井上光貞は、M・ウェーバー、先述のアダムスの発展段階論に則って、倭の古代の変遷を再整理しようとした。[91] ウェーバーは多系進化論、ホワイトとアダムスは単系進化論という違いはあるが、いずれにせよ倭の原始古代を人類進化のなかに位置付ける初期の試みとして注意される。その後、サーヴィスやクラエッセンらの人類学者が構築した発展段階に倣って倭の原始古

代像を社会進化論として再構築する試みが、一九七〇年代を境に退潮を見せたマルキシズム史学に代表される動的進化論にかわって、抬頭したことはすでに述べたが、これらもまた静的進化論に属する。

　それでは、日本の考古学者さらには古代史家がこれほどまでに社会進化論に接近する理由は、いったいどこにあるのであろうか。理由のひとつは既述したように丸山の説く古層に帰着するであろうが、もうひとつとして歴史教育をあげたい。前著で、旧制中学から新制高等学校の現在に至る日本史教科書を取り上げ、それらの記述ぶりが、明治期に始まる時代の変転をその推移のなかに色濃く反映しつつ、全体として、日本という閉じられた国民国家観の再生産に貢献してきたことを指摘した[92]。そこで世界史教科書に眼を向けると、敗戦前に世界史という教科名は一般的でなく、支那史のちの東洋史と、万国史のちの西洋史とに分かれていた。客観性に富んだ明治期の桑原隲蔵『中等東洋史』に始まり、大東亜建設を呼号する太平洋戦争末期の『中等歴史㈠』前編に終る昭和二〇年までの東洋史教科書の記述ぶりの変遷は、欧米に伍して大陸侵出をはかり、対抗して主導権の獲得を企て、それを皇国の使命として正当化するに至った侵出史が浮かび上がってくるのであるが、本項の主旨からいえば、敗戦前の「西洋史」ならびに戦後の「世界史」の記述が論点となる。

　すなわち、現行の「世界史」教科書の代表格『詳説世界史』改訂版（山川出版社）は、次のような構成をとる。

序　章　　先史の世界
第一章　　オリエントと地中海世界
第二章　　アジア・アメリカの古代文明
第三章　　東アジア世界の形成と発展
第四章　　内陸アジア世界の変遷
第五章　　イスラーム世界の形成と発展

第六章　ヨーロッパ世界の形成と発展
第七章　諸地域世界の交流
第八章　アジア諸地域の繁栄
第九章　近代ヨーロッパの成立
第一〇章　ヨーロッパ主権国家体制の展開
第一一章　欧米における近代社会の成長
第一二章　欧米における近代国民国家の発展
第一三章　アジア諸地域の動揺
第一四章　帝国主義とアジアの民族運動
第一五章　二つの世界大戦
第一六章　冷戦と第三世界の自立
第一七章　現代の世界

近現代を除いて章の見出しに「形成と発展」、「展開」、「成長」のような進化論的語句を連ねる風は、他の「世界史」教科書にも大同小異でみとめられる。管見に触れた「世界史A」三種、「世界史B」五種のなかで、「危機」、「衰退」、「分裂」のような反進化論的語句は、章の見出しになく、節や付記に散見される。これは現行の「世界史」教科書の基本的コンセプトが、社会進化であることを示唆しており、歴史的推移を詳述する「世界史B」において、この傾向が著しい。

それでは明治期以降、いつからこの傾向が顕著になったのか、この点についてまだ成案を得ていない。昭和三八年（一九六三）検定の『高等学校世界史B』（好学社）はすでに進化論色に染まっており、昭和一九年の『中等歴史㈠』

後編も同様である。しかし、明治期の『中等教科世界史綱』（明治三六年）などには、相対的に進化論色が薄い。大正期の『中等西洋史』（大正一四年）の例言に、「西洋文明の進展、殊に現代文明のよって生ずる点についての解説に工夫を用いた」とあるらしいので、大正～昭和初期から進化論色を濃くしていったのではなかろうか。日本史の教科書の記述の改変も隔たらない頃であることを考えると、その可能性は低くない。

進化論と反進化論　社会進化論には単系進化論と多系進化論、動的進化論と静的進化論があって時代の推移と同調しつつ展開し、考古学は日本も含めてそれぞれの論に強い親和性をみせてきた。しかし進化論には、それに反対するアンチの立場すなわち反進化論が伴っている。既述分と一部重複するが、ここであらためて、正反それぞれを代表する論を取り上げ、時代背景を添えつつ紹介する。既述分の不足を補うとともに、次節で筆者の立場と本書の問題意識を鮮明にしたいからである。

エスノセントリズムすなわち自集団中心主義の進化論からまず始めると、スペンサーやヘーゲルによって代表される露骨な単線的発展段階説が、重商主義と産業革命によって繁栄した一九世紀の歴史的所産であることは論をまたないが、この種のエスノセントリズム的進化論は、一九世紀に生を享けたマルキシズムにも、二〇世紀のＷ・Ｗ・ロストウの所説にも影を落としている。植村邦彦に倣って両者を俎上にのせると(93)、マルキシズムの場合、無階級社会→家父長制原始社会→奴隷制社会→農奴制社会→資本主義社会という、共産主義社会の実現を念頭においた段階説がこれにあたる。これがマルクスの真意であったのかどうか、アジア的生産様式の扱いにからむ問題が介在するようであるが、ともかくここには、資本主義の先進地であるヨーロッパの存在が刻印されており、その後進地は必然的に遅れた状態にあるということになる。

他方、二〇世紀に社会主義化したソ連や中国などは、歴史的発展の先駆けであるという自負のもとに、共産社会の実現に向けて国内を変革し国際的活動を強化し、こうして資本主義国と対峙した。資本主義化が相対的に低位にとどまっていた諸地域で社会主義化が達成されたことについてはおそらく、マルキシズムの単線的発展段階説の評価をめぐる議論のひとつになったのであろうが、それを穿鑿するよりも、ともかくこの発展段階説が、敗戦後、日本の歴史学界の中心的課題を占めた時期があったといえば、その影響の大きさが察せられるであろう。書斎のなかでマルキシズム的歴史理論の構築に励みつつ、社会主義、共産主義の実現という未来を思い描くことができたのである。

もうひとりのロストウは著書『経済成長の諸段階』のなかで、国民経済の成長を五段階に分けて説明している(94)。すなわち、伝統的社会→離陸 take off のための先行条件期→離陸→成熟への前進→高度大衆消費時代であり、すべての社会はその経済的次元においていずれかにあたるという。伝統的社会とはニュートン以前の科学と技術とに基礎をおく、農業を主とする社会であり、離陸のための先行条件期とは有効な中央集権的国民国家の建設、離陸とは経済進歩を支持する諸力が拡大して社会を支配するようになること、つまり社会の近代化、成熟への前進とは持続的に経済が成長し、それを支える価値や制度に改変されること、そして高度大衆消費時代とは国民一人当たりの実質所得が上昇して衣食住の豊かさを享受する状態を指し、消費者主流のアメリカと福祉国家を実現した西ヨーロッパとがここに入る。

ロストウはケネディ・ジョンソン政権下で、一九六一〜六九年に政府の要職にあった。原著の出版が一九六〇年で、翌々年にキューバ危機が発生した。米ソ対立の激化がこのアメリカ・西欧中心の自由主義陣営的発展段階説を生んだにちがいない。また原著の出版と同年に、所得倍増を掲げた池田内閣が発足した。この点でロストウの所説は、戦後の日本の社会を方向付けたといえるし、さらに、資本主義の導入によって高度大衆消費社会を実現させつつある中国の現今の情況などの例を加えると、ロストウ説を自由主義陣営中心の冷戦の遺産とのみいうことはできない。高度大衆消費社会とは、人間の欲望を全面的に肯定して、物質的豊かさ、快適さ、便利さ、新奇さを競い、こうして消費をかきたてるところに成立する社会であるから、成立の根は人間の欲望に深くからみついており、したがって国境や民族の隔たりを容易に越えるのである。そうして、マルキシズムや社会主義が退勢をあらわにした二〇世紀後葉以降、高度大衆消費社会というゴールに向かって「国別／民族別の陸上競技＝トラックレース」に拍車がかかった感がある。(95)

　第二次世界大戦後におけるアメリカの世界展開と呼応するようにして抬頭した新進化論を次に取り上げると、サーリンズが進化を生物進化の系統樹のように一般進化と特殊進化に分けていることは先に触れた。一般進化とは「一定順位の発展形態によって例示される諸段階が長く続く過程」で、特殊進化とは「諸々の（文化―筆者注）形態が互いに結びついて歴史的に続いてゆく過程」をいう。そうして、特殊進化は「一つの環境への適応の増大を意味するが、これは、究極的には特殊進化がそれ以上進まなくなる」状態で、そうなると「あまり特殊化していない新しい形態が生まれ……この、より一般的な突然変異形態のあるものは、新しい種類の適応ないしは新しい種類の環境に対する適応の可能力をもつ」。つまり、「特定の進化段階における形態が特殊化し、適応していればいるほど、つぎの段階へ移行する可能力は小さく」、そこで、可能力に満ちた次の形態が出現する、というわけである。

　他方、一般進化上の進化は、「一つの社会的、政治的実体がもつ文化組織」を創造し、維持してゆく過程に含まれるエネルギー転換の総体から成る。そうして、特殊進化が「多くのラインにそって系統発生的、分岐的、歴史的に推移してゆく」のに対して、一般進化は「より少ないエネルギー転換からより多いそれへ、より低い統合レベルからより高いそれへ、そしてより小さい適応能力からより大きいそれへの推移」であるという。(96)サーヴィスの首長制社会論、クラエッセンらの初期国家論がこの一般進化説に沿っていることが、ここに至って知られるが、両論に対する批判はすでに述べた通りである。そこで、進化を一般と特殊に分けたことの適否はさておき、一般進化論の方に論評の矛先を向けるならば、想定された進化の過程はまぎれもなく単系進化論であり、トリッガーの表現を借りるならば、「人間行動が通文化的に規則性を有するという現実離れした確信にもとづいてい」る。(97)また、中世を一般進化から外して特殊進化扱いをしたことも問題になる。イスラム都市の繁栄や宋代における石炭の使用開始について、サーリンズがもし充分な知識を得ていたならば、このような扱いをしなかった可能性があるからである。その意味で彼の進化論は、人類史を通観したものではなく、形を変えたヨーロッパ中心史観である。

サーリンズらの進化論は、のちにポストプロセス考古学派と総称される研究者達の批判を浴びて後退したけれども、単系進化論の提出は止むことなく続き、現在に至っている。既述した情報やシステム理論に基づく進化論がそれであり、日本では、チャイルドの新石器革命論やヤスパースの枢軸時代論などを連ねて合成した、伊東俊太郎の文明論がこれにあたる(98)。

以上、こうして説の変転を概観すると、単系進化論は、啓蒙思想期に露骨なエスノセントリズムを纏って登場して以降、新装を重ね、かつてのイズム色を薄めて人類史の色を帯びつつ今に及んでいることが知られる。説としての生命はまことに長く、近代とともにあったといえる。

さて、単系進化論に対峙する案として多系進化論があり、ウェーバーがその論者のひとりであることを前に言及した。単系進化論を否定するとともにポストプロセス考古学派とも距離をおいて、多系進化論に同調するかのような弁を残したトリッガーも、そのひとりといえるであろう。他にも論者を見いだしうるが、本項の主旨は単系か多系かを議論することではない。進化論に反対する意見を取り上げて、正反の範疇に入らない第三の立場が成立しうるのかどうか、その可能性を探ることに主旨がある。

そこで反進化論に分け入ると、近代論と文明論とが見いだされる。問うた対象による相違である。他に、進化論に激しく反発し、結集か離脱かによって王朝や国家の盛衰を説明したヨッフィの実証的所説が注意を引くが(99)、その所説は世界システム論や構造主義と関連するので第五章に譲りたい。さて、近代論の例としてあげられるM・ホルクハイマー、T・W・アドルノは『啓蒙の弁証法』において、「何故に人類は、真に人間的な状態に踏み入っていく代りに、一種の野蛮状態へ落ちこんでいくのか」と鋭く問いかけた(100)。人類史が堕落へ至る歴史であるとみたルソー『人間不平等起源論』と通底するこの重い問題意識から出発し、近代文明を成立させた啓蒙思想、技術、経済的諸力の暗部を照射したのである。

C・レヴィ＝ストロースもまた、近代を問うたひとりである。一九三〇年からブラジルで現地調査を行い、アメリカ亡命を経て大戦後にフランスに帰国するまでに眼にし、『悲しき熱帯』で活写した負の近代観が、彼の人類学の原点にあることは疑いない。(101) 構造主義の祖として称えられるこの巨人のことを紹介するのは荷が重いが、彼は進化論の正反を突き破り、歴史自体を拒否した。彼はベルギーでユダヤ系の家系に生を享けた。アドルノもまたユダヤ系で、ホルクハイマーも属していたフランクフルト学派の学者達がナチスによって追放され、『啓蒙の弁証法』は亡命先のアメリカで執筆された。近代の暗部に眼を向けた彼等がこうして反進化／反歴史を掲げたことは、ナチスによる迫害に起因するにせよ、それだけでは片付けられない近代に対する重く深い省察が、その主導者の属するヨーロッパの思想界に刻み込まれたことを窺わせる。

なお、構造主義は実にさまざまな分野に影響を与え、展開をみせた。「ある体制はその中心部から乗り越えられるのではなく、むしろその周辺部から乗り越えられる」という通則のもと、近代の資本主義構成体が成立して現代に至る過程を、前近代から世界的規模で説きおこしたS・アミンの周辺革命論もそのひとつであり、(102) 既述したウォーラーステインの近代世界システム論もそれにあたるし、それを援用したアルガゼのウルク・エクスパンション論も当然その列に加わる。しかし、青年マルクスの抱懐したヒューマニズムをマルキシズムが捨て去ったように、そしてそれが社会分析の手法に転じたように、構造主義の場合もまた援用や転用の過程で、レヴィ＝ストロースの原風景である近代による人間疎外の部分は剥がれ落ちていった。その意味で、「われわれが原始社会その他を経巡るのは、ひとえにわれわれ自身の社会が隠しているものをはっきりと見るためなのである」というアルチュセールの構造主義的至言は、(103) 三木清の時間論とともに原点への回帰を我われに促している。

次に、文明総体に問題を設定した論者を取り上げると、そのひとりがO・シュペングラーである。彼は著書『西洋の没落』のなかで、世界史の形態学を提唱して、古代、中世、近代という西ヨーロッパ中心史観を排し、相対主義に立って西ヨーロッパの近代もひとつの文明とみる。そうして、

文明とは一つの文化の不可避的な運命である。……文明とは高度の人間種が可能とするところの、最も外的な、また最も人工的な状態である。文明とは終結である。文明は成ることに続く成ったものであり、生に続く死であり、発達に続く固結であり、田舎と精神的子供とに続く知的と老年、自ら石造であるとともに石化させる世界都市とである。文明とは取り消し難くも一つの終末である。

と説く(104)。つまり、文化から文明への変化には、老化と後に訪れる死が避けられない、というわけである。

この文明衰滅不可避論が公刊されたのは、第一巻が一九一八年、第二巻が一九二二年で、一九一七年の第一次世界大戦勃発当時には、すでに草稿が出来あがっていたという。したがって、同論が成立した背景は、母国ドイツの敗北でも、資本主義諸国を襲った大恐慌（一九二九～三〇年）でもない。政治的にはロシア革命や列強対立の激化を、思想・社会的には生活不安の増大とニヒリズムの弥漫をあげることができるであろうし、刊行後に惹起した大恐慌やナチズム抬頭は読者に現実感を与えたにちがいない。ナチスが本書を禁じたのも頷ける。

取り上げたいもうひとりは、文明衰滅不可避論を経済学的視点から立証しようとした、アメリカの人類学者J・A・テインターである。論の提示が現今に近いので、著書 *The Collapse of Complex Society*（一九八八）によって少し詳しく内容を紹介すると、理論上の骨子は単純で、

一　人間社会は問題解決系の有機体である。

二　社会政治の諸システムは維持するためにエネルギーを必要とする。

三　複雑化するにつれて一人当たりのコストが増大する。

四　問題解決への対応につれて、社会政治的に複雑化して投資が増え、しばしば、減少に至る限界収益点に達する。という点にある。[105]すなわち、複雑化への投資に対する限界収益が低下するにしたがって、見合う益が得られない戦略にさらに投資を重ね、その結果、想定外の危機に対処する余力を失う。また、限界収益点の低下は複雑化が人を引きつけなくなり、それに伴って、社会の分裂が進み、低投資で低収益の状態に陥り、複雑化の負荷はこうして決定的となり、社会は崩壊の淵に立たされるのだという。

ヨーロッパで三例、西アジアでエジプト古王国時代を含めて三例、南アジアで二例、熱帯アフリカで一例、北米で三例、中米で四例、南米で一例、東アジアで一例の計一八例をあげ、その広汎さと例数は理論の普遍化を可能にするうえで申し分ない。しかし例えば、エジプトやメソポタミアの例と北米原住民の例とを同列に扱って立論した点は、余りにも社会の形態が隔たるのでおそらく異論が出るにちがいない。また、それぞれの例の衰滅に関する研究上の蓄積を充分に汲んでいるとは思われない部分が、浅学の筆者の眼からみても散見されるので、この点にも不満が漏らされるであろう。しかしテインター理論の眼目は、高度資本主義社会が陥った現在の閉塞の原因を探ることにある。この点を考えると、過去の例の衰滅原因を会社倒産の事例研究かと疑わせるほど現代流の明解さで分析して見せたのは、致し方がなかったのかもしれない。各分野の専門的な研究者にはみられないこの一種の乱暴さが、本理論の魅力でもあり、裏を返せば弱点でもある。

前述の著作が発刊された一九八八年というと、ゴルバチョフのもとでソ連のペレストロイカが進捗中であり、一九九一年のソ連崩壊の前夜にあたる。シュペングラー『西洋の没落』の発刊開始がロマノフ王朝終焉＝社会主義政権誕生の翌年であったことを想起すると、ソ連の成立時と崩壊時にそれぞれ文明の不可避的衰滅を語る著述が世に出たことは、不思議な暗合である。その意味でテインター説の成立に、ペレストロイカに転舵せざるをえなかったソ連の総体的情況が影を落としていることは否定できないであろうし、一九四九年生まれという年齢から想像すると、ヴェトナム戦争、カウンター・カルチュア運動、レッドパワー運動、アメリカ経済の悪化からの影響を逸れなかったはずがない。

第四節　進化論批判―問題の所在―

はるか淵源を辿るなら、進化論はキリスト教に代表される一神教の終末思想に逢着するであろうし、反進化論は『旧約聖書』の「創世紀」が伝える人類の堕落による大洪水譚と結ばれる。しかし、進化論に順うにせよその逆を行くにせよ、進化論であることには変わりがない。それでは、かくも根深い進化論から離脱しようとすれば、レヴィ＝ストロースが開いた歴史否定の極北に身をおく以外に、道は見いだせないのであろうか。近代の申し子ともいうべき考古学は、陰に陽に進化論に加わることが宿命づけられているのであろうか。ヨッフィのように進化論を拒否して、これを帰納的に覆す方向を採るべきであるのか。技術と知識を提供して資本主義社会の侍者となるのが、無難なのであろうか。他に方途はないのか。

西アジアにおける都市の成立過程を例にあげて、その方途を探り出していくと、都市の名で呼びうる社会が呱々の声をあげるまでには、農耕の開始以降も長い道程があり、小型村落の並存、大型村落の出現、大型村落の統合という段階を経たという。西アジア考古学者の多くが大筋で一致するこれを変化の概容とすると、この曲折は一連の推移のなかで何かを得、何かを失っていった軌跡にほかならない。しかし進化論というのは、得られた何かを重視する立場をとる。すなわち、形成、興隆、達成に注目して社会的変化を論じ、こうして文明や国家の前史を描く。したがって、R・G・コリングウッドも言及しているように(106)、この曲折のなかで、衰滅した村落、忘れられた技術や習俗などの、発展の名にそぐわない総体、つまり失われた何かは、結果として軽視されることになる。また、既述したように都市の成立は非都市の成立であり、非都市民の誕生であるが、この複眼的、相対的視点も進化論からは抜け落ちている。そこで、得から失へ、造から毀へ、興から滅へ重心を移すことをもって、方途のひとつとしたい。

もうひとつは、文明、国家、社会を論議の首座からは外し、そこに人間を据えることである。すなわち、文明とは、国家とは、社会とはという問いは、近世ヨーロッパが抬頭しその影響力が拡大するなかで、史学の分野だけにとどまらず多くの方面でさまざまに論議を重ねてきている基幹的設問である。これらの設問を排除しようということではなく、人間存在へ向かう方が問いとしてより根底的であると考える。このようにいうと、「私が語らなければならないのは人間についてである」と『人間不平等起源論』の冒頭で切言したルソーの立場を復活させることを、意図しているように思われるかもしれない[107]。文明、国家、社会が論点の基幹となる以前を指す点で、たしかにルソーに帰ることになるが、人間の歴史を堕落へ向かう歴史とみる彼の所説は、脱進化論へ至る道を探る本書の主旨にはそぐわない。ルソーとの根本的な相違に言及しておくと、主体としての「私」、客体としての「人間」という、ルソーが立脚したデカルト的二元論を排して、語る「私」を問う点であり、この点は一部にせよすでに時代の子としての「私」を示すことによって果たしてきた。筆者ももとより「私」のひとりであるから、この問題については本書の末尾であらためて論じる。

それでは、上記の二点をどのように考古学に引きつければ、脱進化に至ることができるのであろうか。

人間の活動が土木や建築に強く及ぶときには活動が活発であったとみ、逆の場合には薄弱ないし稀薄であったと考えるのは、土中の資料に依拠する考古学の避けがたい現実である。率直にいうと、土木・建築活動における規模の大小、質の優劣によって、人間活動総体の活況度、さらには前述のような都市出現に至る社会的進展の度合を推し量ってきたわけである。アナトリアのギョベックリ・テペで先農耕期の大石造建造物群が出土して考古学者達を驚かせたのも、同学者のこのような抜きがたい通性と考古学の現実とに由来すると考えれば頷ける。したがって、ここに考古学の陥穽があり、進化論と親和性をもつ学的根幹が伏在するとするならば、脱進化論への道もまたここに開かれるにちがいない。

さて、考古学上に浮かび上がってくる集落には、もとより盛衰がある。そうしてその盛衰は、後述するように、広域を覆う大浪にも喩えられるほど大きな規模で一挙に興隆し衰滅する。そこで、文明、国家、社会よりも人間に、興隆よりも衰滅にそれぞれ重点をおいてこの現象を通観するとき、居住の場を去った人びとはどこへ赴いて、どのように生計を維持したのか。そうではなく、疫病や災害や戦乱などの災厄で死に絶えたのか、という疑問に衝きあたる。このような素朴なしかし揺るがせにできない疑問について想像をめぐらせると、定住という居住型態上の類型が、人間活動を復原するうえで有効性をどの程度そなえているのか、あらためて吟味する必要が生まれてくる。集落を営んで定住するのが人間活動のひとつの姿貌であるとすると、集落という寄辺を失った遊動状態はもうひとつの姿貌であり、定住が進化論を導く前提であるとすると、遊動状態は脱進化論に至る一里塚である。

しかし、遊動のなかで生きた人びとの動静を追うのは、考古学の本領から外れる。見えるモノならば語りうるが、闇は空想の世界に属するからである。そこで、闇のなかから浮かび出るかもしれないという少し楽観的な見通しを携えて、第二～第四章として準備した集落例に叙述を移し、第五章とした衰滅・流亡論の構築において、あらためてこの問題を論じることにする。始めるにあたり、筆者の乏しい学的蓄積では叙述にどうしても限界があることを、あらかじめ断っておかなければならない。熱帯アフリカ、南アジア、オセアニア、南北アメリカを除外せざるをえなかったのは、そのせいである。また、扱った年代が主に前六千年紀～後一四世紀で、旧石器時代と近現代を全面的に外さざるをえなかったのも、資料上の不備のうえに筆者の蓄積不足が加わったことによる。本書が人類史の構築をめざしたものではない点に配慮を賜わるならば、これらの叙述不足にもご海容を示していただけるのではないかと思う。

注

（1）Michaelis, A., *Ein Jahrhundert Kunstarchäologischer Entdeckungen*（Zeman, 1908）. 浜田耕作訳『美術考古学発見史』岩波書店 一九二七年。
（2）C・ピエトランジェリ「ヴァチカン美術館―ルネッサンスから現代まで―」（国立西洋美術館編「ヴァチカン美術館特別展」図録 一九八九年）参照。
（3）Fagan, B. M., *A Brief History of Archaeology : Classical Times to the Twenty-First Century*（Person Education, Inc., 2005）. 小泉龍人訳『考古学のあゆみ―古典期から未来に向けて―』（朝倉書店 二〇一〇年）参照。
（4）M・ケイギル「大英博物館一七五三―二〇〇三年」（朝日新聞社事業本部文化事業部編「大英博物館の至宝展」図録 二〇〇三年）。
（5）Berman, M., *The Reenchantment of the World*（Cornell University Press, 1981）. 柴田元幸訳『デカルトからベイトソンへ―世界の再魔術化―』国文社 一九八九年。
（6）貝塚茂樹『中国古代史学の発展』（『貝塚茂樹著作集』第四巻 中央公論社 一九七七年）。関野雄「中国」（有光教一ほか編『世界考古学事典』下 平凡社 一九七九年）。
（7）清野謙次『日本考古学・人類学史』上巻 岩波書店 一九五四年。
（8）遠藤鎮雄訳編『史料天皇陵―山陵志・前王廟陵記・山陵図絵―』新人物往来社 一九七四年。
（9）諸侯が関与した例として、元禄五年（一六九二）に行われた徳川光圀による栃木県大田原市湯津上の上侍・下侍塚古墳の発掘が管見にのぼる。松下見林の『前王廟陵記』とほぼ時を同じくし、この頃、幕府側からも陵墓探索の動きがみられるという。茂木雅博『日本史の中の古代天皇陵』慶友社 二〇〇二年。
（10）松本三之介「国学の成立」（『岩波講座日本歴史』第一二巻 近世四 一九六三年）。
（11）柏木治「革命期の文化イデオロギー―ベルナルディーノ・ドロヴェッティと文化遺産(1)―」（*The Journal of Center for the Global Study of Cultural Heritage and Culture* vol. 1. 2014）pp. 113-124によると、ナポレオンはエジプトの文化遺産について「可能な限り大量の現物と情報を、とりあえず祖国に搬送することが、自明の方針である」と述べたという。
（12）T・G・H・ジェイムズ「大英博物館古代エジプト・コレクションの歴史」（朝日新聞社・NHK編「大英博物館古代エジプト展」図録 一九九九年）。

（13）注3に同じ。
（14）E・ヴァシリカ「トリノ・エジプト博物館の歴史」（朝日新聞事業本部文化事業部・東映事業推進部編「トリノ・エジプト展」図録　二〇〇九年）。
（15）J・H・テイラー「大英博物館エジプトコレクションの沿革―ミイラを中心に―」（朝日新聞社事業本部文化事業部・小野雅弘編「大英博物館ミイラと古代エジプト展」図録　二〇〇六年）によると、一八三〇年代にミイラの包帯を公開の場で解く見世物が流行したという。
（16）一九七一～七二年、江上波夫らが引き上げようと試みたが、水没地点の特定に至らず失敗した。
（17）J・E・カーティス「アッシリアの発見」（朝日新聞社文化企画局東京企画部編「大英博物館アッシリア大文明展―芸術と帝国―」図録　一九九六年）、注3に同じ。
（18）注3に同じ。
（19）注6貝塚に同じ。
（20）倪方六『中国人盗墓史』上海錦綉文章出版社　二〇〇九年。
（21）注6関野に同じ。
（22）注7下巻　一九五五年。
（23）注9茂木に同じ。
（24）イラクの文化遺産問題については、東京文化財研究所国際文化財保存修復協力センター編『イラク文化遺産保護の地平線』（二〇〇四年）に詳しい。また、西アジア諸国については、注3有光ほか編所収の松谷敏雄らの手になる「研究・調査・文化財保護の現状」が、一九七〇年代までの情況を概括している。エジプトの遺産保存の現況は、長谷川奏・北村歳治『エジプトにおける文化遺産の保存問題―史跡整備の動向とその背景―』（早稲田大学アジア太平洋研究センターリサーチ・シリーズNo.4　二〇〇一年）に詳しい。
（25）本多勝一・長沼節夫『天皇の軍隊』朝日新聞社　一九七四年。
（26）川西宏幸『古墳時代政治史序説』塙書房　一九八八年。
（27）日本考古学協会編『第三次埋蔵文化財白書―遺跡の保護と開発のはざま―』ケイ・アイ・メディア　二〇〇五年。
（28）第四回「大学と科学」公開シンポジウム組織委員会編『文明発祥の地からのメッセージ―メソポタミアからナイルまで―』

一九九〇年。

（29）野澤秀樹「環境と文明—ヴィダル・ド・ラ・ブラーシュ地理学研究のための覚書—」（岡崎敬先生退官記念事業会編『東アジアの考古と歴史』上　一九八七年）。この範疇はすでにイブン＝ハルドゥーン（森本公誠訳）『歴史序説』にみられるので、一四世紀に遡る。

（30）綿貫哲雄『新訂社会学通論』（大明堂　一九五七年）が、通有の文明・文化観として取り上げている。

（31）Schmidt, W. und W. Koppers, *Völker und Kulturen*（Rebensburg : Josef Habbel, 1924）. 大野俊一訳『民族と文化』河出書房新社　一九七〇年。

（32）Elias, N., *Über den Prozeß der Zivilisation : Sogiogenetische und Psychogenetische Untersuchungen*（Francke Verlag, 1969）. 赤井慧爾ほか訳『文明化の過程—ヨーロッパ上流階層の風俗の変遷—』法政大学出版局　一九七七年。

（33）Braudel, F., *Grammaire des civilizations*（Arthaud-Flammarion, 1987）. 松本雅弘訳『文明の文法』Ⅰ・Ⅱ　みすず書房　一九九五年。

（34）福沢諭吉『文明論之概略』一八七五年。松沢弘陽校注（岩波書店　一九九五年）参照。なお、勝海舟『氷川清話』に「旧幕は野蛮で今日は文明ださうだ。……文明の大仕掛で山を掘りながら、その他の仕掛はこれに伴はぬ……」（江藤淳・松浦玲編　講談社　二〇〇〇年）という足尾鉱毒問題を取り上げた一文がある。和魂洋才批判として福沢と通底する。

（35）Guizot, F., Histoire de la civilization en Europe（1928）の英訳本（一八四二年刊行）を福沢は使ったという。

（36）川西宏幸『倭の比較考古学』同成社　二〇〇八年。

（37）Wallerstein, I., *The Modern World-System : Capitalist Agriculture and the Origins of the European World-Economy in the Sixteenth Century*（Academic Press, Inc., 1974）. 川北稔訳『近代世界システム—農業資本主義と「ヨーロッパ世界経済」の成立—』Ⅰ・Ⅱ　岩波書店　二〇〇六年。

（38）Algaze, G., *The Uruk World System : The Dynamics of Expansion of Early Mesopotamian Civilization*（The University of Chicago Press, 1993）.

（39）Abu-Lughod, J., *Before European Hegemony : The World System AD 1250-1350*（Oxford University Press, 1989）.

（40）この理論を倭に適用した著述として、B・バートン『日本の「境界」—前近代の国家・民族・文化—』（青木書店　二〇〇〇年）があげられる。また、Rowlands, M. *et al.*（eds.）, *Centre and Periphery in the Ancient World*（Cambridge University Press,

1987）や Chase-Dunn, C. and T. D. Hall, *Rise and Demise : Comparing World-Systems*（Westview Press, 1997）も考古学関連分野で管見にのぼる。

（41）植村邦彦『「近代」を支える思想―市民社会・世界史・ナショナリズム―』ナカニシヤ出版　二〇〇一年。

（42）歴史学に影響を与えたポランニーの著作として、*The Great Transformation : The Political and Economic Origins of Our Time*（Farrar & Rinehart, 1944）．吉沢英成ほか訳『大転換―市場社会の形成と崩壊―』（東洋経済新報社　一九七五年）、*Trade and Market in Early Empires*（The Free Press, 1957）などから抜粋した日本語訳として玉野井芳郎・平野健一郎編訳『経済の文明史』（日本経済新聞社　一九七五年）、*Dahomey and the Slave Trade : An Analysis of an Archaic Economy*（American Anthropological Association, 1966）．栗本慎一郎・端信行訳『経済と文明―ダホメの経済人類学的分析―』（サイマル出版会　一九七五年）がある。

（43）Wilkinson, T. A. H., *Early Dynastic Egypt*（Routledge, 1999）.

（44）Yoffee, N. and G. L. Cowgill（eds.）, *The Collapse of Ancient States and Civilizations*（The University of Arizona Press, 1988）p. 1

（45）増田四郎ほか『共同研究・古代国家』啓示社　一九四九年。

（46）石田英一郎編「日本民族＝文化の源流と日本国家の形成」（『民族学研究』第一三巻第三号　一九四九年）。

（47）石田英一郎ほか『日本民族の起源』平凡社　一九五八年。

（48）注31に同じ。

（49）Oppenheimer, F., *Der Staat*（1907）．広島定吉訳『国家論』一九二九年。

（50）小林行雄「上代日本における乗馬の風習」（『史林』第三四巻第三号　一九五一年）。

（51）藤間生大『日本民族の形成―東亜諸民族との連関において―』岩波書店　一九五一年。

（52）池田元「全共闘世代の『自己否定』的認識」（『年報日本史叢』一九九八　一九九八年）、池田元『丸山思想史学の位相―「日本近代」と民衆心性―』（論創社　二〇〇四年）に再録。

（53）近藤義郎編『佐良山古墳群の研究』第一冊　一九五二年。

（54）今井堯・近藤義郎「群集墳の盛行」（近藤義郎・上田正昭編『古代の日本』第四巻　中国・四国　角川書店　一九七〇年）。

（55）Service, E. R., *Primitive Social Organization : An Evolutionary Perspective*（Random House, 1971）．松園万亀雄訳『未開の社

会組織』弘文堂　一九七九年。

(56) Morgan, L. H., *Ancient Society: Or Researches in the Lines of Human Progress from Savagery through Barbarism to Civilization* (1877). 荒畑寒村訳『古代社会』上・下巻　角川書店　一九五四年。荒畑のあとがきによると、昭和初期に翻訳出版して版を重ねたが、発行禁止になったという。

(57) Claessen, H. J. M. and P. van de Velde (eds.), *Early State Dynamics* (Studies in Human Society vol. 2. E. J. Brill. 1987) pp. 1–23

(58) 田辺元（藤田正勝編）『種の論理』田辺元哲学選Ⅰ　岩波書店　二〇一〇年。

(59) 以上の記述は、高田保馬『社会学概論』（岩波書店　一九二二年）、注30を参照。

(60) Durkheim, É., *Les Formes élémentaires de la vie religieuse: Le système totémique en Australie* (Libraire Félix Alcan, 1912). 古野清人訳『宗教生活の原初形態』岩波書店　一九四二年。

(61) 注59高田に同じ。

(62) 三木清『歴史哲学』続哲学叢書　第一編　岩波書店　一九三二年。

(63) 西嶋定生「古墳と大和政権」（『岡山史学』第一〇号　一九六一年）。

(64) Lenfrew, C., *The Emergence of Civilization: The Cyclades and the Aegean in the Third Millenium B. C.* (Methuen & Co. Ltd., 1972).

(65) 民族考古学研究会編『民族考古学序説』同成社　一九九八年。

(66) 注44に同じ。

(67) Smith, A., *An Inquiry into the Nature and Causes of the Wealth of Nations* (1776). 水田洋監訳・杉山忠平訳『国富論』（岩波書店　二〇〇〇・二〇〇一年）の第五編第一章参照。

(68) Hegel, G. W. F., *Vorlesungen über die Philosophie der Geschichte* (1837). 長谷川宏訳『歴史哲学講義』（岩波書店　一九九四年）の序論E世界史の時代区分参照。

(69) Darwin, C., *On the Origin of Species: By Means of Natural Selection or the Preservation of Favoured Races in the Struggle for Life* (1859). 八杉龍一訳『種の起源』上・下　岩波書店　一九九〇年。

(70) 横山輝雄「進化理論と社会―歴史的・理論的展望―」（柴谷篤弘ほか編『講座進化』2　進化思想と社会　東京大学出版会

一九九一年)。
(71) 中国では「生存競争」と「自然淘汰」が救国思想の啓蒙に結びついたという。小川真理子「比較文明論と進化論―進化論受容の比較研究―」(『比較文明』五　特集文明と都市　一九八九年)。
(72) 注56に同じ。
(73) Childe, V. G., *Man makes Himself* (Spokesman, 1936). ねず・まさし訳『文明の起源』上・下　岩波書店　一九五一年。
(74) Braidwood, R. J. and B. Howe, *Prehistoric Investigations in Iraqi Kurdistan* (The University of Chicago Press, 1960) ; Braidwood, R. J., *Prehistoric Men* (William Morrow & Co. Inc., 1964).
(75) *Antiquity* vols. 24, 26, 30, 31 and 33 参照。
(76) Adams, R. M., *The Evolution of Urban Society : Early Mesopotamia & Prehispanic Mexico* (Weidenfeld and Nicolson, 1966).
(77) The Smithsonian Institute (ed.), *Knowledge among Men : Eleven Essays on Science, Culture and Society* (Simon and Schuster, 1966). 荒正人訳『現代文明と科学』法政大学出版局　一九六九年。
(78) Sahlins, M. D. and E. R. Service (eds.), *Evolution and Culture* (University of Michigan Press, 1960). 山田隆治訳『進化と文化』新泉社　一九七六年。
(79) Steward, J. H., *Theory of Culture Change : The Methodology of Multilinear Evolution* (University of Illinois Press, 1955). 米山俊直・石田紘子訳『文化変化の理論―多系進化の方法論―』人類学ゼミナール一一　弘文堂　一九七九年。
(80) Trigger, B. G., *Early Civilizations : Ancient Egypt in Context* (The American University in Cairo Press, 1993) p. 6　川西宏幸訳『初期文明の比較考古学』同成社　二〇〇一年。
(81) Wilk, R. R., The Ancient Maya and the Political Present (*Journal of Anthropological Research* vol. 41 No. 3, 1985) pp. 307-326
(82) Trigger, B. G., *Understanding Early Civilizations* (Cambridge University Press, 2003).
(83) Mithen, S., *The Prehistory of the Mind : A Search for the Origins of Art, Religion and Science* (Thames and Hudson Ltd., 1996). 松浦俊輔・牧野美佐緒訳『心の先史時代』青土社　一九九八年。
(84) 鵜浦裕「近代日本における社会ダーウィニズムの受容と展開」(注70柴谷ほか編)が、加藤に焦点をあてて、社会進化論の日本での受容と展開を詳述している。
(85) 丸山眞男「歴史意識の『古層』」(丸山眞男『忠誠と反逆』筑摩書房　一九九二年)。本論文は『日本の思想』第六巻「歴史

思想集」解説・第一章（一九七二年）が初出であるという。

（86）山内清男「日本遠古の文化」（『ドルメン』第一巻第四～第九号、第二巻第二号　一九三二年）。山内清男「日本に於ける農業の起源」（『歴史公論』第六巻第一号　一九三七年）。森本六爾『考古学』（『歴史教育講座』第二輯　一九三五年）。のちに「日本古代生活」と改題して、森本六爾『日本考古学研究』（桑名文星堂　一九四三年）に再録。

（87）注56参照。

（88）たとえば、細川亀市『日本原始共同体の研究』（白揚社　一九三一年）が、モーガン、マルクス、エンゲルスの著作を原書で引用している。翻訳もあったはずであるが、いずれにせよ当時、この種の著作の流布していたことが察せられる。なお、佐藤達夫編『山内清男集』（『日本考古学選集』二一　築地書館　一九七四年）の集報一一に、田中美知太郎が寄せた「山内清男と私」と題する一文によると、山内は旧制中学時代後半に生物進化論に特に強い興味をもち、また東京帝国大学選科時代にはマルクス主義やアナーキズムの外国書に接し、マルクスに批判的でアナーキズムに共感することが多かったという。

（89）小林行雄「古墳文化の成因について」（日本人類学会編『日本民族』岩波書店　一九五二年）。

（90）石田英一郎「形成期の農耕文化」（石母田正ほか編『古代史講座』二　学生社　一九六二年）。

（91）井上光貞「人類学者の発展段階説」（井上光貞『日本古代国家の研究』岩波書店　一九六五年）。本論文は一九六三年成稿という。

（92）注36に同じ。

（93）注41に同じ。

（94）Rostow, W. W., *The Stages of Economic Growth : A Non-Communist Manifesto* (Cambridge University Press, 1960). 木村健康ほか訳『増補経済成長の諸段階―一つの非共産主義宣言―』ダイヤモンド社　一九六一年。

（95）注41参照。

（96）注78に同じ。

（97）注80に同じ。

（98）伊東俊太郎「比較文明論の枠組」（『比較文明』一　特集比較文明の地平　一九八五年）。

（99）注44四四～六八頁。

（100）Horkheimer, M. und T. W. Adorno, *Dialektik der Aufklärung : Philosophische Fragmente* (Querido Verlag, 1947). 徳永恂訳

『啓蒙の弁証法—哲学的断想—』岩波書店　一九九〇年。

(101) Lévi-Strauss, C., *Tristes tropiques* (Libraire Plon, 1955 & 1993). 川田順造『悲しき熱帯』Ⅰ・Ⅱ　中央公論新社　二〇〇一年。

(102) Amin, S., *Le Dévelopment inégal : Essai sur les formations sociales du capitalisme périphérique* (Les Édition de Minuit, 1973). 西川潤訳『不均等発展—周辺資本主義の社会構成体に関する試論—』東洋経済新報社　一九八三年。

(103) Althusser, L. *et al.*, *Lire le Capital*, tome Ⅱ (Francois Maspero, 1965). のうち、アルチュセール論文を訳出した部分が、今村仁司訳『資本論を読む』中（筑摩書房　一九九七年）として刊行されている。引用はその二三四頁。

(104) Spengler, O. A. G., *Der Untergang des Abendlandes : Umrisse einer Morphologie der Weltgeschichte* (C. H. Beck, 1918, 1922). 村松正俊訳『西洋の没落』新装縮約普及版（五月書房　一九七六年）三五・三六頁。

(105) Tainter, J. A., *The Collapse of Complex Societies*, in Renfrew, C. and J. Sabloff (eds.), *New Studies in Archaeology* (Cambridge University Press, 1988).

(106) Collingwood, R. G., *The Idea of History* edited by T. M. Knox (Clarendon Press, 1946). 小松茂夫・三浦修訳『歴史の観念』紀伊國屋書店　一九七〇年。

(107) Rouseau, J. J., *Discours sur l'origine de l'inégalité parmi les hommes* (1755). 本田喜代治・平岡昇訳『人間不平等起源論』岩波書店　一九三三年。

第二章　西ユーラシアの集落形成

第一節　前四千年紀以前（新石器時代～青銅器前期）の動向

後世の人が文明と名付けた政治・経済・社会的構成体が人類史上にはじめて出現したのは、チグリス・ユーフラテス川の下流域であり、その出現に至る道程は、この地の考古学上の諸情報に則して、ウバイド期、ウルク期、ジェムデド・ナスル期にこれを分期している。すなわち、安定した停滞的な農耕村落社会であったウバイド期、祭儀や行政を司る大型建造物を中核に据えた都市と呼びうる社会が呱々の声をあげたウルク期、土地や家畜や物品を管理する目的でウルク期末に創出された文字システムが流布したジェムデド・ナスル期を経て、複数の都市で王の存在が証明される初期王朝期に続いた、というのである。そうして、ウバイド期が始まる前六千年紀中葉から、初期王朝期がアッカドの統一によって終焉する前三千年紀中葉に至る三〇〇〇年の時間がこの間を覆い、都市社会、文字システム、王の出現は大まかにいってこの間の前四千年紀後半にあたる。文明の指標とされる事象が出揃うのに要した時間は約五〇〇年であるが、前史には少なく見積っても二〇〇〇年に達する長い時間が横たわっているわけである。

ところが、支障なく推移したかにみえる文明出現への道程のなかで、集落数が後退し、突出した規模の集落が破壊され遺棄されるかたちでウバイド期が終焉したことを、M・ヴァン・デ・ミーループが指摘している(1)。また、南メソポタミアで精細な分布調査を行って画期的業績をあげたR・M・アダムスの結果によると、ウルク後期に都市の規模が縮小して村落が増加し、ジェムデド・ナスル期にこれらの村落が衰微して都市の求心力が高まり、初期王朝期の開始にあたってウルクは都市域四〇〇haを擁し、図抜けた巨容をみせるに至ったらしい(2)。つまり、ウルク期成立の前段階に集落数が減少し、ジェムデド・ナスル期前後に農村化の高進に始まり巨都の出現に至る集落形成上の変動がみられるわけである。較正年代に依拠すると、ウバイド・ウルク両期の境は前四五〇〇年頃、ジェムデド・ナスル期の成立は前三二〇〇年頃にあたる(3)。

次に、メソポタミア全域を取り上げ、前七千〜前四千年紀における集落形成の隆替と人間の移動とを気候変動と関連づけたF・ホウルの所論を紹介しよう(4)。気候変動の問題は第五章で纏めて述べるので措いて、彼が既存の結果に基づきつつ辿った集落の隆替結果をまず述べると、ウバイド期からウルク期への変化として、両期の交すなわち前五千年紀中葉前後を境にして現出する集落の縮小、数の減少という点が、メソポタミア一帯で共通する。ただし、集落が元来稀薄であった北メソポタミアの場合は、減少よりも低位での存続という方が実態にふさわしいのであるが、この頃に北メソポタミアと湾岸方面に人間が移動したという。ホウルはさらに、前五四〇〇〜前五二〇〇年の北メソポタミアにおけるハラフ文化の拡散などに言及しているが、これらのなかで注意を引くのは、ウバイド・ウルク両期の交の場合と発振地を同じくする拡散が(5)、前三八〇〇〜前三四〇〇年のウルク後期に惹起し、北・東メソポタミアに及んだという指摘である（図3）。同期に南メソポタミアの集落が縮小して農村化したことを伝えるアダムスの結果に加え、ハブーバ・カビーラ南例のような整然とした都市がウルク後期に北方のシリアで営まれた事実を考えあわせるならば、この指摘が示唆的な意味をもつからである。

ウルク後期における人間の移動の激化については、G・アルガゼのウルク・世界システム論(6)をはじめとして、交易や移住をめぐる議論が絶えない。ただ、受容側の情況を北東シリアのテル・レイランの発掘や近隣遺跡の諸調査の結

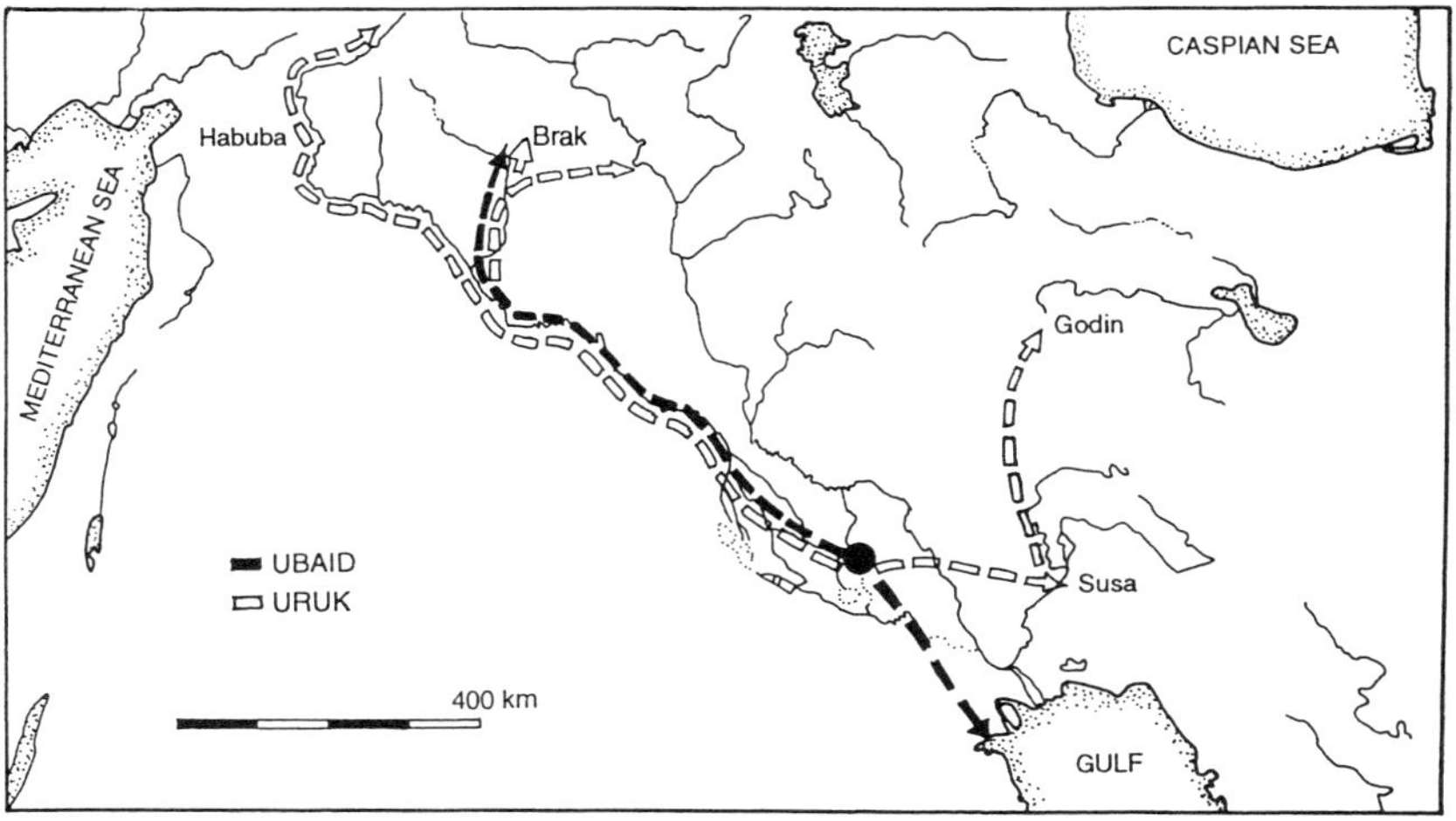

図3　ウバイト・ウルク期における南メソポタミアからの人間の移動（本章注4　Fig. 9）

果からみると、ウルク後期に南メソポタミアの植民市へ転じる前に、レイランを頂点として四九を数えていた集落がすでに八に激減していたこと、植民期が終わって前二六〇〇年頃にレイランが都市として著しい拡大期を迎えるまで、集落は小型で数も乏しかったことを伝えている。(7) 激しい乾燥化が惹起したことを窺わせるこのレイランV層期は同時に近隣集落の衰微期でもあったらしく、この衰微はまた南メソポタミアのウルク後期における農村化の高進やエクスパンションとも通じる気候変動上の問題を内包しているので、第五章の記述に委ねたい。

なお、アナトリア・シリア・ザグロス方面に展開していたウルク植民市と南メソポタミアとの接触がやがて絶えて、植民市は衰滅したとC・C・ランバーグ=カーロフスキーが説き、(8) P・M・M・G・アッカーマンズ、G・M・シュワルツが植民市衰滅後のシリア方面は農村社会に回帰し、複雑化した文字社会へ移行したイラン南西部の原エラムとこの点で相違すると述べている。(9) これらの点を勘案すると、前四千年紀後半／後葉における植民市の衰微がそれぞれの地に与えた影響の内容には、差異があったようである。

アナトリアで前五千～前四千年紀に集落の広域にわたる衰微

を見いだすことができなかったので、叙述をエジプトに移すと、集落址の検出は前四千年紀のナカダ期に集中している。近年における著述の多さが物語っているように王朝開始問題への関心が高まっているが、これらの著述のなかで、テル・アル・ファルカなどの北方デルタ地域の集落の大半がナカダⅡd期にいったん途絶え、テル・アル・イスウィドでは砂層で覆われていた、というL・ワトリンの指摘が注意を引く。(10) 前三五〇〇~前三三〇〇年にあたるこのナカダⅡ期に上エジプトの諸集落が砂漠から沖積地へ移るとともに、ヒエラコンポリスに代表される一部の集落に人口が集中して都市の体裁を整えるようになるからであり、加えて、ナカダⅢ期の0王朝期におけるいわゆるナカダ・エクスパンションに先駆けて北方への文化拡散が始まるからである（図4）。この頃に発生した乾燥化に伴うナイルの増水不足が、北方では集落の断絶を導き、南方では沖積地への移動、人口の集中と流動化を促したと考えれば、南北の動向がひとつに結ばれる。(11)

シリアを含むそれ以南の地中海東岸ならびにヨルダン川西岸のパレスチナを、レヴァントという呼称で一括りにすると、同方面における前五千~四千年紀は、土器新石器時代の一部から銅石器時代全体を含めて青銅器時代の一部に至る。この時代比定には異説があるが、土器新石器時代から銅石器時代への移行を前五千年紀中葉、銅石器時代から青銅器時代への移行を前四千年紀末として暦年代を補い、南メソポタミア編年との整合性を担保しておく。

関連する事象を管見の範囲で摘記していくと、パレスチナでは、イェリコが土器新石器時代を最後に集落形成を途絶させる。(12) この途絶が他集落も連動して広域に及んでいたのかどうか、筆者には定かでないが、ガッスル期と呼ばれる銅石器時代に入ると土器様式が一新されるので、同時代の間に集落形成上の断絶が介在した可能性があり、その年代が前四五〇〇年に近いことも、既存の年代観が較正年代によって変更をせまられている現状を考えると検討に値する。(13) この銅石器時代の集落は、青銅器時代を迎えるにあたって途絶したらしい。(14) その年代が前三五〇〇年頃であることは、研究者の間で甚だしい齟齬はおおむねないようであるから、エジプトであればナカダⅡ期前半にあたる。

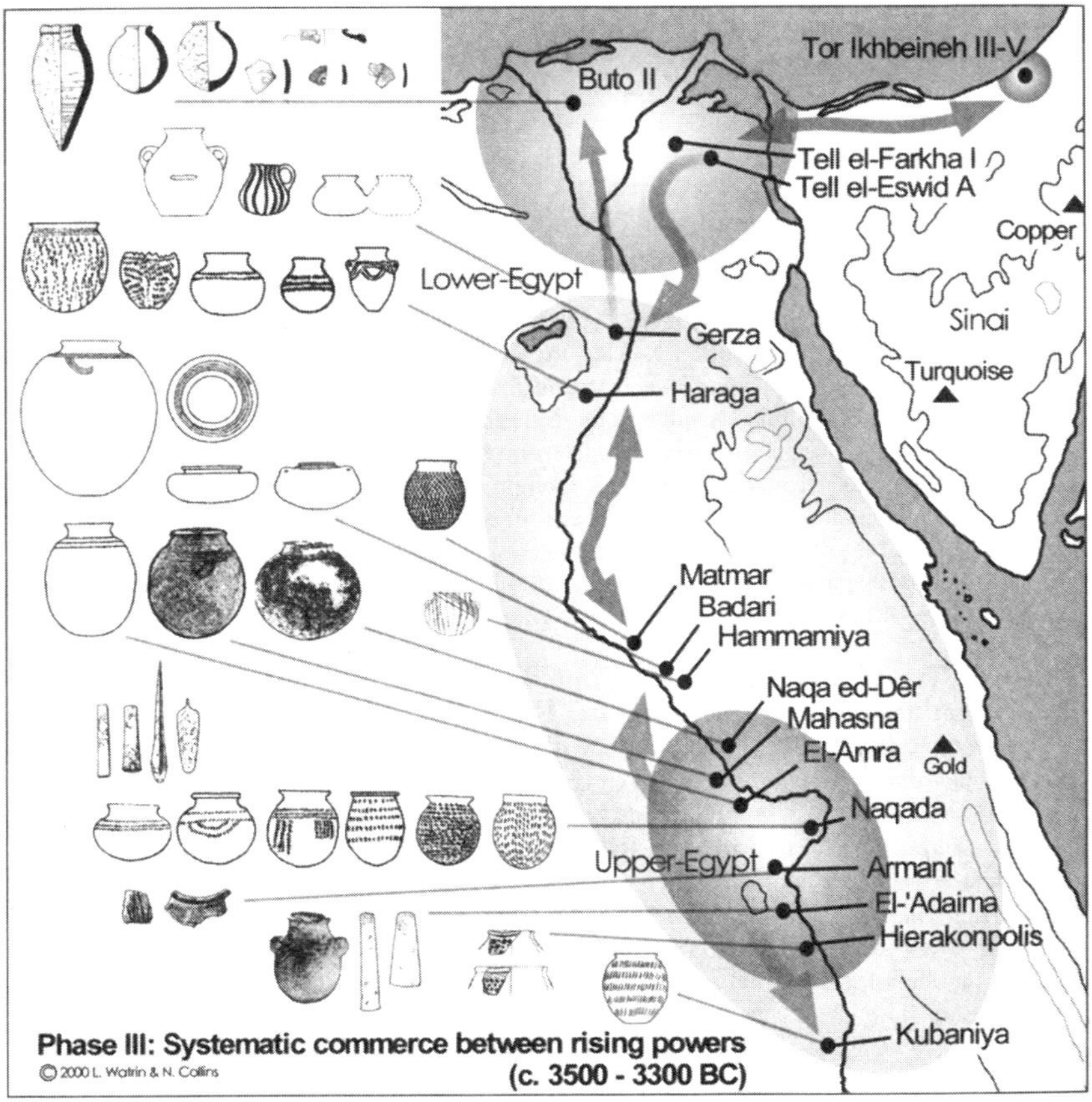

図 4　ナカダⅡb・Ⅱc 期における政治勢力の抬頭と組織的交易活動（本章注 10　Fig. 3）

続いてレヴァント北端に近いアムーク平原の場合、分布調査の結果によると、ウバイド期終末に併行するというアムークE期と、ウルク後期～ジェムデド・ナスル期併行というアムークF期との間で土器様式や石器技術の新基軸、金属器の出現など、著しい変化がみられ、集落形成はF期で興隆を示している[15]。E・F両期間の推移がまだよくわかっていないようであるが、このような不明な情況に陥った前五千年紀中葉頃に集落形成の衰微という意味での画期が存在したかにみえる。

ヨーロッパの前五千~前四千年紀は、農耕が定着した新石器時代から、装飾品などの銅製品が加わった銅石器時代にあたる。斉一性に富む土器様式が広域に分布する温帯気候の中央ヨーロッパを例にあげると、土器様式に基づいて四時期に区分されている。すなわち、前六千年紀に始まる線刻帯文土器（ＬＢＫ）文化期、刺突帯文土器（ＳＢＫ）文化期、ロート形坏（ＴＲＢ）文化期、前三千年紀に続くコーデッド土器文化期である。そうして、ＬＢＫ文化期からＳＢＫ文化期への移行は前五千年紀前半、ＳＢＫ文化期からＴＲＢ文化期への移行は前五千年紀後半、ＴＲＢ文化期からコーデッド土器文化期への移行は前四千年紀末にあたることが、較正年代によって示されている(16)。

これらの一連の推移のなかに二つの画期が見いだされる。ひとつは前五千年紀前半のＬＢＫ文化期後半であり、多くが狩猟採集や初期的な農耕にとどまっていた前代の生業から農耕牧畜中心へと移行し、集落が集約的となり分布が拡大した点である。この変化は東方からの流入者に負うところが大きく、流入者と在来民との融合によって文化に地域差が生まれたという。ＳＢＫ土器様式に地域的変異がみられるのもこのせいであろう。また、濠や柵をめぐらせた集落がこの頃に現れたらしい。争乱の存在を窺わせる。

もうひとつの画期は、コーデッド土器文化期への移行である。集落の数が激減し、しかし人間活動の痕跡が増加し拡散した点である。すなわち、農耕を行い巨石構造物を営むような土地への執着が薄弱になり、かわって家畜に比重が移り、有畜の小集団による遊動性の高い生活形態が主流になった。石製の闘斧が流行し副葬品として墓に納入されるようになり、防禦集落が全ヨーロッパ的分布をみせるのもこの頃であるから、社会的緊張が高まり、戦士的人物が抬頭したことが推測される。

ヨーロッパの集落の盛衰について他に管見に触れた例に言及しておくと、北ギリシアにおいて前四五〇〇年頃にあたる新石器時代中期末に、何らかの深刻な社会的混乱が生じ、数百年にわたって続いたらしい痕跡を、周藤芳幸が集落の焼壊例をあげて指摘している(17)。また、北に隣接するブルガリアの都市出現期研究の新知見を紹介した田尾誠敏によると、較正年代で前四四五六～前四二〇〇年の銅石器時代後期カラノヴォⅥ文化を最後に集落形成が著しく衰微し、前三一〇〇～前三〇二六年の青銅器時代前期エゼロA文化で復興するまで衰微状態が続き、この情況は近年の研究成果によっても埋め難いという(18)。

以上述べた西ユーラシアの前五千～前四千年紀の情況を通覧すると、ウバイド後期、ウルク後期の文化的拡散、ナカダⅡd期、テルを営まないガッスル文化への移行、アムークE・F期間の空白、北ギリシアさらにはブルガリアでの集落形成の衰微を点綴するならば、前五千年紀中葉と前四千年紀中葉／後半に居住上の遊動性の高まったことが知られ、さらに他例を加えるならば、森林に覆われた西の中央ヨーロッパは、前五千年紀前半と前四千年紀末とに居住形態や居住地を大きく変える画期が訪れ、前五千年紀中葉では東方の諸例と異なり定着を指向したことが導かれる(19)。なお、前六千年紀に遡るならば、後葉におけるハラフ文化の拡散を北メソポタミアの例として加えることができるかもしれない。

第二節　前三千～前二千年紀（青銅器前・中期）の動向

北メソポタミア　ウルク文化の波が去ってほどない前三〇〇〇年頃に、北メソポタミアは青銅器時代に入ったが、集落形成が本格化するのは、さらに数百年を経た前二六〇〇～前二五〇〇年頃の青銅器時代前期中葉をまたなければならなかった。ところが、さらに五〇〇年を経たEB期末に人びとの多くが再び集落を捨てる事態が訪れた。P・M・M・G・アッカーマンズらの分布調査によって充実の度を加えた結果に依拠して、この推移を辿っていこう。

さて、図5として掲げたのは、シリアを中心とする各地の分布調査の結果をT・マクレランがまとめ、一九九二年に論文で公表したものである(20)。ハブール、バリフともユーフラテスの支流で、バリフの方が北にあたる。サジュール

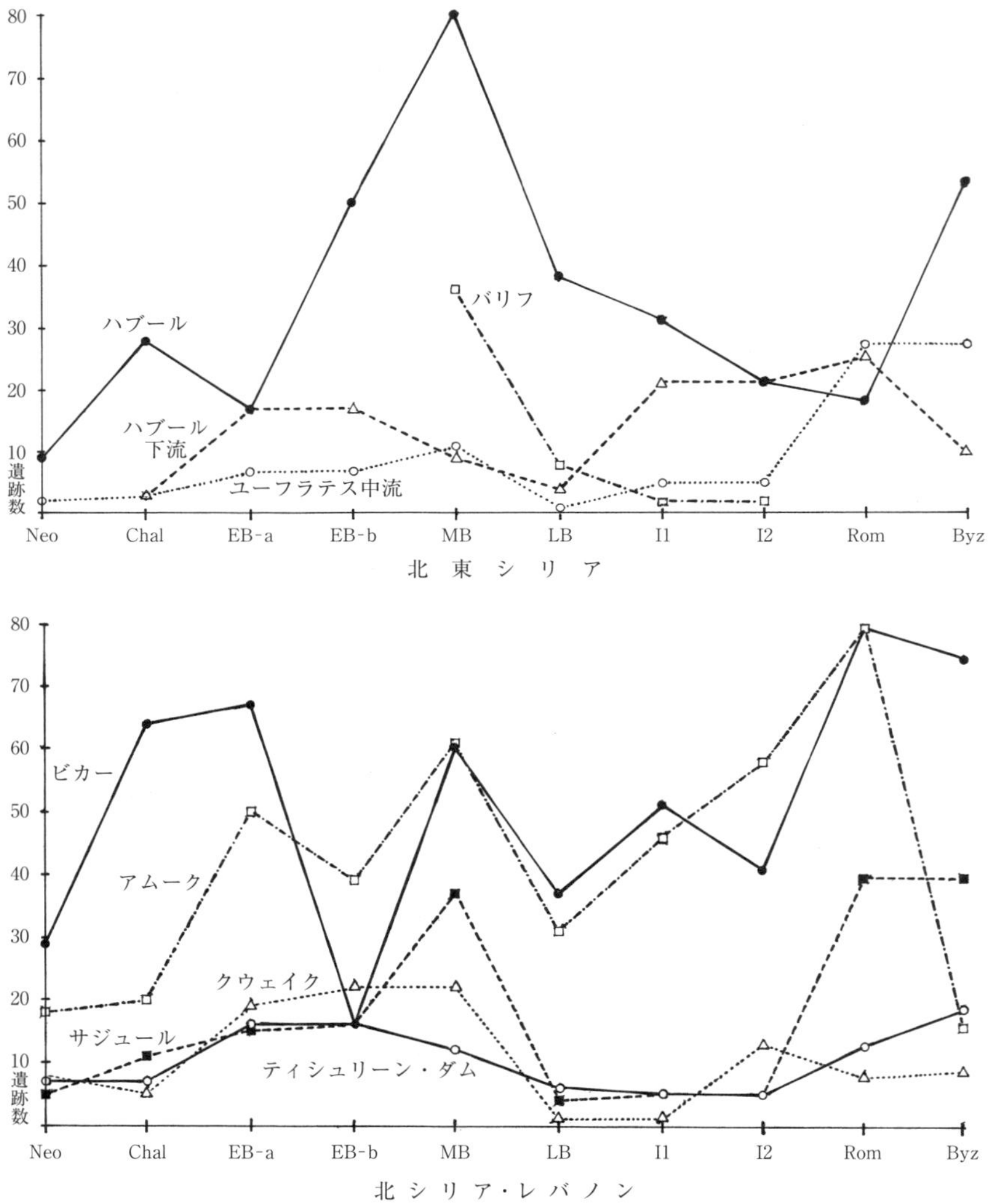

図 5　シリア・レバノン各地における遺跡数の増減：新石器～ビザンティン時代（本章注20　Figs. 20. 1, 20. 2）

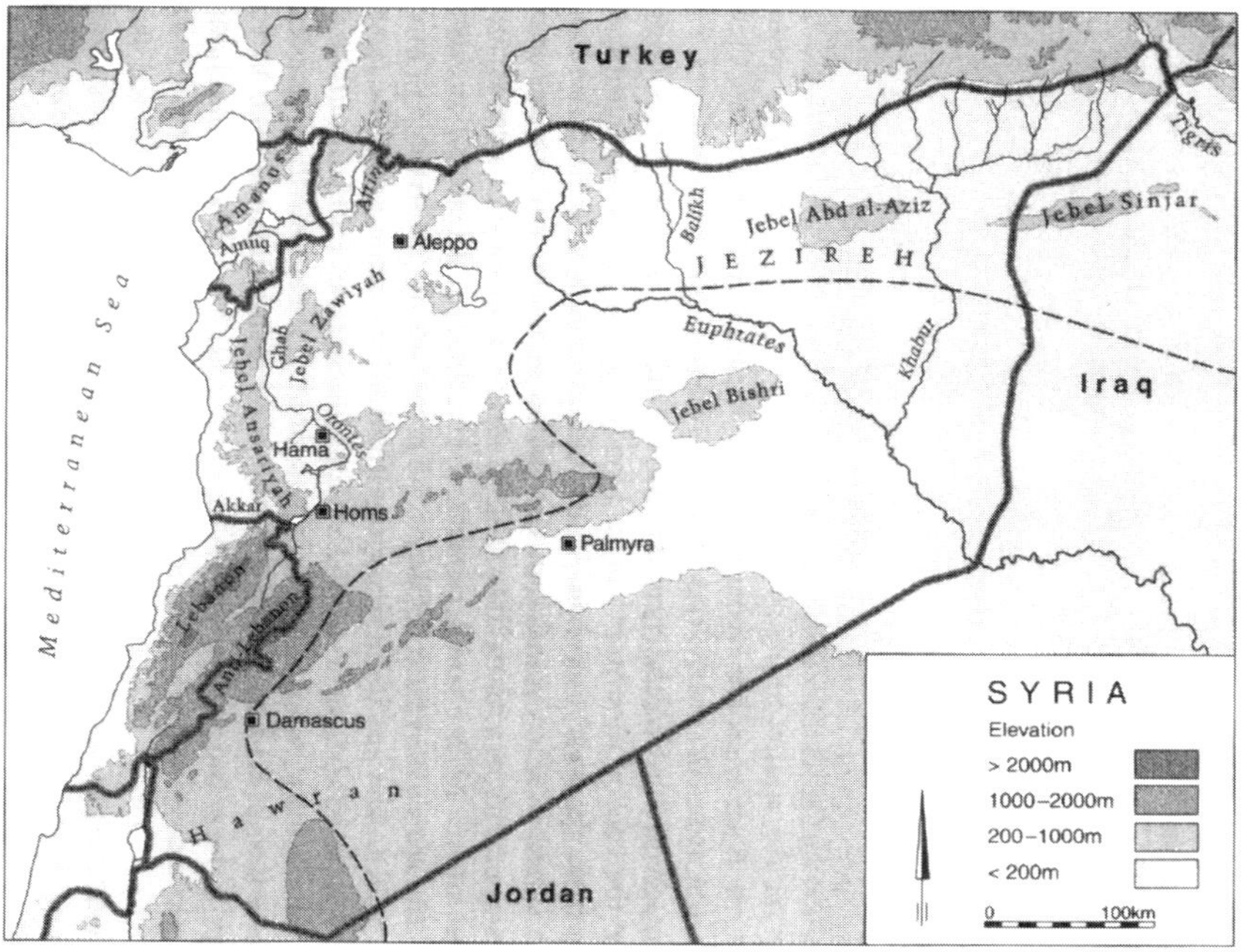

図６　シリアの地形と現年間降水量 200 mm ライン（本章注９　Fig. 1.1）

も支流でトルコ国境に近い。ティシュリーンはユーフラテス上流に造られたダムの地域で、サジュール川がその人造湖に流入する。クウェイクはユーフラテスを西方に外れ、トルコに発してアレッポを南流する尻無川地域、アムークはレヴァント北端でトルコ領に属し、オロンテス川下流の盆地で、地中海に開ける。ビカーはレバノン内陸の渓谷である（図６）。こうして、ユーフラテス流域で六箇所、地中海寄りで二箇所、両者の中間で一箇所が選ばれ、近隣を含めたシリア全域が網羅されている。なお、叙述上の煩瑣を避けるために、以下、青銅器時代の前期はＥＢ期、中期はＭＢ期、後期はＬＢ期と略す。

図５中のＥＢ・ＭＢ両期に注目すると、ハブールでＥＢ期前半例、アムークとビカーでＥＢ期後半例で集落址数が減少し、他地域では減少せず、多くが増加をみせている。また、ＭＢ期への移行動向を比較すると、ハブール、アムーク、ビカーは一転して増加に転じ、他の地域では、ティシュ

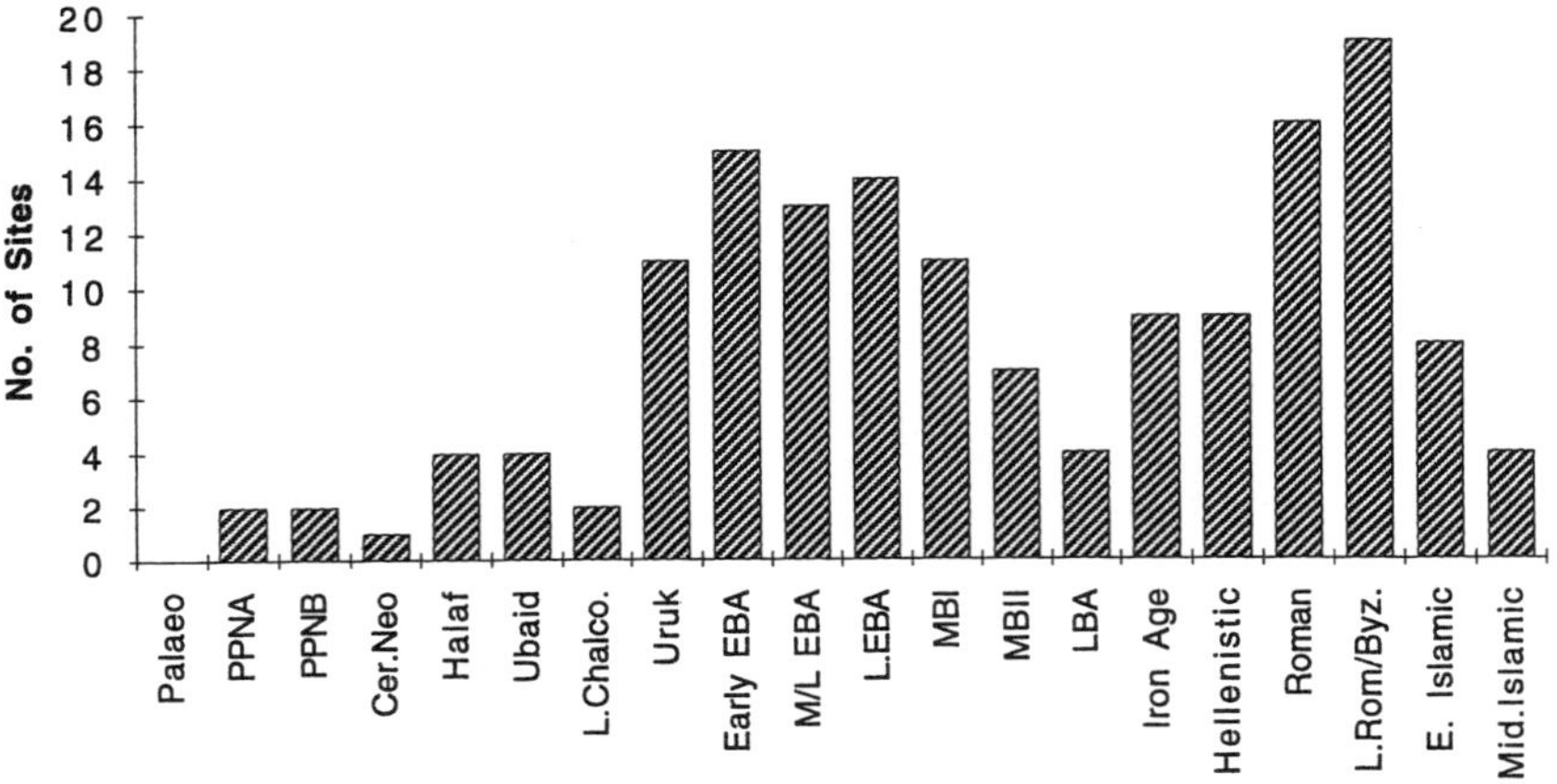

図７　シリアのタブカダム北半域における集落址数の増減：旧石器〜イスラム中期（本章注23　Fig. 7）

リーンとハブール下流域は微減、残る三地域は増加を示している。このような次代への移行動向を概観すると、ＥＢ・ＭＢ両期を通じて集落址数は、地域的差異を内包しつつ増加傾向を辿ることが知られるとともに、地中海寄りのアムークとビカーのＥＢ期後半における減少がいっそう際立つ結果になる。ＥＢ期後半というと、暦年代で前二二〇〇〜前二〇〇〇年頃にあたる。

そこでさらに、別の分布調査の結果でこれを検証すると、北西部のエル・ルージュ盆地では、銅石器時代後期とされるウルク期からＥＢ期前半例に至る間は址数が寡少で、ＥＢ期末例からＭＢ期例にかけて増加が著しい[21]。ＥＢ・ＭＢ期例の交に短期にせよ減少がないということであれば、これは水に恵まれていた地における集落形成上の一類型とみなすことができるであろう。エル・ルージュ盆地の東方にイドリブのマストゥーマ地域がある。この地域の址数は、皆無であったウルク期例の情況からＥＢ期例が激増に転じ、ＭＢ期例でも僅かながら増加が続く。ＥＢ期前半の例が少なくないらしいのでエル・ルージュ盆地と推移の情況を同じくするとまではいえないが、それでも近いことは疑いない[22]。

ユーフラテス流域の例も追加すると、ティシュリーンの下流にあたるタブカダム北半域では、ウルク期例から址数が激増し、ＭＢ期

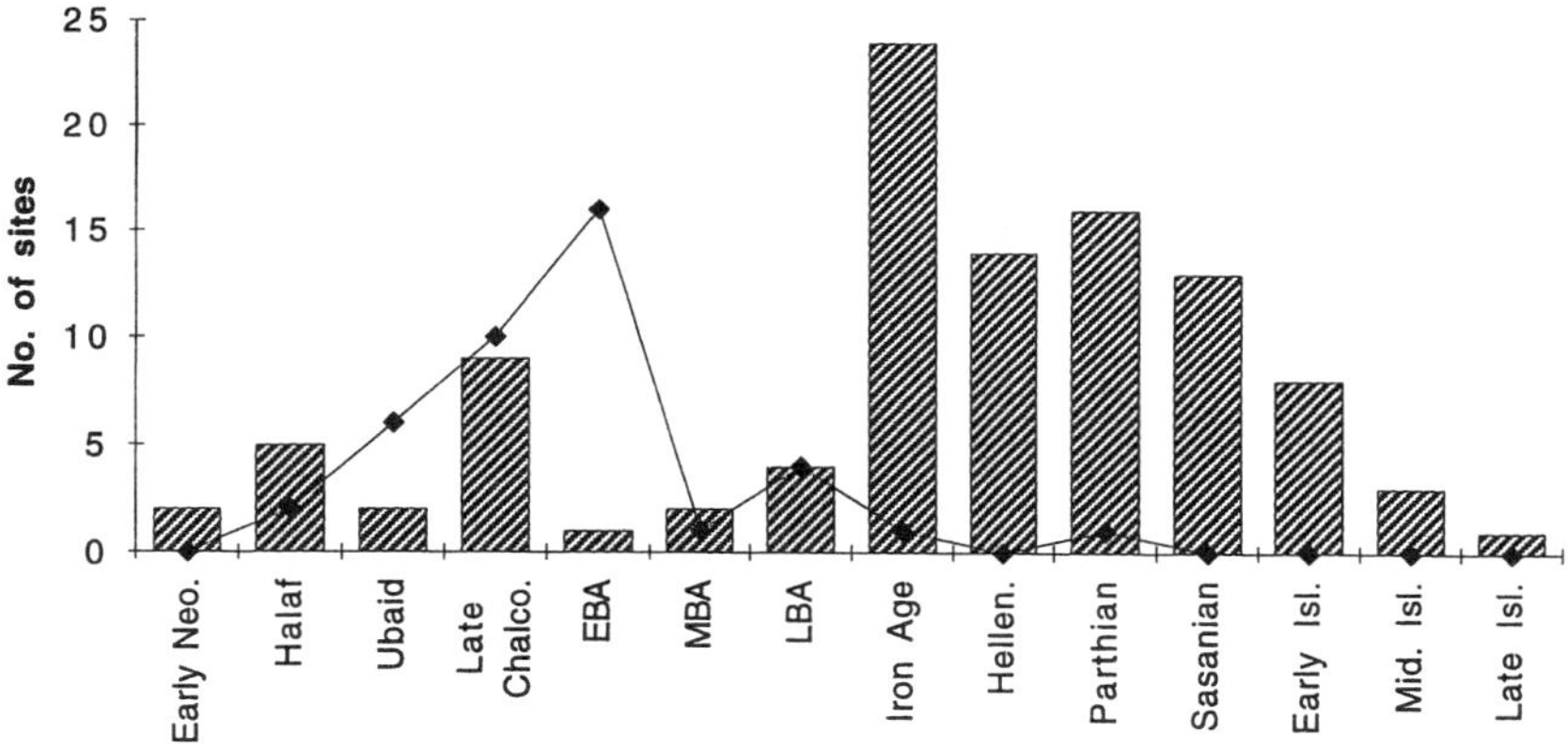

図 8　シリアのベイダール地域における小型集落址（棒グラフ）とテル集落址（折線グラフ）との増減：新石器〜イスラム後期（本章注 24　Fig. 6）

例で減少している点で、エル・ルージュ盆地などの情況と相違する[23]（図7）。ＥＢ期前葉例を頂点とし、ＭＢ期例のなかで減少するこの推移情況は、ＭＢ期例で減少する点に注目するならば、バリフ川流域やハブール・トライアングル西域のベイダール地域での結果と共通している（図8・31）。この址数の変化を集落址の面積によって辿ると、タブカダム北半域のテル・スウェイハト近隣ではＥＢ期後半〜ＭＢ期の間に址数の増減はほとんどないけれども、総面積はＭＢ期例で大きく減少している[24]。またベイダール地域では、ＥＢ期〜ＭＢ期例の間で、小型集落址は微増しテル集落址は激減している。テルを形成する集落は相対的に規模が大きいことを考えると、総面積の減少は否めない。つまり、ＥＢ期からＭＢ期への変化として、数の減少とならんで、あるいはそれにも増して、集落規模の減少が特記される。同期における規模の縮小は前述のマストゥーマ地域でも指摘されているので、内陸のユーフラテス水系だけにとどまらない[25]。

そこで、都市の名に充分値する大型集落に眼を向けると、アレッポの南五五㎞に位置し、南北一㎞余、東西七〇〇ｍ余で、六〇haの範囲に外壁をめぐらせて中央に神殿と宮殿を併設し、エブラ王国の首都として機能したテル・マルディークの例がまず念頭に浮かぶ。発掘結果によれば、ＥＢ期に都市としての体裁を整え、都市域が拡大して五〇haに達し、特にⅣA期とされるEB期終焉直前の拡大がめざましいという。(26)ところが、アッカド王朝の祖サルゴンまたは孫のナラム・シンの攻撃を被って衰退し、それでも再興に動いたがやがて火を受けて壊滅した。そうしてこの壊滅後二〇〇年を経たMB期に、現在眼にするような中央のテメノスを守る内壁、堅固な外壁と門を擁し、EB期末を凌ぐ居住域を兼ねそなえた都市として再興された。再興後の物質文化は、EB期の伝統を一部に残しつつ、しかし一新されたことを、調査者のP・マッティエが都市変遷の概述とともに指摘している。

もうひとつの例が、ハブール・トライアングルと通称されている上流域一帯の東域を占めるテル・レイランである。(27)この都市はEB期後半のなかで六倍に拡大して一〇〇haの居住域を擁するほどに大型化するとともに、南メソポタミアを統一して北方へ勢威の伸張をはかったアッカドの支配を受けるようになった。ところが、都市は前二二〇〇年頃に放棄されてEB期の活動を終え、三〇〇年ほどの中断期を経て再興した。そうして再興が成ったレイランには、地方王権が樹立された。新たに営まれた宮殿は同時代のメソポタミアで最大級で、外壁に囲まれた居住域には小農も居住していたことが、発掘で確認されている。

中断前夜における都市域のめざましい拡大、中断、壮大な再興というレイランが辿った軌跡はエブラの場合と共通し、中断前夜における近隣集落の増加という点も、一日の旅程域にあるエル・ルージュ盆地やマストゥーマ地域で址数が激増していたエブラの場合と同調している。しかしこの中断について、レイランの場合は前二二五〇年頃というアッカドの崩壊が関与しているにちがいないが、それだけにとどまらず、火山活動、乾燥化と強風、豪雨による土壌浸食のような気候の悪化にむしろ主因があることを、調査者のH・ウェイスらが土壌分析の結果から指摘して問題を投げかけた。(28)エブラの中断が火を伴うような激しい人為的破壊つまり焼壊であるのに対し、レイランの中断は気候の悪化による不可避的居住放棄つまり自壊であったというわけである。

焼壊にせよ自壊にせよ、分布調査結果が表す集落の数や面積の増減ではみえてこないEB期末の中断例は、アッカー

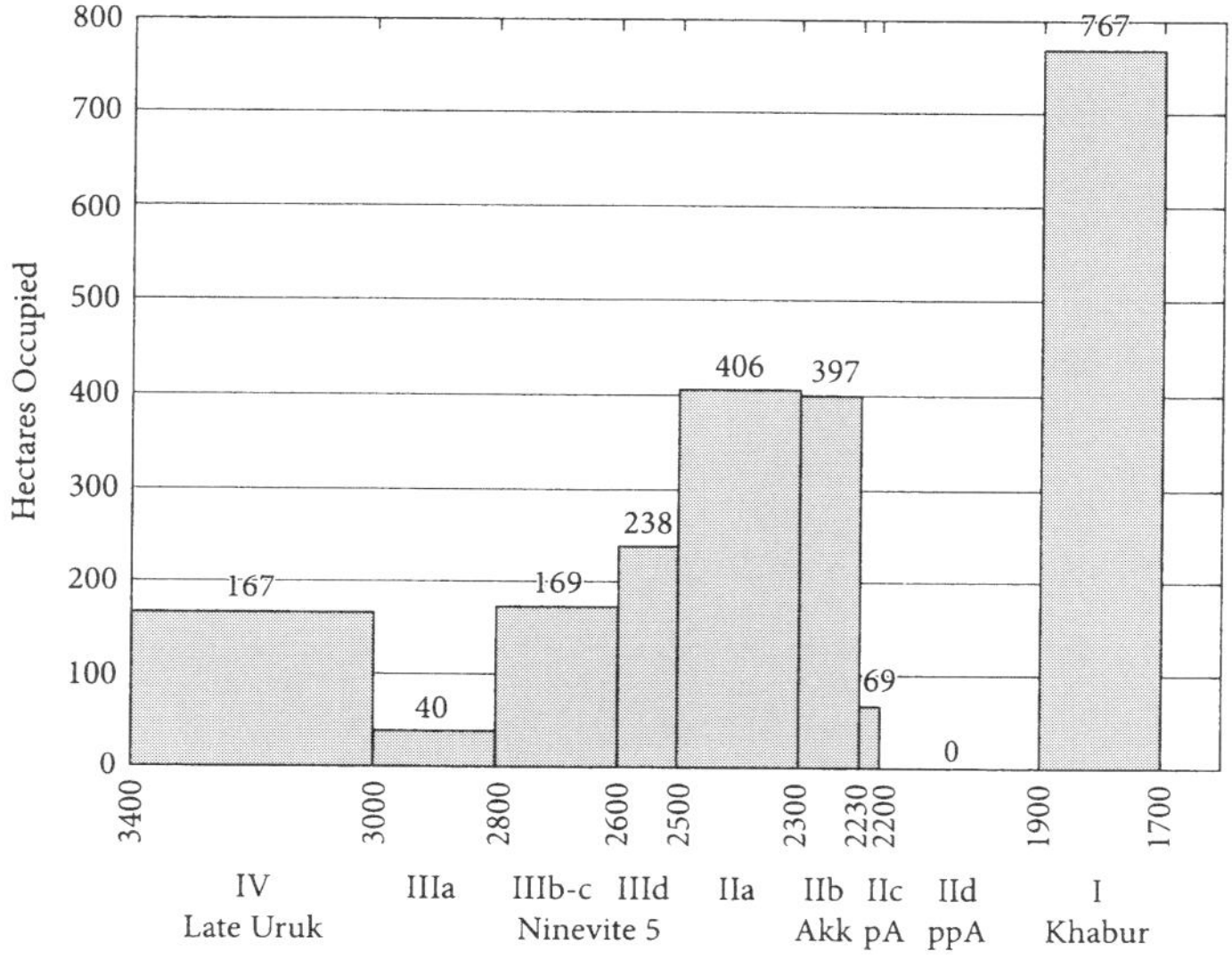

図 9　シリアのテル・レイラン近隣における総集落面積の増減：較正年代（Weiss, H., The Northern Levant during the Intermediate Bronze Age : Altered Trajectories, Fig. 25.3, 本章注 13 に所収）

マンズ、シュワルツによると、衰微、縮小例を含めるならば、ユーフラテス川沿いのテル・スウェイハトやセレンカヒエ、バリフ川流域のハマム・エト・トゥルクマン、ハブール・トライアングル東域のレイラン近隣集落(29)（図9）など少なからぬ数にのぼり、北シリア全域にまたがっている。これらは発掘によって確認された例であるから、かなりの比率で集落規模の大小に関わらず中断例が存在すると見積ったとしても希望的に過ぎることはあるまい。

さて、MB期に入ると、都市が人口密度を低下させるとともに、内外壁を兼ねそなえた防御重視の傾向をみせるという(30)。加えて、総体的に集落面積を低下させたテル・スウェイハト近隣やベイダール地域の例、EB期の階梯的規模構成から等質的小規模構成へ移行したマストゥーマ地域の例がある。この点に注目するならば、集落間の格差が高進したこともまた、MB期の社会的特徴のひとつとしてEB期との間に一線を設けることができるのではなかろうか。

EB期との相違にもう少し立ち入ると、エブラやカトナ(31)（遺跡名テル・ミシュリフェ）で出土した奢侈品の図柄などにエジプトや南メソポタミアからの影響が色濃くみとめられ、外交にせよ交易にせよ、有力都市国家間の接触の範囲が遠隔地に及んだことを、これらの出土品が示している点があげられる。また、アナトリア高原中央部に位置したカネシュ（遺跡名キュル・テペ）にアッシリアの商人が居住し、メソポタミアのはるか東方から運ばれてくる錫とアナトリアの銀とを交換して巨利を得るような、(32)長距離の恒常的交易活動が登場した点も見逃せない。錫の供給がなければ、MB期における青銅の広域にわたる流布は実現しなかったにちがいない。ハブール・トライアングル東域におけるレイランの壮大な再興と集落形成の興隆は、アッシリア商人によるこの錫交易に連なっていた点に要因があるのであろう。ちなみに、筆者もかつて調査に参加したテル・アリ・アル・ハッジで、MB期の層から複数の工具鋳造用鋳型が出土した。製品が銅製であれ青銅製であれ、北シリアのユーフラテス河岸の推定一・三haの小型集落で、外来の原素材に依存した鋳造生産を行っていたことは、同期における交易活動の隆盛を一端にせよ物語っている。(33)

EB期と一線を画するもうひとつの変化として取り上げたいのは、ハビルやハバトゥなどの名で呼ばれている一種の局外者の存在である。MB・LB両期の文字記録に現れるこのハビルとは、部族社会にも都市社会にも属さず、その周辺にいた集団であるという。(34)そうして、前二千年紀前半すなわちMB期のテル・レイラン出土文字記録の一部などを分析した月本昭男は、ハビルが職業的傭兵集団として時に国家間の力関係を左右するほどの勢力をなし、あるいは、銀などを扱う商業活動にも携わったと述べている。月本はさらにウプシュ、アッカド語のナメーという名の、国家・部族体制の周縁にいた集団にも言及して、蜂起によって時に体制を脅かし、あるいは、兵卒や織物などの職人として体制内の底辺に滑り込んでいたと推考を進めている。遊牧・都市社会の間の流動性を説いたM・B・ロウトンによれば、都市社会からは債務や政治上の理由が、部族社会からは飢饉などによる部族の解体が、このような体制外の集団を生んだという。(35)MB期の成立前夜に二〇〇年に及ぶともされる集落形成の中断が惹起したことを想起すると、さらに、これに伴って既存の社会が崩壊し多くの遊動者が発生したであろうことを想像すると、ハビルに代表される局外者が文字記録に登場しMB期の社会でかくも存在感をもつようになったことは頷ける。

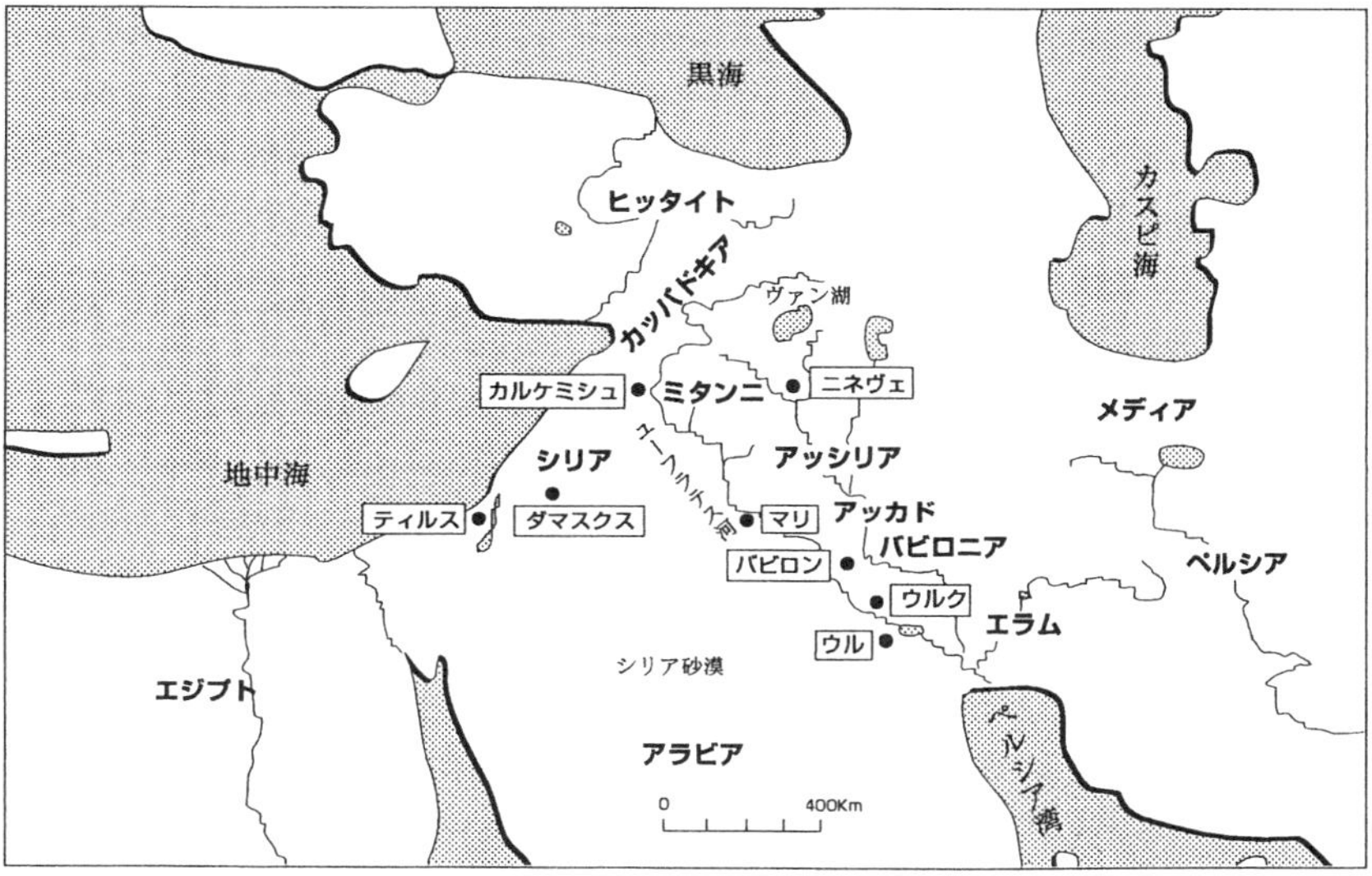

図10　古代における南西アジア（P・アイゼレ著、片岡哲史訳『バビロニア―古代メソポタミア・永久の夢の果てに―』アリアドネ企画　1998　p. 15）

南メソポタミア　出土した楔形文字記録の方が考古学の物質資料よりもはるかに具体的に前二〇〇〇年前後の情況を語っているので、その解読に基づく研究結果に導かれながら叙述を進めたい[36]。さて、現在のバグダード付近にあったというアガデを首都にしてメソポタミア一帯に広域国家を築き、一一王一八一年存続したアッカドが、前二一五〇年頃滅びた（図10）。イラン南西部の山岳地にいたグティという集団からの圧迫や、重税に対する反乱が、滅亡の原因であったという。その後、南メソポタミアの覇権はウルクⅣ王朝に移ったが、ふたたびグティの蹂躙するところとなって滅びた。グティによる支配は二一王九一年続き、ウルク王によって駆逐された。しかしこのウルクⅤ王朝も長くは続かず、ウルⅢ王朝が次代を継承して、南メソポタミアの覇権をめぐる混乱は前二一世紀に入って収束した。アッカド末期から数えて一五〇年近くに及んだこの混乱を収めたウルⅢ王朝は、行政機構を整備し、南メソポタミアで最初の官僚制国家を成立させて、影響力をメソポタミア一帯に及ぼしたという。ところがウルⅢ王朝にとって、シリア方面にいたアモ

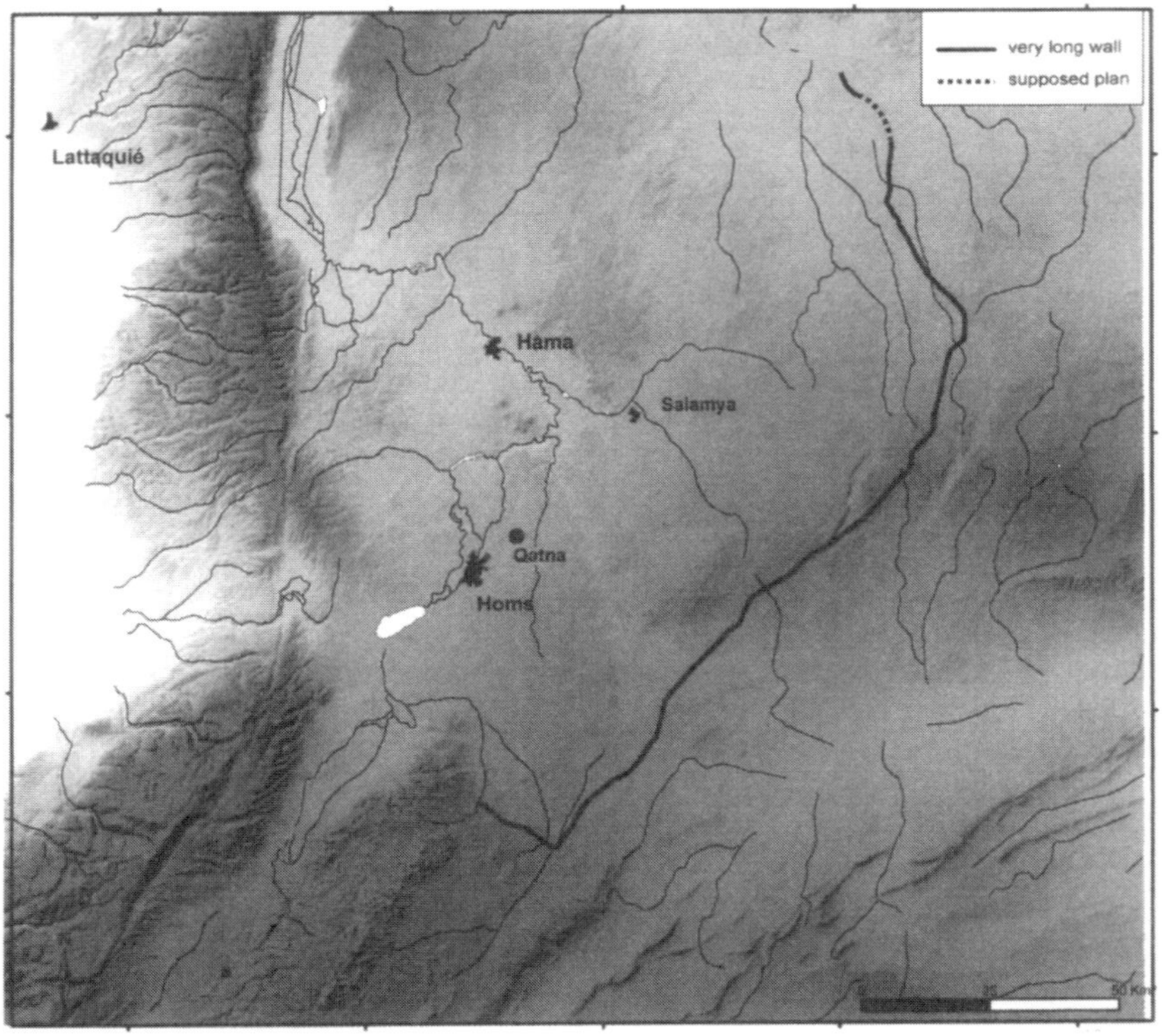

図11　シリアのカトナ近傍における EB 期防壁（本章注 37　Fig. 7）

リという域外集団の進入を防ぐことが大きな課題であったらしく、第二代の王シュルギ、第三代の王シュ・シンがあいついで防壁を築いて対策に努めた。カトナの調査に伴って確認された防壁と堡塁は、(37) シリア都市国家側のアモリ人対策であったとみられる点で、進入先は広域に及んでいたことが察せられる（図11）。シュ・シン王治下にはさらに、イラン高原に拠るエラム人が大規模な反乱を起こしたから、ウルⅢ王朝にとって周辺の不穏な情況は止むことがなかった。これに加えて、次代のイビ・シン王治下にウルで三年続いて大飢饉が発生したという。こうして内外の混迷のなかでエラムの進攻を受け、王朝は絶えた。進攻は前二〇〇四年のことであったらしく、この時の市内中心部の破壊痕が発掘によっても確認されている。

滅亡後に南メソポタミアを支配したのは、アモリ人の王朝であり、前一五九五年のヒッタイトによる進攻までおよそ四〇〇年にわたって彼等の王朝が続いた。前半はイシン・ラルサ両朝が並立し、後半はハンムラビ王のもとでふたたび南メソポタミアを統一して周辺にも覇を唱えた古バビロン王朝が治めた。古バビロン王朝はその名が示しているように、バビロンを王都とし、チグリス・ユーフラテス両川が接近するバビロニアに本拠を置いた。この王朝の興隆とともに、都市出現の先駆けをなしたシュメール諸勢力の凋落が決定的となり、ふたたび政治舞台の主役の座に上ることはなかった。これは、神殿などの公共建造物が破壊を被って長く再建されなかったことを伝える、ウルの発掘結果が物語っているとおりである。ところが、南メソポタミア諸勢力を凋落に追いやった古バビロン王朝も、四三年に及んだ治世中に法制の整備などで王朝の強盛化に努めたハンムラビが死ぬと、次王サムスイルナの治世中にイラン方面でカッシートという集団が抬頭して国土を脅かし、国内では前一七四〇年頃に大反乱が勃発するなど、はやくも王朝は衰退の兆しを現し始めたという。

王朝側に立つと、内憂外患はまぎれもなく衰亡への予告である。そこで、まず外患側に視点を移し、時代を前二〇〇〇年頃に戻して論述を進めることにして、アッカドを圧迫したグティという集団をまず取り上げよう。この域外集団の実態については、文字記録でも考古学資料上でもあまりわかっていないようである。ただ、グティのことを記した少数の文献は、「抑制を知らず」、「人間の本能はあっても犬の知能と猿の姿」をして「神を崇めず、儀礼や儀式を行わず」といい、さらに、「高地にいる棘のある蛇」、「神がみの敵、シュメールを悪で満たした者たち」とまで罵倒している。このようなグティ観の出所は進攻開始後の王朝側の記録である点を衝いてポォ・ムチォウは、進攻以前の個人的性格の強い文字記録で訂正を試み、この悪罵を王朝側の偏見とする見解を残している[38]。どちらのグティ観も成立するのであろうが、ともかく、文明対野蛮という構図でグティの進攻を理解することは、王朝側の記述の陥穽にみずから入ることを意味する。

これはアモリ人についてもいえる。シュメールの書記がアモリ人について「膝を曲げない」（神殿に礼拝をしない）、「死者を埋葬しない」（恒常的な墓地をもたない）、「穀物を育てない」（農耕を行わない）と書き残し、天幕に住んで生肉を食べると記している。このことから察せられるように、グティに対するほどの悪罵ではないにせよ、自分達と一線を画する野蛮な遊牧民であるとみなしていた。防壁を設けて進攻に対処していたEB期の記述であるから、これらは驚愕混じりの罵言の類に入る。アッカド王サルゴンが西方遠征を行った事実が示しているように、アモリ人はかねてからの脅威であったのである。ところがMB期の始めには、南メソポタミアのイシン・ラルサ朝や、古バビロン王朝だけにとどまらず、前述のエブラやカトナ、ユーフラテス中流域のマリ、後述する地中海沿いのウガリトやビブロスなどの主要都市国家の王名もまたアモリ人名に変わり、メソポタミアの主要都市の大半でアモリ人が新王朝を開いたとまで推測されている。したがって、EB期末の中断の原因について、アモリ人の関与が説かれているのも、理由のないことではない。それが当を得ているかどうかという検討もむろん欠かせないが、同時に、あるいはそれ以上に、アモリ人を広汎で強力な活動へと導いた要因の究明が求められるのではないか。それはおそらくレイランが自壊に至った原因と結ばれることになるであろう。

アモリ人は、tribal family、tribe、clan という構成をとっていたらしいことが、文字記録で復原されており[39]、前述のハビルとはこの点で相違する。また彼等の生業は、遊牧を基本として都市と関係をもつ閉鎖遊牧（enclosed nomadism）で、定住して農耕を営む場合もあったらしいことも、文字記録から推測されている[40]。ユーフラテス流域が本貫地で、ここから次第にシリア平原に進出して遊牧生活を営むようになったとする意見もあるが、ともかくEB期後半ないし末には都市や農耕地を脅かす存在であったことは疑いない。

次に述べるエラムは、ウルⅢ王朝打倒時にすでに王朝を形成していた点で、グティやアモリの場合と情況が異なっている。すなわち、イラン高原を根拠地としたシマシュキ（前二一〇〇～前一九〇〇年頃）という王朝のもとでウルを略奪し、二一年間占拠を続けたというのである。そもそもエラムの地は、北シリアや南アナトリアと合わせて肥沃な三日月地帯と異称される、天水による乾地農耕が可能な遊牧地域である。また、東方の錫やラピスラズリを運ぶ中継地でもあった。王朝のもとにあったエラム人がメソポタミア方面へ進攻した理由について、H・クレンゲルはウルとエラムとの間の交易上の利害対立によることを示唆しているが(41)、それだけで王朝打倒の挙に出たのかどうか疑問が残る。その意味で、前三千年紀末にはイラン高原で都市が没落していたと説く、考古学調査から導いたランバーグ＝カーロウスキーの指摘に注意を払いたい(42)。メソポタミアの同期の情況と符合するからである。

以上述べたのが王朝側に立つ外患であるとすると、内憂に列せられる出来事は飢饉である。たとえば、神がみが怒り、シュメールに対してグティと飢饉を送ったというアッカド滅亡時の記録があって、域外集団の進攻とならんで飢饉が滅亡の要因として示されている。また前述したように、ウルⅢ王朝治下のウルで三年続いた大飢饉の発生が伝えられており、安定がもっとも求められるべき権力の中枢が飢えで苦しむという情況は、王朝の命運に関わる重大事であったにちがいない。

飢饉が発生する原因というと、農耕生産力の低下が思い浮かぶが、戦争や輸送力不足などの人為的要因による場合もあることを、古代ギリシア・ローマ世界の例をあげてP・ガーンジィが論じている(43)。この点に注意を要するが、前川和也が文字記録を使って論述しているように南メソポタミアの場合には、前二四世紀に播種量の七六・一倍に達していた大麦の収穫量が、三〇〇年後のウルⅢ王朝期までには半ばに満たない三〇倍を標準とするところまで低下しており、この原因は耕地の塩化にあったという(44)。前述のレイランの中断原因から推測すると、気候が乾燥化し、アナトリア高原の降水に依存するチグリス・ユーフラテス両川の水量が減少した結果、あるいは海水が遡流し、あるいは溢水による塩分除去が不能になったことが考えられる。

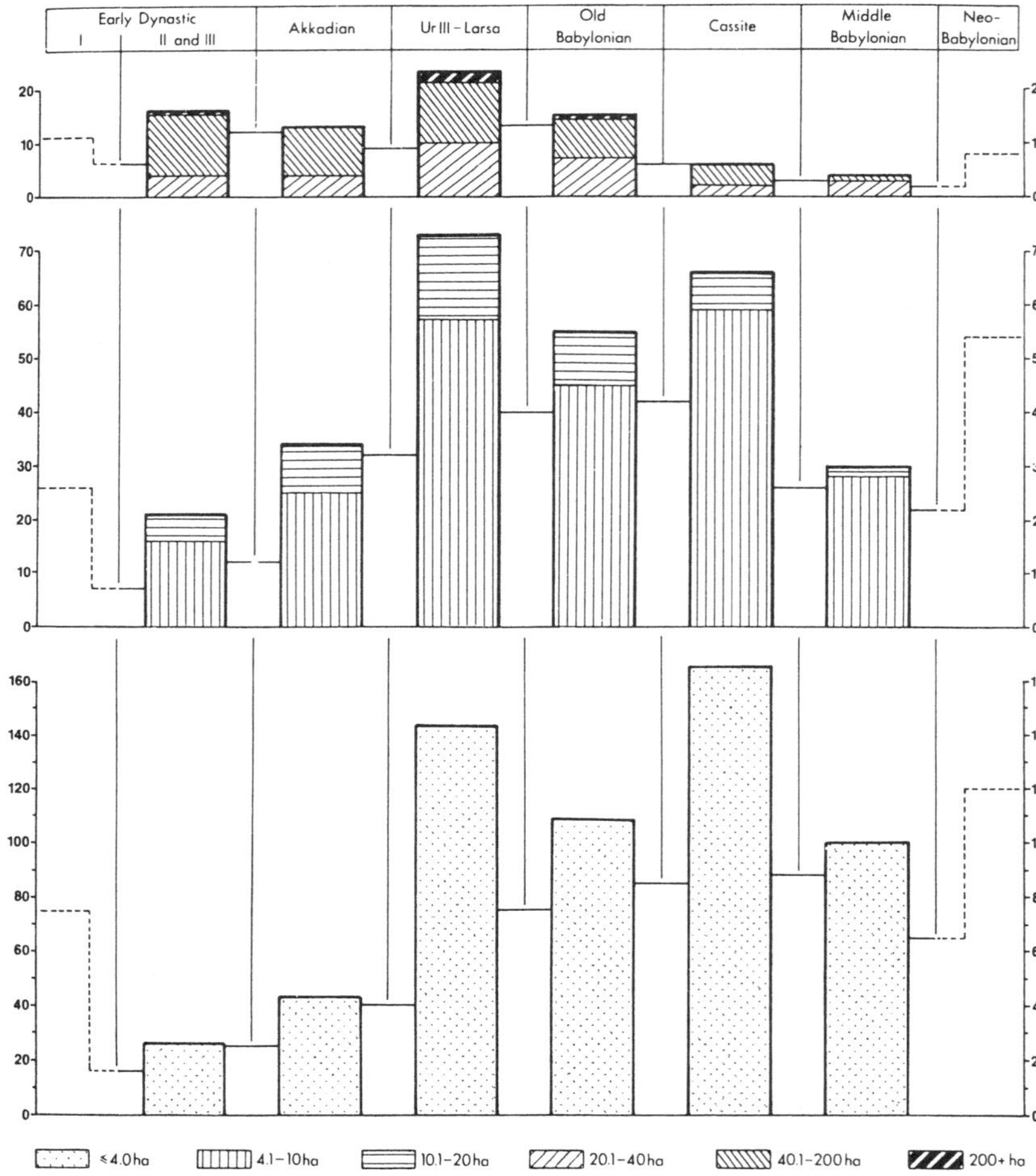

図12 初期王朝〜新バビロン期における面積ごとの集落址数の増減（本章注2 Fig. 25）

そこで、ニップール・ウルク両地域で行ったアダムスの分布調査結果に眼を向けると(45)、初期王朝Ⅱ・Ⅲ期例からアッカド期例にかけては、大型集落址こそ減少するものの、中・小型址は増加の傾向をみせ、ウルⅢ王朝期〜イシン・ラルサ朝期例で集落址は大中小ともさらに増加を示している（図12）。とりわけ中・小型址の増加はめざましく、アッカド期例の二〜三倍にのぼる。つまり、王朝の低迷、農業生産力の衰退を伝える文献記録に反して、集落形成はかえって隆盛をみせているのである。域外集団の進入、農業から牧畜への転換、交易活動がこの隆盛を導いたと考えるほかない(46)。その意味で、初期王朝Ⅱ・Ⅲ期～イシン・ラルサ朝期例の間で、集落址の減少率が小型例で一〇％から二五％に上昇し、大型例で七八・四％から五五・一％に減少してなお高率を保ち（表1）、しかし全体として址数が増加していたことは、新興例の増加という点で、域外集団の流入を考えさせる示唆的なデータである。

表1　南メソポタミアの前3千～前2千年紀例における集落址の減少比（本章注2　Tab. 12）

Period	*Percentage Nonurban (10 ha or less)*	*Percentage Large Urban (more than 40 ha)*
Early Dynastic II/III	10.0%	78.4%
Akkadian	18.4	63.5
Ur III–Larsa	25.0	55.1
Old Babylonian	29.6	50.2
Cassite	56.8	30.4
Middle Babylonian	64.2	16.2

エジプト　南北エジプトが第三王朝のジェセル王（在位前二六八六～前二六六七年）の手で統一されて以降、南北間で統一と分裂とを繰り返すのが王朝史のあらましである。そこでエジプト学の分野では、三度訪れた統一期を王国時代と呼んで古、中、新をそれぞれ冠し、三度の分裂期を中間期と名付けて第一、第二、第三をそれぞれ冠し、さらに、王朝の成立から最初の統一に至るまでを一括りにして初期王朝時代、第三中間期後の域外勢力進入期に末期王朝時代という名を与えて、三〇〇〇年にわたる王朝史の流れを区分している。恵まれた文字記録に依拠した区分であるが、これを北メソポタミアで頻用されている考古学上の編年と対比させるならば、初期王朝時代と古王国時代はEB期、中王国時代はMB期、新王国時代はLB期、第三中間期と末期王朝時代は鉄器時代にそれぞれ併行するとみて大過ない。このうち、集落形成の動向を問題にしてきたEB期末は、おおむね第一中間期にあたる。

さて、エジプト学の歴史は二世紀近くに及ぶが、半世紀ほど前でもまだ古代エジプトは「都市なき文明」という異称が与えられていた。これをM・ビータクやB・ケンプが、またエレファンティネなどの発掘結果が旧説に追いやったのであるが、(47)調査対象が墓や神殿に向かう風潮は依然として改まらないので、メソポタミアに較べると格段に乏しい集落情報に多くを期待することは難しい。これは第一中間期も、F・A・ハッサンやR・オールストンが示した断片的データを除けば、ほぼ同様である。(48)そこで、文字記録の研究成果を中心にして論述を進めていくと、古王国時代から第一中間期への推移情況を概括したR・デイビッドは、次のようにこれを説明している。(49)すなわち、古王国時代を通じて王は貴族層に種々の特典を与え、土地に対する税も免除していた。これに対して王は、自らの墳墓であるピラミッドと付属神殿の造営のうえに先祖を葬ったそれの修理や維持が加わり、多大な負担を強いられた。また、当時尊崇を集めていた太陽神ラーのために神殿を造営し、修理し維持する負担も王の務めであった。このように、地位を維持するために求められた再分配が富の平準化を促し、王の地位の低下を招いた、というのである。

ところが、第一中間期の社会を描いたとされる『イプエルの訓戒』(50)は、たとえば、

ほんとうに、貴族たちは歎き、貧乏人は喜びにみちている。すべての町は言う。「勢力《ちから》あるものをわれわれの中から追放しよう」と。

見よ、なんの財産ももたなかったものが(今では)富の所有者だ。貴族たちはかれを讃めたたえている。見よ、土地をわずかしかもたなかったものが富豪となり、財産〈家〉が無産者となっている。

のように、貴族層が没落したさまを例をあげてくどいほど繰りかえし、また、中王国時代初めという『ネフェルティの予言』は、

私はあなたに混乱の国土を示そう。無力だったものが(今では)力あるものであり、(もともと)挨拶をするはずのものが挨拶されている。私はあなたに、私の体が逆転して、一番下が最上位(にいるの)を示そう。

と記し、一人称で混迷のさまを嘆いている。つまり第一中間期は、王権の衰微にとどまらず、通説としていわれているように、階層の上下が逆転した社会革命を惹起した時期であったのである。筆者らが調査を行っている中エジプトのアコリスで、古王国時代末に立坑や横穴を岩盤に穿った簡素で小規模な墓の造営が盛んになる。後述するS・ザイデルマイヤーの指摘とも通じるこの現象は、下位者の抬頭を示唆する点で、来たるべき社会革命を予感させる。(51)デイビッドの説明は王と貴族層との関係としてはおそらく当たっているのであろうが、社会革命にまで至るにはさらに別の因子が加わらなければならない。

『イプエルの訓戒』に戻ると、

ほんとうに、国中に砂漠が（広がって）いる。州は荒れはて（国）外からきた野蛮人どもが、エジプトに（とどまって）いる。

と記して域外集団の進入を伝え、また、

……外国人どもから（国土を）守るため戦士の数を増そう。（敵は）ヌビア人なのか。それならわれわれが追い払おう。マジョイたちはエジプトに好意を抱いている。どうしてみながその兄弟を殺す（ような）ことが起るのか。われわれのために召集した軍隊は外国人となっており、掠奪を行なっている。

と述べて、域外集団から来た傭兵の騒乱を伝えている。

また、『ネフェルティの予言』は、

かれ（ネフェルティ）は国土に起ることについて思い（を凝らし）、東デルタの状態について想いうかべました。アジア人《びと》がその強い腕でやってきて、取り入れの（最中の）人びとの心を騒がせ、耕作のための牛を奪い去っておりました。

といい、さらに、

……すべてのよきことは消え去り、この世は国中に満ちたアジア人《びと》を養うため悲惨である。人びとは国境の防柵《とりで》をおし破る。

と記して進入した「アジア人《びと》」による暴害を嘆き、南部に現れた第一二王朝初代のアメンエムハトI世がその暴害から救ったと続け、

……アジア人《びと》はその虐殺によって倒れ、リビア人はその焔によって倒れよう。

「支配者（万才！《ママ》）の壁」が建てられ、アジア人《びと》はエジプトへ下るのを許されず、家畜に水を飲ませるためには、慣例通りに、水を請い求めねばならなくなろう。……

として、アジア人とリビア人が除かれ、防壁の建設がアジア人の無秩序な進入を抑えるだろうと述べて、王の業績を讃えている。

「アジア人《びと》」は遊牧民であり、平時からナイル流域に立ち入っていたらしい。Aamu と記している点などからすると、アモリ人である可能性が高い。さらに、古王国時代末の第六王朝の高官ウェニが詩調を帯びたその自伝のなかで、パレスチナ方面へ軍を進め、敵を剪滅して村を破壊し、無花果や葡萄を切り倒し、多数の捕虜を得たことを、誇らしげに述べた部分に注目すると、「アジア人《びと》」とは農耕を行って集落を形成していた季節的遊牧民であったと思われ、この頃にすでにエジプトの脅威として映っていたことが察せられる。また「リビア人」とは、おそらく、エジプトに近いキュレナイカに住みついていた遊牧民であるらしく、(52) この地で青銅器時代の考古学資料の乏しいことがかえってそれを示唆している。もっとも、北アフリカには珍しくギリシア人植民市が集中した後世の事実が示しているように、キュレナイカは天水農耕が可能であるので、半農半牧であったかもしれない。もし農耕を営んでいたとしても、灌漑に頼るエジプト人には異境人と映ったであろう。「マジョイ」とは南方のヌビア人の一種族名であるという。皮の腰布を着けた姿で絵画資料に表現されていることなどから、農耕や牧畜に加えて、交易用物資を得るために狩猟を行ってい

たことが想像される。

社会革命に至ったもうひとつの因子は、悪疫と飢饉である。『イプエルの訓戒』は、

ほんとうに、（人びとの）心は狂暴だ。悪疫は国中にあり、血はいたるところにある。

ほんとうに、〔人びとは〕草を〔食い〕、水といっしょに（のどに）流しこむ。……。

ほんとうに、どこにも穀物はない。布地も〈香料〉も油も人びとから奪われている。みんなはいう。「何もない」と。穀倉は空っぽで、その番人は地面に伸びている。

と、悪疫の流行と飢饉の酷さを嘆いている。

また、『ネフェルティの予言』は、

エジプトの河は干上がり、徒歩で渡ることができる。人びとは航行のため船の水をさがす。なぜならその（水）路は砂州となっており、砂州は大水となっているからだ。水は砂と（なっている）。

として、年ごとの恵みをもたらすナイルの増水が充分でないことを記し、さらに、

人びとは銅で武器をつくり、血をもってパンを要求する。病気を（あざ）笑い、死に涙を流すこともない。死のゆえに夜を空腹のまますごすこともない。

と諦めに似た言で、無秩序状態と悪疫と飢饉を簡潔に述べている。要するに、ナイルの増水不足による農耕生産の不振が飢饉を招き、体力の低下が悪疫の流行を促し、無秩序状態が現出したことを、これらの記述から汲みとることができるわけである。

さて、このような惨状を伴う第一中間期が一二〇年余り続いたのち、第一一王朝メンチュホテプⅡ世（在位前二〇五五～前二〇〇四年）のもと、南が北を軍事的に征圧するかたちで政治的統一が成った。この頃にはナイルの増水不

足も回復基調に転じていたらしい。こうして始まった中王国時代は、宗教観や政治体制などが古王国時代と違っていた。神の定めた社会正義《マアト》の実現が王を含む施政者全体に求められるようになり、エジプト人にとって重要な死後の永生は王の特権でなくなり、この正義に則っていたかどうかを彼岸の審判によって決定するという一種の民主的葬送観念が流布するに至った。また、有力な地方勢力を除いて、王を頂点とする官僚制的中央集権体制を整えるとともに、ヌビアやパレスチナ方面に積極的に軍を送って金や石材や銅などの天然資源を求め、交易の範囲をアナトリアやメソポタミアなどの遠隔地に拡げた。なお、社会正義という観念はエジプトと同じ頃に、南メソポタミアでも流布したようである。これについては後述する。

第一中間期を経たあとに実現した中王国時代の変化の種々は屋形禎亮の論述に詳しいので一読を乞うことにして[53]、筆者が接した考古学上の知見を添えておくと、第一中間期の惨状を伝える文字記録の記述ぶりに疑問を投じたザイデルマイヤー説が注意を引く[54]。それによると、質の低下が甚だしい第一中間期の文物は、古王国時代にエリートに限られていた王朝文化が広範に同化、吸収されたこと、そうして大衆消費が出現したことを示しているという。また、ナイルの増水不足によって大飢饉に見舞われたという点に対しても疑義を唱え、上昇不足を示す証左はみられないと説く。論述はさらに続くが、ともかく、第一中間期像を構築するにあたって文字記録を盲信することに警鐘を鳴らした点で、ザイデルマイヤーの所論は意義がある。

そこで、古王国時代末に小型墓の増加をみせたアコリスの情況を再び取り上げると、第一中間期には造墓活動が中断あるいは衰退していたようである。編年上の問題があるので確言はできないが、筆者の推測が当たっているとすると、ザイデルマイヤー説はアコリスに関する限り退けざるをえない。中王国時代に入るとこの中断または衰退の情況が一変し、大型の岩窟廟堂墓五基が営まれる。比較的良く旧状をとどめていたこれらの一基から、大型葬送船の驚くほど写実的な木製模型などとともに、第一二王朝センウスレトI世（在位前一九六五〜前一九二〇年）に酷似した木製王像が出土し、被葬者が州侯級の人物であったことをこれらの副葬品が示唆している。中央集権体制が中王国時代のなかで確立するのは、約半世紀後のセンウスレトⅢ世治下であったというから、この墓の内容は地方有力者がなお健在であった時代相を映しているとみれば頷ける。

センウスレトⅠ世というと、対外活動に力を注ぎ、ヌビアに軍を進めてこの方面に大型要塞を建設し、西アジアとの交易を促進したことで知られている。この積極的な対外活動は次代の王達もこれを継承し、たとえば、センウスレトⅡ世が自らのピラミッド複合体を造営、維持するために設けた人工都市のカフーンで出土したアジア系の計量錘や物差、第一二王朝期の都市の幾つかで出土した多色で装飾的なクレタ産土器は[55]、活動の隆盛と広域化を伝えている。第一中間期からエジプトのスカラベに採用された渦文の起源がエーゲ海方面にあるらしいこと[56]、地中海域で最初にミケーネよりも早く切石積建造物がクレタのミノア文明のもとでこの頃に出現し[57]、石造建築のはるかな先駆者であるエジプトからの影響が考えられることをあげ、こうして対外活動の証左を補えば、クレタとの関係の濃さがさらに浮かび上がる。南方からの金、西アジアからの錫がエジプトにとって不可欠であったとすると、地中海を越えてもたらされた物資は、おそらくワインやオリーブ油であろう。

レヴァント　アムークとビカーでEB期後半に集落数が激減し、MB期に大きく回復することをすでに例示しておいた。レヴァントでの例をさらに続けると、シリア海岸域に営まれたウガリトの場合、EB期前半の前三〇〇〇年頃に都市の体裁を整えるとともに、レヴァント各地や北シリアと通交し、やがて青銅器生産も盛行をみせたことが、考古学上の資料から知られている。メソポタミア内陸世界と地中海世界との結節点に位置し、しかも通交を容易にする地形上の利点が、物資流通上の核としてこの地に都市を生み、興隆を支えたにちがいない。ところが、EB期末の前二二〇〇年頃に都市は断絶して一〇〇～二〇〇年ほど中断状態が続き、前二〇〇〇年頃のMB期初めにアモリ人とおぼしい遊牧民集団が到来してこの地で造墓を行い、前一九〇〇年頃から都市の再生が始まったらしい。アムークやビカーとも連動するこの断絶は、レヴァント北半の他の集落でも例が知られており、たとえばビブロスがこの頃に破壊を被った痕跡をとどめ、ティールでは前二〇〇〇～前一六〇〇年の間すなわちMB期全体の長い中断として現れている。[58]中断期間に長短があったようである。

レヴァント南半に移ると、EB期を四期に細分して集落形成動向を辿ったA・H・ヨッフェによれば、[59]EB期Iで集落が増加し、EB期IIで全体数が減少するけれども、外壁や門、給水施設や「神殿」をそなえた都市が生まれ、面積の格差も現れる。そうしてEB期IIIに入ると、乾燥地の集落数が激減し、残った集落は大型化して外壁の防禦力を高め、地域社会の核として都市の諸機能を高進させた。しかし、EB期IVを迎えるまでにそれらの都市はその威容を失い、EB期IVに入ると集落の大勢は小村落に移り、とりわけ乾燥地でその増加がめざましい。EB期IVはまた大規模な墓域の形成によっても特徴づけられるという。

パレスチナ南部の都市遺跡ラキシュの報告のなかでR・ゴフナ、N・ブロックマンがこの地域の集落形成の変遷に言及し、それによると、EB期IIIには集落規模の拡大と経済の発展がめざましく、これが人口の急激な減少を示すパレスチナ中部と対照的である。そうして、規模の拡大を遂げたラキシュをはじめとする諸都市は、EB期IIIの末に放棄されたらしい。[60]ヨッフェとの間に見解の相違が存在するのかどうかについてそれを穿鑿する準備はないが、EB期III内で都市が急速に拡大、発展する点、同期末に放棄される点は、イスラエルにおける近年の考古学上の共通認識とみてさしつかえないようである。

そもそも、EB期からMB期への推移の問題は、一九五〇年代のK・M・ケニヨンの説をきっかけにして、広く論議を呼んだ。すなわち、イェリコなどのEB期末に残された破壊の痕跡を遊牧の民アモリ人の進入の結果とみ、小型集落と夥多の墓とによって特色づけられる、MB期成立までの間をEB・MB中間期（Intermediate Early Bronze-Middle Bronze Age）と名付けた。こうしてエジプトの第一中間期と対応させたのである。[61]しかし、定住民と遊牧民とを対峙させる構図が旧説として後景に退いた現在では、アモリ人進入説よりも、都市の肥大化、機能や権力の過度の集中に放棄の原因を求める内的矛盾説の方が優勢である。ヨッフェや、ゴフナ、ブロックマンの所説は、したがってこの趨勢に連なるとみてよい。しかし内的矛盾説には、都市をこのような変化に導いた理由が示されていない。そこで、都市をこのような変化に導き、同時に放棄に至らしめた素因が抽出されるとすれば、それは次のようなシナリオとして示すことができるであろう。

少し想像を混じえた仮説であるが、乾燥化によって小型集落の多くが衰滅した結果、住民は遊動化し、あるいは遊牧に転じあるいは流民としてさまよい、さらには糊口を求めて都市に流入した。外壁や「神殿」のような公的施設の築造は、労働力として流入者を吸収するいっぽう、内に向かっては秩序を整え、外に対して存在を誇示する手だてとして機能した。非定住民の増加に伴う社会不安の増大が、都市の外容を威圧感あらしめたのである。しかし、都市人口なかでも非直接生産者の増大を支える負荷が重くのしかかり、都市の存立を危殆に追いやった。交易に大いに活路を見いだしたであろうことが、交易品の出土量の増加によって察せられるが、細った農業基盤を回復することは、天水に多くを依存していた当時の情況を考えれば難しかったにちがいない。都市という集住形態は常に多消費型社会を形成するからである。そこで、放棄に至った都市もあり、外部さらには呼応する内部の攻撃を受けて壊滅した都市もあったことが、滅亡時の考古学的痕跡から想像される。アモリ人が都市の終焉に関与したとすれば、このような窮状の渦中ではなかろうか(62)。

都市を去った人びとは、墓以外に考古学的痕跡をとどめない遊牧民ないし遊動者としてさまようか、小型集落を営んで夏牧冬農の季節的遊牧に従事したようである。ヨルダン渓谷、南部のネゲブ、シナイ方面で小型集落が急増したのは、季節的遊牧と同時に、南のティムナなどでの採銅とその交易が、都市を失った人びとを引きつけたせいであろう(63)。エジプトに暴害を与えたという「アジア人《びと》」の進入には、パレスチナ側のこのような事情が介在していたのである。

レヴァント全域に話を戻すと、以上述べたEB期後半の激動を経てMB期の開始とともに大型集落すなわち都市は、復興基調に転じた。地中海岸沿いでウガリトやビブロスなどが、内陸寄りでアララハ（遺跡名テル・アチャナ）、エブラ、カトナなどのレヴァント北半〜シリア西方の諸都市が、いずれも王国の首都にふさわしい体裁を回復したことが知られる。このうえに前述のパレスチナの情況を加えるならば、都市の復興はレヴァント全域に及んだとみてよい。ところが、MB期における小型集落の形成動向に注目すると、内陸寄りのカトナ近傍ではEB期に較べて激減しているさまをみてとることができる(64)。これに対して、相対的に海岸に近いアムーク、エル・ルージュ、テル・マストゥーマ地域、ビカーでは、先述したように小型集落が復興ないし存続していた。水の供給に恵まれていたかどうかが復興ないし存続の可否を左右したことを、それぞれの立地条件の違いが示唆している。

これはレヴァント南半のパレスチナ南部も同様であったらしい。EB期Ⅳの小型集落のその後は、ヨルダン渓谷やネゲブで痕跡を絶ち、丘陵部や海岸部でも消滅をみせる。そうしてMB期Ⅰに入ると、とりわけ海岸寄りに小型集落が集中するという(65)。海岸寄りや内陸の谷で多くの都市が営まれ、エジプト・シリア間の交易路沿いで都市化がめざましいというから、集中する小型集落は交易活動を支えた農耕基盤として機能したのであろう。こうしてレヴァントの南北を通覧すると、MB期において内陸乾燥地での農耕生産がはかばかしくなかったこと、遊牧や交易への比重が必然的にEB期よりも高まったことが察せられる。

そこで、地中海岸に分布するMB期の港湾都市を取り上げ、パレスチナ南部のアシュケロンから北方へこれを辿ってみると、アシュケロン、ヤッファ、クデイラ（?）、ハイファ（またはアッコ）、ティール（?）、シドン、ベイルート、ビブロス、トリポリ、タルトゥス（またはアムリット）、テル・スカス、ウガリト（外港?）、オロンテス河口の順に、およそ三〇〜四〇㎞を隔てて分布している（図13）。そうして、アシュケロンとラキシュ、ハイファとメギド、クデイラとメギドの例が示唆しているように、港湾都市が同じく三〇～四〇kmの距離で内陸の都市と結ばれていたことも想像に難くない。陸路の三〇～四〇kmという一日の徒歩の旅程にあたるので、港湾間のこの隔たりは当時の平均的な船脚が陸路を行く場合とさして変わらなかったことを窺わせる。

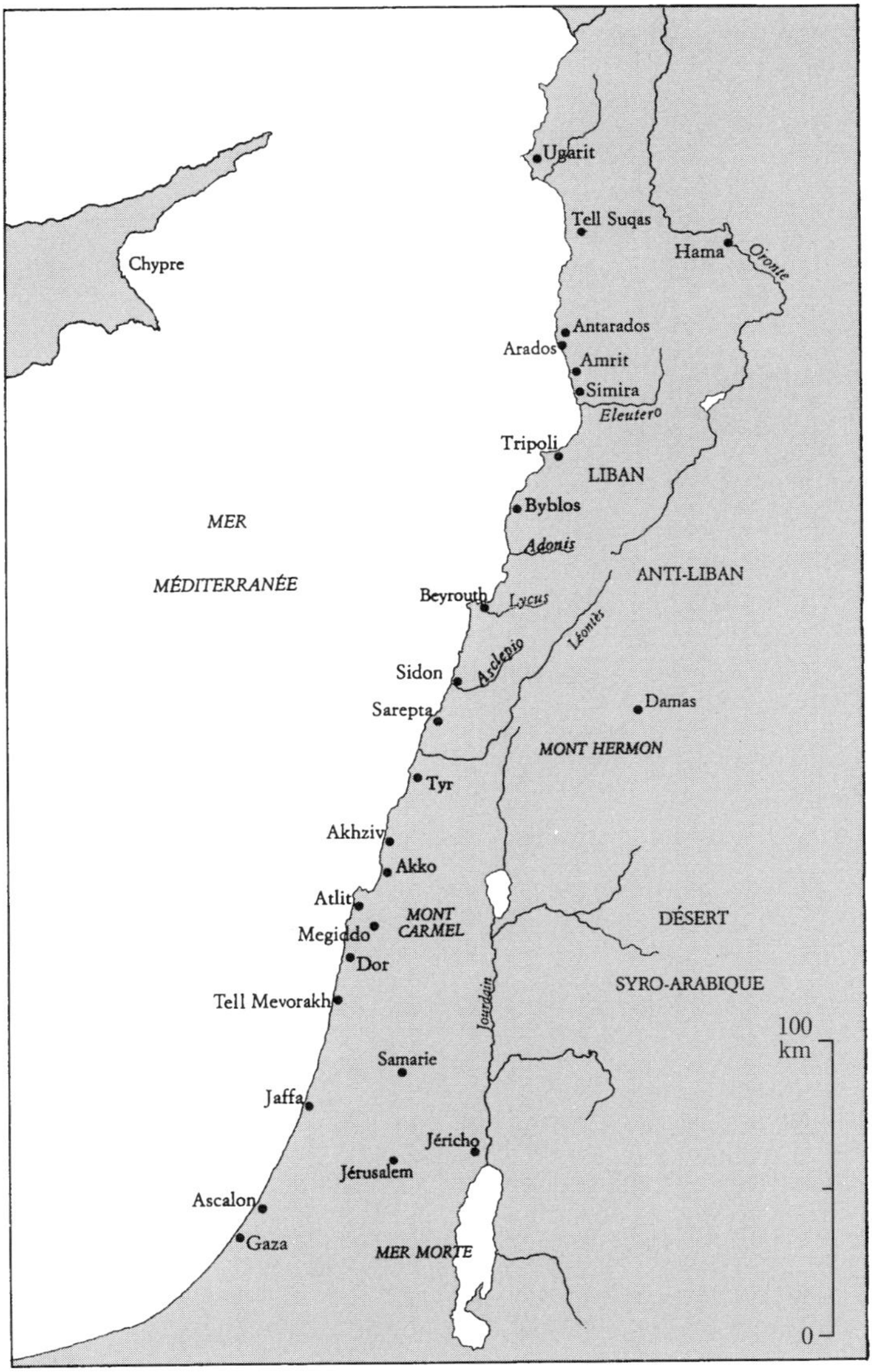

図13　レヴァント海岸部の青銅器時代の諸都市址（Ciasca, A., Phenicié, in Moscati, S. et P. Amiet（eds.）, *Les Phéniciens*, Le Chemin vert, 1988, p. 140）

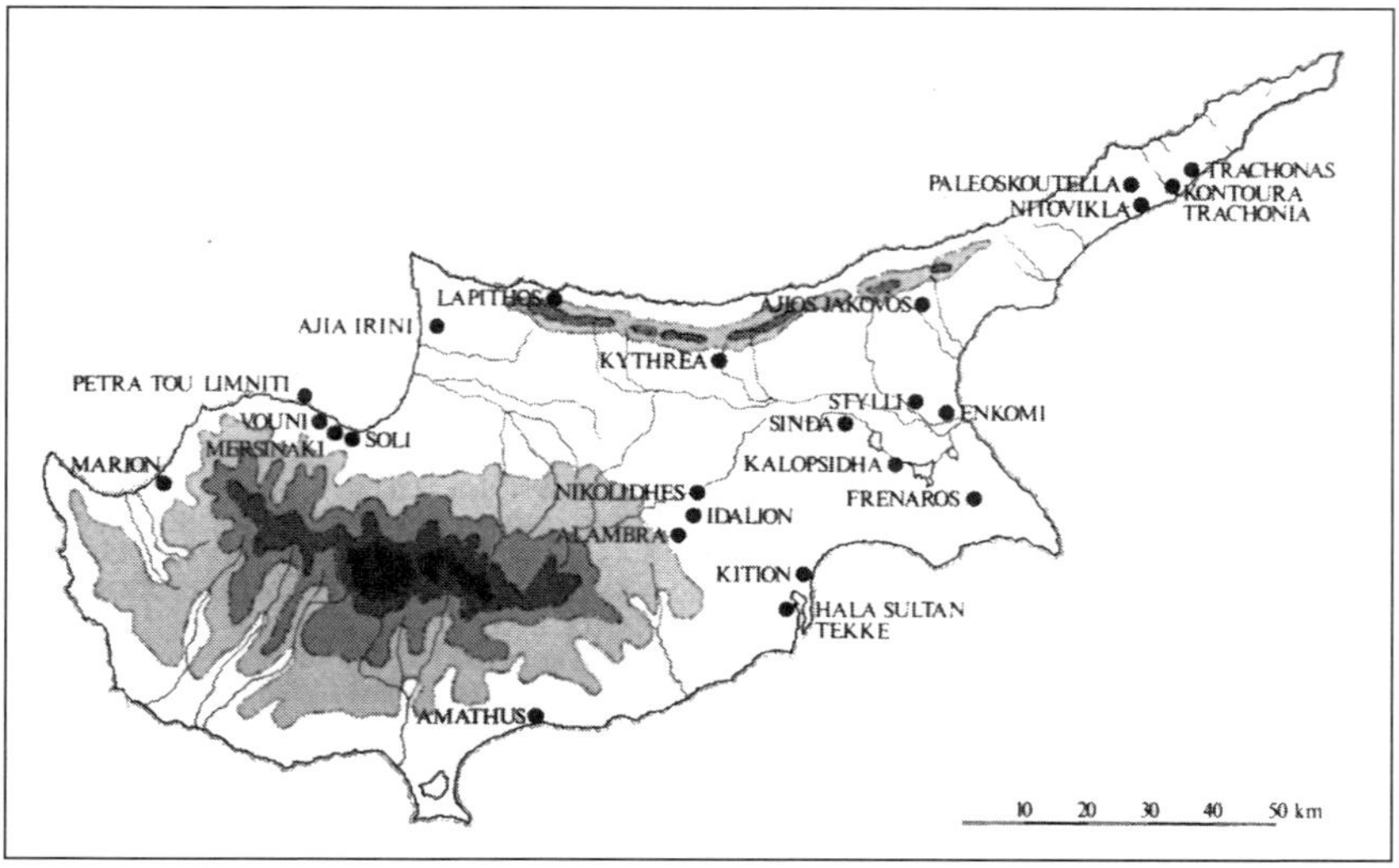

図14　キプロスの地形と主要遺跡（Karageorghis, V. *et al., Cypriot Antiquities in the Medelhavs-museet, Storkholm*, 1997, p. 6）

物資を運び情報を伝えたであろうこのようなネットワーク網を形成したのは、復興した王朝や都市国家の王達であり、彼等の盛んな外交活動であった。レヴァント南半がMB期に文字社会に移行したことは、その意味で示唆的である。しかし、農耕基盤を失って旧状に復することがかなわなかったことによる遊牧民や半遊牧民の増加、ハビルに代表される局外者の存在感の高揚に眼を向けるならば、王達の外交活動を最底辺で支えたのは、このような遊動化した民であったにちがいない。時に脅威を与える暴戻を働いても、彼等がいなければ円滑な通交は望めなかったであろう。

さてキプロスは、レヴァント海岸から一〇〇km余り、アナトリア南海岸から八〇kmほど離れた、地中海北東部に浮かぶ島である（図14）。この近さゆえに、レヴァントの一部として取り上げ、今後もこの方針を採ることにする。キプロスの銅石器中・後期の集落址として、西海岸のレンバや南西部のエリミなどが主として西部で確認されている。土器新石器時代の集落址は例が知られており、銅石器前期例には恵まれていないというから、ここに集落形成上の中断を見いだすことができるかもしれない。いずれにせよ、中・後期例として確認されている集落は円形住居で構成されており、したがって都市の体裁にはほど遠い。銅石器時代の年代について、前期を前四〇〇〇～前三五〇〇年に、中期を前三五〇〇～前二五〇〇年に、後期を前二七〇〇～前二四〇〇年にそれぞれ当てるのが最新の年代観であることを、二〇〇四年刊行のL・スティールの著作から読み取ることができる。[66] これより二〇年余り前のV・カラゲオルギスの所論では年代に異説のあることが漏らされているから、[67] 搬出入土器の併行関係やAMS法の較正年代の蓄積が暦年代をこのあたりに落ちつかせたということになるのであろう。

キプロスでの考古学の確立と史的体系化に比類ない貢献をしたそのカラゲオルギスによると、キプロスのEB期にあたる前期（以下EC期とする）の遺構としては、ヴァシリアやヴォウヌスなど、主に北西部の海岸寄りで墓が見いだされるにとどまっていた。明器に生活の場面が表現されていたので、集落の欠が将来埋められることを期待させたが、しかし、層位的調査が難しい点などによるのか、この情況は変わっていないようである。キプロスの青銅器時代は、EC期と略称した前期に続いて、中期（以下MC期とする）、後期（以下LC期とする）に分けられており、EC期は前二四〇〇～前二〇〇〇年、MC期は前二〇〇〇～前一七〇〇年、LC期は前一七〇〇～前一〇五〇年頃にそれぞれあたるという。EC期を遡るという前二五〇〇～前二三〇〇年のフィリア文化期と、EC・MC両期との確認済み遺跡とを合算すると二七〇にのぼり、集落址がかなりの数に達するというから、[68] EC期における集落址の欠落はあまりこれを強調しない方が今は無難であろう。しかし、それでもなおEC期での欠落が覆いがたいということになれば、集落形成のこの衰微ないし断絶は西アジアやエジプトでのそれと年代上の一致を得ることになる。

銅石器前期の情況とあわせて今後の資料の追加と説の推移とを見守ることにして、銅石器時代からEC期への移行の問題に一石を投じたアナトリア系のフィリア文化について取り上げよう。すなわち、この文化が両期の狭間を満たす移行期にあたるのか、両期のどちらかに属するのか、そうではなく、全島的分布を形成しない地域文化にとどまるのか、これらの点をめぐって論議を交わしてきた学史があり、この問題は近年においてもなお融けない対立を残しているからである。たとえば、M・メリンクは、フィリア文化墓の遺物群はアナトリア製ではなく、混合的、選択的にキプロス在来民がアナトリア化をはかった製品であるとみて、銅石器時代からEC期への連続的移行を強調し(69)、これに対してJ・M・ウェッブやD・フランケルは、アナトリアからの移住民と在来の島民とが異なった文化伝統を擁して共存していたとするのである(70)。

スティールによれば、フィリア文化の遺跡は一九を数え、島内の西・南・中央部に分布して、その多くは銅産地のオヴゴス渓谷に集中している。その住居の平面形は銅石器時代の円形でなく方形で、土器にアナトリアからの影響がみとめられ、短剣や斧などの鋳型作りの銅製品が伴い、牛の導入で鋤耕が始まるという。ところが銅石器時代とEC・MC両期との集落分布上の相違を取り上げたスティールの言によると、銅石器時代にはもっぱら海岸寄りに占地しているのに対し、EC・MC両期の集落は主として内陸に位置しており、これは海産物の取得や海上交易への比重が減退したことを推測させるという。EC・MC両期の集落は多くの例で一五〜二〇haの面積があるらしい。面積を比較するならばレヴァントの同期の都市と遜色ないが、しかしキプロスの場合には小規模な集落群が不連続に集まった形態をとるという。住居の平面形は方形基調にこそなっているけれども、西アジアの諸例と較べるならば、都市と呼ぶにはまだ隔たりがあり、停滞的というのは過ぎるとしても不活発な社会であったことを窺わせる。その意味で、EC・MC両期がフィリア文化の充分な継承のうえに成立したとは考えにくいし、同文化の存在が異質性を帯びて際立つことにもなる。なお、アナトリアからの文化の流れは、西アジアとエーゲ海の例を加えて後に再言する。

ヨーロッパ　エーゲ海域（図15)、温帯ヨーロッパの順に取り上げることにして、まずエーゲ海域の叙述をギリシア本土から始めると、この地の青銅器時代はヘラス文化の時代すなわちヘラディックと称して、前期（以下EH期とする)、中期（以下MH期とする)、後期（以下LH期とする）にこれを細分している。そうして、EH期に前三一〇〇〜

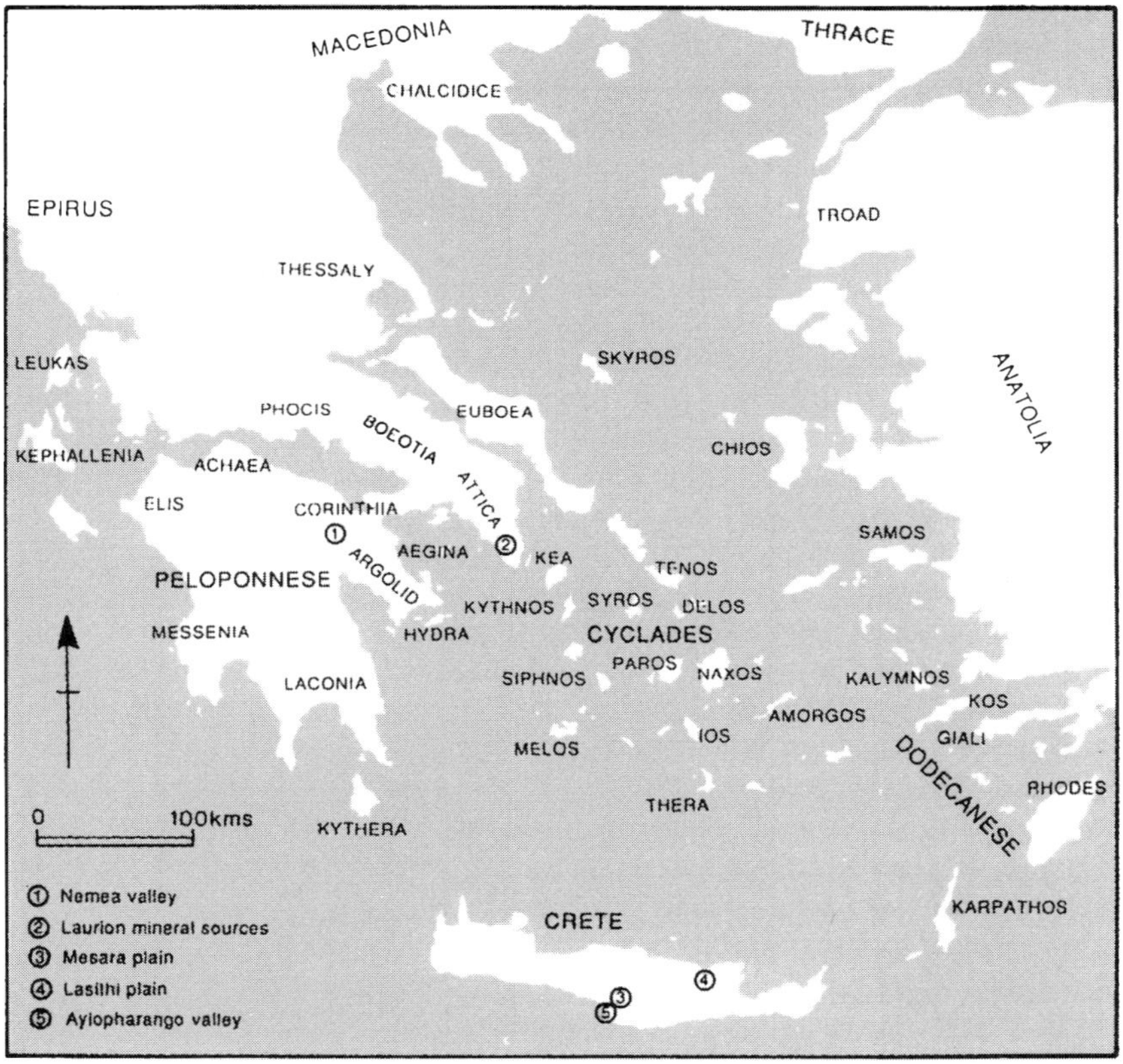

図15　エーゲ海域の諸地域（本章注71　Dickinson Intro. I）

前二〇〇〇年、MH期に前二〇〇〇～前一六〇〇年、LH期に前一六〇〇～前一〇七〇年の暦年代を与えている。時代名こそ違っても、分期の仕方と暦年代は西アジア青銅器時代の編年体系とほとんど隔たらない。表2が示しているように、キクラデスやクレタの場合も同様である。これはエーゲ海域の編年体系を強いて西アジアに合致させたということではなく、自ずからそうなる史的展開があったことによる。

さて、EH期Ⅱ末に集落の激変した形跡がギリシア本土でみとめられる[71]。すなわち、北東部でアルギッサ、中央部および東海岸で、アイオス、ゴスマス、アルゴス平野のレルナやアシネ、エヴィア島

表2　クレタ、キクラデス、ギリシア、エジプトの青銅器時代時期区分（本章注71 Shelmerdine〔ed.〕 Fig. I. I.）

Chronology High	Chronology Low	Crete	Cyclades	Greece	Egypt	
⋮	3100					
⋮	3000					
⋮	2900	EM I	EC I	EH I	1st-2nd Dynasty 3100/3000-2700	
⋮	2800					
⋮	2700					
⋮	2600					
⋮	2500	EM IIA	EC II	EH IIA		
⋮	2400				Old Kingdom (2700-2136)	
⋮	2300	EM IIB		EH IIB		
⋮	2200					
⋮	2100	EM III	EC III	EH III	1st Intermediate Period (2136-2023)	
⋮	2000					
⋮	1900	MM IA	MC I	MH I	Middle Kingdom (2116-1795)	
⋮	1800	MM IB	MC II	MH II		
⋮	1700	MM II				
1700	1600	MM III	MC III	MH III	2nd Intermediate Period (1795-1540)	
1600	1500	LM IA	LC I	LH I	New Kingdom (1540-1070)	
1500		LM IB	LC II	LH IIA		Hatshepsut/ Tuthmosis III 1479-1425
1400	1400	LM II		LH IIB		
		LM IIIA1		LH IIIA1		
⋮	1300	LM IIIA2	LC III	LH IIIA2	18th Dynasty (1540-1295)	Amenhotep III 1391-1353 Akhenaten 1353-1337
⋮	1200	LM IIIB		LH IIIB	19th Dynasty (1295-1186)	Ramses II 1279-1213
⋮	1100	LM IIIC		LH IIIC	20th Dynasty (1186-1070)	Ramses III 1184-1153
⋮	1000	Subminoan		Submycenaean		

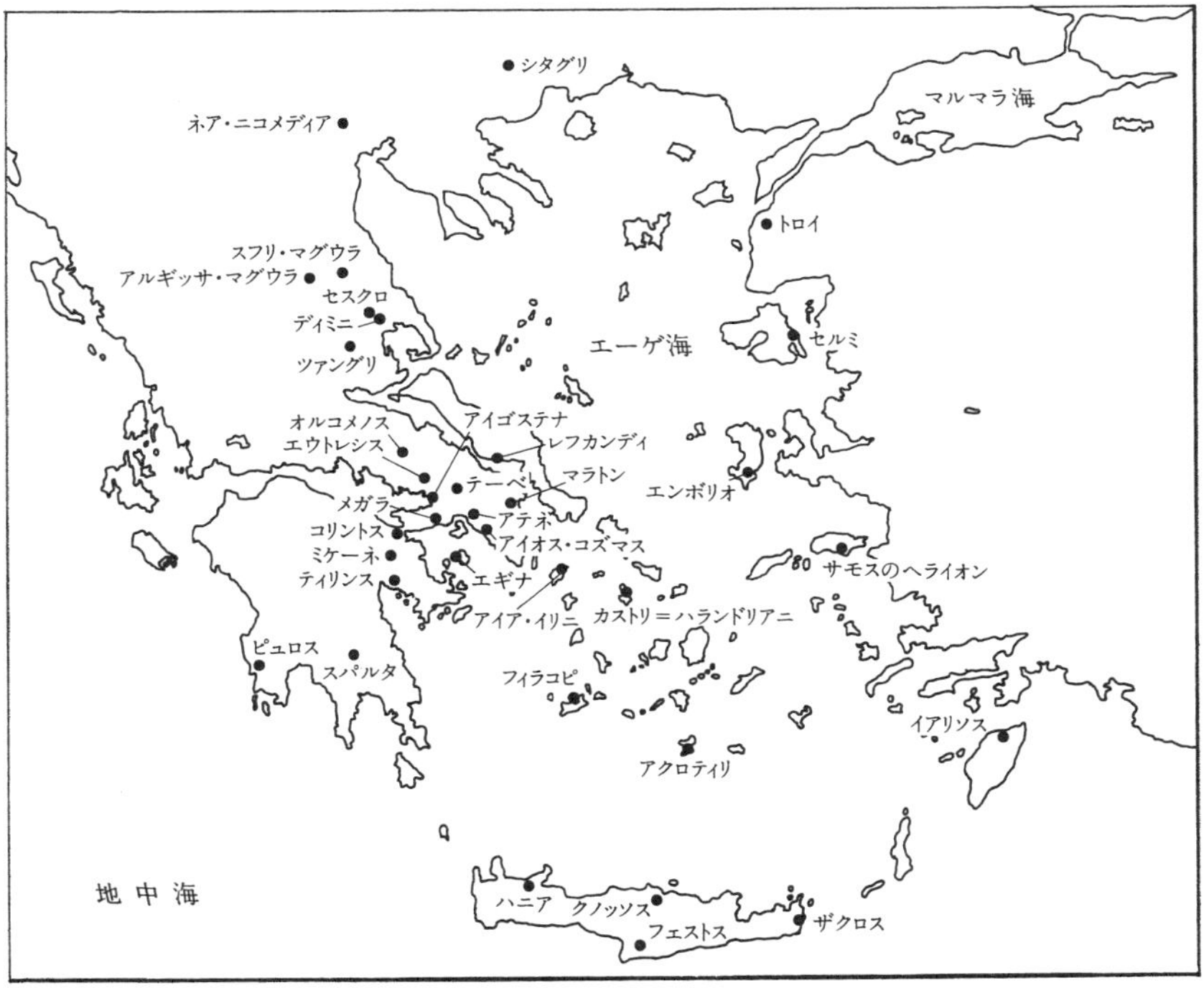

図16　エーゲ海域の主要遺跡（本章注17　p.2）

のレフカンディ、エギナ島のコロンナが焼壊し、ツィグリス、ティリンスが壊滅し、エウトレシス、コリントス、ヴェルディビが放棄された（図16）。これに対してEH期Ⅲに存続したことが確かな例として、エギナがあげられる。北西海岸のアスタコスで五haに及ぶEH期の集落址が海底で確認されているらしいから、[72] 西部のEH期の集落址は例を加えるであろうが、それでも分布が南・東部に集中する大勢は動かないであろう。集落規模の大小を問わず、暴力的行為であったことを窺わせる焼壊・壊滅例がかくも多く、とりわけ焼壊例の比率がレヴァントを凌ぐほど目立つ点からみて、破壊の激しさを窺わせるのに充分である。EH期の社会はこれによって壊滅したにちがいない。

　ギリシア本土の東南海上に点在する島々は、キクラデス諸島と総称されている。その青銅器時代の編年体系は表2を参照願うことにして、EH期Ⅱ後半～Ⅲの一部に併行するというEC期ⅢAが、EC期Ⅱに終止符を打った激動期にあたるらしい。ギリシア本土に近いケア島のアイア・イリニが放棄され、諸島南端に近いメロス島のフィラコピが壊滅したという。ナクソス島の遺跡分布から知られるように、また、R・L・N・バーバー(73)や周藤芳幸(74)の指摘にすでにあるように、EC期Ⅱを最後にして集落数が激減したとみてもさしつかえない。

ところが、東方アナトリア寄りに位置する島々の集落のうちで、デロス島のキュントス山はEC期ⅢAに存続した可能性が高く、シロス島のカストリはこの時期の新造集落であり、ナクソス島のパレルモスも同期の集落例として知られている。しかもこれらの集落の物質文化は、ケロス・シロス文化すなわちEC期Ⅱ内のカストリ・グループとして分離されているように、他と異なった特徴をそなえている。EC期からMC期への移行問題がギリシア本土の情況と関連することを考慮するならば、カストリ・グループが研究者の関心を引きつけて論争がなされてきたのも頷ける。論争を約言した周藤の言を借りて対立点を紹介すると、このグループをEC期Ⅱに措いて次のEC期ⅢのフィラコピⅠ文化との間に断絶の存在を認めてギリシア本土での断絶と対応させる説と、これをEC期Ⅲに入れて、EC期Ⅱのシロス・グループ、EC期ⅢAのカストリ・グループ、EC期ⅢBのフィラコピⅠ・グループとして、推移の連続性を強調する説とに分かれている。各説の適否を論評する準備が筆者にはないが、カストリ・グループの土器様式を特色づける器形のひとつで、グループのアナトリア起源説の根拠になったデパス・アンフィキュペロンという大型把手付き円筒土器が、トロイⅡ層で数多く出土し、内陸やブルガリア方面にも広く分布している点が注意される。

この問題は根が深いので後で紙幅を割いてあらためて取り上げることにして、その前にクレタの動向を述べよう(75)。クレタの青銅器時代は同島が育んだいわゆるミノア文明にちなんで、ミノア前期（以下EM期とする）、中期（以下MM期とする）、後期（以下LM期とする）に大別され、表2に示した暦年代が与えられている。これらのうちEM期で集落に破壊の痕がみとめられているのはEM期ⅡBで、主に東部にその例が多いという。たとえば、ヴァシリキは壊滅、フルヌウ・コリフ（別名ミレトス）は焼壊によることが知られており、他にもマリアなど多くの破壊例があるという。しかしクレタの場合、パライカストロやグルニアなど、ＥＭ期の集落であっても著しい破壊を被らなかった例が知られている。円形合葬墓の存続や土器様式の継続性の高さもまた、集落の断絶がギリシア本土やキクラデス諸島に較べて限定的であったことと符合する。

トロイに話を戻すと、黒海からボスポラス海峡、マルマラ海を経て、狭く長いダーダネルス海峡を通過してエーゲ海へ出たアナトリア側に、この都市は営まれている。現在は海岸線から三～四㎞ほど内陸に退いているが、創建時の前三〇〇〇年頃には、近傍まで海が湾入して迫っていたというから、海峡口を扼する地として、またアナトリア内陸交易路の終着点として都市の出発したことが察せられる(76)。外敵の進入を招きやすい選地のせいであろうか、外壁をめぐらしてＥＢ期初めに出発したトロイI層は、大規模な破壊に見舞われ、さらに強固な外壁を準備したII層は、一ｍに及ぶ厚い焼土層で覆われるほど激しい破壊を受けている。デパス・アンフィキュペロンが多数出土したのはこの層であるが、長細い長方形のメガロン式の大小の建物が営まれていたのも、シュリーマンがかつて発見した「プリアモスの宝」も、この層の時期にあたっているから、都市の隆盛ぶりが察せられる。ところが、焼壊後を継承したIII層は狭い路地と小規模な家屋から成り、外壁の存在も確認されていないので、都市形成が衰微したことを窺わせる。そうしてこの情況がIV・V両層に続いたのち、ＭＢ・ＬＢ両期に往時に優る体裁をそなえて都市が復活した。以上述べたトロイの変遷からすると、カストリ・グループの編年上の位置づけとしては、周藤の指摘のように、ギリシア本土やキクラデスでＥＢ期の集落が最後の隆盛をとどめていた時期に併行させるのがふさわしいのではなかろうか。

アナトリアからの文化の流入というと、キプロスにおけるフィリア文化の成立が想起される。また、シリアの地中海寄りからレヴァント全域にかけてＥＢ期末の集落中断直前に分布を拡大させた、キルベート・ケルク土器と総称される特徴的な黒色磨研土器の一群も、東アナトリアないし黒海東岸のカフカス方面を故地とするようである。さらに、

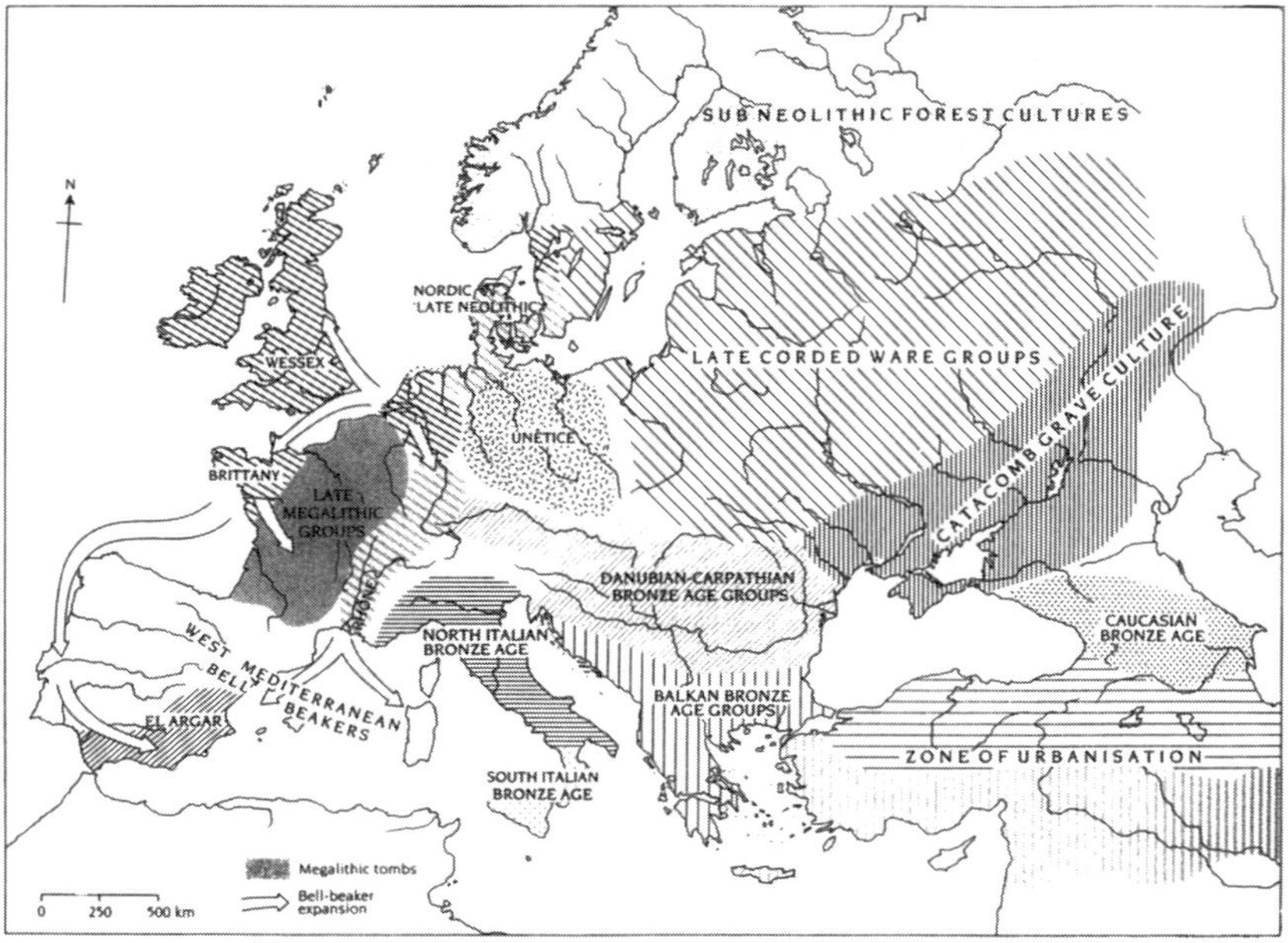

図17　ヨーロッパにおけるベル・ビーカー土器文化（前2500〜前1800年）の拡大（本章注77　p. 246）

バルカン半島東部のトラキアに位置するカンリゲチィトの発掘結果によると、EB期の最終段階に中央アナトリアから強い文化的影響の及んだことが土器様式の変化やメガロンの出現から推測され、その直後に集落の壊滅が訪れたという。これらの点を総合すると、集落衰滅直前に発したアナトリア方面からの文化伝播は、西はトラキア、エーゲ海域に達し、南はキプロス、パレスチナへ突出したことが知られる。それでは、この現象が直後の集落衰滅とどのような脈絡で結ばれるのか、アナトリア考古学は充分な答えをまだ準備していないようである。

エーゲ海域を離れて西方へ移り、前三千年紀〜前二千年紀前半の動向を概観すると、前三千年紀中葉にベル・ビーカー土器が実に広汎な分布を獲得したこと、その終焉にやや先立つ前二〇〇〇年頃から青銅生産が始まって真の青銅器時代に入ったことが特筆される（図17・18）。さて、ベル・ビーカーの名で呼ばれる有文倒鐘形の土器群は、地域

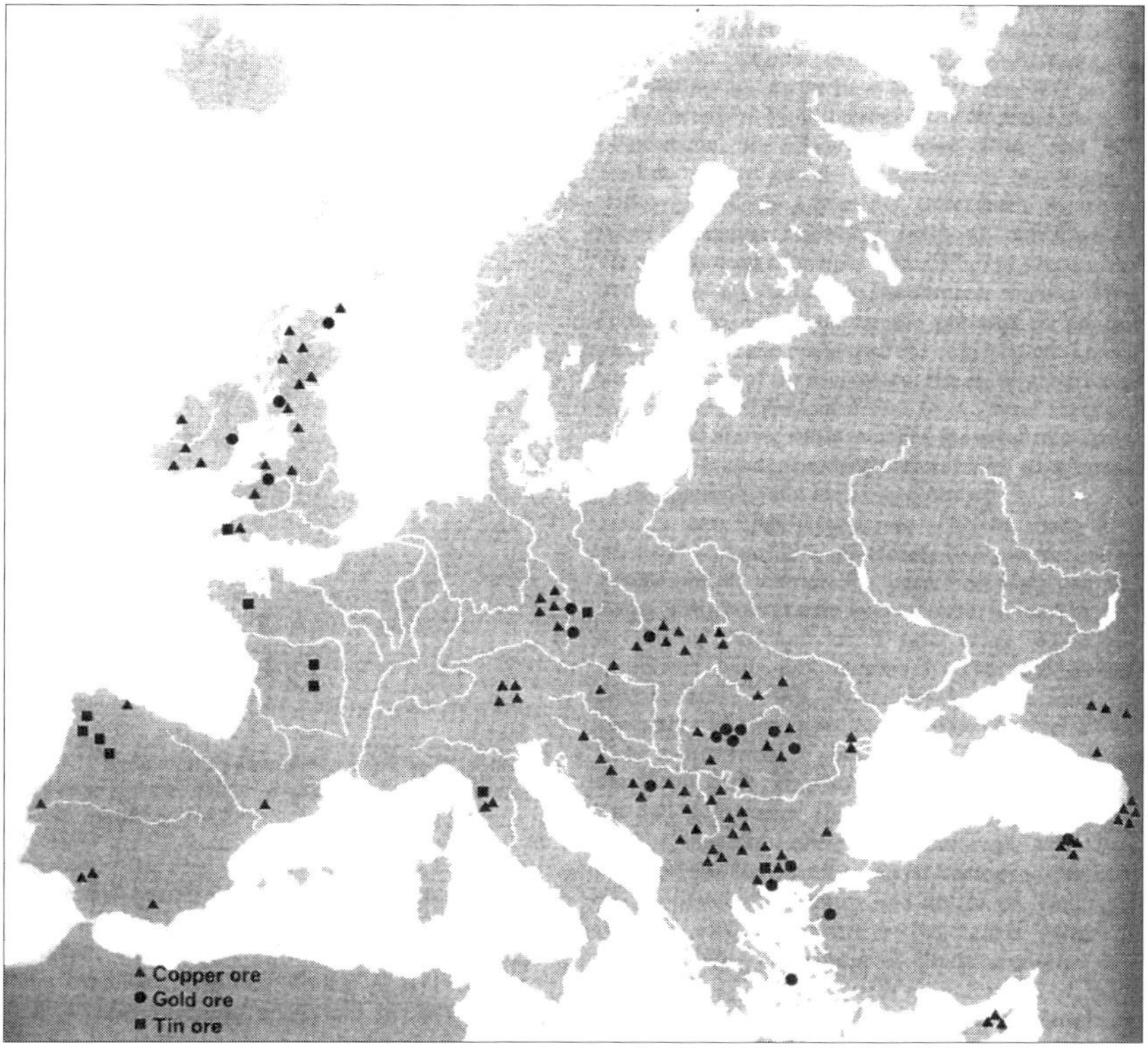

図18　ヨーロッパにおける銅（▲）、金（●）、錫（■）の各産出地（本章注16　Fig.6.11）

差を表しつつ、アフリカの一部、イベリア、ブリテン、中央ヨーロッパ、東ヨーロッパの一部を覆う地域に分布している。中央・北ヨーロッパに分布して前代を代表したコーデッド土器と分布上の指向を異にするのである。その起源地について、イベリア半島説などが提出されてきたが、一九九四年刊行のA・シェラット論文でライン下流域説が疑問なく採用されている点から窺うと、帰趨を得ているかにみえる[77]。

集落の様子はまだよくわかっていない。有畜の粗放農耕に依拠した小共同体が短期で移住を繰りかえす、考古学上の形跡を残しにくいコーデッド土器文化期のような生業・居住形態をとっていたことが考えられる。サセックスのベル・トゥトで発掘された、簡素で短期居住の、牧畜を主業とする集落址が[78]、ブリテンのベル・ビーカー土器文化期における居住の様子をかろうじて伝えている点からみると、遊動性の高い居住形態が広くヨーロッパを覆い、それがまた土器の斉一性を実現したことが推測される。埋葬址の例に較べて集落址の例があまりにも乏しいからである。

これに対し、現在のハンガリー以東はすでに前三千年紀にテルを形成し、定住的な生活を営んでいた。おそらく、西アジア方面からの影響が及んでいたのであろう。ところが、バルカン半島基部のブルガリア、マケドニアでは前二四〇〇～前二三〇〇年頃に、北方のハンガリーなどでは前二千年紀初めにテルを放棄して、丘上に集落を営むようになるらしい。それとともに、外濠と土塁をめぐらせたスロベニアのザメチェクに代表されるような防禦施設を整えた集落も出現した。中央ヨーロッパで集落の要塞化が進展するのもこの頃であり、ブリテン南端ウェセックスのマウント・プレザントの例、イベリアの例などを加えていくならば、前二千年紀に入ると、かつてベル・ビーカー土器の分布域を形成していた各地が、このような集落を必要とする時代に入ったことが察せられる[79]。前五千年紀前半、前四千年紀末に次ぐ第三の要塞化時代が訪れたことになる。前三千年紀に始まる有畜粗放農耕の拡散が地力の疲弊や気候変動で行きづまり、これが争乱を招いた原因であり、チャイルドの牧畜民進入説を支持する理由はないという。

農耕生産の行きづまりが交易の発達を促すことは西アジアに例がある。そもそもヨーロッパにおける銅生産は前五千年紀後半ないし前四千年紀前半に南東部で始まって中央部に伝わり、ベル・ビーカー土器文化期の前三千年紀後半に中央部を中心にして生産が隆盛を見せ、土器の拡がりと呼応するように西方でも生産が高揚するという[80]。また、前四千年紀後半ないし前三千年紀初頭に、ブリテン、フランス、ポーランドなどでフリント鉱山の開発と地域的流通が始まり、前三千年紀に家畜の牽く車が普及し、有畜農耕への転換に伴って羊毛生産が盛んになった[81]。ベル・ビーカー土器文化期の遊動性の高さは、農耕形態に起因するのであろうが、結果として銅器や羊毛の生産と流通を促進する方向に働いたと思う。そうして前二〇〇〇年頃に、ボヘミアの錫を用いた青銅生産が始まり、一対の鋳型を使う複雑な形状の武器や装飾品の生産が可能になった。西アジア方面と同時期の転換であるから、伝播の速さに驚かされる。バルト海岸産の琥珀がこの頃から流通品に加わり、交易は威信財を中心にいっそう高揚し、地中海域にまで製品が及ぶようになった(82)。

第三節　前二千年紀（青銅器中・後期）の動向

北メソポタミア　シリア内陸におけるＭＢ期の集落形成の動向については、前節で述べた。すなわち、ＥＢ期からの変化として数の減少、規模の縮小がとりわけ中央部寄りで目立ち、再興した王都も人口密度の低下する傾向が指摘されていた。それでは、前二千年紀後半のＬＢ期に向かって、集落形成はどのように変化したのであろうか。この問題についてはウィルキンソンらの総括的記述がすでにある(83)。これと重なることにはなるが、前掲図５にふたたび依拠しつつＬＢ期への推移を追っていこう。

なお、ＭＢ期とＬＢ期との分離は、ヒッタイト古王国期の王ハットゥシュリⅠ世とムルシリⅠ世が、シリア北西部のヤムハドやエブラ、アムークのアララハを滅ぼし、南下してバビロンにまで軍を進めた前一六〇〇年頃の事件によって一線を引いている。したがって、破壊の痕跡による分離という点では考古学上の区分であるが、他方、事件内容と年代を文字記録に頼っているので、無痕跡例については分離が容易でない。筆者らが調査に従事したテル・アリ・アル・ハッジも無痕跡例にあたるから、これには実感が伴う。このために截然とした分離にまでは至っていないのが率直な現状であろうが、それでも土器による分離案が提示されているので暗中模索ということではない。

さて、前掲の集落址数の推移図に眼を向けると、例示された各地の結果は、ことごとくＬＢ期集落址数の減少を告げている。さらに、ＥＢ期末例で激増しＭＢ期例も微増をみせていたエル・ルージュで人跡絶無を思わせるほど低落が激しい。テル・マストゥーマ地域でも大きく落ち込んでいる点を加えるならば(84)、MB・LB期間に現出した集落の衰微は、レヴァント内陸部からシリア全域に及んでいたことが知られる。他の例によっても追証しうるこの全般的傾向のなかで、MB期に減少を示していたハブール・トライアングル西域で、幾分にせよ増加に転じている点が注意を引く(85)。同域は、マストゥーマ地域やサジュールとともに、現年間降水量三〇〇～四〇〇㎜に属しており、北メソポタミアでは降水に恵まれた地域のひとつである。MB・LB期間における集落数の減少は広域に及んでいるから、乾燥化に起因するとみて支障ないであろうし、したがって地域的増加には、それを可能にした理由があったにちがいない。

そこで王都級の都市の動向に注目すると、エブラの場合、ⅢB期とされる前一八〇〇～前一六〇〇年頃に大型建物の造営が衰退するなど政治的低落を示唆する徴候がみられ、しかも同期層は焼壊を被って厚い灰層で覆われている。この焼壊年代についてマティエは前一七〇〇年代の政治情勢を分析したうえで、ヒッタイトの古王国期のハットゥシリ、ムルシリという二王の南進と慎重に結びつけ、前一六五〇～前一六〇〇年の間に求めている(86)。ヒッタイトの攻撃で潰えたエブラは、昔日の勢威を回復することなく、かつてのアクロポリスにわずかに居住の跡をとどめ、LB期にかろうじて余喘を保ったのである。

エブラを膝下においていたヤムハドもヒッタイトの攻撃に晒された。現在のアレッポ市内にテルとして姿をとどめているこのヤムハドは、考古学上の調査がほとんど実施されていないために、往時の実態が明らかでない（図19）。マリやアララハの文字記録によると、MB期にはシリア最強の王国であったらしいが、LB期の文字記録にその名が見あたらないというから、王国としては命脈を失ってしまったことが想像される。このヤムハドに臣従していたアララハもまた、ヒッタイトによる破壊を被ったという。テル・アチャナという遺跡名でアムークに残るその王都は、のちに再建され、フル人が建てたミタンニの属国となり、やがてヒッタイトの支配下に入ってLB期末まで存続した(87)。

カトナもまたLB期に存続した王都のひとつである。ただし、ヒッタイトと同盟関係にあったイダンダ王治下の前

図19　アレッポに残るヤムハド王国の首都址（財団法人古代オリエント博物館提供）

一三〇〇年代中葉に、ミタンニとおぼしい外敵の攻撃を受けて宮殿が焼壊し、都市部の低地域にあったもうひとつの宮殿も放棄された。ＬＢ期のカトナ市内は、ＭＢ期と同等かそれ以上に一般住民の居住密度が低く、管理中枢関係の建造物が多いという[88]（図20）。近隣の集落の数がＬＢ期に減少しており、したがって、都市民の多くが近隣に集うという情況ではなかった。

ところが、ユーフラテス本流域は動向が少し異なるようである。中流域に位置し、タル・ムンバカという遺跡名で呼ばれているエカルテは、ＬＢ期に至って都市域を大きく拡大させ、テル・ハディディという遺跡名のアズも同期に拡大した痕跡をとどめている。ともに管理中枢としての宮殿を欠いているので王都の名には値せず、「兄弟」と呼び合う有力者達がそれぞれの町を治めていたらしい[89]。少し上流に遡ったところに、ＬＢ期の単一層で構成される二haほどの小型集落があり、東方に独立した要塞が付属している。テル・バジと呼ばれるこの遺跡を残した住民の多くは、出土品から判断して、手工業生産に従事していたという[90]。さら

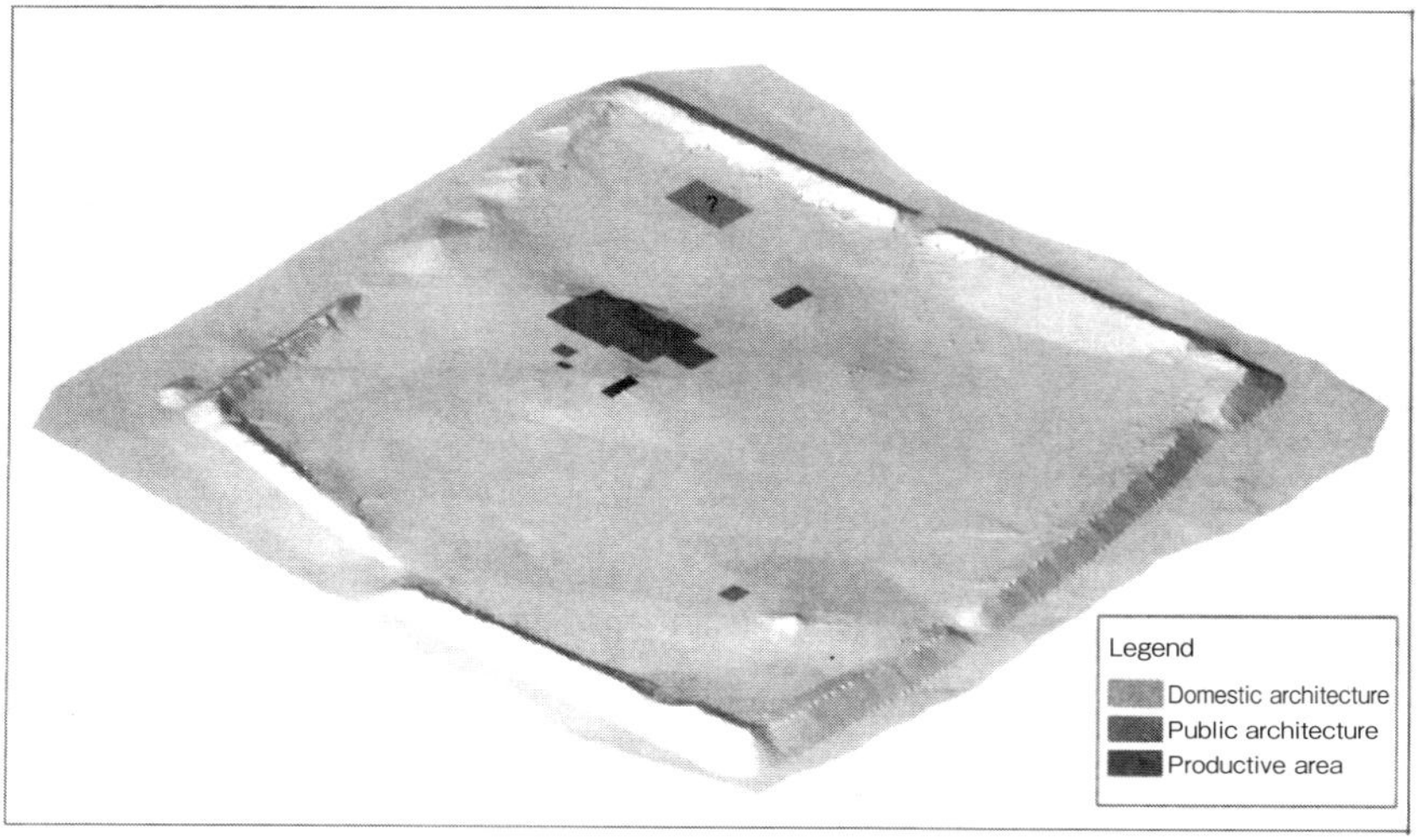

図20　MB・LB移行期とLB期のカトナ（本章注88　Fig. 9）

に上流域のティシュリーンダム地域で、ＭＢ・ＬＢ期間の集落数の減少ぶりが他地域に較べて緩やかであったのは、これらの例をあげていくと意味をもつかのようである。やや遡ったトルコ領に位置するカルケミシュが、ヒッタイトの副王在駐地として威容を誇っていたことと、おそらく無関係ではあるまい。

東方に転じると、ハブール・トライアングル東域のレイランは、前一七二八年に古バビロン王朝のサムス・イルナ王に占領、破壊されて都市としての終焉を迎えた。ＭＢ期のことである。そうしてＬＢ期のミタンニ時代に入ると、有力者の建造物がテルの最高所を占めていた可能性があるという。このように廃絶したテル状集落の最高所にミタンニ時代に建造物を営む例はハブール・トライアングルに他にもあり、たとえば、ナワル（遺跡名テル・ブラク）やタイデ（遺跡名テル・ハミディーヤ）のようなかつての政治上の要衝もこの例に入るらしい。この占地はしたがってミタンニの特徴といえようが、一般都市民の居住を顧慮していない点で、カトナと通じる。

なお、アナトリアでは青銅器時代の集落の推移が判明するところまで分布調査が行き届いていないようである。管見に触れた調査例として、先述のカネシュが位置する中央アナトリアのカイセリ県域での結果を紹介すると、遺跡数がＥＢ期例五七、ＭＢ期例三一、ＬＢ期例二四と減り続けている[91]。カネシュは前一七五〇年後ほどなく焼壊して、交易上の中継地としての重要性を失ったというから、ＭＢ・ＬＢ期例間で遺跡数が減少しているのは頷けるとしても、隆盛の頂点にあったはずのＭＢ期の例がＥＢ期例の半ば近くに激減しているのはやや意外の感がある。

以上述べた結果を通覧すると、北メソポタミアのＬＢ期に人間が集落に居住していた形跡は、ＭＢ期よりもさらに乏しい。領域国家であるミタンニやヒッタイトに都市国家が併呑されて衰滅したことに、原因のひとつが求められるであろうが、諸都市を去ったかつての住民達が小型集落を営んだ考古学的証左もまたけっして充分とはいえないのである。

南メソポタミア　文献史学者のヴァン・デ・ミーループは、前一五〇〇年代を「暗黒時代」と呼ぶ。すなわち、この頃の西アジアは都市の出現以来例をみないほど都市形成が低調であり、文字記録の数が少ないからであるという[92]。少し紙幅を割いてこの情況が現出した経緯を述べると、ハンムラビ王の力によってメソポタミアを支配下におさめた古バビロン王朝が、前一五九五年頃にヒッタイトのムルシリⅠ世の遠征によって滅んだ。そうしてカッシート王朝が樹ち、王のウラム・ブリアシュが南バビロニアの「海の国」王朝を破る前一四七五年まで、文字記録が乏しいという。

ヒッタイトはこのムルシリⅠ世の次代から弱体化したらしい。その後二世紀近くを経た前一四〇〇年頃に新たな王統のもとで再興を果たして隆盛をみせる。ヒッタイト新王国の名で呼ばれているのがこれである。ヒッタイトと西アジアの覇権を競ったミタンニの場合、はじめてその名が記された文字記録は、前一五世紀前半の新王国時代第一八王朝のエジプトの墓碑であるという。この頃までにはヤムハド、アララハなどの都市国家を膝下におさめて地中海方面に勢威を伸張させていたことが察せられる。しかし、前一六世紀の文字記録が見あたらず、伸張は前一五世紀に入ってからであるという。後述するようにエジプトも、前一六五〇〜前一五五〇年の間に進入したヒクソスが王朝を樹て

表3　南メソポタミアの前2100～前625年における総集落面積：ha
（本章注95　Tab. 1）

	Lower Diyala	Nippur-Uruk
Ur III–Larsa (2100–1800)	462	2725
Old Babylonian (1800–1600)	380	1791
Kassite (1600–1150)	230	1308
Post-Kassite (1150–625)	53	616

て東デルタに拠り、南のテーベ勢力と対立していた混乱情況にあり、MB期に盛んにアナトリア方面と交易を行っていた中アッシリアも、ヒッタイトやミタンニや古バビロン王朝の抬頭によってその方途を絶たれていた(93)。マリはすでにMB期の前一七六〇年頃にハンムラビの征服によって勢威を失い、エラムもまたスッカル・マハ王朝後の衰微期にあたっていた。こうして概観してみると、前一五〇〇年代の西アジアは強国不在の情況にあったから、「暗黒時代」と表現されたのも頷ける。

そこで、この結果をアダムスの分布調査結果（図12）と対比させてみると、二〇・一ha以上の大型集落址がウルⅢ王朝～イシン・ラルサ朝期例を頂点として減少するいっぽう、カッシート期に四ha以下の小型集落址が急増し、四・一―一〇haの例も増加に加わる(94)。これに対して一〇・一ha以上の大・中型例は、軒並み減少をみせているのである。次代の中バビロン期の址数が規模の大小に関わらず減少している点をも合わせると、カッシート期の址数は小型例の増加によって、前後の時期との相違を際立たせることができる。しかしJ・A・ブリンクマンが示した総居住面積の推移に表れているように(95)、大・中型例の減少に伴う居住面積の縮小を小型例の増加によって補うことはできず、カッシート期例の総居住面積は前代よりも縮小している（表3）。それでも、集落址数、居住民数とも総体的に減少していた北メソポタミアとは、小型例の増加という点で一線を画している。北メソポタミアの動向を全体として非定住化ないし過疎化と表現することが許されるならば、南メソポタミアでのカッシート期のそれは農村化ないし分散化といえるであろう。

アダムスによると、カッシート期～中バビロン期に、灌漑水路が分節化してニップール、イシン、ウルクの各域に分かれ、これは中央集権が弱体化して地方分権色が強まったことを示すという。そこで都市址の動向を概観すると、[96]ニップールでは、ＭＢ期の古バビロン層と、ＬＢ期で前一四〜前一三世紀の後期カッシート層との間に断絶がみられ、この断絶を経た後に宮殿などの大型建造物が営まれている。ウルクでは、前一八世紀末に居住の痕跡が絶えて、この状況がカッシート初期まで続き、前一四五〇年頃にカラインダッシュ王がイナンナ神殿を建てて再興したという。また、イシン域のウルでは、古バビロン王朝のもとで前一八世紀に外壁や公共建造物が壊された。これはバビロンの王権と南の諸都市との確執を物語る。破壊後も人びとは家屋に補修を施すなどして市中にとどまり、前一四〇〇年頃にカッシート王クリガルズが神殿の多くを修築したが市域は農村化が進んだらしい。このように、南の諸都市にカッシートの手が及んだのは、前一五世紀に入ってからである。前一四七五年頃に南の「海の国」王朝を滅ぼして、南メソポタミアの統一が成ったことによる。それまでの二〇〇〜三〇〇年間に統一政権を欠いていたことが、灌漑水路の分節化を促したのであろうし、チグリス・ユーフラテス川の水量不足がこの頃に惹起したとすれば、それも原因に加えうる。

ちなみに、エラムの首都であるスーサで、一五〇〇年頃に文字記録だけでなく考古学資料も絶えるという。スーサ南東のフジスタンでも居住の形跡が乏しくなり、エラムがふたたび存在感を高めるのはチョガ・ザンビルに新王都を営んだ前一四世紀後半である。

西アジア一帯のＭＢ期は、北方でヒッタイトやミタンニ、南方でカッシートやエラムのような新たな「民族」集団が歴史の表舞台に登場したことによって特色づけられるが、しかし登場した諸集団も既存の政治勢力とともに、ＭＢ・ＬＢ期の交にはひとしく衰退したことが、以上述べた点から知られる。これは、ＭＢ期の既存の政治勢力を倒して政権を安定に導くまでに曲折があったということなのか、それだけにとどまらない要因が加わったせいなのか、まったく別の要因によるのか、この問題を解明するためには、メソポタミアを出て例を重ねていかなければならない。

エジプト　ヴァン・デ・ミーループが「暗黒時代」と表現した前一五〇〇年代は、エジプトの時代区分でいうと、第二中間期後半〜新王国時代初めにあたるが、この時期の文字記録は実のところ少なくない。記録の伝える内容に混乱がみとめられるということであり、そのために、文献史学者の描く前一六世紀像が大きく揺らいできたのである。その端的な例は、ナイルデルタ東域にアジア系のヒクソスが第一五王朝を樹てた情況に関する見解の齟齬である。すなわちヒクソスについて、突然に進入して土地を略奪し、都市を焼き、神殿を壊し、多くの人びとを虐殺し、女や子供を奴隷にしたことが述べられてきた。また出自について、アナトリア方面から南下してきたアジア系民族で、アモリ人ともフル人ともいわれて、西アジアにおける民族移動と連結させてきた学史がある。このような粗暴な蛮族像が生まれたのは、ヒクソスをパレスチナ方面に追放して第一八王朝を開いたテーベ勢力の政治的プロパガンダの記録に依拠したせいであり、この虚像が流布したのは、後のプトレマイオス朝の神官マネトが書き残した『エジプト誌』の記述に、後世の歴史家が信をおいたことによる。今はもう粗暴な蛮族像は旧説に属して顧みられないが、説の転換を促したのは、エジプト学者が自らに課した文字記録に対する批判的吟味であり、ヒクソスの王都アヴァリスに同定されたテル・エル・ダバアで一九七九年以来継続されてきた発掘調査の結果である。

現今のヒクソス像を紹介するには、第二中間期という時代の説明から始めなければならない(97)。ヒクソスが王朝を樹立する以前の第一二王朝下のエジプトは、官僚制度を整備して中央集権体制を確立し、南北の国境を拡大して外敵に対する防備を施し、ファイユムを干拓し、交易を促し、経済的基盤を強固にして王朝の繁栄期にあった。ところが、王朝の末期に急速な衰退に陥った。そこで、同王朝最後のソベクネフェルウ女王の死をもって中王国時代に終止符を打ち、第一三王朝から第二中間期を始める説があり、もういっぽうで、第一三・第一四両王朝を中王国時代に含め、ヒクソスによる第一五王朝の樹立をもって第二中間期の開始を画する説がある。さらにソベクネフェルウ女王の死についても、前一七九五年説や前一七八六年説があって一定していない。先に示した第二中間期の暦年代が則ったのはヒクソス王朝の創始を重視する後者の説であり、したがって、もし前者の説に従うならば、第二中間期の開始は一四〇〇年前後遡ることになる。

ヒクソス王朝の創始まで存続した第一三王朝では、一四〇年間ほどの間に約七〇人の王が立った。官僚機構の強固さゆえに、それでもエジプト全土に支配力を及ぼしえたというが、第一二王朝に較べると勢威の低下が避けられなかったことは、第一四王朝という地域的勢力が併存していたことからも察せられる。つまり、エジプトの在来王朝の勢威がすでに陰りの色をみせていた情況のなかで、ヒクソス王朝が創始されたわけである。なお、南メソポタミアの古バビロン王朝がハンムラビ王以降衰微した点を想起すると、エジプト・南メソポタミア両地域は在来王朝がともに前一八世紀に凋落を示し、やがて域外集団による王朝の創始に至ったことになる。エジプトの動向が孤立してはいないことを付記しておこう。

第二中間期の説明に戻ると、ヒクソスの王都になるテル・エル・ダバア（図21）は、第一中間期に人間の居住が始まり、第一二王朝期後半ないし第一三王朝期前半に居住域が拡大して、西アジア・地中海方面との交易の中心として機能し、国際都市として殷賑を呈していたことが、ミノア土器や非エジプト墓の出土、町割りの仕方などから推測されている。[98] ナイル流域の諸都市にはない国際性豊かな異相をすでに第一二王朝期からみせていたのである。ここに宮殿を営んで王朝を樹立したヒクソスは、この都市機能を壊すことなく継承し、促進した。テル・エル・ダバアすなわちアヴァリスからの出土品だけでなく、クレタのクノッソスから各種のエジプト製器物が出土していることからも、それが知られる。エジプト製器物のなかに、ヒクソス王キアンの王名を刻印したアラバスター製蓋があるので、ミノアとの関係は国同士の外交の域に達していたことが想像される。

第二中間期を概述したJ・ブリオによると、[99] 初期王朝時代以来の王都で、中王国時代に入ってもリシュト近郊の王都イチタウイと並んで重要な都市であったメンフィスに、ヒクソスによる破壊の痕跡は見あたらない。そうしてヒク

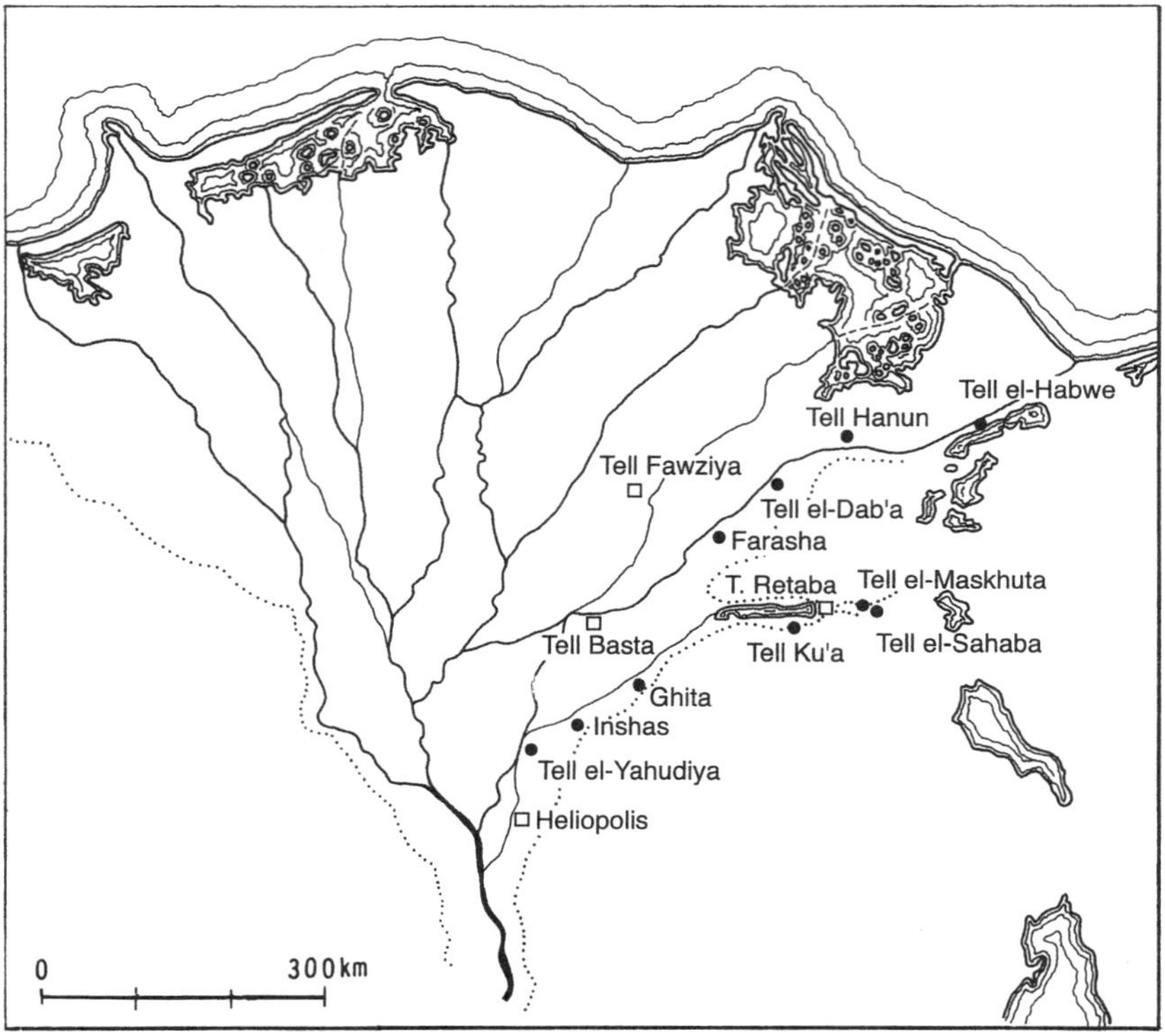

図21　シリア・パレスティナ系 MB 期文化が発見されたエジプト・デルタ東部の諸遺跡：確認（●）、未確認（□）（本章注 164　p.43）

ソス王朝樹立から半世紀余りを閲したのちに、南のテーベに興起した第一七・第一八両王朝との間で三〇年ほど戦争が続き、この争乱によってメンフィスの荒廃したことが、層位関係からみてとれるという。さらに続けて、サッカラやダハシュールやリシュトに営まれた葬送施設の例をあげて、中王国時代からヒクソス王朝に至る間の連続性を説いており、その主張は大いに頷ける。暴戻の限りを尽したかに伝えられてきたヒクソス「神話」は、考古学上からもこうして否定することができるわけである。(100)

そこで、現今のヒクソス像を示すと、エジプトへの到来は軍事的進攻ではなく、中王国時代以来の長期にわたる浸透であったと表現するのがふさわしい。[101]キアンなどの王名からみて出自はセム語系であろうが、故地はシリアやレヴァント南半に求められる。アナトリアにそれを求めてインド＝ヨーロッパ語族とする根拠は薄い。ヒクソスは独自の文字をもたず、中王国時代に完整された官僚制度を利用して、東デルタ方面を治めた。エジプト中部に進出してからはアシュート北のキスで第一七王朝の勢力と対峙して、軍事的抗争を重ねた。そのいっぽう、西方砂漠のオアシス群を利用して第一七王朝の勢力圏を迂回し、こうして南方のヌビア方面とも交易を行ったらしい。

ヒクソスがエジプトに与えた影響は大きかった。築城術、ケペシュと呼ばれる湾刀、複合弓、垂直機織り技術、ラクダ、馬車、新型楽器などの技術や器物があげられているが、[102]それだけにとどまらない。そのひとつは、対外関係が中王国時代の域を大きく越え、新王国時代に盛んになる王国間外交に至る道を開いたことである。ところが、外交力を維持するためには多大な軍事力を必要とする。新王国時代に入ると、リビア人やヌビア人の傭兵を含む常備軍を整え、傭兵がエジプトのために戦う限り王は彼等に土地の給付で報いた。新王国時代に幾度もの外征を可能にしたこの傭兵の参画は、のちに第二〇王朝を衰亡に追いやる一因ともなったが、外征の端緒を作ったのはヒクソスであった。これがヒクソスの残したもうひとつの影響である。

第一七王朝のタオⅡ世がヒクソス追放を目指して戦端を開いた。前一五五五年頃のことであり、当時ヒクソスはアペピ王のもとで隆盛の頂点にあったという。その後も第一七王朝はヒクソス戦を継続したが素志は実現せず、第一八王朝初代アハモセに至ってようやく、アヴァリスを占領して追放に成功する。アハモセはさらに追撃してパレスチナ南部のシャルヘンに達し、次代のアメンホテプⅠ世に始まるアジア進攻の先鞭をつけたのである。すでに第一七王朝のカモセがヌビアに派兵して第二急湍のブヘンを回復し、金鉱を確保していたことと考え合わせると、第一七・第一八両王朝の軍事的拡張は、ヒクソスとの間の宗教や「民族」の対立というよりも、南北両方面に交易路を確保して域外の物産を独占する目的が透けてみえるようである。

それでは、第一二王朝がその末期に急速に衰退して以降、けっして順調とはいえない政治情況が続いた原因は、いったいどこにあるのか。ヒクソスによる「侵寇」が虚構として退けられ、王朝の樹立も原因ではなく結果であることが判明したからには、二世紀半余の長期にわたって政治的乱調が続いた真の原因は別のところに求められなければならない。第一二王朝の場合と時期を同じくした古バビロン王朝の衰退、カッシート、ヒッタイトの抬頭、前一六世紀の強国不在状態、前一五世紀における強国の興起という西アジアが辿った政治的軌跡と、若干の時間差を混じえつつも同調した動きをエジプトがみせていた。その点で、西アジアと同じ原因を共有していたことが考えられる。

しかし、集落形成の隆替によって原因に接近しようとしても、エジプト学の積年の伝統がそれを許さない。そこで、管見に触れた範囲で関連する事項を摘記すると、J・ヴァンディエの集成した飢餓記録が注意を引く(103)。その集成によると、第一二王朝期一例、第一三王朝期三例、ヒクソス王朝期三例を数える。第一中間期は二〇例であるから、第二中間期にもし飢餓が発生していたとしてもさほど深刻ではなかったことが、これらの数字から想像される。一九七九年刊行書の数字であるが、その後の資料の増加によっても大勢が覆らないほどの隔たりぶりであるから、この想像はおそらく的を逸していないだろう。ただし、ブリオが戦闘に伴うとしたメンフィスでの断絶(104)、D・レッドフォードが記したカルナック神殿下層集落址に第一三王朝期直後の破壊層の例(105)があることを重視するならば、第一二王朝期末以降の政治的乱調には、社会的混迷が伴っていた可能性を排除できない。この政治的乱調がはたしてパワー・ゲームの範囲にとどまっていたのかどうか、社会的混迷を伴わなかったのかどうか、この問題を最終的な帰結に導くには、集落址の調査が盛んになる日をまたなければならない(106)。

レヴァント　レヴァントにおけるMB・LB期間の境界設定について、もっぱら文字記録に依拠して、南半はエジプト第一八王朝初代のアハモセ（在位前一五五〇～前一五二五年）や第三代トトメスI世（在位前一五〇四～前一四九二年）による進攻を、北半はヒッタイト古王国時代のハットゥシリI世（在位前一六五〇～前一六二〇年頃）と次代のムルシリＩ世（在位前一六二〇～前一五九〇年頃）による攻略を取り上げ、遺跡で確認された暴力的な破壊層をそれぞれの歴史上の事件に結びつけて両期を分離する方法が、伝統的に採用されてきた。[107] この方法をもし厳密に適用したとすれば、北半と南半との間で移行年代に五〇～一〇〇年の開きが生じることになるはずであるが、このような不都合を避けて南北とも前一六〇〇年頃にあてる方法を採用している。遺構の精確な暦年代を得るためには、現在ならば理化学的方法があるけれども、かつては文字記録に頼らざるを得なかったのである。したがって、ＭＢ・ＬＢ期間の境界がはたして画期に値するのかどうか、すでに幾多の考古学者が実行しているように、この点についての考古学上の吟味が求められる。

集落形成の動向にふたたび注目すると、北半においてアムークとビカーでＭＢ・ＬＢ期例間で集落址数が減少することはすでに述べた。これを詳細にみると、アムークではアララハ（遺跡名テル・アチャナ）やテル・ジュディデのような交通上の要所を占めていた中核的な都市が存続していること、南方の海岸寄りと東方の渓谷沿いでは集落址がＬＢ期に増加していることが、目立つ点としてあげられる。[108] これは交易重視の集落構成へと変化したことを窺わせる。またビカーでは、高低差のある断層地形の各所でＭＢ期例よりも址数が減少しており、減少は村落級の小型例で著しいという。南半のパレスチナでの動向を概観したヨッフェによると、[109] ＬＢ期前半に外壁付きの都市例が減少して村落級小型集落が消失し、後半に入ると都市、小型集落とも回復の徴候をみせるというから、少なくともＬＢ期前半はレヴァント北半の例と動向を同じくしたことになる。なお、ＬＢ期で人口の大部分がシリアでは村落に、パレスチナでは外壁付集落（walled hometown）に居住したと述べたＮ・Ｐ・レムシュの言が注意されるが、[110] これは単純に過ぎる。

レヴァントの南北における小型集落址の減少を指摘したが、これは北メソポタミアでの動向と同じで、南メソポタミアとは離れていた。そこでレヴァントの都市例に眼を向けると、ウガリトの場合、前一六五〇年のＭＢ期末からエジプトの第一八王朝後半まで、情況のよくわからない一世紀半ないし二世紀の空白があるらしい。文字記録上も、物質資料上も空白のこの期間を抜けると、都市は新たな拡大に向かい、交易によってＬＢ期の繁栄を現出した。繁栄期のウガリトの社会をＷ・Ｈ・ヴァン・ソルトが復原している(111)。それによると、六〇〇〇〜八〇〇〇人が都市内に居住し、二〇〇〇㎢と推算される外周の支配領域に一五〇の町邑や村落があり、これらを加えた総人口は二万五〇〇〇〜三万五〇〇〇にのぼったという。総人口のおよそ二〇〜二五％がウガリトの都市内に住み、その一ha当たりの人口密度が二四〇〜三二〇人に達していたことになる。洋の東西を問わず古代都市の人口密度の上限はこのあたりにあるので、ウガリトは最過密の部類に入る。

ヴァン・ソルトの叙述を続けると、現在我われが眼前にするウガリトは、ＬＢ期の姿である（図22）。西門の近くに広大な宮殿があり、北東域や東域に神殿が並ぶ。都市内に居住したのは、王族、僧、書記、兵士、手工業者であった。手工業者といっても、建設、造船、車駕・武器作りのように王権に直結し、金銀器のように交易品として付加価値が高い分野の専業工人であり、それぞれが組合を作って王の庇護を受けていた。これに対して都市外の町邑や村落には、自律した手工業者がおり、ほとんどは農業や牧畜にも携わる半専業状態であったというのである。

さて、ウガリトは独立した王国として、エジプトの、次いでヒッタイトの膝下にあったが、アムークのアララハの場合と違ってヒッタイトによる破壊から免れ、ＬＢ期末に終焉を迎えるまで交易都市として隆盛を保った。ビブロスやシドンもまた大国による破壊を被ることなく存続したというから、レヴァント北半の海岸沿いの交易都市は概して隆盛のＬＢ期を迎えたことが察せられる。なお、レヴァント南半の北方海岸に位置するアッコで、ＭＢ期Ⅲ〜ＬＢ期Ⅰに都市機能が衰微し、墓地が営まれていたらしい(112)。この空白がウガリトの場合と同時期であることを考えると、両都市間に位置するビブロスやシドンがこの空白を共有していても不思議でないが、災厄が軽微で再起に支障がなかったということであろう。

レヴァント南半はエジプトの進攻を被った。ヒクソスの根拠地とされるテル・アッジュール（古代名シャルヘン？）

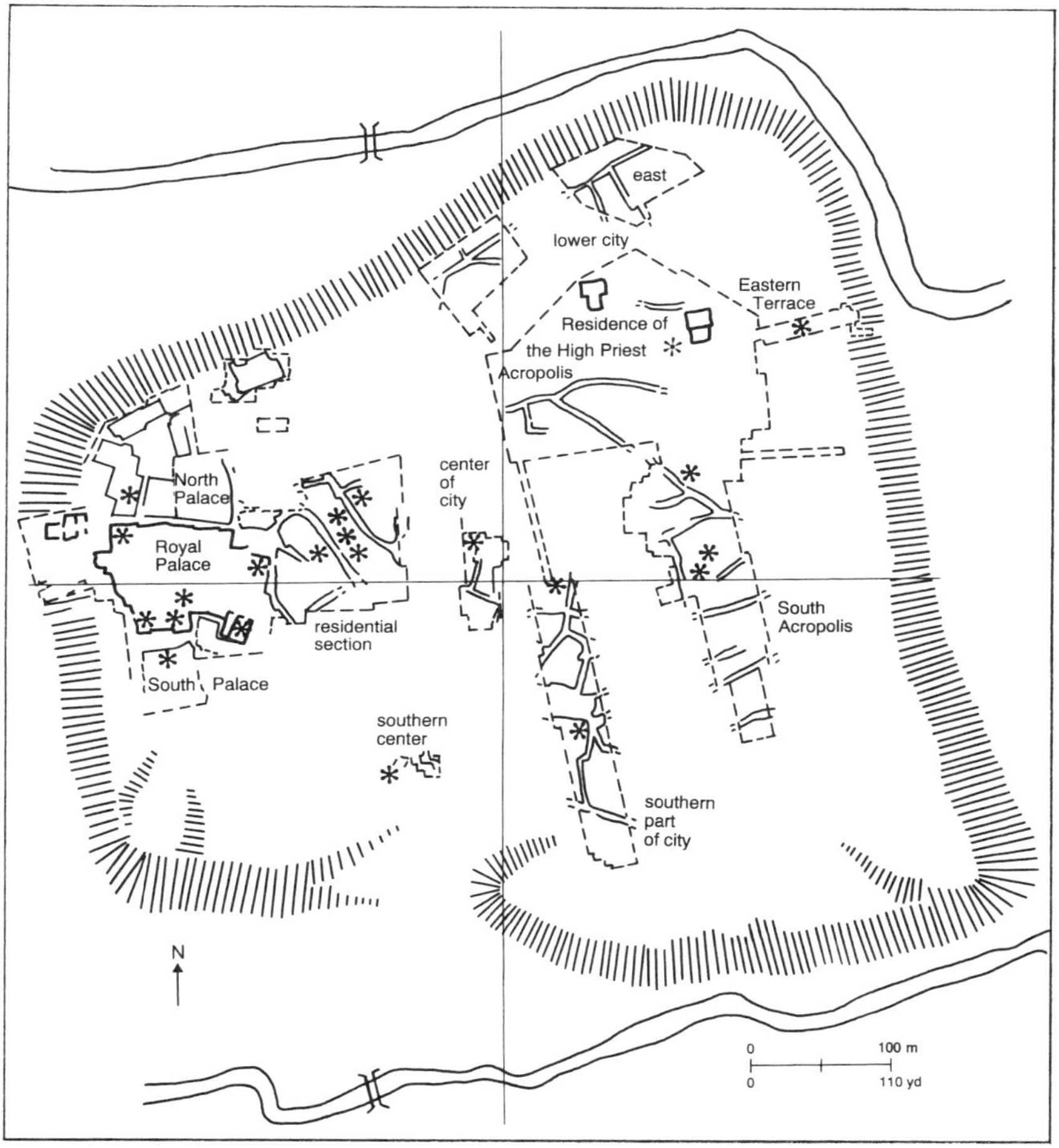

図22　LB期のウガリト（本章注111　p. 1257）

はもとより、地中海に面したアシュケロンや、内陸のラキシュ、ヨルダン渓谷沿いではイェリコに加えて北方のハツォールやダンにまで破壊や放棄の痕跡が残っている。アシュドッド、ベト・シャン、メギドのようにその痕跡をとどめていない都市の例も散見されるが、数多くがその災厄を避けられなかったことは、J・M・ウェインステイン論文の一覧が示している通りであろう[113]。

エジプトによる進攻

域は、アハモセこそパレスチナ南部にとどまったものの、トトメスI世がユーフラテスに達してミタンニと干戈を交え、トトメスⅢ世がシリア、パレスチナの宗主権をめぐって幾度もミタンニと戦い、次のトトメスⅣ世のもとでようやく和議が成立した。前一四世紀初めのことである。したがって、一世紀半に及んだこの進攻の間に、数多くの都市が災厄を被ったということになるのであろう。ところが、その後の推移を辿ってみると、[114]アシュケロンやイェリコのように衰退を続けた例があり、他方、ハツォールやラキシュに宮殿や神殿が営まれたように再興に向かった例もある。ハツォールやラキシュは存続したメギドやベト・シャンとともに主要都市であることを考えると、都市はエジプトの宗主権のもとで全体として蘇生に向かって歩を進めたことが想像される(図23)。都市、小型集落ともLB期後半に回復の徴候をみせたとする前述のヨッフェの所説は、この事情を指しているわけである。

以上要するに、アムークからパレスチナに至る地中海東岸の諸都市は、MB期末に始まった空白にせよ、大国による進攻にせよ、災厄後に復興に向かった。小型集落の盛衰には地域差がみられるけれども、この点で動向を等しくしており、衰退や過疎化に転じた北メソポタミアの集落動向と鮮やかな対照を示している。北メソポタミアが概して特産品に恵まれず、既存の在地勢力がヒッタイトやミタンニの領域国家体制のもとで沈んでいったのに対し、地中海東岸域の諸都市が航海術に長じて交易を生業とし、オリーヴなどの果樹栽培による交易用の特産品生産が内陸にも及び、これらの点が地形の複雑さとあいまって都市国家体制を維持せしめ、都市を復興に導いたことが考えられる。[115]その点で、レヴァント方面の土器の影響がすでにMB期後半にユーフラテス流域に及び、同流域のテル・ハディディで例示されているようにLB期にもその影響がみとめられることは、[116]レヴァント方面の諸勢力の活動の拡大を推測させる考古学上の事実として、意味をもつかのようである。

レヴァントを支えたであろう交易活動を詳述するにあたって、活動の重要な一翼を担ったキプロスを取り上げ、集落形成の動向を概観すると、LB期成立前後に断絶のあることがすでに説かれている。すなわち、キプロス編年に則

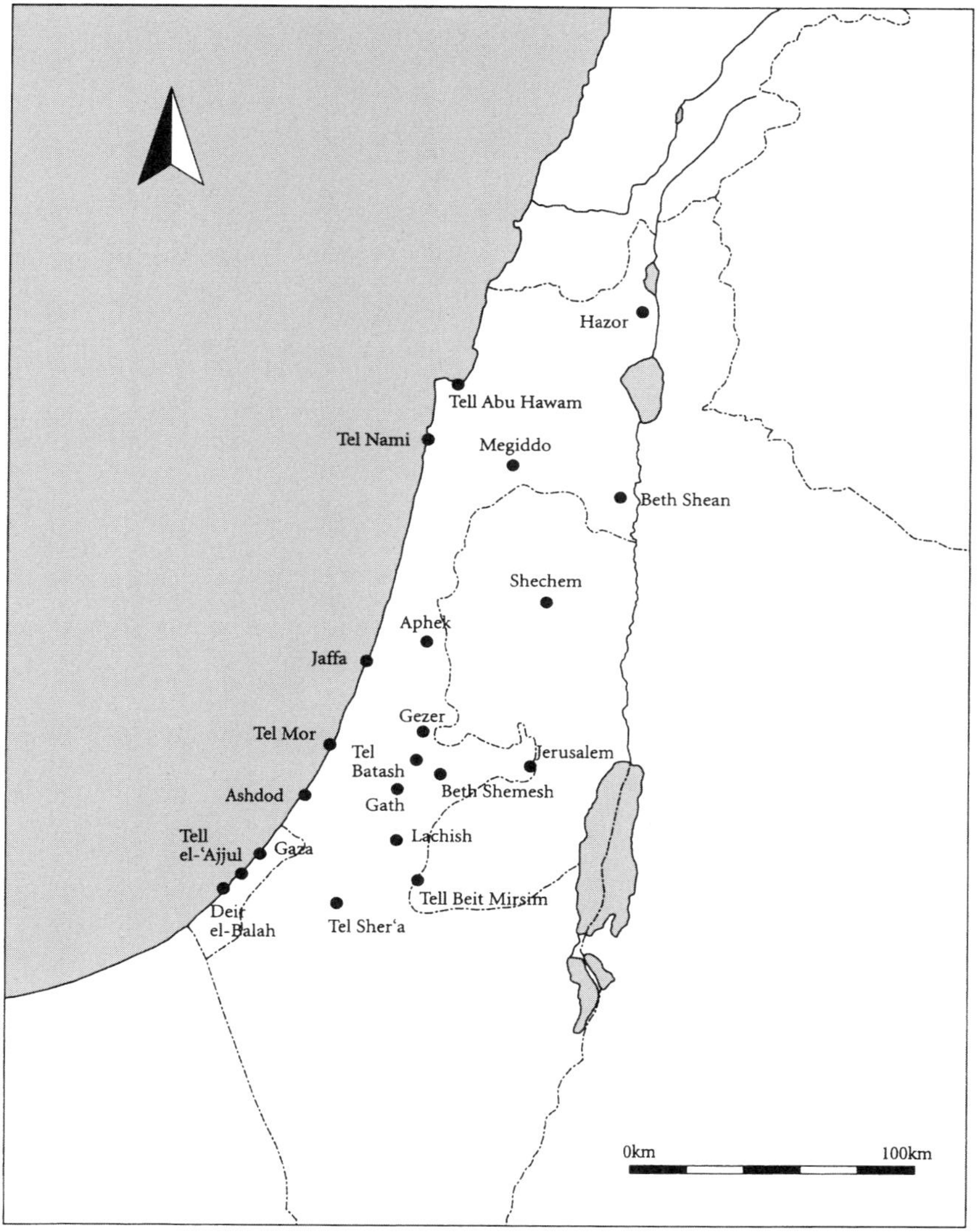

図23　南レヴァントにおけるLB期の主要遺跡（Panitz-Cohen, N., The Southern Levant〔Cis-jordan〕during the Late Bronze Age, Fig. 36.1, 本章注13に所収）

していうと、ＭＣ期Ⅲ～ＬＣ期Ⅰの間であり、前一七〇〇～前一四〇〇年にあたる。カラゲオルギスらによる成果に新知見を加えたスティールの著述に導かれて断絶の詳細を辿っていくと、(117) ＭＣ期（前二〇〇〇～前一七〇〇年）は集落の著しい増加によって特色づけられる。これらは主に農耕村落であることを、内陸指向の立地や先述した居住形態が示している。ところが、ＭＣ期の末に防禦施設をそなえた集落が現れた。銅産地に恵まれた西部と農耕に適した東部との間に争乱が惹起したとする見解があり、確かに東西間には土器様式の相違が示すように文化の隔たりがみられる。しかし交流も成立していたので、対立関係にあったとしても戦争状態ではなかったらしい。前一八～前一七世紀のこの頃、アララハやマリや古バビロン王朝の文字記録に、銅産地のアラシアという名ではじめてキプロスが現れる。前三千年紀のエブラの例が文字記録に登場した嚆矢であるらしいが、ともかく西アジア一帯にその名が広まったのは、この頃であった。レヴァントやエジプトとの接触が盛んになったことを示唆する土器などの物質資料が、彼此ともにこの頃増加するので、この点も加味すると、キプロスは長い沈滞に終止符を打って通交の表舞台の一画を占めるようになったことが察せられる。

ところが、防禦集落の出現を前史としてＬＣ期成立前後に、南東海岸域のカロシダ、エンコミ、ニトヴィカ、南西海岸域のエピスコピ、北海岸域のモルフォウで例が知られているように、海岸方面の集落で破壊の痕跡がみられる。大量死を窺わせる多葬墓や被葬者を武人と想像させる武器副葬墓が出現したこととならんで、この破壊がＬＣ期成立前後を特徴づけているのである。この破壊について、カラゲオルギスはシリアや小アジアからの襲撃説を採り、スティールはこれを旧説として排し内部争乱説を用いている。副葬された武器がレヴァントに一般的な有袋斧である点などからすると、カラゲオルギス説が潰えたようには思われないが、いずれともあれ破壊を被った集落の多くは急速に再建され、前一六世紀以降、南や東の海岸域とりわけキティオンなどが営まれたラルナカ湾周辺で、交易都市のめざましい発展が始まったらしい。発展をもたらせたのは、いうまでもなくトロオドス山塊の産銅であり、製銅と輸出とを掌ったエンコミなどの南・東海岸寄りの中枢都市であった。この特産品生産を内陸の農耕生産が支えていたという。

レヴァントの交易に話を戻そう。キプロス産土器の出現頻度をパレスチナ側で分析したB・M・ギットレンの結果によると、(118)MB期後半から続いていたキプロス、パレスチナ間の交易がLB期ⅠA（前一六世紀）に新しい器物の到来とともにやや隆盛をみせ、次のLB期ⅠB（前一五世紀）にいっきょに高まり、LB期ⅡA（前一四世紀）に頂点に達したのち、同期のなかで退潮に入ったという。エジプトの第二中間期に特有のヤフディア土器がキプロスで散発的に出土し、アヴァリスすなわちテル・エル・ダバアで大量のMC土器の出土が知られている点、前一六～前一五世紀に編年されるレヴァント産土器がキプロスで大量に見いだされている点などの知見から察すると、(119)ギットレンが復原した交易の推移は大いに頷ける。すなわち、エジプトによるヒクソス追撃とその後の進攻と破壊活動に伴う影響は被ったにせよ、キプロス・パレスチナ間の交易はMC期後半から絶えることなく続いた。そうして、進攻が絶えたハトシェプスト女王の在位期（前一四七三～前一四五八年）が、エジプトの宗主権のもとで隆盛に向かうおそらく転機となり、その後も隆盛が維持された。前一四世紀の王であるトトメスⅣ世（在位前一四〇〇～前一三九〇年）の治世期はミタンニとの和解の時代であり、次代のアメンホテプⅢ世（在位前一三九〇～一三五二年）は外征に消極的であったという。キプロス・パレスチナ間の交易が前一四世紀に隆盛の頂点に達した原因は、進攻活動の停止にあり、その後の衰微は、アメンホテプⅣ世のアテン神奉持による宗教的混乱とその後の王朝内の紛訌、ヒッタイトによるレヴァント進出を想起すれば、納得がいく。このように概観すると、ギットレンが復原したキプロス・パレスチナ間の交易の隆替には、エジプト王朝の動向が濃い影を落としていることがあらためて知られるのである。(120)

銅と並ぶ重要な交易物として、錫があげられる。MB・LB期間の交易上の変遷を語る手がかりになり、レヴァント、キプロスとも、後述するヨーロッパとも関連するので、少し紙幅を割いて錫交易を取り上げたい。さて、EB期の銅合金といえば砒素銅が一般的であり、同期の後半に至って北メソポタミアで錫銅の増加する傾向があるらしい(121)。錫銅の方が堅緻であったからMB期が始まる前二〇〇〇年頃からまたたく間に、西アジア、エジプト、ヨーロッパに拡がっていった。ところが、増加する錫の需要を満たした原産地については、アナトリア南海岸タルススのギョル・テペ近傍に求める説が出されたが研究者の承認が得られず、イラン東部ないしアフガニスタン方面であろうという程度の、漠然とした産地同定の域にとどまっている。

カスピ海東方の中央アジアの一画ムルガブ・オアシスに、青銅器時代の都市遺跡群がある。これらはMB期に属し、近傍に同期に操業していた錫鉱山が伴っている(122)。オクサス文明と名付けられたこの都市群は、前二千年紀中葉に放棄され、錫鉱山も操業を止めたとランバーグ=カーロフスキーが説いている(123)。それならば、オクサス文明の地はMB期に錫を供給した有力候補地のひとつといえるであろうし、ここを発した錫が、ユーラシア中流域のマリを経由して、ひとつはシリア砂漠横断ルートでレヴァントのハツォールへ、ユーフラテスを遡ってウガリトへ、あるいはカネシュへ運ばれ、各地へ出回ったという想像も不可能ではない。

ところが、ランバーグ=カーロフスキーによると、このオクサス文明の都市群は、前二千年紀の中葉にイラン高原やインダス流域の諸都市と同じ頃に放棄されたという。MB・LB期間の断絶が中央アジアにも及んでいたことがこうして知られるとともに、マリは既述のように前一七六〇年にハンムラビの攻撃を被ってかつての富強を失い、カネシュもほぼ同じ頃に焼壊し交易センターとしての座を降りた。中央アジアで展開したというセイマ=トゥルビノ現象の終焉もこれに関係しているのかもしれないが(124)、ともかく、錫の供給地に加え、イラン高原、メソポタミア、アナトリアの主要中継地もこうして衰微したことから推断すると、MB期の錫交易は再編を余儀なくされたであろう(125)。そこで、ブリテン、イベリア、ボヘミアという西・北方の錫産地が次代を担った供給地として候補にのぼるが、エーゲ海方面やキプロス、レヴァントの海上交易者の手を経なければ、これらの供給候補地からエジプトや西アジアに錫を運ぶことは難しかったにちがいない。その意味で、アナトリア南西ゲンドリア岬沖のＬＢ期の難破船で確認された積荷の一部に錫の延べ板が含まれていたことは、内陸から海上へ錫ルートが移ったことを示しているかのようである。[126] こうしてますます交易上の重要性を増し都市が隆盛に向かったレヴァントは、北メソポタミアの遊動化したかつての集落民を引きつけずにはいなかったであろう。

ヨーロッパ　ＭＢ期に展開された東地中海域での交易活動に、ヨーロッパで最初に加わったのは、既述したようにクレタであった。ギリシア本土やエーゲ海域に較べて前三千年紀末の災厄の度合いが軽微であったことによる。すなわち、他が災厄後の停頓をなおとどめていた前二〇〇〇～前一九〇〇年頃から、宮殿の名で呼ばれている行政・宗教・管理中枢群（administrative centers）を設けて、政体としての体裁をいちはやく整え、交易活動に加わったのである。なお、宮殿によって象徴される前二千年紀を宮殿期と称し、前一六〇〇年頃を境にして、それ以前を第一宮殿期、それ以降を第二宮殿期と呼びわけて分期している。したがって、年代上は、第一宮殿期が西アジアでいえばＭＢ期に、第二宮殿期がＬＢ期にそれぞれ併行する。また政体は、自律した都市の群立状態と表現するのがふさわしい。各都市を国家と呼ぶのがためらわれるからである。

都市の説明を続けると、第一宮殿期の例としてクノッソス、マリア、フェストスがあげられている。[127] 内陸中央部の北端に位置するクノッソスからは、北海岸東方のマリアへも、南部のフェストスへもそれぞれ一日の旅程であるから、中心にあるクノッソスを首座として宮殿連合が成立していても不思議ではないが、O・ディキンソンによれば、クノッソスが宮殿群の中核として抬頭するのは、第二宮殿期からであるという。[128] 宮殿の外囲にはそれぞれ居住域が付属していたようである。第二宮殿期のクノッソスの場合、居住域は四五haをはかり、一・五万～五万の人口が推定されている。外壁を設けていないらしく、発掘調査も行き届いていないというから、居住域の面積も推定にとどまるのであろうが、それにしても、約一五〇ｍ四方をはかる宮殿域に対して居住域が驚くほど広い。これは外壁を欠くらしい点と

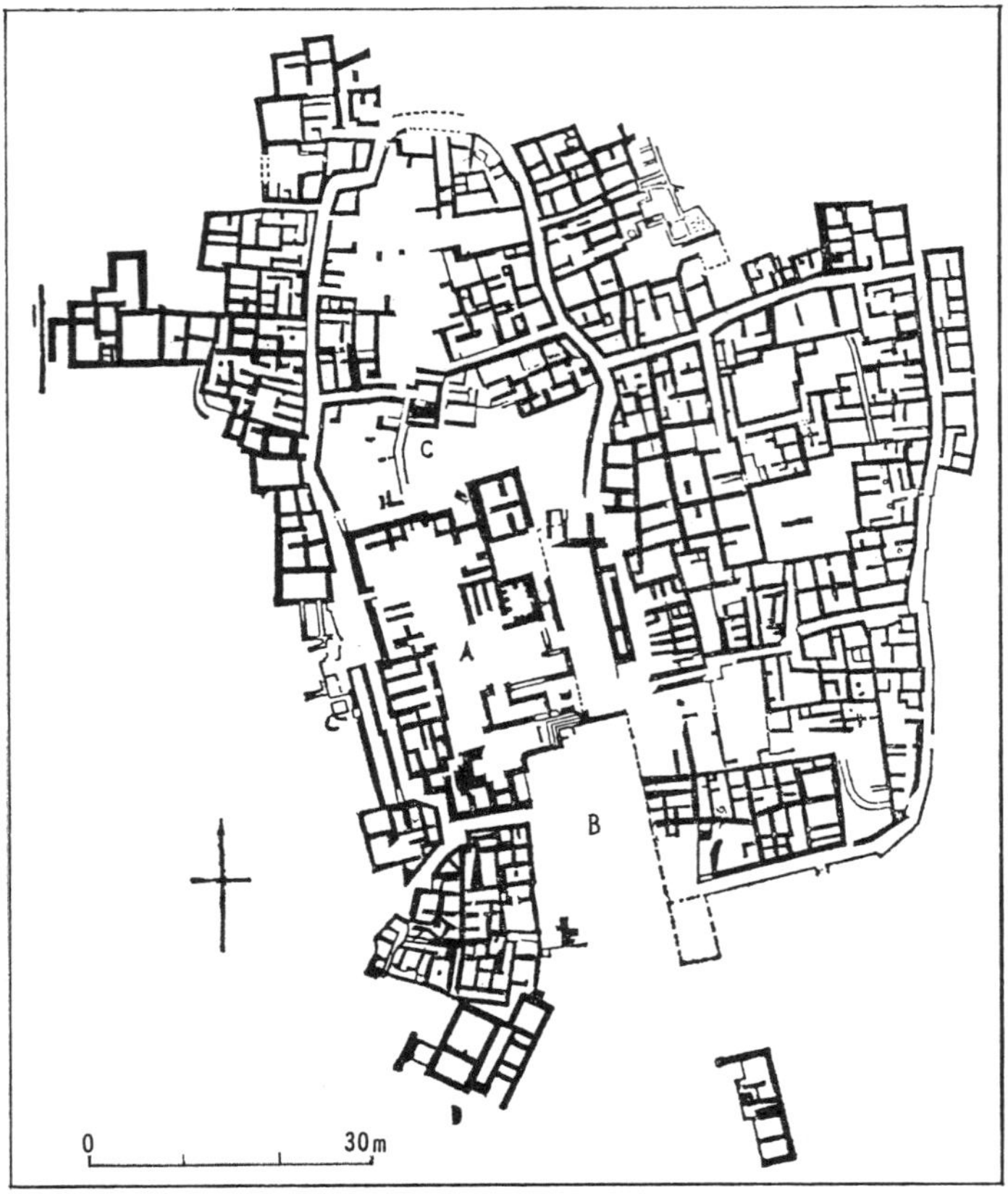

図24　クレタ東部、メラベロ湾に北面するグルニア：LM 期（本章注 75 Fig. I）

ならんで、西アジア青銅器時代都市との相違を際立たせる点といえよう[129]。

東部に位置するグルニアは、全市街域が発掘であらわにされた貴重な例である（図24）。第一宮殿期に建立が遡る小宮殿の周囲に第二宮殿期に市街域が発達し、全体として一五〇×一三〇ｍの規模を擁している。クノッソスの規模には遠く及ばないが、それでも、宮殿域の狭い点、外壁を欠く点で共通している。クノッソスであれグルニアであれ、宮殿があるところには王がいたのかどうか、この点について見解が分かれているが、後述するミケーネの場合のような王墓が見あたらない点などから、不在説の方が優勢なようである。

さて、第一宮殿期の諸都市は、前一六〇〇年頃に崩壊した形跡をとどめている。崩壊の原因について、かつては地震説が有力であったし、いまも説としての生命を失っていないことが、K・A・ウォードルなどの叙述によって知られる[130]。これに対してディキンソンは、崩壊が同時かどうか、地震が激しかったとしても島内全域に崩壊をもたらすような規模がありえるのかどうか、先入観なしに検討することを求めた[131]。そのうえで、第二宮殿期にマリアで海上交易の形跡が消失する点に着目し、この方面の崩壊をクノッソスによる交易の奪取に結びつけたG・カドガン説を紹介するなどして、クノッソスによる主導権争い説を示し、自然災害説に対案を準備した。

前一六〇〇年前後というと、キプロスで破壊、レヴァントで空白、エジプトで内戦、メソポタミアで集落の衰微と過疎化が発生していた頃である。人口の流動性の高進を示唆するこれらの事件や事象が同時多発的に発生し、クレタもまたその例に加わる点、後述するキクラデスでの崩壊もその一例にあたる点を勘案するならば、崩壊原因をクレタの島内事情だけで説明するのは難しいだろう。このように考えるのが自然であるとすると、域外集団進攻説が大きく浮上するはずであるが、しかし、崩壊の前後で文化が連続し集落形成が継続するので、進攻説は成立しにくいらしい。政体の樹立や文化の更新を伴わない略奪目的の一時的進攻は歴史上に例があるから、クレタの崩壊がそれに該当しないのかどうか、換言すると、クノッソスの抬頭が原因から結果に転じる可能性がないのかどうか、検討を要請したいところである。

いずれともあれ、崩壊後の再建は早かったようである。そうして、前一四二五年頃とされる後述の崩壊に至る一世紀半余りの間、交易によって支えられたパックス・ミノイカと異称される隆盛が続くことになる。これは土器の広汎な分布からも察することができるところである。

キクラデスでも前一六〇〇年頃のMC期末に、崩壊の痕跡があった[132]。しかも、クレタの例とは比較にならないほど崩壊の程度が甚だしく、文化上の変容もまた大きかった。そこでこれを破壊と表現すると、同じ頃、ギリシア本土に近いケア島でもアイア・イリニで破壊がみられ、破壊後のLC期の町並みは前代から一変し、外壁の位置にも改変が加わった。メロス島のフィラコピの場合、ＭＣ期の都市が完全に破壊され、その上にＬＣ期の都市が営まれた。町並みが整い、厚い外壁が設けられている。キクラデス諸島の南東域にあるテラ（別名サントリーニ）島のアクロティリでも破壊の痕がみられ、フィラコピと同じ頃に再建されたらしい。この破壊は地震によるというが、再建後のアクロティリは、アイア・イリニやフィラコピを顔色なからしめるほど規模が大きかった可能性があるらしいから、[133]今後の発掘結果を見守る必要がある。

なおアクロティリは、テラ島の海底火山の大噴火に伴う降灰によって放棄された。その年代は前一五二五年頃と見つもられているが、理化学上の年代測定に従うと一世紀ほど古い。エジプトのテル・エル・ダバアで検出されたテラ由来の火山灰層の年代からすると前一五二五年説に利があるので、この年代を踏襲しておく。かつてはテラの大噴火がいわゆるミノア文明を瓦解に導いたという説が広く流布していたが、クノッソスの消滅は噴火より一世紀ほど新しいことが、アクロティリ出土の土器によって立証された。一九六七年から続くアクロティリの発掘は、この点でも意義が大きい。

ＭＣ期末の破壊後のキクラデスは、[134]クレタの影響を強く受けるようになった。影響はＭＣ期後半に遡ることが土器によって察せられるが、ＬＣ期には移住説が出るほどクレタ化が進んだのである。土器や壁画の様式と並んで、アクロティリの壁画に描かれた切石積み技法もクレタ化の一例に添えられるであろう。このようなクレタの影響のもとで、テラの大噴火後もキクラデスの他の都市は命脈を維持した。ところが前一四二五年頃に、クレタとキクラデスはふたたび崩壊または破壊に見舞われた。この原因について地震説やミケーネ進攻説が提出されているが、いずれともあれ、この崩壊または破壊を転機として、ミケーネの影響がクレタとキクラデスに強く及ぶようになったことは確かである。

ミケーネに移ると、ＥＨ期末の著しい災厄を被ったギリシア本土は、ＭＨ期に入ると集落形成が盛んになり、確認された範囲でその数は少なくとも一四〇に達するという。[135] それらのなかには、北方ハルキディキ半島のモリュヴォピュルゴス、エヴィア島のレフカンディ、アルゴス平野のアセア、ペロポネソス半島のマルティのような、外壁をそなえた例があって全土に分布し、他方、アルゴス平野のレルナのような外壁を欠く例も見いだされる。土器は、ミニュアス土器と呼ばれる北方系の灰色磨研土器がMH期初めに存在するが、その後にクレタやキクラデスからの影響を受けた彩文土器が流行し、輸入品も少なくない。しかしMH期のギリシア本土は、文明と呼びうる存在感を漂わせてはいない。

　ところが、MH期末を境にして、箱形墓や円形墳の規模が大きくなり、武器や装飾品などの豊かな副葬品をそなえた例が現れる。高位者の墓としてLH期に壮大化する羨道付き穹窿室墓つまりトロス墓の出現もこの頃であるという。階層の分化と富の蓄積とを物語る徴候が、急に著しさを増したのである。それとともに、集落形成が隆盛の度を加えた。葬と住にまたがるこのような総体的変化が惹起した原因はまだよく解明されていないが、域外集団の進出ではないことが、ミケーネの円形墓域A・Bに代表される墓制上の連続性の高さによっても、J・ベネットが例示したピュロスでの宮殿の推移などからも察せられる。[136] MH・LH期間すなわちMB・LB期間が連続的に推移し、しかも隆盛に向かうこのような変化の仕方は、クレタやキクラデスはもとより、キプロスを含む西アジア方面と一線を画しているのである。しかし、空白、崩壊、破壊が介在しない連続的推移と「発展」という点からいえば、トロイに例があり、後述する西方のヨーロッパとも通底する点で、ミケーネの動向は孤立していない。

　その隆盛によってミケーネ時代と異称されているギリシア本土のLH期は、それぞれ外壁をそなえ戦車などの武備をととのえた王制の都市国家が政治上の単位であった。クレタと比較すると、戦闘場面や兵士像が盛んに壁画や器物に表されているのは、ミケーネの抬頭原因を推測するうえでも、その社会を復原する点でも示唆的である。軍備がこのようにミケーネのひとつの顔だとすると、もうひとつの顔は交易であろう。その実態を推示したJ・ブーゼクの所説によると、(137)クレタの諸都市の交易圏が主にレヴァントやエジプトを対象として地中海東部に向いていたのに対し、ミケーネのそれは西方に拡がっていたことが知られる。

ブーゼクの所説に従って西向の軌跡を辿ってみると、地中海を東西に分けるシシリー島の北方にリパリやフィリクデという列島があり、これらから出土したＭＨ期末の土器が同期における分布上の西限である。そうしてＬＨ期に入ると、イタリア半島西岸の島嶼部をイスキア、トスカナと北上し、末葉には西進してサルディニアに達している。シシリーからはキプロス産の土器や青銅製品も出土しているので、西向はミケーネの独擅場であったとまではいえないが、ミケーネ産土器が量のうえで圧倒している事実は活動の頻繁さを示唆している。イベリア半島からミケーネ産と疑われる土器が出土しているが、Ｌ・ヴァグネッティによると在地製であるというから、(138)分布はシシリー、イタリア半島西沿岸部、サルディニアを結ぶ線に落ちつくとみてさしつかえないようである。

ところがブーゼクはさらに西方の諸文化に言及し、イベリア半島南東部の錫などの鉱産物に恵まれたアルガール文化を取り上げて、前二千年紀初めに地中海東部からの影響が及んでいたことを示唆し、(139)さらに、ブリテン南部の錫産地に近いウェセックス文化を論じて、各種の装飾品が地中海東部に類似し、琥珀製のスペイサー付きネックレスがＬＨ期Ⅰ～Ⅱの製品に近い点などをあげて、接触の盛期をＭＨ期末～ＬＨ期Ⅱとみた（図25）。加えてバルカン半島や中央・北ヨーロッパに言及し、ブルガリアの長剣や槍先がミケーネに酷似するなど東ヨーロッパとミケーネ、エーゲ海域とは類似点があげられるのに対して、中央ヨーロッパとは相対的に接触の痕跡が乏しいとした。

以上略述したブーゼクの所説から推測するならば、ミケーネの直接の交易圏は遠隔地にまでは及んでいなかったようである。したがって、イベリアやブリテンの錫、バルト海沿岸の琥珀のような産出地の限られた遠隔地の原素材の入手にあたっては、中継者が介在したと考える方が蓋然性が高いのではなかろうか。アルガール文化やウェセックス文化にミケーネ、キプロス、レヴァントなど各地との類似がみとめられるのは、このことを示唆しているように思わ

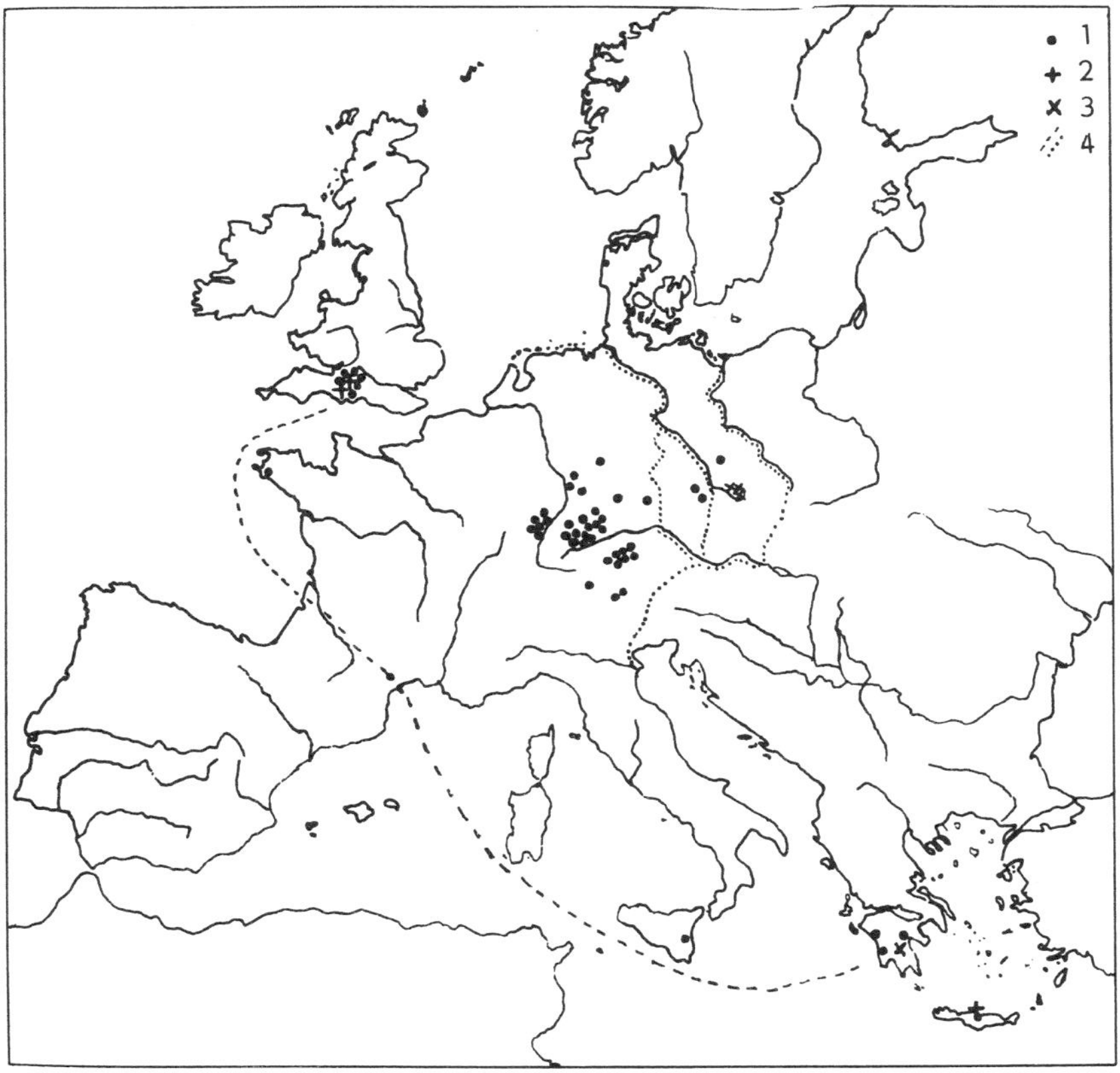

図25　ヨーロッパとエーゲ海域との交流：1 Spacer plates；2 Amber disks with gold；3 Lusatian 8-formed spirals of gold wire and Tiryns wheel；4 Proposed amber rout（本章注 82　Fig. 2. 3）

れる。その意味で、ブーゼクが試みた、中央ヨーロッパを南下してアドリア海奥へ抜ける琥珀の道、ブルターニュ半島を回りガロンヌ川を遡上してリヨン湾へ出る錫の道の復原案は、遺物の分布状況からみると穏当なところであろう[140]。こうしてヨーロッパ全域が、直接、間接を問わなければ、文明の名で呼ばれてきたシステムを擁するエーゲ海域や地中海東部といっそう関係を強めた。この点に、LH期前半の交易活動における、次代への予徴としての歴史的意義がある。

　さて、ミケーネがミノアを押さえて交易上の主導的力を発揮したのは、ＬＨ期後半である。その時期の情況を述べるにあたって、中央ヨーロッパを含む温帯ヨーロッパ（主に西岸海洋性気候帯域を指す）での変化に言及しておく。この地域におけるＭＢ期からＬＢ期への移行は、一般に前一五〇〇年頃とされている。[141]しかし、ここに移行年代をおいてＭＢ・ＬＢ期に分離するのは、少し極端にいうと便宜的要請による。時代名の変更をせまるような截然とした広域にわたる画期が、この頃にせよ前後の頃にせよ、みとめられないからである。前述したように、社会的断絶を推測させる証左が見あたらないのである。

そこで、前節で説いた前三千年紀の情況をふりかえるところから叙述を始めると、前三千年紀の温帯ヨーロッパでは、前代の定住を捨てて、有畜の粗放農耕を行いつつ小集団が短期で移住を重ねる、遊動性が高い社会へと変容し、この遊動性の高さがやがて温帯ヨーロッパの多くをひとつに染めるベル・ビーカー土器文化圏の拡がりを生んだ。農耕生産の低さは銅製品や羊毛の生産を促し、家畜が牽く車の普及とあいまって交易を隆盛に導いた。そうして前二千年紀が始まる頃から、にわかに定住傾向が現れて防御施設をそなえた集落が東西で登場し、争乱の度が加わるとともに土器の画一性が失われた。青銅合金による武器の生産とならんで、青銅や琥珀を素材とする装飾品の生産も高揚し、交易はますます隆盛に向かった。中央ヨーロッパには高塚墳が出現した。その出現と副葬品の内容が示しているように、社会階層の格差が広がった。分節化と交易の高進、社会のさらなる階層分化が、激化に向かう争乱のなかで、東西間で地域的偏差をはらみつつ進行した。これが前二千年紀におけるいわゆるバーバリアン・ヨーロッパの赴いた方向であった。前二千年紀後半は、ヒッタイトとエジプトがレヴァントの宗主権をめぐって干戈を交え、ミケーネ都市国家群は軍事に長じていた。また、アッシリアはミタンニを打ち破って支配から脱した。このように概観すると、西ユーラシア全域が軍事力の強弱を競う時代に入ったことがわかる。

ところで、大小国家同士の間での外交関係に基づいた贈答交易は、ＭＢ期には始まっていたことが既述したクノッソス出土のエジプト製器物などから察せられるが、ＬＢ期に入って前一千年紀が近づくにつれ、新しい動きが現れた。

ますます隆盛をみせつつあった地中海交易において、王への忠誠よりも利を優先する交易者の動きがあらわになってきたことである。M・リベラーニによって示されたこの言説は、[142]テーベのケンアメン墓の壁画から私貿易の存在をみてとったクレンゲルの指摘と通じるところがあり、[143]S・シェラットがのちに証左を加えて追認している点でもある。[144]アナトリア南西部に拠ってエジプト領を攻撃したというルッカ出身の海賊の狼藉が文字記録に残されているが、王の統制を脱して利を求める先鋭化した姿をここから窺うことができるであろう。賊というのは王朝側に立つ表現であり、ひとたび王朝の統制を離れれば、海賊と海上交易者との間に一線は引けない。その意味で、メソポタミア内陸で集落が衰微し、その結果統制のきかない遊牧民が増加したという私見にも通じるクレンゲルの指摘を合わせ考えるならば、LB期における海陸世界が同じ動向を辿って前一千年紀に接近したことが知られるのである。

ミケーネに戻ると、LH期におけるミケーネの高揚を示すように、搬出土器の分布域は既述した地中海中部を西限として、マケドニア、アナトリア、キプロス、レヴァント、エジプトに及んでいる。バルト海岸から中央ヨーロッパを南下して運ばれたことが推定されている琥珀の量が増え質が向上したのもこのLB期であったことは、アドリア海側のピュロスの興隆からみて頷ける。[145]また地理的に近い点で、ボヘミアの錫やトランシルヴァニアの金も、扱った品目に加えてさしつかえないとすると、ミケーネと総称されている都市国家群はまさに、温帯ヨーロッパと地中海東部、西アジアとを結ぶ交易上の環であったといえる。[146]

ところが、エジプトでは第一九王朝以降にミケーネを指すケフティウという名が文字記録から欠落し、ウガリトやヒッタイトではミケーネを指す語が見あたらないらしい。[147]ミケーネ土器の分布の濃密さと奇妙な対照を示すこの欠落は、ミケーネ都市国家群の活動が文字記録に残されるような外交関係を伴わず、贈答交易にも関与せず、ひたすら利得に専念していたことを示唆するのではなかろうか。このように考えると、ミケーネの活動は、国家という構成体の外縁で存在を膨らませつつあった海陸の遊動者の動向と近いところにある。それはある意味では、前国家段階にあったいわゆるバーバリアン・ヨーロッパの社会に近づく動きでもあったのである。

第四節　前二千～前一千年紀（青銅器後期～鉄器時代）の動向

北メソポタミア　北メソポタミアのLB期における集落動向として、数の減少と都市人口の過疎化とをあげた。鉄器時代への移行を述べるにあたって、LB期内での変化の例を添えておくと、[148]ユーフラテス中流域にあってMB・LB期が断絶なく推移したハディディは、前一五世紀末にミタンニの衰退とともに終焉を迎え、同じく中流域で少し下流のエマルは、前一四世紀初頭に河流で崩壊し、ヒッタイトのもとで高所に再建されたのち、前一二世紀末に破壊され放棄に至ったらしい。また、ハブール・トライアングル中央部に位置しミタンニの宮殿が営まれたナワル（遺跡名テル・ブラク）では、前一三世紀におそらく中アッシリアによって宮殿が破壊されたのち、前一二〇〇年頃に都市も放棄されたという。つまり、北メソポタミアのLB期において、このように領域国家の管理中枢を含めて都市の衰滅例を加えることはできるが、新たに興隆した例は見いだせない。

領域国家というと、ヒッタイトが念頭に浮かぶ。アナトリア高原のハットゥシャ（現代名ボガズキョイ）を王都にして、シリア、パレスチナの宗主権をエジプトと争い、ミタンニを衰退に追いやって北メソポタミアに覇を唱えた前一四世紀のヒッタイトは、前一二〇〇年頃に瓦解した。瓦解の原因について、「海の民」と呼ばれる民族集団群の進攻説、アナトリア北西部にいたフリュギアの進入説、さらには自壊説が示されているが、A・サゴナ、P・ツィマンスキーによると、フリュギア進入説は考古学的に成立しないという。[149]すなわち、壊滅後のハットゥシャの土器は、既存のロクロ成形土器に加えて新入の手捏ね土器が高い比率を占め、やがてロクロ製品が消えるとともに、ときに彩文を有する赤色土器や、暗灰色粗製土器が現れ、フリュギアが居住を始めるのは、この後の前九世紀であるらしい。ともかく、いきなり進攻を受けて忽々の間に瓦解したというよりも、トゥトゥハリアⅣ世（在位前一二四五～前一二一五年頃）の治績から察すると、瓦解前にすでに衰微の徴候を示していたことがわかる。拡充によってハットゥシャの規模が最大に達するいっぽう、抬頭した中アッシリアによって北方と東方の領土を奪われたからである。

前一四世紀後半からミタンニの軛を脱して興起した中アッシリアは、北方に軍を進めてウラルトゥの反乱を鎮圧し、アナトリアに進出してヒッタイトを抑え、東方のザグロス、南方のバビロニアにも進攻した。ところが、領土の拡張を重ねたシャルマネセルⅠ世、トゥクルティ・ニヌルタⅠ世両王の治世を最後に、前一三世紀末頃から前一〇世紀後半のアッシュル・ダンⅡ世治世下に至る二世紀半余の間、地中海沿岸にまで軍を進めたというティグラト・ピレセルⅠ世（前一一一五～前一〇七七年）を除くと、治世が短く事績のあまりよくわからない王が続いている。中アッシリアがこうして長い衰退期に入ったらしいことは、王都アッシュールにおける建設事業の低調さや交易都市テル・エル・リマーの放棄からも察することができるので、事実とみてよかろう。後述するように、西アジアに進攻していたエジプトも第二〇王朝（前一一八六～前一〇六九年）のもとでかつての勢威を急速に失い、レヴァントの諸都市はウガリトを代表格として少なからず破壊を被った。南メソポタミアの衰微の有無には意見の一致をみていないが、ともかく、前一二〇〇年頃を境にして、西アジアに強国不在の情況が再現したわけである。

なお、このような情況が発現したことを時代区分上の分水嶺として、西アジア考古学では青銅器時代の終焉すなわち鉄器時代の開始とする。時代名を鉄器に改めたのは、もとより鉄器の使用に拍車がかかったことによるが、その普及に地域ごとの遅速があり、鉄器化に段階があったことはA・M・スノドグラスが述べている通りである(150)。それでも一線をもって時代を画するのは、青銅器時代強国の衰滅を加味したからに他ならない。そもそも、利器による時代区分名を採用している地域というと、西アジアではアナトリア、北メソポタミア、レヴァントであり、南メソポタミアと近隣のエジプトでは王朝名で時代を区分する伝統が継承されている。考古学優先と文献史学優先との相違がここに

シリア			イスラエル		
鉄器時代	I	前 1200～前 900	鉄器時代	I	前 1200～前 1000
	IA	前 1150～前 1100		IA	前 1200～前 1150
	IB	前 1100～前 1000		IB	前 1150～前 1000
	IC	前 1000～前 900			
鉄器時代	II	前 900～前 700	鉄器時代	II	前 1000～前 586
	IIA	前 900～前 800		IIA	前 1000～前 900
	IIB	前 800～前 700		IIB	前 900～前 800
鉄器時代	III	前 700～前 550		IIC	前 800～前 586
アケメネス朝ペルシア			新バビロニア		

表れているのであるが、考古学優先地域のなかにあってもシリアとパレスチナの間で、鉄器時代の細分案と各小期の暦年代が相違している。そこで、必要に応じて暦年代を併用して、齟齬に伴う混乱を避けることにしたい。また、鉄器時代を斯界の慣行に従ってＩＡ期と略称する場合があることも、あらかじめ断っておく。

さて、図５に戻ろう。図の結果によると、集落数がバリフ・ハブール両流域で減少し、ハブール下流域、レヴァントのアムークとビカーで増加し、残る地域は微増または微減である。減少の二地域がともに内陸に位置し、レヴァントの二地域で増加しているので、内陸での相対的減少が眼につく。しかし新出資料によると、鉄器時代に向かってバリフ流域は激増、ハブール流域も上中下流域で激増している。ユーフラテス中流域のタブカダム北半域でも（図７）、海岸寄りのエル・ルージュやテル・マストゥーマ地域でも著しい増加が記されている。シリア各地のこれらの調査結果がいずれも激増を指している点からすると、これをＬＢ・ＩＡ期間の傾向とみて、図５の結果に改変を求めておくべきであろう。

ハブール・トライアングル西域ベイダールの調査結果によると、平地の小型集落址が増加分の大半を構成し、テル上の集落址は減少するらしい（図８）。Ｔ・ウィルキンソン、Ｅ・バーベインズが、低地居住に転じる傾向はシリア東半で、テル居住を指向する傾向は同西部でみとめられることを指摘している。[151] さらに、前一一～前一〇世紀の集落が中央・北シリアでは旧集落上に、ユーフラテス東方では旧集落外に発達したというＨ・セイダーの所説を加えるならば[152]、ベイダールの動向は同域にあってテル上に鉄器時代集落が営まれたテル・ハラフの例を考慮するとしても孤立してはいない。それならば、図5が示したユーフラテス以東の結果は、平野の小型集落址の見落としに由来することが考えられる。ともかく東方では、テル居住の放棄に向かった点で伝統との断絶度が大きく、テル居住を継続した西方では相対的にその度合が低かったことになる。筆者が調査に関係したユーラシア東岸のテル・アリ・アル・ハッジの場合、厚いＭＢ層の上にＩＡ層が厚く堆積しており、地中海寄りのテル・マストゥーマでもこれに近い層序がみてとれる。ＬＢ期で集落形成がいったん途絶または衰微したこれらの中・小型集落址の例でも、テル居住の伝統が復活しているのである。

　また、シュワルツが纏めた集落址数の推移結果によると、(153)ハブール中流域はＬＢ期例六、ＩＡ例二八で、ＬＢ期例の六がすべてＩＡ期に、ハブール・トライアングル東域のテル・レイラン近隣は、ＬＢ期例三八、ＩＡ例二一で、ＬＢ期例中の六がＩＡに、バリフ流域はＬＢ期例八のうち二がＩＡに、西方のクウェイク渓谷はＬＢ期例九、ＩＡ例三〇で、ＬＢ期例中の六がＩＡにそれぞれ続く。ＩＡに向かって増加した地域は継続性が高く、減少した地域はそれが低い傾向がみてとれるようであるから、例を加えてこの傾向がもし確実になれば、継続性の高低はテル居住の東西差と符合しない結果が導かれる。これは、西方がテル居住を選択するにあたって、伝統の継承だけにとどまらない付加要因が介在したことを示唆するのではなかろうか。

　そこで、西方で都市の名に値する大型集落の例にも注意すると、前一二世紀をまってＬＢ期末で途絶したエマルやテル・ムンバカの例、ＬＢ期末の災厄の痕跡をとどめずに存続したカルケミシュやハマの例、前一二世紀に焼壊を被り直ちに再興したテル・アフィスの例が管見にのぼる。ヒッタイト新王国の副都であったカルケミシュは、王国滅亡後、かつての勢威には及ばないにせよ新ヒッタイトの首都として機能し、ハマの場合は、火葬という新葬制の出現を無視できないにしても集落の継続性が高いらしい。またテル・アフィスの場合は、焼壊層直上にＩＡＩＡすなわち鉄器時代最古段階の層が続くので、焼壊の影響は一時的であったという。大型集落の多くがすでに衰滅あるいは過疎化し、さらに前一二〇〇年頃のＬＢ期末の災厄で姿を消していった例が加わった北メソポタミアでの動向を考えると、これらの継続性の高い例がテル居住に傾斜した西方に存在し、ハマム・エト・トゥルクメンの放棄など東方に乏しいことは、偶然ではあるまい。

強国不在の北メソポタミアで、集落動向を左右する主体となったのは、アラム人であったらしい。アラムの名が文字記録に現れるのは、シュワルツによると前二千年紀後半であるというが(154)、青銅器時代におそらく遊牧、半農半牧、交易をなりわいとして北メソポタミア内陸部に広がっていたアラム人が、前二千年紀末を境に急激に存在感を高めた(155)。集落の増加も彼等の定住によるのであろうし、むろん、ＬＢ期に集落を出た人びとの再定住もあったにちがいない。降水量が回復して可耕地が拡がったからであるが、強国の瓦解も、徴発やパワー・ゲームの停止という点で、定住を促したことが考えられる。アラム人の急激な抬頭も原因はこのあたりにあろうかと思う。ともかく、中アッシリアが衰微した理由のひとつとしてアラム人による圧迫があげられているほどであるから、北メソポタミアの強国不在期をふさぐ軍事力もそなえていたことは疑いない。彼等は長距離の交易にも従事し、やがて都市国家を形成した。ハマとアフィスはその争乱のなかで破壊されたというから、前一〇世紀にはアラム人同士の主導権争いまで勃発したことが知られる(156)。

この情勢に乗じたのであろうか、再起した新アッシリアが攻勢を強めた。前九三四年に即位したアシュル・ダンⅡ世を皮切りにして、前九世紀の諸王があいついで対アラムの西方遠征を行い、シャルマネセルⅢ世（在位前八五八～前八二四年）が地中海方面まで征圧して、西方討伐の宿志をひとまず達成した。遠征が幾度にもわたったことは、アラム人の抵抗の根強さをよく表している。テルは居住地であるとともに、外壁を設ければ眺望に秀でた要塞として機能することを考えると、アラム人同士の争乱に加えて新アッシリアの攻勢を被ったことが、北メソポタミアで西方をテル居住に導かせ、強圧下にあった東方をその放棄に傾かせたのではなかったか。前述の付加要因をこのように復原しておく。

前九世紀に再興を果たした新アッシリアは、アッシュルナツィルパルⅡ世（在位前八八三～前八五九年）が青銅器時代以来の王都であったアッシュルから遷都してニムルドを、サルゴンⅡ世（在位前七二一～前七〇五年）がドゥル・シャルキン（現ホルサバード）をそれぞれ造営し、次王センナケリブ（在位前七〇五～前六八一年）が未完成のドゥル・シャルキンを放棄して旧都ニネヴェの改造、拡張を行った。ニムルドは三六〇ha、ドゥル・シャルキンは三二〇ha、拡張後のニネヴェは七二八haをはかり、いずれも威圧を意図した定型的な外容を呈している。西アジアで都市域の範囲が判明している青銅器時代の王都級例が一八〇ha止まりで、四〇〇haのウルクが異例であることを想起すると、新アッシリアの三都の壮大さが察せられる。しかも、それらを二〇〇年足らずの間に造営したのであるから、軍事遠征の頻繁さと首都への強制移住とを合わせ考えると、定住に転じていた人びとが疲弊し流亡を余儀なくされたとしても不思議ではない。前六世紀およびその前後に北メソポタミアの集落が分散し農村化したこと、あるいは定住者のいなくなったことが説かれている[157]。テル・アリ・アル・ハッジも例に加えることができるこのような集落形成減退の要因として、乾燥化が指摘されているが、それだけではあるまい。アケメネス朝ペルシア（前五五〇～前三三一年）が短期で広大な領域を膝下におさめたのも、マケドニアの王アレクサンダーがまたたく間に東方へ軍を進めることができたのも、集落形成の減退状態にその一因があったとみれば考古学上の知見と符合する。

南メソポタミア　前一五世紀前半に南方の「海の国」王朝を破って南メソポタミア全域を統一したカッシート王朝は、ＬＢ期の領土国家のひとつとして、エジプト、ヒッタイト、アッシリアと外交関係を結び、三世紀ほどの間、衰微に陥ることなく存続し、バビロニア諸王朝のなかでもっとも長命を保った[158]。Ｐ・ケイ、Ｊ・ジョンソンや、Ｋ・ブッツァーが復原したチグリス・ユーフラテス川の水位変動の結果によると、ＬＢ期は上昇期であったことを示している[159]（図84参照）。アナトリア高原での降水量の増加を物語る水位の上昇は、北メソポタミアに集落の増加をもたらさず減少の歯止めとならなかったのに対して、南メソポタミアでは既述した小型集落の急増すなわち農村化を促したのであろう。北メソポタミアと違って灌漑農法であったことが、この場合有利に働き、カッシート王朝の存続を支えたにちがいない。

ところが前一三世紀になると、ミタンニの軛を脱して抬頭した中アッシリアが、領土の拡大を目指して南にも軍を進めてきた。英雄叙事詩として後世に語りつがれたトゥクルタ・ニヌルタI世（在位前一二四四〜前一二〇七年）がバビロニアに軍を進め、カッシート王朝を倒して南メソポタミアを支配下においた。同じ頃、スーサに拠る東のエラムも南メソポタミアに進攻して中アッシリアと覇権を争う状態が現出したというから、前一三世紀末にすでにカッシート王朝は衰微に入っていたことがわかる。

しかし、トゥクルタ・ニヌルタI世以降、内訌やアラム人の圧迫によって中アッシリアが衰退期に入ると、エラムは南メソポタミアに進攻して、マルドゥク神像、ハンムラビ法典碑、ナラム・シン戦勝碑などをスーサにもちかえった。暴戻ともいえるこの進攻に対してバビロニアの諸都市は、イシンに新しく成立した王朝すなわちイシンII王朝のもとでエラムに抵抗を続けたが、戦況は思わしくなかった。しかしエラム側の内紛も手伝って、前一二世紀末、イシンII王朝の軍はネブカドネツァルI世のもとでエラムに進攻し、スーサを攻略した。こうしてようやくエラムを撃退したが王朝の勢威は振るわず、前一一世紀後葉に終焉を迎え、こののち前七世紀における新バビロンの成立まで、南メソポタミアは政治上の実権を失った状態に陥った(160)。

以上、略述した政治上の動向を念頭におき、図12として示したアダムスの分布調査結果にあらためて注意を向けると、彼が分期した中バビロンとは、イシンII王朝の成立から新バビロンの成立まで、すなわち前一二世紀から前七世紀中葉までを指すので、考古学上の時代区分に直せば、LB期のカッシート王朝期に後続して、鉄器時代をほぼ覆っていることになる。この間の址数動向は、カッシート王朝期に増加していた四ha以下の小型例が大きく減少し、大・

中型例の数も二〇・一―四〇ha例の微増を除けば前二千年紀前半以来の減少が継続している。つまり、総居住面積がますます減少しているわけである。集落址数が鉄器時代に入って一時的にせよ大きく増加した北メソポタミアとは、この点で相違する。前述した水位復原によると、前二千年紀末の大下降から回復して前一千年紀は安定基調が続いているので、南メソポタミアでの址数や総居住面積の減少は水位の変動に起因していないようである。

北メソポタミアとの間の集落形成上の分岐点といえば前一二世紀にあたるが、ヴァン・デ・ミーループがカッシート王朝からイシンⅡ王朝に移ったこの頃の南メソポタミアの情況について、国家権力の弱体化、都市機能のいっそうの低下、定住民の激減と半遊牧民化、灌漑施設の放棄、ユーフラテスの流路の西遷に伴う耕地不足、農地の過度な使用による塩化と疲弊を指摘している。(161) 他方、アダムスの結果の問題点を慎重に吟味したR・ゼットラーは、(162) 前一四～前七世紀の間の経済文書の出現頻度を王の治世年ごとに算出して平均値を求めたJ・A・ブリンクマンの仕事(163)を引用、補充しつつ考察を添え、それによると、東地中海方面やアナトリアに較べて前一二世紀の南メソポタミアは相対的に安定していた。そうして、進行する住民の遊動化が高じて前一一世紀中葉に深刻な崩壊、分裂に陥ったと結論づけたうえで、東地中海方面やアナトリアと年代上連動していないとみる。もしゼットラーの所説通りであったとすれば、崩壊、分裂の到来の遅れが、南メソポタミアに集落形成興隆の機会を失わせたことが考えられるが、いずれにせよ南北ともやがては衰微で足並みをそろえた前一千年紀前半の集落形成の動向には、水位変動によっては説明できない政治・社会的要因が介在していたにちがいない。

エジプト　新王国時代（前一五五〇～前一二九五年）のエジプトの宮廷を国際的で多彩な文化の中枢と評したB・ケンプの言が示すように、(164) 東はアッシリアやバビロン、北はミタンニやヒッタイトとも、レヴァントやキプロスの都市国家群とも交わりを重ねていた。また、友好裡にせよ覇権争奪にせよ、王朝主導の外交関係に加えて、域外から人間が流入してきていたことも、ハビルに関する文字記録から察せられるところである。北メソポタミアだけにとどまらずレヴァント方面でもLB期に人口の流動化が進んだことを思い起こすならば、ナイルを目指す人びとがいたとしても不思議ではない。しかし王朝にとって彼等は、必ずしも歓迎される存在ではなかった。

この頃のヌビア方面は、たとえばトトメスⅢ世（在位前一四七三～前一四二五年）が治世中にカルナックのアメン神殿に一五t近くの金を奉納した文字記録があることからわかるように、また、総督フイの墓に描かれたヌビア族長達の拝跪図にみられるように、金の産出地としてエジプト王朝の支配が貫徹していたので、この方面からの無秩序な流入は抑えられていた。またパレスチナ方面も都市を支配下においていたので、大規模な流入は防ぐことができた。それよりも王朝を悩ませ、新王国時代に盛んに軍を送って撃退に努めた対象は、北西方のリビアからの流入者であった。アマルナ文書のなかにレヴァントのビブロスの王がハビルに穀物を奪われた窮状を訴えた書簡があり、増え続ける遊動者の各種の敵対行動も外交情報としてエジプト側に伝わっていたであろうから、抑制がきかないリビア人の流入を、かねてから問題視していたことは想像がつく。

リビア人の故地と考えられるキュレナイカは、先述したように天水農耕地である。遊牧民にせよ半農半牧民にせよ、この地の住民が王朝を悩ませるほど流入するようになった理由は、まだよくわかっていない。エジプト西部の地中海岸、メルサ・マトルーフ湾内の島でクレタやキプロスなどのLB期の土器が大量に出土している(165)。エジプト新王国時代の土器が見あたらないというから、地中海交易の一端にリビア人が連なっていた可能性がある。

文字記録によると、リビア人が第一八王朝下で王の護衛をし、第一九王朝のセティⅠ世、ラムセスⅡ世のそれぞれの治政下ではリビアからの流入者が撃退され、ラムセスⅡ世は撃退のための要塞を地中海岸に築かせたという。前一三世紀初頭頃から流入者が増大し、敵対視の始まったことが察せられる。このあと、第一九王朝のメルエンプタハ王（在位前一二一三～前一二〇三年）期に、首長メリウイの率いたリビア諸族と「海の民」との連合が、さらに、第二〇王朝ラムセスⅢ世（在位前一一八四～前一一五三年）期では、治世五年にリビア諸族が、同八年に「海の民」が、同一一年にリビア人の一派がそれぞれ流入／進攻した。メルサ・マトルーフ湾での発掘結果からすると、リビア人と「海の民」との連合は、ありうることとして納得できる。ともかく王朝側は彼等を撃退し、捕虜にした者達をパレスチナの守備にあたらせ、あるいはエジプト軍に編入したらしい。

治政八年の「海の民」、治政一一年のリビア人一派の流入は、家族や家畜ぐるみであったことを考えると、流入目的は進攻というよりも移住とみるのがふさわしい。メルエンプタハ王の記録に飢餓がリビア人流入の原因とあることは、故地における彼等の窮状を窺わせる。(166) 同王の治世下でヒッタイトに食料援助を行ったことを、「イスラエル碑」が伝えている。ヒッタイトの領域が主として天水農耕地帯であることを想起すると、前一三世紀末におけるリビア人の流入とヒッタイトへの食料援助とは、降水量の減少、飢餓の進行としてひとつの像を結ぶことになる。

ラムセスⅢ世期にはまた、王墓造りの工人村デール・エル・メディーナで食料供給の不足から怠業も発生した。リビア人や「海の民」の流入と合わせて、王朝の衰運を物語る象徴的事件として取り上げられるのであるが、この事件については、文字記録がこのラムセスⅢ世期に偏っているせいであり、怠業は衰運を表さないという異見がある。かりにそうであったとしても、ラムセスⅨ世（在位前一一二七～前一一〇九年）期に王墓を対象とした墓荒らしが勃発し、ラムセスⅪ世（在位前一〇九九～前一〇六九年）期には、ヌビア総督のパネヘスィ率いるヌビア軍がテーベを占拠して王墓を暴くとともに、ヌビアが自律の動きをみせて金の供給量が低下したこと、ラムセスⅢ世の葬祭殿を最後に大型建造物の新造が絶えたこと、ラムセスⅥ世期をもってパレスチナの宗主権を失ったことなどの事項を点綴していくと、第二〇王朝が衰運に向かったことは覆いがたい。

次の第二一王朝（前一〇六九～前九四五年）を創始したスメンデスは、デルタ東域のタニスを首都として統治した。南方テーベのアメン高級神官達が大神官ヘリホル、次代のピヌジェムⅠ世のもとでエジプト南半を支配下においたから、第三中間期以来の分裂状態が訪れた。次の第二二王朝（前九四五～前七一五年）を開いたシェションクⅠ世はリビア系であった。ヘリホルもリビア系であったというので、第二〇王朝末には同系が王朝の中枢に進出しうる情況になっていたことが察せられる。シェションクI世はタニスを維持しつつ南方五〇km余のブバスティス（遺跡名テル・バスタ）を整備し、ここに拠って統治した。息子をアメン大神官に任命してテーベを抑え、パレスチナ方面に軍を送り、レヴァント海岸諸都市との経済的つながりを回復し、こうして国内の統一と対外的勢威の振作に成功した。しかし、これを維持する後継者に恵まれず、南北両王朝が並立する分裂状態が再来し、ヌビアのクシュ王ピイがエジプトを征服して第二五王朝を樹てる前七四七年まで、この状態が続いた。

以上、新王国時代の第一九王朝期から第三中間期にわたる前一三世紀初～前八世紀後半の王朝の動向を略述した(167)。それでは、この間において集落形成はどのように推移したのであろうか。ナイルの水位変動分析がこの頃に水位の上昇のはかばかしくなかったことを伝えているが、それならば第一中間期のように、飢饉が到来して人びとは居住地を失ってさまよう情況が現出したのであろうか。エジプト考古学の現況は、この問いに的確には応じてくれない。そこで、筆者が調査に携わってきたアコリスに、さいわい第二〇王朝期～第三中間期の集落が遺存し、現在調査を進めているので、その結果をかいつまんで述べてみよう(168)。

都市域南西縁の二haほどの谷間に独立して営まれたこの集落址を調査し、その結果浮かび上がってきたのは、きわめて活発な人間活動の様子である。すなわち、生産面では、農耕、牧畜、漁撈とならんで、製糸、織物業、皮革業のような農畜産物を利用した生産、素材の搬入を前提とした高熱を使う鋳銅品、ガラス玉、ファイアンス製品の生産がその痕跡をとどめている。また、紅海から運ばれたタカラガイを素材とした装身具生産も、搬入に頼る加工業のひとつに加えられる。生産物の多くが都市域内で消費されたとみてさしつかえない程度の規模であり、高熱加工業については渡り工人の関与を推測させる一過性の証左が、鋳銅品生産やファイアンス製品生産の一部にみられる。ただ、少なくとも皮革業は工房規模の大きさなどからみて、搬出を伴っていたことが考えられる。また、サイロの多さからすると穀物は搬出されたであろうし、魚類もそれに加わっていたかもしれない。

搬入品のなかに、フェニキア型と通称されているレヴァント中部産のアンフォラが、少なからず含まれている。オリーブ油かワインを容れてもたらされたにちがいない。内容物まではわからないが提瓶形土器、食卓を飾ったであろう小型クラテルなど、レヴァント中部産とおぼしい例は他にもある。アコリスはエジプト中部で第一六州に属していたが、州都ではない。一五haほどの都市域の面積からすると、中規模程度の一地方都市である。東地中海の波頭を越えナイルを四〇〇km遡ってこれらの器物が運ばれてきたこと、搬入先は中規模級の一地方都市であること、しかも出土場所に中・小型の住居址が含まれることは、当時の社会情況を復原するうえで、示唆するところが少なくない。

他の遺物に眼を向けると、大量に出土した護符には種類の判別さえ難しい粗造の小型品が多く、スカラベの図文には文字として判読しえない例が少なくない。集落内から出土した六基の単葬墓人型棺は、彩色し図文を施して体裁を整えてはあるが、文字が記号と化している。信仰関係の遺物として土製のコブラや人型品やワニが多く、これらはいずれも地域色が濃い。つまり、ここに居住した人びとは、農耕、漁撈に携わりつつ手工業生産や交易にも従事し、文字をほとんど解さず、アモン神を首座とする王朝側の信仰体系に疎かった、という姿が浮かび上がってくる。アコリスで営まれた古王国時代末の多くの墓がこの頃に荒らされたことも、居住者像を復原する一助となるであろう。

第二〇王朝のラムセスⅢ世の当時、全人口の五分の一、全耕地の三分の一が神殿領であったという(169)。このうえに王族・貴族領を加えると、国土の大半を一部の支配者層が領有して管理体制を敷き、大多数を占めた零細農民がひたすら耕すという構図が浮かび上がる。その意味で、アコリスで復原した住民像は、村落に居住して農耕に勤しむ伝統的な農民とも、王朝の勢威に身を寄せた官僚群の構成者とも、価値観を異にしていたということができる。先述した第一八王朝期のケンアメン墓壁画の交易図を重視すると、このような利得的価値観をもった中間層は新王国時代前半にすでに胚胎していたことが考えられるので、アコリスで復原した住民像は、王朝の衰微に伴ってその姿を鮮明にした

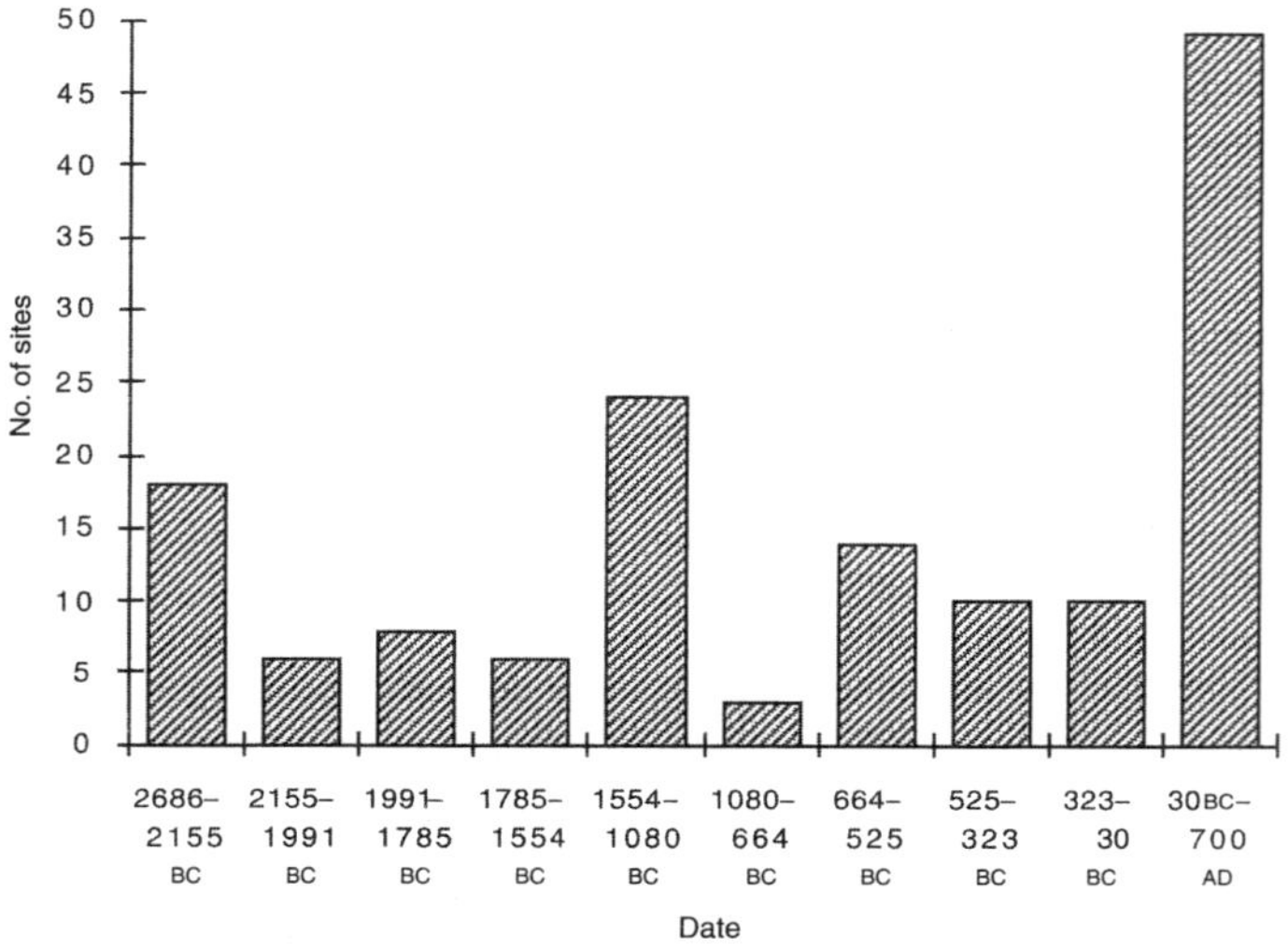

図26　エジプトの東北デルタにおける古王国時代〜イスラム初期の遺跡数の増減（本章注48 Alston Fig. 6.7）

ということになる。したがって、R・オールストンが示した北東デルタにおける第三中間期の集落址数の著しい低下は、全エジプト的現象であったとは考えにくい(170)（図26）。

第三中間期から動物信仰が高揚に向かい始め、末期王朝時代に隆盛に達した。動物神の聖地におもむいてその権能にあずかる期待を込めてミイラを奉納する行為が、大衆的熱気を帯びていたらしいのである。大祭のためにデルタのブバスティスに七〇万の男女が参集したさまを活写したヘロドトス『歴史』の一節は、末期王朝時代の前五〇〇年頃における信仰の熱気を伝えており、実際にブバスティスから主神バステトに辟邪豊饒を念じて捧げた夥多のネコのミイラが出土している。巡礼にもミイラの奉献にも費用が伴うことを考えると、動物信仰の隆盛を支えたのはますますその姿をあらわにした中間層であったにちがいない。王朝の勢威の零落とは対照的な動物信仰の興隆ぶりからみても、ひるがえってアコリスでの第二〇王朝期〜第三中間期における人間活動の活発さからしても、同期のエジプトで第一中間期の窮状に匹敵するような甚だしい飢餓状態が発生し人びとが流亡を強いられたことは考えにくい。

レヴァント　ＬＢ期から鉄器時代Ｉにかけてアムークで集落址数が大きく増加していた。ここで調査を行ったＢ・

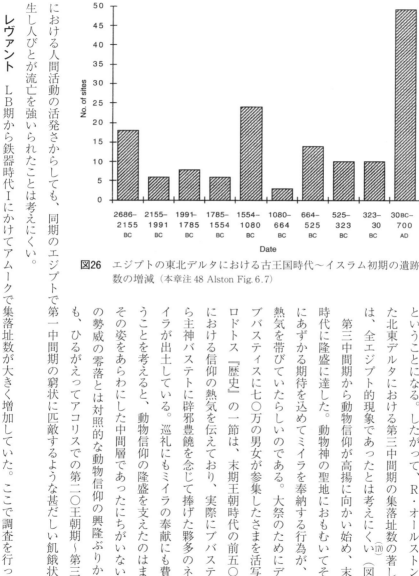

ジェインウェイもその結果を追認しているので、[171]増加がくつがえることはないであろう。ＬＢ期にミタンニに次いでヒッタイトのもとで、既述したようにアララハという王国が存在していたことを、王都であったテル・アチャナ出土の文字記録が伝えている。ところが、ヒッタイトとともにこの王国も滅び、王都は放棄された。国家規模も環境条件も異なる二王国の滅亡が同時期であったことは、内因・自壊説だけではこれを説明しづらい。アムークで次代を継承したのが、テル・タユイナトに拠った政体であった。鉄器時代集落中での図抜けた規模、ビート・ヒラニ型の宮殿や獅子石柱を配した神殿の存在、近隣への集落の集中が、この政体の存在を窺わせる。サクチャギョズやハマトなどの、ヒッタイト滅亡後に生まれた小国のひとつであったらしい。このようにアムークを概観すると、前一二〇〇年頃に集落の衰微があったとしても一時的で、復興は早かったようにみえる。

ＬＢ期のウガリトは、人口密度が高まり、海陸の交易上の結節点として殷賑を極めていたが、争乱のうちに最後の日を迎えた。散乱する多数の銅鏃や破壊を物語るなまなましい考古学上の証左、敵の襲来に救援を求める文字記録がこれを物語っている。最後の日の情況を復原したＭ・ヨンによると、突然の到来であったために住民は混乱して山岳地帯や台地上の村に逃げたという。[172]激しい焼壊を被ったのち、ウガリトにほとんど人跡が絶え、都市としての命脈が尽きた。

このいっぽう、ウガリトの下位にあった近隣のテル・スカス、ラス・バシート、秩序だって住民が退去したとヨンが想像したラス・イブン・ハニでは、焼壊の痕が部分的であるらしい。そのせいであろうか、これらの都市はほどなく再建の動きをみせた。しかし、前九〜前八世紀に人口増大期を迎えるまで、再建は村落程度の規模にとどまったという。ウガリトのもとで掣肘を受けていた近隣の集落について、当時の地名が後世に残存したことを根拠にして、ウガリトの終焉を跨いで諸集落が存続したことを、Ａ・コベットが説いている。[173]ＬＢ期よりも小型集落が増加したのかどうかまでは筆者には確かめようがないけれども、ウガリト近隣が鉄器時代に入って人口増大期を迎えるまでは、小型集落が集落構成の中心を占めていたようである。この点で、一都市の規模が屹立したアムークの場合と区別される。

レヴァントをさらに南下し、フェニキアと呼ばれている中部域の集落を概観すると、北からアルワド、アムリト、テル・エル・カゼル、ビブロス、シドン、セレプタ、ティールが、若干でも内容が判明している海沿いの例としてあげられる(174)。これらのなかで、セレプタとティールには破壊の痕跡が見あたらず、LB期から鉄器時代に至る推移が連続的であるらしい。また、ビブロスとシドンはティールとならんで前一一世紀には交易で繁栄していたことを、文字記録から知ることができる。島嶼の一部を形成するアルワドについて、その住民が水夫として頻繁にエジプトに赴いていたことをアマルナ文書が伝え、新アッシリアのティグラト・ピレセルI世（在位前一一一五〜前一〇七七年）の西方遠征を述べた文字記録にビブロス、シドンとならんでその名がみえるので、災厄を被ったとしてもほどなく復興したことが察せられる。アムリトはアルワドの対岸に位置し、ウガリトの終焉とともに、有数の交易・軍事都市に成長したという。LB期の集落が災厄に遭ったとしても、おそらく軽微にとどまったのであろう。テル・エル・カゼルは搬入土器からみてLB期に都市として機能していたことが知られるが、前一二世紀初頭〜前八世紀の構造物は見いだされていない。この間は衰微状態にあったことが想像される。

以上、瞥見した結果が物語っているように、フェニキアの主要港湾都市のほとんどは、「海の民」によるとおぼしい災厄を被ったとしても軽微で、その後の前一一世紀に到来した新アッシリアの進攻からも免れ、LB期から鉄器時代に存続して隆盛の様子さえ残している。背後のレバノン山脈中の渓谷ビカーで、既述したように鉄器時代I例で集落址数が大きく増加していたが、フェニキア諸都市のこのような動向とおそらく連動しているのであろう。

パレスチナに移ると、この方面の集落形成の動向を精査したI・フィンケルステインの仕事がまず注意を引く(175)。彼が扱った地域は、北はアフェクなどが位置するヤルコン川流域から、南はテル・エル・ファラハまで、東はベト・シュメシュで尽きているので、パレスチナ南半の海岸域に当たる。「海の民」の一派ペリシテ人がエジプトに撃退されて移住したといわれている地である。したがって、南北九五km、東西八〇kmに及ぶこの地域のなかには、ハツォールやメギドのある北半域、エルサレムなどの位置する南北高地、イェリコが位置するヨルダン渓谷や死海周辺は含まれていない。そのために、彼が得た結果をもってただちに、パレスチナ全域の集落形成動向を代表させることは難しい。地形や気候条件が一様でないうえに、ペリシテ人の移住、遅れて生起したエジプト宗主権の後退など、集落形成に地域差を生む可能性のある政治上の動きもまた激しいからである。

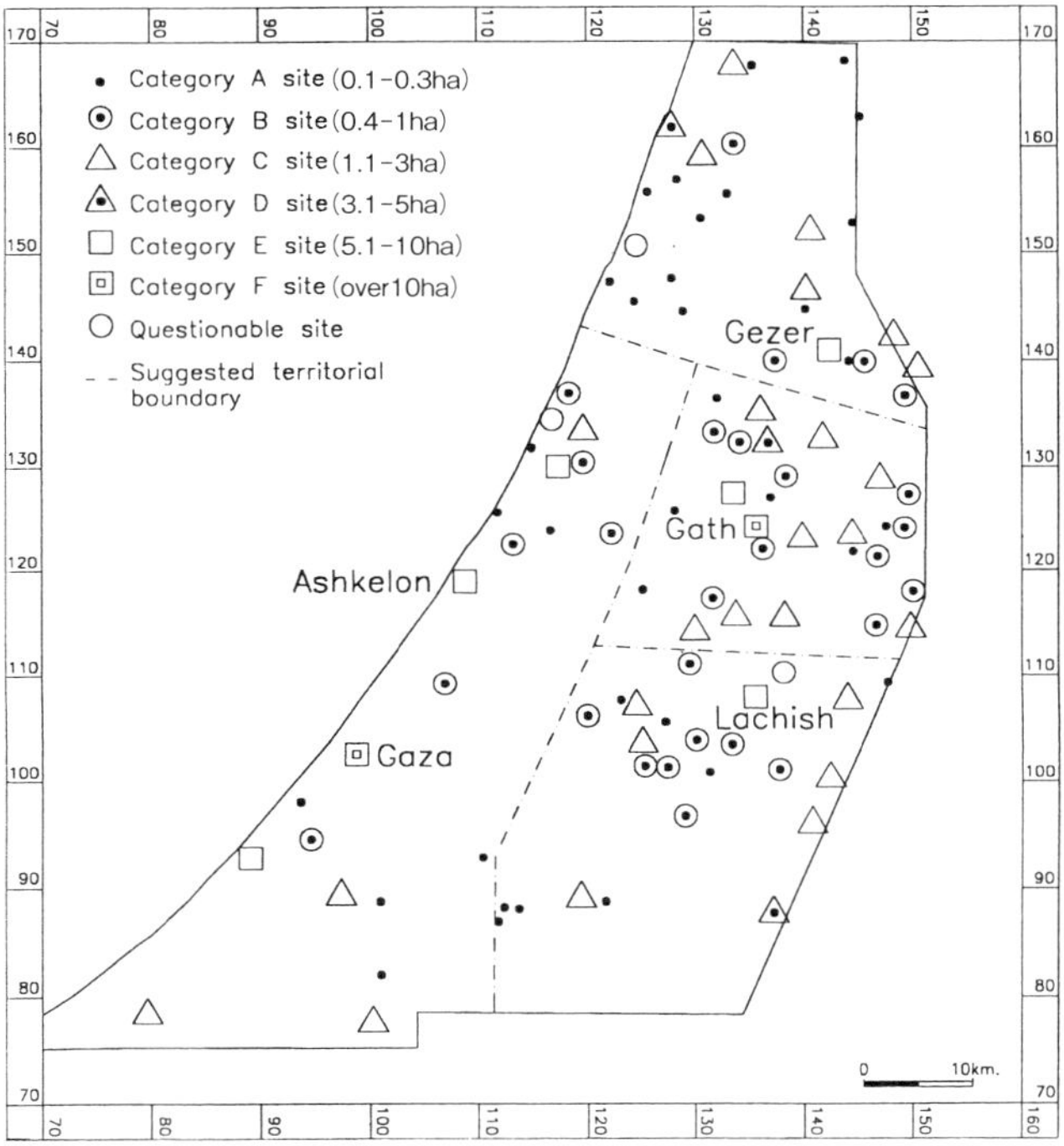

図27　南パレスチナ西部におけるLB期の遺跡（本章注175 Finkelstein 2000 Fig. 8.2）

ともかく彼が得た結果を紹介すると、対象地域で確認された集落址は、LB期例で一〇二、鉄器時代I例で四九を数える（図27・28）。集落址数が鉄器時代例で半減した理由は、三ha以下の小型例の減少であり、一〇ha以上の大型例はLB期例の二から鉄器時代I例の五へとその数を増やしている。試みに筆者の手で合算して全集落址の総面積を求めると、LB期例で一七三ha、鉄器時代I例で一五五haとなり、両期の間で大差が出てこない。さらに、規模別に面積を合算したところ、五・一ha以上の例が、LB期八で八四ha、鉄器時代Iは六で一二

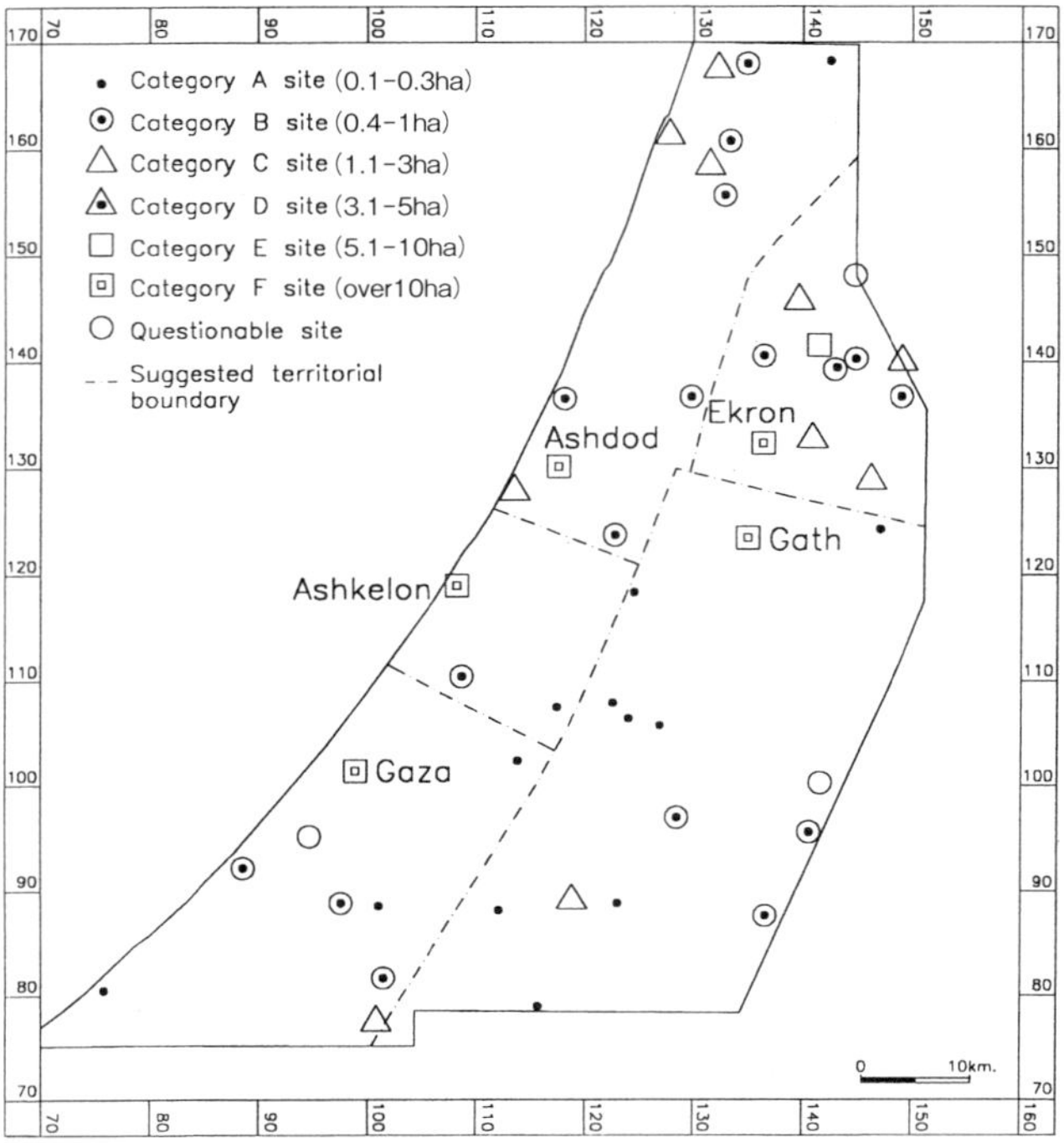

図28 南パレスチナ西部における鉄器時代Ⅰ期の遺跡（本章注175 Finkelstein 2000 Fig. 8.3）

○haと約一・五倍に増加し、五・○～一・一haの例が、LB期二八で六二ha、鉄器時代Ⅰは一○で二○haと約三分の一に減少し、一・○ha以下の例が、LB期六三で二七ha、鉄器時代Ⅰは三○で一五haと約半減している。つまり、LB期～鉄器時代Ⅰの間に、大型例の増加と規模の大型化、中・小型例の大幅な減少がみられ、両者があい補って総面積の均衡が保たれているわけである。これは大型集落へ住民が移ったと考えてさしつかえない変化である。鉄器時代Ⅰの集落の約八割がLB期から存続し、規模の大きい例ほどこの傾向が著しい点とならんで、この変化を強調しておきたい。

ちなみに、周辺の動向をL・マーフォウが示した結果から抽出すると、鉄器時代Ⅰ例に至って、南北高地で九倍、ヨルダン渓谷で三倍に址数が激増している(176)（表4）。増加をもたらしたのは中・小型例であるから、フィンケルステインの対象地の動向は、東方二地域と明らかに違っている。

次に注目したいのは、LB期末の「事件」について論述したW・G・ディーヴァの説である(177)。すなわち、パレスチ

表4　シリア、パレスチナ、トランスヨルダンの各地における集落址数の推移（本章注176 Fig. 9）

PERIODS	DESERT: Negev and Sinai (Thompson 1975)	DESERT: Judaean Desert (Kochavi 1972)	STEPPE: Golan (Kochavi 1972)	STEPPE: Northeast Jordan (Mittmann 1970)	RIFT VALLEY: Jordan Valley (Ibrahim-Sauer 1973)	RIFT VALLEY: Amuq (Braidwood 1937)	RIFT VALLEY: BIQAC	HIGHLANDS: Ephraim/Menashe (Kochavi 1972)	HIGHLANDS: Benjamin/Ephraim Kochavi 1972; Campbell 1968)	HIGHLANDS: Judah (Kochavi 1972)
Upper Paleolithic			8				2			
"Kebaran"							2			
"Natufian"							2 18			
Early PPN ("A")				4	5		1			
Late PPN ("B")			1				1			
Early PN				2		18 7	29			
Late PN/C					15	30	74			
(Late) Chalcolithic	209	20	13	3		11	54	2	8-10	7
EB I				40						
EB II	78	6	22	31	8	50	67	24	14-24	6
EB III				27		39				
EB IV (-MB I)	473	0	6	24	8	4	16	4	3-4	2
MB IIA							28			
MB IIB	13	2	28	23	14	5 61	61 58	39	17-24	9
MB IIC										
LB I	13	0	8-10	24	6	31	31	9-11	11-17	4
LB II							44			
Iron I		22 —77	10 —21	83	19	46	51	65 —184	18-32 — 76	3 —61
Iron II		26	5	57	17	58	41	119	31-71	34
Persian		0	0	1	8		20	77	5-21	30
Hellenistic		10	9	50	12	110	31	47	34-45	48
Roman		127	91	122	31		140	70	50+	101
Byzantine		108	125	250	20	16	77	200	117+	153
Early Islamic		48	12	146	19			1	67+	2
Medieval		3	9	170 202	7 58	89	122	121	20+	90
Ottoman		6	60				142	72	35+*	66

* does not include Sapin's and Campbell's results after Roman period

ナ全域に眼を配ってＬＢ期・鉄器時代間の集落形成動向を取り上げたうえで、隆替は前一二五〇年から少なくとも一世紀にわたっており、しかも、集落ごとで相違すること、考えられてきた以上の文化的継続がみとめられることなどを導き、鉄器時代Ｉを暗黒時代と表現するのは実状に合致しないと結論づけた。「海の民」の攻勢を受けていっきょにＬＢ期の諸都市が瓦解したという既存の説に対し、こうして異を唱えたディーヴァの所論は、過度な中央集権化などの内因説を外敵説とともに重視する点で、配慮の周到さが注意を引くのである。内因、外因のいずれに力点をおくにせよ、あるいは双方に原因を求めるシステム崩壊説を採るにせよ、動乱が長期に及んだとするディーヴァ説は、エジプトへの域外集団の流入が前一三世紀前半から前一二世紀前半に及んだことを考え合わせると頷けるし、Ａ・ヤスール=ランダウの子細な「海の民」の分析結果とも符合している。(178)

さらにもうひとつ加えたいのは、交易活動上の変化を問題にしたＭ・リヴェラーニの所説である。(179)シリア海岸域を例にあげて、宮殿経済に依拠していたＬＢ期の商人が、崩壊後に自律化し、商利を求める動きに転じたと説いた。この説を公表したのは一九八七年のことであるが、その後Ｓ・シェラットがキプロス産土器の海を越えた広域に及ぶ搬出を取り上げて、私的交易の存在を主張し、(180)また、Ａ・Ｅ・キルブリューがパレスチナ産のエーゲ様式土器の出現を俎上にのせて、ミケーネの宮殿支配から自由になった住民の移動を論じている。(181)このようにかたちを変えて継承されているリヴェラーニ説は、ラムセスⅥ世期を最後にエジプトがパレスチナの宗主権を失って以後に海岸沿いの交易都市の大型化が進むレヴァントの動向とも、前述したアコリスの調査結果とも通じるところがある。

そこで、キプロスに移ろう。キプロスの青銅器時代社会の復原をめざしたＡ・Ｂ・ナップが、ＬＣ期の集落を、(1)海岸寄りの主要な中枢すなわち都市、(2)内陸の二次的中枢で、貯蔵、管理機能を伴う、(3)内陸の三次的中枢、(4)特化した経済活動の地で、製陶業や銅の調達を専業または半農半工で実施、という四類型に分けた。(182)そうして、前一四〜前一三世紀のＬＣ期Ⅱまでは南部で都市の数が増加し、前一三〜前一二世紀に入ると、主要な都市でグリッドプラン街路への改造などの外容整備が行われた。第二・第三次集落は、農産物の再分配中枢として鉱山から積み出し港に至る銅の島内流通を掌り、宗教上の中枢でもあり、(4)の集落は、小規模な特化した生産中枢として、農業、製陶、銅調達に携わったことを、代表例をあげて説いた。ナップの復原が示しているように、LC期集落は、規模や機能に格差がある多層構成をとっていたわけである。ただしこれがただちに、全島規模の単一政体が存在したことを意味する、ということではないらしい。アラシアという国名はキプロスの通称となり、その王はファラオと「兄弟」と呼び合うほどの存在感を新王国時代のエジプト王朝に与えていたが、それでも全島支配の政体ではなかった。

なお、キプロス産銅がサルディニアからアナトリア、レヴァントに運ばれ、ウルブルンの積載銅も同産であり、エーゲ海方面ではアッティカのラヴリオン産銅の普及していたことが鉛同位体分析によって推測されているが、[183]エジプトのテル・エル・アマルナ出土品の分析結果によると、一群を成す六点はラヴリオン産、もう一群の一一点は産地未確定であった。「兄弟」と呼び合った記録を残したのがアマルナ文書であることを考えると、この意外な結果は、エジプトへの銅供給地として認識しがちな我われのアラシア観に再考を求めるとともに、ミケーネの活動が銅／鉛の供給、交易にも及んでいたことを物質資料のうえで示してくれる。

さて、アラシアの名はラムセスⅪ世期の末年（前一〇八〇年頃）に記されたという『ウェンアメン旅行記』にも登場するので、前一一世紀に至っても同名の政体が存続していたことを、この記録が示している。ところが、考古学資料によると、前一二〇〇年頃、キプロス編年のLC期ⅡC末に諸集落が災厄に見舞われたようである。[184]エンコミ、キティオン、アマ、ピラなどの都市が破壊の痕跡をとどめ、中・小型集落も埒外にあることができなかったらしい。そうして、ピラやカラヴァリスなど一部の集落はそのまま放棄され、しかし多くの集落は都市も含めてただちに再建されたという。

ところが、破壊後のLC期ⅢAに入ると、多くの集落がとりわけ内陸部で衰滅に向かういっぽう、クリオン、キティオン、エンコミなどの中核都市は前一二世紀を通じて存続し、文化的にも隆盛をみせたという。この動向はフィンケルステインが分析対象にしたパレスチナ南西部に近い。この時期にはまた、要塞が現れ、既存の集落は防禦施設を厳重にしたというから、存続に関わる脅威が迫っていたことが想像される。この脅威が内陸の多くの住民を防禦施設のそなわった集落に向かわせたのであろうが、それでも、島の生命線ともいえる銅生産は存続した。『ウェンアメン旅行記』が書きとどめたのは、この頃のアラシアである。

その時期を過ぎて前一一世紀後半から始まるLC期ⅢBに入ると、土砂堆積ないし地震による港湾機能の不全でエンコミが衰微してその機能が北方のサラミスに移った。キティオンは神殿こそ存続したものの居住域が過疎に陥り、全島的に集落の形跡がほぼ消失してしまうらしい。考古学で確認しうるような恒常的集落を放棄して、住民達が遊動化したことが察せられる。文化的にもLC期ⅢAと断絶し、エーゲ海方面からの影響が強まる点を取り上げて、域外集団の進入がカラゲオルギスらによって唱えられているが[185]、K・D・フィッシャーが説いているようにこのエーゲ海化の実態については異見がある[186]。いずれにせよ、キプロスでふたたび集落形成が盛んになるのは、前一〇世紀の幾何学文土器文化期Ⅰをまたなければならなかったらしい。つまりキプロスにおいては、前一一世紀後半が集落形成の衰微期にあたるのである。LB期末に惹起した動乱が長期にわたったことを主張したディーヴァの見解を、あらためて想起したい。

ところで、西アジアの編年体系と対比させると、LC期ⅢAは鉄器時代Ⅰにあたる。LCという時代名はともかくとしてキプロスでは、この頃利器の鉄器化が始まっており、その進行がエーゲ海方面、レヴァント海岸域とならんで他に先んじていた。これはスノドグラスが指摘したところであり、キティオン出土のLC期ⅢA併行の鉄短剣が物語り、シェラットの論文が示す通りである。それではなぜ、動乱期に鉄器の使用が始まり、これらの地域が先行したのであろうか。この問題についてスノドグラスが一九七一年に、前二千年紀末の動乱に伴う交易の急激な後退によって発生した青銅素材の欠乏が鉄器化を促した、という説を提示して原因論に新局面を拓き、J・C・ワルトバウムが錫の欠乏を強調してこれを支持し、有力な説として今日に至っている(187)。しかし、キプロスの銅生産は前述のように維持され、錫の供給もまたボヘミア、イベリア、ブリテンとヨーロッパの各方面から入手しえた。キプロスでもレヴァントでも動乱を越えて都市機能が衰退せず、後述するエーゲ海方面でもアナトリア海岸域やクレタは相対的に災厄が軽微であったから、海上輸送が中断する情況にはなかった。つまり、集落形成の動向からみて、銅、錫の欠乏説は成立しがたいのではないか、ということである。

ＬＢ期からすでに王朝による管理交易の枠に納まらない商利追求の交易が胚胎し、王朝の衰滅によってその方向が加速されたことを前に述べたが、船の積載量に限界がある当時の海上輸送にとって、金属素材の鋌が嵩をとらず付加価値の高い交易品であったことは、ウル・ブルンなどの難破船の積荷が如実に示している。鉄器化が高進し始めた時期はこの商利追求型交易が加速せんとする時期にあたり、これら二つの方向がレヴァントとキプロスで交叉したことは、偶然とはいえないであろう。つまり、自律的な entrepreneur 企業家の抬頭、輩出を第一義において考えたとき、鉄という新素材の開発と普及はもとよりのこと、青銅素材の欠乏さえも価値の高騰という点で、彼等にとっては商機にあたるのである。彼等の活動を下支えしたのは、キプロスやパレスチナ南西部の集落動向から推測して、小型集落を捨てて都市に移動した人びとであったにちがいない。

ヨーロッパ　東方の諸地域で生起したＬＢ期末の災厄は、ギリシア本土やエーゲ海域でもその痕跡をとどめている。ただ、前一三世紀初頭以前から散発的にせよ破壊行為が起き、同じ頃からミケーネ諸都市の王が次第に防衛に専心するようになった。しかしピュロスとその宮殿が前一三世紀初頭に破壊されやがて破壊が広範に広がったというＭ・ポップハムの年代観が当を得ているとすると、東方諸地域よりも幾分早くギリシア本土では動乱が口火を切ったようである(188)。ミケーネの諸都市は前二千年紀中葉の災厄を被らず隆盛を続けていたから、破壊活動が及ぼした影響は社会

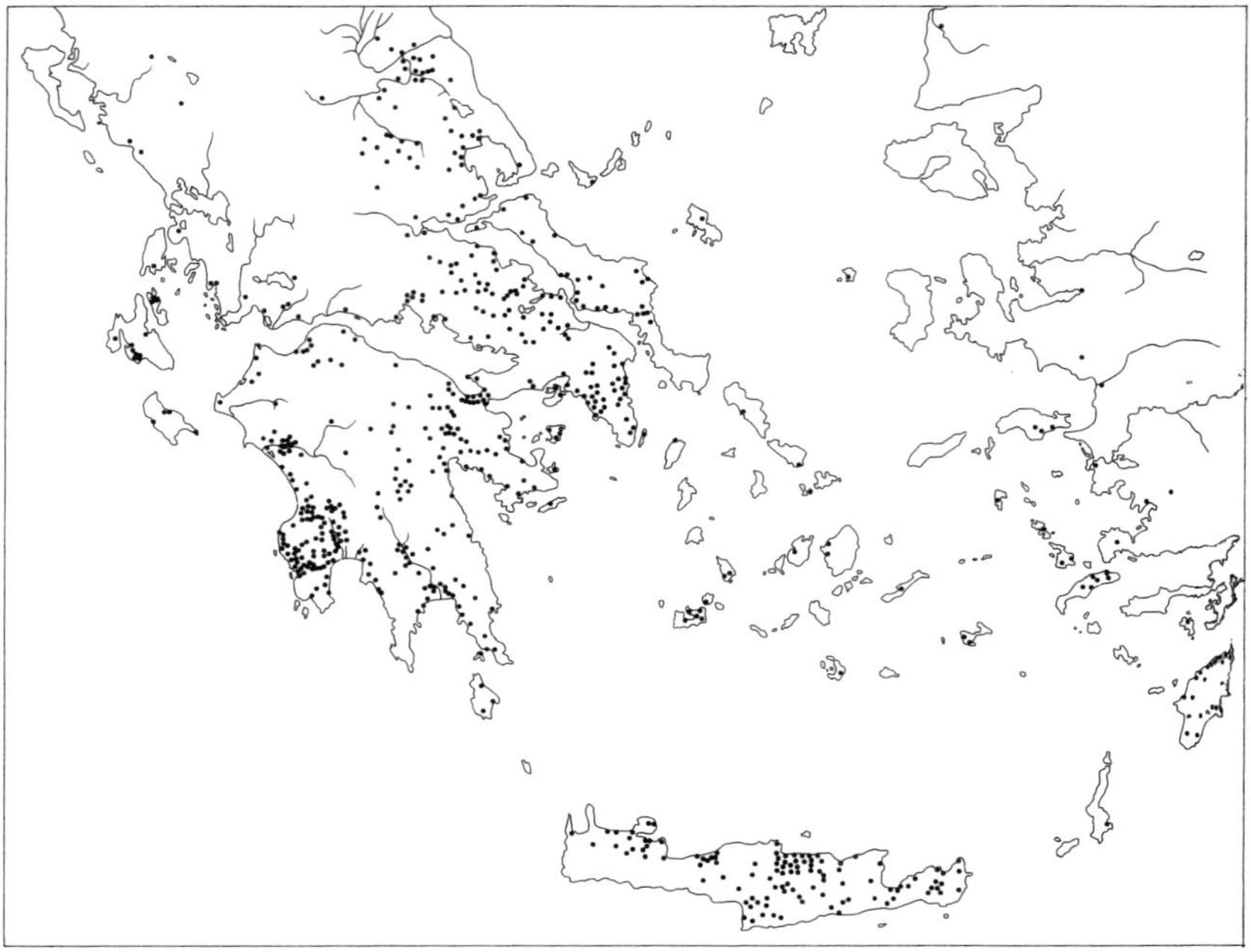

図29　エーゲ海域におけるLH期ⅢBの集落址と墓地（本章注188 p. 282）

の崩壊という軽い表現が憚られるほど甚大であったであろう。加えて、前二千年紀中葉の先述した災厄から復興していたLM期のクレタで、集落の破壊とそれに倍する放棄があり、アナトリア側でミケーネの植民市ミレトスもトロイも焼壊した。したがって、この動乱は時間差と地域的濃淡を孕みつつエーゲ海域を覆ったことが知られる。

図29・30として掲げた遺跡の分布図からこの間の動向を窺うと、LH期ⅢBと同ⅢCとの間で甚だしく遺跡の減少していることがみてとれる。宮殿を擁するピュロスを含めて遺跡分布がとりわけ稠密であったメッセニアも、都市国家群の首座を占めたミケーネが位置するアルゴスの周辺も、東方のアッティカ、ボイオティア、エヴィア島とならんで、著しく遺跡数が減少している。これに較べると、クレタはギリシア本土に近い西部を除いて減少幅は小さく、キクラデスやアナトリア海岸域はロードス島を代表格にしてその幅がさらに小さい。イタリア、シシリー、サルディニアで、イ

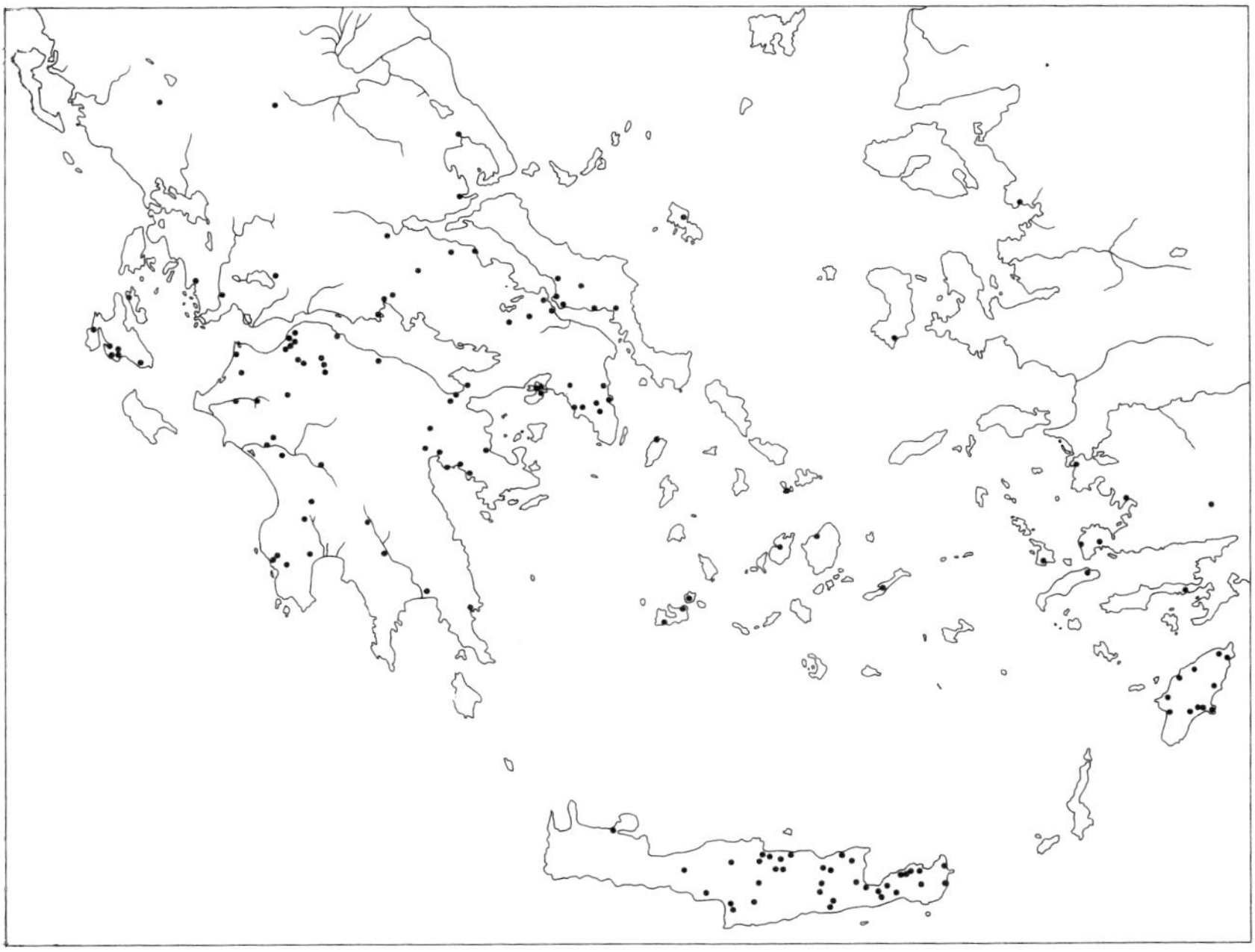

図30　エーゲ海域におけるLH期ⅢCの集落址と墓地（本章注188 p. 283）

タリア南部での大型集落址の減少を除けば目立つ減少は知られていないので、ギリシア本土におけるこの激減ぶりは異様に映る。なお、図に示された遺跡は埋葬址や聖所を含んでいるはずであるが、実数は違っても遺跡の激減が集落動向と離反することは、ギリシアの場合ありえない。

遺跡数が多かったLH期ⅢBは前一四世紀後半～前一三世紀に、激減状態を示していたLH期ⅢCは前一二～前一一世紀にそれぞれあてられている。[189]スノドグラスが一九七一年に公表したギリシア本土の遺跡数は、前一三世紀例が約三三〇、前一二世紀例が約一三〇、前一一世紀例が約四〇である。[190]LH期ⅢBと同ⅢCとの境界を前一二〇〇年頃におく通説に従ったとしても、特定の域外集団の進攻によって集落が短時日で消滅したということではなく、図の結果が現出するまでに最短でも一世紀の時間を閲したことが、確認遺跡数は劣るけれどもスノドグラスの結果から汲みとることができる。

そこで、集落形成の動向にもう少し細かく目配りすると、アルゴス、アシネ、イオルコス、コラコウ、レフカンディ、ニコリアは、他の多くの都市が壊滅したのに対して存続し、また、ミケーネ、ティリンスは壊滅後すみやかに再建されたことが知られている。このような都市の動向と対照的に、ペロポネソス半島を俎上にのせたJ・ラッターによると、数多くの小型集落がLH期ⅢBを最後に消滅するという。[191] この結果をギリシア全土に敷衍することができるかどうかわからないということであるが、図29として示したLH期ⅢBの夥しい遺跡の大半は規模が小さいはずであるから、ペロポネソス半島の結果は敷衍してもさしつかえないのではなかろうか。もしそうみてよければ、都市のような大型集落に存続例や早期再建例が目立つのは全土的傾向であるらしいので、小型集落の激減がいっそう際立つ結果になる。この動向はキプロスやパレスチナ南西部と通じるところがある。

それではいったい何が、ギリシア本土で夥多の集落を消失に導いたのであろうか。大型集落にせよ存続や復興がみられる点を強調し、あるいは、ギリシア語などの無形文化が後代に継承されたことを重視し、既存の「暗黒時代」観に訂正をせまったムーリーやP・ワッレンの言説は傾聴に値するが、[192] それでもなお夥しい数の集落を消失に追いやった原因がみえてこない。原因に関する諸説を、地震説、移民説、鉄器優位説、旱魃説、システム崩壊説、侵入者説に分けてR・ドリューズが整理したことから察せられるように、[193] 数多くの多様な原因説が提示されているので、解決は容易でない。

ともかくドリューズ説を紹介するところから問題を解きほぐしていくと、彼はシステム崩壊説と侵入者説とを一部で認めながら、ヨーロッパに起源する「海の民」が青銅器時代国家を歩兵のファランクスすなわち密集陣戦術で軍事的に圧倒したと説く。軍事上の優位を具体的に示した点に新味があるけれども、一九世紀のG・マスペロに連なるヨーロッパ民族進攻説は、D・ピリデスやP・ワクスマンらも、それぞれ根拠を新たにしてこれを継承しているので、今も命脈を保っていることがわかる。[194] しかし、「進攻者」の形跡が破壊痕を除けばあまりに乏しい点が説としての欠陥であり、外攻説に大きく傾かせるのが難しい理由がここにある。

学界の反応もまたおしなべて外攻説に冷淡である。そこで内因説を代表するP・P・ベタンコートの所説を紹介すると、[195]都市国家ミケーネを取り上げた彼によれば、その経済は宮殿の管理体制に過度に依存していた。人口が増大して交易ネットワークが広範囲に展開し、繁栄の極にあるようにみえるLH期ⅢBは、しかしすでに自壊を内包していた。そうして、北方からの民族進入、「海の民」との戦争、気候変動、悪疫、交易断絶、反乱のような原因が直接の引金になってLH期ⅢB末に経済が停滞し、同ⅢCの破局へ至ったという。LH期ⅢBに、ミケーネで「ライオン門」や最大のトロス墓が建設され、家屋の新築が盛んであった点、ピュロスのネストル宮殿近傍で実施された分布調査結果が宮殿への集中度の高進を示している点からみても、都市の隆盛と宮殿への過度の集中は頷けるところである。また、ピュロスでLH期ⅢB後半に宮殿に衰微の徴候と外濠の掘鑿が、ミケーネやティリンスで外壁の強化がみられる点を取り上げて、宮殿外からの脅威が高まったことをムーリーが指摘し、ツィグリエスなどのミケーネ近傍の集落で急激に人口が減少している点などから、宮殿外が不安な情勢に陥ったことをラッターが論述しており、彼等の所説は破局前夜の様相を垣間見せてくれる。そうして、この頃に惹起した気候変動の因子を加えて考えると、ベタンコート説は穏当であるように思われる。

東地中海交易が前一三世紀に退潮をみせ、前一二〇〇〜前一〇〇〇年に交易量が増加したことを、R・B・クートやK・W・ホワイトラムなどの所論を引いてムーリーが述べている。[196]前一三世紀の退潮はヒッタイトとエジプトとの度重なる軍事衝突が影響しているのであろうし、その後の隆盛はキプロス産BOR土器[197]やフェニキア産アンフォラの分布の広さによっても察せられる。他方、ギリシア本土については、本土ないしエーゲ海域系とされるLH期ⅢC1b土器がキプロスやレヴァントから大量に出土しており、しかもこれらは在地産であるという点が注意を引く。この土器伝播はギリシア本土からであれエーゲ海域からであれ、人間の移住によるとする見解が多く、この点で、交易活動を表すＢＯＲ土器やフェニキア産アンフォラの伝播例と相違している。

イタリア半島やシシリー出土のＬＨ期ⅢＣ土器およびその模倣品を取り上げたＬ・ヴァグネッティによると、前一二世紀以降、エーゲ海方面からの輸入品は減少するけれども、同方面との接触は維持されていたらしく、また、人間が移住した証左は見いだせないという。(198) Ｐ・オストレムもキプロスの動向を例にあげて移住説に異を唱えており、(199) エーゲ海方面からの動乱後の移住の有無についていては、解けない対立がみられるが、いずれにせよ交易におけるギリシア本土を含めたエーゲ海方面の存在感が低下し、主役がキプロス、フェニキアに移った点では一致している。フェニキアのティールとエヴィア島のレフカンディとを例にして、前一〇世紀にレヴァントと後ミケーネとの間に交易関係が成立していたことを、Ｎ・コールドストリームが説いているが、(200) かつての盛況ぶりとはほど遠いのである。

存続が許された都市もＬＨ期ⅢＣすなわち前一二〜前一一世紀のなかで衰滅し、前九世紀ないし前八世紀に至って集落形成が再興の動きをみせ始めるまで、文字記録を欠き考古学資料も乏しい時代が、短く見積っても二〇〇〜三〇〇年間、キクラデスやクレタなどを除くエーゲ海方面で続いた。Ｒ・オズボーンによると、ＬＨ期ⅢＣの最終末と幾何学文土器文化期最古段階とは土器様式のうえで地域的に連続性が高いというが、(201) それでも集落形成の衰微は覆いがたいらしく、宮殿終焉とともに政体と社会経済組織が崩壊するのと前後して、個々の生計を自力で賄う無階級社会に移行したという。乏しい考古学上の情報を混じえてこの状態を復原するならば、スノドグラスがアプシダル・プラン(202)と呼んだ小判形の簡素な竪穴住居を営み、散村を形成して半農半牧の生業形態をとり、あるいは、遊牧に傾斜して遊動生活に徹し、ときに、残存する宮殿を寇掠して糧を得、他に安息の地を求めて渡海した、ということになる。また、墓の副葬品からみて、域外との接触もあったらしい。

さて、話を西方に移そう。(203) ギリシア本土のＬＨ期ⅢＢに併行する前一三〇〇年頃、温帯ヨーロッパで火葬の風習が流布し始めた。火葬の風はそれ以前にも散見されるから、この時期に到来した外来の葬法ということではなく、死者のことごとくが火葬に付されたのでもない。土葬も併存していたのであるが、温帯ヨーロッパのLB期を代表する文化期名にそれでも火葬墓制の名称が採用されたのは、その数が飛躍的に増加したことに加え、東西はブリテンの一部からハンガリー平原に、南北はスペイン、イタリアからデンマークに達する広域が、地域的偏差を内包しつつこの葬法で覆われたことによる。前代の高塚を営む葬法よりもはるかに広い分布域を得たわけである。葬法にせよひとつの文化でヨーロッパの広域が結ばれたのは、前三千年紀後半のベル・ビーカー土器文化期以来といってよい。

骨壺墓地文化の名で呼ばれる火葬文化のこの広伝と前後する頃から、青銅製品に製作技術の進展がみられる。複数の笵を組み合わせる方法や、蝋を使う失蝋法による鋳造が始まり、叩打を加える成形法も盛んになった(204)。ブリテンのデイントンなどで剣や矛などを鋳造する砂型が出土しているが、剣の長身化は砂型採用によって可能になったと思われる。こうして武器、武具、馬具、容器などに自由な造形が可能となり、種類も生産量も前代と比較にならないほど増加した。失蝋法による人像や車駕、叩打法による甲冑とその打ち出し文をみると、熟達した技倆の冴えが窺われる。中部地中海域を大観した前述のヴァグネッティによると、サルディニアでLH期ⅢCから失蝋法が出現し、これはキプロスの場合と同様に、おそらくレヴァントから派出した技術であろうという(205)。レヴァントではなく、ヨーロッパ内陸から、あるいは、鋳銅技術の先進地であり続けた黒海方面から伝播した可能性はないのであろうか。ともかく、新技法を駆使した青銅器は火葬墓などの墓に副葬され、土中に埋納された。集落址からも青銅器が出土しているが、ドイツのブーヒャオで知られるように鎌、斧の農工具、武器の一部、装身具などの実用品を中心とする。

火葬や青銅器生産の隆盛とほぼ同時かやや遅れた頃から、集落の防塞化が進む。前代からすでに防禦集落が広く出現していたが、前二千年紀末頃から濃淡の地域差を呈しながらいっそう一般化するのである。その立地には丘陵上や湖沼畔があり、防禦対象についても、戦略上の拠点、手工業と農業に依存した一般集落、大規模な青銅器生産を行う集落、倉庫群を擁する集落という差異がある。防禦を必要とするほどに財が蓄積され、しかも社会が不穏な情況に立ち至ったことを、各種の防塞化が示唆している。

前二千年紀後葉のＬＢ期社会に不穏な情況が現出した原因について、チャンピオンらは次のように説明している[206]。すなわち、前三千年紀〜前二千年紀初めには、粗放ながら農地の拡大によって食料生産を向上させてきたが、前二千年紀に入ると、この方法で生活を維持することが難しくなった。ヨーロッパ中部での蝸牛種の変化が証示しているように、寒冷湿潤化が進行し、農耕を拒むピート層が増加したことに、その原因がある。そこで人びとは、変化した気候条件にふさわしいライ麦、スペルト小麦などに栽培種を転じ、農具の金属化を進め、貯蔵施設を大きくして救荒に備え、井戸の掘鑿を盛んに行った。また、疲弊して使用不能になった農地を捨てて、谷間や河畔に新しい土地を求めた。しかし、土地の管理をめぐって抗争が激化し、武器の発達、集落の防塞化を促した。交易上の剰余と武力上の成功をもたらしたエリートが抬頭して、威信と地位を競うようになった、という。

谷間や河畔への人口移動は、ロアール、セーヌ、ライン、テームズ各川流域への青銅製品の集中、スイスのレマン湖などの湖沼畔での集落形成が示している通りであり、青銅器生産の技術的進歩と量的拡大は、エリートによる威信と地位の競争、農耕生産の増進に由来するとみれば頷ける。また火葬の広伝についても、エリート間の競争で説明することが可能であるが、やや説得力に欠けることは否めない。火葬を原イリリア人などの民族移動と関連づける説がかつては大勢を占めていたが、Ｒ・ブラッドレィが自らの所有／占有地と不可分に営まれた薄葬化としてブリテンの例を説明しているように[207]、現在では内因説が優位を占めているようである。

チャンピオンらによると[208]、前二千年紀後半のＬＢ期のヨーロッパの集落構成は、我われの眼を驚かせる大型の防禦集落がすべてではなく、小型村落が大半を占めていたという。ここで人間の移動に留意したい。すなわち、当時の重要な交易品であった青銅素材や琥珀、塩の流通であれ、青銅技術の伝播であれ、人間の移動が介在しなければ実現が難しい。また、耕地の荒廃が甚だしかったとすると、少なからず遊動者が発生したことが想像される。遊動者が生きていく手立てというと、ハビルの例にあるように、社会の下層に沈んで苦役に携わるか、軍役に従事するか、交易や賊をなりわいとすることであろう。チャンピオンらが復原した当時の社会情況には、こうして生きた遊動者の存在がふさわしいのではなかろうか。つまり、数多くの小型村落の存在は、むろんことごとくではないが転々と居を移した遊動者の在所であり、火葬墓は薄葬化した点で遊動する人間にこそ似つかわしい墓制であった、と考えようというわけである。

前一三〇〇年頃に中央ヨーロッパと地中海・エーゲ海方面との接触が頻繁になり、前一二〇〇年頃にヨーロッパ系種族が「海の民」として進出したことを、青銅器物の分布によってブーゼクが提示している[209]。前にも紹介したヨーロッパ人進出説であり、物質的証左が同説に乏しいことも指摘しておいたが、火葬墓制やナウエⅡ式剣がエーゲ海東岸のコス、キプロス、レヴァントに達していることも、事実として尊重されなければならない。そこで、内陸ヨーロッパからの人間の移動を想定するとすれば、その実態はこれを進攻と表現するよりも遊動者の流出という方が、当時の彼の地の社会情況を復原した拙見からするとふさわしいと思う。その意味で、ベタンコートの原因説は巧妙に構築されているといえる。

前三千年紀後半のベル・ビーカー土器文化期に温帯ヨーロッパが文化的に斉一化するとともに、集落形成が微弱になった現象を取り上げて、これを人口のいっそうの流動化と結びつけた。火葬墓、防禦集落、青銅器生産という文化複合で代表されるLB期は、ベル・ビーカー土器文化期と社会的諸側面がもとより違っている。それでも流動性が再び高まったとした拙見がもし容れられるとすると、西アジア、東地中海、エーゲ海方面と、内容は異にするにせよ流動化としてひとつに結ばれることになる。そうして、温帯ヨーロッパのこの遊動状態は前九世紀末頃まで続いたことが文化的斉一性の存続によって察せられるが、東方諸地域が新たな政治地図を描くのと呼応したかのように時を同じくして斉一性が失われ、流動状態に秩序が加わったようである。温帯ヨーロッパで鉄器時代の到来を画する狭義のハルシュタット期の成立が、ここに占位する。

第五節　前一千～後一千年紀（鉄器時代～イスラム併行期）の動向

メソポタミア　鉄器時代以降を取り上げると、図8として示したベイダール地域では、ヘレニズム・パルティア・ササン朝期の集落址数が、鉄器時代例のそれぞれ七〇％前後に減少し、しかも、一千年近くに及ぶこの間の変化が小さい。ところが、七世紀中葉のイスラム勢力によるササン朝の壊滅、それに続くウマイア朝の成立によって画されるイスラム時代に入ると、集落形成は衰微があらわになる。すなわち、同朝の成立から七五〇年のアッバース朝成立までのイスラム前期、アッバース朝が実権を失った一二世紀中葉までのイスラム中期、一一六九～一二五二年のアイユーブ朝治下を指すイスラム後期に至る約六〇〇年間に、前・中・後期の各年数の長短を考慮したとしても、集落形成がほとんど絶えた実態は動かない。テル居住の習慣はすでに鉄器時代に放棄され、集落址の確認に遺漏が伴いがちな平地居住に移行していたこと、イスラム期集落の方が先イスラム期集落よりも現代集落に重なる可能性が高いことが影響して、数の激減をもたらせたのかもしれない。

そこでさらに例を重ねると、ハブール中流域の場合、

ＬＢ期例六、鉄器時代例二八、ヘレニズム・ローマ期例三〇、ビザンティン期例一一、イスラム期例一五、現代集落例一二

という結果が得られている。鉄器時代に続くヘレニズム・ローマ期例の数の多さが目立つとともに、イスラム期例の減少が知られる(210)。なお、ビザンティン期は継続年数が他の時期に較べると大幅に短いので、その減少を強調しない方が穏当であろう。バリフ流域の場合、鉄器時代例で急増した址数が、ヘレニズム・ローマ期例、古代末期～イスラム

前期例と増加を重ねたのち、イスラム中・後期例で激減している（図31）。またタブカダム北半域の場合、鉄器時代例で増加した址数がヘレニズム期を経たローマ期例で急増し、ローマ後期／ビザンティン期例でさらに増加したのち、イスラム前期例で激減し同中期例でいっそう減少している（図7）。イスラム前期の継続年数がローマ後期／ビザンティン期の三分の一、イスラム中期の継続年数が同前期の五倍であることを考えると、イスラム前期例の減少は図7の結果ほど甚だしくはないであろうし、しかしイスラム中期例の減少ぶりは見かけよりも大きい。

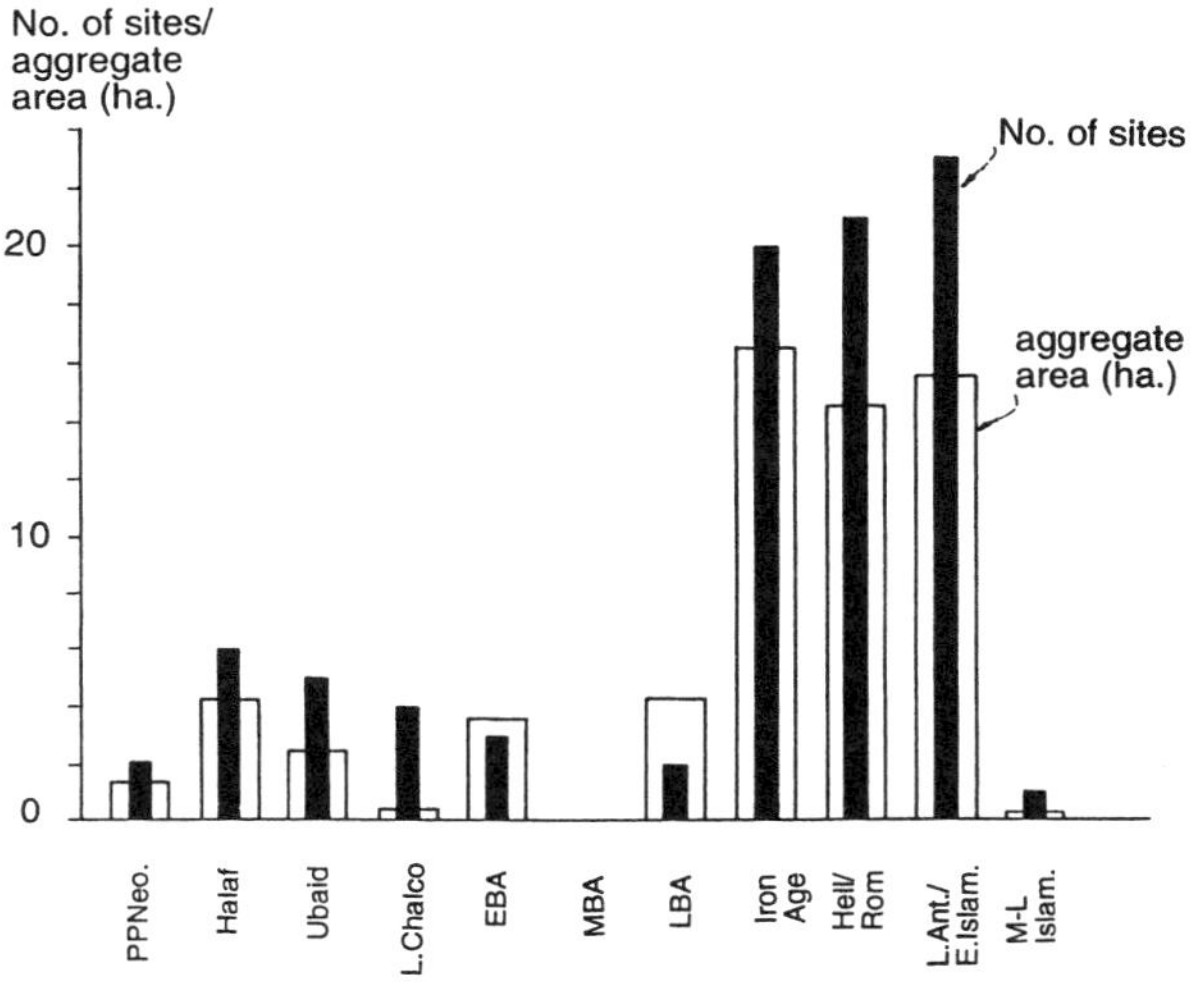

図31　シリアのバリフ流域における新発見の小型集落址数と総面積（本章注23　Fig. 5）

なお、イスラム時代を含んでいないので例示の対象から外した図5の結果によると、ローマ時代またはビザンティン期に向けて増加している。この点を確認しておこう。

以上示したシリア内陸部の結果から集落形成の隆替を概括すると、鉄器時代～ビザンティン期はおしなべて隆盛状態にあるといってよい。これに対して、未確認例や重複例の存在を考慮に入れたとしても、イスラム時代での低調さは覆いがたい。すなわち、前一千年紀前葉から隆盛が維持され、後七世紀中葉から衰微に転じて、後一三世紀までその状態が続いた、というわけである。他方、この結果には、前一千年紀中葉に生起した前述の衰微状態が表出していない。これは分布調査の限界である。また、後一千年紀の先イスラム時代に、シリア内陸の西半はローマ、ビザンティン帝国領に属し、東半はパルティア・ササン朝が領して、両者が対峙していた。

表5　南メソポタミアの前700～後200年における面積ごとの集落址数（本章注2　Tab. 15）

Size Category		Middle Babylonian	Neo-Babylonian Achaemenian	Seleucid-Parthian
6	(200+ hectares)	—	—	2
5	(40.1–200 ha)	1	5	4
4	(20.1–40 ha)	3	6	15
3	(10.1–20 ha)	2	19	34
2	(4.1–10 ha)	28	70	95
1	(0.1–4 ha)	100	157	265

表6　南メソポタミアのササン朝～イスラム後期における面積ごとの集落址数（本章注2　Tab. 18）

Size Category	Sasanian	Early Islamic	Early Islamic + "Samarran"	Middle Islamic	Late Islamic
6 (200+ hectares)	1	—	—	—	—
5 (40.1–200 ha)	11	4	—	—	—
4 (20.1–40 ha)	22	7	1	1	(1)
3 (10.1– 20 ha)	46	22	2	4	5
2 (4.1–10 ha)	141	76 + (3)	13	9 + (3)	19
1 (0.1–4 ha)	376	173 + (73)	21	26 + (31)	52 + (19)

この時期にパルティア、ササン朝領のベイダールが西方の他地域と違ってやや衰微の色をみせている要因があるとすれば、この点は無視できない。

南メソポタミアもまた、ヘレニズム期のセレウコス朝以降、パルティア、ササン朝の領土であった。アダムスの結果をみると、新アッシリア、新バビロン、アケメネス朝、セレウコス朝、パルティア、ササン朝の例は、規模の大小によらず址数が増加し、とりわけ、新バビロン期例、アケメネス朝からセレウコス朝期例、パルティア期例の増加がめざましく、ササン朝期例でさらに増加を示している。ところがイスラム期例の場合、チグリス・ユーフラテスに挟まれた平原ではその訪れとともに、北方のチグリス支流ディアラ川流域ではやや遅れて、址数が減少に転じ、イスラム中期例でさらに減少し、特に平原部は集落の形跡がほとんど失われる（表5・6）。南メソポタミアのこのような動向は、大局において北メソポタミアと変わらない。

前四世紀末に樹立されたセレウコス朝、前三世紀に興起したパルティアとも、中央アジア、インダス方面に達する広い領土を擁していた。また、パルティアを滅ぼして後二二六年に創建されたササン朝も、東方域がイラン高原からアラル海に達する広い領域を支配していた。マケドニア系ギリシア人のセレウコス朝はバビロンを拠点としてアレクサンダーが残した東方領土を確保し、イラン北部系遊牧民のパルティアは現在のバグダード近くに首都クテシフォンやセレウケア、故地に陪都ハトラを新たに営むなど、各地で造都を盛んに行ったことが知られている。規模とプランが判明しているクテシフォンは六×三㎞の楕円形、ハトラは直径二㎞で、規模はかつて巨容を誇った新アッシリアの首都級に比肩し、円形基調というプランは、直径六四〇ｍのジンジルリの例が鉄器時代のレヴァントの北端にあるので嚆矢ではないが、首都級としては異色である。イラン南部に起こったササン朝はクテシフォンを首都として継承するとともに、故地に方形プランでビシャプール、円形プランでダラブゲルトを新たに建設するなど、造都がパルティアに劣らず盛んであった形跡を、イラク北東部のハムリン地域での調査結果からも一端を窺うことができる。

西アジアは東西交易の要衝であった。ここに中央アジアに通じる広大な領土の王国が出現したことによって、東西交易はいっきょに開かれた。その基礎をセレウコス朝が築き、継承したパルティアとササン朝が隆盛に導いた。すなわち、パルティアは中国からローマに運ばれる絹交易を独占し、ササン朝は内陸だけにとどまらず、その商船が紅海入口のイエメンを基地としてビザンティンの海上交易に対抗したこと、セイロンを拠点にして東シナ海にまで出没したことが知られている。ササン朝コインの汎ユーラシア的分布が示している通りである。(211) セレウコス朝、パルティアで集落増加がめざましく、ササン朝でさらに増加した背景として、農耕生産の順調さにまず指を屈しなければならないが、加えて、遠距離の交易活動を開き隆盛に導いた三王朝が、いずれもバビロニア北部に根拠地や王都を設けたことが指摘されるはずである。交易の隆盛に伴う諸活動の利が、ササン朝期に増加の頂点を極める集落形成の動向を実現させた、というわけである。また、これに近い動向をみせていたバリフ流域の場合も、交易の隆盛によって説明できる可能性がある。

それならば、南北メソポタミアのイスラム時代に共通していた集落形成の衰微については、農耕生産の不調に加えて、交易活動の低下に原因が求められることになる。アッバース朝の首都バグダードは、八世紀中葉に直径二㎞の円形プランの都市として出発し、九世紀には人口一二〇万とも二〇〇万ともいわれる巨都に成長した。外壁内居住者に数倍ないし十数倍する人びとの居住地が外縁を広く覆った情景を想像しなければ、この人口には達しない(212)。同時代ならば唐の長安に肩をならべ、あるいはそれを凌ぐユーラシア有数の人口規模である。交易による利がバグダードを繁栄させたのであろう。ササン朝期の夥多の定住民は、集落を捨てたのちにバビロニア北部に流浪してバグダード周辺に集まり、さらには半農半牧の考古学的痕跡をとどめにくい生活形態に移ったと考えざるをえない。この点については、第五章で再述する。

エジプト　末期王朝時代として一括りにされている第二五～第三〇王朝の間、第二五王朝期末に新アッリアの進攻を受け、第二七王朝期はアケメネス朝の支配下にあり、第三〇王朝期末に再び同朝の支配に屈した。そうして、前三三二年にアレクサンダーがエジプトに進攻してダリウスⅢ世の軍を破って統治はマケドニア王家に移り、前三〇五年、アレクサンダーの将軍プトレマイオスが王位に就いた。以後、前三二年に共和制ローマの支配下に入り、二年後のオクタヴィアヌスの登極に伴って皇帝直轄領となり、後三九五年の東西分治後はビザンティン領の一部を構成し、後六一四年のササン朝ホスローⅡ世による占領、後六三九年のアムル率いるアラブ軍の進入、三年後のビザンティン軍の撤退を経てウマイア朝下でイスラム圏に属したのちも、アッバース朝、チュニジアで興起したファティマ朝、サラディンが一一七一年に樹立したアイユーブ朝と続くイスラム諸王朝の支配を被り、これ以降もその支配下にあった。第三〇王朝末のネクタネボⅡ世がアケメネス朝の軍門に降った前三四三年以降、ギリシア人、ローマ人、イスラム諸王朝と姿は変わっても、一九五二年のナセルらによる国王ファールーク追放まで、外来者による支配が続いたことになる。

さて、末期王朝時代の集落形成に衰微の痕跡がみとめがたいことを先に述べた。アコリスで洪水対策用の外壁が都市域をめぐっていた時期にあたる。農耕や手工業、交易に従事したことが判明している南西部の一画は廃絶していたが、都市域北端の外壁内の出土品が東地中海域との交易が存続したことを伝えている。プトレマイオス朝期に入ると、アコリスの交易活動はさらに隆盛に転じた。ワインを容れたとおぼしいロードス島産に代表されるアンフォラが、大量に出土しているのである。これはエジプトが他のヘレニズム国家と直結したことによる。また、石灰岩の採石業で賑わうのもこの頃である。近傍に複数残る広大な採石場址の調査結果によると、ローマ・コプト時代にも採石業が継続していた。アコリスを支え続けた重要な産業であったにちがいない。

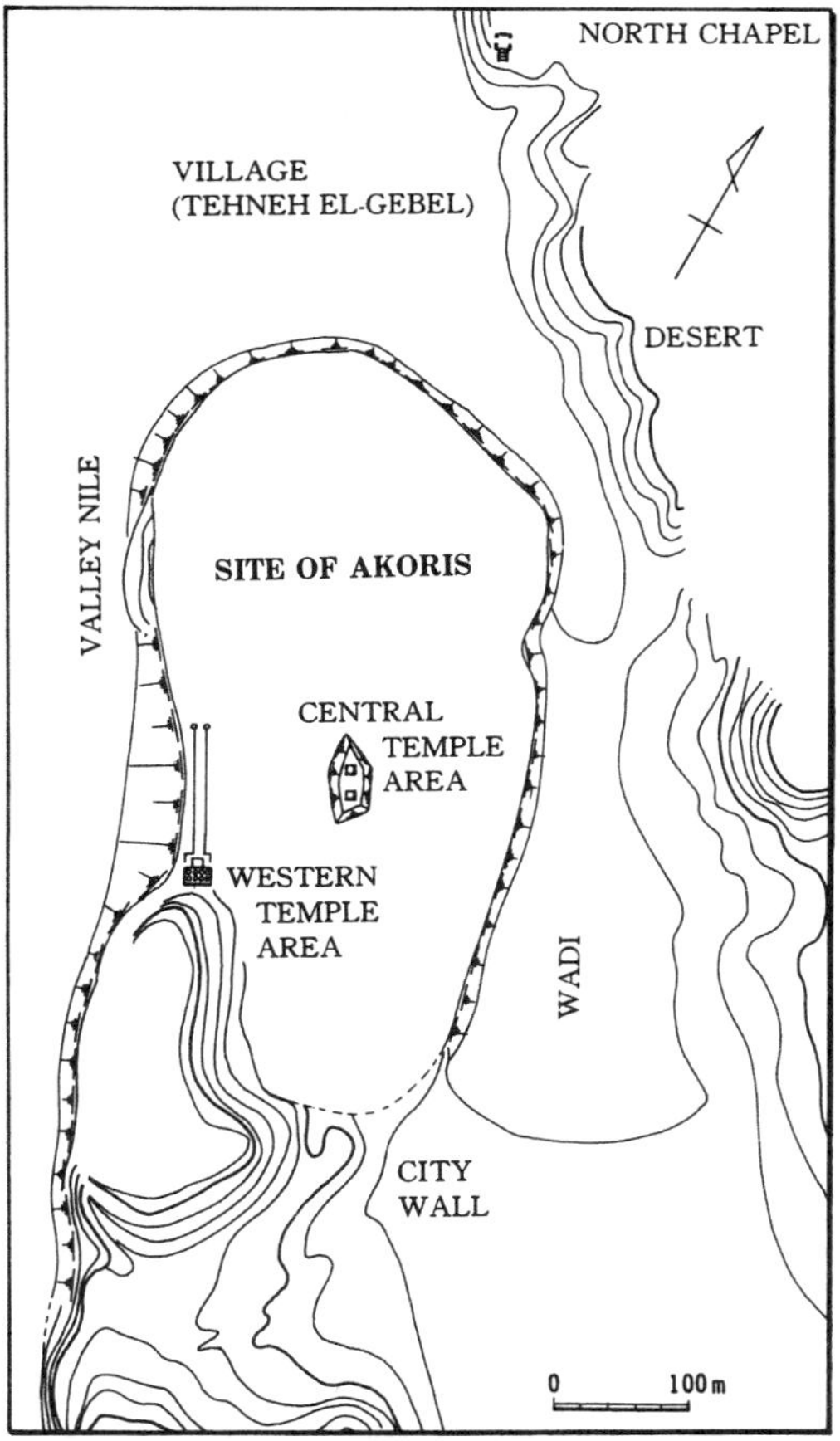

図32　エジプトのアコリス（本章注213　Fig. 4）

ナイル東岸の段丘上に営まれたアコリスの主要都市域は、南北六〇〇m、東西三〇〇mで、一四・七haをはかる（図32）。南西に石灰岩の岩山が屹立し、その北端中腹が都市の最高所であり、ローマ皇帝ネロ（在位五四〜六八年）によってナイルを見下ろすこの場所に、地方神ソベクを祀る神殿が営まれた[213]。また、東方に広がる市域の中心に、造営者はわからないが混交神セラピスを祀った神殿が同じ頃に建設され、ソベク神殿とともに、ローマ時代アコリスの宗教上の中核を成していた。両石造神殿の正面からそれぞれ直線の街路が市域を貫いて北方に延び、路面は敷石で覆われていた。プトレマイオス朝期の街路網の実態が定かでないので確言はできないが、両神殿の造営を契機に、乱れていた街路網をローマ風に整えようとしたことが推定される。

ソベク神殿域から、筆者らの手で発掘した四基を含めて二〇基前後の奉献碑が発見されている。その数はエジプトのローマ時代神殿のなかで特筆される多さであり、その奉献年代はティベリウス帝（在位一四～三七年）期に始まり、カラカラ（在位二一一～二一七年）・ゲタ（在位二一一～二一二年）両帝の共治期を最後に終わる。つまり、一～二世紀にほぼ集中し、三世紀初頭をもって碑の奉献が絶えるのである。碑の奉献の途絶だけでなく、神殿の機能も低下した形跡がある。採石業も停止したようであるから、都市全体が衰微に陥ったと想像される。

四世紀に入ると、ソベク神殿に補修を加えた痕があり、街路沿いの建物も新造が目につくので、都市はかつての活況を取り戻したようである。しかしソベク神殿は、神域の森厳さと威容が過去のものとなり、五世紀には神域の一部でオリーヴ搾油業が営まれた。ソベク神殿域内だけでなく市域の各所に搾油施設が遺存しており、総数一〇個にのぼるその数はエジプト屈指である。当時の人びとはオリーヴ油の生産と交易に、活路のひとつを見いだしたことが察せられる。採石業もこの頃には復活していたから、都市は四世紀よりも殷賑を増したであろう。なお、ソベク神殿域内の搾油業について、生産という俗的活動による聖域の侵犯であり、同時に、聖性を帯びた品物を介した宗教活動でもあった、と森川愛美が述べている(214)。神殿域内での搾油業の例はアコリスだけにとどまらないので、森川の見解は敷衍させうる可能性がある点で興味深い。

六～七世紀になると、神殿域に一般住居が営まれ、神殿石材が礎石に転用され、織物や製粉などの手工業生産が盛んに行われた。ソベク神殿はこうしてかつての姿をまったく失ってしまった。三一三年のミラノ勅令を皮切りにして、コンスタンティヌス（在位三二四？〜三三七年）、息子コンスタンティウス（在位三三七〜三六一年）の二代にわたる親キリスト教政策、テオドシウスⅠ世（在位三七九〜三九五年）による異教の全面的な禁止令以後もなお形を変えて伝統宗教がエジプト各地で残存したらしいが、アコリスの場合にはさらに俗化が進み、伝統宗教はみえざる聖性として人びとの心奥に沈積した。神殿とならんで街路にも住居が侵入し、外壁を越えて居住域が拡がった。街路と外壁によって象徴されるローマ都市としての体裁も、こうして失われていったのである。居住域の拡大と住居の密集ぶりからみて、この頃に居住人口が最大に達したことが推測される。その面積から推算すると、人口四千〜五千人であったと思われる。この面積と人口は、遺跡に隣接したテへネ村の、筆者らが調査を始めた電気がない一九八〇年代初めの数字に近い。ナイル河岸の近隣の農耕地で維持しえた、一千年余り変わらない人口の限界であろう。

ソベク神殿の一画から大量のパピルス文書が出土している。主として宗教、経済、灌漑、歴史事件に関わる文字記録で、エジプトがイスラム勢力下に入った直後の七世紀後半がその記録時期の下限である。イスラム時代のコインやガラスがほとんど見いだされない点に加え、存続の最終末に市の全域が火災を被っている点を考慮すると、七〇〇年頃にアコリスは焼壊して無住になったことが知られる。エジプトの宗主権がイスラム勢力の手に帰してのち半世紀ほどのあいだ、この都市は衰退の色をみせることなく、キリスト教徒の社会として命脈を保っていたのである。この間の半世紀における市内の情況を、パピルス文書のうえにオストラカなどの出土文字記録を加えて垣間見ると、キリスト教徒内での宗派上の軋轢、イスラム政権による人頭税の徴収、東方砂漠のイスラム化したベドウィンからの攻撃などによって、混迷状態にあったようである。現テへネ村に接した都市址の外縁から、九〜一〇世紀のイスラム陶器が少なからず出土しており、この頃になれば集落形成への動きをこうして見いだすことができる。しかし、アコリスの滅亡からここに至る一〜二世紀の人間の動静について、語りうる手がかりを筆者らはもっていない。

以上、アコリスが辿った前一千年紀後半以降の推移を略述してきた。一連の推移のなかで衰退や滅亡を重視して画期を求めるとすれば、ひとつは三世紀であり、もうひとつは七〇〇年前後である。そこで、この二つの年代を念頭において、管見に入った他都市の例に眼を移すと、アコリスと同じ中エジプトに位置し、二世紀に急速にローマ都市としての体裁を整えたヘルモポリスは、都市の主神を祀るアモン=トト神殿が四世紀末まで機能を保持し、また、アントニウス神殿が五世紀初頭に破壊されたという。(215) さらに、五世紀に入ると両神殿とも、その石材が教会建築に転用されるとともに、生活滓で厚く覆われ、その上層に日乾レンガの小建造物が営まれたらしい。(216) コプト時代すなわち四〜七世紀の街路の実態は確認されていないが、八世紀の地震によって都市は衰退に向かい、規模を縮小しかつての体裁を失ってファティマ朝初期の一〇世紀前葉まで存続したという。(217) ローマ時代前期の創建時にアコリスの八倍の都市域を擁した州都であったことが、皇帝の親キリスト教政策に忠実に従って伝統宗教の神殿を早期に破壊する処置に踏み切った理由であろう。イスラム時代に長く存続しえたのも、かつての地方政治の中心であったことに由来するのかもしれない。

ヘルモポリスとならぶ中エジプトの巨都として、都市域がアコリスの七倍近いオキシリンコスがあげられる。(218) 考古学調査があまり進んでいないが、しかし夥しい数のパピルス文書が発見されており、その解読によってR・オールストンが近隣村落の動向を分析している。その結果によると、三世紀に村落形成が停滞したのち、四世紀以降に村落数が劇的に増加し、七世紀の激減に至ったという。(219) 村落の基盤のうえに成立していたローマ都市の通性から推断すると、近隣村落のこの動向は、考古学上の知見が乏しいオキシリンコスの都市活動の盛衰を示唆しているとみてさしつかえないであろう。村落のこの形成動向がオキシリンコス近隣にとどまらないことを、オールストンが北方デルタの複数例を用いて検証、追認している。もし彼の追認通りだとすると、アコリスでの動向はオキシリンコスに加え、デルタ方面でも近似例を得ることになる。

直線を基調とした街路に乱れが生じることについても、オールストンの論述がある。発掘調査で乱れが検出された例としてヘルモポリスをあげ、さらに、アレクサンドリア、プトレマイス・エウエルゲティス、カルナックを例に加えている[220]。アコリスの例をこれらに添えるならば、地中海岸からテーベまでは乱れの例が見いだされることになる。六・七世紀におけるローマ都市の変容の趨勢として大過ないであろう。また都市の衰滅年代にも言及し、アレクサンドリアが七世紀に都市の公的機能を失って以降居住域が縮小すること、デルタ方面でブト周辺の集落が八・九世紀に、トムイスが七・八世紀に、ペルシウム周辺の集落が六世紀中葉に、上エジプト方面でテーベ西岸の集落が九世紀初頭に、セイレンが九世紀初頭以降にそれぞれ廃絶することを例にあげて、一部の都市がイスラム統治下で存続するとともに、七〜九世紀初頭に人口減少が著しいと説いている[221]。アコリスの例もまた、これに加わることになるはずである。

なお、アレクサンドリアの盛衰を詳述したC・ハースによると、プトレマイオス朝以降エジプトの首都であったこの大都市は、七世紀にもその海上交易活動は隆盛の色を失わなかった。ところが、八世紀中葉にアッバース朝が首都をダマスカスからバグダードへ東遷させたのに伴ってアレクサンドリアの交易活動は衰微し、国際都市から地方的港湾都市へと零落した。そうして九〜一〇世紀に成立したエジプト独自のトルコ系イスラム王朝すなわちトゥールーン朝（八六八〜九〇五年）とイフシード朝（九三五〜九六六年）のもとで、首都のフスタートがここを起点とする西アジア交易によって繁栄するようになったという[222]。これもまた九・一〇世紀に集落形成の徴候をのぞかせたアコリスの動向と通じるところがある。

それでは、七〜九世紀初頭に終焉を迎えた幾多の集落の住民は、いったいどこへ赴いたのであろうか。オールストンの言うように人口自体が減少したのであろうか。存続した一部の都市へ移住したのか、考古学的証左を残しにくい散村に身をおき、現在の集落と重なっているためにみえてこないのであろうか。いずれにせよ、七〜九世紀初頭に人口が大きく流動化したことは確かであり、それはまたメソポタミアでの動向と同調していることを指摘しておこう。

アナトリア・レヴァント　前一千年紀前半（前八八三〜前六一二年）の約二七〇年間、レヴァントは新アッシリアの支配下にあった。メソポタミア全域をほぼ膝下に収めた新アッシリアは、レヴァント支配にあたっても柔剛を使いわけ、反乱に対しては苛酷な報復を加えた。反乱した北イスラエル王国の首都サマリアを前七二二～前七二一年に征服し、住民の大部分を捕囚して移住させ、あるいは、朝貢を拒んだフェニキア都市シドンに対してエサルハドン（在位前六八〇～前六六九年）が王の処刑と建造物の破壊をもって報いたことなどが知られている。しかし、拡張主義と厳罰主義がかえって各地で反乱を誘発して離反を促し、前六一二年、新バビロンとメディアとの連合軍の攻撃を受けて新アッシリアは滅びた。メソポタミア、レヴァントでその後を継承した新バビロンもまた、厳罰主義で臨んだらしく、ネブカドネツァルⅡ世（在位前六〇五～前五六二年）治世下でのユダ王国の首都エルサレムの攻略と住民の捕囚、ティルスの一三年間にわたる包囲を文字記録が伝えている。このネブカドネツァルⅡ世治世期を隆盛の頂点として、一世紀ほど続いた新バビロンは前五三九年、アケメネス朝キュロスⅡ世の軍門に降り、首都バビロンを攻落されて滅亡した。キュロスⅡ世が捕囚民を帰国させるなど、アケメネス朝下におけるレヴァントは、平穏裏に終始した。新アッシリアのもとでカルタゴの創建など北アフリカ～イベリアに積極的に移民を送り出し、ギリシアに抗して海上交易網を構築していたフェニキア諸都市は、アケメネス朝のギリシア進攻に協力しつつ、いっそうの繁栄をみせた。

アケメネス朝の支配は、エーゲ海沿岸を除くアナトリア全域に及んだ。新アッシリアの崩壊以降、アナトリア東部からイラン高原を経てヒンドゥークシに及ぶ広大な地をメディアが、メソポタミアとレヴァントを新バビロンが、アナトリア西半をリディアがそれぞれ占めていたから、アケメネス朝がこれらを倒して西アジア全域にわたる広大な地域を単一の政体で覆ったことは、各地の自律性を尊重する寛容な統治形態であったけれども西アジア史上の嚆矢であった。これはまた、アレクサンダーによる東征の先駆けをなし、ひいてはセレウコス朝に始まる東西交易の興隆を準備したことは先に述べた通りである。アレクサンダーの死後、マケドニア、セレウコス朝、プトレマイオス朝のヘレニズム諸国が広大な征服地を分割統治したが、諸国間の抗争とパルティア、バクトリアの興起、離反とによって、前二世紀後半には、アナトリア西半にペルガモン王国が、レヴァント北半とその内陸にセレウコス朝が、エジプトにプトレマイオス朝がヘレニズム国家としての余影をとどめ、セレウコス朝下で興起したユダヤ人によるハスモン朝がパレスチナを占めていた。また、ヘレニズム期のフェニキアの諸都市は、北方のアルワドを除いてプトレマイオス朝の、次いでセレウコス朝の支配を受けたのち、前二世紀末に同朝の弱体化に伴って自律性を回復した。そうして前一世紀に入ると、アナトリア、レヴァントのこれらの諸国やフェニキアの諸都市が、エジプトとともに次つぎにローマの軍門に降り、ローマとパルティアとがユーフラテスを隔てて抗争を繰りかえす政治地図が現出するのである。この東西抗争はパルティアを倒したササン朝と、帝国分裂後の東ローマすなわちビザンティン帝国との間で継続されたのち、イスラム勢力の興起でこの政治地図は大きく塗りかえられた。

なお、新アッシリア、アケメネス朝の支配を受けたキプロスは、ヘレニズム期にプトレマイオス朝領の一画を占め、その瓦解とともにローマ領になり、ビザンティン領を経て、イスラム勢力下に入った点で、レヴァントの動向と同じ変遷を辿る。しかし、新アッシリア以降の考古学上の情報が筆者には乏しいので、キプロスを掲げて考古学的叙述を進めることは難しい。ご教示を得ることができれば幸いである。

さて、L・マーフォウが示したレヴァント各地の集落址数変遷一覧を取り上げて（表4）、鉄器時代およびそれ以降の変遷を概括すると、(223) 鉄器時代Ⅰ・Ⅱ例で増加していた址数が、アケメネス朝期例で大きく減少する。そうしてヘレニズム期例で増加に転じ、ローマ期あるいはビザンティン期例で最多に達し、イスラム前期例に向かって激減する。また、カサナが公表したアムークでの新調査によると、(224) ヘレニズム期からローマ期例で址数が大きく増加し、ローマ後期例で減少する。それでもヘレニズム期例を上回っていたが、イスラム前期例でそれを下回るほど落ち込み、同中期例では肩を並べるまでに増加している。この結果は、ローマ期例で最多を極めビザンティン期例で激減していたアムークの旧調査の増減と変わらず、イスラム中期例の増加を別にするとレヴァントの概括的傾向とも近い。

これらの結果をめぐっては二つの問題が抽出される。ひとつは鉄器時代Ⅱからアケメネス朝期例への相対的激減であり、もうひとつはアムークにおけるイスラム中期例での増加である。すなわち、アケメネス朝の寛容的支配によってレヴァント諸勢力は回復し、フェニキアによる交易活動もいっそう隆盛に向かったことと対照させると、この結果はいかにも不釣り合いであり、また、メソポタミアの南北でイスラム中期例に向かって址数が激減していた前述の結果を想起すると、アムークでの動向は不審に映る。しかしアケメネス朝期における衰微状態は、シリア内陸部も同様であり、この点で分布調査上の不備に起因すると考えにくいとすれば、また、エルサレム、ラキシュ、アシュケロンなどのパレスチナ諸都市の再建を考慮に入れるならば、都市の隆盛と一般集落の衰微がアケメネス朝期のレヴァントの実相であったと考えざるをえない。他方、アムークでのイスラム中期例の増加については、この地を占めてセレウコス朝の首都であったアンティオキアが、ビザンティン期の繁栄を経てイスラム時代に主要都市のひとつとして存続したこと、この地がビザンティン帝国とイスラム勢力との攻防の前線でしかも地中海へ通じていたことが、北方のカイセリ県域やメソポタミア諸地域で例示される集落址数激減の内陸部と異なる事情として、重視されてよい。提示した二つの問題点をそれぞれ事実として認め、こうして帰趨を与えておく。

ところで、ローマ帝国が東西に分裂した四世紀から、イスラム勢力が興起して東方のビザンティン領の多くがその支配下に併呑され、東ローマ帝国の名に値しない小国になった八世紀までを、Late Antiquity すなわち古代末期と呼び慣らわしている。この時期を論題にした研究が盛んであるが、それらのなかで、考古学上の知見にも広く眼を配りつつアナトリア、レヴァントの都市研究に貢献したW・リーベシュエッツの著述が注目される。(225) 彼は三世紀も視野に入れているので、その所論に導かれつつ三世紀から説き起こしていこう。なお、伝聞体で述べる煩わしさを避けるために、特に断らない限りは彼の所論に依拠しているものとする。

さて、アナトリア南西海岸寄りの内陸に、アフロディシアスという八〇haほどのローマ都市がある。ここから出土している銘文資料は、二五〇～五五〇年の間で二五〇を数え、それ以前の三〇〇年間の一五〇〇に較べると著しく減少している。また銘文の内容にも変化がみられ、都市への貢献者を顕賞する類が激減して、ビザンティン皇帝やその役人を称揚する類に移るとともに、政治上の目的よりも審美的・儀礼的効果をねらったものになるという。都市の社会的変化についてもリーベシュエッツは詳述しているが、帝国の体制をドミナートゥス制すなわち専制君主制へ向わせた「三世紀の危機」については、幾多の研究者によって論じられてきた学史の厚い蓄積があり、この険しい論議の山岳を攀じる能力も準備も筆者には乏しい。また、集落の衰滅と住民の流亡を掲げて出発した本書の眼目からいえば、この問題に深く立ち入ることは主意から外れる。その意味で、三世紀以降奉献碑の絶えたアコリスの例が孤立していなかったことを確認するとともに、帝国内の諸都市が「三世紀の危機」によって機能の停頓はあったにせよ、衰滅には至らなかった事実の方を強調しておきたい。真の「危機」がその後に訪れたからである。

リーベシュエッツの所論に戻ると、アフロディシアスの場合、女神アフロディテを祀った大神殿が六世紀に教会に改造され、しかも公的建造物がその機能を失わなかった。州都級に当たるアフロディシアスだけにとどまらず、アナトリア西端でエーゲ海に面したエフェソス、前述したアンティオキアのような中核都市はローマ的外観の威容が六世紀に継続していたのである。これに対して、行政管理中枢から外れた下位の中小都市の場合には、ローマ的外容が六世紀に急速に失われていった。

さらに七世紀に入ると、西部のペルガモン、サルディス、エフェソス、中央部のアンキラの諸都市が中葉から八世紀初頭にかけてあるいは村落と化し、あるいは要塞化が進み、アナトリアで都市として体裁を保っていたのはニケア、トラペゾント、アルモリウムであった。そうして都市を支えていた農村もまた去就をともにした結果、定住人口は激減した。コンスタンスⅡ世（在位六四一～六六八年）のもとで帝国はスラブ人の囚人を入植させるなどして対処策を講じたらしいが、すでに徴候を現しササン朝に続くイスラム勢力の進攻によって加速した集落の衰退に歯止めをかけることができなかったのである。その結果、アナトリア高原では農耕から遊牧へ移り、ペルガモンなどの西部の諸都市ではとりわけ遠距離交易が減衰し、貨幣流通が停頓して軍隊や役人への給与が現物支給となり、住民が物々交換に頼る状態に陥ったという。後述するスラヴ人などの流入によって西方バルカン半島領の大半を失うとともに、生命線であるアナトリアがこのような状態に立ち至ったわけである。

他方レヴァントでは、六世紀における集落形成がアナトリアを凌いで隆盛の色を呈していた。教会や邸宅の建造が盛んであった痕跡をとどめる北シリアのシデ、オロンテス右岸のアパメア、パレスチナのゲラサやポストラなどの都市に加えて、農村もまた数を増して繁栄をみせていた。前述したマーフォウの集成結果にも表れているので、これは動かない。

ところが、アパミアで六世紀以降の推移を追っていくと、五二六・五二八両年にササン朝の来攻を被り、火災に遭って多くの住民が拉致された。都市は再建されたが、この頃から衰微と困窮の徴候を現すようになる(226)。そうして七世紀第二四半期を境に大邸宅が農地と化すなど都市の性格が急激に変化し始めた。ビザンティン帝国がササン朝との間で最後の激闘を交えた六〇二〜六二九年までに、アパミアの例にみるように北シリアの諸都市はすでに衰微の色を示し、海岸沿いの都市も回復不能の態をなしていた。しかし七世紀はなお、シリアの都市に滅亡をもたらせなかった。アナトリアの諸都市よりも長く存続したわけである。

パレスチナの諸都市も隆盛をみせつつ、変貌を遂げた。教会建設は五世紀初頭から拍車がかかり、五世紀後半〜六世紀初頭に頂点に達し、これと併行して、劇場や広場のような公的施設が放棄され、商店などによる蚕食が始まった。たとえばベト・シャンの場合、円形闘技場が四世紀に放棄され、六世紀に劇場が破壊されて付属の彫像が切断され、六世紀末からは粗末な建造物による柱廊や街路への侵入が甚だしくなったという。アコリスにも例がある公的空間への私的家屋の侵入は、イスラム支配下でいっそう顕著になり、都市は実用本位のコミュニティへと姿を変えた(227)。イスラム政権のウマイア朝のもとでもレヴァントの都市はこうして少なからず命脈を保ち、エデッサやダマスカスではキリスト教徒の富裕者が市中で影響力を行使しえたという。シリアやヨルダンでキリスト教徒が大量に逃亡した記録があり、マーフォウの集成結果はこの記録にふさわしい。

かつて交易で潤っていたフェニキアの諸都市は、六世紀の悪疫の流行を凌ぎササン朝の進攻に耐え、イスラム勢力下に入っても多くが存続した。キリスト教圏との結びつきは稀薄になったが、ウマイア朝が滅亡する八世紀中葉までにイスラム勢力が北アフリカを席巻してイベリア半島の大半を手中にし、地中海の新たな主となって、交易活動が衰えなかったからである。しかし、アッバース朝がダマスカスからバグダードへ首都を遷すに及んで、交易の重点が内陸に移り、その結果フェニキア諸都市から交易の殷賑が失われた。海上交易に連なっていた内陸の都市もまた、アンマンがそうであるように急速に衰微し、都市との関係が絶たれたことによって農村もまた衰微に向かった。特に農耕条件の厳しい砂漠の縁辺部での衰微が激しいという。

以上、リーベシュエッツの所論に導かれながら述べてきたレヴァントの集落形成を通覧すると、アナトリアの場合よりも一世紀ほど長く存続して衰微に陥ったようである。アナトリアにおける衰微の契機がササン朝に続くイスラム勢力の進攻と遠距離交易網の封鎖であったとすると、レヴァントにおけるそれは首都の東遷とそれに伴う交易形態の変転に求められることになるであろうが、いずれにせよ集落から去った人びとの行方を考古学上で追跡することは実現していない。

ヨーロッパ　テオドシウスⅠ世が死去した三九五年にローマ帝国は、東西に分かれた。「三世紀の危機」から帝国を建て直したとされるディオクレティアヌス帝（在位二八四～三〇五年）以降、東西分治は実行されてきたが、東西の連携が崩れたという点で、息子二人による分治をもって「分裂」と称しているのである。長男アルカディウスが東半を、次男ホノリウスが西半をそれぞれ相続した点に、すでに東方に重点を移しつつあった帝国の情況を垣間見ることができるであろう。叙述の多くをこれもまたリーベシュエッツの所論に依拠しつつ、本書がビザンティン帝国と呼んできた東ローマ帝国の領域からまず取り上げると、アテネが六世紀後半に衰微するなど、西域の諸都市の多くは七世紀に歴史の舞台から姿を消した。五～六世紀には繁栄していたので、衰微の訪れは急速であったことになる。

この原因の多くは、域外集団の流入による。すなわち、六〇〇年前後にモンゴル系のアヴァール人、スラヴ人が二波にわたって流入した。さらに、六二五年にササン・アヴァール連合軍が、六七四～六七八年にイスラム勢力がそれぞれ、首都コンスタンティノープルを包囲したというから、帝国の受けた打撃は大きかったにちがいない。アヴァールとスラヴの進攻以降、西域で農村が考古学的痕跡をほぼ失った。モンゴル系のアヴァール人は遊牧を生業とし、スラヴ人は農耕専従というよりも狩猟や略奪に長じ、ともに都市居住の習慣を身につけていなかった。これが都市や農村を衰微に追いやった。また、A・キャメロンによると、(228) バルカン半島の諸都市は五世紀にフンや東ゴートの進入で被害を受け、六世紀に再建されたが、その後半にスパルタやアルゴスなどが放棄された。これはブルガリアや旧ユーゴスラビアの諸都市も同様であるという。

そこで帝国は内陸都市を捨て、エーゲ海西岸、クレタなどの海岸都市に防禦を集中したが、この方策もまた内陸都市を回復不能に陥れた。イスラム勢力は海軍を編成して海上から進攻し、ビザンティン海軍を打ち破った。前述したコンスタンティノープルの包囲は、この時のことである。六七八年にイスラム軍を破ってひとまず包囲から解放されたものの、進攻はその後も止まなかった。そうして、七一七～七一八年の首都包囲を撃退し、これによって一世紀に及んだ危機的情況からようやく脱することができた。危機の七世紀が皇帝の治績さえ定かでない「暗黒時代」といわれる所以である。しかし、危機を脱して最盛の一〇世紀に向かって帝国は再出発するのであるが、この間に回復した西方領で都市や農村が旧状に戻った形跡を考古学的に辿るのは難しい。

分裂後ほどなく西ローマ帝国は、西ゴートを率いたアラリックの進攻を被った。四世紀末にバルカン半島方面を荒らしたのち、四〇一年イタリアに進入し、四一〇年の再進入時にローマで掠奪を働いたのち、アラリックの死去や食糧難で北西方のガリアへ去った。北方諸族が東来のフンに追われ西ゴートがドナウを越えた、三七五年に始まるいわゆる民族大移動は、アラリック以降も西ローマ帝国領への諸族の進入をもたらせた。四五一年にアッティラ率いるフンが進入し、これは撃退したが、四五五年に、ジブラルタルを渡って北アフリカを占領していたヴァンダルが、海路ローマを襲って掠奪を行った。帝権が不安定なうえに外攻が加わり、親衛隊によってロムルス帝が退位させられた。ゲルマン出身の隊長オドアケルは傀儡皇帝を擁立せず、自ら極位に就いた。この四七六年の登極をもって西ローマ帝国の滅亡としているが、この頃にはすでに帝国領のほとんど全域がゲルマン系諸族によって支配されていたのである。

イタリアを支配したオドアケルは四九三年、東ゴート王テオドリックに敗れて降伏し、東ゴート王国がイタリア半島に樹てられた。これに対して、五三二年にササン朝と講和を結んだビザンティン皇帝ユスティニアヌスI世が西方の再征服に乗り出し、その軍に敗れて東ゴート王国は五五五年に滅びた。しかし、次代を継いだユスティニアヌスII世がササン朝との戦いを再開すると、手薄になった西方に対してアルボインの率いるランゴバルドがイタリアに進攻し、南端のビザンティン領を除く半島の大半を占領して、王国を創建し、七七四年にフランク王国に併呑されるまで王国は存続した。こうして概観すると、北アフリカから西ヨーロッパ南半に及んでいた西ローマ帝国領の大半が、五世紀を境にゲルマン諸族の世界に転じたことがあらためて知られる。

リーベシュエッツの所論に戻ると、プレシアなどの北イタリアの都市址の発掘結果を例にあげて、四・五世紀に公的建造物や大型家屋が細分化されて本来の機能を失い、ついに放棄あるいは破壊されて、土砂や生活滓が堆積して農地や牧草地にまで変貌したとその凋落ぶりを説く。人びとは外壁に囲まれた都市を離れて、郊外のキリスト教会の傍らへ移り、あるいは、廃墟の市中にとどまって既存の教会の近くに簡素な住居を営んだ。教会を除く一般家屋は石造を止めて、考古学的痕跡が薄い木造や土造に変わり、北アフリカ産土器のような遠距離交易の品が減少し、貨幣は稀になった。四～八世紀に進行し、継続したこのようなローマ風都市生活の衰微は、イタリアだけにとどまらず、ブリテンからバルカン、北アフリカに広くみとめられるという。

他方、都市郊外の農村は、二世紀末から減少に転じたことが、考古学上の証左から知られる。たとえばローマ北西のコーザ地域の場合、二四五を数えた一世紀末の集落址数が、三世紀末例一一五、四世紀末例八四、五世紀末例五三へと減少し、小型例ほどその傾向が著しい(229)。また、ローマ市北方のエトルリアでの調査結果によると、三世紀に集落の減少が始まり、五〇〇年までに八〇～五〇％が放棄された(230)(図33・34)。南イタリアのカンパニアで、四～五世紀に存続した集落数は、一～二世紀の四五％にとどまる(231)。そうして、帝国初期の一～二世紀に集落が激増した地域ほど、三世紀を境にした減少が著しい。すなわち、減少が著しいのは、帝国の影響が強く、有力者の所有する市場作物用農地が密集する地域であるという。しかし、この集落数の減少がただちに貧困化や人口減少を示すということではなく、隆盛をみせる少数の大農場の存在を反映している、とリーベシュエッツは説く。都市経済に依存しない自律的な農耕システムが成立したというのである。そうして、約三三〇〇を数えた一～二世紀の集落址数が四～五世紀の西ゴート期例で約二〇〇〇に減少したスペイン南東タラッコで、ローマ的土地利用が牧草地へ移るなどの例をあげて、農村の衰退と経営新形態の進行とが、地域的偏差を孕みつつ旧西ローマ帝国領の各地でみとめられるというのである。

都市や農村を離れた人びとが、自給自足体制とも言いかえうる自律的農耕システムに吸収されていったのかどうか、遊動者の発生がなかったのかどうか、筆者には手が届かない問題である。ゲルマン諸族の抗争に加わって生を繋いだ人びとも少なからずいたと思われるが、それも想像の域を出ない。そこで、この問題に関係する若干の知見を添えて識者からのご教示を仰ぐことにすると、ウオード＝パーキンスが示したエトルリアの集落址数の推移は、二～三世紀例三〇七、四～五世紀中葉例九三、五世紀中葉～六世紀例四六を数える(232)。リーベシュエッツが例示したよりも減少ぶりが甚だしい。どちらが当時の実態に近いのか筆者には判断がつかないが、ともかく集落を後にした人びとは、丘陵上

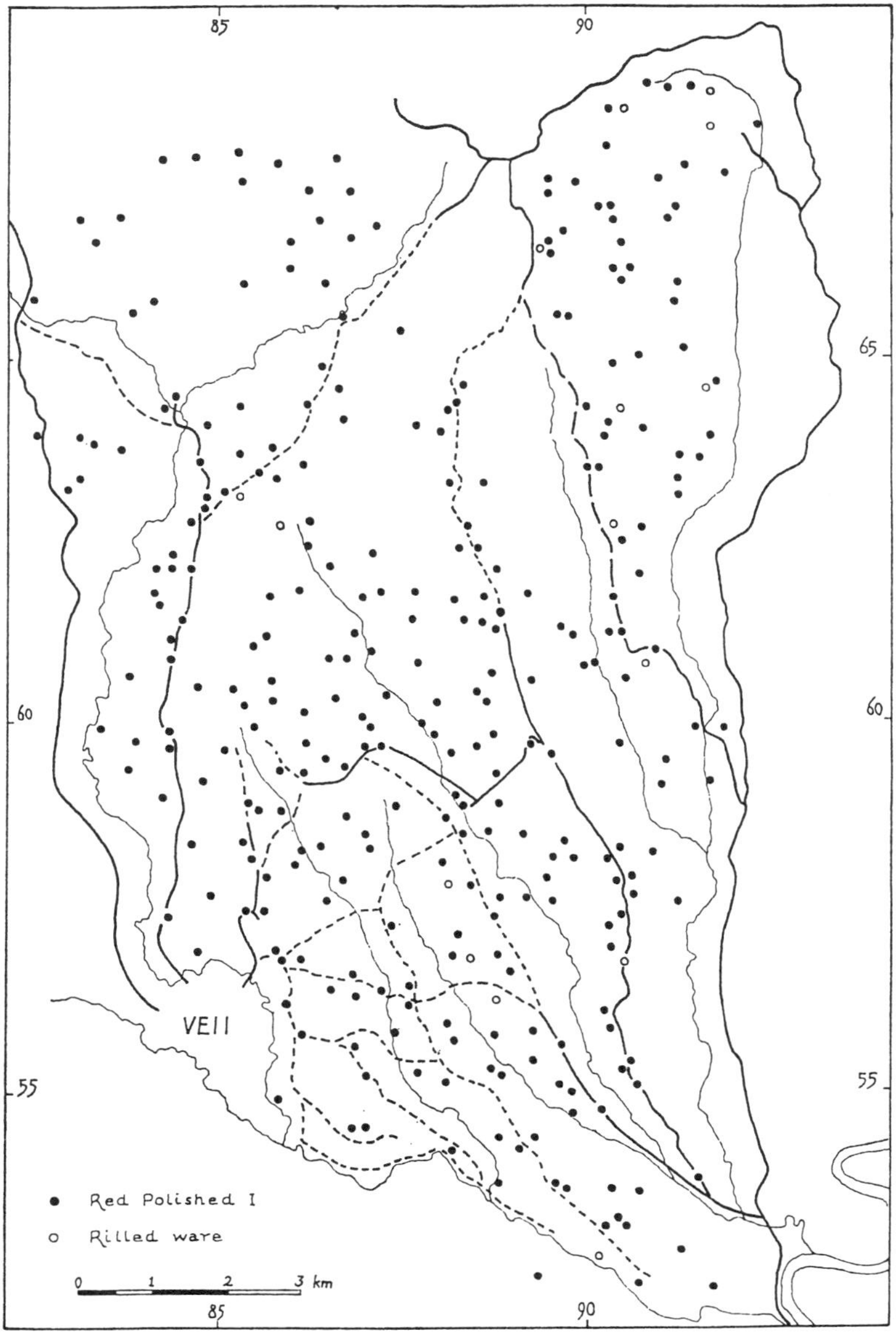

図33　ローマ市北西のウェイー東・北方における後200年頃の集落址（本章注230 Fig. 5）

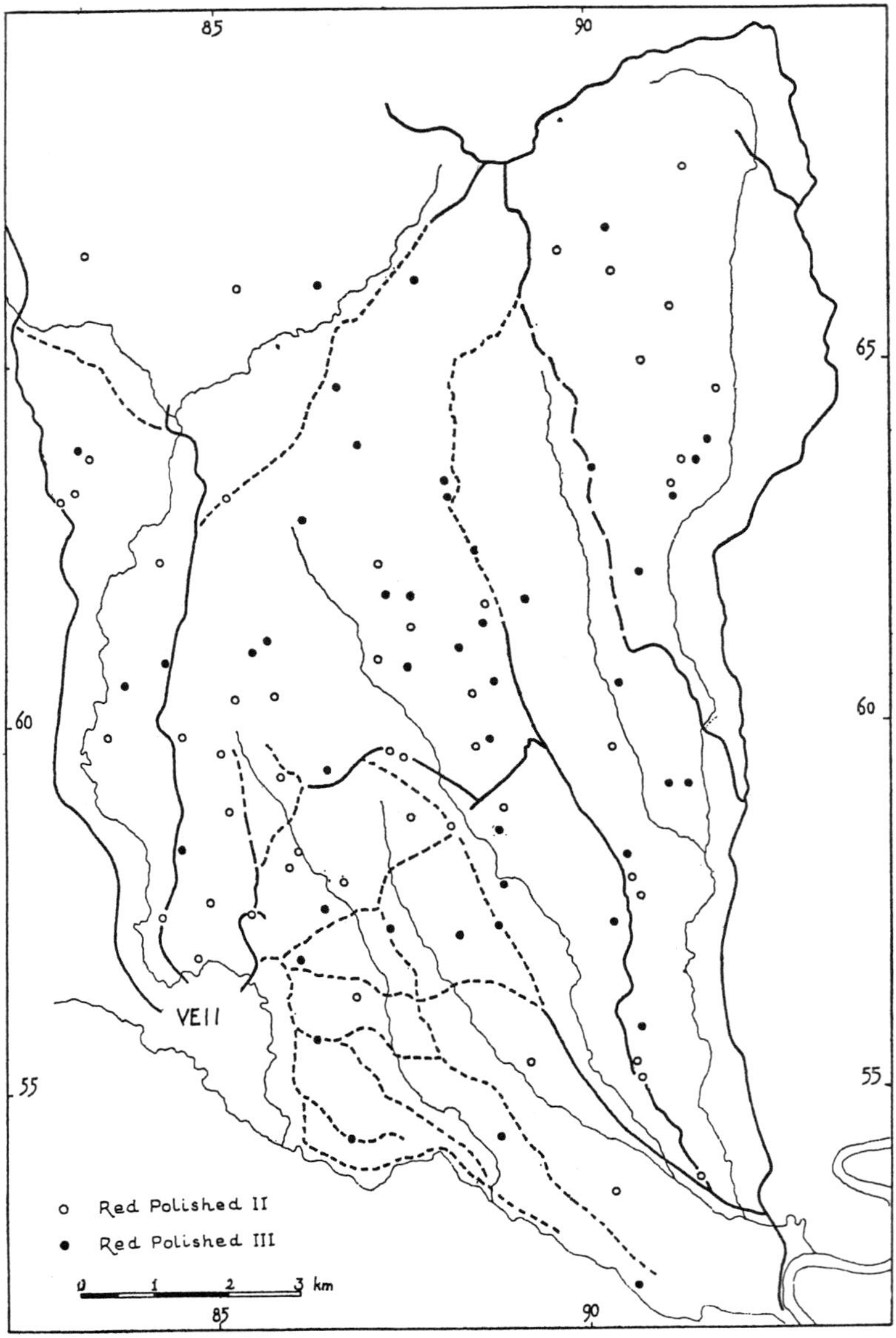

図34　ローマ市北西のウェイー東・北方における後300～600年頃の集落址（本章注230　Fig. 6）

の防禦集落へ移ったという。また、フランク諸族を統一してゴートに成立したメロヴィング朝（四八一〜七五一年）下の農村構造を復原した森本芳樹によると、一村当たりの農家数が一〇戸以下で密集度が高くなく、同朝期末に至って集村化するという[233]。同朝期に地中海交易が大いに盛行したことを次代のカロリング朝期での衰微状態と対照させて強調したH・ピレンヌの所説は、アレクサンドリアやフェニキア諸都市がウマイア朝期に存続した考古学上の知見と矛盾しないし、非定住者の交易活動への参画を想像させるいっぽう、森本が原初村落と表現した農村構造との隔たりが大きい[234]。

最後に、言及してこなかった地域の情況を垣間見ておくと、ローマ帝国の領域内にあったブリテンの場合[235]、ヴェルラリウムやロックスターのような規模の大きい都市が三世紀を境にして衰滅に向かい、都市化の後退にかわって、孤立した家屋群が農場の中央に立つヴィラシステムに移行する。ところが四世紀中葉以降、ヴィラシステムの存否があやしくなり、農耕集落が衰滅して牧場化が進む。鉛や鉄の鉱山が国家経営から小規模な自営へ移行したことを推測させる考古学上の証左が得られており、土器生産も経営が小規模化し、毛織物生産も同じ方向を辿り、交易はブリテン内にとどまるようになる。こうしてみると、都市依存システムのブリテン内での崩壊は、ローマ帝国領内の他他域よりも早く、五世紀に始まるアングロ・サクソンの移住時には大きく旧状を失っていたことが知られる。

もう一例は、帝国の領土外にあった北方諸地域である[236]。前一千年紀に大規模な要塞を営んでいたが、後一千年紀初めにそれらが衰滅し、この頃に存在したのはドイツのルンダー・ベルグに例をみるような小規模な要塞である。他方、集落については、前一世紀に単独の農場建造物から始まり、三世紀に外郭をめぐらせ碁盤目の道路をそなえた村落へと成長した例が、ウィユスターで知られ、また、フェッダーセン・ヴィールデのように前一世紀から存続し、家屋を放射状に配して首長居住区を設けたアラマンニ集落と推定されている例もみられる。これらの集落は五世紀で途絶するらしい。さらに、サクソン人などが居住していたという北ドイツやユトランド半島では、海岸寄りの多くの集落がしばしば海水準上昇による居住環境の悪化に見舞われ、多くの集落が五世紀に放棄されて居住の痕跡を絶つという。ローマ帝国が隆盛を保っていた一～二世紀は、北方諸族の定住期であり、南下がことに激しくなった五世紀は定住地を失って遊動化したことを、考古学上の知見がこうして示唆してくれる。

第六節　通時態としての衰滅―西ユーラシア―

第一の波　主に前五〇〇〇年～後一〇〇〇年における集落形成の動向を取り上げ、実例を示し、先学の成果を引きつつ叙述を重ねてきた。その結果、衰滅の激しい情況が波状的に到来していたこと、近接した時間を共有して広域に及んだ例のあることが知られたかと思う。しかし、細分化と専門化が進捗した現在の史学の地平からこの結果を反芻すると、扱った地域は異常なほど広大で、時間幅は非常識なほど長い。また、筆者の片寄った研究経歴が叙述に精粗を生み、読者の理解を困難にしているのではないかとも思う。そこで、多岐にわたった内容を整理し、必要ならば補遺を添えて、骨子を浮彫りにしておきたい。

さて、扱った時間幅のなかで最初に訪れた広域的衰滅は、前五千年紀中葉である。南メソポタミアではウバイド期末にあたり、レヴァントでは、北方のアムークE期末、パレスチナの土器新石器時代と銅石器時代との間が、西アジアでの可能性の低くない例としてあげられる。ヨーロッパでは、東方で北ギリシアの新石器時代中期末が衰滅例に加わる。ブルガリアのカラノヴォⅥ文化期末の衰滅は前四二〇〇年頃の年代が与えられているから、同列に扱えないかもしれない。政治上の事件と違って年代上の幅を設けることが許されるならば、これも例に入る(237)。

他方、西方温帯ヨーロッパの場合、農耕牧畜への傾斜、集落形成の拡充、防禦集落の出現によって特徴づけられるLBK文化期すなわち線刻帯文土器文化期の後半の例が、東方とあい反する動向として画期の時間を共有している。

東方からの流入者がこの動向に大きく関わっているという。北ギリシアに焼壊例があり、北メソポタミアでテペ・ガウラの例をあげてウバイド期末から争いや対立の激化する方向に向かうことを小泉龍人が強調している。争乱を示唆する例は、西アジア、北ギリシア、ヨーロッパに跨るのである。なお、津本英利氏のご教示によれば、前五千年紀末頃に中央ヨーロッパで激しい争乱の惹起した形跡があるらしい。カラノヴォⅥ文化期末の衰滅に年代と地理的位置が近いので、両者の間に関連があったことを考えさせる。

第二の波　南メソポタミアでウルク後期、北メソポタミアでレイランV層期以降、パレスチナで銅石器時代末、エジプトでナカダⅡd期、温帯ヨーロッパでTRB文化期すなわちロート形坏文化期の終末にそれぞれ知られている衰滅が、年代に幾分の差はあるが、前四千年紀後半という幅のなかに入る。これを第二の波とする。

レイランV層やナイル河谷遺跡の情況は乾燥化を示し、ウルク後期にあたるテペ・ガウラⅧA層は焼壊痕を残している。同じ北メソポタミアで最奥に位置するアルスランテペでは、都市化していたVA層の全体が焼壊を受けている。その年代は前三〇〇〇年頃であるという。焼壊はガウラがウルク中期末であるのに対して、アルスランテペは同後期末にあたる。いずれにせよ、北メソポタミアで前四千年紀後半に、小型集落が衰滅し、都市として管理・交易中枢であったウルク植民市も、前三〇〇〇年の到来までに焼壊や放棄によって姿を没し、集落形成の衰微状態が前二〇〇〇年代の中葉近くまでこの地を覆った。また温帯ヨーロッパでは、集落形成の衰微と防禦集落の拡散によって画される。

第三の波　北メソポタミアでのEB期末、エジプトでの第一中間期、レヴァントでのEB期末、ギリシア本土でのEH期末、キクラデスでのEC期ⅢA、クレタ東部でのEM期ⅡB、トロイでのⅡ層期末を、それぞれ衰微をみせた確実な例としてあげ、イラン高原でのEB期末も、例に加わる可能性があることを示した。ブルガリアやマケドニアで前二四〇〇～前二三〇〇年頃にテルが放棄されて居住の痕跡が絶えるというから、ギリシア本土だけでなく北方にも衰滅現象が拡がっていたことになる。以上あげた例の暦年代は、長く見積もれば前三千年紀後半で限定すれば同紀後葉にあたる。これらを一括りにして、第三の波とする。

それぞれの地域の情況を摘記していくと、北メソポタミアで焼壊例としてエブラをあげたが、他にマリやナワルなどの破壊例がある。また、放棄例としてレイランを示したが、北イラクのタヤなど同例の多さはシリアだけにとどまらない。レイランの発掘結果によって気候の悪化が指摘され、エブラなどの破壊例によってアッカドや域外集団の進攻が説かれている。域外集団とはおそらくアモリ人であろう。他方、南メソポタミアでは、王朝の低迷、農耕生産の不調を伝えるこの頃の文字記録に反して、集落数は規模の大小にかかわらず増加していた。とりわけ中・小型集落の増加がめざましい点からすると、グティ、アモリ、エラムという域外集団や北メソポタミアからの流入者の定住が、その増加の原因ではなかろうか。なお、ＭＢ期から文献記録に現れるというハビルに代表される一種の局外者の存在にも注意しておきたい。

文字記録が伝えるところによると、エジプトの第一中間期は、ナイルの水位が低下して飢饉に陥り、悪疫が流行し、在来の人びとが流亡し、域外からアモリ、リビア、ヌビアの民が流入したらしい。文字記録の第一中間期像に異論が提出されているが、メンフィスの古王国時代集落が、押し寄せた砂漠の砂に覆われるなど、考古学・地質学上の証左が得られている。レヴァントでは、全域で集落形成の衰微がみとめられ、ウガリト、ラキシュなどは放棄され、ビブロス、イェリコなどは破壊されたらしい。放棄前夜に都市が拡大、発展すること、衰微期に内陸のヨルダン渓谷やネゲブ・シナイ方面で小型集落が急増することが、パレスチナで確認されている。放棄前後の人びとの動きを推測させる示唆的な事例である。

エーゲ海方面では、破壊の焼土層が一ｍに達するというトロイを代表格として、ギリシア本土の東・南海岸、キクラデス、クレタ東部で焼壊・破壊例が特に目立つ。域外集団の進攻経路を暗示しているかのようである。その意味で、キクラデスでカストリ・グループ、キプロスでフィリア文化、レヴァントでキルベート・ケルク土器としてそれぞれ認知されている物質文化が、放棄前夜およびその併行期にアナトリア方面から流入していることは、同方面に我われの注意を向けさせる。前三千年紀後半のアナトリアに、人口の流動性がにわかに高まり、集落形成が衰微した形跡があるのであろうか。内陸のカイセリ県域の分布調査でＭＢ期の集落数がＥＢ期の半ば近くに減少している点などの二、三を、関連する事実として指摘しうるのみで、筆者のアナトリアの知識はあまりに乏しい。

西方の温帯ヨーロッパで、前三千年紀中葉にベル・ビーカー土器文化が広域の分布を獲得した。前代のコーデッド土器文化期よりもいっそう人口の流動性が高まったことを推測しておいたが、流動性を脱する集落形成上の画期は前二千年紀初めであった。衰滅を被った東方諸地域の再興の年代と近接するわけである。前二〇〇〇年頃から青銅器時代に入るというので、その開始年代も東方諸地域と一致し、出現した集落が防禦施設をそなえている点も、交易活動がいっそう隆盛に向かう点も通じるところがある。

第四の波　北メソポタミアでＭＢ期末、南メソポタミアでイシン・ラルサ朝期末、レヴァントでＭＢ期末、キプロスのＬＣ期成立前後、クレタで第一宮殿期末、キクラデスでＭＣ期末を衰滅例としてあげた。また、イランのフジスタンで前一五〇〇年頃に居住の形跡が乏しくなったこと、ＭＢ期に抬頭したヒッタイト、ミタンニ、カッシート、エラムのような新たな「民族」集団がこの頃に衰退したことにも言及しておいた。これらの年代は前一六〇〇～前一五〇〇年頃にあたる。そこで、これらの衰滅例の集中を第四の波とする。

メソポタミアで衰滅が発生した直接の原因は、ヒッタイト、ミタンニ、カッシート、エラムという域外集団の進攻である。北メソポタミアではいっそう集落の減少と過疎化が進み、南メソポタミアでは小型集落こそ増加するが、大小合わせた集落の総居住面積が縮小し、南北ともＬＢ期のなかでさらに低落する。しかし、フジスタンでの衰微、アナトリアのカイセリ県域でのＬＢ期の集落数の減少とともに、新興域外諸集団の事後の衰退を加えるならば、進攻を促し集落形成を低落に導いた、メソポタミアと外縁地域を覆った共通の原因が垣間見えてくる。それはおそらく気候の悪化であろう。

エジプトの北進がパレスチナでの衰滅をもたらせた。ウガリトとアッコで確認された原因不明の空白期は、北進以前にあたるので、別の原因が考えられなければならない。ヒクソスのエジプト流入はエジプト側の文字記録で歴史に残ったが、同じ頃のレヴァントで遊牧／半農半牧民集団の移動が活発になっていたことを原因不明の空白期が暗示している。その意味で、小型集落の減少と符合する。ともかくレヴァントの諸都市は、原因不明の空白に続くエジプトの北進による災厄を凌いで急速に復興した点で、内陸のメソポタミアと一線を画する。

キプロス、クレタ、キクラデスで都市の壊滅例が多い。都市形成の沈滞がなおMH期に続いていたので、ギリシア本土には壊滅例が及んでいない。壊滅の原因として、内因説、外因説、自然災害説が出されているが、暦年代の近接ぶりからみて外因説は外せないだろう。復興の早かった点で、キプロスはレヴァントと共通する。なお、西方の温帯ヨーロッパで、この頃にも前後の時期にも、集落形成上の画期がみられない。変化の内容は第三節を参照願いたい。

第五の波　北メソポタミアでLB期末、南メソポタミアでイシンⅡ王朝期、レヴァントでLB期末、キプロスでLC期のⅡC末～ⅢA、ギリシア本土でLH期のⅢB末～ⅢCを衰滅例としてあげた。また、クレタがギリシア本土に近い西部を除いて衰滅度が低く、キクラデスやアナトリア西海岸域がさらに低いこと、地中海中央部でイタリア南部を除き衰滅の形跡がないことを指摘し、温帯ヨーロッパで人口の流動性が高まったことを推測した。衰滅の確かな例を重ね合わせると、暦年代は前一三〇〇～前一一〇〇年頃に集中し、地域はギリシア本土からメソポタミアに及ぶ。温帯ヨーロッパを加えてよければ、さらに西方へ広がるが、遊動化の高進ではあっても衰滅という意味での画期ではない。ともかく、この時期に続発した衰微を束ねて、第五の波とする。

西アジアのLB期は領域国家が並立していた時代であった。この抗争のなかで放棄あるいは破壊された中枢都市の例があり、さらに前一二〇〇年頃とされるLB期末の域外集団の攻勢が加わり、青銅器時代都市の多くが姿を没した。

ヒッタイトが滅び、中アッシリア、イシンⅡ王朝、エラムが衰退し、エジプト新王国もかつての勢威を失い、この第五の波の間は強国不在の状態であった。「海の民」の進入によってヒッタイトやウガリトが滅んだことを強調する前一二〇〇年の危機説があるが、「海の民」に類する域外集団のうえに、集落の衰滅に伴う離脱者や既存のアラム人を加えるならば、西アジアのＬＢ期は遊動者に満ちていたといえる。その点で、特定の集団と年代を強調しない方が実状に近い。

キプロス、ギリシア本土とも都市が破壊を受けた。レヴァント、キプロスで都市の多くが存続ないし早期復興したのに較べると、ギリシア本土の受けた破壊は大きく、衰滅の極に至る時間も復興に要した時間も長かった。北方民族の進攻などの外因とともに、内因として宮殿の管理体制への過度の依存を説いたベタンコート説を、穏当な見解として紹介したが、西アジアとの連携を求めるならば、域外集団の遊動化と域内外に影響した気候の悪化とが、共通要因として表に出てくる。もしそうみてよければ、推測したヨーロッパの動向とも結ばれる。

なお、鉄器時代に入ると、北メソポタミアで小型集落が激増する。アナトリアのカイセリ県域でも鉄器時代の集落数がＬＢ期の二倍に増加しているので、北メソポタミアの北方方面も動向をともにした可能性がある。ところがこの激増は長く続かず、遅くともアケメネス朝期の北メソポタミアは、著しい衰微状態に陥っていたらしい。低落を続けた南メソポタミア、非都市集落の衰滅が甚だしかったレヴァントを合わせると、この頃の衰微状態は西アジアを覆っていたことが察せられる。なお、前一千年紀中葉の北メソポタミアでのこの衰微については、西方への広がりをもたないので、衰滅の波として扱うことは避けた。

第六の波　メソポタミアでササン朝期末〜ウマイア朝末、エジプトでウマイア朝期〜アッバース朝期初め、アナトリアでビザンティン期の七〜八世紀、レヴァントでウマイア朝期末〜アッバース朝初め、ビザンティン西方領で六世紀後半〜七世紀、西ローマ帝国領で四〜六世紀をあげ、ブリテンで四世紀中葉以降、帝国北方域外で五世紀にあたるらしいことを付記しておいた。衰滅が始まる画期をこうして摘記していくと、四世紀後半～九世紀に集中する。そこでこの集中をもって、第六の波とする。

衰滅の到来は、西方で早く、東方で遅れたが、北アフリカを含めて、ブリテンから西アジアに及ぶ西ユーラシア全域を網羅している。衰滅をもたらせた史的外因は、都市システムの伝統をもたない域外集団が流入してきたことである。しかし「文明」対「未開」という対立構図を外すならば、ローマ帝国の北方疆域へゴートの進入が激化する三世紀中葉には、人口の流動化が始まっていたことになる。四世紀に入ると帝国の重心が西方を去って東方へ移ろうとしていたから、西方は域外集団やかつての被征服集団の世界と化して衰滅を早めたのである。

域外集団に起因する人口の流動化は時の経過とともに高揚した。北方諸族によるローマ帝国領への進攻、さらには、四～五世紀にフンやアラブやエフタルの進入を受け、一時はエフタルに実権を奪われたササン朝期の事件を初期の例として、イスラム勢力のもとで流動化は頂点に達し、広く西アジアを覆った[238]。域外集団のかくも広く長い流動化をもたらせた主因が気候の悪化であったとすると、その影響が域内の人びとに及ばなかったはずがない。人工的多消費型社会であったローマ都市は、キリスト教の流布のうえに農耕生産の不調が加わったとすれば、その存立の基盤は脆弱化が進んだであろう。また、ササン朝コインにみるような王権とゾロアスター教聖権との同一視が、六～七世紀の王朝の衰微によって信頼を失い、農耕生産の不調がこれに追い打ちをかけたとすると、都市の存続は難しくなったことが考えられる。この点については識者のご教示を得たい。ともかく、気候変動という広域を同時に覆う自然環境上の衰滅因子がもし起動したとしても、政治、経済などの人間社会上の諸因子の介在によって、衰滅の現出にはときに数世紀の時間差が生じることを、第六の波が示している。これを汎西ユーラシア全域で概観すると、八世紀ないしその前後に衰微の極を求めることができるであろう。

注

（1）Van de Mieroop, M., *A History of the Ancient Near East : Ca. 3000–323BC*（Blackwell Publishing, 2004）p. 21

（2）Adams, R. M., *Heartland of Cities : Surveys of Ancient Settlement and Land Use on the Central Floodplain of the Euphrates*（The University of Chicago Press, 1981）. 小泉龍人の作成表によると、ウルク後期のウルクの集落規模は二五〇haであるという。小泉龍人『都市誕生の考古学』世界の考古学一七　同成社　二〇〇一年。

（3）注2小泉に同じ。

（4）Hole, F., Environmental Instabilities and Urban Origins, in Stein G. and M. S. Rothman（eds.）, *Chiefdoms and Early States in the Near East : The Organizational Dynamics of Complexity*（Monographs in World Archaeology No. 18, Prehistory Press, 1994）pp. 121–151

（5）Wright. H. T., Prestate Political Formations, *ibid.* p. 79. がスーサ平原を、Gorny, R. L., Anatolia, in Meyers, E. M. *et al.*（eds.）, *The Oxford Encyclopedia of Archaeology in the Near East* vol. 1（Oxford University Press, 1997）p. 125. がメルシンをそれぞれ例示して、前五千年紀後半における集落の放棄あるいは壊滅に言及している。あわせ参照願いたい。

（6）Algaze, G., *The Uruk World System : The Dynamics of Expansion of Early Mesopotamian Civilization*（The University of Chicago Press, 1993）.

（7）Weiss, H., Leilan, Tell, in Meyers *et al.*（eds.）, *op. cit.* vol. 3 pp. 341–347

（8）Lambery-Karlovsky, C. C., *Beyond the Tigris and Euphrates Bronze Age Civilizations*, in Aḥituv, S.（ed.）, *Beer-Sheva : Studies by the Department of Bible and Ancient Near East*, vol. IX（Ben-Gurion University of the Negev Press, 1996）p. 87

（9）Akkermans, P. M. M. G. and G. M. Schwartz, *The Archaeology of Syria : From Complex Hunter-Gatherers to Early Urban Societies*（ca. 16.000–300BC）（Cambridge University Press, 2003）p. 211

（10）Watrin, L., Lower-Upper Egyptian Interaction during the Pre-Naqada Period : From Initial Trade Contacts to the Ascendancy of Southern Chiefdoms, in Hawass, Z.（ed.）, *Egyptology at the Dawn of the Twenty-First Century : Proceedings of the Eighth International Congress of Egyptologists Cairo, 2000*, vol. 2（The American University in Cairo Press, 2002）pp. 566–581

（11）Cf. Wengrow, D., *The Archaeology of Early Egypt : Social Transformations in North-East Africa, 10,000 to 2650BC*, in

Yoffee, N.（ed.）, *Cambridge World Archaeology*（Cambridge University Press, 2006）.

（12）Holland, T. A., Jericho, in Meyers *et al.*（eds.）, *op. cit.* vol. 3 pp. 220–224

（13）Cf. Steiner, M. L. and A. N. Kenbrew（eds.）, *The Oxford Handbook of the Archaeology of the Levant : c. 8000–332BCE*（Oxford University Press, 2014）.

（14）Joffe A. H., Palestine in the Bronze Age, in Meyers *et al.*（eds.）, *op. cit.* vol. 4 pp. 212–217

（15）Dornemann, R. H., Amuq, in Meyers *et al.*（eds.）, *op. cit.* vol. 1 pp. 115–117

（16）Champion, T. *et al.*, *Prehistoric Europe*（Academic Press, Inc., 1984）; Cunliffe, B.（ed.）, *The Oxford Illustrated History of Prehistoric Europe*（Oxford University Press, 1994）.

（17）周藤芳幸『ギリシアの考古学』世界の考古学三　同成社　一九九七年。

（18）田尾誠敏「ブルガリアの『原都市文明』―ヴァルナ集団墓地遺跡とその時代―」（近藤英夫編『古代オリエントにおける都市形成とその展開』平成八～一〇年度科学研究費補助金　基盤研究B　研究成果報告書　代表者近藤英夫　一九九九年）。Higham, T. *et al.*, New AMS Radiocarbon Dates for the Varna Eneolithic Cemetery, Bulgarian Black Sea Coast（*Acta Musei Varnaensis* VI, 2008）pp. 95–114；田尾雅敏「ヨーロッパ最古の王墓―ブルガリア・ヴァルナ集団墓地遺跡とその周辺―」（アジア考古学四学会編『アジアの王墓』アジアの考古学二　高志書院　二〇一四年）。

（19）Sagona, A. and P. Zimansky, *Ancient Turkey*（Routledge, 2009）p. 134. によると、新石器時代のハジラル文化期末とベイジェスルタンの銅石器時代後期初頭との間に、断絶があるという。これは西アナトリアでも前五千年紀中葉に集落形成上の断絶があったことを示す一例になるかもしれない。

（20）McClellan, T. L., Twelfth Century B. C. Syria : Comments on H. Sader's Paper, in Ward, W. A. and M. S. Joukowsky（eds.）, *The Crisis Years : The 12th Century B. C. : From beyond the Danube to the Tigris*（Kendall/Hunt Publishing Company, 1989）pp. 164–173

（21）岩崎卓也ほか『エル・ルージュ盆地における考古学的調査』Ⅲ　筑波大学シリア考古学調査団報告三　一九九三年。

（22）Iwasaki, T. *et al.*（eds.）, *Tell Mastuma : An Iron Age Settlement in Northwest Syria*（Ancient Orient Museum, 2009）pp. 13–52

（23）Wilkinson, T. J. and E. Barbanes, Settlement Patterns in the Syrian Jazira during the Iron Age, in Bunnens, G.（ed.）, *Essays on Syria in the Iron Age*（Ancient Near Eastern Studies, Supplement 7, 2000）pp. 397-422

（24）Wilkinson, T. J. *et al., On the Margin of the Euphrates : Settlement and Land Use at Tell es-Sweyhat and in the Upper Lake Assad Area, Syria*（*Excavations at Tell es-Sweyhat, Syria* vol. 1, The University of Chicago, 2004）pp. 174-186

（25）Monchambert, J.-Y., Le futur lac du moyen Khabour : rapport sur la prospection archéologique menée en 1983（*Syria* vol. 61, 1984）pp. 181-218. に公表されたハブール川中流域の分布調査結果によると、EB期三二、MB期一七を数え、内陸部におけるMB期例の減少を示している。

（26）Matthiae, P., *Ebla : An Empire Rediscovered*（Hodder and Stoughton, 1977）.

（27）Weiss *op. cit.*

（28）Weiss, H. *et al.*, The Genesis and Collapse of Third Millennium North Mesopotamian Civilization（*Science* vol. 261, 1993）pp. 995-1004

（29）Akkermans and Schwartz, *op. cit.* pp. 282-287

（30）*Loc. cit.* p. 321

（31）Bonacossi, D. M.（ed.）, *Urban and Natural Landscapes of an Ancient Syrian Capital : Settlement and Environment at Tell Mishrifeh/Qatna and in Central-Western Syria*（Forum, 2007）.

（32）Yoffee, N., The Collapse of Ancient Mesopotamian States and Civilization, in Yoffee, N. and G. L. Cowgill（eds.）, *The Collapse of Ancient States and Civilizations*（The University of Arizona Press, 1988）pp. 44-68

（33）Cooper, L., The Demise and Regeneration of Bronze Age Urban Centers in the Euphrates Valley of Syria, in Schwartz, G. M. and J. J. Nichols（eds.）, *After Collapse : The Regeneration of Complex Societies*（The University of Arizona Press, 2006）pp. 18-37. がシリアのユーフラテス川流域のMB期集落でEB期の伝統の濃い特異性を問題にして、食料体系の多様性、集落の自律性、部族的紐帯の存続を理由としてあげている。テル・アリ・アル・ハッジにおけるEB・MB期間の断絶の短さ、土器様式の継続性などからみて、傾聴に値する見解である。Ishida, K. *et al.*（eds.）, *Excavations at Tell Ali Al-Hajj, Rumeilah : A Bronze-Iron Age Settlement on Syrian Euphrates*（Memoires of the Ancient Orient Museum vol. IV, Ancient Orient Museum. 2014）.

（34）月本昭男「前二千年紀西アジアの局外者たち―ハビル、ハバトゥ、フプシュ―」（『岩波講座世界歴史』二　オリエント世界　一九九八年）。

(35) Rowton, M. B., Dimorphic Structure and the Problem of the ᶜApirû–ᶜIbrîm（*Journal of Near Eastern Studies* vol. 35 no. 1, 1976）pp. 13–20；*Id.*, Dimorphic Structure and the Parasocial Element（*ibid.* vol. 36 no. 3, 1977）pp. 181–198

(36) Van de Mieroop, *op. cit.* など。

(37) Geyer, B. *et al.*, The Arid Margins of Northern Syria：Occupation of the Land and Modes of Exploitation in the Bronze Age, in Bonacossi（ed.）*op. cit.* pp. 269–281

(38) Poo, Mu-chou, *Enemies of Civilization*（State University of New York Press, 2005）p. 51

(39) Schwartz, G. M., Pastoral Nomadism in Ancient Western Asia, in Sasson, J. M. *et al.*（eds.）, *Civilizations of the Ancient Near East* vol. 1（Charles Scribner's Sons, 1995）pp. 249–258；Whiting, R. M., Amorite Tribes and Nations of Second-Millennium Western Asia, in *ibid.* vol. II pp. 1231–1242；Buccellati, G., Amorites, in Meyers *et al.*（eds.）, *op. cit.* vol. 1 pp. 107–111；*id.*, The Origin of the Tribe and of 'Industrial' Agropastralism in Syro-Mesopotamia, in Barnard, H. and W. Wendrich（eds.）, *The Archaeology of Mobility：Old World and New World Nomadism*（Costen Institute of Archaeology at UCLA, 2008）pp. 141–159

(40) Rowton, M., Enclosed Nomadism（*Journal of the Economic and Social History of the Orient* vol. XVII part 1, 1974）pp. 1–30

(41) Klengel, H., *Handel und Händler im Alten Orient*（Koehler und Amelang, 1983）. 江上波夫・五味亨訳『古代オリエント商人の世界』山川出版社　一九八三年。

(42) Lamberg-Karlovsky, *op. cit.* p. 172ff

(43) Garnsey, P., *Famine and Food Supply in the Graeco-Roman World：Responses to Risk and Crisis*（Cambridge University Press, 1988）. 松本宣郎・阪本浩訳『古代ギリシア・ローマの飢饉と食糧供給』白水社　一九九八年。

(44) 前川和也「人びとのくらし」（樺山紘一ほか編『世界の歴史』第一巻　人類の起源と古代オリエント　中央公論社　一九九八年）。

(45) Adams, *op. cit.*

(46) アラビア湾岸のバールバール文明や、遠くインダス文明との海上交易、バクトリア・マルギアナ文化との内陸交易が、隆盛の一因かもしれない。後藤健「アラビア湾岸の交易文明マガンとディルムン」（『東海史学』第四七号　二〇一三年）。

(47) Bietak, M. *et al.*（eds.）, *Cities and Urbanism in Ancient Egypt：Papers from a Workshop in November 2006 at the Austrian Academy of Sciences*（Verlag der Österreichischen Akademie der Wissenschaften, 2010）.

（48）Alston, R., *The City in Roman and Byzantine Egypt*（Routledge, 2002）p. 357 ; Hassen, F. A., Droughts, Famine and the Collapse of the Old Kingdom : Re-Reading Ipuwer, in Hawass, Z. A. and J. Richards（eds.）, *The Archaeology and Art of Ancient Egypt : Essays in Honor of David B. O'Connor* vol. I（*Annales du service des antiquité de L'Égypte*, cahier no. 36, 2007）pp. 357–377

（49）David, R., *Handbook to Life in Ancient Egypt*（Revised edition, Oxford University Press, 1998）pp. 81, 82

（50）杉勇ほか訳『古代オリエント集』筑摩世界文学大系一　筑摩書房　一九七八年。以下に引いた王朝時代文学の諸作品の訳と解説は、本書に拠る。

（51）Seidlmayer, S., The First Intermediate Period, in Shaw, I.（ed.）, *The Oxford History of an Ancient Egypt*（Oxford University Press, 2000）pp. 113–115

（52）O'Conner, D. and A. Reid, Introduction–Locating Ancient Egypt in Africa : Modern Theories, Past Realities, in *id.*（eds.）, *Ancient Egypt in Africa*（UCL Press, 2003）p. 12

（53）屋形禎亮「『神王国家』の出現と『庶民国家』」（『岩波講座世界歴史』第一巻　古代オリエント世界　地中海世界Ｉ　一九六九年）。屋形禎亮「官僚制国家への道」（注44樺山ほか編に同じ）。

（54）Seidlemayer, *op. cit.*

（55）Merrillees, R. S. The Cypriot Bronze Age Pottery Found in Egypt（*Studies in Mediterrameam Archaeology* vol. XVIII, 1968）pp. 1–217

（56）Quirke, S. & L. Fitton, An Aegean Origin for Egyptian Spirals? in Phillips, J. *et al.*（eds.）, *Ancient Egypt, the Aegean, and the Near East : Studies in Honour of Martha Rhoads Bell* vol. 1（Van Siclen Books, 1997）pp. 421–470

（57）Hult, G., *Bronze Age Ashlar Masonry in the Eastern Mediterranean : Cyprus, Ugarit, and Neighbouring Regions*（*Studies in Mediterranean Archaeology* vol. LXVI, 1983）pp. 44–49. サントリーニ島アクロティリ出土のフレスコ画に、切石の建造物が描かれている。なお、ユーフラテス中流域のＥＢ期に、切石積みの墓が営まれている。ベニ・ハッサンの墓の壁画に、シリアからの使節の図があるが、もとよりこれは中王国時代すなわちＭＢ期に属する。地理的な隔たりからみても、エジプトから伝播したとは考えにくい。自生であろうか。

（58）ウガリト、ビブロス、ティールの記述は、Akkermans and Schwartz, *op. cit.* および Meyers *et al.*（eds）, *op. cit.* を主に参照し

た。

（59）注14に同じ。

（60）Gophna, R. and N. Blockman, The Neolithic, Chalcolithic, Early Bronze and Intermediate Bronze Age Pottery, in Ussishkin, D.（ed.）, *The Renewed Archaeological Excavations at Lachish*（*1973–1994*）vol. Ⅲ（Monograph Series of Sonia and Marco Nadler Institute of Archaeology of Tel Aviv University no. 22, The Emery and Claire Yass Publications in Archaeology, 2004）pp. 873–899

（61）Kenyon, K. M., *Archaeology in the Holy Land*（Earnest Benn Ltd.；W. W. Norton and Company Inc 1960）.

（62）Shay, T., A Cycle of Development and Decline in the Early Phases of Civilization in Palestine：An Analysis of the Intermediate Bronze Period（2200–2000BC）, in Gredhill, J. *et al.*（eds.）, *State and Society*：*The Emergence and Development of Social Hierarchy and Political Centralization*（Paperback edition, Routledge, 1995）pp. 113–120. が、気候変動と民族侵入の両説を批判して、農業と遊牧とに分離したことを重視し、ＥＢ期のシステムがこれに対応できなかった累加的要因を強調している。ひとつの見解として付記しておく。

（63）Finkelstein, I., The Central Hill Country in the Intermediate Bronze Age（*Israel Exploration Journal* vol. 41 nos. 1–3, 1991）pp. 19–45

（64）Bonacossi（ed.）, *op. cit.* pp. 269–281

（65）Yoffe, *op. cit.*

（66）Steel, L., *Cyprus before History*：*From the Earliest Settlers to the End of the Bronze Age*（Gerald Duckworth & Co. Ltd., 2004）.

（67）Karageorghis, V., *Cyprus*：*From the Stone Age to the Romans*（Thames and Hudson, 1982）.

（68）Steel, *op. cit.* p. 128

（69）Mellink, M. J., Anatolian Contacts with Chalcolithic Cyprus（*Bulletin of the American Schools of Oriental Research* vol. 282/283, 1991）pp. 167–175

（70）Webb, J. M. and D. Frankel, Characterizing the Philia Facies：Material Culture, Chronology, and the Origin of the Bronze Age in Cyprus（*American Journal of Archaeology* vol. 103, 1998）pp. 3–43；Frankel, D., Migrations and Ethnicity in Prehistoric Cyprus：Technology as Habitus（*European Journal of Archaeology* vol. 3, 2000）pp. 167–187. Cf. Muhly, J. D., Early Metallurgy in Greece and Cyprus, in Yalçin, Ünsal（ed.）, *Anatolian Metal* II（Bochum, 2002）pp. 77–82

（71）ギリシア本土の集落例は、以下の文献を参照した。Caskey, J. L., *Greece, Crete and the Aegean Islands in the Early Bronze Age*（The Cambridge Ancient History, Revised Edition of Volumes I & II, 1964）.；Warren, P., *The Aegean Civilizations*（Peter Bedrick Books, 1989）.；Dickinson, O., *The Aegean Bronze Age*（Cambridge University Press, 1994）.；Shelmerdine, C. W.（ed.）, *The Aegean Bronze Age*（Cambridge University Press, 2008）.

（72）*Ibid.* Warren, p. 2

（73）Barber, R. L. N., *The Cyclades in the Bronze Age*（Duckworth, 1987）.

（74）注17に同じ。

（75）Branigan, K., Minoan Settlements in East Crete, in Ucko, P. J. *et al.*（eds.）, *Man, Settlement and Urbanism*（Duchworth, 1972）pp. 751–759；Dickinson, *op. cit.*；Shelmerdine, *op. cit.*

（76）Efe, T., The Interaction between Cultural/Political Entities and Metalworking in Western Anatolia during the Chalcolithic and Early Bronze Ages, in Yalçin（ed.）, *op. cit.* pp. 49–65

（77）Sherratt, A., The Emergence of Élites：Earlier Bronze Age Europe, 2500–1300BC, in Cunliffe（ed.）, *op. cit.* pp. 244–276

（78）Harding, D., *Prehistoric Europe*（Elsevier Phaidon, 1978）p. 77

（79）Champion *et al.*, *op. cit.* pp. 205–221

（80）Cf. Bradley, R., The Pattern of Change in Britain Prehistory, in Earle, T.（ed.）, *Chiefdoms：Power, Economy, and Ideology*（Cambridge University Press, 1991）pp. 44–70

（81）Champion *et al.*, *op. cit.* p. 159；Sherratt, *op. cit.*. Cf. Balkwill, C. J., The Evidence of Cemeteries for Later Prehistoric Development in the Upper Rhine Valley（*Proceedings of the Prehistoric Society* vol. 42, 1976）pp. 187–214

（82）Bouzek, J., Relations between Barbarian Europe and the Aegean Civilizations, in Wendorf, F. and A. E. Close（eds.）, *Advances in World Archaeology* vol. 4（Academic Press, Inc., 1985）pp. 71–114

（83）Wilkinson and Barbanes, *op. cit.*

（84）注21に同じ。Iwasaki *et al.*, *op. cit.*

（85）McClellan, *op. cit.*

(86) Matthiae, *op. cit.*

(87) ヤムハドとアララハに関する記述は、Meyers *et al.* (eds.), *op. cit.* に依拠したが、これには異論もある。De Feyter, T., The *Aussenstadt* Settlement of Munbaga, Syria, in Haex, O. M. C. *et al.* (eds.), *To the Euphrates and Beyond : Archaeological Studies in Honour of Maurits N. van Loon* (A. A. Balkema, 1989) pp. 237–256

(88) Bonacossi, D. M., Qatna and its Hinterland during the Bronze and Iron Ages : A Preliminary Reconstruction of Urbanism and Settlement in the Mishrifeh Region, in Bonacossi (ed.), *op. cit.* pp. 65–90. なお、フル人（ミタンニ）の圧迫を受けて、アモリ人は西遷したという。Whiting, *op. cit.*

(89) Akkermans and Schwaltz, *op. cit.* p. 345

(90) *Ibid.* pp. 343, 344 ; Otto, A., *Alltag und Gesellschaft zur Spätbronzezeit : Eine Fallstudie aus Tall Bazi* (*Syrien*) (*Subartu* XIX Brepols, 2006).

(91) 紺谷亮一ほか「トルコ共和国カイセリ県遺跡調査プロジェクト（ＫＡＹＡＰ）第五次調査（二〇一一年）概報」（『岡山市立オリエント美術館研究紀要』第二七巻 二〇一三年）。

(92) Van de Mieroop, *op. cit.* pp. 115–117

(93) Yoffee, *op. cit.*

(94) Cf. Edens, C., On the Complexity of Complex Societies : Structure, Power, and Legitimation in Kassite Babylonia, in Stein, G. and M. S. Rothman (eds.), *Chiefdoms and Early States in the Near East : The Organizational Dynamics of Complexity* (Prehistory Press, 1994) pp. 209–223

(95) Brinkman, J. A., Settlement Surveys and Documentary Evidence : Regional Variation and Secular Trend in Mesopotamian Demography (*Journal of Near Eastern Studies* vol. 43 no. 3, 1984) pp. 169–180

(96) Meyers *et al.* (eds.), *op. cit.* vol. 4, pp. 148–152

(97) Flanke, D., The Middle Kingdom in Egypt, in Sasson *et al.* (eds.), *op. cit.* vol. II, pp. 735–748 ; 注53屋形一九九八年に同じ。

(98) Bietak, M., *Avaris : The Capital of the Hyksos, Recent Excavations at Tell el-Dabʿa* (British Museum Press, 1996) ; Bourriau, J., The Second Intermediate Period (c. 1650–1550 BC), in Shaw (ed.), *op. cit.* pp. 172–206

(99) *Ibid.* Bourriau.

(100) Lemche, N. P., The History of Ancient Syria and Palestine : An Overview, in Sasson *et al.* (eds.), *op. cit.* vol. II, pp. 1195–1218

(101) Franke, *op. cit.* は突然の進攻とみる。

(102) David, R., *op. cit.* pp. 86–89

(103) Vandier, J., *La famine dans l' Égypte ancienne* (Arno Press, 1979).

(104) Bourriau, *op. cit.*

(105) *Ibid.* p. 191

(106) Alston, *op. cit.* のデータによると、北東デルタでの第一三王朝～ヒクソス王朝期の集落址数は、中王国時代例に較べてやや減少している。

(107) Cf. Dever, W. G., Hurrian Incursions and the End of the Middle Bronze Age in Syria-Palestina : A Rejoinder to Nadav Na'aman, in Lesko, L. H. (ed.), *Ancient Egyptian and Mediterranean Studies : In Memory of William A. Ward* (Department of Egyptology of Brown University, 1998) pp. 91–110 ; Lemche, *op. cit.*

(108) Verstraete, J. and T. J. Wilkinson, The Amuq Regional Archaeological Survey (*American Journal of Archaeology* vol. 104 no. 2, 2000) pp. 179–192

(109) Yoffe, *op. cit.*

(110) Lemche, *op. cit.*

(111) Van Soldt, W. H., Ugarit : A Second-Millennium Kingdom on the Mediterranean Coast, in Sasson *et al.* (eds.), *op. cit.* vol. II, pp. 1255–1266

(112) ビブロスやシドンとともに、Meyers *et al.* (eds.) *op. cit.* vol. 1, pp. 54, 55 参照。

(113) Weinstein, J. M., The Egyptian Empire in Palestine : A Reassessment (*Bulletin of the American Schools of Oriental Research* no. 241, 1981) pp. 1–28

(114) 以下に例示した諸都市の動向は、Meyers, *et al.* (eds.), *op. cit.* に拠る。

(115) Akkermans and Schwartz, *op. cit.* p. 351. によると、ウガリトに農村部から人びとが流入し、ＬＢ期に人口が最大に達したという。また、パレスチナのオリーヴ油生産を考古学的に立証した小野塚拓造の論考も注意を引く。Onozuka, T., Keeping up with the Demand for Oil? : Reconsidering the Unique Oil Presses from Late Bronze Age IIB to Iron Age IIA in the Southern

Levant（*Orient* vol. XLⅦ, 2012）pp. 67–90

（116）Dornemann, R. H., The Late Bronze Age Pottery Tradition at Tell Hadidi, Syria（*Bulletin of the American Schools of Oriental Research* no. 241, 1981）pp. 29–47

（117）Karageorghis, *op. cit.*；Steel, *op. cit.*

（118）Gittlen, B. M., The Cultural and Chronological Implications of the Cypros–Palestinian Trade during the Late Bronze Age（*Bulletin of the American Schools of Oriental Research* no. 241, 1981）pp. 49–59

（119）Negbi, O., Early Phoenician Presence in the Mediterranean Islands：A Reappraisal（*American Journal of Archaeology* vol. 96 no. 4, 1992）pp. 599–615；Bourriau, *op. cit.*

（120）Weinstein, J., The Gold Scarab of Nefertiti from Ulu Burun：Its Implications for Egyptian History and Egyptian–Aegean Relations（*American Journal of Archaeology* vol. 93 no. 1, 1989）pp. 17–29；Wardle, K. A., The Palace Civilizations of Minoan Crete and Mycenaean Greece, 2000–1200BC, in Cunliffe（ed.）. *op. cit.* p. 242

（121）Akkermans and Schwartz, *op. cit.* p. 270

（122）Weisgerber, G. and J. Cierny, Tin for Ancient Anatolia?, in Yalçin（ed.）, *op. cit.* pp. 179–186

（123）Lamberg-Karlovsky, *op. cit.*

（124）王博・李明華訳『欧亜大陸北部的古代冶金―塞伊瑪―図爾濱諾現象―』中華書局　二〇一〇年。

（125）Lamberg-Karlovsky, *op. cit.* p. 243ff.. Cf. Khol, P., The Ancient Economy, Transferable Technologies and the Bronze Age World–System：A View from the Northeastern Frontier of the Ancient Near East, in Rowlands, M. *et al.*（eds.）, *Centre and Periphery in the Ancient World*（Cambridge University Press, 1987）pp. 13–24

（126）Bass, G. *et al.*, The Bronze Age Shipwreck at Ulu Burun：1986 Campaign（*American Journal of Archaeology* vol. 93 no. 1, 1989）pp. 1–29. 小野塚拓造氏のご教示によると、船はパレスチナのアッコ帰属という。

（127）Dickinson, *op. cit.* p. 300

（128）*Ibid.* p. 301

（129）Warren, *op. cit.* p. 92. によると、パライカストロは推定四・五haをはかり、既知の中小都市では最大級であるという。

（130）Wardle, *op. cit.* pp. 202–243

(131) Dickinson, *op. cit.* pp. 244–250

(132) Baber, *op. cit.* p. 159

(133) 注17に同じ。

(134) Barber, *op. cit.* pp. 157, 158

(135) Warren, *op. cit.* p. 77

(136) Bennet, J., Pylos：The Expansion of a Mycenaean Palatial Center, in Galaty, M. L. and W. A. Parkinson（eds.）, *Rethinking Mycenaean Palaces：New Interpretations of an Old Idea*（The Costen Institute of Archaeology at UCLA, 1999）pp. 9–18. また集落形成も隆盛の度を加えたようである。Dickinson, *op. cit.* pp. 75–77

(137) Bouzek, *op. cit.*

(138) Vagnetti, L., Variety and Function of the Aegean Derivative Pottery in the Central Mediterranean in the Late Bronze Age, in Gitin, S. *et al.*（eds.）, *Mediterranean Peoples in Transition：Thirteenth to Early Tenth Centuries BCE, in Honor of Professor Trude Dothan*（Israel Exploration Society, 1998）pp. 66–77

(139) Cf. Gilman, A., Trajectories towards Social Complexity in the Later Prehistory of the Mediterranean, in Earle（ed.）, *op. cit.* pp. 146–168

(140) Sherratt, *op. cit.* p. 275. によると、アドリア海ルートは前一三世紀以降という。

(141) Champion *et al.*, *op. cit.* p. 204

(142) Liverani, M., The Collapse of the Near Eastern Regional System at the End of the Bronze Age：The Case of Syria, in Rowlands, M. L. *et al.*（eds.）, *op. cit.* pp. 66–73；Klengel, H., The 'Crisis Years' and the New Political System in Early Iron Age Syria：Some Introductory Remarks, in Bunnes（ed.）, *op. cit.* pp. 21–30

(143) Klengel, *op. cit.* 江上・五味訳

(144) Sherratt, S., "Sea Peoples" and the Economic Structure of the Late Second Millennium in the Eastern Mediterramean, in Gitin *et al.*（eds.）, *op. cit.* pp. 292–313

(145) Lenfrew, C., *The Emergence of Civilization：The Cyclades and the Aegean in the Third Millennium B. C.*（Methuen & Co. Ltd., 1972）p. 256；Dickinson, *op. cit.* p. 77

（146）温帯ヨーロッパとの武器の類似も指摘されている。Wardle, *op. cit.* p. 243
（147）Dickinson, *op. cit.* p. 253
（148）遺跡の記述は、Meyers *et al.*（eds.）*op. cit.* ならびに Akkermans and Schwartz, *op. cit.* を参照した。
（149）Segona, A. and P. Zimansky, *op. cit.* p. 293
（150）Snodgrass, A. M., Iron and Early Metallurgy in the Mediterranean, in Wertime, T. A. and J. D. Muhly（eds.）, *The Coming of the Age of Iron*（Yale Universiry Press, 1980）pp. 335-374
（151）Wilkinson and Barbanes, *op. cit.* p. 421
（152）Sadar, H., The Aramaean Kingdoms of Syria : Origin and Formation Processes, in Bunnens（ed.）, *op. cit.* p. 68
（153）Schwartz, G. M., The Origin of the Aramaeans in Syria and Northern Mesopotamia : Research Problems and Potential Stratigies, in Haex *et al.*（eds.）, *op. cit.* p. 285
（154）*Ibid.* p. 275
（155）Szuchman, J. J., Mobility and Sedentarization in Late Bronze Age Syria, in Barnard and Wendrich（eds.）, *op. cit.* pp. 397-412 によると、アラム人が文字記録に最初に現れるのは、ティグラト・ピレセルI世の年代記のアラム人討伐遠征であるらしい。前一一一一年のことであるという。
（156）Caubet, A., Reoccupation of the Syrian Coast after the Destruction of the "Crisis Years", in Ward and Joukowsky（eds.）, *op. cit.* pp. 123-131 ; Mazzoni, S., Syria and the Periodization of the Iron Age : A Cross-Cultural Perspective, in Bunnes（ed.）, *op. cit.* pp. 31-59
（157）Akkermans and Schwartz, *op. cit.* p. 390. なお、D・M・ボナコッシによると、ハブール川下流域は人口灌漑に依拠し、ハブール川上流、バリフ川、ユーフラテス川の流域は自然状態にあったことが、アケメネス朝に先行する鉄器時代Ⅱ・Ⅲ期（前九〇〇〜前五五〇年）の集落址の多寡に表れているという。Bonacossi, D. M., The Syrian Jezireh in the Late Assyrian Period : A View from the Countryside, in Bunnes（ed.）, *op. cit.* pp. 349-396
（158）Edens, *op. cit.*
（159）Kay, P. and D. L. Johnson, Estimation of Tigris-Euphrates Streamflow from Regional Paleoenvironmental Proxy Data,（*Climate Change* vol. 3, 1981）pp. 251-263 ; Butzer, K., Environmental Change in the Near East and Human Impact on the Land,

in Sasson *et al.*（eds.）, *op. cit.* vol. I, pp. 123–151

(160) 注44前川執筆分第九・第一〇章、Van de Mieroop, *op. cit.* などを参照。

(161) Van de Mieroop, *op. cit.* p. 186

(162) Zettler, R. L., 12th Century B. C. Babylonia：Continuity and Change, in Ward and Joukowsky（eds.）, *op. cit.* pp. 174–187

(163) Brinkman, *op. cit.*

(164) Kemp, B. J., *Ancient Egypt：Anatomy of a Civilization*（Second Edition, Routledge, 2006, 2007）p. 293

(165) White, D., 1985 Excavations on Bates's Island, Marsa Matruh（*Journal of the American Research Center in Cairo* vol. 23, 1986）pp. 51–84

(166) Morkot, R. G., *The Black Pharaohs：Egypt's Nubian Rulers*（The Rubicon Press, 2000）pp. 91–94

(167) 注44屋形執筆分第一四章などを参照。なお、Weinstein, *op. cit.* によると、第二〇王朝で穀物価格がピークに達するインフレが発生したという。Butzer, *op. cit.* p. 136. も同様の指摘をしている。

(168) Kawanishi, H. *et al.*（eds.）, *Preliminary Report Akoris 2002–2013*（Doctoral Program in History and Anthropology, University of Tsukuba, 2003–2014）.

(169) 注167屋形に同じ。

(170) Alston, *op. cit.*. アコリスで確認された住民像は、Kemp, *op. cit.* がいう economic man と通じる点が多い。

(171) Janeway, B., The Nature and Extent of Aegean Contact at Tell Ta'yinat and Vicinity in the Early Iron Age：Evidence of the Sea People?, in Harrison, T. P.（ed.）, *Cyprus, the Sea Peoples and the Eastern Mediterranean：Regional Perspectives of Continuity and Change*（*Scripta Mediterranea* vols. XXVII & XXVIII, 2006 & 2007）pp. 123–146. なお、J・カサナ論文と対照させると、鉄器時代IとIIとの判別に問題を残すかもしれない。Casana, J., Structural Transformations in Settlement Systems of the Northern Levant（*American Journal of Archaeology* vol. 111 no. 2, 2007）pp. 195–221

(172) Yon, M., The End of the Kingdom of Ugarit, in Ward and Joukowsky（eds.）, *op. cit.* pp. 111–122. cf. du Piêd, L., The Early Iron Age in the Northern Levant：Continuity and Change in the Pottery Assemblages from Ras el-Bassit and Ras Ibn Hani, in Harrison, *ibid.* pp. 161–185；Gilboa, A., Fragmenting the Sea Peoples, with an Emphasis on Cyprus, Syria and Egypt：A Tel Dor Perspectives, in Harrison, *ibid.* pp. 209–244

(173) Caubet, A., Reoccupation of the Syrian Coast after the Destruction of the "Crisis Years", in Ward and Joukowsky (eds.), *op. cit.* pp. 123–131

(174) Meyers *et al.* (eds.), *op. cit.*

(175) Finkelstein, I., The Philistine Countryside (*Israel Exploration Journal* vol. 46 nos. 3–4 1996) pp. 225–242 ; *id.*, The Philistine Settlements : When, Where and How Many?, in Oren, E. D. (ed.), *The Sea Peoples and Their World : A Reassessment* (University of Pennsylvania Museum of Archaeology and Anthropology, 2000) pp. 159–180. 本文の叙述に充分生かすことができなかったが、「海の民」の出自、実態、活動、定住地を多角的、考古学的に立論した著書として、Yasur-Landau, A., *The Philistines and Aegean Migration at the End of the Late Bronze Age* (Cambridge University Press, 2010). が注目される。

(176) Marfoe, L., The Integrative Transformation : Patterns of Sociopolitical Organization in Southern Syria (*Bulletin of the American Schools of Oriental Research* no. 234, 1979) pp. 1–42

(177) Dever, W. G., The Late Bronze–Early Iron I Horizon in Syria–Palestine : Egyptians, Canaanites, 'Sea Peoples', and Proto-Israelites, in Ward and Joukowsky (eds.), *op. cit.* pp. 99–110

(178) Yasur-Landau, *op. cit.*

(179) Liverani, *op. cit.*

(180) Sherratt, *op. cit.* in Gitin *et al.* (eds.).

(181) Killebrew, A. E., The Philistines in Context : The Transmission and Appropriation of Mycenaean–Style Culture in the East Aegean, Southerneastern Coastal Anatolia, and the Levant, in Harrison (ed.), *op. cit.* pp. 245–266

(182) Knapp, A. B., Mediterranean Maritime Landscapes : Transport, Trade and Society on Late Bronze Age Cyprus, in Swiny, S. *et. al.* (eds.), *Res Maritimae : Cyprus and the Eastern Mediterranean from Prehistory to Late Antiquity* (Scholars Press, 1997) pp. 153–161

(183) Stos-Gale, Z., Lead Isotope Provenance Studies for Metals in Ancient Egypt, in Esmael, F. A. (ed.), *Proceedings of the First International Conference on Ancient Egyptian Mining & Metallurgy and Conservation of Metallic Artifacts* (Egyptian Antiquities Organization Press, 1995) pp. 273–285

(184) Steel, *op. cit.*. ギットレン論文によると、ＬＢ期におけるキプロス産土器のレヴァントへの搬出は、ＬＢ期ⅠＡに始まり、

ⅡAでピークに達し、ⅡA末すなわち前一三世紀末にほぼ完全に途絶したという。これは諸集落の災厄と同時期である。Gittlen, *op. cit.* p. 55

(185) Karageorghis, *op. cit.* pp. 89-113

(186) Fisher, K. D., The "Aegeanization" of Cyprus at the End of the Bronze Age : An Architectural Perspective, in Harrison (ed.), *op. cit.* pp. 81-103

(187) Snodgrass, A. M., *The Dark Age of Greece* (The Edinburg University Press, 1971) pp. 237-239 ; Waldbaum, J. C., *From Bronze to Iron* (*Studies in Mediterranean Archaeology* vol. LIV, Paul Åströms Förlag, 1978).

(188) Popham, M., The Collapse of Aegean Civilization at the End of the Late Bronze Age, in Cunliffe (ed.), *op. cit.* pp. 277-303. この年代差を重視すると、「海の民」のミケーネ出自説に至る。Yasur-Landau, *op. cit.*. ただし、西アジア～エーゲ海域の青銅器時代諸政体を滅亡／衰微に至らしめた前一三～前一二世紀の諸事の累積から概観すると、「海の民」の民族移動の強調は大局を見失わせる。

(189) Dickinson, *op. cit.* p. 19

(190) Snodgrass, *op. cit.* p. 364

(191) Rutter, J., Cultural Novelties in the Post-Palatial Aegean World : Indices of Vitality or Decline?, in Ward and Joukowsky (eds.), *op. cit.* p. 70

(192) Muhly, J. D., The Crisis Years in the Mediterranean World : Transition or Cultural Disintegration?, in *ibid.* pp. 10-26 ; Warren, *op. cit.* pp. 133-136

(193) Drews, R., *The End of the Bronze Age : Changes in Warfare and the Catastrophe ca. 1200B. C.* (Princeton University Press, 1993).

(194) Maspero, G., *Histoire ancienne de peuples de l'orient classique*, vol. 2 (1895) ; Wachsmann, S., To the Sea of the Philistines, in Oren, E. D. (ed.), *op. cit.* pp. 103-143 ; Charaf, H., Arqa during the Bronze Age : Connections with the West, in Doumet-Serhal, C. (ed.), *Networking Patterns of the Bronze and Iron Age Levant : The Lebanon and its Mediterranean Connections* (The Lebanese British Friends of the National Museum, 2008) p. 147

(195) Betancourt, P. P., The Aegean and the Origin of the Sea Peoples, in Oren (ed.) *op. cit.* pp. 297-303

(196) Muhly, *op. cit.*

(197) Schreiber, N., *The Cypro-Phoenician Pottery of the Iron Age*（Brill, 2003).

(198) Vagnetti, L., Western Mediterranean Overview：Peninsular Italy, Sicily and Sardinia at the Time of the Sea Peoples, in Oren（ed.）, *op. cit.* pp. 305-326

(199) Åström, P., Continuity or Discontinuity：Indigenous and Foreign Elements in Cyprus Around 1200BCE, in Gitin *et al.*（eds.）, *op. cit.* pp. 80-86

(200) Coldstream, N., The First Exchanges between Euboeans and Phoenicians：Who Took the Initiative?, in *ilid.* pp. 353-360

(201) Osborne, R., *Greece in the Making 1200-479BC*（Second Edition, Routledge, 2009）p. 41

(202) Snodgrass, *op. cit.* pp. 369, 370

(203) 特に断らない限り、以下の記述は、主として次の二著による。Champion *et al., op. cit.*；Cunliffe（ed.）*op. cit.*

(204) 管見によると、失蝋法の初現は前三千年紀の中央アナトリアのＥＢ期にあるという。Sagona and Zimansky（eds.）, *op. cit.* p. 206

(205) Vagnetti, *op. cit.*

(206) Champion *et al., op. cit.* pp. 277-283

(207) Bradley, R., The Pattern of Change in British Prehistory, in Earle（ed.）, *op. cit.* pp. 44-70

(208) Champion *et al., op. cit.* p. 280；Harding, A., Reformation in Barbarian Europe, 1300-600BC, in Cunliffe（ed.）, *op. cit.* p. 306

(209) Bouzek, *op. cit.*

(210) Monchambert, *op. cit.*

(211) シルクロード学研究センター編『新疆出土のサーサーン式銀貨―新疆ウイグル自治区博物館蔵のサーサーン式銀貨―』シルクロード学研究　第一九号　二〇〇三年。津村眞輝子氏のご教示によると、中央アジアはもとより、ロシア、ポーランド、ドイツ、スウェーデン、スリランカに出土例があり、ヨーロッパ圏の例は交易圏を示すとはいえないという。Malek, H. M., A Survey of Research on Sasanian Numismatics（*Numismatic Chronicle*, vol. 153, 1993）pp. 227-269. 岡崎敬『増補東西交渉の考古学』平凡社　一九八〇年。

(212) 糸賀昌昭「長安とバグダード」（山田信夫編『ペルシアと唐』東西文明の交流　第二巻　平凡社　一九七一年）。

(213) Kawanishi, H. and S. Tsujimura (eds.), *Akoris : Report of the Excavations at Akoris in Middle Egypt, 1981–1992* (Koyo Shobo, 1995).
(214) 森川愛美「中エジプト・アコリス遺跡の転用例にみる諸問題」(『筑波大学先史学・考古学研究』第二三号 二〇一二年)。
(215) Alston, *op. cit.* pp. 260–262
(216) Spencer, A. J., *Excavations at el-Ashmunein II : The Temple Area* (British Museum Publications, 1989) pp. 75, 76
(217) Bailey, D. M., *Excavation at el-Ashmunein V : Pottery, Lamps and Glass of the Late Roman and Early Arab Periods* (British Museum Press, 1998).
(218) Bagnall, R. S., *Egypt in Late Antiquity* (Princeton University Press, 1993) p. 52 によると、アルシノエが二三六ha、アトリビスが一九〇ha、ヘラクレオポリスが一四四ha、ヘルモポリスが一二〇ha、オキシリンコスが一〇〇ha、トモウイスが九〇ha、ナウクラテスが三二haであるという。
(219) Alston, *op. cit.* p. 356
(220) *Ibid.* p. 317
(221) *Ibid.* p. 362
(222) Haas, C., *Alexandria in Late Antiquity : Typography and Social Conflict* (The Johns Hopkins University Press, 1997).
(223) Marfoe, *op. cit.*
(224) Casana, *op. cit.*
(225) Liebeschuetz, J. H. W. G., The End of the Ancient City, in Rich, J. (ed.), *The City in Late Antiquity* (Routledge, 1992) pp. 1–49 ; *id., The Decline and Fall of the Roman City* (Oxford University Press, 2001).
(226) Cf. Cameron, A., *The Mediterranean World in Late Antiquity : AD395–600* (Routledge, 1993) pp. 160, 161
(227) Cf. Kennedy, H., From Polis to Madina : Urban Change in Late Antique and Early Islamic Syria (*Past & Present* no. 106, 1985) pp. 3–27. 小林功「六―七世紀ビザンツ帝国における都市景観の変化―『ポリス』から『カストロン』へ」説の再検討―」(『西洋史学』第二〇六号 二〇〇二年)。
(228) Cameron, *op. cit.*
(229) Liebeschuetz, *op. cit.* (2001) p. 380

(230) Ward-Perkins, J. B., Central Authority and Patterns of Rural Settlememt, in Ucko *et al.* (eds.), *op. cit.* pp. 867–882 ; *id.*, *The Fall of Rome : And the End of Civilization* (Oxford University Press, 2006). 南雲泰輔訳『ローマの崩壊―文明が終わるということ―』（白水社　二〇一四年）。

(231) Liebeschuetz, *op. cit.* (2001) p. 381

(232) Ward-Perkins, *op. cit.*

(233) 森本芳樹「中世初期の社会と経済」（『岩波講座世界歴史』七　中世ヨーロッパ世界Ⅰ　一九六九年）。

(234) H・ピレンヌほか（佐々木克己編訳）『古代から中世へ―ピレンヌ学説とその検討―』創文社　一九七五年。

(235) Cook, S. A. *et al.* (eds.), *Cambridge Ancient History vol. 12 : The Imperial Crisis and Recovery A. D. 193–324* (Cambridge University Press, 1971) pp. 282–296

(236) Todd, M., Barbarian Europe, AD 300–700, in Cunliffe (ed.), *op. cit.* pp. 447–482. 三浦弘万『西洋原始・古代・中世初期の人びとの定住発達と心性の研究』鶴山堂　二〇〇二年。

(237) カラノヴァⅥ期で得られたAMS法による銅石時代末期の年代を遡らせる結果が、他の遺跡で得られている。それによると、前五千年紀中葉であるというから、周藤が示した北ギリシア、ウバイド後期の南メソポタミアでの集落形成の衰微と、年代上併行することになる。禿仁志編『ブルガリア・デャドヴァ遺跡の資料分析を通して見る青銅器時代開始期の背景―ブルガリア・デャドヴァ遺跡の第二一次・第二二次・第二三次調査報告（二〇一〇―二〇一二）―』平成二二年度～平成二四年度科学研究費補助金基盤研究B研究成果報告書　二〇一四年。

(238) Ashtor, E., A Social and Economic History of the Near East in the Middle Ages (University of California Press, 1976) が、イスラム時代における集落形成の衰微要因について、人口減少とベドウィンの農業の多様な目的と性質が灌漑システムの機能停止と激しい土壌流出を惹き起こしたことを述べ、それが連続的衰微であり、メソポタミアの大部分の地域に及んだことを指摘している（pp. 45–55）。イスラム期の衰微要因としてこのような見解があることを付記しておく。また同書によると、耕地の劣化に伴って、西アジア方面やエジプトでイスラムのカリフ政権に対する農民暴動が八～九世紀に続発し、宗教上の対立によってさらに激化したらしい（pp. 68–70）。

第三章　東ユーラシアの集落形成

第一節　前三千年紀以前（新石器中・後期）の動向

記述にあたって　東ユーラシアとして現在の中華人民共和国の領域を取り上げ、これを中国と表現すると、新石器時代の開始すなわち農耕出現時のことについては、その実態が年代も含めてまだよくわかっていない。これは資料が少ないせいであろうが、その限られた資料からみると、土器を伴っていたことが知られているので、西アジアのように無土器の農耕文化段階を経過せず、土器の出現の方が先行するのかもしれない。ところが、西アジアで無土器新石器時代の諸文化が衰退して土器新石器時代が幕を開ける前六〇〇〇年頃になると、中国各地で農耕村落がその数を増したらしいことが、資料数の増加から察せられる。西アジアの場合、気候の乾燥化が無土器新石器文化を衰滅に追いやり、それが結果として土器新石器文化の興隆を導いたとされるが、中国でも同期の気候変動に伴う生存環境の悪化が各地で農耕への依存度を高めて農耕村落の出現を促した可能性があるのかどうか、検討を要する課題であろう。

それはともかく、新石器時代の終末すなわち銅／銅合金時代の中国における開始は、西方の黒海方面の先駆地よりも二五〇〇年ほど遅れ、前二〇〇〇年頃とされている。錫銅が流布するのは西アジアで前二〇〇〇年頃、中国で前一六〇〇年頃からであるが、西アジアではそれ以前の砒素銅が多い段階を含めて、便宜上青銅器時代と呼び慣わし、中

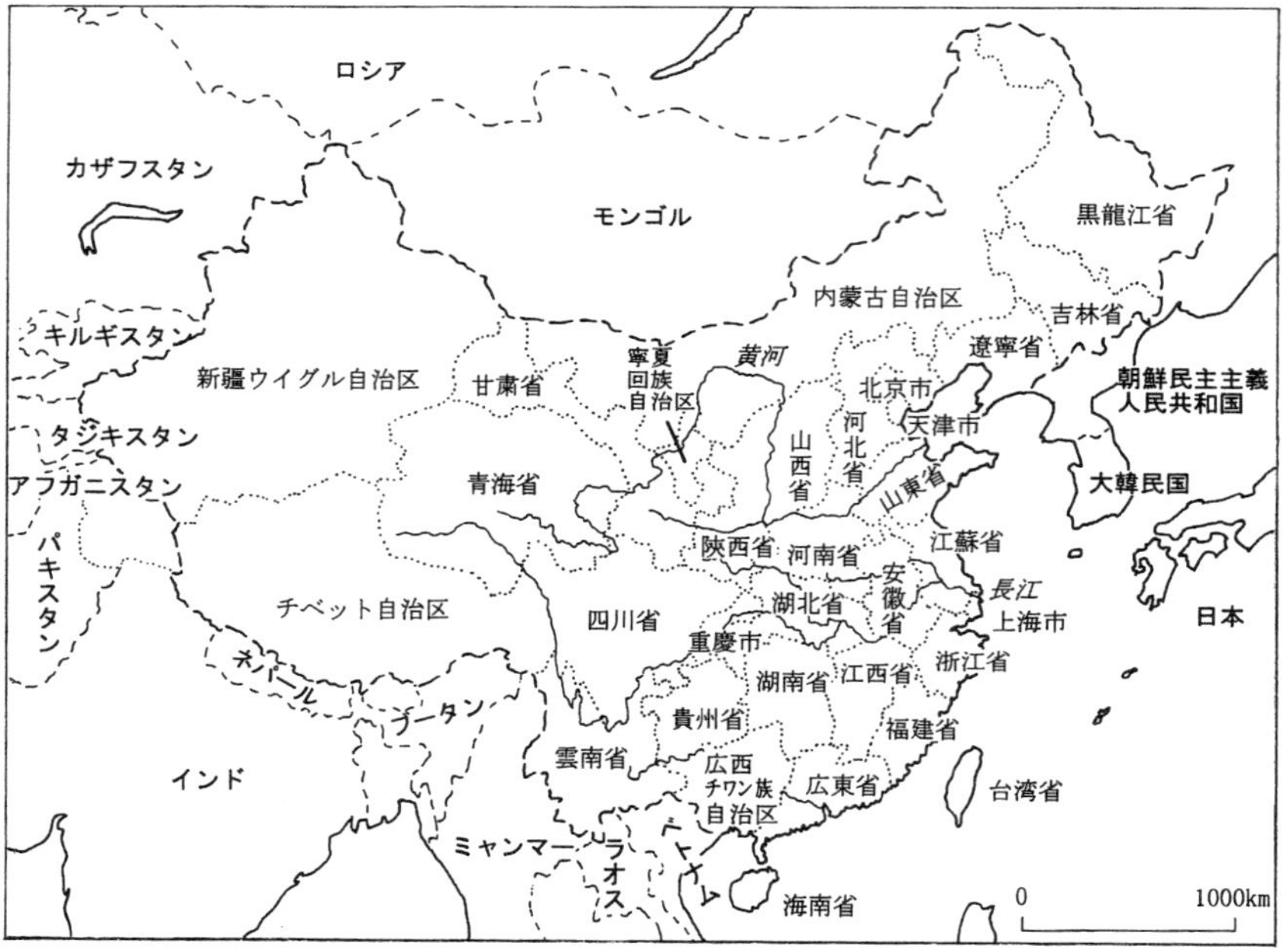

図35　中国と近傍の諸地域（本章注1　図1）

国の考古学者もそれに倣って前二〇〇〇年頃からを青銅器時代とする。新石器時代の一部を割いて銅石器時代を設ける見解があるが、本書ではその見解を排したうえで、四〇〇〇年あるいはそれ以上にわたることになる新石器時代の長い時間を、すでに実行されているように、前・中・後期に区分することにした。

ただし、数多くの文化や類型によって構成されている編年体系の分期法については、異見がある。体系が覆っている地域の広大さ、時間の長さ、文化と類型の多様さを考えれば、異見の存在は不思議でないし、いずれの見解を採るにせよ編年分期上の一線が截然としたものにはなりえない。このような難しい現状のなかで、研究者がほぼ一致して認めているのが前・中期間の一線であり、異見が併立しているのが中・後期間の一線である。

すなわち、内蒙古自治区域（以下内蒙古とする）南東部～遼寧省域（以下遼寧とし、他の省域もこれに倣う）西部に集中する紅山文化の後期、甘粛、寧夏、陝西、山西、河南を中心にして広域に分布する仰韶文化の後期、湖北・湖南方面を覆う大渓文化の後期、山東を主要分布域とする大汶口文化の中・後期を、それぞれ新石器時代後期前・中葉として中期から分離する小澤正人案があり、(1)他方、これらを中期に入れつつ大汶口文化の一部を後期にとどめる飯島武次案がある。(2)もとよりこの違いは暦年代にも現れており、中・後期の交を小澤案が前三五〇〇年頃、飯島案が前三〇〇〇年頃に求めている。本書の分期はどちらかというと飯島案に近いが、湖北を中心に分布する屈家嶺文化を後期に入れる点で同案と相違がある。土器類型の交替を重視して中・後期間の分離を試みた結果、前述の大汶口文化と、浙江を中心に分布する良渚文化と、甘粛方面の馬家窯文化とが、中・後期にまたがることになった。土器の特徴によって措定された文化や類型が、理化学的に導いた較正年代の編年案となじまないのは、致し方がないのであろう。

集落形成の隆替を記述するにあたって、『中国文物地図集』から基礎的データを得た。一九九〇年代から国家的事業として今も刊行が続く本叢書は、文化財関係資料の精細さや記述の充実ぶりに加え、中国でセトルメント・アーケオロジーが興隆する契機を作った点でも特筆に値する。ただ、刊行が長期にわたるこの種の企画の常として、刊行年次以降の成果を反映していない。この致し方がない点は、他の刊行物で補うことにした。なお、本書の論述に関係する安徽、江西は未刊行であり、この欠落も管見に触れた刊行物で補った。

『中国文物地図集』所収の考古学的遺跡は、址と墓から成る。集落址を抽出するにあたって、もとより墓は除き、址のなかから生産址、宗教施設址を外した。残ることごとくが集落址であるとまではいえないけれども、址数の小異に拘泥しなければ、結果を誤ることにはならないだろう。また、址ごとに記された時期は、散布遺物に基づく推定であるから、隠された下層が存在する可能性を考慮しておかなければならない。ただし、形成がしばしば現地表下に端を発し存続が長期にわたる西アジアのテル集落址に較べると、中国の集落址の方が相対的に、存続期間が短く遺構層が薄いので、散布遺物による時期推定に高い信頼をおくことができるはずである。それでも問題は残るが、ともかく結

表7　東ユーラシアの址数内訳一覧：新石器時代

	新石器			青銅器			戦国	漢
	前	中	後	前	中	後		
内蒙古	164	1207	207	3132	20	724	485	903
遼寧	26	110	27	1970	68	907	560	311
河北	453（うち後期例 80）			436	537	862	1348	999
甘粛	7	1068	926	2732	73	541	22	535
寧夏		16	201	330	1	6	18	75
陝西	40	2074	2236	13	321	990	520	1783
山西	1	703	1447	521	366	1193	1522	1997
河南	87	734	1597	81	637	549	579	637
山東	11	381	1769	316	1345	2784	2734	3987
四川	2	7	3	23	92	101	93	131
湖北	11	129	664	2	672	1954	1868	609
湖南	11	126	617	1?	1187	1782	1227	461
江蘇	1	212	69	17	264	264	153	290
浙江	2	240	146	50	327	465	460	19
総計	363	7007	9909	9624	5910	13122	11589	12737

果を通覧するところから話を始めよう。

集落址数の多寡―概観―　別表は新石器時代前期（以下新石器前期と略し、中期、後期も同様とする）から後期に至る省域ごとの集落址数である（表7）。なお、河北の新石器時代址四五三のうち六三％の二八六で、時期が細分されていないので、河北を本節の叙述の対象から外す。本表が示す結果に眼を向けると、前・中期の間の址数がすべての省域で増加している。中期の実数を問うと、四川、湖北、湖南、江蘇、浙江という長江流域でおしなべて少なく、遼寧、寧夏を除く以北諸地域で多い。つまり、北多南少といえる。ところが中・後期例の間では、内蒙古、遼寧、江蘇、浙江で激減し、甘粛、陝西でほぼ同数を示し、他方、寧夏、山西、河南、山東、湖北、湖南で大きく増加している。つまり、黄河北方と江蘇、浙江で減少、西方で停滞し、黄河本流域の寧夏、山西、河南、山東に加え、長江中流域の湖北、湖南で増加をみせているわけである。新石器前期は二〇〇〇年かそれ以上、中期は二〇〇〇年、後期は一〇〇〇年にわたって存続した。この点に配慮すると、前・中期間の増加はその程度をさらに加える可能性があり、中・後期の増加もまた程度を加え、停滞は増加に転じ、減少は度合が和らぐことになる。そこであらためて結果を総括すると、黄河北方の遼寧、内蒙古、江南の浙江が減少地として残り、残る省域は増加地に入る。址数が極端に少ない四川を外し、各省域の増減の実態について細かく検討することにしよう。省域別、中後期別では議論の目が粗いからである。なお、中・後期にまたがる

表 8　内蒙古の址数内訳一覧：新石器中・後期

地域名	時期 / 文化・類型名	中期										後期						不明新石器
		後岡	半坡	趙宝溝	仰韶	海生不浪	廟底溝	紅山	王墓山下	富河	阿善Ⅰ・Ⅱ	小河沿	龍山	阿善Ⅲ	永興店	老虎山	不明後期	
西部	阿拉善																	3
	巴彦淖爾																2	6
	伊克昭				117	6	1						65	2	2			21
	烏蘭察布	2	1		17	8	1		2				15			8		38
	烏海																	
	包頭		1			1	1				2			4				18
	呼和浩特				25	9	1		2				19	3	3			53
東部	錫林郭勒																	27
	興安																	23
	呼倫貝爾																	66
	通遼							115		6								8
	赤峰			97				754		38		84						8
総計		2	2	97	159	24	4	869	4	44	2	84	99	9	5	8	2	271

大汶口・良渚例の址数は、便宜上これを半数に分けて各期例に加算してある。浙江が減少地に含まれるのはそのせいであるかもしれない。

集落址数の多寡―北方―　内蒙古、遼寧の址数内訳の結果を通覧すると、中・後期例間の址数の減少は、内蒙古南東部～遼寧西部の燕北における址数の減少によるところが大きい（表8・9）。すなわち、内蒙古の赤峰に中心をおく紅山文化例で数多かった址数が、後継の小河沿文化例で激減している。また、伊克昭すなわちオルドスに分布する、内蒙古西部では数多い仰韶文化期（以下仰韶期とし、他の文化期も同様とする）例一一七の内訳を示すと、

前葉例二、中葉例一七、後葉例五八、分期なし例四〇となる。分期なしの例をかりに前葉例や中葉例に加算したとしても、後葉例で減少する結果にはならない。このことは、西部における址数の減少が、後期例とともに始まり、この減少を経て龍山期例の増加に至った推移を示唆している。さらに、趙宝溝文化の次代を継承した紅山文化が中期終末まで存続したことを考えると、内蒙古東南部～遼寧西部における址数の減少も、後期例においてであることが知られる。他方、

表9　遼寧の址数内訳一覧：新石器中・後期

地域名		中期 紅山	後期 偏堡	後期 小珠山中	後期 後洼上	後期 小珠山上	後期 不明後期	不明新石器
西部	朝陽	67					1	2
	葫蘆島	11						2
	錦州	8						
	阜新	12						
	沈陽	12	6					18
東部	鉄嶺							1
	撫順							
	本渓							1
	丹東				1			34
	遼陽							
	鞍山							3
	盤錦							7
	営口							9※
	大連		2	10		6	1	19
総計		110	8	10	1	6	2	96

※うち2が小珠山。

表10　甘粛の址数内訳一覧：新石器中・後期

地域名		仰韶 半坡	仰韶 廟底溝	仰韶 後葉	石嶺下	馬家窯 馬家窯	馬家窯 半山	馬家窯 馬廠
西部	酒泉							6
	嘉峪関							
	張掖							
	金昌							4
中部（黄河）	武威					2		47
	蘭州					49	54	125
	白銀			1		9	31	9
	臨夏					38	84	158
	甘南蔵		5		1	46	3	1
東部（渭河）	定西		4			69	31	1
	慶陽	39	508	4				
	平涼	17	254	83		18		2
	天水	4	84		5	76	4	2
長江	隴南	12	42		3	40	9	6
総計		72	897	88	9	347	216	361

※天水に中期の大地湾2～4類型から後期の大地湾5類型に続く1例と大地湾2類型の1例が、慶陽に後期の常山下層類型の1例が加わる。

遼寧東部で、大連での址数が後期例で増加し、分期のない例も少なからず存在する。西部と推移を異にする可能性がある点に、注意を促しておこう。

なお、時期不明の新石器時代集落址が、少なからず存在する。これらをすべて後期に編年したとすると、紅山文化分布域での減少は沈陽を除いて変わらず、内蒙古西部の伊克昭での減少も動かない。中期の址数が多い地域で結果が変わらないのに対し、少ない諸地域で増加することになる。これは増加を予想して出発した前提が成立しにくいことを示唆する。

集落址数の多寡―黄河水系―　中・後期例の間で址数が増加したとみた省域の例は、数が多く、覆う面積も広大である。そこで、黄河水系と長江水系とに分けることにして、まず黄河水系を本項で取り上げる。甘粛から始めると、中期中葉の廟底溝類型の址数が最多で、しかも、渭河水系に集中している（表10）。同水系中の北部に位置する慶陽、平涼での密集ぶりが、全址数の八五%を占めるほど図抜けている。渭河は東流して関中の入口で黄河に合する支流であり、甘粛中部の黄河は北流してオルドスを迂回する本流にあたる。両水系は隣接しているが、仰韶期の址数にきわだった差異がある。ところが、中期後葉にあたる仰韶期後葉の馬家窯石嶺下類型の址数は大きく減少し、後期の馬家窯馬家窯類型は址数が中期中葉例に及ばないにせよ増加をみせ、しかも分布の中心が中部の黄河水系に移る。また、渭河水系に含めた定西の一部が黄河水系に属することを考慮すると、分布水系の移動がさらに際立つことになる。

なお、劉宝山が甘粛、青海の集落址について、半山類型例での減少、馬廠類型例での増加を指摘している(3)。同じ動向をみせている表示の結果も、資料上の偶然とはいえないようである。

寧夏に移ると、集落址が中衛、固原に集中し、馬家窯馬家窯類型の址数が突出している（表11）。中衛、固原は甘粛の白銀、平涼、慶陽と境を接し、白銀と同じく黄河水系に属する。中期の址数が乏しく、馬家窯馬家窯類型の址数が大きく増加している点で、甘粛の黄河水系と動向を同じくし、渭河水系と隔たっている。分期不明の新石器集落址を加えても、址数における南方の優位は動かない。北方も黄河水系に属するが乾燥気候であるために、集落形成に適していないからである。

陝西の場合、中期の仰韶期を構成する諸類型のなかで、廟底溝類型の址数が、分期された中期例全体の半ば余りを占めるほど図抜けて多い（表12）。北部と中部とがこの多さを支えており、中部の多さは渭河水系で結ばれた甘粛東部と共通する。これに較べて中期後葉の諸類型は、各址数を合算したとしても廟底溝類型の址数に遠く及ばない。この中期後葉例の少なさ

表11　寧夏の址数内訳一覧：新石器中・後期

地域名 ＼ 時期 文化・類型名		中期 仰韶	中期 仰韶後葉	中期 石嶺下	後期 馬家窯	後期 菜園	後期 龍山	不明新石器
北部	石嘴山							10
	銀川							11
中部	呉忠							21
	中衛	1			38	46		24
南部	固原	8	5	1	116		1	4
総計		9	5	1	154	46	1？	70

※固原に中期北首嶺下類型の１例が加わる。

表12　陝西の址数内訳一覧：新石器中・後期

地域名＼時期・文化・類型名		中期前葉 半坡	中期前葉 史家	中期中葉 廟底溝	中期後葉 福臨堡	中期後葉 半坡後期	中期後葉 西王村	中期後葉 仰韶後期	中期 仰韶	後期 廟底溝II	後期 馬家窯	後期 客省庄II	後期 双庵	後期 陝北	後期 石峁	後期 龍山	後期 不明後期
北部	楡林	5		12			1	6	104		5			1	3		739
	延安	51	1	173				23	318	5		1					663
	銅川	6	1	23		1			36							39	
中部（渭河）	宝鶏	18	1	42	9	46		19	426	8		5	8			293	
	咸陽	28	1	37		1	1	3	153	14		8				136	
	西安	18	3	20		2	2	5	75	1		7				65	
	渭南	52	6	96			2	6	111	8						162	
南部（長江）	漢中	1		4				1	27	1							11
	安康	6		2				1	25	2							2
	商洛	7		4		4			45								45
総計		192	13	413	9	54	6	64	1320	39	5	21	8	1	3	695	1460

※西安に後期の康家類型の１例、漢中に中・後期の過渡期の２例、安康に中期の大渓文化２例と後期の屈家嶺文化２例とが加わる。

は、中部の渭河流域で後期前半を代表する廟底溝II類型の例に継承され、さらに同後半の龍山期例での址数の激増に至る。また、北部と南部の少なさは、不明後期の例が、後期全体を覆っているとすれば中期後葉例にとどまり、後期後半で多いとすると中部と隔たらないことになる。いずれともあれ、中期後葉例の減少は動かない。この点もまた甘粛東部と共通する。

なお、渭河流域のなかで宝鶏の示した増減の軌跡が注意を引く。上述した大勢から離れて中期後葉の址数が増加し、後期前半例が減少しているからである。宝鶏での減少時期がこのように他よりも遅れることは、集落址の面積を扱った王建華や出現頻率を問うた張小虎の結果とも合致するので偶然ではない(4)。この遅延の原因は、陝西の西端にあり、渭河を遡って甘粛に通じ、南下して四川に至る宝鶏の地理的位置によるのかもしれない。しかし、甘粛、四川に類例を見いだせない。

また陝西の場合、分期されていない仰韶期の址数が一三二〇にのぼる。『中国文物地図集』陝西分冊が刊行された一九九八年以後の新研究を容れて結果が覆らないことを示したが、それでも不安が残る。その点で次に取り上げる山西は、分冊の刊行が二〇〇六年で分期も行き届いているから、不安が少ない。

全体の増減を概括すると、中期中葉の廟底溝類型例で中期の址数が最多に達し、後葉の諸類型例で減少し、合算しても及ばない（表13）。そうして後期前半の廟底溝Ⅱ類型例で廟底溝類型例に近いところまで増加し、龍山期例のさらなる増加に至っている。つまり、中期後葉例で低落し、後期前半例で回復し、後半例でいっそう増加しているわけである。地域別にみると、この結果を忠実になぞっているのは南部、なかでも址数に恵まれた臨汾と運城である。陝西東部の延安が臨汾と、西安が運城とそれぞれ境を接しているが、減少が中期後葉例にとどまる点で、後期前半例にも減少が及んでいた陝西二地域と異なる。この南部と違って中部は、総数として中期後葉例が増加し、後期前半例が減少している。このような動向をみせた例は、陝西の宝鶏はさておき、内蒙古にあった。陝西の楡林を隔てて伊克昭に近く、増減の動向も似ている。山西中部は南部との間に動向の異なる一線があり、内蒙古の伊克昭と連なるのであろう。

　なお、管見に触れた小地域での調査結果を紹介しておくと、運城南西部の環塩湖地区で址数が、仰韶期前・中葉例間で激増、同中・後葉例間で減少、仰韶期後葉・廟底溝Ⅱ類型例間で激増、廟底溝Ⅱ類型・龍山期例間で減少すると

表13　山西の址数内訳一覧：新石器中・後期

地域名 ＼ 文化・類型名 ＼ 時期		中期前葉	中期中葉	中期後葉				後期前半	後期後半					不明新石器
		後岡	廟底溝	義井	大司空	西王村	仰韶後期	廟底溝Ⅱ	白燕	小神	陶寺	三里橋	不明龍山	
北部	大同		4					1					40	1
	朔州							4					60	1
中部	忻州	1	5	50				6	276					
	太原		6	18				2	45					
	呂梁	5	55	33				19	126					1
	晋中		20	30				37	45					1
	陽泉		1	1					4					1
南部	臨汾	7※	134				62	188			253			
	長治		26		9			10		85				
	運城	12※	143			71		91				186		
	晋城	1	3		6			3		16				
総計		26	397	132	15	71	62	361	496	101	253	186	100	5

※類型不明。

表14　河南の址数内訳一覧：新石器中・後期

地域名		中期 仰韶	後期 大汶口	後期 屈家嶺	後期 廟底溝Ⅱ	後期 龍山	不明新石器
北部	濮陽	6				24	1
	安陽	24				70	
	鶴壁	11				42	
	新郷	9				46	
	焦作	54				96	
中部	三門峡	151			1	142	
	洛陽	176	1			187	
	鄭州	73	1	1		75	1
東部	開封	7				21	
	商丘	3	4			43	
	平頂山	44	1			63	
	許昌	11	2			40	
	漯河	11	1			51	
	周口	16	21			99	
南部	南陽	75		67		73	
	駐馬店	25	5	54		179	
	信陽	19	2	33		171	1
総計		715	38	155	1	1422	3

いう。(5) また、運城南部の垣曲盆地での址数は、仰韶期中葉例三九、同後葉例二六、廟底溝Ⅱ類型例三四、龍山期例三八である。(6) さらに運城盆地東部の調査結果を加えると、仰韶期前葉例二四、同中葉例六六、同後葉例八一、廟底溝Ⅱ類型例一一七、龍山期例八四を数えるという。(7) 中期後葉例が環塩湖地区と垣曲盆地で減少し、運城盆地東部で増加している点について、前二者は運城の大勢に従い、後者はそれに反している。また、後期前・後半例間の址数が微増ないし減少し、三者とも激増の大勢から隔たっており、この結果は大勢に変更をせまる可能性が小さくない。ところが、運城盆地東部で導かれた集落総面積の推計結果によると、仰韶期前葉例で一〇一万㎡、仰韶期中葉例で一二五〇万㎡、仰韶期後葉例で六〇八万㎡、廟底溝Ⅱ類型例で五四五万㎡、龍山期例で一〇六九万㎡をはかる。つまり総面積で較べると、中期後葉例での半減が後期前半例まで継続したことになるわけである。その意味で、址数が互いに近似する中期後葉例での増加、後期前半例でのさらなる増加、同後半期例での減少に依拠するならば、集落形成動向の結果を誤ることになる。注意を要する点である。

次に、河南に移ろう。表14の結果を通覧すると、北・中・東部で仰韶期と龍山期との間に址数の減少期が介在し、南部ではその可能性が低いことを、後期前半の屈家嶺期例の存否によって推測することができる。また、大汶口期の址数の多さによって、東部の周口もその可能性が低い地に加わる。さらにまた仰韶期と龍山期との継続年数の長短を考慮に入れると、どの地でも龍山期の址数が上回る結果になるが、中部の各地と南部の南陽での増加は他に較べて低

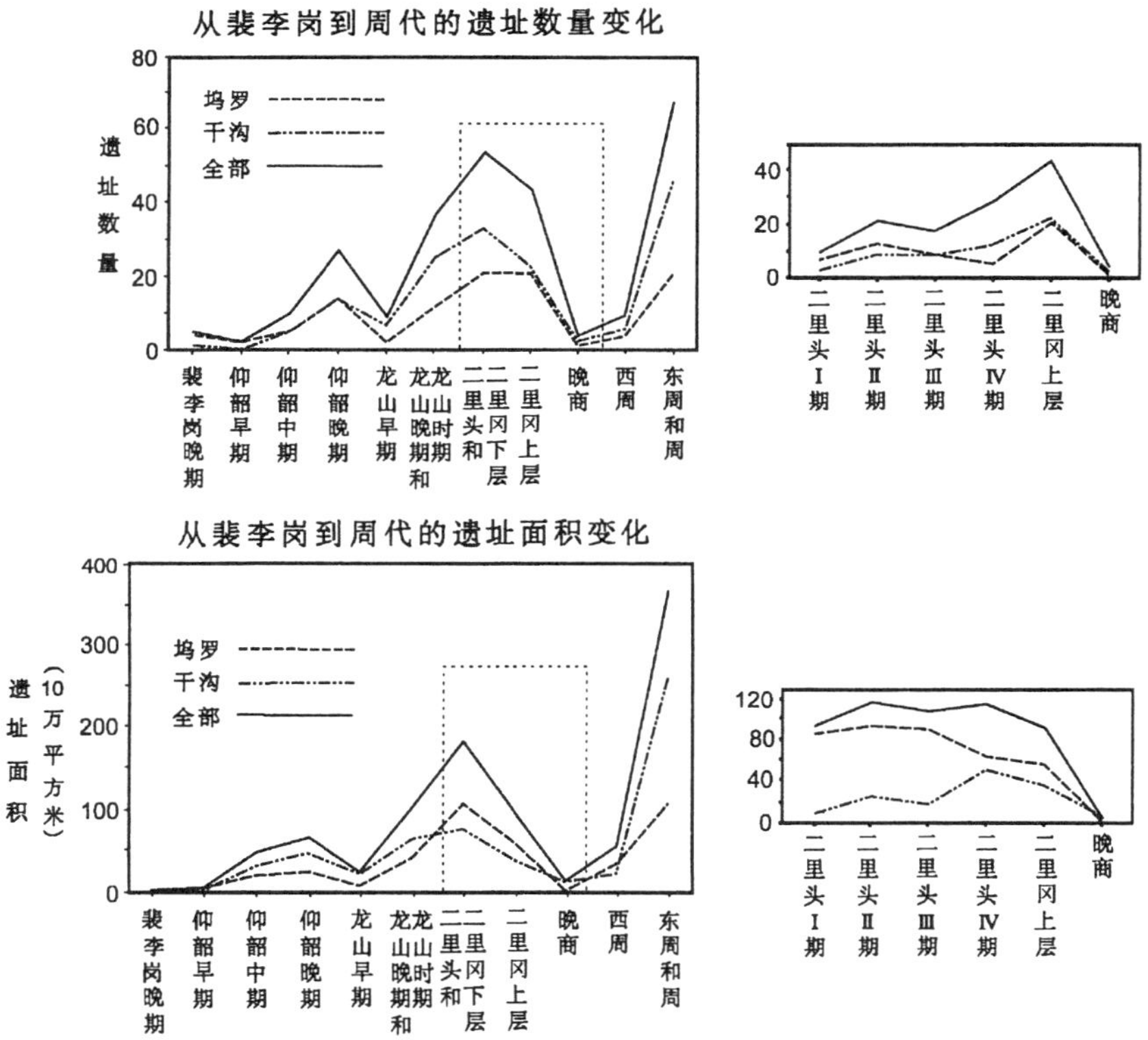

図36　河南省伊洛河地域における遺跡数と面積の増減：新石器前期〜周代（本章注8　図27）

位であることが、両期の址数の近接ぶりからみてとれるのである。このように東部の周口と南部が自余の諸地域と址数の増減が離反する点について、周口が大汶口文化域に、南部が屈家嶺文化域に接し、それぞれの文化域での増減と同調したことが考えられる。両文化域での動向は後述する。また、中部と南陽で増加度が低い点については、さらに検証を要する。河南分冊の刊行が一九九一年で、データの更新が求められるからである。

洛陽北部の伊洛河地区で陳星灿らが行った調査の結果によると、中期の址数が仰韶期後葉例で最多に達し、後続する龍山期前半の例が大きく減少し、龍山期後半・龍山期例が増加している(8)（図36）。総面積の増

表15　天水〜鄭州間の仰韶期址数内訳一覧

時期／地域名	仰韶期全址数	仰韶期後葉例の址数	仰韶期後葉例の比率（%）
渭河上流	136	34	25
涇河上流	260	200	77
甕沸千渭	526	349	66
涇泔漆渭	275	145	53
石川河	86	47	55
渭南	232	119	51
北洛河	301	176	58
涑汾黄河	153	61	40
弘澗黄河	141	67	48
伊洛澗黄河	229	160	70
潁水黄河	88	68	77
心蟒黄河	53	40	75
総計	2480	1466	

減も同じ軌道を辿っているので、龍山期前半すなわち後期前半例の低落は址数だけにとどまらない。この結果に基づいて喬玉が推定した土地利用率や人口の変遷もまた、この低落を伝えており[9]、さらに王建華『黄河中下游地区史前人口研究』が、河南全域における龍山期前半での址数の激減を示している[10]。この低落は疑いない。焦作、三門峡、洛陽、鄭州、平頂山、許昌に及ぶ鄭洛地域で行った趙春青の調査結果によると、中期例は址数、総面積とも仰韶期後半例が最多であり[11]、この結果は鞏文の統計によっても追認されている[12]。

その鞏文の統計であるが、渭河上流の甘粛の天水から河南の鄭州に至る黄河流域で仰韶期後葉例を抽出し、支流域ごとに合算した結果がそれにあたる。仰韶期全址数に対して後葉例の占める比率を添え、表15として結果を転載した。この結果から、二つの論点が導かれる。一点は、伊洛澗黄河および以東すなわち河南で比率が高進することである。これは趙春青の結果を追認したことになる。もう一点は、以西の山西、陝西での比率が、中期後葉例の減少を指摘した地域としては高いことである。鞏文が仰韶期後葉として掲げた例のなかに、陝西省扶風県案板遺跡が含まれている。同遺跡で設定された案板Ⅲ類型は、報文『扶風案板遺址発掘報告』（二〇〇〇年）中で、廟底溝Ⅱ類型、常山下層類型とならんで、龍山早期に位置づけられている。したがって、鞏文のいう仰韶後期の例のなかに、龍山期前葉例が入っている可能性が高いことを、念頭におかなければならないだろう。その意味で、山西、陝西における仰韶期後葉例の比率の高さは、これを重視しない方が無難であると思う。

なお、趙が示した各時期の址数は、仰韶期前半例二三八、同後半例三五七、龍山期例五一六である。龍山期前半例の減少が汲み取れない点に、時期区分上の問題があるが、それはともかく、仰韶期後半例から龍山期例への増加率一五〇%は、他の増加ぶりと比較すると低い数字である。前述した中部での増加の鈍さと通じる。

東行して山東に入ると、表16として示した址数の結果が、中期中葉~後期前半の大汶口期例で址数の急増を伝え、後期後半の龍山文化例でさらなる増加をみせてくれる。この大勢と隔たる地が若干あり、山東半島先端の烟台と威海で、前期末~中期前葉の北辛類型併行の白石類型例よりも大汶口期例の方が少なく、中部において莱蕪、泰安、済寧が占める中南部で、龍山期例が同数かまたは減少している。大汶口期の他期に勝る継続時間の長さを考慮に入れると、半島先端での減少はさらにその度を加え、中南部での同数または減少は近似ないし鈍い増加に転じ、大汶口・龍山両期例間の増加はいっそう甚だしさを増す。

表の結果としてもうひとつ指摘したい点は、大汶口期集落址の分布が、西部で薄く、中・東部とりわけその南部で濃い点である。荷澤と接する河南の濮陽、開封、商丘に大汶口期集落址がみいだされていなかったこと、周口で同期集落址を介して中・後期例間で址数が増加した可能性があることも、この点で意味をもつかのようである。安徽での動向が判明すれば、この可能性の有無が明らかになるはずである。

表16　山東の址数内訳一覧：新石器中・後期

地域名		中期			後期	
		北辛	白石	大汶口	龍山	不明新石器
西部	浜州	1		2	32	
	徳州				18	
	聊城			10	38	
	荷澤			6	79	
中部	済南	8		26	74	
	莱蕪			3	1	
	泰安	1		42	20	
	済寧	6		87	87	1
	棗庄	5		55	81	
	東営			5	14	
	淄博	2		19	53	
	臨沂			116	369	1
東部	日照			50	116	
	濰坊	3		79	383	
	青島			26	62	
	烟台		55	12	47	
	威海		24	14	19	
総計		26	79	552	1493	2

龍山期の大型集落址である両城鎮の存在に関連して実施された東南部の日照県海岸平野での分布調査の結果によると、各時期の址数は、北辛類型例二、大汶口期例二七、龍山期前葉例一五〇を数え[13]、内陸の淄博市臨淄区の大型集落址の桐林の周辺調査では、北辛類型例四、大汶口期例二〇、龍山期例五一を数える[14]。ともに龍山

表17　湖北の址数内訳一覧：新石器中・後期

地域名		中期 仰韶	中期 大渓	後期 薛家岡	後期 屈家嶺	後期 石家河	後期 龍山	不明新石器
北部	十堰	25			11	20	9	27
	襄樊	4	1		24	115		11
	随州				2	31		2
	孝感				37	50	4	71
	武漢		3		21	56	1	6
	黄岡		2		2	4		276
	神農架林							
南部	恩施土家		8					7
	宜昌		45		22	46		18
	荊門		22		25	18		69
	天門		3		9	58		1
	潜江					1		
	仙桃				1	2		
	荊州		16		30	31		11
	鄂州				2	9		1
	黄石			4	1	11		49
	咸寧					7		5
総計		29	100	4	187	459	14	554

期例の増加を伝えている点で、表示の結果に添っている。ただ難をいえば、継続年数の長い大汶口期を分期していないために、同期内での増減の動向が明らかになっていない[15]。暦年代のうえで大汶口期は中・後期を跨ぐので、その動向はないがしろにできない。

集落址数の多寡―長江水系―　新石器時代の確認址数が少ない四川を外して、湖北から始めると、表17として示した結果が得られる。すなわち、北部は大渓・屈家嶺・石家河期の間で址数が連続的に増加し、これに較べて南部は、址数の多い地で減少やほぼ同数が目立つ。原因のひとつは、境を接する河南からの仰韶文化の南下によって中期例の址数が補われていた北部に対して、南部に大渓期集落址の分布の中心が位置することによる。なお、大渓期の継続年数は他期に較べて長い。この点を考慮すると、大渓・屈家嶺期間の址数は、北部で増加の度を加え、南部では増加に転じる。

湖北中央の大洪山塊周辺を実査した馬保春・楊雷によると[16]、屈家嶺・石家河期例間で址数が増し、タイプサイトになった南麓の大型集落址石家河の近隣で、中期の油子嶺期例、後期の屈家嶺・石家河期例と経る間に址数が増加をみせている[17]。石家河が位置する天門での増加ぶりが、南部の諸地と隔たって北部と等しかったのは、石家河の存在（図37）に起因するのであろうし、その動向が南部一帯を覆っていない点も示唆的である。河南の南部は、中・後期例の間に址数が減少していないことを、先に指摘した。屈家嶺文化の伝播経路をも復原した馬保春、楊雷の結果によると、

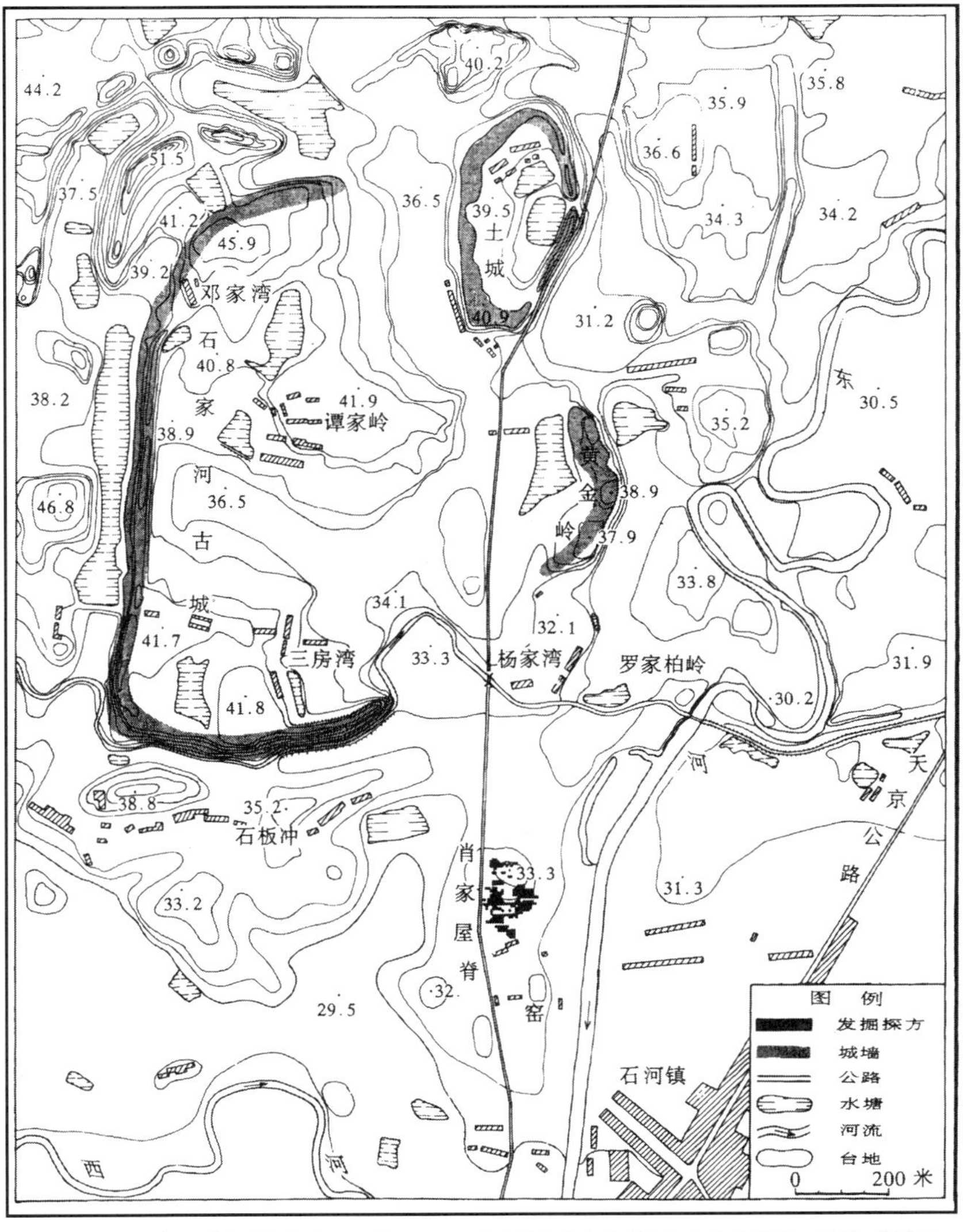

図37　湖北省石家河遺跡（張弛『長江中下游地区史前聚落研究』文物出版社　2003　図59）

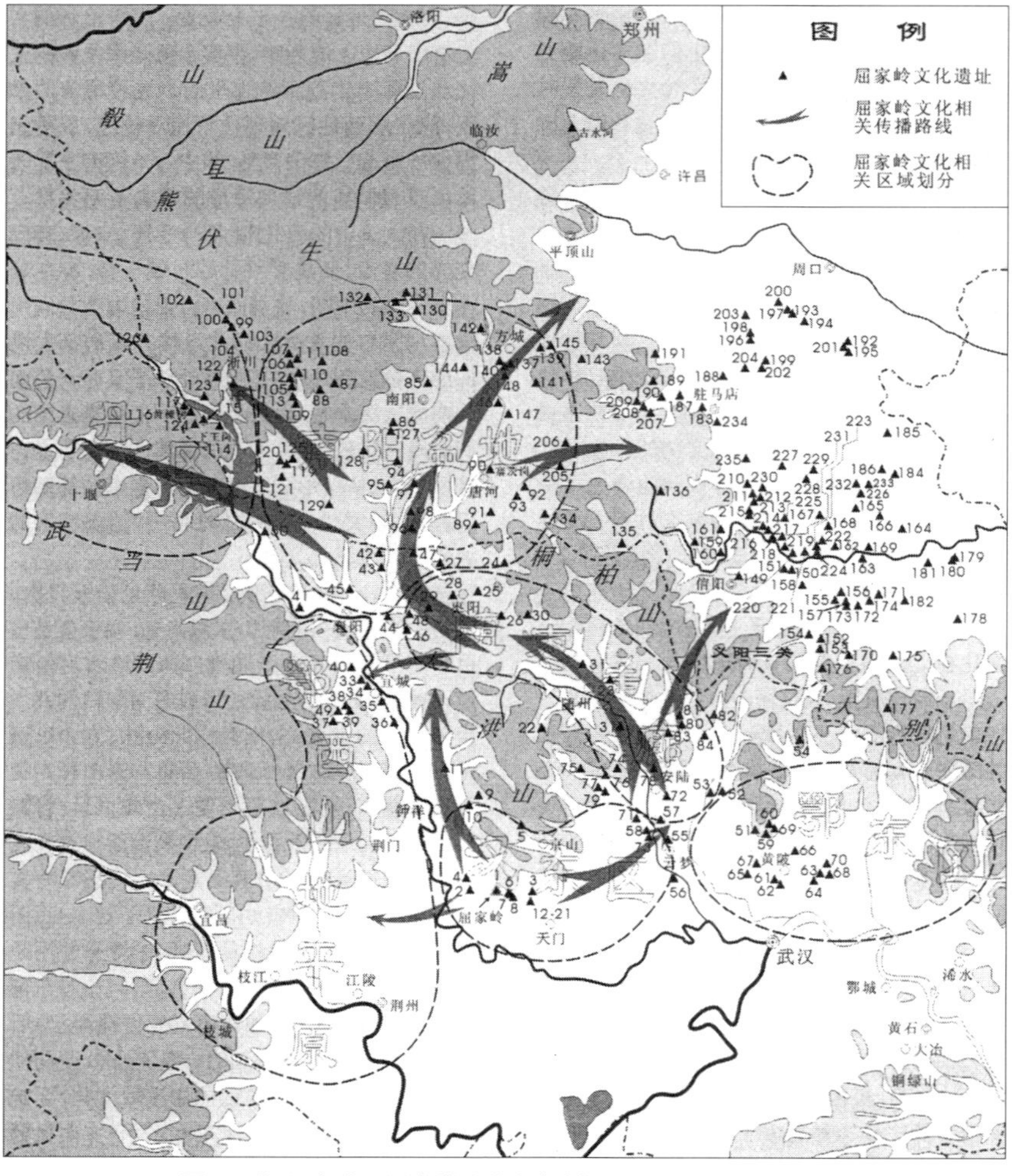

図38　湖北省域の屈家嶺文化と伝播経路（本章注16　図1）

主に南陽を経由して河南南部に至るにとどまる（図38）。つまり、河南南部の動向は湖北北部に淵源があったわけである。なお、大渓・屈家嶺期の集落址が、それぞれ数は少ないが陝西南部の安康で見いだされていた[18]。湖北中央を南流する漢水を遡上して伝わったのであろう。両文化の伝播力の強さを示す例として付記しておく。加えて、分期されていない址数が多い。所説に不安を残す点としてこれも付記しておこう。

南に位置する湖南を概観すると、例の大半が北部に集中し、とりわけ北部中央の常徳での址数が各期とも他域を大きく凌いでいる（表18）。また、址数が多い地で大渓・屈家嶺期例間の増減をみると、少し減少している。継続年数を加味すれば、鈍い増加にあたり、湖北南部の動向と等しい。ところが、龍山／石家河期例での増加は甚だしく、この点では、湖北北部、南部ならば石家河が営まれた天門と結ばれる。

址数が多い常徳に、澧陽平原が広がる。澧水北岸を占めるこの平原で、中期の城頭山や後期の鶏叫城など、大型の環濠集落址が知られ、湖南のなかでももっとも人間活動の盛んであった形跡が残っている。湖南分冊刊行の一九九七年以後にこの平原で実施された調査によると、皂市下層期例一九、大渓期例五〇、屈家嶺期例六三、石家河期例一九二を数え、表示の結果と整合している[19]。馬保春、楊雷によると、石家河文化の伝播は南陽止まりで、湖北北部を主に北西に横切って漢水を遡っているが、南方へも向かったことが澧陽平原での址数の激増によって察せられる。

次に、長江を下り、下流域および北方に広がる江蘇と、南方の浙江とを合わせて取り上げる。なお、上海市域のデータは刊行されていないので、これを除外する。江蘇、浙江の表示の結果を通覧して、址数動向のうえで有意義な結果をみせている地は、江蘇南端の蘇州と浙江北部の湖州、嘉興、杭州である（表19・20）。自余の地は址数が乏しいために、動向を汲み取ることが難しい。

すなわち、太湖の東・南方を主要分布域とする良渚文化の址数が著しく増加している点に、江蘇、浙江における増減の画期がある。良渚文化の開始年代は前四千

表18　湖南の址数内訳一覧：新石器中・後期

地域名 ＼ 時期・文化名		中期		後期		不明
		皂市下	大渓	屈家嶺	龍山石家河	新石器
北部	大庸		3	1	6	2※
	常徳	23	66	65	280	20
	岳陽	3	21	15	79	15
	湘西土家					4
	益陽	1	6		120	13
	長沙		1		29	8
	懐化			2	1	57
	類底					1
	湘潭				10	6※
南部	邵陽					10
	衡陽				1	6
	株州		2	1	7	7
	零陵					3
	郴州					12
総計		27	99	84	533	164

※うち１例は前期。

表19　江蘇の址数内訳一覧：新石器中・後期

地域名		中期前半 北辛	中期前半 青蓮岡	中期前半 馬家浜	中期前半 龍虬庄	中期後半 崧澤	中期後半 大汶口	中期後半 北陰陽営	中期後半 大河口	後期 良渚	後期 龍山	後期 王油坊	不明後期	不明新石器
北部	徐州	1					14				9			
	連雲港		3				7				10			1
	宿遷		26				8				8			1
	塩城		1	1		1	2		1	4			1	1
	淮安		14				6							
南部（長江下流域）	揚州				2							1	1	1
	泰州						1					1		2
	南通					4								
	南京			1		2		13		3	1			
	鎮江			2		7				5				
	常州			7		9				5				
	無錫			10		10				6				1※
	蘇州			15		26				51				1
総計		1	44	36	2	59	38	13	1	74	28	2	2	8

※前期例。

年紀後半とみられており、仰韶期後葉と併行する。この頃から太湖東・南方で址数増加が著しくなったことは、既述の諸地域での動向と対比すると、特筆に値する。址数が少なく変動に乏しいことが江蘇、浙江のひとつの特色であるとすると、もうひとつの特色はここにある。

なお、長江下流～太湖周辺で遺跡の集成と分期に努めた高蒙河の結果によると、[20]各期の遺跡数は、

馬家浜期の前葉例一七、中葉例三〇、後葉例五七

崧澤期の前葉例三〇、中葉例五二、後葉例五七

良渚期の前葉例八九、中葉例一一〇、後葉例一〇八

を数える。高は馬家浜・崧澤期を集落数の上昇期、良渚期を中葉に頂点をおく激増期、良渚期を過ぎた衰退期として大勢を区分するとともに、崧澤期前葉の址数が減少している点に注意を促した。江蘇・浙江両分冊刊行以前の二〇〇四年発表の論文であるが、集成と分期の行きとどいている点で評価される。これに依拠すると、減少という意味での画期は崧澤期前葉、高が示した暦年代に倣うなら「距今五八〇〇～五六〇〇年」に求められる。分期のない新石器時代例が浙江に多かったこととならんで、今後の説の推移を見守る必要がある。

前項で述べた内蒙古、遼寧での動向に本項の結果を加えて、中・後期例の址数の変化を概観しておくと、中・後期例の交に減少した地域として、

内蒙古～遼寧西部、陝西北部、甘粛と陝西の渭河流域、山西中・南部、河南北・中部

があった。そうして中・後期のうちでどちらかというと中期後葉例で減少する地域として、

甘粛南部の渭河流域、陝西の宝鶏を除く渭河流域、山西南部

があり、後期例とともに減少が始まる地域として、

内蒙古東南部～遼寧西部、宝鶏、陝西北部、山西中部、河南北・中部

があった。また、中・後期例間で址数が甚だしい増減をみせなかった地域として、

湖北南部～湖南、南端の蘇州を除く江蘇北・南部、太湖寄りの湖州、嘉興、杭州を除く浙江北・南部

があり、減少を経ずに増加した地域として、

甘粛中部～寧夏中・南部、山西北部、河南南部～湖北北部、半島先端の烟台、威海を除く山東

があった。また、減少状態が後期全体を占めた地域として、

内蒙古～遼寧西部、陝西南部

があり、減少後に後期のなかで増加に転じた地域として、

甘粛東部、陝西北・中部、山西中・南部、河南北・中部

があった。要するに、中・後期の交において、北方～黄河水系の諸地域で増減が激しく交叉し、山東を含む南方で停滞や増加が諸地域を覆っていたといえる。

そもそも集落址の増減とは、いったい何を意味するのであろうか。人口の増減か、人間の移動なのか、西ユーラシアで説いたような考古学上の痕跡が乏しい遊動化であろうか。これらの

表20　浙江の址数内訳一覧：新石器中・後期

地域名		中期 河姆渡	中期 馬家浜	中期 松澤	中期 不明中期	後期 良渚	後期 不明後期	不明新石器
北部	湖州		17	7		38		29
	嘉興		16	19		147		6
	杭州		5	1		97		8
	紹興	2	3			3		16
	寧波	22	1			4		33
	舟山	1						13
南部	衢州				1		1	17
	金華							11
	台州							20
	麗水							9
	温州					1		35
総計		25	42	27	1	290	1	197

表21　内蒙古の集落断絶率一覧：新石器中・後期

	中期													後期					
	後岡	半坡	仰韶前	仰韶中	仰韶後	仰韶	海生不老	廟底溝	王墓山下	阿善Ⅰ・Ⅱ	趙宝溝	紅山	富河	龍山	阿善Ⅲ	永興店	老虎山	小河沿	不明後期
西部	1/2	1/2	0/3	11/18	51/62	73/76	19/24	3/4	2/4	0/2				69/99	4/9	0/5	8/8		2/2
東部	断絶率＝断絶址数/総址数										31/97	833/869	44/44					51/84	
断絶率％	50	50	0	61	82	96	79	75	50	0	32	96	100	70	44	0	100	61	100

表22　遼寧の集落断絶率一覧：新石器中・後期

	中期	後期				
	紅山	偏堡	小珠山中	後洼上	小珠山上	不明後期
西部	110/110	6/6				0/1
東部		0/2	7/10	0/1	5/6	
断絶率％	100	75	70	0	83	0

複合によるのか。次項で分析の角度を変え、この問題を論じることにする。

集落の興亡　そこで集落の存続の長さに着目し、長さの長短を断絶率として表すことにした。断絶率とは或る文化や類型に属する集落が当代で断絶した比率をいう。したがって、比率が高いほど集落の属する文化や類型は定住度が低い、ということになる。そこで、『中国文物地図集』のデータに依拠して当代で断絶した址数を求め、総址数に対する比率を算定した。地表の遺物に頼った時期推定には不安があるが、扱う例数が多いほど、偶然が介入する度合いは低減するはずである。ともかく、この方法の有効性は、得られた結果の如何によって判断することにしよう。

内蒙古と遼寧の集落断絶率を通覧すると、図抜けた址数の紅山期例が、高い断絶率を示している（表21・22）。また址数が多い例はことごとく六〇％以上の断絶率をみせていることも指摘できる。多数址例のなかにあって中期前葉の趙宝溝期例の断絶率の低さが、少し問題になってよい。すなわち、趙宝溝、紅山、小河沿という内蒙古東部における文化編年上の推移を、高進し低減に向かった断絶率の変動として表すことができるからである。紅山期例の堆積層は大半が一mに満たないという[21]。このうえに断絶率の高進を加味するならば、短期で移住を繰り返す居住形態をとり、

表23　甘粛の集落断絶率一覧：新石器中・後期

	仰韶				馬家窯		
	半坡	廟底溝	後期	石嶺下	馬家窯	半山	馬廠
西部							8/10
中部（黄河）		3/5	0/1	1/1	110/144	86/172	260/340
東部（渭河）	50/61	811/850	87/87	3/5	159/165	20/35	1/5
長江水系	12/12	37/42		3/3	40/40	4/9	1/6
断絶率%	85	95	99	78	89	51	75

※天水に加わる大地湾2〜4類型例は0/1、同5類型例は1/1、慶陽の常山下層類型例は1/1となる。天水、慶陽とも東部に属する。

表24　寧夏の集落断絶率一覧：新石器中・後期

	中期			後期		
	仰韶	仰韶後期	石嶺下	馬家窯	菜園	龍山
北部						
中部	1/1			38/38	46/46	
南部	7/8	5/5	1/1	116/116		1/1?
断絶率%	89	100	100	100	100	100

※南部の固原に加わった北首嶺下層類型の1例は1/1となる。

結果としてこれが址数の激増をもたらせたことが考えられる。中期中・後葉の居住形態がこのように変化した原因として、気候上の変動が思い浮かぶ。その意味で、同文化の開始が前四五〇〇年頃であることは、この暦年代がメソポタミアなどで集落形成衰退の画期に当たっていたことを想起すると、示唆的である。

次に掲げた甘粛、寧夏での断絶率は、一部を除き、内蒙古、遼寧と同等かそれらを上回るほど高い（表23・24）。除かれる一部とは甘粛の馬家窯半山類型の集落址であり、分布地全体がおしなべて低位の数値を示している。これは馬廠類型や斉家文化に継続する例が少なくないことによる。後期に入って河川流域では定住度が高まったことを推測させる。これに対して寧夏中・南部で断絶率が高いのは、定住型の集落を形成して農耕を行うに足る環境になかったことが考えられる。紅山期例で復原した居住形態が、寧夏中・南部の中〜後期にも流布していたのであろう。

陝西、山西、河南での結果をみると、三地域とも龍山期例の断絶率が高く、この点で共通する（表25・26・27）。地域内の南北にかかわらず万遍なく高いのである。後期後半の集落がこのように断絶率が高いことについては、次代の二里頭期の問題に抵触するので次節に譲り、本項で指摘したい点は、中期〜後期前半での断

表25　陝西の集落断絶率一覧：新石器中・後期

	中期前葉		中期中葉	中期後葉				中期	後期							
	半坡	史家	廟底溝	福臨堡	半坡後期	西王村	仰韶後期	仰韶	廟底溝II	馬家窯	客省庄II	双庵	陝北	石峁	龍山	不明後期
北部	54/62	1/2	200/208		1/1	1/1	23/29	296/458	4/5	2/5	1/1		1/1	3/3	39/39	1398/1402
中部（渭河）	90/116	9/11	184/195	6/9	45/49	4/5	31/33	568/765	27/31		20/20	7/8			656/656	
南部（長江）	12/14		10/10		3/4		2/2	83/97	3/3							55/58
断絶率%	81	77	95	67	91	83	88	72	87	40	100	88	100	100	100	100

※西安後期の康家類型例 1/1。漢中の中・後期過渡期例 2/2。安康中期の大渓文化例 0/2。同後期の屈家嶺文化例 2/2 が加わる。西安は中部、漢中と安康は南部に属する。

表26　山西の集落断絶率一覧：新石器中・後期

	中期前葉	中期中葉	中期後葉				後期前半	後期後半				
	後岡	廟底溝	義井	大司空	西王村	仰韶後期	廟底溝II	白燕	小神	陶寺	三里橋	不明龍山
北部		4/4					5/5					100/100
中部	5/6	79/87	113/132				57/64	462/496				
南部	17/20※	259/306		10/15	59/71	47/62	234/292		69/101	238/253	173/186	
断絶率%	85	86	86	67	83	76	82	93	68	94	93	100

※類型不明 19 例を含む。

絶率が、陝西と山西で前述の諸地域と同様に高く、これに対し、河南で格段に低いことである。中・後期の交に増減が激しく交叉した北方～黄河水系の諸地域において、陝西と山西で断絶率が高いことは頷けるとしても、その一角を占める河南で格段に低いことは奇異にさえ映るのである。偶然の所産であることは充分考えられるから、ともかく新知見によって検証することが求められる。

そこで、前述の運城盆地東部と垣曲盆地での調査例を取り上げると、断絶率が運城盆地東部で、

仰韶期中葉例五三％　同後葉例三六％
廟底溝Ⅱ類型例四四％　龍山期例五九％

となり、垣曲盆地で、

仰韶期中葉例六九％　同後葉例五八％

廟底溝Ⅱ類型例四四％　龍山期例九七％

となる。垣曲盆地もまた運城市に属していることを考えると、山西南部として表示した数字は高きに過ぎる。精細な調査によって得られた運城盆地東部や垣曲盆地での数字が、往時の実態に近いことはいうまでもないから、山西中部や陝西での高さにも見直しを迫ることにもなるであろう。さらに河南について、趙春青が公表した鄭洛地区の基礎データから断絶率を導くと、仰韶期の前半で四〇％、後半で三一％という数字が得られる。この数字は、河南例の表示結果を追認するとともに、運城盆地東部や垣曲の例と比較してもなお低い。陝西・山西例の断絶率の高さには確かに吟味が求められるけれども、河南例並みに低下する可能性は低い。

表27　河南の集落断絶率一覧：新石器中・後期

	中期	後期			
	仰韶	大汶口	屈家嶺	廟底溝Ⅱ	龍山
北部	29/104				250/278
中部	187/400	1/2	0/1	1/1	376/404
東部	40/92	4/29			289/317
南部	23/119	1/7	30/154		419/423
断絶率％	39	16	19	100	94

表28　山東の集落断絶率一覧：新石器中・後期

	中期			後期
	北辛	白石	大汶口	龍山
北部	1/1		3/18	129/167
中部	12/22		207/353	611/699
東部	2/3	77/79	114/181	583/627
断絶率％	58	97	59	89

　山東での断絶率は、北辛・大汶口両期例で山西の二地と隔たらない（表28）。半島端に分布する白石期例で高い点は、可耕地の狭さと海浜依存の生業とを考慮すれば理解できるし、龍山期例での高さはこれも次節で問題にする。そこで、址数が多い大汶口期例に焦点を合わせ、表で示されなかった地域差に立ち入ると、次の結果が得られる。括弧内は断絶率である。

威海14/14(100)、日照41/50(82)、青島21/26(81)、泰安34/42(81)、東営4/5(80)、

表29　湖北の集落断絶率一覧：新石器中・後期

	中期		後期			
	仰韶	大渓	薛家岡	屈家嶺	石家河	龍山
北部	18/29	3/6		39/97	275/276	14/14
南部		71/94	4/4	64/90	183/183	
断絶率%	62	74	100	55	100	100

表30　湖南の集落断絶率一覧：新石器中・後期

	中期		後期	
	皂市下	大渓	屈家嶺	石家河龍山
北部	23/27	68/97	48/83	525/525
南部		1/2	0/1	7/8
断絶率%	85	70	57	100

淄博14/19(74)、済寧58/87(67)、莱蕪2/3(67)、棗庄35/55(64)、烟台6/12(50)、臨沂50/116(43)、濰坊32/79(41)、済南10/26(38)、聊城2/10(20)、荷澤1/6(17)、浜州0/2(0)、徳州0/0(0)。

この結果によると断絶率は、半島部の南海岸よりも北海岸の方で低く、中央よりも南部や西部で低い傾向があり、低い地で五〇～三〇％代を示している。この数値ならば、河南での結果も孤立はしていない。

河南に南接する湖北を湖南とともに取り上げると、いずれも屈家嶺期例で断絶率が低い（表29・30）。しかも、湖北の北部で四〇％、南部で七一％、湖南北部で五七％という数字が示すように、河南と接する地で値が低い。また、湖南で屈家嶺期例が集中していた澧陽平原がある北部の常徳を抽出するならば、その率は五二％（34/65）で、残る北部諸地例を合算した比率七八％（14/18）よりも低い値を示している。つまり、大渓期例での比率が湖北、湖南とも高止まりで互いに接近しているのに対し、屈家嶺期例で率の高低に地域的差異がみられ、高位は前代の大渓文化での率と隔たらない。屈家嶺文化において低位の地が出現したわけである。

大汶口期例にも率の高低があった。そこで、同期例が分布する江蘇を浙江と合わせて断絶率をみると、大汶口期例での比率が高く、馬家浜・崧澤両期例での比率は江蘇と浙江とで隔たりが大きい（表31・32）。四三％と算定した山東南部の臨沂と南接する江蘇北部がこの高さを示すことについて、偶然や調査不足によることが考えられるし、これが当時の実態に近いという見方も否定はできない。江蘇は南端を除いて址数が少なく変化にも乏しいことを先に指摘した。臨沂ひいては山東全体と対照的なこの動向からすると、また、後述する商代までこの停滞が続く点から察すると、山東との間に高低の一線が設けられてよい。その意味で、断絶率の高さは当時の実態を映しているのではなかろうか。山東と異なる環境によるのであろう。

馬家浜・崧澤期例とも江蘇・浙江間で比率が大きく隔たる点について、環境上の共通性からみて、確たる理由が見あたらない。そこで、前述した高蒙河の基礎データに依拠して断絶率を求めてみると、両文化とも断絶率は七五％と算出された。この数字を信頼しておく。

前項で取り上げた址数の増減のうえに以上述べた結果を重ね合わせると、中・後期の交で址数が減少した地域はおしなべて断絶率が高位にあった。ただし、河南北・中期は龍山期前半の址数が減少し、しかし断絶率が低かった。また、山西の運城盆地東部で集落址の総面積が大幅な低減状態に陥った仰韶期後葉～廟底溝Ⅱ類型で断絶率が低位を示していた。集落形成が微弱化しつつ存続度が高い点で、通じるところがある。精確な調査が進めば動向を同じくする地が将来現れる可能性がある。

減少を経ずに址数の増加した地は南北にあった。北方～黄河水系の諸地域の場合、址数が極度に乏しい中期の状態からいきなり激増するのに対し、南方の諸地域では中期～後期前半に増加を重ねている点で、南北の動向に相違がある。

表31　江蘇の集落断絶率一覧：新石器中・後期

	中期前半				中期後半				後期			
	北辛	青蓮岡	馬家浜	龍虬庄	崧澤	大汶口	北陰陽営	大河口	良渚	龍山	王油坊	不明後期
北部	1/1	42/44	0/1		0/1	30/37		0/1	4/4	24/27		1/1
南部（長江下流域）			20/35	2/2	39/58	1/1	13/13		65/70	0/1	1/2	1/1
断絶率％	100	95	56	100	66	82	100	0	93	86	50	100

表32　浙江の集落断絶率一覧：新石器中・後期

	中期				後期	
	河姆渡	馬家浜	崧澤	不明中期	良渚	不明後期
北部	22/25	37/42	5/27		247/289	
南部				1/1	1/1	1/1
断絶率％	88	88	19	100	86	100

断絶率が低位を示すのは、この南方諸地域においてである。すなわち、河南南部~湖北北部の屈家嶺期例、山東の一部の大汶口期例がそれにあたる。南方には、中・後期を通じて址数が低位にとどまり、変動の乏しい諸地域があった。これらの諸地域は総じて高い断絶率を示していた。

つまるところ、断絶率を左右した因子は、土器様式に表出された文化・類型上の一体性ではない。址数の増減は北方~黄河水系の激増地で比率が高かったように、因子のひとつに加えられるが、それよりも環境上の諸条件の影響が大きい。址数の増減にかかわらず河南および近隣で比率が低かったのは、この諸条件に恵まれていたこと、内蒙古、遼寧に代表される北方~黄河水系の諸地域で比率が高かったのはそれに恵まれていなかったことによると思われる。

人間の移動　河南方面の河洛地区の仰韶・龍山文化と山東方面の海岱地区の大汶口文化との間で、土器伝播の状況を探求した靳松安の所説から本項の記述に必要な部分を紹介すると[22]、大汶口期前葉の前半には、併行する仰韶期中葉土器の影響がみられないが、後半に廟底溝類型の要素が突然増加する。ところが、その仰韶期中葉末に河南中部で大汶口期土器の要素が増え、仰韶期後葉=大汶口期中葉に大汶口期土器の要素が河洛地区全体に及び、龍山期前半=大汶口期後葉にもこの趨勢が維持され、多数の人間が西遷して土着文化を駆逐したという(図39)。

大汶口期中・後葉=仰韶期後葉・龍山期前半に大汶口文化の土器が河南方面へ伝播したことは、すでに孫広清が分布図を作って提示したところであるから[23]、靳の所説は目新しいということではないが、河洛の仰韶・龍山文化と海岱の大汶口文化の土器を精細に分期して、相互の伝播状況を通時的に辿って深化させた点で評価される。なお、孫の論文はまた、湖北の屈家嶺文化の土器が北方へ伝播したことを指摘した点でも、この分野の先駆けであった。その後、屈家嶺文化に次代の石家河文化を加えて、馬保春・楊雷が北方への土器伝播とその経路を論じたことは、すでに述べたとおりである。

これらの土器伝播の研究成果に依拠すると、北・中・東部で址数の減少すなわち集落形成の低下をみせていた龍山

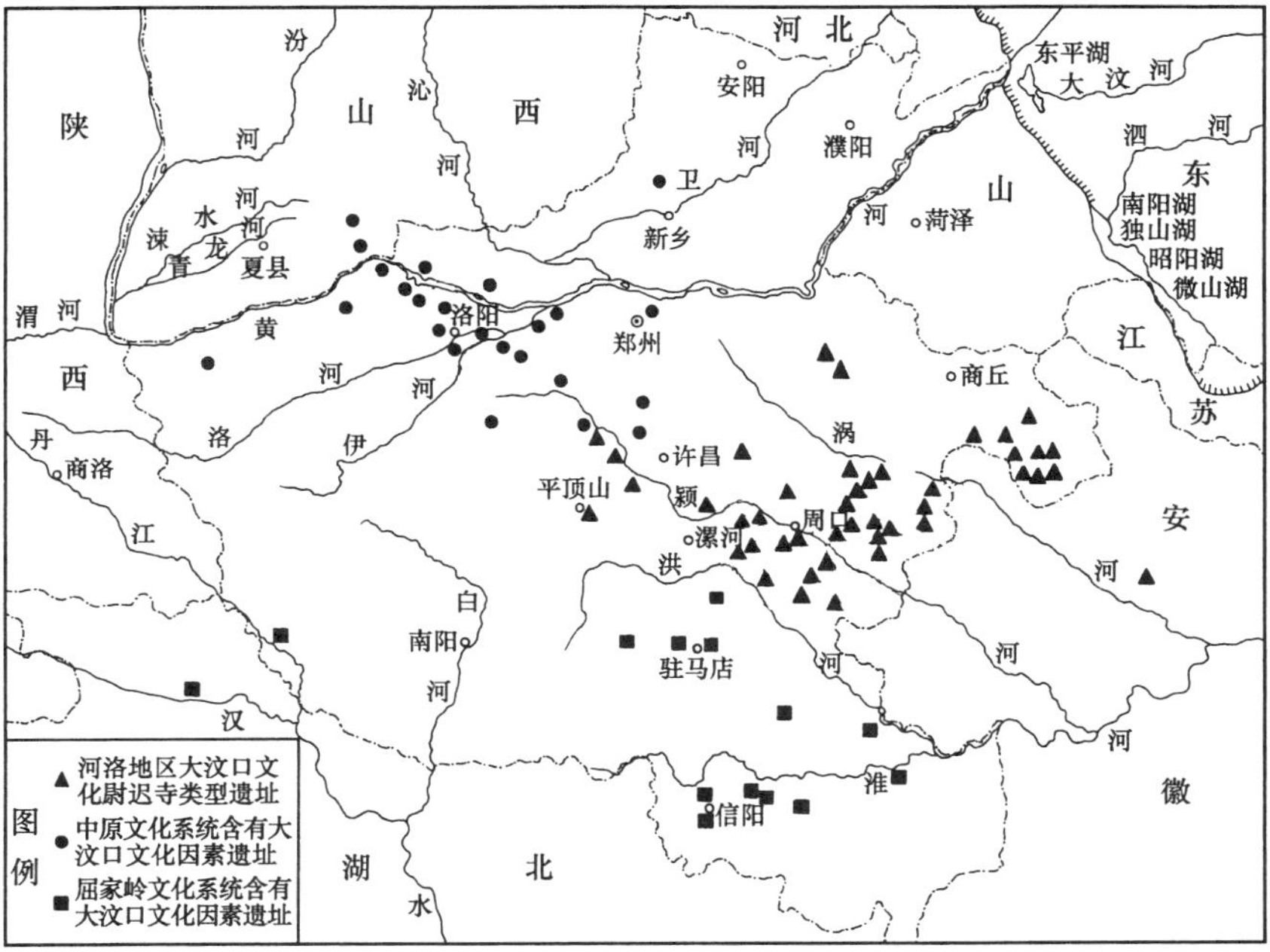

図39　河南省域における大汶口文化と屈家嶺文化との拡大（本章注22　図5-32を一部改変）

期前半代の河南は、同時に、大汶口文化の西進、屈家嶺文化の北上を受けていたことが知られる。大汶口文化のこの西進には多数の人間の移動が伴ったことが説かれているように、屈家嶺文化の北上も同様であったにちがいないことは、南部での同文化址数の増加ぶりが示しているところである。それでもなお北・中・東部では、仰韶期と龍山期との間をみたすのにふさわしい文化期は見いだされていない。後期前半は人家がほとんど絶えた閑散とした状態であったのか、仰韶文化の存続や龍山文化の先行がその欠をみたすのか、河南省鄭州市大河村遺跡の状況や小澤正人の所説からすると[24]、後者のように思われる。そこで本書でもこの見解を採用したが、なお検証を要するところである。

ちなみに、山東南東部の日照で行われた分布調査によると、ここで大汶口期例が増加する時期は同期の中・後葉例、すなわち新石器時代中期後葉〜後期前半例であるという[25]。これが大汶口文化の山東における址数変化の大勢であるとみてよければ、土器伝播の西向と人間の移動は、集落形成の興隆期に発したことになる。さらに江蘇北部の大汶口文化が同期に編年されるならば、西・南両方向に進出したことにもなるが、いずれにせよ、人間の移動を促す要因が諸環境の悪化とならんで、人口増加にも求められることを示唆する例として特筆される。

北方～黄河水系の諸地域でも集落の波及例に注目すると、中期後葉には、山西南部に分布の中心をおく西王村類型例が西方の陝西に、後期前半には、分布の中心を同じくする廟底溝Ⅱ類型例が山西中・北部と陝西と河南にそれぞれ及んでいた。河南への波及を示す集落は一例にとどまるので、山西南部に発する波及の主な方向は中期後葉で西、後期前半で北と西を指したことが知られる。山西南部の中期後葉～後期前半は集落形成が衰微していたことを想起すると、この波及は人口増加よりも環境諸条件の悪化に起因するとみられる。

さらに址数の増減から移動先を吟味すると、中期後葉例では陝西西端の宝鶏、山西中部、内蒙古の伊克昭での増加が、同期における陝西～河南からの移動先として注意を引く。また後期前半例では陝西北部における「新石器晩期」集落址の夥しい増加(26)、甘粛と寧夏での馬家窯期例の急増が、移住先の候補にあげられる。中期末で衰微した紅山期の人びとの移動先は、これらの範囲を出ないか、あるいは、河北の動向次第で南下したことも考えに入れておかなければならないだろう。ともかく、陝西～河南の址数減少地からの移動先を捜すとすると、北方と西方が収容地であった、というのが址数動向が示す結果である。

そもそも北方諸地域では、コウリャン、キビ、アワの雑穀類が主要作物で、ムギがあまり普及しなかった。ムギわけてもコムギは五穀のなかでもっとも肥料を必要とする作物で、しかも作付けの三～四カ月前から予定地を耕起して地下水分の蒸発を防ぎ、土壌含有水分を多くしておかなければならない(27)。ムギが普及しなかった理由はこのあたりにあるのであろう。また雑穀類も、ムギに比較すれば肥料消耗度は低いが、それでも輪作によって地力の回復をはかる必要がある。穀物の不足をマメなどで補ったとしても、連作が可能で、単位面積当たりの投下労働量を増すほど高収穫が期待できるコメとの差は大きい。コメの作付けは淮河以南とされるが、それでも龍山期に入ると、黄河流域の遺跡でコメの出土例が散見されるので、この頃には同流域で穀物栽培のひとつとして稲作を行っていたことが推測される。山西中部の太原市東太堡庄遺跡例が黄河流域から離れ、北限を画する唯一例である(28)。移入米でないとすると、仙台平野までの緯度に稲作が達していたことになる。しかし、黄河流域から北上し、西行するほど乾燥が加わるから、コメはもとより穀物栽培にとって条件が悪くなる。したがって、中期後葉～後期前半の移動者達がこの方向を指したとすれば、農耕以外の条件が加わっていたことになる。それがブタやヒツジの飼育への傾斜ではなかろうか(29)。考古学上の痕跡をほとんど留めなかった遊動者が増加したであろうこととあわせて、この点を指摘しておきたい。

第二節　前三千～前二千年紀（新石器後期～商代）の動向

集落址数の多寡―概観―　新石器後期から青銅器中期すなわち商代に至る集落址数の変遷を概観すると、前二〇〇〇年頃にあたる新石器・青銅器時代例の交と、前一六〇〇年頃にあたる青銅器前期すなわち二里頭期例と商代例との交に、それぞれ動向上の一線を設けることができる（表33）。先行する一線は、減少・停滞状態にあった内蒙古、遼寧、甘粛で激増し、河北、寧夏、四川も増加地に加わって北方と西方がこうして増加で覆われ、これに対して自余の地域での減少が著しいことによって特徴づけられる。後行するもう一線は、増加した北・西方で河北、四川を除いて激減し、激減していた自余の地域で山西を除いて増加が著しいことによって特徴づけられる。つまり、増加あるいは減少を示していた新石器後期後半の址数が、河北、山西、四川の例を除き、後代に二線をはさみ増減を逆転させた、という結果になるわけである。なお、考古学上のデータが少ない重慶は叙述から外してある。

表33 東ユーラシアの址数内訳一覧：新石器後期～青銅器中期

	新石器			青銅器			戦国	漢
	前	中	後	前	中	後		
内蒙古	164	1207	207	3132	20	724	485	903
遼寧	26	110	27	1970	68	907	560	311
河北		453（うち後期例 80）		436	537	862	1348	999
甘粛	7	1068	926	2732	73	541	22	535
寧夏		16	201	330	1	6	18	75
陝西	40	2074	2236	13	321	990	520	1783
山西	1	703	1447	521	366	1193	1522	1997
河南	87	734	1597	81	637	549	579	637
山東	11	381	1769	316	1345	2784	2734	3987
四川	2	7	3	23	92	101	93	131
湖北	11	129	664	2	672	1954	1868	609
湖南	11	126	617	1?	1187	1782	1227	461
江蘇	1	212	69	17	264	264	153	290
浙江	2	240	146	50	327	465	460	19
総計	363	7007	9909	9624	5910	13122	11589	12737

この概況を念頭において話を進めていくが、その前に、新石器後期の址数を黄河流域で増加に導いた龍山文化に言及しておこう。まず龍山文化の故地についてであるが、址数が多いという意味での分布の中心は、陝西中部わけても西端の宝鶏、山西中・南部わけても忻州と臨汾、河南中・南部、山東中・東部わけても臨沂と濰坊であった。これらの地の大半が先龍山期の址数にも恵まれており、この点から察すると、集落の密集は龍山期にも継続したといえる。とりわけ渭河～黄河流域でその傾向が強い。

ところが、渭河～黄河流域諸地域のうち、陝西南部と山西南部はどちらかというと中期後葉例で、河南中部は後期例でそれぞれ址数が減少していた。このような址数の減少すなわち集落形成の低下は、叩打技法を外面に残す省力化と粗雑化とによって特徴づけられる後期土器の出現と、おそらく無関係ではないであろう。すなわち、中期後葉に低下をみた陝西南部と山西南部が廟底溝Ⅱ類型の故地として候補にのぼり、さらに址数の多さによって絞り込むなら山西南部であろう。そうして龍山文化については、後期前半の址数が低下し後半例が急増したことを重視するならば、河南中部で呱々の声をあげた可能性が浮上する。

龍山文化の流布は、かつての仰韶文化域に近い広域が統一的な土器様式を共有したというだけにとどまらない。セトルメント・ヒエラルキー論に基づく近年の集落址研究によると、集落間に前代と比較にならないほど甚だしい規模の差が生まれるとともに、大型集落を首座とする群を形成することが、龍山文化域の各地で例示されている。規模の大小に依存して集落間に格差を設けることには批判もあるが、同じ方法が龍山文化域外でも実践され、その結果、同文化域内での格差の甚だしさが明らかになりつつある。

すなわち、陝西省咸陽市秦都区の廟底溝類型に属するという尹家村遺跡の一三一ha、山西省運城地区絳県の仰韶中期という周家庄遺跡の二二一・八haが管見に触れた中期の最大級例であるが、それぞれの全域がかりに同時併存の一個の集落によって満たされていたとしても、山城とされる陝西省楡林市神木県石峁遺跡の四〇〇ha、山西省臨汾市陶寺遺跡の四三〇ha、前述の周家庄遺跡の四九五・四haという龍山期の例をあげていくと、中期例をはるかに凌ぐことが知られる。山東省泰安市の大汶口遺跡が八二・五ha、同日照県堯王城遺跡が五二ha、湖北省天門市石家河遺跡が七九haであるというから、仰韶文化域で大型化の指向がすでに始まり、龍山文化域でそれが極まり、域外の例を大きく凌ぐことになったのである。四〇〇haというと、商の王都のひとつとされる二里岡期の河南省鄭州市偃師県尸郷遺跡の二倍強にあたるので、人家が密集してはいなかったであろうが、その広大さは尋常でない。運城盆地東部で廟底溝Ⅱ類型集落は小規模分散的であるというが(30)、これらが結集軸を得て寄りつどい、広域を占めるに至ったということであろう。なお、陝西北部での石峁山城の出現は、同地で後期集落が激増していた背景を探るうえで、示唆的である(31)。付記して後考をまちたい。

龍山期の集落の特徴としてもうひとつ指摘すべき点は、河南省周口市淮陽県平粮台遺跡で代表される、二〇haに達しない小型集落で、方形プランに沿って外壁をめぐらせ、内部に「宗廟」などを配して非日常的空間を演出した例が現れることである。これに関連して、龍山文化域の山東省聊城市陽穀県景陽岡遺跡や良渚文化に属する浙江省杭州市余杭県莫角山遺跡などで壮大な人工基壇のみいだされていることが想起される。新石器後期後半に、非日常的空間を盛大に演出するほど祭儀の高進を求める社会情勢が広く到来したこと、また、遺構の外容からみて祭儀の方式が一様でなかったらしいことを、これらの祭儀址から察することができる。そのなかで、次代への継承という意味での歴史的意義は、河南中部の河洛に起源する方形プランの祭儀址にこれを付与するのがふさわしい。

龍山期はまた銅石器時代の異称があったように、銅関係遺物が増加する。出土地は山西、河南、山東の計二〇址ほどで、[32]それぞれの量も乏しい。それでも河南省平頂山市臨汝県煤山遺跡の坩堝の存在からみて、河洛の一角で製銅ないし鋳銅を行っていたことは疑いない。他方、甘粛で龍山文化に併行する馬家窯半山・馬廠類型で三址が知られており、[33]次代の斉家文化での激増の前史として注意を引く。中国における製銅が自生か西来かという穿鑿はおき、出土例を瞥見すると、出現にあたり地域による時間の隔たりはみとめられない。銅器の試作に加え、玉器の製作が盛んになったことも、後期後半に実現された変化として特筆される。山西、河南、山東の龍山文化域とならび、長江下流の良渚文化域で出土例と量の多さが目立つ。玉材産地について良渚文化域例は太湖西方の小梅嶺であることが判明している。龍山文化域例の産地は明らかになっていないようであり、良渚文化域との影響関係の有無を取り上げた論考も管見に触れないが、いずれにせよ時を隔てずに出現したことは、製銅と通じる点である。[34]すなわち、新石器後期後半における伝播速度の速さと手工業生産の興隆を、この点からみてとることができるであろう。また、龍山期に運城で集落形成が盛行し大型集落が出現した背景を、文字記録が伝える煎熬不要の自然塩の産出に求めることが許されるならば、[35]流通した特産品のひとつに塩が加えられてよい。

すでに説かれている争乱の激化[36]に添えて上述の諸点を、後期後半の動向として指摘しておく。

集落址数の多寡—北方—　前節に倣って内蒙古、遼寧、河北の順に表示の結果を略述していく（表34〜36）。なお、表中の新石器後期ないし後期後半の址数は、類型別に細分してあった数を合算したものである。さて、表34・35を通覧すると、内蒙古、遼寧に青銅器前期例の激増、中期例の激減をもたらせたのは、内蒙古南東部〜遼寧西部に分布する夏家店下層期例の甚だしい増減であったことが知られる。内蒙古西部では青銅器前・中期例の間で址数が減少し、遼寧西部の沈陽で青銅器中期例が増加し、ともに夏家店下層期例の増減動向に従っていない。遼寧東部でも、址数が前代より大幅に増加した青銅器時代例を陳平の著書で検証すると[37]、夏家店下層期例のような極端な増減はみとめられない。他方、河北の場合、夏家店下層期例の消滅に伴って北部では址数が激減し、内蒙古東部や遼寧西部と同調している。これに対し南部では、商代の址数が激増し、北部と動向を異にしている点が注意を引く。

集落址数の多寡―黄河水系―　甘粛、寧夏に転じると、ともに青銅器前期の斉家期例の激増が特筆される（表37・38）。甘粛では、新石器後期中・後葉例が減少していた東部と、長江流域の隴南での増加ぶりがことに著しい。中部東半も例の増加域に加わるので、甘粛の大河流域がほぼこの域内に含まれる。新石器時代を通じて址数に恵まれなかった甘粛西部で、後期後葉の馬廠類型の受容を皮切りに、青銅器前期に四壩文化が成立して、址数の増加に至ったことも、分布の中心の酒泉が西端の乾燥地を占める点で注意を引く。しかし青銅器中期例では、寧夏ともども址数の減少が著しい。

陝西の結果をみると、全域にわたって青銅器前期例の低落が甚だしく、中期例で旧状には遠く及ばないが回復している（表39）。ところが、陝西が減少の甚だしさで統一されているのに対し、山西での動向は、総址数で比較すると青銅器前期例が減少しているが、地域ごとにみると増減がある（表40）。また青銅器中期例に向かっても増減があり、新石器後期後半～青銅器中期の動向は陝西の場合よりもはるかに複雑であ

表34　内蒙古の址数内訳一覧：新石器後期～青銅器中期

		新石器後期	青銅器前期			青銅器中期		不明青銅器
			朱開溝	二里頭	夏家店下	商	魏営子	
西部	阿拉善							
	巴彦淖爾	2						1
	伊克昭	69	22	34		16		10
	烏蘭察布	23	2	2		2		11
	烏海							
	包頭	4						
	呼和浩特	25	8	2		1		3
東部	錫林郭勒							2
	興安							2
	呼倫貝爾							2
	通遼				76※			
	赤峰	84			2984		1	
総計		207	32	38	3060	19	1	31

※通遼の青銅器前期に彰武平安・高台山類型各１例が加わる。

表35　遼寧の址数内訳一覧：新石器後期〜青銅器中期

		新石器後期	青銅器前期 夏家店下	青銅器前期 高台下	青銅器前期 双坨子	青銅器前期 不明前期	青銅器中期 魏営子	青銅器中期 新楽上	青銅器中期 望家	青銅器中期 不明中期	不明青銅器
西部	朝陽	1	1653							2	3
	葫蘆島		106								5
	錦州		74				1				1
	阜新		110	18			1			2	3
	沈陽	6		4				37			279
東部	鉄嶺							1			203
	撫順								23		40
	本渓										61
	丹東	1									29
	遼陽										13
	鞍山										16
	盤錦										6
	営口										12
	大連	19			4	1				1	265
総計		27	1943	22	4	1	2	38	23	5	936

表36　河北の址数内訳：新石器後期〜青銅器中期

		新石器後期	不明新石器	青銅器前期 夏家店下	青銅器前期 二里頭併行	青銅器前期 先商	青銅器中期 早商	青銅器中期 二里岡上	青銅器中期 圍坊Ⅲ	青銅器中期 商	青銅器中期 魏営子	不明青銅器
北部	張家口	64	65	73			1	1	1			64
	承徳		46	216							7	74
	唐山	2	24	41							12	70
	秦皇島		1	30							3	
	廊坊			3						2		
南部	保定	8	19	2	27				1	167		
	滄州	2	1		1					7		
	衡水											
	石家庄	1	22		3	10				84		
	邢台	1※	21			8				136		
	邯鄲	2	87			22				115		
総計		80	286	365	31	40	1	1	2	511	22	208

※本例を除く新石器後期例は龍山文化に属する。

る。

そこで、新しいデータであい異なる増減二様の動向を検証すると、運城盆地東部では址数が、

龍山期例八四、二里頭期例六八、二里岡期例四七

で、各期集落址の総面積をhaで示すと、

龍山期例一〇六九、二里頭期例二二八、二里岡期例一三九

となり、址数よりも総面積の減少の方が甚だしい(38)。ただし、龍山期例の総面積の半ばを占めていた周家庄遺跡が、二

表37　甘粛の址数内訳一覧：新石器後期中・後葉〜青銅器中期

		新石器後期中・後葉		青銅器前期		同中期	
		半山	馬廠	斉家	四壩	辛店	商
西部	酒泉		6		46		
	嘉峪関						
	張掖			1	6		
	金昌		4				
中部（黄河）	武威		47	4			
	蘭州	54	125	51		6	
	白銀	31	9	15			
	臨夏	84	158	238		45	
	甘南蔵	3	1	84		2	
東部（渭河）	定西	31	1	367		12	
	慶陽			362			
	平涼		2	1139			1
	天水	4	2	282		2	
長江	隴南	9	6	137		5	
総計		216	361	2680	52	72	1

表38　寧夏の址数内訳一覧：新石器後期〜青銅器中期

		新石器後期	青銅器	
			斉家	商
北部	石嘴山			
	銀川			
中部	呉忠			
	中衛	84	28	
南部	固原	117	302	1
総計		201	330	1

里頭期に集落面積を大幅に縮小させて、二里岡期に存続した形跡を残している。報告書が示しているように、超大型集落が消失し、中・小型集落が増加する状況が二里頭・二里岡期すなわち青銅器前期〜中期前半を覆った点で、龍山・二里頭期間には集落形成上の大きな画期がある。

分期が行きとどいた垣曲盆地での址数は、

龍山期例三八、二里頭期前半例六、同後半例四一、二里岡下層期例一二、同上層期例一〇

であり、総面積の推移も址数の増減と併行している。(39) 最大の集落が、龍山期例で三〇ha、二里頭期前半例で四ha、同後半例で二〇ha、二里岡上・下層期例で各一三haであるから、二里頭期前半例の低落状態は集落規模のうえでも大きい。運城盆地東部と較べると、青銅器前期例は、規模と総面積の縮小で一致して址数の減少ぶりで隔たり、青銅器中期例は、規模、址数、総面積の減少で一致するから、龍山期の大型集落分解後の動向に相違があるわけである。忻州市原平市で峙峪遺跡七〇〇haは異例であるとしても、辛章遺跡三七五ha、晋中市霊石県集庵遺跡三〇〇ha、臨汾市襄汾県陶寺遺跡四三〇ha、晋城市沁水県八里坪遺跡四〇〇haのように、運城盆地東部の周家庄遺跡に比肩しうる

表39　陝西の址数内訳一覧：新石器後期～青銅器中期

		新石器後期	青銅器前期		同中期
			斉家	二里頭	商
北部	楡林	748		2	64
	延安	669		5	88
	銅川	39			16
中部（渭河）	宝鶏	314	1		51
	咸陽	158			42
	西安	74		1	14
	渭南	170			14
南部（長江）	漢中	13			5
	安康	6			5
	商洛	45		4	22
総計		2236	1	12	321

表40　山西の址数内訳一覧：新石器後期後半～青銅器中期

		新石器後期後半	青銅器前期			同中期	不明青銅器
			二里頭	東太堡	東下馮	商	
北部	大同	40					11
	朔州	60					4
中部	忻州	276	42	5		70	
	太原	45	38	3		39	
	呂梁	126	75	11		63	
	晋中	45	26	48		38	
	陽泉	4	1			2	
南部	臨汾	253			98	14	
	長治	85	93			82	
	運城	186			68	47	
	晋城	16	13			11	
総計		1136	288	67	166	366	15

新石器後期後半の大型集落址が山西中・南部でみいだされている。(40) これに対して青銅器前期の確実な例が一〇〇haに満たない点から察すると、規模の縮小は中・南部に敷衍してさしつかえないであろう。大型集落分解後の動向はおそらく地域ごとで相違するであろうが、いずれにせよ、総面積の増大を表の結果から汲みとることは難しい。縮小か均衡のいずれかであろう。これは集落形成の衰微を意味する。

河南の結果は、陝西に近く、青銅器前期例が一律に減少し、中期例が増加している（表41）。この結果を新しいデータと照合させてみると、鄭州地区での結果と良く一致する。(41) ところが西方の伊洛河地区では址数が、

龍山期前半例九、同後半例二九、龍山期例一〇、二里頭期Ⅰ例九、同Ⅱ例二一、同Ⅲ例一八、同Ⅳ例二〇、二里頭期例一四、二里岡下層期例九、同上層期例四四、晩商代例四、二里岡期例八

となる。(42) 未分期例を含めて合算すると二里頭期例が、龍山・二里岡期例をそれぞれ凌ぎ、分期結果に依拠すると二里頭期Ⅰ例が低減している。他方、総面積の推移を、ha以下を四捨五入して示すと、

表41　河南の址数内訳一覧：新石器後期後半～青銅器中期

		新石器後期後半	青銅器前期		同中期
			二里頭	岳石	商
北部	濮陽	24			11
	安陽	70			54
	鶴壁	42	1		37
	新郷	46			26
	焦作	96	3		35
中部	三門峡	142	4		42
	洛陽	187	18		58
	鄭州	75	16		50
東部	開封	21	1		10
	商丘	43	2	1	36
	平頂山	63	7		14
	許昌	40	5		27
	漯河	51	1		14
	周口	99	15		66
南部	南陽	73	3		25
	駐馬店	179	1		47
	信陽	171	3		85
総計		1422	80	1	637

龍山期前半例二二、同後半例九七、龍山期例六、二里頭期Ⅰ例九五、同Ⅱ例一二一、同Ⅲ例一一二、同Ⅳ例一〇二、二里頭期例二六、二里岡下層期例二六、同上層期例九六、晩商代例八、二里岡期例一三

となる(43)。すなわち二里頭期Ⅰ例の総面積は、址数約三倍の龍山期後半例、約五倍の二里岡上層期例と肩を並べているわけである。これは稍柴という六〇haの集落址が加わったことによる。以上の結果を垣曲盆地と比較すると、二里頭期前半例ないしⅠ例で低減する点で址数の動向は近いけれども、その低減期に向かう総面積の推移は逆の結果をみせている。

洛陽盆地では二里頭期に址数、総面積とも龍山期よりも増加している(44)。その中核を占めた集落は、二里頭期Ⅰに一〇〇haから出発し、のちに三〇〇haに拡大したという二里頭である。このように大型集落を中核とする人口密度の高い状況が洛陽盆地で現出したことも、集落形成の広域にわたる衰微とならぶ二里頭期の特徴である。ところで大型集落のなかで、陶寺の巨大化は廟底溝Ⅱ類型に始まることが確認され(45)、一〇〇ha内外という河南省鄭州市新密市新砦は、二里頭とともに出現が龍山・二里頭期の交にあたることが確実な例である(46)。大型集落の出現に集落形成の衰微が関与していたことを推測させる。

河南の例を続けると、南部で確認された址数は、

龍山期例二七〇、二里頭期例六七、商代例七七

を数える(47)。二〇ha以上が龍山期例で五・六

%、二里頭期例〇、商代例で四・五%を占める点を加えると、二里頭期例は址数、面積とも低落していることになる。また、河南南東部で安徴に近い信陽市淮浜県域の調査によると、仰韶期前期例以来頂点に達した龍山期後半例の址数四三が二里頭期例で一二に減少し、この地最大の黄土城も縮小し、商〜西周代例で再び址数が回復するという。[48] 二里頭期例で址数、総面積とも低減するのが河南南部の動向であることを確認させる結果である。

表42　山東の址数内訳一覧：新石器後期後半〜青銅器中期

		新石器後期後半	青銅器前半	同中期
			岳石	商
西部	浜州	32	21	93
	徳州	18	4	33
	聊城	38	10	35
	荷澤	79	23	107
中部	済南	74	54	113
	莱蕪	1	0	1
	泰安	20	5	38
	済寧	87	14	116
	棗庄	81	20	77
	東営	14	4	27
	淄博	53	7	45
	臨沂	369	44	395
東部	日照	116	16	38
	濰坊	383	36	201
	青島	62	6	8
	烟台	47	40	17
	威海	19	12	1
総計		1493	316	1345

山東では、青銅器前期例で址数が大きく低落し、中期例で旧状に戻している（表42）。烟台、威海で商代例が減少し、他地の動向と離れているが、半島先端にあって商文化の影響が及びにくかったのであろう。青島で商代例の増加が鈍いのも、隣接するせいであるとみれば頷ける。また、新石器後期後半例の址数と比較して商代例の数が多い地として、浜州、徳州を筆頭に、荷澤、済南、泰安、東営があげられ、これらは西部に集中している点が注意を引く。

これらの結果をさらに検証すると、淄博市臨淄区桐林遺跡周辺で、龍山期例五一、岳石期例五、商代例八の址数が確認されている。[49] また日照県海岸平野で、

龍山期前葉例一五〇、同中葉例一二八、同後葉例一一、岳石期例一八、商代例二九を数える。[50] 龍山期後葉例で減少しているのは、この地の特徴であるのか、分期上の結果によるのか定かでないが、分期不明の龍山期例が二五二を数えるので、帰趨は後日をまたなければならない。さらに済南市東郊の小清河流域での調査結果を加えると、龍山期例六、岳石期例三、商代例一一を数え、[51] 総面積の増減もこれに従っている。臨淄は北方

内陸、日照は南東方の海岸沿い、小清河流域は西方の河北平野東端に位置するが、ともに岳石期例の減少で一致している。しかし商代例の増加は西方の小清河流域に限られており、これは表示の結果と符合する。山東での「中商」代の遺跡を抽出し、これが西方に集中することを問題にして、徐昭峰が商王朝の東征を説いている[52]。表示の結果はこれを追認することになるのであろうが、黄河口の渤海南岸で商代の土器製塩址が発見され[53]、小清河下流もその製塩地に含まれる点に、商代例が西方で増加した背景を求めることにとどめておきたい。東征という言葉が王朝側に立つ歴史認識にあたるからである。

表43　湖北の址数内訳一覧：新石器後期後半～青銅器中期

		新石器後期後半	青銅器前期 二里頭	同中期 商
北部	十堰	29		1
	襄樊	115		2
	随州	31	1	1
	孝感	54		21
	武漢	57		53
	黄岡	4		397
	神農架林			
南部	恩施土家			29
	宜昌	46	1	57
	荊門	18		16
	天門	58		
	潜江	1		
	仙桃	2		
	荊州	31		19
	鄂州	9		6
	黄石	11		24
	咸寧	7		46
総計		473	2	672

表44　湖南の址数内訳一覧：新石器後期後半～青銅器中期

		新石器後期後半	青銅器前期 二里頭	同中期 商
北部	大庸	6		86
	常徳	280		141
	岳陽	79		135
	湘西土家			75
	益陽	120		127
	長沙	29		46
	懐化	1		184
	類底			2
	湘潭	10		30
南部	邵陽			5
	衡陽	1		52
	株州	7	1？	82
	零陵			182
	郴陽			40
総計		533	1？	1187

集落址数の多寡—長江水系—　湖北、湖南での結果は、青銅器前期例の低落、商代例の激増で共通している（表43・44）。ほとんど集落が絶えたかのような青銅器前期すなわち前二千年紀前葉の空白は、石家河期例の一部によって補われるとしても、集落形成が衰微していたことは動かないだろう。それゆえに、商代例の増加が際立つのである。新石器後期後半例に比較して商代例の増加率が高い地として、湖北で黄岡と黄石と咸寧が、湖南で常

徳と益陽を除く全域があげられる。つまり、四川や貴州に近い西部の山岳地帯に加え、湖北で南東部、湖南で東・南部が増加地にあたり、石家河期の址数が多かった地はおしなべて減少ないし停滞をみせているのである。

青銅器中期に四川で後述するように址数が増加していることを考え合わせると、西部での増加はそれに連なる動向といえる。また、湖北南東部での増加は、二里岡期に盤龍城が現在の武漢市黄陂区の長江沿いに営まれ、南岸の大冶湖に隣接した黄石の大冶市銅緑山や黄岡対岸にある江西省九江の瑞昌市銅嶺で銅山の開発が安陽期には始まっていたことと関連するにちがいない(54)。さらに湖南東・南部での増加については、商代青銅器の南伝と関連づけて商文化の南下を何介鈞が論じて、郴州の錫や衡陽の鉛のような鉱物資源の産出地であり、珠などの南方産品の搬入中継地であったことを説いており(55)、この所説と符合する。貴州を通じて雲南と結ばれている西部の懐化で址数が増加したことも、南方産品の搬入とおそらく関わるのであろう。

なお、湖北と湖南で増加した商代の集落は大半が一ha未満で、二～三haあれば最大級に属するので、址数通りに人口増加を見つもることは難しい。それらの人びとが農耕の適地とはいえない山岳や沼沢で小集団に分かれて営んだ生計は、おそらく輸送や鉱業生産を下支えすることであったろう。また製塩とも関連するかもしれない。

江蘇と浙江の結果をみると、青銅器前期例での減少と商代例での増加という大勢に従っている（表45・46）。この結果にまた商代例の増加ぶりを加えると、江蘇北部北半と浙江南部とがその甚だしさによって特筆される。湖熟文化は青銅器や土器の形態に二里岡文化の影響が強いというから、その址数が多い江蘇南部の南京、鎮江もここに加えられる。新石器時代例に恵まれない、人間による土地開発が進んでいなかった地に商代例が増加する点で、湖北、湖南と動向を同じくするのである。山東に接し淮河河口にあたる江蘇北部北半での増加について、証拠を得ていないが地理上の位置からみて、土器製塩の操業と関連づけたいところである。また、湖熟文化域での増加は土器製塩や錫・鉛鉱、浙江南部での増加は銅鉱と錫または鉛鉱、土器製塩、タカラガイなどの南海産品の産出や輸送が、増加をもたら

表45　江蘇の址数内訳一覧：新石器後期後半〜青銅器中期

		新石器後期	青銅器前期				同中期	
			二里頭	点将台	岳石	馬橋	商	湖熟
北部	徐州	9			1		32	
	連雲港	10	1		2		18	
	宿遷	8					25	
	塩城	5					1	
	淮安						2	
南部（長江下流域）	揚州	2			2			6
	泰州	1						
	南通							
	南京	4	1	1			1	100
	鎮江	5					6	44
	常州	5					2	
	無錫	6	1			2	7	
	蘇州	51				6	20	
総計		106	3	1	5	8	114	150

表46　浙江の址数内訳一覧：新石器後期後半〜青銅器中期

		新石器後期	青銅器前期		同中期	
			二里頭	馬橋	商	好川
北部	湖州	38	2	5	46	
	嘉興	147	34	3	58	
	杭州	97	6		9	
	紹興	3			8	
	寧波	4			14	
	舟山				1	
南部	衢州	1			93	
	金華				14	
	台州				5	
	麗水				9	1
	温州	1			68	1
総計		291	42	8	325	2

せた生業の候補にのぼる[56]。いずれにせよ、矛の一種や印文陶、タカラガイなど商代における南方系品の中原での増加を現地で下支えした人びとは、大半が短期で移住を重ねる非農耕あるいは半農耕的小集団であったことを、商代例の増加が示唆している[57]。

集落の興亡　青銅器前期の址数は、内蒙古、遼寧、河北、甘粛、寧夏、四川で増加し、南・東方の自余の地域で減少していた。またこの増減に従わない小地域もあった。そこで、址数が著しく変化したことによって推察される激動期のなかで、どれほどの新石器後期集落が次代の青銅器前期に存続しえたのか、また、どれほどの青銅器前期集落が中期に命脈を保ちえたのか、前節と同様に断絶率を手がかりにしてこの点を探っていく。

内蒙古、遼寧、河北から始めると、内蒙古東部の小河沿期例と河北北部の龍山期例は相対的に断絶率が低く、夏家店下層期例への継続度が高い（表47〜49）。これに対して遼寧西部の新石器後期の諸類型例には、夏家店下層期への継続例がみあたらず、同期例はことごとく新出である。夏家店下層文化の故地が内蒙古南東部〜河北北

表47　内蒙古の集落断絶率一覧：新石器後期〜青銅器中期

	新石器後期						青銅器前期			同中期		不明青銅器
	龍山	阿善Ⅲ	永興店	老虎山	小河沿	不明後期	朱開溝	二里頭	夏家店下	商	魏営子	
西部	69/99	4/9	0/5	8/8		2/2	32/32	22/38		17/19		25/25
東部					51/84				3060/3060		0/1	6/6
断絶率%	70	44	0	100	61	100	100	58	100	89	0	100

※通遼に加わる彰武平安・高台山類型例とも 1/1 である。

部にあることを、これは暗示しているかのようである。夥多の夏家店下層期例のほぼすべてが次期に継続せず、同期のなかで断絶している。夏家店下層期は青銅器前期に、上層期は同後期に属し、両期の間に時間的経過の介在することが判明しており、しかも、上層期例も後述するように址数が多い。そこで、夏家店下層期の集落地が上層期に再利用された復活率を求めると、内蒙古東部例で一四%、遼寧西部例で二八%、河北北部で五一%である。また、夏家店上層期例が下層期例へ回帰した比率を求めると、内蒙古東部五八%、遼寧西部六〇%、河北北部三五%となり、内蒙古東部と遼寧西部とで近似し、河北北部で低い結果が得られる。河北北部で復活率が高く回帰率が低い点について、回帰を妨げる要因となる事件が河北北部で青銅器中期に発生したと考えると、それは河北南部に形跡をとどめる商の進出であり、次代における周の北部進出であってもさしつかえない。

なお、おしなべて断絶率が高い青銅器前期例のなかで、内蒙古西部で伊克昭を中心に分布する二里頭期例の低さが注意を引く。伊克昭すなわちオルドスには新石器時代から黄河流域文化が流入しており、その系譜上にある二里頭期例の断絶率の低さを、分布地をともにして在地文化に連なる朱開溝期例の高さと対照させると、農耕への依存と集落維持への執着が強かったことを二里頭期例から、他方、農耕や定住への指向が乏しく遊動性が高かったことを朱開溝期例から、それぞれ導き出すことができるであろう。

甘粛、寧夏ではともに断絶率が高い（表50・51）。甘粛と寧夏とを比率すると、甘粛での馬家窯馬廠類型例の断絶率が相対的に低いことは、址数の多さとともに、斉家文化の故地が甘粛にあったことを示唆している。ところが、成立し伝播した斉家文化の集落は断絶率が高く、次期にほとんど継承されていない。寧夏では青銅器中期例が商代の一例にとどまるので、断絶率の高さは頷けるが、中期例が少なからず存在する甘粛でも、斉家期例の大半が同期のなかで命脈を絶っているのである。そこで、斉家期例が青銅器後期例によって再利用された復活率を算出すると、甘粛中部で六%、同東部と長江流域でともに一一%となる。また、青銅器後期例が斉家期例へ回帰した比率は、中部で四一%、東部で五二%、長江流域で三五%である。回帰率が長江流域でいくぶん低い点についても歴史的要因が関わっているのであろう。なお、寧夏では青銅器後期例が六で、中期以来の低落状態が続いており、復活・回帰率が零であることを添えると、青銅器前・中期の寧夏は、居住形態で遊動性の高かったことが知られる。

表48　遼寧の集落断絶率一覧：新石器後期～青銅器中期

	新石器後期					青銅器前期				青銅器中期				不明青銅器
	偏堡	小珠山中	後洼上	小珠山上	不明後期	夏家店下	高台山	双坨子	不明前期	魏営子	新楽上	望家	不明中期	
西部	6/6				0/1	1938/1943	22/22			1/2	38/38		0/4	291/291
東部	0/2	7/10	0/1	5/6				4/4	0/1			23/23	0/1	645/645
断絶率%	75	70	0	83	0	100	100	100	0	50	100	100	0	100

表49　河北の集落断絶率一覧：新石器後期～青銅器中期

	新石器後期		青銅器前期			青銅器中期					不明青銅器
	龍山	不明	夏下店下	二里頭併行	先商	早商	二里岡上	圍坊Ⅲ	商	魏営子	
北部	33/66		360/363			1/1	1/1	1/1	0/2	17/22	179/208
南部	10/13	1/1	0/2	0/31	31/40			1/1	363/509		
断絶率%	54	100	99	0	78	100	100	100	71	77	86

陝西での結果をみると、新石器後期例は信頼に足る址数が多い類型例で、断絶率が一〇〇%ないしそれに近い数値を示している（表52）。二里頭期例がくまなく減少していた斉一性を、断絶率からも窺うことができるわけである。そこで、増加した商代例によって復活率と回帰率を導くと、表示のようになる（表53）。址数が多い後期例の復活率は商洛、銅川を除いてことご

表50　甘粛の集落断絶率一覧：新石器中・後期～青銅器中期

	新石器後期中・後葉		青銅器前期		同中期	
	半山	馬廠	斉家	四壩	辛店	商
西　部		8/10	0/1	52/52		
中　部（黄河）	86/172	260/340	368/392		52/53	
東　部（渭河）	20/35	1/5	2146/2150		13/14	1/1
長　江	4/9	1/6	135/137		5/5	
断絶率％	51	75	99	100	97	100

表51　寧夏の集落断絶率一覧：新石器後期～青銅器中期

	新石器後期			青銅器	
	馬家窯	菜園	石嶺下	斉家	商
北　部					
中　部	38/38	46/46		28/28	
南　部	116/116		1/1？	302/302	0/1
断絶率％	100	100	100	100	0

表52　陝西の集落断絶率一覧：新石器後期～青銅器中期

	新石器後期							青銅器前期		同中期
	馬家窯	客省庄Ⅱ	双庵	陝北	石峁	龍山	不明後期	斉家	二里頭	商
北　部	2/5	1/1		1/1	3/3	39/39	1397/1402		7/7	89/168
中　部（渭河）		20/20	7/8			656/656		1/1	0/1	42/121
南　部（長江）							55/58		2/4	4/32
断絶率％	40	100	88	100	100	100	100	100	75	42

と一桁で低く、回帰率は銅川で高い。高い理由があるのかもしれないが、明らかでない。

山西での断絶率の多寡は、陝西に較べて複雑である（表54）。すなわち、新石器後期後半例では、南部の長治と晋城に分布する小神類型で低く、臨汾の陶寺類型例と運城の三里橋類型例で高い。また青銅器前期例では、二里頭類型例の低さが、分布域を同じくする中部で東太堡類型例の高さと鮮やかな対照をみせ、南部でも臨汾と運城に分布する東下馮類型例の高さと隔たっている。つまり、新石器後期後半例では河南の洛陽に近い地が、青銅器前期例では河南由来文化の集落が、それぞれ集落の継続度で他に勝っているわけである。

さらに商代例での復活率と商代例からの回帰率を算出してみると、址数が多い地のなかでは両率とも長治のみで高い（表55）。すなわち、新石器後期後半~商にかけて、長治がもっとも集落の継続度が高いということになる。

以上の結果を新出のデータで検証すると、垣曲盆地では断絶率が、

龍山期例九七％（37/38）、二里頭期前半例六七％（4/6）、二里頭期後半例七六％（31/41）、二里岡下層期例七五％（9/12）

となり、龍山期例で図抜けて高い結果が得られる。二里頭期前半例が激減しており、この結果は当然であるから、址数が回復した二里頭期後半例によって龍山期例の復活率を求めると四九％（18/37）、回帰率は四四％（18/41）となって、断絶した龍山期例の約半数が二里頭期後半例で復活している。また、運城盆地東部の諸例の断絶率は、龍山期例で五九％（46/78）、二里頭期例で六一％（36/59）、龍山期例の二里岡期例での復活率は一三％（6/45）、回帰率は一八％（8/44）となる。

垣曲盆地では集落数の激減が、運城盆地東部では総面積の大幅な縮小が、二里頭期における集落形成の微弱状態を示していたが、復活率と回帰率の結果を加えるならば、垣曲盆地でのその高さは衰微が一過性で、社会への影響は運城盆地東部ほど甚だしくなかったことを示唆している。ともかく、小地域を精査した結果によっても、二里頭期での集落形成の衰微がこうして追認され、他方、その結果次第で、表示の復活・回帰率は動く可能性がある。

表53　陝西での新石器後期・商代例間の復活・回帰率一覧

		復活率※％	回帰率％	
楡林	13/746	2	20	13/64
延安	22/661	3	25	22/88
銅川	5/39	13	81	13/16
宝鶏	16/306	5	31	16/51
咸陽	11/144	8	26	11/42
西安	2/73	3	15	2/13
渭南	3/162	2	21	3/14
漢中	1/11	9	20	1/5
安康	0/2	0	0	0/5
商洛	8/42	19	36	8/22

※廟底溝Ⅱ類型例と青銅器前期への継続例を除く。

河南での断絶率は別表の結果になり、復活・回帰率は次のようになる（表56・57）。二里頭期例の断

表54　山西の集落断絶率一覧：新石器後期後半～青銅器中期

	新石器後期後半					青銅器前期			同中期	不明青銅器
	白燕	小神	陶寺	三里橋	不明龍山	二里頭	東太堡	東下馮	商	
北部					100/100					12/15
中部	462/496					44/182	60/67		156/212	
南部		69/101	238/253	173/186		69/106		158/166	108/154	
断絶率％	93	68	94	93	100	39	90	95	72	80

絶率が山西南部と近く、復活・回帰率は既述の諸地域よりもおしなべて高い。これは集落の継続度が高かったことを示唆している。とりわけ北部が軒並みに高いことは、洹北商城や殷墟墓葬群が安陽で成立した背景を考えさせる。

河南の龍山期例の断絶率は、二里頭期例が激減しているために高い。しかし精査された小地域のうち、二里頭期例が龍山期例を上回る洛陽盆地の場合、龍山期例の断絶率は六〇％（58/97）で、表中の結果よりも低く、二里頭期例が低落する鄭州地区の場合は断絶率が九二％（33/36）で、表の結果に近い。また二里頭期例の断絶率を比較すると、商代例が半減する洛陽盆地で六七％（84/125）、二里岡期例が二倍強に増加した鄭州地区で一五％（2/13）となる。洛陽盆地では表中の結果と変わらず、鄭州地区ではそれよりも大幅に低いわけである。洛陽盆地は二里頭と偃師商城、鄭州地区は鄭州商城が営まれた地であることを想起すると、都市の名で呼びうる大型集落が商代に継承され、しかし址数が半減し断絶率が高い洛陽盆地での動向は異様に映る。二里頭に拠った政体の本貫であったから、商代への移行に特別な事情が介在しても不思議でない[58]。

山東では、岳石期例が激減しているので、新石器後期後半例すなわち龍山期例の断絶率がどの地においても高い（表58）。これに対して岳石期例の断絶率は西部で低く、東部で高い。東部が高いのは新石器時代以来の動向であり、半島先端部が一貫して非定住的な居住形態で覆われてきたことによる。そうして、商代においてそれが改まったことを、断絶率の大幅な低下が示している。他方、西部での低さは、商代に土器製塩が始まったことと関連があるのではなかろうか。そこで、先に示した商代例の激増地での断絶率に注目すると、浜州一四％（3/21）、徳州〇％（0/4）、荷澤一三％（3/23）、済南三〇％（16/54）、泰安四〇％（2/5）、東営二五％（1/4）という数値が得られ、いずれも断絶率が山東全体の平均よりも低く、これらの地を平均すると二三％になる。七七％が商代へ存続したことを示すこの高さを可能にしたのは土器製塩であった、というわけである。

新石器後期後半の址数と低減から回復した商代の址数とは、ほぼ均衡していた。そこで復活・回帰率を求めてみると、表59の数値になる。西部がいずれの地も高率を示し、中部にある商代例の激増地も他地の比率を凌いでいる。これらの地の復活・回帰率の高さもまた土器製塩によるとみたい。おしなべていうと、復活率は河南とならんで陝西、山西を凌ぎ、回帰率も高い。これは集落の継続度の高さを物語る。

湖北と湖南に移ると、二里頭期例の寡少さによって新石器後期後半例の断絶率は、ともに一〇〇％ないしそれに近い数値に達している（表60・61）。商代例が激増している点でも両地域は増減が同調しているので、それぞれの復活・回帰率を求めてみると、別

表55　山西での新石器後期後半・商代例間の復活・回帰率一覧

		復活率%	回帰率%	
大同	0/40	0	0	
朔州	0/60	0	0	
忻州	5/272	2	16	5/32
太原	0/37	0	0	0/25
呂梁	3/116	3	0	0/19
晋中	1/37	3	7	1/15
陽泉	0/4	0	0	0/1
臨汾	3/238	1	25	3/12
長治	17/56	30	35	17/49
運城	3/174	2	7	3/41
晋城	0/14	0	0	0/9

表56　河南の集落断絶率一覧：新石器後期後半～青銅器中期

	新石器後期後半	青銅器前期		同中期
		二里頭	岳石	商
北部	250/278	2/4		115/163
中部	376/404	29/38		104/150
東部	289/317	21/31	1/1	108/167
南部	419/423	6/7		58/157
断絶率%	94	73	100	60

表の結果が求められる（表62・63）。これを通覧すると、址数が多い点で信頼度の勝る数値として、復活・回帰率とも、湖北では武漢、湖南では益陽の高さが目を引く。両地とも商代例で址数がめざましく増加した地に隣接しつつ外れている。逆にいうと、激増地での復活・回帰率はいずれも低位にあるわけである。その原因のひとつが新石器後期後半例の少なさにあることはいうまでもない。二里頭期の断絶を隔ててもなお新石器後期後半から商代へ至る集落の継続度が、武漢、益陽の二地で高いことについて、他地と異なる点をあげて背景を説明するとすれば、武漢の場合には盤龍城の存在と関連づけられてよい(59)。しかし益陽には目立つ点が見あたらない。しいていえば、商代例の断絶率の高さであるが、それでも背景は闇のなかにある。

なお、商代例での復活率は、湖北七％、湖南一四％となる。陝西四％、山西三％よりも上位にあるが、河南一八％、山東三二％に較べると低い。また、新石器後期後半例への回帰率は、湖北で五％、湖南で六％となり、これに対して陝西二五％、山西九％、河南三八％、山東三一％で、湖北と湖南はもっとも低位にある。それゆえに、武漢と益陽での高さが際立つのである。

江蘇、浙江でも新石器後期例の断絶率は高い（表64・65）。ただし、浙江北部で良渚期例中の四二例が二里頭期例と

表57 河南での新石器後期後半・商代例間の復活・回帰率一覧

		復活率%	回帰率%	
濮陽	7/24	29	64	7/11
安陽	23/70	33	43	23/54
鶴壁	19/41	46	53	19/36
新郷	13/46	28	50	13/26
焦作	18/93	19	53	18/34
三門峡	12/139	9	29	12/42
洛陽	23/174	13	40	23/58
鄭州	9/67	13	19	9/47
開封	4/20	20	40	4/10
商丘	14/41	34	42	14/33
平頂山	2/57	4	14	2/14
許昌	5/35	14	19	5/27
漯河	6/50	12	46	6/13
周口	43/87	49	73	43/59
南陽	12/72	17	50	12/24
駐馬店	7/179	4	15	7/47
信陽	23/168	14	27	23/85

して継続し、そのことごとくがまた商代に継続したことを、表中の数字が示している。そこで復活・回帰率に問題の深化を託してみると、別表の結果が導かれる（表66・67）。ここで注意を引くのは、江蘇では蘇州、浙江では湖州、嘉興における復活・回帰率の高さである。このように集落の継続度の高いこれらの地が、良渚文化の分布地にあたることは示唆的である。

なお、江蘇全域の復活率は三〇%、回帰率一〇%で、復活率が山東なみの高位にあり、浙江全域の復活率は九%、回帰率は一〇%で、両率とも低く、湖北や湖南に近い。

人間の移動　新石器後期から青銅器中期に至る間の集落形成の動向を、址数の増減、断絶率、復活・回帰率に依拠しつつ概観してきた。王朝成立に焦点を合わせるならば、青銅器前期では洛陽盆地における二里頭の興起、同中期では河北南部ないし鄭州や河南北部における商王朝の抬頭に加え、山東西部の塩、長江中・下流域の鉱物資源、同流域が中継する南方産品のような王朝を支える諸物資の獲得を、概観し

表58　山東の集落断絶率一覧：新石器後期後半〜青銅器中期

	新石器後期後半	青銅器前期	同中期
		岳石	商
西部	129/167	7/58	31/268
中部	611/699	69/148	75/812
東部	583/627	90/110	51/265
断絶率%	89	53	12

表59　山東での新石器後期後半・商代例間の復活・回帰率一覧

		復活率%	回帰率%	
浜州	22/26	85	26	22/86
徳州	10/14	71	34	10/29
聊城	17/29	59	65	17/26
荷澤	53/60	88	61	53/87
済南	22/45	49	29	22/76
莱蕪	0/1	0	0	0/1
泰安	6/16	38	17	6/35
済寧	15/80	19	14	15/107
棗庄	22/70	31	32	22/69
東営	9/11	82	38	9/24
淄博	16/47	34	40	16/40
臨沂	129/341	38	34	129/381
日照	4/114	4	12	4/34
濰坊	95/355	27	52	95/182
青島	3/61	5	38	3/8
烟台	0/38	0	0	0/14
威海	0/15	0	0	0/1

表60 湖北の集落断絶一覧：新石器後期後半〜青銅器中期

	新石器後期後半		青銅器前期	同中期
	石家河	龍山	二里頭	商
北部	275/276	14/14	0/1	20/475
南部	183/183		1/1	21/197
断絶率%	100	100	50	6

表61 湖南の集落断絶率一覧：新石器後期後半〜青銅器中期

	新石器後期後半	青銅器前期	同中期
		二里頭	商
北部	525/525		384/826
南部	7/8		76/361
断絶率%	100		39

た集落形成の動向から導き出すことができるにちがいない。しかし、本書の主旨は王朝成立を語ることではない。既存の成立論と乖離しない結果がこうして得られたことをもって満足し、集落形成激変の渦中にあった青銅器前期の人びとの動きに論点を絞りたい。その激変の範囲が新石器中・後期の交の場合と違って、はるかに広いからである。

さて、新石器後期に広域に分布し、址数が多く、耳目を集める遺構や遺物に恵まれた文化の代表格というと、龍山文化であり、石家河・良渚文化であったが、これらの文化はあいならんで前二〇〇〇年頃に衰滅した。その原因について、気候条件の悪化、生態環境の破壊、争乱などのなかからそれぞれにふさわしい説が提示されているが、衰滅時期を同じくした原因を求めようとすると、どうしても気候の悪化に落ちつかざるをえない。ところが、これらの文化の衰滅と前後して、域外の北方で夏家店下層文化が、西方で斉家文化がそれぞれ興隆したことは、気候条件の変化が北・西方の人びとにとっては好ましかったのであろうか。条件の変化が黄河・長江流域と異なっていたのであろうか。

この問題の解決はそもそも古気候学に任すべきであるのか、考古学に委ねられているのか、もし古気候学の分野で解答を求めるとすれば、乾燥・冷涼化が内蒙古中南部よりも南方諸地域の方が遅れたという孔昭宸らの分析結果などが注意にのぼる(60)。しかし、新石器中・後期に遡るならば、北方の紅山文化は仰韶文化と衰滅期をともにした点で、遅延説には考古学上の疑問がある。また、緯度の南北で変化する気候条件が違っていたという古気候学の結果も、龍山文化域と同緯度である西方でその衰滅期に斉家文化が興隆したことの、理想的な説明にはなっていない。他方、考古学分野で解答を得るとすれば、狩猟や家畜飼育に依存する比率が高かったこと、遊動的な居住形態が気候変化に伴うリスクを軽減したことがあげられてよい。また、アンドロノヴァ文化などの西・北方の異文化との接触による交易活動が自存を援けたらしいことも、斉家文化での青銅器の多さなどからみて想像されるところである[61]。いずれにせよ、気候変動と人間活動との間には生業、技術、居住、社会が介在していることを忘れると、単純な気候決定論に陥るの

表62　湖北での新石器後期後半・商代例間の復活・回帰率一覧

		復活率%	回帰率%	
十堰	1/29	3	100	1/1
襄樊	1/115	1	50	1/2
随州	0/30	0	0	
孝感	2/54	4	10	2/21
武漢	14/57	25	26	14/53
黄岡	1/4	25	0	1/397
神農架林			0	
恩施土家			0	0/29
宜昌	7/46	15	12	7/57
荊門	0/18	0	0	0/16
天門	0/58	0	0	
潜江	0/1	0	0	
仙桃	0/2	0	0	
荊州	1/31	3	5	1/19
鄂州	1/9	11	17	1/6
黄石	3/11	27	13	3/24
咸寧	2/7	29	4	2/46

表63　湖南での新石器後期後半・商代例間の復活・回帰率一覧

		復活率%	回帰率%	
大庸	1/6	17	1	1/86
常徳	21/280	8	15	21/141
岳陽	9/79	11	7	9/135
湘西土家			0	0/75
益陽	38/120	32	30	38/127
長沙	0/29	0	0	0/46
懐化	0/1	0	0	0/184
類底			0	0/2
湘潭	0/10	0	0	0/30
邵陽			0	0/5
衡陽	1/1	100	2	1/52
株州	5/6	83	6	5/82
零陵			0	0/182
郴州			0	0/40

表64 江蘇の集落断絶率一覧：新石器後期～青銅器中期

	新石器後期				青銅器前期				同中期	
	良渚	龍山	王油坊	不明後期	二里頭	点将台	岳石	馬橋	商	湖熟
北部	4/4	24/27		1/1	0/1		2/3		14/78	
南部（長江下流域）	65/70	0/1	1/2	1/1	0/2	0/1	2/2	4/8	2/36	149/150
断絶率%	93	86	50	100	0	0	80	50	14	99

表65 浙江の集落断絶率一覧：新石器後期～青銅器中期

	新石器後期		青銅器前期		同中期	
	良渚	不明後期	二里頭	馬橋	商	好川
北部	247/289		0/42	5/8	7/136	
南部	1/1	1/1			6/189	2/2
断絶率%	86	100	0	63	4	100

である。歴史に精通しているとはいえない古気候学側からの提言ならまだしも、考古学の側から古気候学の成果を扱う際には慎重さが要請される。

それはさておき、黄河・長江流域に分布した新石器後期の主要文化が、匹敵する次代文化に恵まれずに衰滅したこと、つまり集落形成の衰微は、考古学上の痕跡をとどめにくい遊動者が大量に発生したことを意味する。後代の史書を参照するならば、争乱や飢饉や悪疫の頻発による人口減少ももとよりあったであろうし、遙かな遠隔地への移住もあったにちがいない。手元のデータに基づけば、移住先として北方の内蒙古・遼寧・河北方面、西方の甘粛・寧夏・四川方面が候補にのぼるが、夏家店下層文化域や斉家文化域で址数の激増通りの人口増加を見つもることは難しい。四川は址数不足で、大量流入の形跡に乏しい。南方の珠江流域に二里頭文化が及んだ証左があるので南方も外せないが、筆者の方法による限り、その立証には南方諸地域の分冊刊行をまたなければならない。いずれにせよ、黄河・長江流域に大量の遊動者が存在していたと推定しなければ、商代例の急増を説明しえないのである(62)。

遊動に転じた人びとが求めた生存戦略のひとつは、集住であった。それは二里頭遺跡や河南省新砦遺跡などの二里頭期における大型集落址の例が示しているところである。わけても、同期に址数が増加し人口が密集した洛陽盆地で中核を占めた二里頭には注意を払わなければならない。

そこで二里頭の興廃を辿ると、大型集落として呱々の声をあげ始めたのは二里頭Ⅰ期であり、面積は一〇〇haほどであったらしい(63)。それが一個の大型集落であるのか、複数個の集落が併存していたのか、この点はまだ明らかにされていないけれども、青銅工具、象牙製品、緑松石すなわちトルコ石の製品が出土している点からみて、すでに一般集落とは異なった存在であった(64)。Ⅱ期に入ると、微高地に「宮殿区」が、その南に接してトルコ石製品工房、やや離れて鋳銅工房が営まれるとともに、集落規模が拡大した。その規模は三〇〇haに及ぶという。「宮殿区」は版築基壇をそなえた建造物の造営から始まり、墓も営まれ、Ⅱ・Ⅲ期の交に一二haの範囲を土牆で方形に限り、外囲に道路を設け、こうして都市にふさわしい体裁を整えた(65)。Ⅲ期になると、この「宮殿区」

表66　江蘇での新石器後期・商代例間の復活・回帰率一覧

		復活率%	回帰率%	
徐州	$\frac{3}{8}$	38	10	$\frac{3}{31}$
連雲港	$\frac{0}{8}$	0	0	$\frac{0}{17}$
宿遷	$\frac{4}{8}$	50	16	$\frac{4}{25}$
塩城	$\frac{1}{5}$	20	100	$\frac{1}{1}$
淮安			0	$\frac{0}{2}$
揚州	$\frac{0}{1}$	0	0	$\frac{0}{6}$
泰州	$\frac{0}{1}$	0		
南通				
南京	$\frac{2}{3}$	67	2	$\frac{2}{99}$
鎮江	$\frac{2}{5}$	40	4	$\frac{2}{50}$
常州	$\frac{2}{5}$	40	100	$\frac{2}{2}$
無錫	$\frac{0}{6}$	0	0	$\frac{0}{6}$
蘇州	$\frac{13}{46}$	28	68	$\frac{13}{19}$

表67　浙江での新石器後期・商代例間の復活・回帰率一覧

		復活率%	回帰率%	
湖州	$\frac{13}{34}$	38	30	$\frac{13}{44}$
嘉興	$\frac{11}{113}$	10	52	$\frac{11}{21}$
杭州	$\frac{2}{93}$	2	67	$\frac{2}{3}$
紹興	$\frac{0}{3}$	0	0	$\frac{0}{8}$
寧波	$\frac{1}{4}$	25	7	$\frac{1}{14}$
舟山			0	$\frac{0}{1}$
衢州	$\frac{1}{1}$	100	1	$\frac{1}{93}$
金華			0	$\frac{0}{14}$
台州			0	$\frac{0}{5}$
麗水			0	$\frac{0}{8}$
温州	$\frac{1}{1}$	100	1	$\frac{1}{68}$

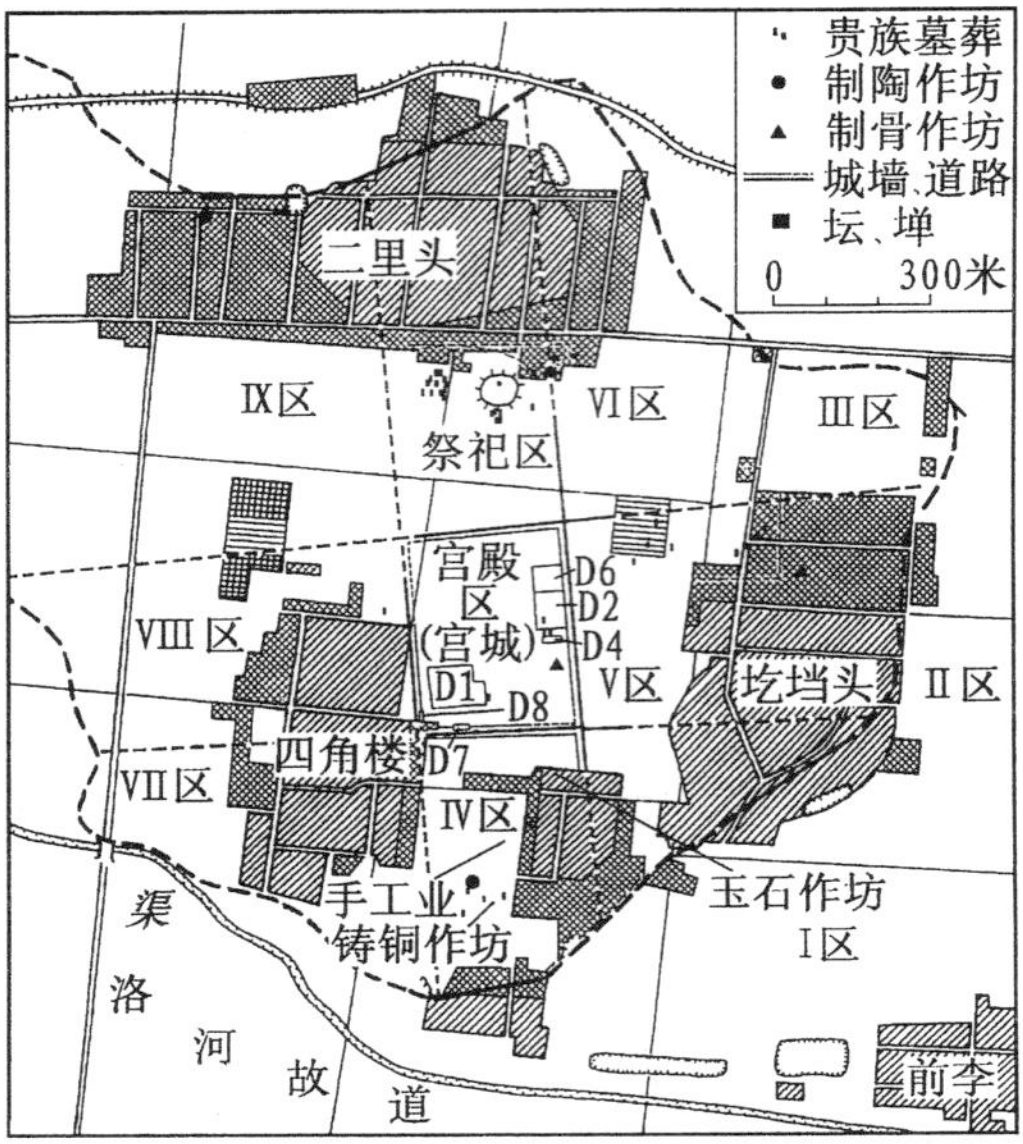

図40　河南省二里頭遺跡（杜金鵬「試論文保類考古」考古2010-5　図3）

の内部に次つぎと版築基壇の建造物が営まれ、墓も造られた。Ⅲ期は集落の最隆盛期であるという（図40）。ところがⅣ期ないし二里岡下層期前半には、「宮殿区」が鋳銅工房とならんで存続するとともに、集落規模が縮小に転じ、二里岡期後半で、「宮殿区」ともども集落が衰滅したらしい(66)。

この経過を通覧すると、まず集住が始まり、遠方の原素材が集まり、ついで、集落が拡大するのと併行して都市核が姿を現し、核としての存在を際立たせる方向に動いた。そうして衰微は集落の縮小から始まり、都市核に及んだことがわかる。商代に向かって現れたこの二里頭の衰微は、洛陽盆地における址数の半減、断絶率の高進とよく符合する。盆地内の人口が大幅に減少したわけである。なお、集住というと、エジプトやメソポタミアのように隔壁を共有するアパート式の住居構造が思い浮かぶが、山東省済寧市泗水県尹家城遺跡(67)などで確認されている新石器後期遺跡の例、すなわち、独立した方形建物／建物群が一家屋を構成し、外囲に菜園などの空閑地を残す構造を参照するならば、二里頭を満たした一般住居がアパート式であったとは考えにくい。もしそう考えてよければ、エジプトやメソポタミア例とはまったく異なる集住の姿を二里頭はみせていたことになる。

しかし、アパート式であれ独立式であれ、集住は居住環境を悪化させ、伝染病を広め、騒擾を誘発しやすいことを考えると、つねに崩壊の危険に直面している。また、集まった人的資源や財物を奪い、都市核の破壊を企てる外敵に晒されやすいことも、集住に伴うもうひとつの危険である。どうしても避けられないこれらの危険を減殺するためには、外敵を封じ社会環境を整序する装置が必然的に求められる。力能に満ちた指導者、宗教的権威、内外への暴力的強制力、集住者の扶養システムがこうしてその維持装置として発生した。遊動者が生存戦略として集住を求めた地は、もとより洛陽盆地だけにとどまらないが、黄河・長江流域を代表する集住地として考古学のデータ上に刻まれたのは、これらの維持装置を同盆地で準備しえたからにちがいない。

その意味で、黄河以北の縄文、三門峡以西の円肩罐、山東、河南東・北部、湖西の一部を占める円足盤や三足盤などの盛食器として例示されているように、(68) 二里頭期Ⅱの土器が成立するにあたり、他地域に由来する技法や形態が急増するらしい点は、遊動者の集中を示唆している。また、山西省運城市夏県東下馮遺跡出土土器の組成分析を行った成果によると、二里頭期Ⅱ前半で半ばを占めた在地系が組成の首座に立ち、他は北方の晋中系が伊洛系を上回っている。ところがⅡ後半に至ると、伊洛系の比率が増加して在地系と肩を並べるという。(69) 山西中部の晋中は青銅器前期の東太堡類型の分布の中心であり、中部の他地域のように址数も減少していなかったことをふりかえると、また、東太堡類型例の断絶率が他の在地類型例とともに高率であったことを想起すると、晋中からの進出にせよ遊動者の流入にせよ、同類型が伝播しやがて消失していったことは頷ける。他方、二里頭遺跡近傍の伊洛河地区では前述のように二里頭期Ⅱで址数の回復をみせ、山西南部の垣曲盆地でも二里頭期後半に回復し、龍山期例の復活率は四九％という高率に達していた。

二里頭文化の伝播を王朝の勢力伸張とみる見解があるが、その適否を問うよりも、遊動者の集住のなかから育まれた維持装置がさらに遊動者の集中と定着を促した点を、これらの例によって推測しておきたい。二里頭文化が及んだ範囲を土器によって限定しようとした張立東の成果によると、東西三〇〇㎞、南北二〇〇㎞をはかる。(70) 斉家文化や夏家店下層文化の拡がりもこの範囲にとどまり、二里頭文化の洛陽盆地のように、斉家文化で天水が、夏家店下層文化で赤峰と朝陽と承徳が、それぞれ集落が密集する中心を形成していた。すなわち、集落形成が衰微した青銅器前期の総体的状況のなかで、三箇所の、四川が加わるなら四箇所の人口集中地が現れ、それぞれに中心をそなえていたわけである。そもそも二〇〇㎞域は、前著で詳述したように(71)、ヒューマンサイズの文化や交易上の圏域として、中国だけにとどまらず、新石器時代から通文化的にその例を抽出することができる。斉家文化域や夏家店下層文化域と区別される別の政体が二里頭文化域に成立し、中心都市の卓越によって表出されるこのような政体が後代に継承されたことは否定できないけれども、王朝や国家の名を与えるには商代との隔たりが大きい。

遊動者の生存戦略に戻ると、二里頭遺跡出土の遠来の原素材が注意される。そのひとつはトルコ石である。この玉材は、古くは河南省漯河市舞陽県賈湖遺跡で出土しているので新石器前期に利用が遡り(72)、中期の仰韶文化、後期の龍山文化や大汶口文化の遺跡からも出土例が知られている。二里頭遺跡からはこの玉材を大量に使って龍などを造形した製品や各種の玉類に加え、加工したことを示す多数の原材片が出土している。未成品の出土は二里頭のⅡ期からで、Ⅲ・Ⅳ期の間に製品の増加がみとめられるという(73)。斉家文化や夏家店下層文化の遺跡にも出土例はあるが、二里頭遺跡例が図抜けて多く、原材出土の確実な例もここに限られる。トルコ石の産出地として陝西、湖南、安徽などが候補にのぼっているが、まだ確定には至らないらしい(74)。

もうひとつの材は玉と通称されているヒスイであり、二里頭のⅡ期から各種の器具の材として使われている。この材の使用も新石器前期から広く知られ、原材の産出地も複数あったようであるが、青銅器前期では斉家文化に多種多数の玉製品の伴うことが目を引く。甘粛省酒泉市粛北県馬鬃山で産出地と工房址が調査され、工房が四壩文化に属することが判明したので(75)、斉家文化の玉材はこの甘粛北西部の乾燥地帯から製品／未成品として運ばれた可能性が考えられるようになった。また、甘粛省張掖市西城駅遺跡で、馬廠類型後半ないし四壩期に営まれた製銅と攻玉の工房址が見いだされた(76)。製品／未成品が二里頭にもたらされたのかどうか、もとより分析をまたなければならないが、もしそうでなかったとしても、青銅器前期に西方で斉家・四壩文化に連なった人びととの間で、手工業生産と交易活動が定着するに至ったことは推断してよい。

銅製品もまた遠来の原素材に由来する器物の例である。とりわけ二里頭のⅡ期から出現した彝器の製作は、商に継承されて隆盛を極める点でも、また、土笵を採用した技術の面でも、北・西方系の武器や工具を中心とする石笵鋳造と一線を画している(77)。二里頭で銅製品が増加するのは、Ⅱ・Ⅲ期の間であるという。金正耀らの分析に基づくと、Ⅱ・Ⅲ期の製品は錫銅や砒素銅や純銅で、Ⅳ期に至って錫と鉛を配合した狭義の青銅が一般化したようである(78)。これらの原素材は二里頭外から搬入されたはずであるが、鉛同位体分析によれば、二里頭期後葉例は岳石文化址出土の一例や燕斉の貨幣と同じ群に属し、遼東・山東半島方面に由来するという。銅と錫の産出地はまだよくわかっていないようであるが、ともに山西南部に産出地はあるので(79)、近隣でまかなうことができたのかもしれない。

タカラガイも遠来物であった。内陸におけるタカラガイの使用と流行について論じた近藤喬一によると(80)、激増する商代の前史として、中原では二里頭期Ⅲ、西方では斉家期の頃から流行が始まるという。大甸子などの夏家店下層文化の遺跡からも出土しているので(81)、青銅器前期に急速に分布域を拡大したことが察せられる。西方の甘粛・青海方面出土のタカラガイについては南方から直接伝来した可能性を考慮にいれなければならないとしても、二里頭文化の土器に馬橋文化の雲雷文陶が含まれている知見に依拠すると(82)、また、土器によって辿った二里頭文化の南伝が地域的偏差を伴って湖南、江西、浙江に及んでいる点を重視すると(83)、二里頭にもたらされた原素材はタカラガイだけにとどまらず、銅や錫や玉材さえも含んでいた可能性を考えさせる。商で盛大化した資源獲得の原型がここにあるのかもしれない。

ともあれ、青銅器前期ににわかに遠隔地の原素材が二里頭にもたらされ、各種の手工業が成立したことについては、原素材を調達、運搬し、製品を輸送し、手工業の運営を下支えした人間がいたことを強調しておきたい。これはまた、壮大な「宮殿区」の造営に伴う資材の調達や建設作業についても同様である。

遊動者の生存戦略を続けると、後代の史書を参照するならば、遊動者のなかには武器を携えて暴掠を働く者もいたであろうし、集住の富を守る側に身をおく者もいたにちがいない。中原で廟底溝Ⅱ類型と龍山期との間に石・骨鏃の画期があり、出土量が増加するとともに、大型化して茎をそなえるようになる変化が、人身殺傷用武器の登場として説かれている(84)。そうして、龍山期で大型集落を形成していた陶寺が暴力的状況のなかで終焉を迎えたらしいこと(85)、二里頭期に鏃や戈が銅器化され、銅製の戚や鉞が生まれ、銅製小刀が流行し、防禦施設をそなえた集落が増加したらしいことを点綴するならば、集落形成の衰微と不可分の結果として、人身殺傷用武器が威力を増す方向に動いた推移が導かれる。もとより政体間や共同体間の抗争にも武器は必要であったであろうが、その革新が遊動者の増加と呼応している軌跡は、考古学的証左を残しにくい彼等の行動の一端を暗示している。

遠隔地への移住もまた生存戦略として外せない。そもそも人口の増減を左右する因子のひとつは出生率と死亡率との平衡関係であり、もうひとつは人口の出入である。前者は生死に伴う増減であり、後者は移動が引き起こす疎密である。このうえに考古学の立場を加味するならば、既述のように、居住形態が人間活動の濃淡を土に刻みつけ、これが人口推定を誤まらせる場合があることである。

そこで、移住先の候補のひとつである夏家店下層文化域の人骨に着目すると、内蒙古自治区赤峰市敖漢旗大甸子墓址の人骨鑑定によると(86)夏家店下層期に平均年齢の上昇した形跡がなく、三〇歳前後がもっとも多いというその結果は、河南省新郷市輝県孟庄遺跡の龍山期から二里岡期に至る人骨の鑑定結果と隔たらない(87)。また、黄河流域における新石器時代から二里頭期に及ぶ、王建華が示した平均年齢の推移状況とも離反しない(88)。さらに、城塞の出現から察せられる争乱が出生率の向上や幼児死亡率の低下を促したとは考えにくいので、同文化域における址数の急増は、移住者の増加か遊動者の定住、あるいはその両者によるとみなければならない。

夏下店下層文化の成立にあたって、紅山文化、小河沿文化という在地文化の伝統を母体として、内蒙古東部の老虎山文化と、河南北東部~河北に分布する後岡Ⅱ期文化との要素が融合し、時を経て、遼寧北部の高台山文化、河南の二里頭文化、山東の龍山・岳石文化、さらに先商・早商文化の影響を受けたことが、土器などを根拠に指摘されている(89)。また形質人類学上の知見として、中原の商代の人骨にもっとも近似し、長城以北の青銅器時代人とは疎遠であることが示されてもいる(90)。これらの点からみると、在地人に加えて南からの移住者が少なくなかったと考えるのが穏当であろう。西方の斉家文化の成立においても中原文化からの影響があったことが、有袋三脚鬲の出現や、陝西方面の二里頭文化南沙村類型との類似によって察せられる(91)。西方に向かった移住者もいたのであろう。

以上、青銅器前期に大量に発生したであろう遊動者の生存戦略について縷述してきた。すなわち、集住、流通や手工業や暴力装置への参画、暴掠、遠隔地への移住であった。もとよりこれらのことごとくが、青銅器前期にはじめて現出したということではない。新石器中・後期の交で模索されていた戦略が、出口の見えない苦境の到来とともに展開の度を加えたのである。黄河流域の人骨資料を扱った王建華の統計的研究によると、龍山期に男性の平均身長と男女の平均年齢が低下し、罹病率が上昇し(92)、孟庄遺跡で龍山期~商代人骨の罹病率は龍山期の平均を越えている(93)。王朝や国家の形成を高唱することが青銅器前期研究の趨勢であるが、このような政治上の変革があったとすればそこへ導いたのは、食料不足や罹病、争乱に苦しみつつ生存戦略を求めた遊動者達であったことを見逃してはならないだろう。したがってまた商の興起についても、遊動者の定住化という視点から検討を加える必要があることを、考古学の立場から要請しておこう。

第三節　前二千～前一千年紀（商～漢代）の動向

集落址数の多寡—概観—　商代に始まり漢代に及ぶ址数の変遷を概観すると、青銅器中・後期例の間すなわち商・周代例の間と、戦国・漢代例の間で、それぞれ変化の激しいことがみてとれる（表68）。商・周代例の間では、内蒙古、遼寧、甘粛、陝西、山西に加えて山東、湖北で激増し、河北、湖南で少なからず増加し、残る河南、四川、江蘇、浙江では変動幅が小さい。寧夏は址数が少ないので外すが、ともかく激減する地域がみられない。総数で二倍強に達する増加ぶりからすると、人口が増大し定住度の高進したことが考えられる。とりわけ北方と、河南を除く黄河水系で軒並み増加しているので、人口増や定住化の中心はここにあったことが察せられる。他方、戦国・漢代例の間では、戦国期例で減少していた内蒙古、甘粛、陝西での増加が著しく、山東でさらに増加の度を加えて他地域を大きく凌ぐとともに、湖北、湖南、浙江での減少が目立ち、遼寧、河北での減少も注意される。微増にとどまる河南を中心にしていうと、北・西・東方で増加し、北東方と南方で減少したことになる。周代例と漢代例との総址数は近いけれども、址数の占める比率は、北方で二〇％から一七％へ低下、黄河水系で四七％から七〇％

表68　東ユーラシアの址数内訳一覧：青銅器中期～漢代

	新石器			青銅器			戦国	漢
	前	中	後	前	中	後		
内蒙古	164	1207	207	3132	20	724	485	903
遼寧	26	110	27	1970	68	907	560	311
河北	453（うち後期例80）			436	537	862	1348	999
甘粛	7	1068	926	2732	73	541	22	535
寧夏		16	201	330	1	6	18	75
陝西	40	2074	2236	13	321	990	520	1783
山西	1	703	1447	521	366	1193	1522	1997
河南	87	734	1597	81	637	549	579	637
山東	11	381	1769	316	1345	2784	2734	3987
四川	2	7	3	23	92	101	93	131
湖北	11	129	664	2	672	1954	1868	609
湖南	11	126	617	1?	1187	1782	1227	461
江蘇	1	212	69	17	264	264	153	290
浙江	2	240	146	50	327	465	460	19
総計	363	7007	9909	9624	5910	13122	11589	12737

へ高揚、長江水系で三三%から一二%へ低下して黄河水系が中心を占め、址数分布に大きな変動がみとめられる。

集落址数の多寡—北方—　別掲の二表に示した内蒙古と遼寧との址数の増減を互いに照合していくと、あい似た動向を辿ったことがわかる（表69・70）。すなわち、青銅器中期例で址数が乏しく、後期例で内蒙古南東部〜遼寧西部に夏家店上層期例が激増した。ところが戦国期例からこのような一所集中の分布が崩れ始めて、址数に恵まれていなかった内蒙古西部や遼寧東部で増加し、漢代例では、朝陽での激減によって遼寧東西の格差が縮小し、呼和浩特を筆頭とする西部での総体的増加によって内蒙古の址数は東西で多寡が逆転している。また河北では、青銅器後期例の北方優位が戦国期にも継続し、漢代に入ると南北の多寡がここでも入れ替わっている（表71）。

表69　内蒙古の址数内訳一覧：青銅器中期〜漢代、鮮卑

		青銅器中期		青銅器後期		戦国	漢	鮮卑
		商	魏営子	周	夏家店上			
西部	阿拉善						12	
	巴彦淖爾					3	46	
	伊克昭	16		7		14	148	
	烏蘭察布	2				71	118	
	烏海						1	
	包頭					8	19	
	呼和浩特	1		2		29	265	
東部	錫林郭勒						2	
	興安							
	呼倫貝爾						4	13
	通遼				54		7	79
	赤峰		1		661	360	158	31
総計		19	1	9	715	485	780	123

表70　遼寧の址数内訳一覧：青銅器中期〜漢代

		青銅器中期				青銅器後期		戦国	漢
		魏営子	新楽上	望家	不明中期	夏家店上	不明後期		
西部	朝陽				2	683		397	107
	葫蘆島					52		41	43
	錦州	1				52	1	21	14
	阜新	1			2	118		16	14
	沈陽		37					10	23
東部	鉄嶺		1					3	4
	撫順			23				31	16
	本渓							3	6
	丹東							4	4
	遼陽							2	8
	鞍山							8	20
	盤錦							8	11
	営口							11	25
	大連				1		1	5	16
総計		2	38	23	5	905	2	560	311

表71　河北の址数内訳一覧：青銅器中期～漢代

		青銅器中期					青銅器後期				戦国	漢
		早商	二里岡上	圍坊Ⅲ	商	魏営子	夏家店上	西周	東周	周		
北部	張家口	1	1	1			41		61		301	184
	承徳					7	418		2		410	104
	唐山					12			20		134	91
	秦皇島					3	10				13	12
	廊坊				2			1	7	5	90	88
南部	保定			1	167			13	49	111	247	258
	滄州				7			1	4	5	27	110
	衡水								1			14
	石家庄				84			3	11	19	52	74
	邢台				136			14	18	25	30	36
	邯鄲				115			6	7	10	44	28
総計		1	1	2	511	22	469	38	180	175	1348	999

内蒙古西部で伊克昭の址数が新石器中期例以来、最多を数え、青銅器後期例もかろうじてそれを継承している。しかし戦国期例では烏蘭察布が、漢代例では呼和浩特が大きく址数を伸ばし、ともに伊克昭を凌いでいる。呼和浩特は山西の北、烏蘭察布は山西、河北にそれぞれ接し、伊克昭の東北に位置している。これらの地の址数が増加したことについて、中原政治勢力の進出と関連づける史的背景を見いだすことができる。戦国期に山西北半から河北南東部を制していた趙は、遊牧民の戦闘方式に倣って胡服と騎射を採用するとともに、陰山に沿って長城を築いて匈奴の進入にそなえたという。烏蘭察布の南部はこの長城内に含まれる。また漢代に入ると、進攻する匈奴との闘いが頻度を増したことは史書が伝えるところである。呼和浩特の多くは漢代の長城内にあたる。

内蒙古南東部における鮮卑例の出現も注意を引く。内蒙古南東部は遼寧西部や河北北部とともに、新石器中期の紅山文化以来、あいならんで址数増加時に分布の中心を占めてきたが、鮮卑例は内蒙古南東部に限定されているからである。戦国期に燕が、さらに秦が長城を築いて東胡を防いださい、内蒙古南東部はほとんどが長城外に放たれたために、漢代には東胡にかわる烏垣、西方から進出した匈奴、北進を続ける漢がここで交錯し、烏垣が長城内に移住したあとに鮮卑が流入して匈奴を西方に追いやったという文献史学が説くこの地の状況は、鮮卑例の偏在と触れるところがある(94)。

また河北の場合、北部では張家口での戦国期の激増と漢代での激減が特筆され、加えて、夏家店上層期の址数が戦国期に維持された承徳も注意を引く。もっとも、承徳で戦国期に継続した夏家店上層期例は二三％にとどまり、しかも戦国期例は承徳西部に偏る[95]。この点を考慮すると両期例の間に政治的・文化的連続性は見いだしがたいが、夏家店上層期の人びとが承徳西部へ移り定住を続けたことは指摘してよいだろう。

戦国期の河北というと、北部を燕が領し、南部を斉、趙、中山王国が占めていた。すなわち、戦国期例の址数が卓越する北部の張家口と承徳、南部の保定は、ほとんどが燕の領域に属していた。王都薊は北京市西城区に、下都は保定北部の易県にあり、長城を張家口と承徳の北辺、南部の保定と廊坊に築いて外囲勢力の進攻にそなえた。張家口や承徳や保定での址数の卓越は、外囲勢力との対峙がおそらく反映しているのであろう。

ところが、燕が滅亡して漢代に入ると、北部の集落形成はおしなべて振るわず、これに対して南部は、保定がかつての址数を保ち、滄州で大幅に増加するなど、隆盛を見せている。南部でのこの殷賑は官営工房の設置によるところが大きいと思われる。すなわち、鉄官が、涿県（保定）、北平（保定）、夕陽（唐山）、都郷（石家庄）、武安（邯鄲）に、塩官が、堂陽（邢台）、章武（滄州）、海陽（唐山）におかれ[96]、唐山を除く諸地がいずれも南部に位置しているからである。

集落址数の多寡―黄河水系―　甘粛では、青銅器中期の辛店期例が中部を中心に、同後期の寺洼期例が中部の一部から渭河・長江流域にかけて、沙井期例が大河流域を離れた中部西端を中心に分布している（表72）。在地文化例の分布域が時の経過とともにこのように揺らぎをみせているのに対し、中原に連なる周・戦国期例の分布域の中心は渭河流域である東部を動かない。ところが漢代例の分布域は渭河流域を中心にしつつ大きく西方に拡がり、とりわけ青銅器前期の四壩期例以後址数が皆無であった酒泉での増加が著しい。これは前漢代に長城や烽火台を西方に延伸してここに玉門関を設け、漢土の西端を画して匈奴の進攻にそなえ、西域方面との通交路を確保しようとしたことによる。

寧夏での結果をみると、南部の固原に分布をおく点は周代以降変わらないが、漢代例は北方へ拡がっている（表73）。

表72　甘粛の址数内訳一覧：青銅器中期～漢代

		青銅器中期		青銅器後期			戦国	漢
		商	辛店	寺洼	沙井	周		
西部	酒泉							102
	嘉峪関							
	張掖							15
	金昌				1			7
中部（黄河）	武威				10			42
	蘭州		6					5
	白銀							4
	臨夏		45	5				2
	甘南蔵		2	51				15
東部（渭河）	定西		12	19		1		5
	慶陽			5		100	7	125
	平涼	1		13		236	10	120
	天水		2	8		37	5	73
長江	隴南		5	49		6		20
総計		1	72	150	11	380	22	535

表73　寧夏の址数内訳一覧：青銅器中期～漢代

		青銅器		戦国	漢
		商	周		
北部	石嘴山				2
	銀川			1	2
中部	呉忠			1	18
	中衛		1	1	9
南部	固原	1	5	15	44
総計		1	6	18	75

長城が北方へ延びたことにこれは起因するのであろう。また、酒泉や呼和浩特のような縁辺の集中地がみられないのは、北端が交易や軍事上の要所でなかったことを暗示している。

　陝西と山西での結果を、まず商・周代例間で比較すると、陝西で宝鶏、咸陽という渭河流域の例が、山西で南部の臨汾と長治と運城の例が、それぞれ址数の増加に大きく寄与していることがみてとれる（表74・75）。渭河流域が周王朝の本貫地であったことを想起すると、この地での大幅な増加は不思議でないし、これは甘粛における渭河流域での増加とひとつに結ばれる。また、王都の東遷に続く王朝の衰微を考えれば、戦国期に激減しそれが結果として陝西に減少をもたらせたことも理解できる。甘粛での戦国期例の激減とも、これは符合する。山西南西部での増加については、周第二代の成王の弟叔虞が汾水の流域に封じられ、その後曲折を経て春秋期の雄国となった晋の本貫地であり、早期の王都が臨汾市翼城県におかれたことから、また、戦国期にも址数が維持されたことについては、晋分裂後に魏の王都安邑が運城にあったことから、ともに址数の増加は偶然の結果でないことが察せられる。

　ついで戦国・漢代例間で比較を重ねると、陝西での激増は、楡林、延安北部での増加に加えて、宝鶏、咸陽での回復によるところが大きい。また、大幅ではないにせよ、北部の大同、朔州での増加、南部の臨汾、運城でのさらなる増加も、山西に増加をもたらせた。陝西、山西ともに北部で増加が甚だしいことについては、既述した内蒙古西部での激増とあわせて、漢による対匈奴経略と関連していることを窺わせる。さらに宝鶏と咸陽での回復については、前漢の王都長安が営まれて中央アジアを経る交易路が開かれ、その交易路をめぐる軍事上の争乱が洛陽遷都後も絶えなかったから、西方へ赴く際の大道に当たる渭河流域で址数が回復し、甘粛での動向と結ばれるのは、当然のことといえる。臨汾、運城がさらに増加をみせた点について、運城は安邑に設けられた塩官が全土三六箇所の塩官の首座を占めた重要な塩業地であり、臨汾とともに鉄官も設けられていたことが、文字記録から知られる(97)。塩は新石器時代以来の基本物資であり、鉄も戦国期にはその列に加わったことを考えると、臨汾、運城で址数がさらに増加したことは頷ける。また、臨汾の侯馬市で春秋期の大規模な鋳銅工房址が出土している点も、臨汾で周代例が急増した背景として、付記しておきたい(98)。

なお、臨汾と運城が属する河東郡の人口が、後漢代に入って、前漢代の五九%に減少したらしい(99)。河東郡だけにとどまらない後漢代の人口減少については後述する。

河南に移って表示の結果をまず商・周代例間で較べると、北・中・

表74　陝西の址数内訳一覧：青銅器中期～漢代

		青銅器		戦国	漢
		商	周		
北部	楡林	64	54	93	410
	延安	88	148	191	451
	銅川	16	19	18	45
中部（渭河）	宝鶏	51	407	70	297
	咸陽	42	182	41	253
	西安	14	54	24	75
	渭南	14	57	27	107
南部（長江）	漢中	5	14	4	27
	安康	5	15	10	84
	商洛	22	40	42	34
総計		321	990	520	1783

表75　山西の址数内訳一覧：青銅器中期～漢代

		青銅器		戦国	漢
		商	周		
北部	大同		13	29	146
	朔州		31	62	184
中部	忻州	70	172	233	288
	太原	39	39	62	52
	呂梁	63	106	166	124
	晋中	38	40	98	98
	陽泉	2	8	20	24
南部	臨汾	14	307	377	561
	長治	82	213	180	135
	運城	47	237	270	363
	晋城	11	27	25	22
総計		366	1193	1522	1997

表76　河南の址数内訳一覧：青銅器中期～漢代

		青銅器		戦国	漢
		商	周		
北部	濮陽	11	10	10	10
	安陽	54	42	32	10
	鶴壁	37	8	6	6
	新郷	26	10	15	8
	焦作	35	23	26	23
中部	三門峡	42	28	26	10
	洛陽	58	44	43	23
	鄭州	50	34	34	32
東部	開封	10	7	11	8
	商丘	36	9	25	157
	平頂山	14	22	29	47
	許昌	27	11	13	9
	漯河	14	13	19	13
	周口	66	79	91	57
南部	南陽	25	38	30	82
	駐馬店	47	72	89	67
	信陽	85	99	80	75
総計		637	549	579	637

東部での減少あるいは停滞と、南部での増加が目を引く（表76）。北部での減少はここに王都を設けていた商の滅亡と関連することが考えられる。南部での増加は後述する湖北での激増と連なるのであろう。周が王都を移した洛邑すなわち洛陽では、近接する三門峡や鄭州とともに減少しており、王城の地の動向として減少はふさわしくないように思われる。(100)

表示の結果から導かれたこれらの知見を新出のデータで検証していくと、安陽近傍の調査結果によれば址数は、商代後期例二四、西周代例二二で、微減にとどまる。(101)安陽での減少幅が小さかったことと隔たらない結果である。殷墟や洹北商城が潰えて匹敵する大型集落が現れなかったから、もとより総集落面積は甚だしく縮小している。鄭州地区での結果によると、址数と最大規模例の面積は、「早商」代四〇例（一三〇〇ha）、「晩商」代五例（二〇ha）、「西周」代一五例（三〇ha）である。(102)「早商」代の鄭州商城が失われると址数、規模とも著しく低落し、「西周」代にいくぶん回復しているが、その址数は二里頭期例に近く、最大規模例の面積は同期例よりも劣る。鄭州市域の南西部に位置して洛陽に近い潁河上流域での調査結果は、商代での低落状態がさらに東周代に継続しているので、鄭州で周代での激増は期待できないようである。(103)そこでもう少し洛陽に近い伊洛河地区での結果をみると、「晩商」代例四、西周代例一一、東周代例五〇と、東周代例が急伸し、総面積も著しく拡大している。(104)洛陽盆地でも商代例六〇、周代例一五八と周代例で激増し、最大規模例も偃師商城の二〇〇haから成周城の七〇〇haへと大きく伸びているので、(105)洛陽盆地およびその近傍で、周代例が王城の地にふさわしい址数と集落規模を得ていることになる。

貝塚茂樹の所説によると、周は犬戎という異民族の襲撃によって王都豊鎬を喪失して幽王が敗死したが、犬戎がここを引き続いて占拠しなかったので太子伯服が立ち、東方で太子宜臼が擁立されて平王となり、東西分裂の状態が生まれた。しかし、攜王として立った伯服は東方の諸侯によって滅ぼされて、東周王朝が成立したという[106]。しかし、その成立に伴う址数の増加が洛陽とその近傍に限られ、河南の中部全域にさえ及んでいないことは、西周代の陝西〜甘粛での址数増加の拡がりと対照的であり、春秋期における周の衰微を推測させる。

続いて戦国・漢代例間の変化に眼を向けると、北・中部では減少ないし停滞に終始している。東・南部の地の多くもほぼ同じ動向を示しているので、商丘での急増ぶりが際立ち、南陽での増加が注意を引く。新データによっても河南南部の淮浜県で増加の結果が出されており[107]、偶然とはいえないようである。南陽は鉄官と工官が置かれ、絹織物の産地としても著名であったというから[108]、交通上の要衝としてばかりでなく、手工業も盛んであったらしい。光武帝が後漢王朝を開くにあたってこの地の豪族を基盤にしたということも、その繁栄を窺わせる。商丘は漢代の梁国の領域にほぼ相当する。隣接する沛国とならんでこの地は後漢代に人口が増加しており[109]、『漢書』などに依拠した労榦のこの算定は小規模集落址の激増を伝えた河南分冊の集成と合致する。したがって、商丘での激増も偶然ではあるまい。この地が人口を繋ぎ留めた背景は明らかでないが、商丘市永城県の前漢代の梁国王陵や寝園の出土品から想像すると[110]、銅器や鉄器の生産が漢代に至って隆盛をみせたせいかもしれない。

なお、漢代における集落址の面積を地区ごとに合算してみると、王都を擁する洛陽が図抜けて大きく、鄭州、南陽、駐馬店があい近い数値で次の一群を形成し、平頂山、漯河、焦作、商丘、周口、信陽（以下省略）の順でこれに続く。商丘の場合、急増によって他を大きく凌ぐ址数に達したけれども、集落規模は全体に劣っていたことが、こうした比較からも知られる。

山東では、商・周代例間で総址数が二倍強に増加している（表77）。とりわけ中・東部での増加が著しく、他地と隔

表77　山東での址数内訳一覧：青銅器中期〜漢代

		青銅器		戦国	漢
		商	周		
西部	浜州	93	132	132	136
	徳州	33	36	35	35
	聊城	35	41	37	42
	荷澤	107	124	128	75
中部	済南	113	164	117	81
	莱蕪	1	3	2	4
	泰安	38	107	101	180
	済寧	116	340	333	333
	棗庄	77	263	210	356
	東営	27	46	52	57
	淄博	45	84	151	192
	臨沂	395	745	710	1478
東部	日照	38	190	210	203
	濰坊	201	414	411	576
	青島	8	34	26	107
	烟台	17	50	70	114
	威海	1	11	9	18
総計		1345	2784	2734	3987

たる動向を示してきた半島先端部もここに至って同調し増加に転じている。西部の各地で商代例の増加が大きい点に着目して土器製塩との関連を説いたが、周代例の増加はむしろ西部を外れ、しかも内陸地にも及んでいるから、増加の背景は塩以外にもあったことが推測される。戦国・漢代例間では、中部の泰安、棗庄、臨沂に加え、址数は劣るが半島先端部での増加がめざましい。済南と荷澤で減少に転じ、西部での増減が停滞しているのに対し、増加地は周代増加地の中・東部を出ていない。このことは、周代に址数動向の大枠が定まり、漢代に継承されたことを示唆している。

新しいデータでこれを検証すると、済南市小清河流域で[111]、址数と、小数点第一位を四捨五入したha数で総面積を示すと、商代例一一（三五ha）、周代例四二（三九ha）、戦国・漢代例一一二（一六一ha）となる。臨博市臨淄区桐林遺跡近傍で[112]、址数が商代例八、周代例七〇を数え、日照市の海岸平野で址数が商代例二九、西周代例三八八、東周代例七八五、漢代例一四〇〇余を数える[113]。中部ないし東部に含めたこれらの地の動向を表示の結果と較べると、商・周代例間での増加は整合し、周・漢代例間での増加は大きく隔たっている。そこで別の角度から検証を続けてみよう。

さて、周代から戦国期にかけて山東は、斉と魯が領していた。斉の長城によって推測すると、北部が斉、南部が魯の領域であったことになるが、戦国期に斉の領域は長城を越えて江蘇北部にも拡がり、魯は王都曲阜がある済寧の東から臨沂と棗庄との一部にとどまっていたようである。斉の王都臨淄が位置する臨博市臨淄区は周代〜戦国期には現在よりもはるかに海岸線に近く、淄水沿いに渤海湾へ出ることができた。製塩によって繁栄したことも頷ける立地である。臨淄は重なりあった大小の城郭から成り、総面積一五七五haといわれる（図41）。『戦国策』によると戸数七万を数えたという。これを人口三五万と換算すると、一ha当たりの人口密度は二二二人となる。メソポタミアでの密集例には及ばないけれども、趙の王都邯鄲の一三一人／haを凌ぎ、前漢代や唐代の長安をも上回る過密ぶりである。それでも一戸当たり二三〇㎡強を占めていた計算になる。

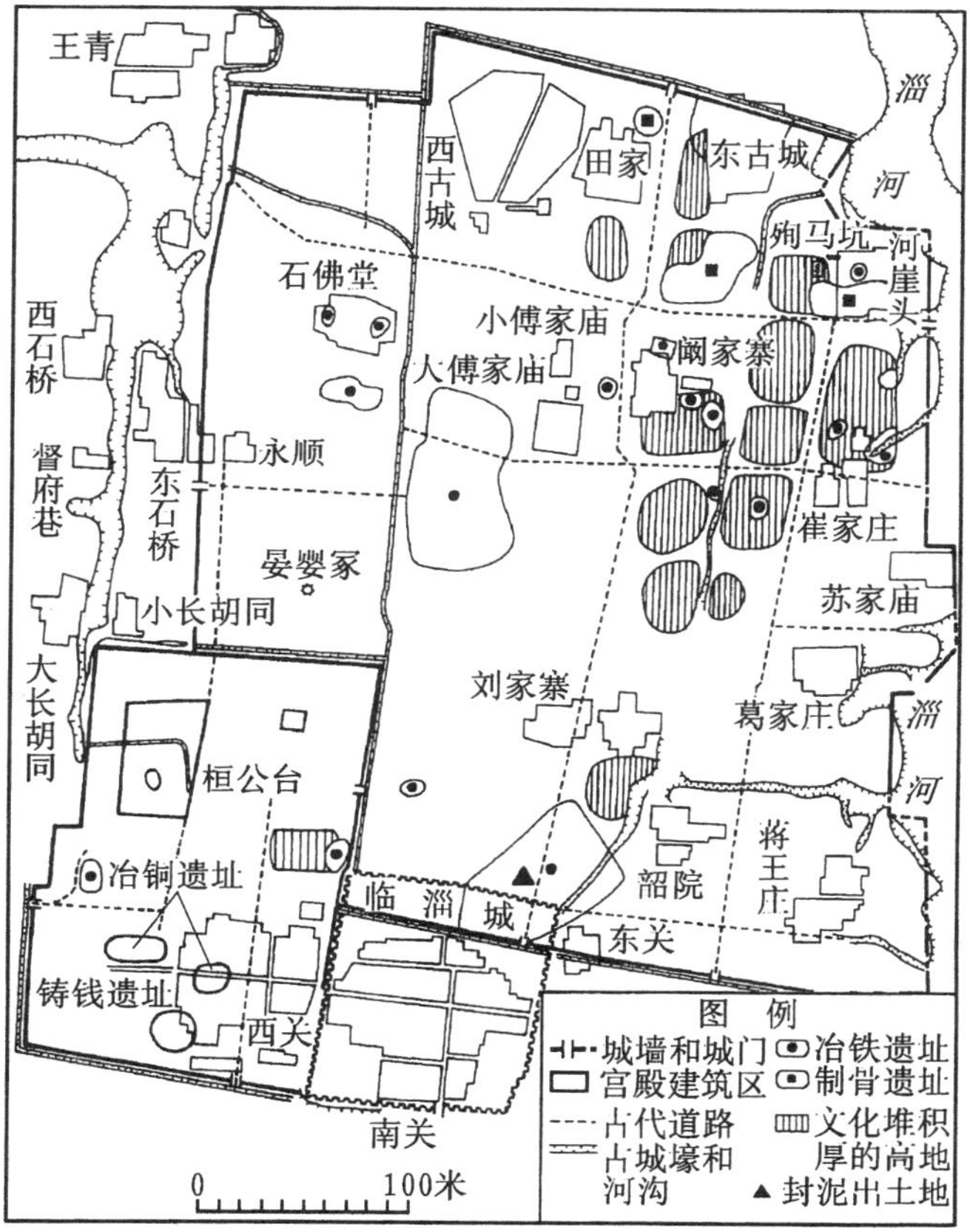

図41　山東省臨淄遺跡：▲印は漢代の封泥出土地点（本章注142　図1）

王都内で鋳銅・製鉄・骨製品工房址が見いだされている[114]。山東の銅山がこの当時まだ開発されていなかったとすると、錫とともにその原材材を他国に仰いだことになるが、少なくとも鉄は領域内で調達することができたので、塩とともに斉の強盛を支えたことが察せられる。山東半島の先端部は莱夷と呼ばれて中原とは別の世界を形成していたが、斉はここを征して領域に組み入れたという。前述の址数動向とも整合するこの編入もまた、鉄と塩の獲得に起因するらしいことが、漢代の鉄・塩官の分布から察せられる。

魯の王都は不規則な隅丸長方形プランで、約一〇〇〇haを擁していた[115]。内部に鋳銅・製鉄・骨製品・製陶工房が存在していたらしく、ここでも手工業の盛んであった形跡を残している。銅の原素材は他国に依拠したが、鉄は自給しえたらしいことを、漢代での鉄官の設置が窺わせる。

そこで、前漢代における鉄・塩官の設置地を山東で示すと、鉄官として、

千乗（浜州市博興県）、東平陵（済南市）、歴城（済南市歴城区）、嬴（莱蕪市莱蕪区）、無塩（泰安市東平県）、魯（済寧の曲阜市）、山陽（済寧市金郷県）、臨淄（臨博市臨淄区）、莒（日照市莒県）、東武（濰坊の諸城市）、郁秩（青島の平度市）、東牟（烟台市牟平区）

塩官として、

千乗（浜州市博興県）、都邑（濰坊の昌邑市）、寿光（濰坊の寿光市）、海曲（日照市東港区）、計斤（胶州市）、東牟（烟台市東牟区）、昌陽（烟台の莱陽市）、長広（同上）、当利（同上）、曲成（烟台の招遠市）、㡼（烟台の龍口市）

がある。時代を春秋期に遡らせ長城を斉魯の境界とすると、鉄官所在地一二箇所中の五箇所、塩官所在地一一箇所中の一箇所がそれぞれ魯の領域に含まれ、斉に圧迫された戦国期の境界を基準にすると、魯の領域に残るのは鉄官二箇所にとどまる。春秋期に鉄器の普及が始まったことを考えると、斉魯間の抗争は鉄と塩、とりわけ鉄資源をめぐる戦いでもあったことを、この結果から汲みとることができるであろう。

商・周代例間で址数の増加がとりわけ著しかった地のうち、濰坊は斉の領域に属し、同じく海に面する日照と内陸の済寧、棗庄、臨沂は魯の領域である。内陸での址数激増地がことごとく魯の領域にあたることは、増加の背景として鉄が介在していたことを浮かび上がらせる。戦国・漢代例間で址数の増加が甚だしかった地は泰安、棗庄、臨沂と

半島先端部であった。泰安は鉄官、半島先端部は鉄・塩官が設けられた点で、官営工房の設置と整合している。他方、棗庄と臨沂、わけても臨沂での激増は官営工房の設置によっては説明できない。官営工房の設置が址数の増加をもたらす背景であるとすると、日照については表示の結果よりも、激増を示す海岸平野での結果の方が、背景にふさわしい。いずれにせよ、表示の結果と、小地域での精査結果と、官営工房の分布は理想的な一致をみていない。佐藤武敏が述べているような、「放流人民」を使役する大規模な私営の製鉄・製塩業の存在を積極的に認めるならば[116]、官営工房地以外での址数増加は説明できるであろう。臨沂はそのような地であったのかもしれない。

集落址数の多寡—長江水系—

四川から始めると、青銅器前期例から一貫して、北部に址数が多い（表78）。この傾向は新石器時代例から継続している。継続年数を考慮するならば、青銅器後期例に向かって址数は増加し、戦国期例で停滞し、漢代例に向かってふたたび増加している。しかし、めざましい増加ではなく、また各地でみられた址数の減少すなわち集落形成の衰微を、表示の結果から抽出することも難しい。址数が少ない新石器時代例で抽出することは、さらに難しい。三六〇haを擁したらしい徳陽の広漢市三星堆[117]、四〇〇haにのぼるという成都市青羊区

表78　四川の址数内訳一覧：青銅器前期～漢代

		青銅器前・中期			青銅器後期				戦国	漢
		三星堆Ⅱ・Ⅲ	商	不明中期	十二橋	三星堆Ⅳ	周	不明後期		
北部	甘孜蔵		8	1			8	1	10	3
	阿壩蔵		15	5			15	6	21	18
	広元	1							4	5
	綿陽								1	5
	徳陽	18				5				4
	成都	4	5		21		4		10	19
	雅安	1	5				6		7	16
	巴中									7
	達州		6				6		7	6
	南充	1	12		4		12		17	32
	広安		1				1		1	4
南部	遂寧									
	資陽									2
	眉山									2
	楽山									
	内江									
	自貢									
	宜賓		2				2		2	3
	瀘州									1
	涼山		6	1			10		13	4
	攀枝花									
総計		25	60	7	25	5	64	7	93	131

金沙[118]が、新石器時代〜青銅器後期の長期にわたって存続した点から推測すると、集落形成の激変を伴っていない可能性が高い。もし今後の址数の追加によっても結果が変わらなければ、変化の動向が既述の諸地域と違っていたことになる。また、鄭州商城を凌ぐほどの大型集落が出現した地であって址数が乏しいことも、諸地域での例からみると異色である。相対的に址数の乏しいことが当時の実態に近いということになれば、人口が一極に集中していたか、そうでなければ、集中しつつ同時に遊動的な居住形態をとっていたことが想像される。

この問題にとって、外来品の出土は示唆的である。すなわち、阿壩蔵羌族自治区茂県営盤山遺跡での馬家窯馬家窯類型土器[119]、金沙遺跡での龍山文化の玉琮や商周代の璋をはじめとする各種玉器などの出土が甘粛や中原方面との関係を伝え、また三星堆の青銅仮面を精査して失蝋法によることを説いたC・J・デイヴィーが、インド洋方面から同法が伝播したことを、大量のタカラガイの伝来に傍証を求めながら示唆している点も注意される[120]。達州市宣漢県羅家壩遺跡で巴蜀文化の青銅製器物とともに楚の彝器が出土していることは、湖北に近いので納得されるとしても、成都市成華区羊子山遺跡にも楚銅器の例があることは、四川中央にも移入が及んでいたことを示している[121]。商代に遡れば、江西省北部の吉安市新干県の大墓出土彝器に含有された鉛が、三星堆例と同じ領域に入ることを、鉛同位体分析の結果が示している[122]。三星堆例には鉛が多いというから、おそらく長江を下って鉛／銅の原素材が運ばれたのであろう。他にも例をあげることができるが、ともかく四川に外方との通交を窺わせる証左が少なからずみとめられることは、乏しい址数からは想像できない数の人口が存在し、考古学的痕跡を残しにくい遊動生活を送って通交に携わっていたことを想像させる。三星堆はその中核を占めていたのではなかろうか。

戦国期に楚との関係が深かったせいであろうか、四川は秦に併合された。そうして前漢代に入ると、鉄官、銅官、塩官、工官が設けられ、官営の手工業地としての重要度が一挙に高まった。雲南省昆明市安寧県の地にも塩官がおかれ、陸路で四川と結ばれていた。この陸路は、東北行して漢中の西部を貫き、宝鶏を経て、王都長安に達していた。

南方産の各種の物質もこの道を経由したにちがいないことを考えると、輸送上の中継地としてもまた四川は重要度を高めたことが察せられる。手工業であれ中継であれ、その基盤が前代に準備されていたことは、漢代例でも北部が南部を凌いでいる点によく表れている。

表79　湖北の址数内訳一覧：青銅器中期～漢代

		青銅器		戦国	漢
		商	周		
北部	十堰	1	60	61	61
	襄樊	2	183	269	216
	随州	1	80	94	62
	孝感	21	217	202	21
	武漢	53	103	45	10
	黄岡	397	480	471	17
	神農架林				
南部	恩施土家	29	37	39	66
	宜昌	57	198	188	86
	荊門	16	75	64	14
	天門		13	3	1
	潜江		14	14	16
	仙桃			1	
	荊州	19	192	189	28
	鄂州	6	18	9	
	黄石	24	152	87	2
	咸寧	46	132	132	9
総計		672	1954	1868	609

表80　湖南の址数内訳一覧：青銅器中期～漢代

		青銅器		戦国	漢
		商	周		
北部	大庸	86	141	171	73
	常徳	141	422	376	39
	岳陽	135	200	209	42
	湘西土家	75	79	70	127
	益陽	127	109	95	16
	長沙	46	40	16	2
	懐化	184	210	127	39
	類底	2		1	1
	湘潭	30	30	12	6
南部	邵陽	5	6	3	13
	衡陽	52	82	20	4
	株州	82	120	34	36
	零陵	182	292	72	31
	郴州	40	51	21	32
総計		1187	1782	1227	461

湖北、湖南を通じて、商・周代例間の変化として特筆される点は、湖北全域を覆うめざましい址数の増加である（表79・80）。新石器時代の終焉以降、址数に恵まれていなかった北端の十堰、襄樊、随州、孝感で旧を凌ぐほどの復活をみせたこと、加えて、新石器時代例も低位にあった南端の荊州、黄石、咸寧で他地と競うまでに増加したことが、この激増に繋がったといえる。他方、湖南では、北端の常徳と南端の零陵における激増が数の多さによって注意を引く。要するに、湖北北端、湖北南端～湖南北端、湖南南端での址数の高進が、北高南低であった新石器後期例とも、黄岡のみが突出していた商代例とも異なる点で、周代例の分布を特色づけているのである。

湖北は春秋・戦国期の雄国のひとつであった楚の本貫地であり、その領域は湖南に伸びていた。商の武丁が楚を伐ったというから、原初的にせよのちに楚国となる政治勢力が、商代後期には存在していたのであろう。そうして周代に入り、昭王が三次にわたる楚遠征を行って敗死し、のちも討伐軍を送ったが戦局ははかばかしくなかったようである。この点からみて、西周代前半には強大さを増していたことが察せられる。西周後期に新石器時代の遺跡のうえに湖北省天門市笑城が営まれたのは、周との対峙を物語っているのかもしれないが、一〇ha弱という規模は、王都の名に値しないほど小さい[123]。

春秋期に入ると、王都にふさわしい城郭が出現した。その候補のひとつが一四〇〇×一六〇〇mの宜昌市市区季家湖城であり[124]、もうひとつが近い規模の襄樊の宜城市楚皇城である[125]。さらに、戦国期の王都とされ、四五〇〇×三五〇〇mをはかる荊州市荊州区紀南城は、発掘で春秋中期に遡ることが確認されたので、これも初期の王都に加わる[126]（図42）。春秋期におけるこれらの王都候補のうち、楚皇城は河南、陝西との、あい近い季家湖城と紀南城は長江沿いを行く四川とのそれぞれ通行路を占め、いずれも交易・軍事上の要所に位置している。武漢市域の銅緑山や江西省九江市域の銅嶺での採鉱継続に加えて、湖北省咸寧市陽新県港下でも西周・春秋期での採鉱が確認され[127]、湖北東部における銅生産は衰微よりも隆盛に向かったことが知られる。東部での址数の増加を銅生産の隆盛と関連づけてさしつかえないとすると、西部での増加はこれと背景を異にし、交易や軍事上の理由に負うところが大きかったと思われる。同様に湖南においても、常徳での増加は宜昌と荊州に隣接する点で、交易や軍事に連なり、零陵での増加は南方との交易路にあたることが考えられる。零陵経由の方がより南方に到達することができるからである。

次いで戦国・漢代例間を較べると、一部の山岳地帯での増加を除いて、全体に減少が著しい。楚が秦に大敗して滅亡し、王都が失われたことにその原因があることはいうまでもないが、これは漢の政策とも関係する。すなわち、湖北、湖南での官営工房は郴州の鉄官に限られるのである。郴州における址数の増加は、これを投影しているのであろう。楚にとって交易・軍事上の要所であった地から人びとが去ったのは当然として、かつての製銅地からも殷賑が失

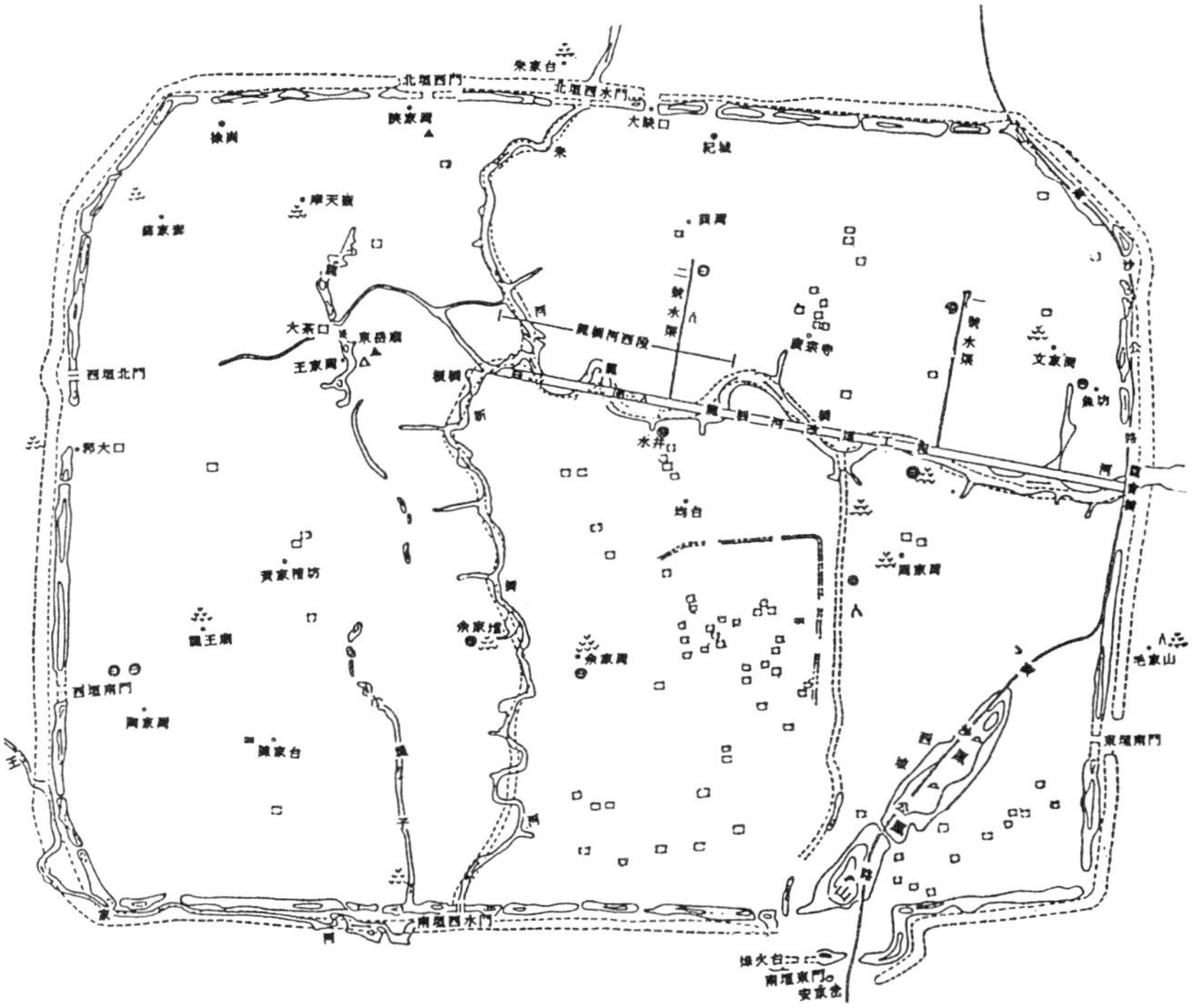

図42　湖北省紀南城址（本章注126　湖北省博物館　図2）

われた。佐藤武敏によると、楚の鋳造業には他国からの技術者の流入がことに多かったというから、(128)それならば離散は容易であったであろう。隋・唐代に湖北が銅、鉄、銀、金の、湖南が銅、鉄、錫、鉛、銀、金、水銀の産出地であることから推測すると、(129)鉱物資源の採掘可能な鉱脈が尽きたというよりも、漢の冷遇策のせいではなかったか。四川の広漢や、銅官をおいた安徽の丹陽などの産銅でまかなうことができたからであり、鉄官四九箇所、銅官一箇所の数字が物語るように、また武器の鉄器化が示しているように、鉄優先を貫いたからである。(130)

なお、河南と接する十堰と襄樊での増減は変化が相対的に安定している。これは南陽での増加と結ばれ、史書が伝えるその経済的繁栄に連なることができたせいであろうと考えれば頷ける。現在の広州市番禺県など南の広東に塩官がおかれ、鉄官の設けられた郴州と陸路で結ばれていた。この陸路は北上して長沙、岳陽、江陵を経て、南陽盆地に達していた。南陽に鉄官と工官を設けたことは先に述べたが、南陽から出た道は一筋が洛陽に、もう一筋は長安に至るのである。鉄と塩は他の官営工房品と違って、宮廷での需要に充てることよりも国家の手で民間に販売され、ときに強制的に購入させた財政構築上の基本物資であったという[131]。したがってこの道は、四川の南北道とともに、鉄と塩への統制を円滑に進める大道でもあったといえる。

ところで、恩施土家と湘西土家での増加については一考を要する。両地とも西方の山岳地帯であり、交通の主要路からも外れている。このような僻遠の地で址数の急増する現象が、実は明代にもみとめられ、文字記録とも符合することによって、逃散した人びとの集落であったことが知られる。秦の進攻のうえに漢の冷遇策が重なり、湖北、湖南での集落形成の衰微に伴って幾多の遊動者が発生したにちがいないから、明代の例と同様に、両地が遊動者の逃散地であったと考えておきたい。集落址がことごとく一ha以下の規模であることも、それにふさわしい。ちなみに、長沙郡で両漢の間に人口が著しく伸びたことを、史書が記録している[132]。おそらく私営の手工業が盛んになったせいであろうが、その増加を表の結果から汲みとることは難しいので、後漢代での人口増加を付記して後考にそなえたい。

江蘇、浙江でまず青銅器中・後期例間の増減を概観すると、それぞれ北部での増加が南部を凌ぎ、浙江北部での増加は蘇州に連なり、江蘇北部での増加が既述した山東中・東部での増加と結ばれる（表81・82）。これに対して低落は、江蘇南部にあって長江沿いに位置する南京、鎮江で著しい。湖北、湖南の各地が商代例での増加を維持し高進させているなかで、この低落は目立つ。多くの址数を残す湖熟文化が消失したせいである。そこで同文化例を外して商・周代例のみで比較するならば、周代例は近傍地と隔たらない程度の増加を示している。

山東の動向と結ばれる江蘇北部での増加の背景は、魯の南進と関連づけられる。河南、安徽に広がる支流を集めた淮河の下流にあたる地の利に加え、後述する前漢代の鉄官の分布から察せられるように鉄資源が豊富で、製塩の適地

表81　江蘇の址数内訳一覧：青銅器中期～漢代

		青銅器中期		同後期	戦国	漢
		商	湖熟	周		
北部	徐州	32		39	32	56
	連雲港	18		30	20	35
	宿遷	25		59	26	81
	塩城	1		10	11	29
	淮安	2		33	26	48
南部（長江下流域）	揚州		6	9	4	3
	泰州			1	1	1
	南通					
	南京	1	100	5	2	2
	鎮江	6	44	13	4	3
	常州	2		8		
	無錫	7		10		2
	蘇州	20		47	27	30
総計		114	150	264	153	290

表82　浙江の址数内訳一覧：青銅器中期～漢代

		青銅器中期		同後期	戦国	漢
		商	好川	周		
北部	湖州	46		81	77	3
	嘉興	58		84	87	3
	杭州	9		9	7	2
	紹興	8		26	27	1
	寧波	14		26	23	3
	舟山	1		32	34	
南部	衢州	93		103	100	
	金華	14		18	16	3
	台州	5		5	11	2
	麗水	9	1	12	9	1
	温州	68	1	69	69	1
総計		325	2	465	460	19

でもあることを考えると、魯の南進を否定する理由はみあたらない。他方、太湖から杭州湾に至る各地での増加については、呉の王都が太湖東方に、越の王都が紹興市域に位置することと地理的に重なっているので、背景がここにあったと考えられる。ともに王都が長江周辺を離れなかったことは、流域諸国との通交や交易に配慮したせいであろうが、軍事上の要請も加わって王都近傍の人口を増加させたにちがいない。また、前漢代の塩官が嘉興におかれた点から察すると、製塩も人口集中を促したであろう。なお、鉱物資源として隋唐代には南京や紹興の鉄、蘇州や杭州の銅、紹興の錫が址数増加域であげられるが[133]、開発が春秋期に遡る証左が見あたらない点で、金属生産を背景のひとつに加えるのは仮説の域を出ない。

　続いて戦国・漢代例間では、江蘇北部での増加と自余の地域での減少とが、鮮やかな対照をみせている。そこで、前漢の官営工房をあらためて示すと、江蘇で、

下邳（徐州の邳州市）、沛（徐州市沛県）、彭城（徐州市雲流区）、朐（連雲港市東海県）、塩瀆（塩城市亭湖区）、広陵（揚州市広陵区）、堂邑（南京市六合区）

の鉄官が、浙江で海塩（嘉興市海塩県）の塩官がそれぞれあげられる。すなわち、江蘇北部に五箇所、同南部に二箇所の鉄官が、浙江北部に一箇所の塩官が設けられたわけである。官営工房のこの設置密度の差が址数の増減に投影されているかのようである。江蘇北部での増加に関連して、北接する臨沂で漢代例が異常なほど増加していたことが想起される。官営工房が設置されていないこの地での激増について、両漢の交に赤眉の乱として大規模化した民衆反乱の火元がここであることを考え合わせると、(134)前漢の統制から外れた人びとが蝟集したせいかもしれない。あるいは、後漢代に私営工房が隆盛したことによるのかもしれない。

ともかく山東～江蘇北部が漢代に入り、西方の四川とならんで鉄塩の重要な産地へと変貌したことは疑いない。楚、呉、越が領有していた長江中・下流域が王国の滅亡とともに著しく人口を減少させたのに対し、斉、魯の滅亡によっても山東～江蘇北部が増加にさえ転じているのは、この変貌が流出をくい止めたからであろう。

集落の興亡　断絶率の高低を手がかりにして、内蒙古、遼寧、河北から集落の興亡を説いていく。三地域とも別表の結果が示しているように断絶率がおしなべて高いなかで、戦国期例が相対的に低位にある（表83～85）。址数が多いので、数値としては信頼できる。ところが、この数値を東西に分けて算出し直すと、内蒙古で西部三八％、東部七八％、遼寧で西部七六％、東部六四％となり、また、河北を南北に分けると、北部七二％、南部四八％となる。つまり、境を接する内蒙古東部と遼寧西部と河北北部でいずれも七〇％代と高く、そこからそれぞれ東、西、南に離れると、多寡の差はあっても低くなるわけである。

そこでこの点を問題にするために小地域ごとに比率を求めてみると、内蒙古では低かった西部で、

阿拉善		
巴彦淖爾	0/3	0%
伊克昭	9/14	64%
烏蘭察布	30/71	42%
烏海		
包頭	3/8	38%
呼和浩特	6/29	21%

となり、高かった東部で、

錫林郭勒		
呼倫貝爾		
興安		
通遼		
赤峰	281/360	78%

という結果が得られる。戦国期例の増加がめざましい烏蘭察布、それに次ぐ増加をみせた呼和浩特でいずれも断絶率が低位にあり、戦国・漢代例間の存続度が中南部で高いことが、こうして知られるのである。他方、東部の戦国期例は前代例よりも址数が激減し、分布域が赤峰に縮小し、しかも断絶率が高位にあり、これらの点で、中南部と一線を画している。

そうして遼寧では、高かった西部で、

表83　内蒙古の集落断絶率一覧：青銅器中期〜漢代、鮮卑

	青銅器中期		同後期		戦国	漢	鮮卑
	商	魏営子	周	夏家店上			
西部	17/19		8/9		48/125	600/609	
東部		0/1		622/715	281/360	168/171	120/123
断絶率%	89	0	89	87	68	98	98

表84　遼寧の集落断絶率一覧：青銅器中期〜漢代

	青銅器中期				同後期		戦国	漢
	魏営子	新楽上	望家	不明中期	夏家店上	不明後期		
西部	1/2			0/4	808/905	0/1	371/485	193/201
東部		38/38	23/23	0/1		1/1	48/75	100/110
断絶率%	50	100	100	0	89	50	75	94

朝陽	328/397	83%
葫蘆島	17/41	41%
錦州	16/21	76%
阜新	5/16	31%
沈陽	5/10	50%

となり、低かった東部で、

鉄嶺	1/3	33%
撫順	26/31	84%
本渓	0/3	0%
丹東	4/4	100%
遼陽	0/2	0%
鞍山	3/8	38%
盤錦	1/8	13%
営口	9/11	82%
大連	4/5	80%

という結果が得られる。つまり、西方山岳部の朝陽、東方山岳部の撫順と丹東、半島部の大連と営口で高く、遼河流域の平野部で低いことが、この結果からわかる。

さらに河北では、高かった北部で、

張家口	203/301	67%
承徳	339/410	83%
唐山	99/134	74%
秦皇島	11/13	85%
廊坊	35/90	39%

となり、低かった南部で、

表85　河北の集落断絶率一覧：青銅器中期～漢代

	青銅器中期					青銅器後期				戦国	漢
	早商	二里岡上	圍坊Ⅲ	商	魏営子	夏家店上	西周	東周	周		
北部	1/1	1/1	1/1	0/2	17/22	469/469	1/1	66/90	5/5	687/948	477/479
南部			1/1	363/509			37/37	61/90	128/170	192/400	505/520
断絶率%	100	100	100	71	77	100	100	71	76	65	98

保　定	106/247	43%
滄　州	4/27	15%
衡　水	0/0	0%
石家庄	33/52	63%
邢　台	22/30	73%
邯　鄲	27/44	61%

という結果が導かれる。すなわち、断絶率の北部での高さは承徳に、南部での低さは保定に負うところが大きいのである。

保定での址数の維持と断絶率の低さは、鉄官二箇所の設置を考えれば頷けるが、他方、承徳での址数の激減と断絶率の高さについては、同地がかつて内蒙古の赤峰、遼寧の朝陽とならぶ夏家店上・下層期例の分布の中心であり、戦国期例でも分布地の首座を占め、漢代例で等しくその座を下りたことを想起したい。つまり、承徳での動向はけっして孤立してはいないのである。

燕が長城を営んだ際、赤峰は外長城で二分されて北半は域外に放たれたのに対し、朝陽と承徳の大半は域内に入っていた。このような相違にもかかわらず、三地が址数と断絶率で同調していたことは示唆的である。長城の内外とも、遊動的な居住・生業形態が環境上の諸条件にかなっていたからにちがいない。その意味で、夏家店上層期の赤峰市寧城県南山根三号墓出土銅器の騎馬狩猟象は、当時の生活の一端を伝えてくれる[135]。

燕の領域は遼河を越えて沈陽や遼陽に及び、漢代に入ると沈陽に遼東郡治がおかれた。遼河流域平野部での断絶率の低さは、この地の生業が農耕主体であったことに起因するとともに[136]、治政上の拠点が継続している点からも頷ける。また河北についても、前漢代の推定人口六九〇万のうち六〇〇万が南部に居住していたらしいことを考慮すると[137]、官営工房の設置に加えて、農耕が断絶率の低さをもたらしたことが察せられる。他方、内蒙古中南部での低さについては、呼和浩特市和林格爾漢墓の牛耕図から知られるように[138]、可耕地に恵まれていたから、趙が長城を築き兵を配して

表86 甘粛の集落断絶率一覧：青銅器中期～漢代

	青銅器中期		青銅器後期			戦国	漢
	商	辛店	寺洼	沙井	周		
西部				1/1			96/124
中部（黄河）		52/53	56/56	10/10			63/68
東部（渭河）	1/1	13/14	43/45		368/374	11/22	316/323
長江		5/5	48/49		6/6		18/20
断絶率%	100	97	98	100	98	50	92

表87 寧夏の集落断絶率一覧：青銅器中期～漢代

	青銅器		戦国	漢
	商	周		
北部			1/1	4/4
中部		0/1	1/2	26/27
南部	0/1	0/5	15/15	42/44
断絶率%	0	0	94	96

匈奴の攻勢からこの地を守ろうとしたのは当然であったろう。前漢代に山西省北端で呼和浩特と接する大同市左雲県沃陽と、オルドス北端の包頭市五原県成宜とに官営工房の塩官が設けられた。もし沃陽での製塩が戦国期に遡るとすると、趙にとって呼和浩特の重要性はさらに大きかったにちがいないし、これは漢にとっても同様であった。西に隣接する朔方郡に県を新設し屯田用の移民に恩恵を与えたというから[139]、既存の集落を軽んじて無用な混乱を起こすことは、対匈奴戦略上、良策であったとは思われない。内蒙古中南部での断絶率の低さは、これらの要因が重なった結果であったとみれば、史的動向と整合する。

黄河水系に移ると、甘粛、寧夏での結果は、おしなべて断絶率が高い（表86・87）。ただし、内蒙古西部や遼寧の遼河流域平野部で戦国例の断絶率が相対的に低かったことを考えると、甘粛の渭河流域で戦国期例が、址数で劣るが低位を示していることが注意を引く。この低さをもたらせたのは、慶陽7/7、平涼1/10、天水3/5という数値が示しているように、平涼と天水の例である。慶陽での高さは大きく境を接する寧夏に連なるとみても許されるが、平涼と天水での低さは後述るように陝西と結ばれない。

その陝西での結果は別表の通りである。山西とあわせてその結果をみると、陝西で商代例の、山西で周代例の低さが目立つ（表88・89）。まず陝西での商代例の低さだが、北部五三%、中部三五%、南部一三%と、南下するほど低減しており、山西での総体的な高さと対照的である。のちに周王朝を開く政治勢力が商からの圧迫を受けつつ陝西を本貫地としていたことを想起すると、断絶率のこの低さすなわち周代への継続度の高さは周の興起の地にふさわしい。ついで山西での周代例の異常なほどの低さについて、これは山西分冊の時代区分の記載法によるところが大きい。ただし、春秋期に晋がこの地を領し、分裂後の趙、魏、韓が分治し、政治上の連続性があったことを考えると、数字通りではないにせよ、その連続性が断絶率の低さすなわち継続度の高さをもたらせたことはありうる。断絶率の高い陝西と甘粛が、周の東遷後に秦が興起して、政治上の疎隔の甚だしい地であったことを加えるならば、周代〜戦国期の政治動向が断絶率の高低に反映している可能性は低くないからである。

なお、陝西北部として一括りにした楡林、延安、銅川での戦国期の断絶率がそれぞれ$\frac{52}{93}$（五六％）、$\frac{141}{191}$（七四％）、$\frac{16}{18}$（八九％）で、北端に位置する楡林での低さが注意される。西接する伊克昭での低さと連なるので、内蒙古中南部から山西北端に低断絶率域が拡がっていることになる。秦の長城が楡林を貫いているが、その内外で断絶率は変わらない。

河南と山東では、問題がある周代例での低さを傍らに除けると、商代例、戦国例とも河南での断絶率の方が高い（表90・91）。ただし商代例の断絶率は、北部七一％、中部六九％、東部六五％、南部三七％で、高低で二分される。そうして、北・中・東部での高さは山西と、南部での低さは後述する湖北、湖南とそれぞれ結ばれる。山東での商代例の断絶率は、前代の岳石期例よりも、河南南部のこの商代例よりも低い。しかし後述する長江水系の諸地域と較べると、孤立してはい

表88　陝西の集落断絶率一覧：青銅器中期〜漢代

	青銅器		戦国	漢
	商	周		
北部	89/168	133/221	209/302	906/906
中部（渭河）	42/121	593/700	118/162	726/732
南部（長江）	4/32	30/69	37/56	131/145
断絶率％	42	76	70	99

表89　山西の集落断絶率一覧：青銅器中期〜漢代

	青銅器		戦国	漢
	商	周		
北部		0/44	74/91	328/330
中部	156/212	4/365	498/579	578/586
南部	108/154	106/784	679/852	1078/1081
断絶率％	72	9	82	99

表90　河南の集落断絶率一覧：青銅器中期～漢代

	青銅器		戦国	漢
	商	周		
北　部	115/163	30/93	71/89	57/57
中　部	104/150	21/106	84/103	65/65
東　部	108/167	28/141	131/188	290/291
南　部	58/157	50/209	160/199	224/224
断絶率％	60	23	77	100

表91　山東の集落断絶率一覧：青銅器中期～漢代

	青銅器		戦国	漢
	商	周		
西　部	31/268	12/333	146/332	279/288
中　部	75/812	306/1752	812/1676	2677/2681
東　部	51/265	158/699	536/726	1017/1018
断絶率％	12	17	55	100

ない。山東での低さは、戦国例の方に少し問題がある。西部四四％、中部四八％に対して、東部が七四％の高率を示しているからである。そこで東部の断絶率を小地域ごとに分けてみると、

日照	203/210	97％
濰坊	260/411	63％
青島	17/26	65％
烟台	46/70	66％
威海	9/9	100％

となり、日照で異例な高率が得られる。日照の海岸平野で漢代例の址数が東周代例の二倍近くに増加していることを、新しいデータで示した。分冊に表れていないこの新知見を重視して、日照での断絶率の高さを不問に付しておきたい。それでもなお山東の戦国期例の断絶率は低位にある。

そもそも山東における商代すなわち青銅器中期は、商の進出を被りつつ、しかしその支配を受けない状態で西周代に斉の始祖呂尚の封建を迎えたという。商の進出について、山東西端の荷澤市梁山県出土の青銅彝器が商の東方経略に関係することを貝塚茂樹が説き[140]、いわゆる二里岡インパクトが、西方は陝西関中平野西端の宝鶏、北方は山西中部北端の沂州、南方は湖南北端の常徳に及んだことを浅原達郎が述べている[141]。これを商代の址数からみると、山東の大半は域外で、陝西の址数は北方に多く、湖北の址数は黄岡に集中していた。漢代例が疎密はあったにせよ址数の満遍ない広がりでひとつの極をなしたのに較べると、商代例には欠けるところが多く、周代例は商・漢代例の中間に当たる。その意味で、いわゆる二里岡インパクトの波及が王都から離れ

るほど点的であったとみてさしつかえないとすると、商周の王朝交替によって深刻な影響を受けた地は、河南の一部と山西、さらに址数が多かった河北南部を加えた地であった可能性が高い。陝西と山東における商代例の断絶率の低さ、河北南部、山西、河南北・中・東部でのその高さは、このような歴史的脈絡として説明することができる。

問題を残した河南と山東での周代例の低さについて、周・戦国期に山東で斉が興隆し、魯が山東の一部を、東周が洛陽とその周辺を領して、それぞれ雄国の圧迫を受けつつも存続したことを考えると、これを偶然視することはできないだろう。他方、山東における戦国期例の低さについては、詳述した鉄・塩官に加えて工官が済南の章丘市と、泰安市の地に、服官が淄博市臨淄区の地におかれ、手工業が斉代に勝る隆盛を遂げたことがあげられる。楚の王都郢《えい》に擬せられる湖北の紀南城が楚の滅亡後に居住の痕跡をとどめていないのに対し、斉の王都臨淄が、漢の官印が出土するなど[142]、前漢代に斉郡の治所として命脈を保ったらしいことも、戦国期以来の集落の存続ぶりと符合する。

表92　四川の集落断絶率一覧：青銅器前期～漢代

	青銅器前・中期			青銅器後期				戦国	漢
	三星堆Ⅱ・Ⅲ	商	不明中期	十二橋	三星堆Ⅳ	周	不明後期		
北部	19/25	0/52	0/6	22/25	5/5	2/52	0/7	46/78	110/119
南部		0/8	0/1			1/12		15/15	12/12
断絶率%	76	0	0	88	100	5	0	66	93

長江水系に転じると、四川では、在地文化例における断絶率の高さと商・周代例での断絶率の低さが注意される（表92）。時代区分上の問題があることを加味すると、この高低の相違を強調しない方が今は無難であろう。戦国期例の断絶率も北部で低い。この点については、漢代例の増加、官営工房の設置、王都長安との近さを考えあわせると、偶然ではあるまい。

漢代の官営工房を示すと、鉄官は、

臨邛（成都市邛崍県）、武陽（楽山市彭山県）、南安（楽山市）

に、塩官は、

南郡巫（重慶市巫山県）、巴郡朐忍（重慶市雲陽県）、蜀郡臨邛（成都市邛崍県）、

表93　湖北の集落断絶率一覧：青銅器中期〜漢代

	青銅器		戦国	漢
	商	周		
北部	20/475	100/1123	1066/1142	380/387
南部	21/197	122/831	686/726	189/222
断絶率%	6	11	94	93

表94　湖南の集落断絶率一覧：青銅器中期〜漢代

	青銅器		戦国	漢
	商	周		
北部	384/826	509/1231	977/1077	343/345
南部	76/361	391/551	142/150	116/116
断絶率%	39	51	91	100

犍為郡南安（楽山市來江県）
に、工官は、
雒県（徳陽の広漢市）、蜀郡成都（成都市）
にそれぞれおかれた。重慶の二例を外せば、成都の近傍と南方の楽山とに集中し、成都と楽山は南北道で結ばれ、剣門蜀道などを経て長安に通じていた。秦の四川進攻に伴う災厄は避けられなかったとしても、集落形成で南部を凌いできた北部でさらなる隆盛に至る条件が、こうして漢代に準備されたわけである。

湖北、湖南が示す結果のうち、両地域とも商・周代例で低く、戦国期例で高い点で、動向を同じくしている（表93・94）。湖南に較べて湖北が異様に低い点は、時代区分記載上の問題があるので不問にしておくと、商代例の低さは河南南部と連なる。周代例での址数の増加もまた河南南部と動向を同じくしていた。商周の王朝交替による影響が少なかったことによって、湖北、湖南での低さを説明したことに大過がないとすると、河南南部は深刻な影響域から外れることになる。商の安陽期の領域支配の南限を、これは示唆しているのかもしれない。周代例での低さは、楚の興隆が西周代に発して戦国期に至った点で、さらに戦国期例での高さは、楚が秦に敗れたのち漢代でこの地が冷遇されたらしい点で、ともに史的脈絡と結びつけることができる。

江蘇と浙江の結果を較べると、断絶率はともに商・周代例で低く、在地文化例で高い（表95・96）。そうして戦国期例には差異があり、江蘇の方が低い。湖熟文化に二里岡文化の影響が強いというから[143]、商周の交替がこの文化の隆替に大きな影響を与えて衰滅に至ったことが考えられる。これに対して商代例の低さは、その影響が少なかったことを

表95　江蘇の集落断絶率一覧：青銅器中期〜漢代

	青銅器中期		同後期	戦国	漢
	商	湖熟	周		
北　　部	14/78		66/171	72/115	235/249
南　　部（長江下流域）	2/36	149/150	52/93	20/38	30/41
断絶率%	14	99	45	60	91

表96　浙江の集落断絶率一覧：青銅器中期〜漢代

	青銅器中期		同後期	戦国	漢
	商	好川	周		
北　　部	7/136		23/258	252/255	7/12
南　　部	6/189	2/2	11/208	202/205	4/7
断絶率%	4	100	7	99	58

示唆していることになる。江蘇分冊が湖熟文化と区別した商とは、この説明にふさわしく、二里岡文化との関係が薄いのであろうか。江蘇分冊の記載法か拙見のどちらかに問題を残しているので、ご教示を仰ぎたい。周代例の低さは、魯に続く斉の南進、呉と越の興隆に結びつけられよう。ところが春秋五覇のひとつに数えられる強国であった呉は、前四七三年に越王勾践によって滅ぼされた。勾践は呉討滅の勢いにのって北上し、徐州方面まで攻め入ったというが、勾践の死後、国勢が振るわず、前三三四年、楚のために滅ぼされた。前二四九年に楚によって滅んだ魯、前二二一年に秦の始皇帝の攻勢で滅んだ斉が、ともに戦国期末まで命脈を保ったのに較べると、呉は戦国期の到来をまたずに滅び、越はその到来とともに衰微したわけである。戦国期例の址数が江蘇南部で大幅に減少しているのは、呉の早期の滅亡を映しているかのようである。

　戦国期例の断絶率が江蘇で低い点について、漢代例の址数の増減とこれは対応している。すなわち、戦国期例の址数と較べて、江蘇では増加ないし均衡し、浙江では激減している。江蘇北部で址数が増加し断絶率も低い点に注目するならば、この動向は明らかに山東中・南部に連なる。手工業地帯としていっそう隆盛をみせた山東に隣接し、河南と通じる淮河の下流にあたっていたことが、址数の増加とともに断絶率の低さをもたらせ、戦国期を大きく上回る人口をこの地が擁することになったのであろう。これに対して浙江での断絶率の高さは、もとより漢代例の址数の激減に起因する。会稽に塩官が設置されているので、址数の増加が期待できるのかもしれないが、楚の本貫地であった湖北、湖南で漢代例が激減している点を考えあわせると、楚に編入されていた浙江で漢代例が乏しいことは意味をもつ可能性がある。楚に滅ぼされたのち、越の国人の一部が海岸線に沿って南下して浙江南部から福建にかけて割拠し、前漢の武帝によって滅ぼされたという。『史記』が伝えるこのような事情も、浙江で漢代例を激減させた原因のひとつとして作用したかもしれない。

人間の移動　本節の冒頭で址数の多寡を概観し、青銅器中・後期例の間において、北方と黄河水系とで址数の増加がめざましく、人口増や定住化の中心がここにあったことを推測した。しかし、断絶率を問うたことによって、北方と甘粛ではその高さゆえに、址数が示すほどには人口増を期待できず、中原が真の中心を占めていたことが判明した。また、中原での断絶率の高低を取り上げ、河北南部と河南北・中・東部と山西でその比率が相対的に高いのは、商周の王朝交替の主舞台として影響が強く及んだことに起因する可能性を、長江水系を含めて説いた。

そもそも中原と長江水系における址数の増加は、本節の冒頭に掲げた表68の結果から知られるように、低落の底に沈んだ青銅器前期例に胚胎し、後期例でその極に達した。前、中、後の各期を五〇〇年として、址数を単純化して示すと、前期一千、中期五・七千、後期一・一万である。増加はしかし、址数だけにとどまらない。商代例のなかで、偃師（二〇〇ha）[144]、鄭州（内城のみ約三〇〇ha）[145]、洹北（四七〇ha）[146]が王都として知られ、周／春秋期例では、臨淄、曲阜、紀南に加え、魏の王都安邑城とされる山西省運城市夏県の大城、洛陽市の東周王城[147]など、一〇〇〇ha級の王都が複数みとめられる。それらの周・春秋期の巨都は、収容人口に加えおそらく人口密度でも商の王都を大きく凌駕していたにちがいない。王城やさらには長城の建設に従事し、軍事活動に携わり、手工業に勤しみ、農耕に励む人口が確保できなければ、春秋期の強国たりえなかったのである。

春秋・戦国期の諸国家は国境に見廻りの役人を配して、民の移動を厳重に監視したことを、貝塚茂樹が文字記録に依拠して指摘している[148]。また貝塚は土地制度についても説き、西周の王都宗周付近の農村に限定して考えるならば、西周後期には奴隷制から農奴制への転換が実現していたとみてさしつかえなかろうという[149]。伊藤道治が西周青銅彝器の銘文分析によって、土地を基礎とする支配から人を通して土地を支配する新しい傾向が生じたことを述べ[150]、木村正雄らが論調に差異はあっても春秋期における氏族制的邑共同体の崩壊に伴う個別家族の成立を論じ[151]、増淵龍夫が春秋期に成立した県の性格について考察を重ねている[152]。

これらの文献史学や銘字学の諸成果を、不明を恐れずに概括するならば、春秋・戦国期には族的紐帯の弛緩ないし分解に伴い、兵農工を充足させるために定住化策が講じられた、ということになるのではなかろうか。春秋後期から農具の青銅器化が、戦国中期からはその鉄器化が盛んになったという考古学上の知見をさらに加えるならば[153]、農具の調達を王が管理する手工業者に委ね、荒地の開墾に向かった定住農民の姿が浮かんでくるが、ともかく、中原と長江水系における青銅器中・後期例間のめざましい址数の増加と、低位の断絶率は、文献史学や銘字学の成果と即応し、定住化策として歴史的肉付けを得ることができるわけである。なお、宗周付近の土地制度の先駆性を指摘した貝塚の所見に頼るならば[154]、周の興隆地として原因を説明した陝西での断絶率の低さも、さらに追加の原因をもつかのようである。

表97として掲げたのは、址数の増減率と断絶率を既出の表のデータから省域ごとに算定し、結果を表示した一覧である。この結果によって、青銅器中・後期例間の変化の動向を再確認していただき、各省域内の細部の動向とそれに絡む政治情況については前項を参照願ったうえで、まず青銅器後期・戦国期例間の変化へと問題を移すことにしたい。

さて、増減率が一〇〇％を上回る例は址数の増加を、下回る例はもとより減少を表している。そこで、址数が減少し、かつ断絶率が高位にある地域を、青銅器後期・戦国期例間のなかから抽出してみると、内蒙古、遼寧、甘粛、陝西であり、北方二地域と西方二地域とがこれに該当する。河北は址数が増加し、断絶率が高位にあるので該当しない。これに対して自余の九地域は断絶率が低い点で共通する。増減率もやや低い湖南、江蘇を除きおしなべて北・西方よ

表97 集落址の増減率（上段）・断絶率（アミ掛部分）一覧：青銅器中期～漢代

		青銅器中・後期	青銅器後期・戦国	戦国・漢
北方	内蒙古	3620	67	186
		85	87	68
	遼寧	1333	62	56
		93	89	75
	河北	161	156	74※1
		72	89	65
黄河水系	甘粛	741	4	2432
		97	98	50
	寧夏	600	300	417
		0	0	94
	陝西	308	53	343
		42	76	70
	山西	326	128	131
		72	9	82
	河南	86	106	110
		60	23	77
	山東	207	98	146
		12	17	55
長江水系	四川	110	92	141
		21※2	30	66
	湖北	291	96	33
		6	11	94
	湖南	150	69	38
		39	51	91
	江蘇	100	58	190
		63※3	45	60
	浙江	142	99	4
		5	7	99

※1　北部51%、南部130%。
※2　前期を含む。
※3　湖熟を含む。

りも高い。このようにほぼ二分され、しかも地域が連なることからみて、偶然の所産とは考えにくい。そこで、青銅器後期・戦国期例間の変化の動向としてこの点を問題にすると、黄河水系の山西、河南、山東と、長江水系の五地域での動向については、既述したように、春秋・戦国期に地歩を占めた諸国の定住化政策が奏効した結果としてこれを説明することができるであろう。河北もこれにあたる。春秋・戦国期の諸国に伍する国家形成には至らなかった四川は、楚の影響下にあって列国間抗争の渦中から外れていたことを考えると、断絶率の低さも址数変動の微弱さも納得することができる。また江蘇でいくぶん断絶率が高く増減率が低いことは、春秋期における呉の敗滅と関連づけてその原因を述べておいた。さらに西方の甘粛、陝西について、春秋期に秦の穆公（在位前六五九～前六二一）が西戎を討って以後、西戎の覇者となり、戦国期初めの孝公（在位前三八一～前三三八）が富国強兵策をとって東方進出を果たして領土を拡大し、始皇帝による統一に至ったことを念頭におくと、その断絶率の高さと増減率の低さは不思議でない。陝西での断絶率の高さを先に問題にして、周の後退、秦の興起と結びつけたのは、この史実に依拠したことによる。

　ところが、秦の影響が及ばなかった北方の内蒙古、遼寧もまた西方二地域と動向を等しくしているので、北・西方が同調する原因があったとすると、それが政治情況や抗争の基層に伏在する真因に当たる。すなわち、北方で夏家店上層期例を滅亡に導き、西方の甘粛で寺洼・沙井・周代例を衰微に至らしめ、それぞれふさわしい後継文化期例を生成させなかった要因である。そこで、地域を遠く隔てて衰滅の時を同じくし、しかも衰滅状態がその後も継続したという条件にかなう因子を求めなければならないとすると、それは気候変動に伴う生存諸環境の悪化であろう。こうして定住から離れた人びとは、あるいは北・西方にとどまって遊動生活を営み、あるいは中原に入り雄国のもとで兵農工に携わったにちがいない。戦国期には民間の手工業も盛んになったというから、物資の輸送や交易を下支えした者もいたかもしれない。ともかく、北・西方で多くの人びとが定住から離れたことを示す考古学上の知見は、趙や燕が長城を築いて防ぐほど、匈奴や東胡と呼ばれた域外集団の動きが活発になった史実とよく符合することを指摘しておこう。

　ついで戦国・漢代例間の動向に問題を移すと、河南を中心にして址数が北・西・東方で増加し、南方で減少したこと、総址数に占める比率が北方で二〇％から一七％へ低下し、黄河水系で四七％から七〇％へ高揚し、長江水系で三三％から一二％へ低下したことを冒頭で概観しておいた。そうして断続率の高低を加味した結果、既に述べ、表97でも確認されるように、湖北、湖南、浙江で際立って増減率が低く断絶率が高かった。その原因を秦による楚の滅亡と漢の冷遇策とに結びつけておいたが、史書によって秦代末の情況を詳述すると、始皇帝が死去した翌年、前二〇九年の陳勝と呉広の蜂起で混迷が始まった。蜂起の軍は咸陽間近で秦軍に鎮圧されたが、同時に多くの反乱集団が生まれて集散を重ね、その有力集団のひとつであった項梁集団の項羽が劉邦と連携して秦を滅ぼすに至るまでの情勢は、強国あい攻伐する戦乱とは異なっていた。木村正雄が指摘したように、この秦代末の大乱は旧国復興を指向した点で限界を抱えていたにせよ農民反乱的性格をそなえていた(155)。

秦を倒したのち、項羽は徐州の彭城に都して西楚の覇王と称し、天下に号令して劉邦を漢王に封じた。しかし劉邦は不満な諸侯と語らって項羽を破り、漢朝を樹立したという。樹立に至るまでの乱の主要な舞台となった地は、黄河と淮河との間で、河南東部～安徽～江蘇北西部にあたり、劉邦の蜂起地もその一画を占めていたが、項梁と項羽の蜂起地は江蘇南端の会稽であった(156)。蜂起地、西楚覇王の唱号、浙江南部～広東での旧越国人勢力の存在のうえにさらに呉楚七国の乱を重ねると、前漢が南方を冷遇したとしても奇異ではない。

湖北、湖南で定住地を失った人びとは西方の山岳地帯に逃れたらしいことが、址数の増加から推測された。浙江の人びとのなかには、旧越国人の南下と行を共にした者も少なくなかったであろう。もとより、考古学や文字記録から想像される逃避地だけにとどまらなかったにちがいない。北方を目指して兵農工に従事することになった者も多かったであろう。文字記録を使って勞榦が算出した前漢代の郡県ごとの人口密度のなかから(157)、上位の一〇地を抽出し、小数点以下第一位を四捨五入して一km^2当たりの密度を添えると、

汝南（河南～安徽）七〇〇人、済陰（山東）二二三人、潁川（河南）二〇七人、清河（河北～山東）一九五人、東平（山東）一九三人、任城（山東）一八五人、広平（河北）一七七人、甾川（山東）一五九人、河南（河南）一五五人

という結果になる。そうして上位二〇位も、一八位の江蘇北西端の彭城と河北の可能性がある清河を除けば、ことごとく河南、河北南部、山東の地が占めている。つまり、増減率と断絶率によって導かれた結果が、勞榦の算定結果と一致する可能性が低くないことは、安徽と江西での分析をまたなければならない現状においても推断してさしつかえないわけである。

なお、人口密度が図抜けて高い汝南は、一部が現在の河南省駐馬店市に属している。同市域の漢代例は址数が戦国

期例と変わらないので、人口密度の高さと対応していない。漢代の汝南郡に図抜けたその高さを生む理由が、管見の範囲では見あたらない。

第四節　後一千年紀（漢～唐代）の動向

集落址数の変遷　勞榦(158)と袁祖亮(159)の著作に依拠し、漢代における総人口の推移と人口分布の変化について、かつて説いたことがある(160)。漢代以降の動向を取り上げる前に、再びそこに立ち戻ると、漢代の総人口は、

前漢平帝元始二年（二）　五九五九万四九七八（袁の推算）
後漢光武帝中元二年（五七）　二一〇〇万七八二〇（以下は勞の推算）
明帝永平一八年（七五）　三四一二万五〇二一
章帝章和二年（八八）　四三三五万六三六七
和帝元興二年（一〇五）　五三二五万六二二九
安帝延光四年（一二五）　四八六九万〇七八九
順帝永和五年（一四〇）　四九一五万〇二二〇
順帝建康元年（一四四）　四九七三万〇五五〇
冲帝永嘉元年（一四五）　四九五二万四一八三
質帝本初元年（一四六）　四七五六万六七七二

という推移を辿る。すなわち、前漢代末の五九〇〇万余を頂点にして総人口が著しく減少し、後漢代は最初の半世紀に増加を重ねて前漢代末に近い水準に到達したのち、伸びが止まり、若干の増減をはさみつつ漸減している。

表98　東ユーラシアの址数内訳一覧：漢～明代

	前202～220 漢	220～531 三国 南北朝	331～668 高句麗	618～907 唐	907～960 五代	916～1125 遼	960～1279 宋	1038～1227 西夏	1115～1234 金	1271～1368 元	1368～1644 明
内蒙古	903※	77		27		2431	23	116	1152	1254	26
遼寧	311	31	97	14		3218			1975	357	472
河北	999	29		79	3	1380	233		1460	486	219
甘粛	535	78		107			370	26	3	112	362
寧夏	75	3		14			142	42	6	30	168
陝西	1784	65		118			338	7	11	73	255
山西	1997	90		43	4	10	67		41	74	550
河南	637	38		67	4		120		2	10	49
山東	3987	63		178	4		309		8	158	57
四川	131	55		61			99			22	126
湖北	609	95		96	1		155			51	306
湖南	461	20		44	5		132			71	26
江蘇	290	43		108	3		155		2	35	93
浙江	19	13		7	3		13			8	35
総計	12738	700	97	963	27	7039	2156	191	4660	2741	2744

※うち鮮卑123。

総人口のこのような推移は、人口自体の増減を忠実にはなぞっていない。あくまで、税を取るために王朝が版籍調査を行って集積した数の変動を表している、と理解すべきであろう。したがって王朝の衰微時には、人民の隠匿、役人の過少報告、算定対象外の貴族私有地の佃戸の増加、遊動者の横行などが総人口の減少をもたらし、王朝の盛時には、行政機構の整備や役人の精励、佃戸や遊動者の減少などが増加を誘うことになる。その意味で、両漢の交に勃発した赤眉の乱と呼ばれる大規模な農民反乱の渦中で後漢が興起し、二世紀に入って衰退の徴候をあらわにした王朝史上の隆替と、総人口の増減とがよく一致することは、総人口というものの正体を暗示している。

さて、漢代から明代に至る間の址数を示した別表の結果を概観して、漢～唐代で二つの点が注意を引く（表98）。そのひとつは、三国・南北朝期例の址数が激減している点であり、もうひとつは、唐代例に至っても址数の増加がはかばかしくない点である。三国・南北朝期例での減少は、表示した地域のすべてにわたっており、このような広汎な減少は過去に例をみない点で特筆される。また唐代例における増加不足も、商・周・漢代例での増加を想起すると、統一王朝例の動向としては奇異に映る。そこで、袁祖亮が推算した各王朝期の総人口のなかから統一王朝期の最高値を列挙してみると、

前漢平帝元始二年（二）　五九五九万四九七八
西晋武帝太康元年（二八〇）　一六一六万三八六三
隋煬帝大業五年（六〇九）　四六〇一万九九五六
唐玄宗天宝一四年（七五五）　五二九一万九三〇九

となる。すなわち、三国・南北朝期例での址数の激減は、こうして総人口数の動向から裏付けが得られる。なお、文字記録に基づいて大室幹雄が活写しているような[161]、争乱や飢饉に塗り潰された混迷状態であったことを勘案すると、三国・南北朝期における総人口の激減は、文字通りの人口減少に加えて、徴税対象から遁れて、あるいは佃戸として荘園に身を寄せ、あるいは遊動者として日々を乱のなかで生きた幾多の人びとがいたにちがいない。他方、唐代にみられた址数増加の不調については、前漢代に近いところまでは到達した唐代の総人口の増加ぶりを反映していない。集落址の総面積を求めて比較してもこの隔たりは解消しないので、後代の集落と重なりあって確認できない例や地表調査から漏れた例が多いか、さもなければ唐代例の定住度がはるかに漢代例を凌いでいたことが考えられる。あるいは両者に起因するのかもしれないが、とにかく、唐代例を漢代例と比較して址数の多寡や増減を論じることは避けた方がよい。居住形態が変わりそれがもし比較を困難にしたとすれば、三国・南北朝期における重要な社会変革として注目されるからである。

人口の移動—漢～西晋代—　そこで、漢代例との比較を避け、址数を扱うこともしばらく措き、袁の研究に依拠して別表の結果を導いた。すなわち、漢～唐代に幾度も実施された版籍調査のなかで、記録が今に伝わり、しかも確度の

表99　各地域の人口比率一覧：前漢～唐代※

時代／地域	前漢（2）	後漢（140）	西晋（280）	隋（613）	唐（742）
河　南	22.7%	19.7%	16.7%	20.0%	12.8%
山　東	21.5	17.8	9.1	15.6	9.3
河　北	12.3	12.8	13.0	15.2	13.4
安　徽	6.4	4.6	3.4	4.3	4.6
陝　西	5.7	1.5	4.8	7.7	7.0
四　川	5.7	10.1	7.4	5.3	9.1
山　西	4.5	2.5	5.2	9.3	6.3
江　蘇	4.2	3.9	3.0	2.9	5.3
湖　北	2.6	3.6	7.1	5.6	2.3
甘　粛	2.4	1.1	2.0	3.9	1.7
内蒙古	2.3	1.3	2.1	0.13	1.1
雲　南	1.6	4.7	2.9	0.8	0.4
浙　江	1.35	1.7	3.7	0.87	7.5
新　疆	1.2	0.8	2.2	0.5	1.1
遼　寧	1.2	0.66	0.6	0.43	3.6
湖　南	0.85	4.6	4.7	0.56	2.2
江　西	0.65	3.5	2.4	0.9	2.9
広　東	0.5	1.1	1.1	1.4	1.69
広　西	0.38	1.8	1.1	2.0	0.9
青　海	0.17	0.8	1.4	0.1	0.6

※占める比率が低いので、西蔵、貴州、寧夏、黒龍江、吉林、福建、台湾は省略した。

高い数値を地域別に推計することができる例を選んで、それぞれの地域の人口が総人口に占めた袁の算定結果を、一覧表として示した（表99）。漢～西晋代を本項で問題にすると、まず両漢では、前漢代に河南、山東、河北に人口の集中していることがみてとれる。前節で示した勞榦の人口密度の結果とこれは符合する。ところが後漢代に入ると、河南、山東で集中度が低下する。それとともに、安徽、陝西、山西での低下が目立ち、西方の新疆と甘粛、北方の内蒙古と遼寧で軒並み低下していることが注意を引く。かわって伸びが著しい地域は雲南、四川（重慶を含む）、湖南、江西で、湖北、浙江、広東、広西も僅かではあるが伸びている。要するに、前漢代で、人口分布の中心を占めていた河北、河南、山東が低下をみせ、外囲では北・西方が低落し、南方が高揚したわけである。それでも河南、山東、河北は首座を譲っていない。

戦国・前漢代間で人口が黄河流域と北・西方で増加し長江中・下流域で減少したことを址数動向から導いたが、両漢の間で増減が逆転したことになるわけである。この結果について、これを惹起した原因はひとつにとどまらないであろう。漢代の城市を分析した周長山がその分布を問題にして、後漢代の城市数が黄河水系および北・西方で減少し、長江水系で増加することから、人口と城市と経済の重心が南方に移る第一波が、後漢代に訪れたことを説き、さらに北辺八郡での城市数と人口が前漢代よりも大幅に減少したことを示して、匈奴や西羌や鮮卑などの域外集団の頻繁な進攻に起因することを述べている。(162)肖愛玲が指摘しているように、(163)諸侯の勢力を削ぐ目的で前漢代に匈奴対策や茂陵護持などで長安や北辺地に多数の移民を強制的に送り込んでいたから、その反動は早晩訪れるべき事態であったといえよう。

さらに周は『史記』万石張叔列伝の「元封四年中、関東流民二百万口、無名数者四十万」などの記事を引いて、前漢代の城市内で遊動者が「虚偽游手」として徒食していたことを述べ、後漢代に城市の流動人口中に少数の富豪の「游商」がいたことも指摘している。後漢代に遊動者が増加し、中に財を成す者が現れたとみてよかろう。赤眉の賊が前漢代の手工業の隆盛地であった青州すなわち山東北半で発起したことは、その意味で示唆的である。盛んな塩鉄生産を維持するためには、遊動者の労働力を必要とし、農民に負担を強い、燃料確保で山野を荒廃させたことが、飢饉を契機に蜂起に結びついたと考えられる。(164)

なお、漢代例の址数の多寡で、山西と陝西は山東に次ぎ、河南はその1/3で湖北に等しかった。ところが人口分布の点では、河南は山東を抑えて首位にあり、山西と陝西を大きく凌いでいた。そこで集落址の総面積を算出してみると、河南は山東を凌駕し、山西と陝西をはるかに越えている。址数の多寡と人口分布の濃淡との不一致は、こうして解消されることになる。

ついで、後漢・西晋間で人口分布を較べると、この間の変動として、山東を筆頭に安徽、江蘇、江西の東方諸地域と、河南、四川、雲南での低落が著しい。これに対して高揚は、陝西を筆頭に山西、内蒙古、甘粛、新疆、青海の北・西方諸地域と、湖北、浙江で目立つ。とりわけ高揚の度が大きい陝西はまた、諸地域のなかで実人口数が増加した唯一の地でもある点で注意される。

版籍調査が実施された紀元一四〇年頃の後漢は、衰滅へ向かい始めた時期にあたり、紀元二八〇年頃の西晋はというと、武帝炎が呉を征服して全土統一を達成すると同時に占田法を実施に移し、貴族による土地と佃戸の所有を制限して王朝の財政的基盤の強化に努めていた頃であった。そこで、後漢の衰滅と三国の鼎立とが覆ったこの間の一四〇年にわたる激動を辿ってみよう。

多田狷介の所説を踏襲すると、(165)紀元一〇〇～一三〇年頃が後漢衰退の第一段階で、後漢社会の矛盾が淮河以北の関東地区に集中的に現れ、自然災害や羌人の反乱などによって大量の破産農民が発生した。そうして一三〇～一六〇年頃に「海賊」や「妖賊」などが繰り返し反乱、騒擾を起こし、混乱は江南方面に波及していく。それに自然災害が加わって数十万戸が遊動者と化し、特に河北南部の冀州がもっとも甚だしかった。さらに、第三段階とした一六〇～一八四年には、乱は南方に及び、長江中流域以南で農民反乱が続発したという。

多田が区分したこれらの三段階を前史として、一八〇年代に入ると、宗教的騒擾が激しさを加えた。黄老道を奉じ、延年益寿・消災治病を唱え、「符水」や「呪説」で病気を治癒する現世利益的実践を通じて、道士の張角が数十万の信者を獲得した。彼はさらに太平道を掲げて漢室に代わろうとし、中平元年（一八四）に乱を起こした。そうして、黄巾の乱と呼ばれるこの変乱が、北は現在の北京から南は長江北岸、西は洛陽を含む河南一帯に及び、官庁を焼き村落を劫掠したという。他方、西の陝西・四川方面では、祈祷によって病を治し義倉を設けて米や肉を施す五斗米道教団が、創唱者張陵の孫張魯に率いられて根を張り、太平道と結んで自律の気配をみせていた。このような現世利益的教義を掲げた宗教教団が民衆の幅広い支持を集めた背景として、一五〇年以降特に多くなり平均すると三年に一度の頻繁さで発生した疫病の大流行があったことを、秋月観暎が説いている。(166)その通りであろう。

社会情勢の深刻な混迷に対処する統治力が、後漢にはもう失われていた。王朝の中核であるべき皇帝は、一〇歳で即位した和帝（在位八八～一〇五）以降、判断力が疑われる幼少で即位し、長じても三〇歳代で没する異常な事態が続いた。そうして幼帝にかわって王朝の実権を握ったのは外戚であり、のちには宦官も帝位継承を左右した。政権の豪族連合体的体質がこの事態を生んだのである。すなわち、政治に容喙した竇《とう》皇太后のような外戚が抬頭し、竇一族を誅した鄭衆のような君寵を得た宦官が現れ、外戚と宦官が帝位を壟断する悪弊が和帝期にあらわになった。それとともに、狩野直禎が詳述した楊震のような(167)、地方豪族の出身で、儒教的教養から反外戚・宦官を標榜して政治の浄化を主張する官吏も加わり、一〇〇年前後にこうして出揃った三派が政争を繰り返して政治機構の欠陥を露呈したことが、二世紀に王朝の威権を失墜させた。

以上縷述した内的要因のうえに外的要因として鮮卑や西羌による進攻が重なり、因が果を生み、その果がさらに因を作って、後漢は魏の曹丕に禅譲する体裁をとって幕を閉じた。しかし漢代末に始まった変乱は、新たな秩序を育む土壌となった。そのひとつは郷村を離れた遊動者が大量に発生したことであり、もうひとつは匈奴や鮮卑のような域外集団が移住したことである。碩学や先学の業績をなぞりつつこれらの点についてもう少し叙述を進めていこう。

まず遊動者についてであるが、袁が導いた三国期の人口は、

魏元帝景元四年（二六三）　四四三万二八八一
蜀劉禅炎興元年（二六三）　九四万
呉孫皓天紀四年（二八〇）　二三〇万

である。その総数七六七万二八八一は後漢代の一四〇年の調査数の一五％、西晋代の二八〇年の調査数の四七％であり、これらの数値から想像すると、遊動者の数が数百万にのぼったという表現も、けっして大げさではない。山間河谷や丘陵地に塢と呼ばれる一種の砦を築いて自衛する集団があり(168)、郷村という寄辺を失って黄巾集団に精神的支柱を求める人びとも少なくなかったことが「衆徒数十萬」という数から察せられる。

再び黄巾の乱に戻ると、首魁の張角は河北の人で、青・徐・幽・冀・荊・揚・兗・予州に信徒が広がっていたというから、賊による前述の変乱地とほぼ重なる。そうして賊の戦法は掠奪的、漂泊的で、城郭を得てもこれを長くは占拠せず、他所の攻略に向かったという(169)。兵糧を得るためであろう。

中平元年(一八四)のこの蜂起は軍備で勝っていた漢軍によって鎮定され、張角も死去したが、初平二年(一九一)に三〇万の黄巾賊が渤海郡を攻めて撃退されるなど、東方における余衆の蜂起は止まず、一部は河北や山西の山中で群盗化して抵抗を示した。その討伐に功のあった人物が、東郡大守ですでに軍閥化していた曹操であった。曹操は黄巾の余衆や群盗達を自らの軍に容れるとともに、豪族の大土地所有を抑えるために、無主の田地を国有地にして屯田を設置し、積極的に灌漑を進め、こうして遊動者の定住をはかった。軍糧を確保し、財政上の基盤を強化するこの方策は、かなりの効果をあげたという(170)。そうして、曹操の死後に建議された人材登用のための九品官人法とあわせ、魏の定住化策は西晋の占田法に継承され、さらに後代の王朝の踏襲するところともなった。

なお、河北の地に営んだ魏の曹操代の王都鄴城もまた、その体裁が後代に継承された。東西二四〇〇～二六二〇m、南北一七〇〇mを方位に合わせて横長の方形に限り、内部に直交の街路を通したその幾何学的姿貌は、後漢代の洛陽よりもはるかに定型的で、隋唐代の長安で完整をみる里坊制の萌芽として評価できる(171)(図43)。

域外集団の移住に話を転じると、紀元四八年の内紛で匈奴は南北に分裂し、南匈奴は後漢に降って甘粛、陝西、山西や内蒙古中南部の察哈爾に分住して、後漢北方の防禦の任にあたっていた。漢人と雑居して農耕を営み、その戸数は次第に増加し、なかには漢名を有し中国風の教養を身につけた貴族もいたという。ところが二世紀に、東方からの鮮卑の進出などによって南匈奴を率いた単于の統制力が弛緩し、そのために、非単于派の部族は烏桓や鮮卑の進攻に加わり、単于派は防禦討伐の任にあたるなどの混乱をみせ、ついに単于の追放にまで至ったらしい。そうして、後漢代末の乱のなかで、追放された単于於扶羅が群盗と結んで河南を荒掠し、弟で次の単于呼厨泉が曹操軍に加わるなど

して、族としての自律性が失われていった。(172)

烏桓もまた、南匈奴とならんで後漢領域の北縁を守護した集団であった。ところが向背常ならず、一〇九年の蜂起をはじめとして、一四〇年における幽并涼冀四州の大寇掠など、進攻を重ねた。これらは漢軍によって撃退されたが、その漢軍の中核もまた烏桓などの胡騎であったので、烏桓といってもその族的一体性は乏しかった。烏桓はそもそも遼寧西部から内蒙古南東部に居住した東胡系の部族であった。この地は址数が示していたように、新石器中期の紅山期以来著しく盛衰を重ねながら常に居住者が集中したところであったが、後漢代には河北や山西の長城内に烏桓の諸部族が移り住んだ。そうして後漢代末の変乱のなかで、檀石槐による鮮卑の統一に促されて蹶頓という統帥者が現れ、自律の動きを示した。しかし、二〇六年に曹操によって破られ、降伏者は長城内への移住を強いられ、あるいは編戸として、あるいは曹操軍の胡騎として扱われた。他方、群雄争乱を逃れて烏桓に活を求めた漢人も、二二五年頃に幽冀二州で烏桓に奔入した数が一〇万戸を超えたというから、少なくなかったようである。(173)

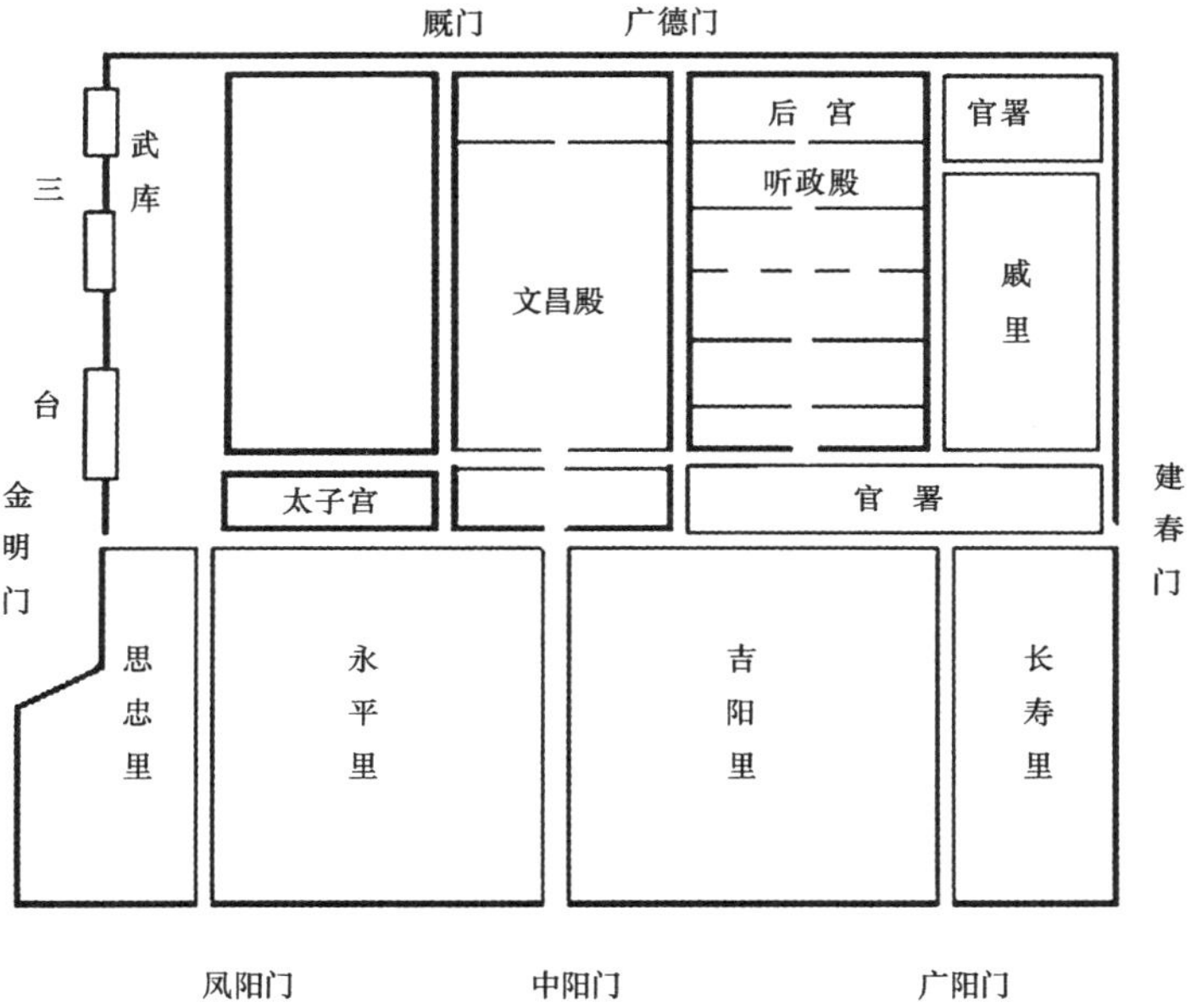

図43　河北省曹魏鄴城推定復原（本章注 171　郭・李　図 1）

鮮卑もまた東胡の出である。しかし烏桓と違って、長城地帯を南匈奴とともに守護する漢の藩屏とならず、北匈奴の西遷に乗じてモンゴル方面を占めるとともに、永元九年（九七）に遼西の肥如県を攻めたのを皮切りにして、辺境をしばしば侵し、南匈奴や烏桓を攻め、安帝（在位一〇六～一二五）治下の進攻は七度の多きを数えた。進攻は陽嘉二年（一三三）を最後に一時中断したが、檀石槐が出て鮮卑諸族を統一して全モンゴルを膝下におさめると、永寿六年（一五六）から再び始まった。そうして、一八二年頃に檀石槐が死ぬと進攻は止まり、諸部は離散したが、その後、慕容や拓跋などの部族連合体組織を保ったまま内蒙古各地に根を張り、流浪漢人を受け入れて華北に定着したという。(174)

西羌はチベット系の民族で、青海方面を活動の場としていた。一世紀末に首領迷唐に率いられて進攻して大敗を喫したのち、鮮卑と同様に安帝期に進攻を重ね、その数は一〇度に及んだ。わけても永初二年（一〇八）に漢軍に大捷した折には、羌軍の中心を成した滇人や零人らが天子と自称して気勢を上げたというから、侮りがたい力を有していたことが察せられる。他方、元初二年（一一五）に号多など七千余人が来降し、延光二年（一二三）に羌の麻奴らが三千余戸とともに漢陽郡の大守のもとに降ったことが、『後漢書』にみえる。漢土への移住者も少なくなかったのであろう。ところが二世紀後半に入ると、進攻がほとんど絶えた。その理由はわからないが、魏・晋代に移住してきた域外集団のなかで、羌は氐とともに元の部族組織を解体して一般人民に編入され、さらには後漢代末の群雄の一人董卓のもとで軍の中核になったという点を考えると、部族組織を離脱した来降者が多くなったのかもしれない。

以上、漢代末の変乱に至る域外集団の動向を述べ、向背をみせつつ兵農従事者として南匈奴や烏桓、西羌が、土地占有の進入者として鮮卑がそれぞれ長城内に移住したことを示し、難を避けて烏桓や鮮卑のもとに赴いた漢人がいたことも添えた。このような北・西方諸族の活発な移住と胡漢雑居状態が漢代末には現出していたことは、のちに訪れる五胡の進入と北朝成立の先駆けとなった。胡騎を中核とする董卓軍によって長安が灰燼に帰し、洛陽もまた西晋後に衰微し、ともに再興が北朝に委ねられたことは、その意味で象徴的である。黄巾の乱とその後の動向を汲むならば、漢代末〜三国期の変乱を中国史上の転換期とみて、古代と中世とを限る一線をここに引いた宮崎市定の所論は、大いに頷ける。(175) さらに、漢・唐代間で址数の多寡を同列に論じられないことを指摘し、それが三国・南北朝期の社会変革に起因する可能性を推示した私見が、もし当を得ているとすると、宮崎の一線は考古学上も動かぬものとなるにちがいない。

西晋代の版籍調査が実施された二八〇年は、魏の禅譲を受けて晋王朝を樹立していた司馬炎が、呉を併合して全土を統一した年である。したがって、前述した後漢・西晋代間の人口分布の推移は、まさに漢代末〜三国期の変乱の結果を表していることになる。そこで再び人口分布に戻ると、山東を筆頭とする東方諸地域での低落は、災害や飢饉や疫病に伴う遊動者の発生、黄巾の賊の擾乱による人口の減少に呼応する。そうして、若干にせよ河北で高揚していることは、官渡の戦で袁紹を破ってここが曹操の手に落ち、鄴城を営んで推進したその定住化政策が奏功したことを物語っている。四川での低落は蜀の滅亡とその後の復興がはかばかしくなかったことによるのであろう。蜀は雲南の経営に積極的であったというから、雲南が四川と低落をともにしていることは不思議でない。雲南に後漢の影響が及んでいたことは建初九年（八四）銘の墓や崖墓の副葬品などから知られ、(176) 人口分布率が高いことも金属資源の豊かさを考えると、ありえてよいが、安徽や湖南と肩を並べるその高さは少し異様に映る。河南での低落は、山東とともに災害や飢饉に黄巾の賊の劫掠が加わり、遊動者の発生が止まなかったことによる。曹丕以降の魏は洛陽を王都としたが、後漢から続く低落を押しとどめることができなかったわけである。

高揚した地域のうち、湖北と浙江については、北方からの遊動者が増大し、呉の政策で積極的に土地開発に向かったことと合致する。呉は江南開発史上重要な位置を占めたというから、その結果が比率の上昇に表れているわけである。呉はさらに南方へ積極的に交易を求めて林邑と抗争して南の扶南国と通交を開き、現在のヴェトナム北部は交州としてその治下にあった。王都を建業すなわち南京におき、長江の北方で魏と対峙していたから、前線の後背にあたる浙江と湖北で人口増をはかることは、戦略上の枢要事であったと考えれば、人口比率が高揚した背後に呉の富国強兵策がみえてくる。他方、陝西を筆頭にした北・西方での高揚については、多数の域外集団が流入して漢人とともに編戸されたことを伝える記事と符合する。

人口の移動―西晋～唐代―　西晋代から唐代に至る人口分布の変動を取り上げると、西晋・隋代間では、山東を首位にして河南、河北、山西、陝西で大きく高揚し、甘粛でも伸びている（表99）。これに対する低落地域は、湖北、湖南、江西、浙江の長江水系と、新疆、内蒙古、青海、雲南、四川が低落率の大きさで眼を引く。単純化していうと、黄河水系で高揚し、その北・西・南方で低落しているのである。ところが隋・唐代間では、河南と山東で大きく低落し、河北、山西、甘粛、湖北でも低落し、陝西でもわずかながら落ち込んでいる。他方、浙江で大きく伸び、湖南、江西、江蘇に加え、新疆、内蒙古、遼寧、四川で高揚をみせている。広西での低落も無視はできないにせよ、結果の大勢を概括するならば、黄河水系で低落し、自余の地域で高進し、したがって、西晋・隋代間での変動と高低が入れかわるのである。

さて、西晋が版籍調査を実施した二八〇年が全土統一の年であることは既に述べたが、司馬炎すなわち武帝は統一後ただちに二つの施策を実行に移した。ひとつが軍備を縮小して兵士を帰農させることであり、もうひとつが、占田、課田という土地制度と、戸調式と呼ばれる税制である。表示した人口分布の結果は、これに付随する調査の集約である。他方、隋の版籍調査年の六一三年というと、煬帝が高句麗の再討を実施した年であり、重臣楊素の息子で親征の兵站を担っていた楊玄感が反旗を翻して政権に亀裂を生み、隋末の争乱に至る前夜でもあった。したがって隋代の数値は極盛期の様態を映しているとみてよい。

西晋の創業期から隋の盛期に至る間の三世紀余りは、三国期を凌ぐ争乱の時代であった。中国の北部では、西晋代末以降、域外集団や漢人による短命の王朝が一世紀余り隆替を重ね、北魏が統一して一世紀ほど南朝と対陣し、北魏が東西に分裂してさらに一世紀足らず南朝と鼎立状態にあった。また南部では、呉を含めて六代の王朝が交替し、こうして隋による全土統一を迎えたのである。もとより兵乱が伴い、飢饉が発生した時代であったから、西晋～隋代の間には統計資料に表れていない人口動態上の曲折があったにちがいない。

そこで、先学の諸業績に導かれながら、この曲折を復原していくと、西晋の施策はそもそも、土地・税制改革を行って皇帝による一元支配をめざすいっぽうで、同族を各地に分封した。王族が官職に就くことを禁じていた魏と違って、改革の徹底を欠いたのである。これがのちに継嗣問題に端を発する八王の乱を招き、乱の混乱に乗じて匈奴が河南や山東を席巻し、ついには王都の洛陽を焼き払うところまで進攻が及んだ。永嘉の乱と呼ばれるこの進攻によって王朝は実質上滅亡した。

進攻の口火を切った人物は劉淵であった。山西に居住していた匈奴の一酋長の子で、漢人に駆使されていた匈奴の自律をめざして挙兵し、後継の劉曜がのちに王朝を樹てた。これが前趙である。ところが、進攻のもう一人の主役であった石勒は、山西の羯族の農奴の出で、群盗に身を投じて首魁となり、劉淵軍に加わって山東に勢力を伸ばし、のちに劉曜の前趙を倒して自ら王朝を樹て、黄河水系を支配した。これが後趙であるが、卑賤から身を起こして帝位に昇りつめた彼の生涯は、部族的背景をもたない点で、劉淵を含む五胡の王朝樹立者のなかで異色である。しかし、この人物を抬頭せしめた時代の趨勢を汲むならば、多数の無名の「石勒」が各地に跋扈していたであろう。劉淵は部族的結合原理によって動き、石勒は才覚と俠的結合原理に依拠したとして、両者を対照させるのが妥当であるかどうか筆者にはわからないが、前者が時代を貫く縦糸となり、後者が横糸となって五胡十六国期の混迷の政治地図が、織り上げられていったように思われる。

西晋代～五胡十六国期は飢饉の時代でもあった。文字として残る飢饉の記録によると、(177) その発生原因の内訳は、黄河流域で、

	旱	水	水・旱	蝗	震	霜	疫	戦	役
五胡十六国	2/12							10/12	
西晋	4/26		2/26	2/26	2/26	2/26	2/26	12/26	

となり、淮河流域で、

	旱	水	水・旱	蝗	震	霜	疫	戦	役
東晋 五胡十六国	2/4							2/4	
西晋		1/1							

となり、長江流域および南方で、

	旱	水	水・旱	蝗	震	霜	疫	戦	役
東晋	5/15	3/15		1/15				5/15	1/15
西晋		1/5			1/5	1/5	1/5	1/5	

という結果が示されている。

これらの結果を通覧すると、飢饉の発生数が西晋代の黄河流域で最多であることが、まず指摘できる。それぞれ西晋が約半世紀、五胡十六国期が一世紀余り、東晋が約一世紀続いたことを考慮にいれると、黄河流域での西晋代の多さはさらに際立つ結果が得られる。ついで、発生原因のなかで戦災の占める比率がとりわけ黄河流域で高く、この高さは飢饉の数が大きく減少した五胡十六国期に入っても変わらないことがみてとれる。そこで戦災による飢饉の発生年次に注目すると、西晋代の一二件はことごとく、二九一～三一六年の間つまり西晋代末に集中しており、八王の乱と匈奴などの進攻がもたらせた災厄の計り知れない大きさと深刻さを、この結果が如実に物語っている。これに対して五胡十六国期の一〇件は分散している。比較的集中しているのは三五一～三五四年と三八五～三八七年で、それぞれ三件を数える。三五一～三五四年は後趙代末の争乱ならびに東晋の北進期、三八五～三八七年は前秦が淝水の戦いで東晋に敗れた後の争乱期にあたる。後趙も前秦も胡漢融和を目指した強国であり、その瓦解に伴う争乱である。飢饉の「人相食」九例中の五例がこれらの二時期に集中していることは、その惨状を窺わせる。

自然災害が飢饉をもたらせた例は少なくない。そのなかで、水災よりも旱災の方が件数で勝り飢饉を招きやすかったことは、波及域の広さと農耕に与える被害度を考え、さらに西アジアでの例を想起すると納得できる。黄河流域における五胡十六国期の二例は同期の初頭にあたるので、西晋代の四例を加えるならば、半世紀余りの間に六度の旱災による飢饉がこの地を見舞ったことになる。宋正海が集成した自然災害記録によると、西晋代の開始前後から南北朝期の前・中葉にかけて、大旱と大雨の記載が増加している(178)。三世紀後半～四世紀が、前後の時期と較べて異常気象が頻発した時代であったことは疑いない。

西晋代末から始まる争乱のうえに異常気候による農耕の不調が加わった黄河流域は、前代に増して夥しい数の遊動者を生んだにちがいない。そうして、晋朝が再興され政治的に安定していた江南をこれらの遊動者が目指したのも、当然の動きであった。彼等は玉突きのように既存民の南下を誘い、一部はインドシナ方面にまで達したという。この動きは南方諸地域の漢化を促したであろう。したがって、西晋代末～東晋代にもし統一的な版籍調査が行われていたならば、西晋代を凌ぐ人口分布の高進を江南がみせていたはずである。のちの劉宋代四六四年の総人口四六六万五五〇一が、呉代二三〇万の二倍にあたることは、自然増だけでは説明しがたい増加である。北魏が統一過程において、征服地で大規模な徙民政策をとり、北方の本拠地盛楽などに移したという。(179) これについて、「敵対勢力の破摧およびそれの内包する政治的・経済的・文化的諸力の支配・利用」を目的としたことが説かれるなど、(180) 徙民政策は論議を呼んだ。もとよりこの論議に加わる力量は筆者にないが、五胡十六国期における黄河流域での人口減少は、徙民政策の目的の一端を示唆しているように思われる。

しかし、夥しい数の人間が南下したことは、江南の社会を不安定にしたであろう。しかも、北方系の有力貴族層が東晋政権の中枢を占め、対北方守護のために設けた州鎮は北方系武人を長として自律的性格をそなえていた。そうして、南下した民に与えられた戸籍は在来民と異なり、力役免除などの特典があったのである。このような北族優遇策に対して周䩄の乱のような在来勢力の反抗はあっても、大きな拡がりをもたずに鎮圧され、かえって、北方貴族で武昌に鎮した王敦や、官吏の出で遊動者を組織して将軍号を与えられた蘇峻という北方系武人による反乱が、王朝の屋台骨を揺さぶった。また、五斗米道系の幻術で狂信集団を組織して蜂起した孫泰と孫恩も山東の琅邪出身の北方系で、その妖乱終息を好機として挙兵しついに東晋を滅亡の淵に沈ませた桓玄も、帝位を望んだ父桓温の宿志を継いだ北方系であった。

北方系武人の有力者は、州鎮の将軍として私兵を養っていた。南下した遊動者は彼等のもとに身を寄せ、将軍とは「恩恵」と「報恩」の私的関係で結ばれていたという。(181) 貴族のもとに逃げて荘園の佃戸となる遊動者も多かったであろうし、王都建康の乱れた街区のなかに身を委ね、下層の職人や商人として旺盛な消費経済を支えた者、あるいは生業に就かず破落戸として生涯を送った者もいたであろう。なお、この頃飲茶の風が盛んになったらしい。農耕に不向きであった丘陵が茶園となり、製茶業が興起し、茶が商品として流通したことは、江南の農業や経済を潤わせたにちがいない。

さて、東晋の帝位を簒奪した桓玄を討った劉裕は晋朝を復興した。しばしば北伐を行い、南燕と後秦を滅ぼし一時は長安をも手中におさめ、また内政にも尽力して政権の財政的基盤を固めたという。この勢威をもって永初元年（四二〇）に自らの王朝を開いた。これが宋である。この宋に始まり、斉・梁・陳と連なる江南諸王朝は、長くても半世紀ほどで交替し、いずれも短命の政権であった。王朝の樹立者はそれぞれ劉裕、粛道成、蕭衍、陳覇先であり、蕭衍を除くこれらの始祖は寒門の出身で、武功で身を起こした人物であった。蕭衍は粛道成の縁者でにわか貴族であったから、名族出身でない点は他の始祖達と変わらない。加えて、彼等の出身地は劉と蕭が江蘇、陳が浙江であるから、洛陽出の名門貴族達とはこの点でも違っていた。亡命政権である東晋にとっては、再び洛陽に帰ることが終極の目標であったのに対し、後継の四王朝は在地政権であったといえる。

四王朝の終焉時の情況をみると、元嘉の治と呼ばれる隆盛に導いた宋の文帝は、山東を北魏に奪われて太子劭に、劭は弟の駿に殺された。斉は武帝後に帝位をめぐる内訌が続き、梁は治績をあげた武帝が末年に仏教に溺れ、東魏の将侯景の収容を契機に衰微した。隋の攻勢で滅びた陳を除くと、南朝三政権の衰滅には自壊と呼んでさしつかえないほど内紛や放縦がからみついているわけである。寒門出身者が社会的上昇を遂げる方途の代表は武勲をあげることであるが、こうして帝位に即いた武人の王朝があいついだことは、寒門出身者に朝廷での地位を約束した。しかし、皇帝や宗室の寵幸を頼んだ寒門出身の官人が朝廷内で進出したことは(182)、一方で帝位をめぐる紛乱を招き、他方で皇帝の放縦を許し、王朝を短命に終わらせる要因となった。

梁に降った侯景が再び東魏に走り、建康を陥落させてその生産基盤を壊滅状態に陥れた。これに乗じて西魏は四川に進攻してこれを奪い、続いて湖北も自領とした。東西両魏のこの進攻によって、陳の成立時には荊州の南半、揚州、交州すなわち中国の南東部に追いやられ、南朝はかつての半ばまで領土が狭められた。梁の武帝期に賀琛が人民の流亡の甚だしいことを嘆いて建言したというから、梁の盛期から王朝が掌握する人口の流出が始まっていたのであろう。梁代末の混乱のなかで、五四九・五五〇両年に「人相食」という旱災が発生している。南朝期でこの両年の記載が唯一であることを考えると、為政者がもたらせた人災ともいえるであろう。南朝の諸王朝は水旱災による飢饉に対して応急策を講じたが、ただ梁代にはその対策に実効が伴わなかったらしい(183)。すでに武帝期からこうして統治能力を失っていたことから察すると、人口の流出も頷ける。梁代に仏教が隆盛を極めたというが、その裏面をみる思いがする。

これに対して五胡十六国期の争乱を抜けた黄河流域では、北魏の推進した胡漢同視、皇帝中心の統治原理の整備と実行が、六鎮の乱のような反動を斥けて、実を結び始めていた。分裂した後継王朝もこの原理を継承し、南朝に較べると政治的安定が保たれていた。北斉で二〇〇万六八八〇、北周で九〇〇万九六〇四を数えたというその人口は、合算すると三国期の魏蜀の二倍余に達する。したがって、隋代における南方諸地域での人口分布の低落は、創業期における隋の南方支配の不徹底にもよるのであろうが、南朝期末の人口流出に起因すると考えられる。

つまるところ、西晋代から隋代に至る間の人口分布には変動があり、前半の西晋～五胡十六国期と東晋代は北方からの遊動者の移動によって南方で高揚し、後半の東西両魏代と梁・陳代は南方からの遊動者が北方に向かって高揚をもたらせ、隋代に至った、ということになるであろう。もとより政治的安定地における人口の自然増加が、このうえに加味されることはいうまでもない。

そこで続いて隋・唐代間の変動を問題にすると、隋が版籍調査を行った六一三年が、王朝末葉の争乱の前夜であることを先に述べておいたが、その後の隋は奈落の底へ落ちるように、衰滅に向かって転がった。その原因は煬帝による、洛陽新都の造営、大規模運河の開鑿、突厥の進攻を防ぐ長城の構築、高句麗への遠征に加えて、自らの奢侈への使役が重なり、人びとの疲弊や不満を生んだことである。また、后妃が滅亡した梁の明帝の娘で有力な外戚となりえなかったこと、即位にあたって本来の皇太子であった楊勇や弟の楊諒を除いたのちに対抗する有力な兄弟がいなかったこと、父の重臣楊素と結んで即位したが三年後に楊素が死去し、彼の行動を抑える重臣がいなくなったこと、これらの点もその放縦を許した原因であろう。

しかし、意味のない放縦ではなかった。洛陽新都の造営や、そこを起点とする大運河の開鑿は、南北間の流通を刺激したであろうし、長城構築や高句麗遠征は対突厥の有効策であった。すでに中央アジアを制していた突厥は、ビザンティン帝国と交渉をもち、のちに独自の文字を作り出した点などで、匈奴のような在来の域外集団と自律度において一線を画していた。さらに、煬帝が国内とともに外縁へ積極的に巡行したことも、少し好意的にみると、内外へ王朝の威風を誇示する効果があった。ただ、いずれの方策も性急で、使役される人びとにとって苛酷に過ぎたことは否めない。

なお、大運河の開鑿について、南方の豊かな物産を運ぶ目的であったと説かれることがあるが、この当時の南方諸地域が人口分布の低下した状態にあったことを考えると、この説明には違和感が残る。江南を偏愛し、最後の日もここで迎えることになった煬帝は、建康の繁栄を生んだこの地の潜在的諸力に着目し、その振作をはかろうとしたとみることができないであろうか。

それはさておき、楊素の子で煬帝に疎んじられていた楊玄感の乱を契機に、燎原の火のように反乱が各地で勃発した。北方長城地帯や西方の涼州から、洛陽周辺、山東、江西方面にまで乱が拡がり、はるか南方の広西でも同調する乱が起き、その集団数は二〇〇に達したらしい。首謀者達のなかには、李密のような王朝主流の関隴系名族の出身者、李密と合同した翟譲のような獄卒出の下級官吏、竇建徳のような農民出がいた。このような多様さは利益の不一致を生み、太原の留守であった李淵が突厥の力を借りたにせよ大きな抵抗なく長安へ入り、「居抜き」で唐朝を樹立しえた要因となった(184)。有力軍閥が多数の遊動者を膝下に糾合して覇を唱え、あるいは部族的紐帯の利害を体現して立つという五胡十六国期の構図とは、あきらかに違っていたのである。

農民暴動とも形容される隋代末~唐代初の一〇年ほどに及ぶ混迷が、夥しい数の遊動者を生んだとしても不思議でない。李淵が王朝を樹て乱を終息に導いた武徳年間（六一八~六二六）の戸数が二〇〇万、貞観の治といわれる安定を現出した次代太宗の貞観年間（六二七〜六四九）でさえ戸数三〇〇万で、隋煬帝期の二〇〜三〇％にとどまり、唐の最盛期の開元年間（七一三〜七四一）に至ってようやく隋煬帝期の水準に達した。唐は政策でも隋を継承したといわれるが、政権が掌握した人口数の点では樹立以後一世紀にわたって欠ける状態が続いたことになる。もっとも、隋代末に始まった変乱が四川を除く南北に拡がっていたことを考えると、これによって発生した遊動者が人口分布を大きく変えることにはならなかったであろう。

唐代の人口分布を示した七四二年というと、玄宗期の天宝元年で、治政の後半にあたる。唐を衰滅に追いやる契機のひとつになった安史の乱の勃発が七五二年であるから、唐が王朝としての強大さを維持しえた最後の時期にあたるわけである。武周革命や武韋の禍と呼ばれている内訌は切り抜けてきたが、土地制度としての均田制、税制としての租庸調制、軍制としての府兵制という、北朝下で育まれた唐朝発足時の一種の社会主義的基幹制度が、避役や逃散の増加などによって行き詰まりをみせていた。そこで傭兵制を採用し、浮逃戸を寄寓地の戸籍につける括戸政策を実施し、玄宗期はこうして隆盛を保つことができたのである。したがって七四二年の人口分布の結果は、括戸政策の所産であるといってよい。

ところで、隋代に開鑿され唐代に継承された大運河は、洛陽を発して開封に至り、通済渠すなわち汴河を南下し、邗溝を経て長江に出、南岸の江南河を通って杭州に達し、もう一本は洛陽を発して黄河を下り、北岸の永済渠に入って天津、北京に至る。主として、南方へは江蘇と浙江を、北方へは河北を通過していることになる。七四二年の人口分布が江蘇、浙江、江西、湖南で高揚した理由を求めるとすれば、漕運によって長江・黄河両域が結ばれたことが着目されなければならない。江南から運ばれる米や茶などの豊かな物産が黄河流域を潤し、商業活動に伴う利益が江南で人口の増加を生んだと考えられるからである。その意味で、漕運の益に直接連なることができなかった山東で、人口分布の比率が低落していることは示唆的である。

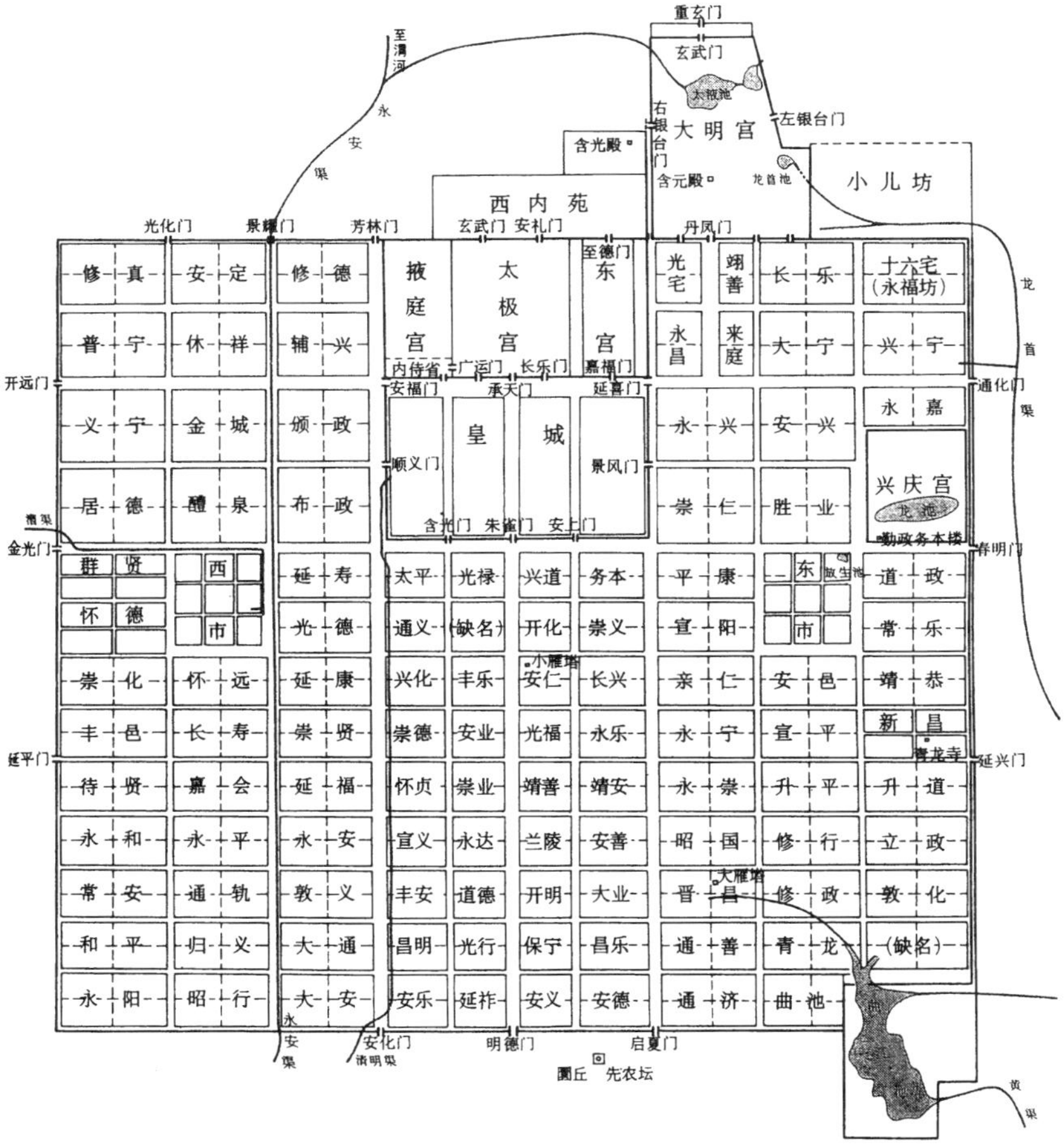

図44　陝西省唐長安城推定復原（中国大百科全書総編集委員会《考古学》編集委員会・中国大百科全書出版社編集部編『中国大百科全書』考古学　中国大百科全書出版社　1986年　p. 497）

首都長安は、東西九七〇二m、南北八六七三mをはかる巨大な定型都市で、盛時の人口は八〇万とも一〇〇万ともされている[185]（図44）。一〇〇万とすると、一ha当たりの人口密度は一二〇人弱となる。長安の定型都市としての祖型は既述した曹魏の鄴城や北魏の洛陽であるが、鄴城は東西二四〇〇〜二六二〇m、南北一七〇〇mで、洛陽は東西約一〇〇〇〇m、南北約七五〇〇

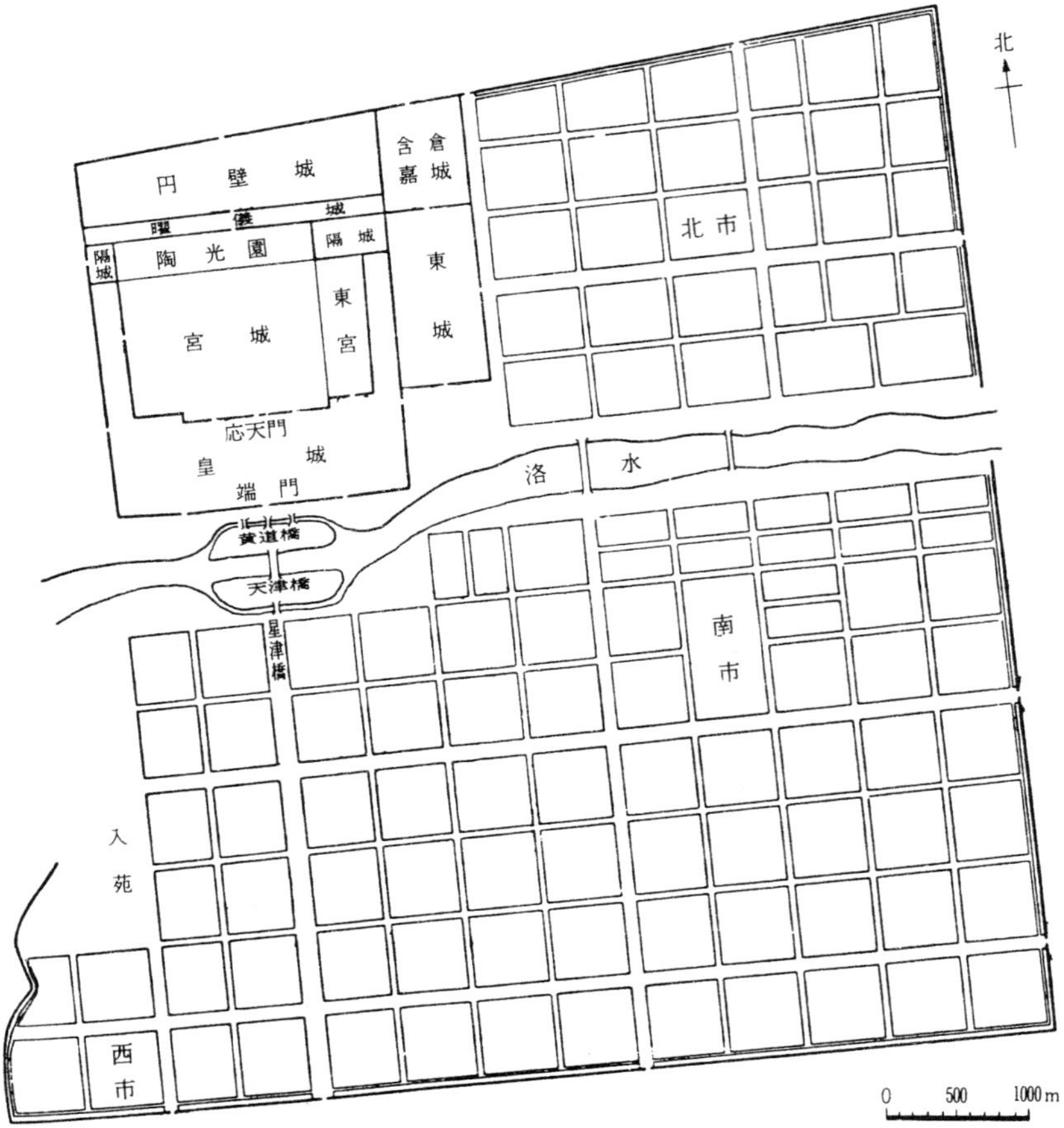

図45 河南省唐洛陽城推定復原（上田早苗「歴代国都の諸相」藤岡謙二郎ほか編『講座考古地理学』第3巻 歴史的都市 学生社 1985年 第87図）

〇ｍに復原されている。復原通りならば北魏洛陽の面積は唐の長安に近いが、『洛陽伽藍記』がいう戸十万余は長安の半ばにとどまる。対して唐代の東都洛陽は、南外壁七二九〇ｍ、東外壁七三一三ｍで、長安よりも少し小型である（図45）。運河の起点にあり商工業で殷賑を極めたというから、人口密度は長安並みかそれ以上で、人口は優に五〇万を超えていたにちがいない。長安に近く、しかも鉄・銅・塩生産の盛んであった四川で、人口分布が高揚したのは当然といえる。しかし、非直接生産者が集住する東西大都の巨大な人口を養い、あまつさえ、対突厥向けの数多い軍府で軍役を果たすことは、江南からの物産の流入があったとしても、黄河流域の農民にとって苛酷であったという。均田制の施行自体がもともと限定的であったらしく、[186]しかも版籍調査直前の三〇年間に二度の大旱と六度の大水が黄河流域を見舞っている。これらの点を重ねあわせるならば、黄河流域の農民が政権の膝下から離脱し、後述する藩鎮のもとへ走り、あるいは江南を指したことは充分に考えられる。七四二年の人口分布の結果は、その推測を裏切らない。

第五節　後一千年紀以降（唐〜明代）の動向

集落址数の変遷　人口分布から話を始めることにすると、表100として示したのはそれぞれ、宋の崇寧元年（一一〇二）、元の至順元年（一三三〇）、明の天順五年（一四六一）の結果であり、これらのうえに、参照のために唐の天宝元年（七四二）と清の嘉慶二五年（一八二〇）の結果を添えた。さて、七四二年頃の唐が末葉の混迷に踏みだす前夜であったことは先に述べたが、一一〇二年頃の宋というと、政治変革をめざした王安石が死に、その流れを汲む新法党が政権の中枢を掌握はしていたが、新旧両党とも内部抗争の渦中にあった。金が首都開封をめざして南進を開始したのが一一二五年であるから、その直前にあたり、政権内の抗争はあっても王朝としては隆盛を保っていた時期である。

一三三〇年頃の元というと、南宋を打倒して中国を統一してから約半世紀を閲し、蒙古人を首位とする一種の人種差別政策のもとで漢人の憤懣が鬱積していた頃である。この憤懣は、一八年後の方国珍の海上劫掠に始まる各地の農民反乱、郭子興の挙兵と配下の朱元璋による新王朝明の樹立を促すのであるが、そこに至るまでの寸時の安定期であ

表100　各地域の人口比率一覧：唐～清代※

年代 / 地域	唐（742）	宋（1102）	元（1330）	明（1461）	清（1820）
河　北	13.4%	7.2%	2.1%	3.6%	5.0%
河　南	12.8	6.3	1.3	4.9	7.1
山　東	9.3	6.6	2.0	7.8	8.3
四　川	9.1	11.0	0.85	2.1	8.2
浙　江	7.5	6.2	14.5	13.9	7.7
陝　西	7.0	6.0	0.7	2.8	3.4
山　西	6.3	7.0	0.82	5.5	4.1
江　蘇	5.3	4.7	12.7	14.9	7.7
安　徽	4.6	6.0	7.4	3.8	8.0
遼　寧	3.6	0.9	0.7	1.3	0.5
江　西	2.9	9.8	22.8	14.4	5.8
湖　北	2.3	3.7	3.8	2.7	7.9
湖　南	2.2	5.8	8.8	2.3	5.4
吉　林	1.7	0.5	0.35	0.7	0.12
甘　粛	1.7	1.8	0.8	0.7	2.5
広　東	1.69	2.8	3.9	4.7	6.1
西　蔵	1.3	0.8	0.6	1.8	0.26
新　疆	1.1	1.0	0.47	0.8	0.1
内蒙古	1.1	0.6	0.2	1.1	0.4
広　西	0.9	1.3	3.2	1.8	2.3
福　建	0.7	5.4	9.7	5.0	4.7
寧　夏	0.13	1.0	0.47	0.9	0.66

※占める比率が低いので、青海、雲南、貴州、黒龍江、台湾は省略した。

る。そうして一四六一年頃の明はというと、一四四九年のオイラートとの戦いで捕虜になり帰国して再祚した英宗の在位中である。この土木の変は漢族国家を再興した明の命運が傾き出したことを象徴しているとされ、三年後の一四六四年には大規模な農民反乱である荊襄の乱が勃発してもいるが、それでも党派争いの激化や宦官の専横が政権を揺るがして衰亡するのは、二〇〇年後のことである。

宋・元・明代の調査年頃の情勢を調べてみると、王朝はそれぞれに問題を抱えていても安定期にあったことが知られる。そこで調査結果から導かれた総人口を列挙すると、

唐玄宗天宝一四年（七五二）五二九一万九三〇九
宋徽宗崇寧元年（一一〇二）四五三二万四一五四、他説では四三八二万〇七六九
元文宗至順元年（一三三〇）六三七一万二一三三
明英宗天順五年（一四六一）四五一〇万三〇六六

清宣宗嘉慶二五年（一八二〇）三億四二九二万五七〇三となる(187)。宋・元・明代における総人口の数字は停滞を示し、これに対して清代での伸びがめざましい。明代末の一六二六年調査が五一六五万五四五九、清代最古の一七四一年調査が一億四三四一万一五五九であり、もしこの数字通りだとすると、政権把握の総人口は一一〇年余りの間に二七八％増加し、さらに、一八二〇年との八〇年間に二三九％増加したことになる。沿海州方面への領土の拡張や自然増加だけでは説明しがたい清代での異常なほどの伸びと、宋・元・明代にまたがる長期の停滞とは、おそらく政権把握人口の多寡に起因するのであろう。そうみてよければ、中国の実人口が清代以前に一億に達していても不思議ではないし、宋・元・明代における政権の人口把握率は五〇％内外か、それを大きくは超えていなかったことが想像される。

人口分布の動態をみると、唐・宋代の間で、河北、河南、山東、遼寧で大きく低下し、湖南、江西、福建で大きく高揚している。そうして、四川、湖北、安徽、広東、広西で高揚し、陝西、吉林、江蘇、浙江で低落している。江蘇、浙江での低落率が小さい点を加味するならば、長江流域および南方で高揚し、黄河流域および北方で低落する傾向がいよいよ鮮やかになる。もっとも、淮河・長江河口でわずかながら低落している点は、無視すべきでない。

宋・元代の間では、河北、河南、山東、山西、陝西で大きく低落し、江蘇、浙江、江西、湖南、福建で大きく高揚している。また、変動幅は劣るが、安徽、広東、広西で高揚し、甘粛、西蔵、新疆、寧夏、内蒙古で低落しているから、黄河流域および北方での低落、淮河・長江流域および南方での高揚はさらに際立つことになる。ただし、長江流域にあって上流の四川で大幅に低落しており、この点は注意を要する。

ところが元・明代の間では、河南、山東、山西、陝西で大きく高揚し、安徽、江西、湖南、福建で大きく低落している。変動幅は劣るが、河北、四川、西蔵でも高揚し、湖北、広西でも低落をみせている。南北で単純に割り切ることは難しく、そこに歴史が潜んでいるのであろうが、それでも概括的傾向として、黄河流域および北方で高揚し、長江流域および南方で低落し、唐・宋代間、宋・元代間と増減が逆転したことは確かである。そうしてこの動向が次代に継承されたらしいことも、清代での結果が示唆している。

以上に述べた結果を単純化すると、唐・宋代間、宋・元代間は南高北低に、元・明代間は逆に北高南低に振れたことになる。人口分布が文字記録に残る前漢代以来、分布の中心は増減を経てもなお黄河流域を動かなかった。この点を想起するならば、宋・元代間で首座を南方に譲ったことの意義は小さくない。唐代末の混迷に加え、宋代に遼と西夏が長城地帯内部に領土を拡げ、金が黄河流域を占拠し、やがて元による全土統一に至ったこと、長江流域や南方での開発に拍車がかかり、人口の収容力がさらに高まったことが、南高北低に振れた素因であったことは疑いない。清代に至るまでに人口が一億に達し、しかも政権の人口把握率が高くはなかった可能性を指摘したが、この可能性を考慮に入れたとしても、表示の結果から導かれた人口動態の大勢が、唐〜明代の歴史的推移とこのように符合することは、結果の信頼度の高さを裏書きしている。

そこであらためて集落址数の増減に眼を向けてみると、唐・宋代間で、甘粛、寧夏、陝西、河南、山東、湖南で増加がめざましい（表98）。そうして宋・元代間では、遼寧、内蒙古での激増と自余地域での減少が注意を引き、元・明代間では、内蒙古での激減に加え、甘粛、寧夏、陝西、山西、四川、湖北での激増が特筆される。したがって、前述の人口分布の結果と比較した場合、唐・宋代間ならびに宋・元代間については両者がかなり隔たり、元・明代間については合致するところがあることになる。さらに、遼、金、西夏という北・西方王朝期例の址数が夥しいことを加味するならば、址数の増減は人口分布の高低とあまり理想的な一致を示していない。

視角を変えていわゆる征服王朝例に注意を向けると、遼・金代例は、分布域とともに址数のうえでも、文字記録に残る王朝の動向を映している。西夏代例にはもう少し址数の追加が欲しいところであるが、遊牧民系で小国であるからこれで良いのかもしれない。統一王朝である元の場合は、黄河・長江流域の址数が内蒙古や遼寧に較べて寡少に過ぎる。実はここに問題の所在がある。すなわち、征服王朝はいずれも北方でのみ夥多の例を残し、黄河・長江流域での址数の少なさと鮮やかな対照をみせている。先述した漢・唐代間での址数上の乖離とこれは関連する。したがって、征服王朝期例の北方での址数の多さはむしろ三国・南北朝期までの例と連なり、黄河・長江流域での址数は唐代およびそれ以降のいわゆる漢人王朝期の例と比較されなければならない。この点を念頭においたうえで、本節では址数の検討を復活することにしたい。後述するように、歴史的意味がここから抽出されるからであり、政権把握の人口の動向だけでは欠けるところがあるからである。

人口の移動—唐～宋代—　さて、先に掲げた盛唐期の総人口はその後、次のように推移した。なお、人口数に疑問を残す調査年が含まれているので、戸数を併記してその欠を補い、記載例の増加をはかってある。

年代	皇帝名	戸数	人口
天宝二年（七四二）	玄宗	八四一万二八七一	四八一四万三六〇九
天宝一四年（七五五）	玄宗	八九一万四七〇九	五二九一万九三〇九
乾元三年（七六〇）	粛宗	一九三万三一七四	一六九九万〇三八六
広徳二年（七六四）	代宗	二九三万三一二五	一六九二万〇三八六
建中元年（七八〇）	徳宗	三八〇万五〇七六	
元和一五年（八二〇）	憲宗	二三七万五四〇〇	一五七六万〇〇〇〇
開成四年（八三九）	文宗	四九九万六七五二	
会昌五年（八四五）	武宗	四九五万五一五一	

この一〇〇年間ほどの増減を戸数によって辿ると、八世紀中葉に激減し、九世紀中葉にいくぶん回復の動きがみられ

る。玄宗期末の天宝一四年（七五五）に勃発して九年間続いた安史の乱が乾元三年や広徳二年の激減ぶりに反映していることは想像に難くないが、その後、募兵制が必然的に生んだ、兵民財の三権を掌握した藩鎮とも呼ばれる節度使、つまり軍閥の抬頭と軍閥同士の抗争の絶えない状態が加速した。この変乱を考慮に入れると、回復がはかばかしくなかったことも頷ける。江賊の反乱に始まり、康全泰、裘甫、龐勛、王仙芝と続いて黄巣に至る九世紀後半の民衆蜂起の続発期に較べると、藩鎮対策が奏効して政権の体裁が保たれていたから、開成、会昌での増加は王朝にまだ復原力があったことを示唆している。しかし対策が効果をあげたことによって、藩鎮のもとに身を寄せていた私兵を野に放つ結果になり、この統制不能の火種が乱を呼んだという。[188]

江賊とは河南、江北を根拠地とする塩や茶の盗賊兼闇商人集団で、康全泰は兇賊無頼の傭兵上り、裘甫は浙江出身の没落者、龐勛は反乱軍の首謀者に推された官吏、王仙芝と黄巣は山東の闇塩商の出である。首魁はいずれも藩鎮の制約から外れており、しかも乱の主舞台は黄河以南から江南にかけてであった。唐は均田制と租庸調制を掲げて出発したが、遊動者の増加で変更を迫られ、七二三年宇文融の括戸政策に転じ、さらに、大土地所有と自由な商業活動を承認して課税する両税法を七八〇年に発布し、現状追認によって財政の回復に努めたが、現状自体を変革することはできなかった。のちに塩を専売制にし、酒茶に税を課したが、これがさらに闇商人の横行を促して乱へと導いたのである。

制度や運用上の不備だけがこの窮迫の事態を招いたのではなかった。唐が定礎した六一八年以降一〇〇年間に、水災二八件、旱災一六件、蝗災四件、疫災一〇件を数える。次の一〇〇年間は水災一六件、旱災一三件、蝗災五件、疫災六件、さらに滅亡までの九〇年間は水災六件、旱災一〇件、蝗災八件、疫災八件で、定礎以降の一〇〇年間よりも災害の数は次第に減少している。[189]災害の規模には差異があったが、大小にかかわらず頻発した地は黄河流域であった。ちなみに、六五三年における陝西方面の疫は、その症状からみて天然痘であることがわかる。そうすると、六三六〜

六四八年に集中し、六度にわたる流行が記された疫も天然痘である可能性が高い。こうして災害の面からみると、貞観の治として政権の安定が称えられる七世紀からすでに、遊動者の発生が政権の基盤を掘り崩し始めていたとしても不思議でない。

そこで、江南に眼を転じると、揚州は長江下流の北方、黄河に結ばれる邗溝の西岸に位置する城郭都市であると同時に、近郊の県を管下に擁した地域をも指す。中国東南部の広い範囲を揚州とも呼ぶが、次に戸数と人口を示す揚州とは近郊県を含む地域をいう[190]。

年代	皇帝名	戸数	人口
貞観年間（六二七～六四九）	太宗	二万三一九九	九万四三四七
開元年間（七一三～七四一）	玄宗	六万一四一七	
天宝年間（七四二～七五六）	玄宗	七万七一〇五	四六万七八五七
貞元年間（七八五～八〇五）	徳宗	七万三三八一	四六万九五九四
元和年間（八〇六～八二〇）	憲宗	八万七六四七	
宋　初		二万九六五五	

すなわち、七世紀後半に急激に伸び、八世紀後半の停滞を経て、九世紀前葉で頂点に達する戸数の動向を、前掲の総戸数の推移と比較すると、七世紀後半の激増期は総人口の激増期に、八世紀後半の停滞期はその激減期に、九世紀前葉の微増期はその減少期にあたる。総戸数の増減と違って著しい起伏をみせず、停滞期をはさんで増加基調にあるわけである。「揚一益二」という唐代後半の諺言が示すような富貴第一位の商都で、西アジアからも交易船が来港した国際港であったことは、低落をみせない戸数の推移からも納得される。しかも東方の蘇州では、戸数が開元年間で六万

八〇九三、元和年間で一〇万〇八〇八を数え、この間の増加ぶりが楊州をはるかに凌いでいる。揚州の停滞や微増は港市として機能上の問題を抱えていたことにもよるのであろうが、南方の杭州がすでに隆盛途上にあった。これらの三都市の隆盛を重ねあわせると、江南での商業活動の隆盛は七世紀後半に始まり、時とともにその度を加えたことが察せられる。隆盛の始まる時期が、黄河流域での遊動者発生期と一致するわけである。

さて、民衆の反乱と軍閥間の抗争が激化する情況のなかで、九〇七年唐は瓦解し、一般に五代十国と総称される短命王朝が一〇世紀前半を覆った。九世紀後半が無秩序な破壊と劫掠の時代であったのに対し、政治的安定を模索する時代に入ったのである。王朝創始者達の素姓をみると、門閥貴族の出身は皆無で、呉の楊行密は群盗、呉越の銭鏐と前蜀の王建は塩の闇商人、南唐の李昪は孤児、南平の高季興は奴隷、楚の馬殷と岐の李茂貞は兵卒というように卑賤の出が多く、また、後唐の李存勗と後周の郭威はトルコ系沙陀族、後晋の石敬瑭はイラン系で、このように西方系民族の出身者もいた。かろうじて王朝に連なっていた人物は、河南から移居した封州（広東）刺史でのちに静海軍節度使で南平王に封じられた南漢の劉隠と、豪農で下級官吏出身の閩の王審知である。南漢も閩も酷い飢饉や激しい政争と無縁の南方に位置し、主役の座からは外れていた。

唐代末の群雄や五代十国期の新興王朝、とりわけ江南の覇者達は造都に励み、既存の州県城の大規模化をはかって防備を強固にしたという(191)。防備はもとより外敵から守るためであるが、大型化は戦国期の例を参照するならば、兵士や商工業者を数多く収容して、富国強兵をはかるためであろう。揚州などの既存の大商都や拡張なった州県城だけでなく、草市から恒常的な市場に発展し、鎮と呼ばれる都市に成長した例も、唐代末〜五代十国期に多いという。呉越で磁器が生まれたように群雄や新興王朝が徴税のために殖産興業に努めたことによる(192)。こうして概観すると、九世紀後半〜一〇世紀前半は社会革命期であるとともに、江南を中心とする都市革命期でもあったことがわかる。

革命で主役を演じたのは、史書に名を留める貴顕や梟雄ではなく、飢饉に苛まれ戦禍に追われた無数の遊動者であった。そこで再び唐・宋代間の人口分布に戻ると、南方での高揚が遊動者の南下と江南での商工業の発達、宋代における北方域外集団の南進によることはいうまでもない。福建での高揚は、国際貿易港として広州や泉州が繁栄したことによる。また四川での高揚も、「揚一益二」として揚州に次ぐ繁栄をみせていた点から頷ける。四川での繁栄の源はとりわけ井塩であった。江蘇と浙江でわずかにせよ人口分布が低落していたが、この点について、揚州の衰微、杭州の規模の縮小に加え、北宋代に鎮市の統制と淘汰が実行されたというから(193)、これがかつての無秩序的殷賑を失わせたこと、広州や泉州の抬頭で国際港としての地位に陰りがみえたことが、要因としてあげられる。

集落址数の多寡―唐・宋代間―　人口分布上の変動は、このように文献史学の成果とよく符合していた。しかし址数の変化は、甘粛、寧夏、陝西、河南、山東で増加がめざましい点で、人口分布上の変動と大きく乖離していた。それではこの乖離は何に起因し、何を語っているのであろうか。

域外集団が地の多くを占めた内蒙古、遼寧、河北は後回しにして、まず甘粛から取り上げると、その址数分布は別表のような結果になる（表101）。すなわち、唐・宋代間での増加の甚だしさは、主として東部での増加に起因し、とりわけ平涼での増加が著しい。さらに寧夏での増加は、中・南部の中衛と固原での増加により、陝西での増加は、北部の楡林と延安に加えて中部の宝鶏での増加にもっぱら依拠していることが、表示の結果から知られる（表102・103）。もっとも、唐代での址数の多寡にこだわるならば、中衛と固原、楡林と延安での増加は甘粛東部とともに、宋代例で発生し、宝鶏での増加は唐代例の多さが宋代例でさらに伸びたことになる。

このように甘粛東部、寧夏中・南部、陝西北部で宋代

表101　甘粛の址数内訳一覧：唐・宋・西夏代

		唐	宋	西夏
西部	酒泉嘉峪関	25	7	1
	張掖	4	2	1
	金昌	5	1	
中部（黄河）	武威	4	4	21
	蘭州	3	19	
	白銀	4	6	3
	臨夏	1	2	
	甘南蔵	16	25	
東部（渭河）	定西	1	16	
	慶陽	5	53	
	平涼	23	156	
	天水	4	25	
長江	隴南	12	54	
総計		107	370	26

表102　寧夏の址数内訳一覧：唐・遼・宋・西夏代

		唐	遼	宋	西夏
北部	石嘴山	2		1	7
	銀川				13
中部	呉忠	5		7	7
	中衛	2		34	12
南部	固原	5		100	3
総計		14		142	42

表103　陝西の址数内訳一覧：唐・宋・西夏代

		唐	宋	西夏
北部	楡林	10	132	7
	延安	14	77	
	銅川		1	
中部（渭河）	宝鶏	48	77	
	咸陽	16	16	
	西安	12	11	
	渭南	7	4	
南部（長江）	漢中	2	9	
	安康	4	9	
	商洛	5	2	
総計		118	338	7

の址数の増加が甚だしいことについて、これらの地域が西夏との境界にあたり、しかも、集落址に中・小規模の例が多く、後述するように城郭や城塞を形成する比率の高いことが注意される。つまり、対西夏防衛策がここで址数の増加をもたらせたのである。他方、唐代例での多さに拍車がかかった宝鶏は、四川や雲南などと結ばれる交通上の要所であり、唐・宋代に四川の塩や雲南などの珍貨が黄河流域に運ばれる結節点として機能しただけにとどまらない。関中平野の西端にあって、突厥以後興亡を重ねた西域諸勢力から関中を守り、かつ遠く中央アジアとの交易を行う際の要所でもあった。もっとも宝鶏の唐・宋代例は、一二五haの県城址が卓越して大きく、他のほとんどは一〇ha未満の小集落址で、防禦施設をそなえていない。陝西北部のような国境地帯の緊迫を汲みとれない点からすると、宋代例でのさらなる増加は、四川方面との物流に負うところが大きいとみなさざるをえない。

山西、河南での結果のうち、山西では忻州、河南では商丘における宋代例の増加が注意を引く（表104・105）。山西の忻州で増加をもたらせたのは、防禦施設をそなえた中・小型集落址である。山西北・中部は北宋代に西夏や遼と領域を接した地であったから、忻州での増加はその前線がここにあったことを示しているのであろう。その場合、西夏代例が知られていない点に問題が残る。他方、河南の商丘での増加は、北宋の首都開封の東隣りに位置し、その殷賑に連なっていたことが想像される。商丘は元来、漢代例で河南最多の址数を擁した地であり、運河の開鑿以降は江南に達する汴河がこの地を貫いていたことを考えると、唐代例の欠落の方がむしろ奇異に映る。商丘城が北宋代に南京応天府となり、南宋初代の高宗がここで即位したほどの政治上の枢要地でもあるから、河南最多の址数はこれを裏付けている。奇異というと、開封での寡少さもそうである。北宋の首都が汴河と黄河とのこの分岐地におかれたように、唐代からすでに開封は江南との物流の拠点であり、外周二七kmをはかる府城は商工業で空前の賑わいを呈していたという。ただ、低地に営まれたために黄河のたび重なる水災を被り、泥土深く埋もれて考古学上の知見は得られていない。開封で唐・宋代の址数が乏しいのは、府城をはじめとする当時の集落を水災が地上から消し去ったせいであろう。

山東に移ると、西部の浜州、徳州、聊城、中部の東営と臨沂、東部の威海での増加が目を引く（表106）。内陸に位置する臨沂を除けば、黄河最下流域と山東半島の先端とに、増加域があるわけである。北宋代に浜州は、同じく黄河口の滄州とならぶ海塩の産出地として知られている。製塩に対する北宋の政策は官営専売から私営で徴説する方式に変わっていったので、[194] 臨沂を除く増加域の動向は製塩の隆盛と関連づけられる。新石器時代以来址数の乏しい状態が

表104　山西の址数内訳一覧：唐・五代・遼・宋・西夏代

		唐	五代	遼	宋	西夏
北部	大同	3		5	5	
	朔州	2	3	2	2	
中部	忻州	4	1	3	21	
	太原	4			5	
	呂梁	5			6	
	晋中	4			1	
	陽泉	2			2	
南部	臨汾	1			3	
	長治	11			12	
	運城	5			9	
	晋城	2			1	
総計		43	4	10	67	

表105　河南の址数内訳一覧：唐・宋代

		唐	宋
北部	濮陽	4	8
	安陽	2	2
	鶴壁		3
	新郷		3
	焦作	2	3
中部	三門峡	7	3
	洛陽	4	3
	鄭州	2	
東部	開封	1	1
	商丘		40
	平頂山	14	22
	許昌	1	2
	漯河	2	2
	周口	12	10
南部	南陽	10	12
	駐馬店	3	1
	信陽	3	5
総計		67	120

表106　山東の址数内訳一覧：唐・宋代

		唐	宋
西部	浜州	5	27
	徳州	19	26
	聊城	10	29
	荷澤	3	1
中部	済南	21	6
	莱蕪	1	1
	泰安	13	17
	済寧	23	19
	棗庄	7	6
	東営	7	30
	淄博	15	12
	臨沂	36	65
東部	日照	1	1
	濰坊	12	19
	青島	1	3
	烟台	4	9
	威海		38
総計		178	309

表107　江蘇の址数内訳一覧：唐・宋代

		唐	宋
北部	徐州	5	6
	連雲港	14	11
	宿遷	16	16
	塩城	8	28
	淮安	40	65
南部（長江下流域）	揚州	3	4
	泰州	1	2
	南通	1	2
	南京	2	3
	鎮江	2	2
	常州	1	1
	無錫	1	1
	蘇州	14	14
総計		108	155

続いていた威海での急増は、後述する江蘇の動向と連なる点で注意される。

江蘇、浙江も、既述の五地域ほど極端ではないにせよ、址数が人口分布と逆の動向を指す地域である。ただし址数が多い江蘇で内訳を概観すると、塩城と淮安での増加がなければ址数の動向は人口分布の微減に合致することが知られる（表107）。しかも塩城と淮安は北部内の他地よりも址数に恵まれてこなかったことを想起すると、その増加がいっそう注意を引く。塩城と淮安はともに低地部を占めて、江蘇のなかで海抜〇～二m地帯ないしその外縁にあたり、現在よりも海が湾入していた可能性の高い当時の状況からみて、農耕には不向きな地であった。海に面した塩城の方がいっそう址数が乏しかったのはそのせいである。海浜に面する址数の伝統的僅少地でこのように宋代例が急増したことは、山東の威海に同例があるので、偶然とはいえないだろう。

海浜というと、念頭に浮かぶのは製塩である。そもそも中国の製塩には井塩、池塩、海塩の三種があり、井塩は四川、池塩は北方長城方面、海塩は東方の海浜部一帯が、それぞれ主要な採取地であった。商代に黄河最下流域の渤海湾岸で土器製塩が実施されていたことは既に述べた。前漢代に設置された海塩の塩官は渤海湾から広東にまたがっているが、設置数からいうと、山東が主要生産地であったことも、既に言及したところである。ところが唐代に入ると、やがて南方での海塩の生産量が大きく伸びたというから、この点でも江南の開発と人口増加が察せられる。文字記録に残る唐代の海塩産地は、河北三、山東一三、江蘇四、浙江九、福建六、広東四、海南三で、江蘇四のなかに塩城の名がみえる。そうして宋代には初頭から常に、淮浙閩広すなわち江蘇および以南の海塩生産量が、総製塩量の六五％前後を占めていたことを、郭正忠の統計資料が示している[195]。製塩の中心が南方の海塩に移っていったことを伝えるこの製塩史研究の結果からみて、塩城、淮安における址数の増加は、製塩によることが推察される。塩城、淮安と址数の動向を同じくした威海についても、このように考えて大過ないと思われる。

ちなみに、宋代例が増加した山東の浜州と威海、江蘇の塩城と淮安で、同代例の面積を問うと、ともに一〇ha未満が八五%を下らず、それぞれの他地の平均よりも小型集落の占める比率が高い。製塩地とすると、これはふさわしい結果である。

なお、址数が人口分布と逆を指した以上七地域での結果を際立たせるために、同方向を指した例として湖南に言及しておくと、址数の内訳は別表の結果になる（表108）。すなわち、どの地もほぼ万遍なく増加しており、この点で既述の地域の場合と違いがある。南下して定着した遊動者が多かったであろうから、これは当然ともいえる。また広州と内陸路で結ばれていたことも、址数の増加をもたらせたにちがいない。外国人居留区の設置から知られるように唐代の広州は、南海交易の門戸として栄えていた。唐代末に黄巣による大虐殺を被ったが、南漢がここを首都とし、宋が市舶司をおいてさらに繁栄をみせたという。また窯業生産も址数を増加に導いた要因として見逃せない。長沙窯の黄釉陶は、すでに唐代末〜五代十国期に越州窯の青磁とならんで海外に輸出され、この旺盛な生産は宋代に継承された。広州を擁する南漢の領地が北端で湖南全域に及んでいたことは、長沙窯の製品の流通経路を示唆しているように思われるので、宋代への継承は頷ける。宋代の窯址が分布する益陽での増加はこれを立証しており、しかし益陽に勝る窯址を残す長沙で、唐・宋代とも生産の隆盛を窺わせるに足る址数と程遠いことは理解に苦しむ。長沙窯は一一世紀に入ると急速に衰亡したらしい。その原因は明らかにされていないが、長沙での址数の少なさとともに今後の探求がまたれる。

表108　湖南の址数内訳一覧：唐・宋代

		唐	宋
北部	大庸		2
	常徳	3	16
	岳陽	1	6
	湘西土家	3	5
	益陽	18	43
	長沙		1
	懐化	3	13
	類底		2
	湘潭	1	1
南部	邵陽	3	10
	衡陽	2	3
	株州		2
	零陵	3	13
	郴州	7	15
総計		44	132

以上要するに、唐・宋代間における址数の増加には、域外集団と抗争を重ねた軍事に加え、製塩や窯業のような手工業

表109　内蒙古の址数内訳一覧：唐・遼・宋・西夏代

		唐	遼	宋	西夏
西部	阿拉善	1			10
	巴彦淖爾	6			17
	伊克昭	8	1	23	89
	烏蘭察布	2	289		
	烏海				
	包頭	1	8		
	呼和浩特	3	189		
東部	錫林郭勒		11		
	興安		82		
	呼倫貝爾		46		
	通遼	※	348		
	赤峰	1	1457		
総計		22＋5	2431	23	116

※鮮卑 2、契丹 3。

表110　遼寧の址数内訳一覧：唐・遼・宋代

		唐	遼	宋
西部	朝陽	3	1308	
	葫盧島	1	331	
	錦州		153	
	阜新	1	460	
	沈陽		400	
東部	鉄嶺	1	388	
	撫順	1	7	
	本渓	2	2	
	丹東	2	12	
	遼陽	1	4	
	鞍山	1	45	
	盤錦		49	
	営口		40	
	大連	1	19	
総計		14	3218	

表111　河北の址数内訳一覧：唐・遼・宋代

		唐	遼	宋
北部	張家口	4	760	
	承徳	3	484	
	唐山	6	53	1
	秦皇島		31	
	廊坊	5	20	20
南部	保定	11	32	45
	滄州	20		115
	衡水	1		6
	石家庄	9		15
	邢台	18		20
	邯鄲	2		11
総計		79	1380	233

生産が大きく関与していた。人口分布の動向と乖離した原因は、実はこの点にある。軍事も手工業生産や商業活動も数多くの下層従事者を必要とし、遊動者がそれを満たしていたであろうことを考えると、政権の版籍調査に表れない彼等の存在を、址数の動向によって少しは汲み取ることがかなったかと思う。宮崎市定が強調した宋代における一種の産業革命は[196]、採炭ひとつをとっても、幾多の遊動者の安価な労働がこれを下支えしなければ実現しなかったにちがいない。

あと回しにしておいた内蒙古、遼寧、河北に移ると、ここを占めたいわゆる征服王朝として遼と西夏に焦点をおき、金は次項以下に譲る。址数の内訳を示すと、別表の結果になる（表109～111）。すなわち、遼代例は内蒙古の西部で烏蘭察布と呼和浩特に、東部で通遼と赤峰に、遼寧の西部一帯から東部の鉄嶺にかけて、河北の張家口と承徳にそれぞれ集中している。内蒙古中南部と、内蒙古南東部～遼寧西部および遼河中・上流域と、河北北部とに集中し、わけても赤峰～朝陽の集中ぶりは他を圧している。他方、西夏代例は前掲の甘肅と寧夏での結果を加えると、分布の西限が甘肅西部、東限が伊克昭にある。址数は伊克昭でもっとも多いが、遼代例ほどの多さと集中度は欠いている。

さて、遼の前身である契丹は北魏代の初めの頃、朝陽の北数百里で遊牧生活を営んでいたというから(197)、通遼や赤峰が故地に当たる。その後、孝文帝の頃には南下して、朝陽以南にも進出していたらしい。北斉・隋・唐代では停滞状態にあったが、唐代～五代十国期の混迷のなか、耶律阿保機のちの遼の太祖が出るに及んで、突厥などの西方諸部族を征し、渤海を滅ぼして遼を樹てた。そうして、この広大な領土を統治するために、山西北端の大同に西京大同府を、赤峰・朝陽間に中京大定府を、渤海より奪いとった遼河東方に東京遼陽府を設け、赤峰北部の上京府を首都とし、軍を進めて一時は開封を占領した。址数の集中と突出にこのような歴史的動向を重ねると、かなりよく一致している。ただし、東京遼陽府がおかれた遼陽でそれにふさわしい址数が得られていない点に問題を残している。

西夏を建国したタングート族はチベット系で、青海方面に住んでいたらしいが、ここを領有した吐蕃の支配を逃れ、唐が衰微に向かおうとした八世紀後半から移住を始めた。そうして甘肅東端やオルドス南部、寧夏や陝西北部へも定着し、曲折を経て宋代初めを過ぎた一〇三二年、李元昊が王朝を樹てて国号を大夏とし、最盛期には内蒙古西部をも領していた(198)。したがって西夏代例の分布域は、文字記録が語る西夏の領域とおおむね合致することになる。首都興慶は寧夏北部の銀川にあり、近隣の仏塔や磨崖仏像、陵墓がかつての繁栄と威風を伝えている。銀川を含めて全体に址数が乏しいのは、タングートの居住形態が契丹よりも遊動的であったことを示唆しているのかもしれない。

遼と西夏の集落址の内容に立ち入って吟味すると、遼代の城郭／要塞址が全址数に占める比率は、遼寧で五％、内蒙古で一〇％、河北で四％で、いずれも一般集落址の方がはるかに多い。さらに城郭／要塞址の分布数を問うと、遼寧では、鉄嶺、沈陽、阜新、錦州に多く、内蒙古では、図抜けて多い赤峰を筆頭にして、通遼がそれに次ぎ、興安と呼和浩特が下位で並ぶ。河北では張家口と承徳に集中している。したがって、これらの分布を考えあわせると、防備施設は首都の守護に加え、主に対北・西方に向けたことが察せられる。一般集落の卓越とともにこの点を付記しておこう。

西夏代例の場合、城郭／要塞址が全址数に占める比率は、内蒙古で六％、寧夏で三六％、甘粛で八五％を占める。ところが西夏と対峙した宋代例の場合、城郭／要塞址の比率は、内蒙古で〇％、寧夏で六八％、甘粛で五〇％である。ただし、甘粛で宋代例が図抜けて多い平涼では一九％にとどまる。陝西に接し農耕地に恵まれた地の利を得て、この地は最前線から外れていたのであろう。そこで低位の平涼を除くと、七三％に上昇し、甘粛での城郭／要塞址の比率が寧夏とあまり隔たらない算定値が得られる。つまり、城郭／要塞址の比率によって推測される西夏・宋間の主要抗争地は、甘粛であったと推断される。なお、寧夏で比率が隔たり宋代例の方が卓越している点については、北・西方系のいわゆる征服王朝と中国王朝との相違に連なる点があるので、後代王朝例でも検証を重ねることになる。

人口の移動—宋〜元代—　北宋代で最大の人口を記録した年は徽宗治下の大観三年（一一〇九）で、

戸数二〇八八万二四三八　人口四六七三万四七八四

を数えたという。この数字をみて奇妙に思う点は、一戸当たりの口数が二・二人に過ぎないことである。両宋を通じてこの寡少さが続き、その口数は一・四〜二・六人の間をほぼ動いていない。一戸当たり五〜六人を平均とする他王朝の版籍調査例と、こうして際立った差異を示していることについて、半世紀以前からすでに、数字の真偽をめぐる論議があるが、なお帰趨を得ていないようである。(199)ともかくこの総人口数を認めた場合、北宋代の最大人口は唐代の七六％となる。南宋代の最大は孝宗淳熙六年（一一七九）例で、

戸数一二一一万一一八〇　人口二九五〇万二二九〇

を数え、金代例の最大は章宗太和七年（一二〇七）例で、

戸数八四一万三一六四　人口五三五三万二一五一

を数えるから、南宋・金代合算例の五六％にとどまることになる。

はたして文字記録が残した両宋代例の数字が、人口の実相を示すとはいえないにしても、他政権との比較に耐えうるのかどうか、これについて二つの点を指摘したい。まずひとつは、宋代の一戸当たりの口数の算定例八〇のうち、一・四〜一・八人一〇例、二・〇〜二・三人六三例、二・四〜二・六人六例、四・一人一例であり、最少の一・四〜一・八人一〇例中の八例が北宋の神宗（在位一〇六七〜一〇八五）および近接期に集中している点である。残る二例は南宋代初期である。神宗は王安石を抜擢して財政危機の回復に努めた皇帝であり、南宋代初期は金軍の進攻で南渡を余儀なくされた再建期にあたる。したがって、一戸当たりの口数が特に少なくなった原因は、このような情勢に発することが考えられてよい。宋代の人口統計の対象は正丁の男子に限られていたという意見があり、これはもっともであるが、もしそうだとすると、版籍調査にいっそうの厳重さが求められたであろう財政や政権の再建期に戸別の口数が低下している理由が説明されなければならないだろう。

もうひとつは、北宋代の一一〇二年における人口分布を再び取り上げ、その四〇年後に定まる金・南宋間の国境線をこれに重ねると、後の南宋領域にあたる地域の人口の方がわずかにせよ勝っている。しかも、金軍の進攻から国境が定まるまでの間に乱を避けて南下した貴賤が少なくなかったであろうから、この点を考慮に入れると、人口は南宋領域の方が少なからず凌駕していたにちがいない。したがって、この点からみても、文字記録に残る宋代の人口は、他王朝の調査例よりもいっそう実人口から隔たっていることが知られるのである。そこで戸数を生かし、他王朝例を参照して南宋の人口を試算してみると、南宋代の最大戸数例一二六七万〇八〇一に一戸当たりの口数五人を乗じると六三三五万四〇〇五人、六人を乗じると七六〇二万四八〇六人となる。あるいは元の四・五六人を採るならば五七七七万八八五三人となる。六〇〇〇万〜七〇〇〇万あたりが、南宋の王朝が把握した人口として無理のない数字であろう。したがって実人口は一億に達していてもさしつかえないし、金の領域を合わせるならば確実に一億は超えていたにちがいない。

なお、址数の多寡を想起すると、金代例は宋代例を大きく超えていた。もっとも、金代例の大半は内蒙古と遼寧、河北北部で占めていたから、三地域を外すと、宋代例の方が比較にならないほど多いことになる。両宋にまたがる宋代例の継続年数の長さを考慮したとしても、もとより宋代例の址数の卓越は動かない。『中国文物地図集』の南方諸地域での結果が刊行されれば、宋代例をさらに押し上げることは疑いない。

さて、金の支配のもとで、河北の灤州の飢民が流亡し、冀州で張和という人物が反乱を起こすなど、一一六〇～七〇年代に反抗があいついだ。軍事・行政制度である猛安・謀克のもとで女真族が優遇され、それが奢侈を誘い惰弱と貧困を招いたが、しわ寄せは常に制度適用外の漢人農民層が被らなければならなかった。そうして一二世紀末頃からモンゴル系遊牧民の進入が始まり、一二一一年にチンギス＝ハンが河北と山東に攻め込んで金軍を負かし、金は北京から開封に都を移し、一〇〇万に及ぶ兵士を河南に移動させた。非生産者である女真人を養うために租税は二倍に上がり、農民の苦境は倍加したという[200]。

チンギス＝ハンが率いるモンゴル軍を金の領内に引き入れたのは契丹人の武将耶律留哥で、一二一三年に自立して彼が北方に遼王朝を樹て、一二一五年に女真人の武将蒲鮮万奴が遼陽を首都として東夏王朝を開くなど、金の北方領域は混沌状態に陥った。そこで一二一七年金は南宋との戦いに打開の途を求めたが、局面ははかばかしくなかった。そうして一二三四年、モンゴル・南宋連合軍に攻められて、一二〇年続いた金は滅びた。この頃の災害記録をみると、一二一六年に河南と陝西が、一二一八年に河南がそれぞれ蝗災を被り、金が滅びた年には首都開封で大疫が発生し、都市門を出た柩の数が九〇余万に上ったという。一二〇〇年には、黄河が淮河と合流し、流路を変えて海に注ぎ、山東が水路の以北となるほどの、稀に見る大氾濫が発生していたから[201]、打ち続く災害に酷政と戦乱が加わると、南へ逃れる遊動者は跡を絶たなかったであろう。

そこで、冒頭の表100で示した宋・元代間の人口分布の変動をあらためて精査すると、河南、河北、山東で唐代以来の低落が止まず、唐・宋代間で増加した山西と四川で大幅に低落し、微減にとどまった陝西も著しい低落を示している。つまり、低落域が宋・元代間で大きく拡大して黄河流域全体に及び、さらに四川が加わったわけである。これと対照的に江蘇、浙江、江西で高揚し、これによって南北の人口比が逆転したことを考えると、宋・元代間における人口の流動化は、人口分布を再現しうる漢代以降で例をみない激しさであったといえる。

元にとって塩に対する税すなわち塩課は、国家収入に占める割合が茶課や酒課に較べて格段に大きかった。したがって、戦乱による打撃からの製塩業の復興と振作に努め、世祖フビライ期にはすでに南宋代の生産量を凌ぐまでになった。その後も生産量は増加を続け、最高潮に達した天暦年間（一三二八〜一三二九）に南宋代の二・五倍にのぼったという[202]。この時の生産量の地域別の内訳をみると、

両淮三八％、両浙二〇％、河間（河北）一六％、山東一二％、河東（山西）七％、福建六％、広東二％、広海（広西）二％、四川一％

となり、四川の占めた比率が極端に低い。ちょうど掲示した人口分布の調査年の頃の数字である。北宋代に四川産塩が占めていた比率は三％であったから、さして多いとはいえない。ところが、南宋代初めに一九％まで急増している。山西や河北方面の産塩地を金に奪われた南宋が、その代替を四川に求めたせいであろう。また、このように考えれば、南宋と干戈を交えたモンゴル軍が四川の製塩地を徹底的に破壊したことも、戦略としてよく理解できる。元は統一以後その回復に努め、元代後期には私営の製塩業が盛んになったらしいが、北宋代の隆盛さえ取り戻せなかったことが、人口分布や産塩比率の数字から察せられる。

他方、人口分布がめざましく高揚した江蘇と浙江については製塩、江西については製陶の隆盛によって、高揚の原因を説明することができるであろう。江蘇と浙江における製塩業の隆盛はすでに数字で示した通りである。元の通貨

は歴代王朝と違って紙幣にのみ依拠し、塩課はその政策の根幹をなしたというから、塩の増産は王朝の死命にかかわっていたといえる。江西での製陶は、イスラム圏からもたらされたコバルト顔料で絵付けし、透明釉を掛けた染付磁器によって代表される。この景徳鎮窯の製品が広く海外にも輸出された[203]。アブ=ルゴドが世界システム論を援用して説いたように[204]、東ヨーロッパから中国に及ぶ空前の広大な領土を統治するためにモンゴル帝国は、道路網を整え、駅伝組織を設け、移動の安全をこうして確保したので、東西の交通が宋代以上に隆盛をみた。それとともに海路による東西の往来も盛んになり、江南の港市は外国商人で賑わったという。農業はもとより、各種の手工業を興隆させ、その生産と流通に課税して国家財政に充当することが、元の家畜管理的経済政策であり、景徳鎮窯製品の生産と流通はその政策にかなっていたわけである。

集落址数の多寡―金～元代―　北低南高に傾斜した人口分布とは逆に、元代の址数も金代と同様に内蒙古、遼寧、河北に集中していた。金代例が遼寧と河北で勝り、元代例が内蒙古に多いのは、集団の出自と本貫地の相違によるのであろう。ともかく両地域を俎上にのせて址数の内訳をみると、金代例は遼寧西部～遼河流域、河北北部、内蒙古中南部に集中し、元代例は内蒙古中南部の烏蘭察布のみで突出して多い（表112～114）。分布の様態として、金代例は遼代例と同じではないがそれに近く、一所が突出するような元代例の分布は前後の時期に類例が見あたらない。

表112　内蒙古の址数内訳一覧：金・元代

		金	元
西部	阿拉善		5
西部	巴彦淖爾		1
西部	伊克昭	2	55
西部	烏蘭察布	528	686
西部	烏海		
西部	包頭	54	73
西部	呼和浩特	282	280
東部	錫林郭勒	13	17
東部	興安	70	1
東部	呼倫貝爾	20※	7
東部	通遼	36	9
東部	赤峰	147	120
総計		1152	1254

※蒙古１例が加わる。

表113　遼寧の址数内訳一覧：金・元代

		金	元
西部	朝陽	465	57
西部	葫盧島	144	49
西部	錦州	115	16
西部	阜新	259	68
西部	沈陽	405	29
東部	鉄嶺	356	19
東部	撫順	10	2
東部	本渓	4	1
東部	丹東	17	2
東部	遼陽	8	2
東部	鞍山	21	2
東部	盤錦	72	49
東部	営口	46	11
東部	大連	53	50
総計		1975	357

金を建国した女真人は元来、中国東北部の黒龍江流域や吉林からロシアの沿海州にかけて広く分布していた、ツングース系の農耕集団である。唐支配の衰えに乗じて建国した靺鞨系の渤海の支配を受け、渤海滅亡後は多くの部族に分散して約二世紀間、遼の支配下におかれたのち、一部族である完顔部の酋長阿骨打が現れて統一運動が起こり、一一一五年に建国に至った。そうして東北部から遼を一掃し、河北や山西に進出して第二代太宗のときに遼を滅ぼし、一一二七年開封に攻め入って宋を中絶させ、第三代熙宗のときに、淮河、陝西南部大散関の線を国境と定め、宋の皇帝に臣下の礼を取らせ、歳貢を提供させて和睦したという。黒龍江から淮河、西は陝西西端に至る広大な領土を統治するために、北方の松花江南岸に上京会寧府、遼河東岸に東京遼陽府、赤峰南端に北京大定府、現在の北京に中都大興府、山西北端に西京大同府をそれぞれ設け、開封を南京汴京府と改めて中国統治の首都とした。沈陽や朝陽、張家口や承徳、呼和浩特や烏蘭察布に址数が多いのは、このような開府と対応するとみることができる。

他方、元はモンゴル帝国分裂後にチンギス＝ハンの孫フビライが一二七一年に建国し、南宋を倒して統一王朝を定礎した。モンゴル帝国の首都は外蒙古のカラコルムであったが、現在の北京にあたる大都を首都に定め、フビライが即位した上都開平府は歴代皇帝の避暑地として陪都の位置にあった。上都は大都の北方、内蒙古の錫林郭勒の南端を占めていたが、マルコ・ポーロが伝えるその盛んなさまを、址数によって窺うことはできない。そもそも、元代の址数が突出する烏蘭察布は呼和浩特とともに、漢、三国・南北朝期、遼、金と続いて址数が多い地である。漢代例の多さは陝西北部での多さと合わせ対匈奴経略として、遼・金代例の多さは支配拠点の構築としてそれぞれの原因を説明したが、そうすると、唐代例と後の明代例の少なさは、防衛線外に位置したことに起因するのであろう。

表114　河北の址数内訳一覧：金・元代

		金	元
北部	張家口	683	113
	承　徳	533	185
	唐　山	66	26
	秦皇島	31	1
	廊　坊	63	58
南部	保　定	52	14
	滄　州	9	64
	衡　水	3	3
	石家庄	8	6
	邢　台	6	5
	邯　鄲	6	11
総計		1460	486

金代例のなかで防禦施設をそなえた城郭／要塞址の存在が目立つ

地は、遼寧では錦州、沈陽、鉄嶺の遼河水系、河北では張家口と承徳、内蒙古では赤峰と興安であるから、領土の東端に当たる。これらは多くモンゴルに対する備えであったことが後の進攻経路によっても察せられるが、城郭／要塞が全址数に占める比率は遼寧と河北でそれぞれ五％、内蒙古で一五％にとどまり、烏蘭察布と呼和浩特での比率はさらに低く、元代例での四％と変わらない。モンゴル人は遊牧民で、元朝建国後も自らを最上位において故地の生活様式に固執したことが、大都をモンゴル人の住むための城ではないと説いた点からも知られる。(205) したがって、烏蘭察布や呼和浩特に集中しているような中・小型集落を営む風はなく、城郭や要塞を設けて外敵にそなえることも彼等の戦いの方式とは違っていた。おそらく、農耕に従事しあるいは交易などを業とする非モンゴル人の定住者が生活し、傭兵として防備にあたっていたのであろう。烏蘭察布と呼和浩特が北方から中国内に入る要所を占め、大同から桑干河沿いに直線で大都に到達しえたこと、元が交易を重視したことを考えると、この地に址数が集中したことも少しは了解できる。

それではなぜ、内蒙古、遼寧、河北で址数がかくも多いのであろうか。元代での人口分布が内蒙古、遼寧とも一％未満、河北で二％強であるから、原因が人口の多寡ではない。また、城郭／要塞の数が激増し、あるいは手工業が著しく興隆して王朝の版籍調査から漏れた人員が増加したという形跡もない。そうすると、唯一ではないが可能性が低くない原因として、移住の頻度の高かったことが想定される。したがってまた、漢・唐代例間の址数上の乖離を先に指摘し、三国・南北朝期に乖離を生ぜしめる社会上の変革があったことを示唆した点についても、移住頻度の低減として変革の内容が説明されることになる。移住頻度が低い集落というと、都市や比較的規模が大きい町邑であり、安定的な耕地利用が可能な農村である。遼・金・元代例における北方と中原以南との格差、ならびに漢・唐代例間の乖離を生んだ原因を同時に説明する仮説として、提示した移住頻度の高低がはたして検討に値するのかどうか、筆者には実のところ判断がつかない。唐代末～五代十国期を都市革命の時代とみる先学の導きによって遼・金・元代例における址数の格差の原因には見通しが得られるが、三国・南北朝期にその仮説を携えていく準備がないからである。

人口の移動―元～明代―　中国に対して元は、あくまでモンゴル人を社会的身分の最上位に据え、色目人すなわち西方人を次位に置いて支配者としてのぞみ、金のもとにいた江北人を漢人として冷遇し、南宋下にあった江南人を南人として最下位に貶めた。中原征服の当初こそ漢人有力者の力を頼んで戦乱で荒れた農地の復興に努めたが、やがて彼等の既得権を排除し、それに伴う反乱を鎮定し、一二七九年に南宋を討伐して、モンゴル人による中央集権的支配体制を構築した。

農業や手工業を振作して税収入の増大をはかったことは前述の通りであるが、安徽や雲南に産出する銀は皇帝や皇族の営利事業であった。色目人に委託してこれを西方へ運ばせ、巨利を得たという(206)。しかし、南宋討伐後もモンゴル軍の活動は止まず、倭への再度の進攻（一二八一）、ベトナム（一二八五）、ジャワ（一二九二）への遠征、ビルマ内乱への派兵（一三〇〇）と長駆の進軍を重ね、キプチャク・チャガタイ・オゴタイ三汗国が同盟して元にあたったハイドゥの乱（一二六八～一三〇一）のようなモンゴル帝国内での主導権を争う戦乱が続くと、戦費を賄うために漢人や南人は重税に喘ぐことになる。このうえに、世祖フビライ没後に短命の皇帝があいつぎ、即位をめぐる内訌も絶えなかったことで、皇帝の権威は失墜した。宦官制度こそもたなかったものの、帝位争奪が漢人王朝に増して激しかったのである。

このような事態が続けば、乱の勃発は時間の問題であった。一三二〇年の陝西における僧円明、一三三〇年の雲南における禿堅らの反乱を嚆矢として、一四世紀中葉に反乱が続発し、元は終焉を迎えた。元を滅亡に追い込んだこの時期の反乱を、首謀者と発生地と出自を添えて列挙してみると、

一三四八年　方国珍　浙江　闇塩徒

一三五一～六三年　韓山童・林児父子　河南～安徽　白蓮・弥勒教徒で紅巾軍党首

一三五三〜六七年　張士誠　江蘇　闇塩徒
一三五五年　郭士興　安徽　白蓮・弥勒教徒
一三六〇年　陳友諒　湖北　漁夫の子
一三六三年　劉福通　安徽　紅巾軍
一三六六年　徐寿輝　湖北　販布業
一三六六年　明玉珍　四川　湖北出身で徐寿輝の武将
一三六六年　朱元璋　安徽　貧農で托鉢僧、郭士興の部下

となる。安徽で多く、湖北がこれに次ぐ。安徽での反乱は白蓮・弥勒教徒が主体で、江蘇と浙江の反乱はともに首謀者が塩の闇商人である。方国珍の反乱が運河の漕運に大きな打撃を与えたというが、(207) 商人の反乱自体は唐代末にも例があるので珍しいことではない。宗教勢力による反乱も漢代末から例があるが、現世利益というよりも弥勒下生を願い彼岸に思いを託する仏教の一派が民衆的支持のもと、乱を頻発させた点に、元代末の世相が表れている。

反乱の原因が商工業への重税や、王朝への叛意をあらわにした仏教勢力への弾圧だけではなかったことを、災害関係の記録が示している。管見に触れた一三四〇〜六〇年代の災害記録を列挙すると、(208)

一三四二年　太湖溢　浙江
一三四三年　黄河決溢　山東
　　　　　　黄河決溢　河南
一三四四年　大霜雨　河溢　民飢相食　山東
　　　　　　大疫　福建
　　　　　　黄河決溢・改道　人相食　河南、山東

大水　河北
一三四五年　黄河決溢　山東
大疫　山東
一三五〇年　大疫　浙江
一三五一年　黄河決溢　河南
一三五二年　大疫　山西
蝗害　河南
一三五三年　大疫　山西、湖北、江西
一三五四年　大旱、疫　湖北、江南
一三五六年　大疫　河南
黄河決溢　河南
黄河決溢　山東
一三五七年　大疫　山東
一三五八年　大疫　山西
一三五九年　大疫　山東、広東
蝗災　人相食　華北一帯
一三六〇年　大疫　浙江
一三六二年　大疫　浙江
蝗害　河南

一三六三年　黄河決溢　山東
一三六五年　黄河決溢　山東
　　　　　　長江水災　江西
一三六六年　黄河決溢・改道　山東
　　　　　　大清河決　山東
一三六八年　黄河決溢　山東
　　　　　　長江水災　湖南
　　　　　　長江水災　四川
一三六九年　大疫　福建
　　　　　　大旱　陝西

となり、三〇年間に水災一八件、大旱二件、蝗災三件、大疫一二件を数える。災害が常に人びとの生活を脅かし、社会の安定や王朝の隆替に関わる場合があることは、漢代末~南北朝期、唐代末~五代十国期の例で推示した通りであるが、これらの時期に頻発した災害は水・旱災とも増加していた。旱災の方が水災よりも災厄が長期に及び広域にわたる点でいっそう深刻であるが、元代末の災害の場合は水災の方が際立って多く、この点に他期と異なる特色がある。とりわけ一三四三・四四両年の黄河の決溢は流路が淮河と合流する大規模な氾濫であり、「相食」にまで至る飢僅を伴ったことでも尋常でなかったことが想像される。しかも、その治水終了後の多数の失業者群の存在が韓山童・林児父子の蜂起の背景にもなったという。(209)

大疫の頻度は唐代末を凌ぎ、漢代末~西晋末に匹敵するほど多い。元代末の大疫は、キャラバン・ルートに沿った地域で発生した都市型であり、ペストの可能性の高いことが説かれている。(210)山西・浙江・山東各三件、福建二件、河南・湖北・江西・広東各一件という内訳をみると、山西は確かにキャラバン・ルートに連なる地であるが同時に、浙江、福建、広東はむしろ海上ルートと結ばれる点が注意される。大疫のなかにかつて唐代末に流行した天然痘が含まれていても不思議でないし、当時の頻繁な東西の往来から察すると、門戸にあたる山西や江南沿岸部での大疫が、中央アジアや西ユーラシアで猖獗を極めたペストであったことは充分考えられる。西ユーラシアでのペストの大流行が人口の激減を招いたことはよく知られているが、列挙した大疫が中国にどれほどの人口の減少をもたらせたのか、後述する版籍調査結果による限り、西方に並ぶほどの大幅な人口減少があったとは考えにくい。それでも、西方での人口減少によって東西の往来は一時的にせよ衰微したであろうから、これもまた反乱とともに元の財政を苦境に導く一因になったことが考えられる。

元代末に災害が発生した地域は、山東が格段に多く、河南がそれに次ぎ、主に江北に集中している。安徽が最多で、湖北が次位にあった反乱地と、微妙にずれているが、江北という括りならば合致していることになる。反乱地は主謀者の有無によるので、被災地とずれることはありえる。それでも災害が多発した山東で反乱が生起していないことは、何か隠れた理由があることを疑わせる。王朝による賑恤が手厚かったせいであろうか。

さて、元・明代間の人口の推移をみると、

年代	皇帝名	戸数	人口
元至元二八年（一二九一）	世祖	一三四三万〇三二二	五九八四万八九六四
明洪武一四年（一三八一）	太祖	一〇六五万四三六二	五九八七万三三〇五
明洪武二四年（一三九一）	太祖	一〇六八万四四三五	五六七七万四五六一
明洪武二六年（一三九三）	太祖	一〇六五万二八七〇	六〇五四万五八一二
明永楽元年（一四〇三）	成祖	一一四一万五八二九	六六五九万八三三七

表115 災害数の内訳一覧：15～19世紀

	旱	黄河水災	長江水災	太湖水災	蝗災	大疫	総数
15 世紀	19	31	33	9	12	18	122
16 世紀	31	28	31	6	38	36	170
17 世紀	30	32	43	8	65	45	233
18 世紀	18	27	51	7	25	45	173
19 世紀	25	17	43	4	46	95	230

である。二七〇年余にわたって存続した明代の人口は、この永楽元年（一四〇三）調査例が戸数、人口とも最多で、天順八年（一四六四）例の戸数九一〇万七二〇五、弘治三年（一四九〇）の人口五〇三〇万七八四三をもってそれぞれ最少とする。したがって、戸数、人口とも元代との間に著しい差異はなく、明代のなかでも大きな変動がなかったことになる。これは次項で述べる遊動者の発生などによって、王朝の把握人口が伸びを欠き、災害の頻発が収まらず実人口も大幅には増加しなかったことを示唆しているのであろう。

なお、本書では取り上げないが、清代の人口は三～四倍の増加をみせている。表示したように災害数はけっして減少しておらず、その規模も深刻さも軽減していない（表115）。王朝史上に例がないこの増加ぶりには、何か原因があるにちがいない。筆者の迷妄を啓いていただければ幸いである。

元・明代間は、人口増加が停滞するいっぽう、人口分布が大きく変化していた。簡言すると、北高南低に傾斜したのである。とりわけ低落が甚だしい地域は江西である。湖南、福建がこれに続き、他方、高揚が大きい地域は山東、山西、河南の順になる（表100）。

低下の首位を占めた江西は元代に、主に染付磁器を焼く多数の民窯が窯煙を上げていた陶業の地であった。ところが明代に入ると、官窯がここに設けられた。開朝者朱元璋が営んだいわゆる洪武官窯の地が景徳鎮であった確証は得られていないようであるが、遅くとも永楽年間（一四〇三～一四二四）には官窯の操業していたことが、発掘調査の結果から知られている。官窯では当初、白磁や紅釉磁などの単色釉の製品が中心で、高級品の染付は専ら西アジア王族向けの贈答品であったらしい。そうして、この官窯の設置と、それにも増して自由な輸出入を禁じた海禁策とが、民窯の隆盛を失わせ、再興は海禁策が緩和され、芙蓉手と呼ばれる新生の染付が大いに輸出されるようになった一六～

一七世紀をまたなければならなかったという。[211] 景徳鎮窯のこのような動向に徴すると、民窯が隆盛を失っていた一五世紀に、江西の人口分布が低落状態にあったことは頷ける。

ただし、災害を加味すると、民窯の衰微に別の要因も浮かんでくる。江西を襲った水災は、宋代三〇〇年弱で一一件、元代約一〇〇年で四件であったのに対し、明代では開朝から一五世紀末までの一三〇年余で実に一八件を数える。そうして一六世紀以降、滅亡に至るまでの一四〇年余が一一件であることを加味すると、明代前半は水災の集中期であったといえる。磁器生産にはカオリン質の優れた陶土に加え、摂氏一〇〇〇度以上の窯内温度を得るために多量の燃料用薪木を必要とする。しかも元代以降、景徳鎮窯が浙江の龍泉窯と競って得意とした染付は、完整までに複数回の焼成が求められるので、燃料消費がさらに大きくなる。つまり、陶土の採掘と燃料用薪木の伐採によって江西の山野が荒れ、保水力が低下していたのではないか、ということである。この推測がもし当たっているとすると、江西の人口分布を低落させた責任の少なくとも一端は、窯業の隆盛を許さないところまで山野を改変して洪水の原因を作った元代の製陶業者が、これを負わなければならないだろう。

明代初めには、夥しい数の反乱や蜂起や騒擾が勃発した。開朝の一三六八年から三〇年を閲する間に、その数は大小合わせて七五件にのぼった。しかも、広東三〇件、福建一〇件、江西・湖北～湖南各七件、浙江五件、四川四件、陝西・山東・江蘇～安徽各三件、広西二件、河南一件という内訳をみると、広東での多さが際立ち、七五％ほどを長江以南で占めていることが知られる。人口分布の低落地域がことごとく乱の勃発地にあたる点で低落と乱は相関し、これに対して広東は乱の多発地でありしかも人口分布が高揚している。広東は明・清代に製鉄業でも栄えたというから、海外交易に制限が加わり乱が多発しても、殷賑を失わなかったことが想像される。

重農策に転じ、儒教的統治を推し進めようとした洪武帝の諸施策に対する農民反乱として、明代初期の乱を一括りにする見解がある。[212] しかし、海賊二件、山賊一〇件前後、弥勒・白蓮教関係九件を含み、さらに、元代に対外交易で繁栄した広東や福建が勃発地の上位を占めている点からすると、海禁・勧農策に対する非農民や山岳民族側からの反抗も考慮されてよいのではなかろうか。いずれにもせよ、海禁・勧農策が南方臨海部の殷賑を失わせ、あまつさえ乱の頻発を生んだことは、大量の人口流出を招いたにちがいない。洪武帝の創業を実質的に継承したのは、第三代の成祖すなわち永楽帝であった。彼は対外的積極策をとり、鄭和による船隊派遣、南方への領土拡張とならんで、北方へ進出し、一四一〇年から一五年間に五度長城を越えてモンゴルへ親征して大打撃を与えるとともに、東北部をも抑えた。そうして、戦略的必要から一四二〇年、首都を南京から北京へ移して、北方の守りを固めた。これらの点も、中原の社会情況が相対的に平穏であったことと合わせて、南方で流出した人口を北方へ導き、一四六一年の人口分布が示す北方での高揚を生んだにちがいない。

集落址数の多寡—元〜明代—　そこで、再び元・明代間の址数分布の動向をふりかえると、内蒙古での激減にかわって、甘粛、寧夏、陝西、山西、湖北、四川で激増し、これは北高南低に傾いた人口分布の変化と合致するところがあることを指摘しておいた。ただし湖北では、合致が得られなかった。遼寧では、めざましくはないが址数が増加し、人口分布の微増と合致していた。他方、河北では址数が半減し、人口分布の増加と合致していない。これらの地域で址数の内訳を取り上げて、明代例の増加の内実と、合致の有無が生じた原因を探ってみよう。

まず遼寧では、金・元代例が多かった西部の錦州を除く四地と、東部の遼東半島域で減少している（表116）。小異にこだわらずに箇言すると、金・元代例の多数域で減少、寡少域で増加しているのである。しかも城郭／要塞址の占める比率が、長城に囲まれた遼河下流の鞍山と盤錦を除けば、七〇〜九三％と高い点で、増加した明代例の多くは長城とともにこの地を守護する防御用集落や施設であったことが知られる。武力を用いずに懐柔する羈縻政策をとってもなお向背に不安があった東北部の女真人への防備であったとみて間違いない。

河北における址数の半減と人口分布の増加との乖離については、永楽帝が北京に遷都し人口四五〇万を擁したという順天府の存在を考慮するならば、址数の半減を重視しない方がよい（表117）。城郭／要塞址の占める比率は、址数が卓越する張家口で九八％を占め、かつ全址数の七九％にあたる。ここでもまた遼寧と同様に、防禦施設の構築に意を尽くしたことが察せられる。

甘粛では表118の結果となり、西・中部一帯と、東部では定西と慶陽での増加が著しい。城郭／要塞址の率はむらなく八〇～一〇〇％であるから、防禦用集落や施設を密に配していたことが推測される。寧夏での結果は別表の通りであり、全域で増加している（表119）。とりわけ北部と呉忠での増加は、明代までは址数に恵まれなかった地である点に意味がある。城郭／要塞址の率に南北差がなく、ともに七三％以上を示している。

陝西でも全域で増加している（表120）。唐・宋代例間で激増し、元代でも他域を凌いでいる北部の楡林と延安で、明代例がさらに増加している点は、これが防禦用集落や施設によることを考えさせる。加えて、城郭／要塞址の率が、

表116　遼寧の址数分布一覧：元・明代

		元	明
西部	朝陽	57	1
	葫盧島	49	40
	錦州	16	30
	阜新	68	7
	沈陽	29	19
東部	鉄嶺	19	50
	撫順	2	36
	本渓	1	89
	丹東	2	59
	遼陽	2	12
	鞍山	2	43
	盤錦	49	52
	営口	11	6
	大連	50	28
総計		357	472

表117　河北の址数内訳一覧：元・明代

		元	明
北部	張家口	113	120
	承徳	185	6
	唐山	26	17
	秦皇島	1	19
	廊坊	58	7
南部	保定	14	19
	滄州	64	21
	衡水	3	1
	石家庄	6	0
	邢台	5	4
	邯鄲	11	5
総計		486	219

表118　甘粛の址数内訳一覧：元・明代

		元	明
西部	酒泉	5	10
	嘉峪関		7
	張掖	3	31
	金昌	1	2
中部（黄河）	武威	9	31
	蘭州	2	39
	白銀	3	37
	臨夏		6
	甘南蔵	8	34
東部（渭河）	定西	2	30
	慶陽	7	34
	平涼	43	50
	天水	5	10
長江	隴南	24	41
総計		112	362

表119　寧夏の址数内訳一覧：元・明代

		元	明
北部	石嘴山	1	11
	銀川		18
中部	呉忠	1	55
	中衛	11	38
南部	固原	17	46
総計		30	168

表120　陝西の址数内訳一覧：元・明代

		元	明
北部	楡林	28	61
	延安	15	64
	銅川	1	6
中部（渭河）	宝鶏	13	17
	咸陽	5	35
	西安	2	3
	渭南	3	11
南部（長江）	漢中	3	11
	安康	1	10
	商洛	2	37
総計		73	255

表121　山西の址数内訳一覧：元・明代

		元	明
北部	大同	7	98
	朔州	7	68
中部	忻州	21	107
	太原	4	16
	呂梁	8	76
	晋中	4	8
	陽泉	4	4
南部	臨汾	11	114
	長治		1
	運城	8	54
	晋城		4
総計		74	550

西安の六七％、安康の四〇％を除くと、中・南部の各地で九〇％を超えているので、防禦用集落や施設は北端だけにとどまらず全域に及んでいたといえる。なお、南部の商洛での比率の高さについては、一考を要するので、後で言及する。

山西では別表の結果が得られ、減少地がみられない（表121）。とりわけ増加が著しいのは、北部の大同と朔州、中部の忻州と呂梁、南部の臨汾と運城である。城郭／要塞址の率に南北差がなく、七五％の陽泉を除けばいずれも八八％以上と高い。そうすると、中・南部で増加が特に著しい忻州は、北部の二地と連なって太原以北の防禦域を構成し、呂梁は臨汾と運城とともに黄河東岸の防禦にあたったという明代の北方戦略図を描くことができる。

明代の長城は甘粛の嘉峪関に発し、寧夏の北半、陝西の楡林、山西と内蒙古との境界を貫いて東方に延び、遼寧に至っている。当時の主な敵対勢力というと、元崩壊後に北方に移ったモンゴル人と東北の一部を領した女真人であったから、長城は彼等に向けられ、既述した諸地域の防禦用集落や施設も彼等の進攻への防備であった。しかも、宋代の防備が国境に沿う線であったのに対し、明代のそれは面的・縦深的であり、はるかに厳重であったことを、城郭／要塞址の高率域の広さが物語っている。元代に銃砲が発案され、明代にこれらの火器が発達を遂げた点からすると、この厳重さは軍事上不可欠であったのかもしれないが、唐代末以来、北方域外集団による進攻や統治が続いたことに発する警戒心と、域外集団の進攻を許さない中華意識にも由来することは否定できない。

ちなみに、四川での内訳にも眼を通しておくと、全体に明代例で増加し、とりわけ、北端にあって青海と甘粛に接する阿覇蔵と、南東端にあって雲南に接する宜賓での増加が目立つ（表122）。ともに山岳地である。城郭／要塞址の率が阿覇蔵で八八％、宜賓で一〇〇％に達し、自余の地で五〇％以上であるから、址数増加は城郭／要塞址の増加によることが知られる。明にとって青海はチベット族が居住し、モンゴル人が進入した異界であり、雲南は明の領域に属していても在地集団に対して羈縻政策をとらなければならない半異界であったことを考えると、防備は欠かせなかったにちがいない。

　続いて湖北に移ると、全体に増加傾向を示しているが、孝感での激増が特に甚だしい点で注意を引く（表123）。城郭／要塞址の率に差があり、北部の十堰、孝感、黄岡で九〇％を超えて、五〇％以下の自余の地の率よりも際立って高い。城郭／要塞址の大半を塞と呼ぶ小規模な防御施設が占めている。十堰は全体が山岳地で、その南東部の谷間に塞が立地する。孝感では河南に近い北部に、黄岡では安徽に近い東部にそれぞれ塞が集中し、ともに十堰と同じく山がちの地である。

　塞はもとより敵に備える施設であり、敵というと域外であれ域内であれ常識的には王朝の安泰を脅かす集団を指す。湖北の場合、十堰の北東部に明～清代に五二五haの広大な玉虚宮が存在し、また、黄岡東部には南宋代末に抗元の拠点とな

表122　四川の址数内訳一覧：元・明代

		元	明
北部	甘孜蔵		
	阿覇蔵	1	32
	広元	3	7
	錦陽	1	8
	徳陽	1	2
	成都	2	6
	雅安	3	3
	巴中		5
	達州	1	5
	南充	2	3
	広安	5	4
南部	遂寧		5
	資陽	1	2
	眉山		2
	楽山		12
	内江		
	自貢		
	宜賓	1	14
	瀘州		6
	涼山	1	9
	攀枝花		1
総計		22	126

表123　湖北の址数内訳一覧：元・明代

		元	明
北部	十堰		11
	襄樊	6	14
	随州	1	4
	孝感	8	181
	武漢		
	黄岡	2	18
	神農架林		
南部	恩施土家	14	27
	宜昌	1	3
	荊門	2	14
	天門		1
	潜江		7
	仙桃	2	2
	荊州	15	23
	鄂州		1
	黄石		
	感寧		
総数		51	306

りその後も中核的城郭として機能した三〇〇haの天堂塞などの巨大な塞が設けられていた。憲宗の成化元年（一四六五）、漢水上流で大規模な農民反乱が勃発したという。これが先にも触れた僻遠地への逃散であり（三〇八頁）、この農民反乱が荊襄の乱である。成化一二年（一四七六）に漢水上流域に新しく府県を設けて遊動者の統制をはかったというから、この乱は一〇年後にしかも府県を新設して収めなければならないほど、鎮定が容易でなかったようである。[213]鎮定後もこの地の騒擾が止まなかったことから察すると、湖北での塞の設置はこの地に根をおろした反乱、騒擾への対策であったことが考えられてよい。

洪武帝は開朝後、陝西、河南、湖北の交界にまたがる山岳地を掃討して、入山を禁止する処置をとったという。明代に入山禁止になった山岳地として他に、河南と湖北と安徽の交界、湖北と湖南と江西の交界、浙江と江西と福建の交界、江西と福建の交界などがあげられるという。[214]すなわち、湖北の北西、北東、東の各方面に加え、浙江の南西方などが入山禁止の対象になっているわけである。浙江の南西方で塞の密集をみいだせないが、湖北では塞の集中地と禁山地とがかなりよく一致している。また、陝西南東端商洛での防禦用集落や施設址の集中を先に指摘したが、この地も禁山地の一角を占めるので、一致例はさらに増える。

入山禁止の目的は遊動者が明の管掌から離れて山岳地へ逃散し、乱を生むのを防ぐことにある。開朝時からすでに逃散が問題になっている点からすると、元の苛政を嫌った人びとが含まれていたにちがいない。一方で、彼岸に楽土を求める宗教に心を動かされ、他方で、政権の管掌を離れて貧土の山岳地へ逃散し、元・明代にともに乱を生んだことは、現実世界への忌避という点で通底することを思うと、偶然とはいえない。当時の人びとの心性の一端を、ものを言わぬ湖北の塞がこうして垣間見せてくれるのである。域内外民への対処としての防禦用集落や施設に加えて、この点も付記しておきたい。

第六節　通時態としての衰滅―東ユーラシア―

第一の波　東ユーラシアすなわち中国で集落形成の衰微や停滞が確認される最古は、新石器中・後期の交である。厳密にいうと衰微や停滞が、早い地域では中期後葉に、遅い地域では後期の開始と時を同じくして到来した。したがって、中・後期を隔てる一線に前三〇〇〇年の暦年代を与える、本書でも従った年代観によると、前三〇〇〇年に至る数百年の間に遅速を伴って衰微・停滞期に入ったことになる。そうして隆盛へ向かう回復期の開始にも遅速があり、前三〇〇〇年およびその後の数百年が開始年代に当たる。数百年は長くても五〇〇年を越えず、二〇〇～三〇〇年が無難な数字である。

衰微や停滞の徴候をいち早くあらわにした地域は、渭河流域～山西南部に代表される廟底溝類型例の集中域である。この集中域では、特記した宝鶏を除くと、衰微と表現するのがふさわしい。その後、渭河流域の甘粛側では馬家窯文化期例、山西南部では廟底溝Ⅱ類型例でそれぞれ集落址数が増加に転じたから後期の開始とともに集落形成は復興に向かい、同流域の陝西寄りでは相対的に復興がはかばかしくない。他方、衰微や停滞へ入るのが遅れ、後期の開始とともに始まった地域は、内蒙古東南部～遼寧西部の紅山文化例の集中域と、宝鶏、山西中部、河南北・中部の仰韶期後葉例の集中域であり、これらの場合も衰微にあたる。それぞれ、仰韶期後葉例の集中域では龍山期例、紅山期例の集中域では二里頭期併行の夏家店下層期例をもって復興するから、後者ではそれがさらに遅れたことになる。

地域ごとの詳細は本章第一節に譲り、ともかくこれらの黄河水系および北方の諸地域では、前三〇〇〇年をはさんで集落形成の衰微と回復とが激しく交叉したのである。これに対し、山東と長江水系の既述地域では、停滞はあっても衰微がみられない点で黄河水系や北方と一線を画し、さらに、山東の大汶口期例と太湖周辺の良渚期例が衰微の形跡をとどめず中・後期にまたがって存続する点も、もとよりこの一線に加わる。断絶率の高低もまた、この一線の存在を支持し、概して北高南低の傾向を示している。紅山期例と廟底溝期例が北高を、大汶口期例と崧澤期例が南低を代表しているが、北に位置して仰韶文化域の一画を占める河南で率が低位にあったことは注意を要する。

そもそも、山東は温帯夏雨気候に属し、長江流域の多くは温暖湿潤気候に入る。黄河流域は、モンゴルの砂漠気候の外縁を囲うステップ気候と、山東に連なる温帯夏雨気候で覆われ、甘粛、寧夏、内蒙古は砂漠・ステップ両気候、遼寧と河北はステップ気候と湿潤大陸性気候にあたる。すなわち、北・西方へ進むほど高い定住度が期待できるコメ栽培は難しくなり、ムギほどではないにせよ連作障害を起こす雑穀栽培を、天水頼みで農耕の基軸とすることになる。さらに水分確保のための耕起を必要としたから、マメ類の栽培で補ったとしても、農耕条件は南方よりも劣り、したがって、定住と遊動との間の敷居は本来的に低いわけである。ましてや、農耕技術が劣位にあった新石器時代には、敷居がさらに低かったにちがいない。紅山期例や廟底溝期例における断絶率の高さは、この点で首肯しうる。また北方の仰韶期例での高さも、ここに起因するとみられる。

それでは、人びとは集落を離れてどこに活路を求めたのであろうか。本章で土器伝播に伴う人間の移動を推定した例は、山東、湖北から河南へ向かう移動であったが、両例とも、人口増加に起因する移動ではあっても、集落の衰微に伴う人口の流出ではなかった。そこで、紅山文化や廟底溝文化に連なったそれぞれの人びとの行方が、問題の俎上にのぼることになる。紅山期例の場合にはその址数の多さと甚だしい衰微ぶりによって、廟底溝期例の場合には衰微域の広さによって、他の衰微例よりもはるかに人口流出が多かったと考えられるからである。

土器の伝播や親疎によって流出先を特定することができれば理想的であるが、筆者にはその準備がない。かわって址数の増減を手がかりにして流出先の候補を選定すると、陝西の北部と宝鶏、山西の北・中部、河南の一部に尽きる。もっとも、刊行が待たれる吉林分冊のデータ次第で候補地に加わる可能性を積極的に残しておかないと、紅山期例の人びとにとって、陝西、山西、河南は遠い。廟底溝期例の人びとにとってはいずれも移動に無理のない近隣地であるが、ただ、陝西北部や山西北・中部で従来の生活・生業形態を維持することは、北方の気候条件を考えると容易でなかったにちがいない。農耕を捨てはしないにせよ、西アジアで立証されているような、集落を形成しつつパストラル・ノマディズムに比重を移し、遊動性を高めなければ、北方の移住先で生活を維持することは難しかったであろう。

第二の波　隆替の第二の波が新石器・青銅器時代の交に到来した。前二〇〇〇年頃のことであり、その変動は第一の波の場合よりもはるかに広域を遅速なく覆い、しかも激しかった。前節で址数の増減と断絶率のうえに復活・回帰率を添えて分析視角を三次元化したために、叙述はいきおい多岐にわたり、かつ「複雑化」した。そこで、隆替の内実と遊動者の生存戦略に対象を絞って、それぞれの概略を述べておく。隆替の内実を箇条書き風に示すと、山東を含む黄河水系に広がっていた龍山文化、長江の中流の石家河文化、長江最下流域で太湖周辺の良渚文化という、新石器後期末に命脈を保った主要文化域で集落形成が衰微したこと、次代を継承した文化でも衰微が継続したこと、衰微とともに山西南部〜河南西部に人口が集中し、二里頭に代表される例をみない大型都市が拡張と整備に向かって動いたこと、甘粛中・東部の黄河・渭河上流域と、内蒙古南東部、遼寧西部、河北北部にも人口が集中し、前者は斉家文化、後者は夏家店下層文化として集落形成が興隆したことがあげられる。さらに、確認址数が少ないために新石器時代における集落形成の盛衰が復原できない四川も、青銅器前・中期に大型集落が出現した点で、長江水系での唯一の人口集中地として加わる可能性がある。

集落形成のこのような激変は、一方で、既存の生活の改変を求められて遊動化をせまられ、他方で、特定地域へ集住して人口集中の利点を生かそうとはかった生存戦略の結果である。その結果のひとつとして、都市の名に値する体裁をそなえた大型集落が二里頭文化域で呱々の声をあげ、王朝や国家や文明の誕生として高い歴史上の評価が与えられている社会変容が実現したわけである。すなわち、集住に伴う危険を減殺する装置として、力能に満ちた指導者、宗教的権威、暴力的強制力、集住者の扶養システムが洛陽盆地で発生し、集住者はそれぞれの業に従事して定住を遂げたのである。したがって、分業の進展もここに由来する。龍山期における社会的蓄積が、この集住維持装置の定立を可能にしたのであろう。しかし、遊動者の向かった先は集住だけではなかった。あるいは帰農し、あるいは物産の獲得や運搬や交易に携わって集住装置を下支えする人びとがいなければ装置は機能しえなかったであろうし、流賊として進攻・略奪側に身をおいた人びとも少なくなかったにちがいない。そうして、龍山期に身長と平均年齢が低下して罹病率が高進し、二頭頭期でも罹病率が高進したことを伝える形質人類学のデータを重視するならば、王朝、国家、文明の誕生という麗句で表現される時代を現出した主体は、飢餓と病苦、争乱がせまる情況のなかで生存戦略を模索した無名の遊動者であったことを再言しておこう。

第三の波　第三の波の到来は、前一六〇〇年前後であった。それが東北方における夏下店下層期例、西方における斉家期例の著しい衰微である。これに対して黄河流域では、第二の波のなかでいったん衰微した集落形成が再興に向かったことを、山西中・南部〜河南西部の二里頭期例で指摘できる。また、第二の波による衰微を経て復活した集落の占めた比率つまり復活率が、山東、江蘇で高くて三〇％代の山東が最上位を占め、陝西、山西、湖北・浙江が一桁代にとどまる。新石器後期集落への回帰率は、陝西、河南、山東で高く、山西、湖北、湖南で低いので、両率とも山東で高く、湖北で低いことになる。河南での復活率が低くない点を加味すると、河南、山東での集落形成は衰微を経ても他地域に較べて安定的であったといえる。

王朝の存在が異説なく承認されている二里岡〜安陽期つまり商代に入ると、集落形成は隆盛をみせたが、しかし同時に、それまで址数が乏しかった湖南南部、江蘇南部、浙江南部で急増し、しかもその急増地は点的であり、他方、山西では二里頭期例の址数を超えていない。つまり、隆盛といっても跛行的であり、これを概括すると、商の本拠地および近隣の黄河上・中流域よりも東方や南で卓越し、ともに局部的隆盛が目立つ。これは塩、銅、タカラガイなどの物産を獲得しようとした商の戦略に起因すると思われる。

夏下店下層期と斉家期に戻ると、集落形成の衰微に伴い、そこに居住していた人びとの行方が問題になる。農耕を捨てて遊牧に生業を移し、可動性を利して交易活動を高めたのか、あるいは、定住化に向かった黄河流域へ移住して農耕などに従事する途を選んだのか、さらには双方に分散したのか、想像をめぐらせることは可能であるが、彼等の生存戦略を推定する手がかりが見あたらない。いずれともあれ、夏家店下層期例で一ｍ未満、斉家期例で二ｍ未満という堆積層が集落址例の多くを占めることからすると、定住といっても遊動性の高いことが推測されるので、それぞれの実人口は址数に基づく推定数よりもかなり少なかったであろう。手がかりが乏しい原因の一端はここにある。したがって、第三の波による集落形成上の衰微は、山西での停滞を考慮に入れたとしても、第二の波の場合のような広域的動揺を伴わない点で、中国全土からみると軽微であったといえる。

第四の波を取り上げる前に、そこに至るまでの集落形成上の変動を略述しておくと、商・周代の間では、内蒙古、遼寧、河北、甘粛、陝西、山西の北方各地に加え、山東と湖南が隆盛をみせ、自余の地域は停滞的で、大きく衰微した地域がなかった。これは黄河流域および北方に中心をおいた総体的隆盛を示している。この隆盛は、人口の自然増だけでは説明が難しい甚だしさであり、二里頭・商代間の定住度の高進がさらにその度を加えたことを示唆している。そこで、戦国期をも視野に入れ、址数と断絶率によってその高進を分析すると、政治的動向を映していることが知られる。また、夏家店上層期例から下層期例への回帰率、甘粛での青銅器後期例から斉家期例への回帰率が、黄河・長江流域の諸例の場合に較べて高い。これは環境条件や文化的要因によるのであろう。

この第三の波以降、気候変動主因説から外れるこのような例が目立ち始める。戦国・漢代間の隆替もその一例である。内蒙古、甘粛、陝西、山東は隆盛をみせ、湖北、湖南、浙江で大きく衰微した。山西と河南も程度は劣るが隆盛地の一角を占めるので、北高南低に傾斜したことは疑いない。この変化が王権の動向に添っているらしいことは、秦代末の騒乱や、漢代における対匈奴策や工官配置などに言及して説いたとおりである。

なお戦国期に、甘粛で集落形成の衰微状態が続き、また、北方域外集団の中原進攻が活発化していたことも、次の波に至るまでの動向として付記しておこう。

第四の波　第四の波は後漢代末の二世紀後半に訪れ、七世紀前葉の唐の定礎でひとまず終息する。四五〇年ほど続いたことになるが、激浪にたとえられるのは、東晋が成立するまでの、戦乱と災害が重なって出口を見いだせない状態が続いた一五〇年間である。版籍調査の人口が示し、址数が語っているように、この間に多数の遊動者が発生した。後漢王朝が掌握しえた人口は激減し、盛唐期の八世紀中葉に至ってようやく漢代と肩を並べるところまで回復した。後漢代末以降、人口増を期待できる自然・社会環境がととのっていなかったので、掌握人口の低落は実人口の減少と停滞を映しているとみて大過ないと思われる。

自営地を捨てて遊動することもまた、生存戦略である。後漢代末の情況から知られるように、「海賊」や「妖賊」に身を投じ、太平道などの宗教教団に参じて劫掠側に回り、あるいは「塢」という一種の砦を営んでアジールとした。さらに、後漢代後半〜五胡十六国・東晋代の二〜四世紀には南方はもとより北疆や西域にも、南北朝期後半の五世紀後半〜六世紀には北方へ、隋代末〜唐代初めの動乱期には南方へ移動して、難を避けようとした人びとが多数にのぼったことを、版籍調査などが示すめまぐるしい人口分布の変動が伝えている。また、軍閥に身を寄せ、私兵となって乱世を生きのび機を得て将や王にのしあがろうとした人びとが少なくなかったことも、五胡十六国期の王朝乱立や南朝後半のめまぐるしい王朝交替から察せられる。このように逃散後の生存戦略は一様でないが、「賊」となるにせよ、軍閥の私兵と化するにせよ、貴顕の佃戸として寧日を求めるにせよ、ともかく王朝というものの権勢に身を委ね信をおいては生きのびられなかったことを、掌握人口の著しい低落が暗示している。

その意味で、現世利益を説く宗教教団が困窮者の心を強く惹きつけた黄巾の乱は、のちにしばしば生起した宗教的反乱の先駆けとして注目される。人びとの心性上の変化を示唆しているからである。漢代から魏晋代に至る心性上の変化として、宇宙的思惟から内的思弁へ移ったことが端的に説かれている。人びとの心が内面を指向したことによって、道教を生み仏教を育み、哲理的にも世俗的にも宗教が存在感を得るに至ったことは、乱世が残した思想史上の深い足跡であった。

第五の波　第五の波は唐代末の九世紀後半に始まり、宋の建国によってひとまず収まる一〇世紀中葉まで、約一〇〇年間続いた。しかし黄河流域で頻発した水旱蝗疫の災厄によって、それ以前から遊動者の数は増加していた。彼等は南や東を指して塩や茶などの生産を下支えし、運搬や闇商売に携わり、あるいはとどまって藩鎮の私兵となり、さらには「賊」と化して唐朝の軛から逃れた。しかも、九世紀前半における藩鎮対策の成功がかえって私兵を野に放つ結果となり、九世紀後半の民衆蜂起につながる火種を提供した。七八〇年に発布された両税法は、遊動者の扱いに苦慮して、創業期の施政の原則を枉げざるをえなくなった現状追認策であり、節度使の専横もまた遊動者の私兵化に由来する。

黄巣の乱に代表される民衆蜂起の混迷から、収束に向かって動いた五代十国期にかけては、卑賤から身を起こした有力者が各地で軍閥化し王朝を樹てた社会革命の時代であり、同時に、富国強兵策によって商工業が興隆し都市が生成群立した都市革命の時代でもあった。わけても江南でめざましかった商工業の発達と都市の興隆は、夥しい数の南下遊動者の存在がなければ達成しえなかった。また、唐代中期以降、東北部で契丹が興起し、唐代末の動乱に乗じて耶律阿保機が樹てた遼で、亡命または拉致された漢人が枢務に関与し、軍を組織し、農耕や手工業に携わって、国力の充実に寄与したことも注意を引く。遼のその後のめざましい勢威の伸張を考えると、ここでも遊動者の貢献の痕跡を見いだすことができる。

宋の建国後も商工業の発達が続き、都市化が進捗した。しかし、遼の南下に続く金の進攻、さらにモンゴルの攻勢が加わって北方で戦火が絶えず、このうえに、金、モンゴルとも征服地で自民族優遇策をとったこと、金の支配する黄河流域で大規模な蝗災や疫災の発生したことが加わり、南下する遊動者が貴賤とも跡を絶たなかった。さらに、元による統一後も北方諸地域での人口の回復がはかばかしくなく、南北の人口分布がここに至って逆転した。長江流域での災害の少なさとともに、製塩、製茶、窯業の前代を凌ぐ隆盛、そして陶磁類の輸出が江南の殷賑を支えた。金・元代の址数は遼代に続いて内蒙古と遼寧での卓越を伝えているが、これは定住度の低さに起因すると考えるほかない。したがって、金・南宋並立期における実人口が唐代を上回って一億に達した可能性さえあり、唐代末の騒乱や五代十国期の抗争が著しい人口減少をもたらさなかったらしいことは、江南での増加に負うところが大きかったことを推測させる。

第六の波　第六の波は元代末~明代初頭の十四世紀中・後葉にあたる。幾多の騒乱と度重なる災害とがあいまって、この波が生起した。元代末の騒乱は安徽が最多で湖北がそれに次ぎ、彼岸の楽土を掲げる白蓮・弥勒教徒や商人の関与が目立ち、これに対して明代初めの騒乱は広東を首位に長江流域および以南の地が中心を占めた。洪武帝治下の三〇年で七五件に及び、農民だけでなく、非農民や山岳民の反抗も稀ではなかった。

騒乱の原因は元代末の場合、弥勒下生を願い彼岸に思いを託し、元への叛意をあらわにした仏勢教団の一派への弾圧、商工業への重税、漢人への社会的差別に対する反逆であり、明代初めの場合は、輸出入を厳しく規制する海禁策をとり、重農策を掲げて儒教的統治を推進する洪武帝の施策に対する抵抗であった。しかし、災害もまた乱を生んだ。元代末に水災が際立って多く、ペストを含む大疫の頻度も高い。そうして主として、水災は山東と河南を中心とする黄河流域に、大疫は内陸なら山西に、沿海部なら浙江を筆頭に山東、福建、広東と並び、内陸であれ沿海部であれ人的接触が多い交易の門戸に集中している。南北ともこうして打撃を被ったのである。これに対して明代初めの洪武帝治下で、水災一六件中一四件を長江流域および以南が、旱災二件を黄河流域が、蝗災三件を山東、浙江、貴州が、大疫一件を福建がそれぞれ占めており、災害が多発していた黄河流域が不思議なほどの静謐さをみせ、かわって長江流域および以南が水災を被ることになったのである。前節で漏らしたこの点を、明代初めの南方騒乱の原因のひとつとして付記しておく。

元代末から明代初めに至る間の水災の南下は古気候学の面からも興味深いが、ともかく、元代末の疫禍に続く明代初めの海禁・帰農策とそれに伴う騒乱、さらに水災の頻発が南方の諸地域を痛打して遊動者を生み、北行を促した。このうえに、南京から北京への遷都と、面的・縦深的な対モンゴル防備が加わって、一五世紀の人口分布に表れたような北方での人口増加がもたらされた。それでもなお、黄河流域および以北で占めた人口は全体の三〇％ほどで、江蘇と江西を合算した人口比にとどまる。

明代例の址数分布は、域外集団に対する面的・縦深的防禦戦略とともに、王朝の制約から逃れて山間に身をおいた遊動者による騒乱の在り処を指し示していた。明の版籍調査は次代の清と違って、掌握人口の停滞を伝えていたが、入山禁止域を複数設けなければならないほど、遊動者の数が多かったのであろう。山間に逃避するのは、もとより明代が初現ではなく、元代にも、遡れば戦国期の楚の滅亡時にも山間逃避の形跡を窺うことができる。したがってそれが多発したことによって、明代の遊動者の行動を特色づけることができるとすれば、その心性は既述したように彼岸を求める信仰と通底する。

注

（1）小澤正人ほか『中国の考古学』世界の考古学七　同成社　一九九九年。
（2）飯島武次『中国新石器文化研究』山川出版社　一九九一年。
（3）劉宝山『従柳湾墓地到河湟地区史前考古学研究』（無錫市文化遺産保護和考古研究所科研成果叢書　第二号　陝西出版集団・

三秦出版社　二〇一〇年）。鄧振華「甘青地区新石器時代聚落時代変遷与区域対比」（『華夏考古』二〇一四—四　二〇一四年）参照。

（4）王建華「陝西省仰韶時代人口規模及相関問題的初歩研究」（『考古与文物』二〇〇九—六　二〇〇九年）。張小虎「関中地区新石器時代文化発展規模的統計分析」（『華夏考古』二〇一三—二　二〇一三年）。

（5）王月前「環塩湖地帯新石器文化初論」（山西省考古研究所・山西省考古学会編『鹿鳴集』李済先生発掘西陰遺址八十周年・山西省考古研究所候馬工作站五十周年紀念文集　科学出版社　二〇〇九年）。

（6）中国国家博物館考古部編『垣曲盆地聚落考古研究』科学出版社　二〇〇七年。

（7）中国国家博物館田野考古研究中心・山西省考古研究所・運城市文物保護研究所編『運城盆地東部聚落考古調査与研究』文物出版社　二〇一一年。

（8）陳星灿ほか「中国文明腹地的社会複雑化進程—伊洛河地区的聚落形態研究—」（『考古学報』二〇〇三—二　二〇〇三年）。

（9）喬玉「伊洛地区裴李岡至二里頭文化時期複雑社会的演変—地理信息系統基礎上的人口和農業可耕地分析—」（『考古学報』二〇一〇—四　二〇一〇年）。

（10）王建華『黄河中下游地区史前人口研究』科学出版社　二〇一一年。

（11）趙春青『鄭洛地区新石器時代聚落的演変』北京大学出版社　二〇〇一年。

（12）鞏文「天水至鄭州間仰韶文化晩期聚落群与中心聚落的初歩考察」（『中原文物』二〇〇三—四　二〇〇三年）。なお、鞏文が示した渭南の址数には問題がある。総計を基準にして訂正を加えた。

（13）方輝ほか「魯東南沿海地区聚落形態変遷与社会複雑化進程研究」（『東方考古』第四集　二〇〇八年）。

（14）山東省文物考古研究所・北京大学考古文博学院「臨淄桐林遺址聚落形態研究考古報告」（『海岱考古』第五集　二〇一二年）。

（15）日照地区で大汶口文化が分期され、各期の集落形成動向が述べられている。それによると、北辛期と大汶口前期の集落址はきわめて乏しく、群形成に至っていない。大汶口中期例は増加し、後期例はさらに増加して、小さくない規模の集落址群が見られるという。欒豊実編『両城鎮遺址研究』文物出版社　二〇〇九年　一八〇～一八三頁。

（16）馬保春・楊雷「新石器時代晩期鄂豫陝間文化交流通道的初歩研究」（『江漢考古』二〇〇七—二　二〇〇七年）。

（17）湖北省文物考古研究所「大洪山南麓史前聚落調査—以石家河為中心—」（『江漢考古』二〇〇九—一　二〇〇九年）。張弛「屈家嶺—石家河文化的聚落与社会—」（北京大学考古文博学院・北京大学中国考古学研究中心編『考古学研究』一〇　慶祝李仰松先生八十寿辰論文集　科学出版社　二〇一二年）。笪浩波「長江中游新石器時代聚落分布与環境関係」上（『華夏考古』二〇一三—三　二〇一三年）。

(18) 孟原召「屈家嶺文化的北漸」（『華夏考古』二〇一一—三　二〇一一年）。

(19) 郭偉民『新石器時代澧陽平原与漢東地区的文化与社会』（北京大学震旦古代文明研究中心学術叢書二二　文物出版社　二〇一〇年）。なお、裴安平「澧陽平原史前聚落形態的特点与演変」（『考古』二〇〇四—一一　二〇〇四年）もあわせ参照。

(20) 高蒙河「長江下游史前遺址的統計分析」（『東方考古』第一集　二〇〇四年）。郭明建「良渚文化宏観聚落研究」（『考古学報』二〇一四—一　二〇一四年）参照。

(21) 韓茂莉「史前時期西遼河流域聚落与環境研究」（『考古学報』二〇一〇—一　二〇一〇年）。

(22) 靳松安『河洛与海岱地区考古学文化的交流与融合』科学出版社　二〇〇六年。

(23) 孫広清「河南境内的大汶口文化和屈家嶺文化」（『中原文物』二〇〇〇—二　二〇〇〇年）。劉俊男「石家河文化的北漸及其対豫中西地区的影響」（『中原文物』二〇一三—一　二〇一三年）参照。

(24) 小澤正人「河南汝州地区における仰韶文化から中原龍山文化への土器変遷」（『日本中国考古学会会報』第三号　一九九三年）。

(25) 注15欒に同じ。

(26) 陝西北部で面積四〇〇haという龍山期の「城址」が山丘上で見いだされている点が、址数の増加とあわせて注意を引く。陝西省考古研究院ほか「陝西神木県石峁遺址」（『考古』二〇一三—七　二〇一三年）。

(27) 米田賢次郎『中国古代農業技術史研究』同朋舎　一九八九年。

(28) 張居中ほか「無陽史前稲作遺存与黄淮地区史前農業」（『農業考古』一九九四—一　一九九四年）。

(29) 岡村秀典『中国古代王権と祭祀』学生社　二〇〇五年。王華ほか「渭水流域新石器時代家猪的馴化与飼養策略」（『考古』二〇一三—九　二〇一三年）。注3鄧もあわせ参照。

(30) 注7に同じ。

(31) 注26に同じ。

(32) 飯島武次『中国考古学概論』同成社　二〇〇三年　一六三頁。

(33) 李水城「西北与中原早期冶銅業的区域特征及交互作用」（中国社会科学院辺疆考古研究中心編『新疆石器時代与青銅時代』文物出版社　二〇〇八年）。

（34）戴俊騁・龍昱「中国中東部新石器中晩期玉文化遺址分布的時空特征」（『華夏考古』二〇一一―二　二〇一一年）。張海・陳建立「史前青銅冶鋳業与中原早期国家形成的関係」（『中原文物』二〇一三―一　二〇一三年）。南部の珠江流域に分布する石峡文化の数多くの玉器中に良渚文化からの伝播、影響と思われる例も多いという（注32、一四二頁）。
（35）吉成名『中国古代食塩産地分布与変遷研究』中国書籍出版社　二〇一三年。
（36）岡村秀典「中国新石器時代の戦争」（『古文化談叢』第三〇集下　古文化談叢発刊二〇周年・小田富士雄代表還暦記念論集Ⅲ　一九九三年）。
（37）陳平『北方幽燕文化研究』（群言出版社　二〇〇六年）二三五頁の記述によると、圜坊上層文化の主要分布地は燕山南麓と太行山脈北部東麓であり、夏家店下層文化の大坨頭類型と重なるという。『中国文物地図集』河北分冊（二〇一三）よりも多くの遺跡例があげられている。
（38）注7に同じ。
（39）注6に同じ。
（40）『中国文物地図集』山西分冊　二〇〇六年。
（41）宋愛平「鄭州地区史前至商周時期聚落形態分析」（『東方考古』第八集　二〇一一年）。
（42）注8に同じ。
（43）右に同じ。
（44）中国社会科学院考古研究所二里頭工作隊「河南洛陽盆地二〇〇一～二〇〇三年考古調査簡報」（『考古』二〇〇五―五　二〇〇五年）。張東「試論洛陽盆地二里頭文化的形成背景」（『中原文物』二〇一三―三　二〇一三年）。
（45）載向明「中原地区龍山時代社会複雑化的進程」（注17北京大学考古文博学院・北京大学中国考古学研究中心編に同じ）。中国社会科学院考古研究所山西隊・山西省考古研究所「山西襄汾県陶寺遺址Ⅲ区大型夯土基址発掘簡報」（『考古』二〇一五―一　二〇一五年）。
（46）北京大学震旦古代文明研究中心・鄭州市文物考古研究院編『新密新砦―一九九九～二〇〇〇年田野考古発掘報告―』文物出版社　二〇〇八年。
（47）李維明『豫南及嶺境地区青銅文化』下（中国語言文字研究叢刊　第四輯　二〇〇九年）。
（48）河南省文物考古研究所・武漢大学考古学系「河南淮浜県黄土城地区区域考古調査簡報」（『華夏考古』二〇一〇―四　二〇一

〇年）。

(49) 注14に同じ。

(50) 注13に同じ。

(51) 方輝ほか。「済南市小清河流域区域系統考古調査」（『東方考古』第二集　二〇〇六年）。

(52) 徐昭峰「商王朝東征与商夷関係」（『考古』二〇一二―二　二〇一二年）。なお、徐には岳石文化の北伝を説いた論文もある。「試論岳石文化北向発展態勢」（『考古与文物』二〇一二―二　二〇一二年）。

(53) 燕生東「渤海南岸地区商周時期塩業遺址群結構研究―兼論製塩業的生産組織―」（北京大学中国考古学研究中心・北京大学震旦古代文明研究中心編『古代文明』第八巻　文物出版社　二〇一〇年）。燕生東「殷墟時期渤海南岸地区塩業生産性質」（『東方考古』第九集　二〇一二年）。燕生東『商周時期渤海南岸地区的塩業』（北京大学震旦古代文明研究中心学術叢書二九　文物出版社　二〇一三年）。王青『環境考古与塩業考古探索』下編　科学出版社　二〇一四年。

(54) 黄石市博物館編『銅緑山古鉱冶遺址』文物出版社　一九九九年。大冶市銅緑山古銅砿遺址保護管理委員会編『銅緑山古銅砿遺址考古発現与研究』上・下　科学出版社　二〇一三年。江西省文物考古研究所・瑞昌博物館編『銅嶺古銅砿遺址発現与研究』江西科学技術出版社　一九九七年。

(55) 何介鈞「試論湖南出土商代青銅器及商文化向南方伝播的幾個問題」（中国社会科学院考古研究所編『中国商文化国際学術討論会論文集』中国大百科全書出版社　一九九八年）。

(56) 劉莉「中国早期国家政治格局的変化」（荊志淳ほか編『多維視域―商王朝与中国早期文明研究―』科学出版社　二〇〇九年）。

(57) 近藤喬一「商代海貝的研究」（注55中国社会科学院考古研究所編に同じ）。楊宝成『殷墟文化研究』武漢大学出版社　二〇〇二年。

(58) 徐昭峰「二里頭夏都毀棄年代考弁」（杜金鵬・許宏編『二里頭遺址与二里頭文化研究』中国・二里頭遺址与二里頭文化国際学術討論会論文集　科学出版社　二〇〇六年）参照。

(59) 湖北省文物考古研究所編『盤龍城―一九六三～一九九四年―』上・下　文物出版社　二〇〇一年。陳賢一「盤龍城遺址的分期及城址的性質」（北京大学考古文博学院編『考古学研究』五　慶祝鄒衡先生七五寿辰暨従事考古研究五十年論文集　上冊　科学出版社　二〇〇三年）。

(60) 孔昭宸ほか「内蒙古自治区赤峰市距今八〇〇〇～二四〇〇年間環境考古学的初歩研究」（『環境考古研究』第一輯　一九九一

年）、孔昭宸ほか「中国北方全新世大暖期植物群的古気候波動」（施雅鳳ほか編『中国全新世大暖期気候与環境』海洋出版社　一九九二年）。

(61) 烏恩岳斯図『北方草原考古学文化研究―青銅時代至早期鉄器時代―』（科学出版社　二〇〇七年）三一・三二頁。梅建軍ほか「新疆東部地区出土早期銅器的初歩分析和研究」、注33李論文とともに『新疆石器時代与青銅時代』に所収。

(62) 王立新「也談文化形成的滞后性―以早商文化和二里頭文化的形成為例―」（『考古』二〇〇九―一二　二〇〇九年）の所説は、本書の骨子と近い距離にある。

(63) 許宏・劉莉「関于二里頭遺址的省思」（『文物』二〇〇八―一　二〇〇八年）。

(64) 中国社会科学院考古研究所編『偃師二里頭―一九五九～一九七八年考古発掘報告―』中国大百科全書出版社　一九九九年。中国社会科学院考古研究所二里頭工作隊「河南偃師二里頭遺址墻垣和道路二〇一二～二〇一三年発掘簡報」（『考古』二〇一五―一　二〇一五年）。

(65) 許宏ほか「二里頭遺址聚落形態的初歩考察」（『考古』二〇〇四―一一　二〇〇四年）。

(66) 注63に同じ。

(67) 山東大学歴史系考古専業教研室編『泗水尹家城』文物出版社　一九九〇年。

(68) 注1に同じ。欒豊実「二里頭遺址中的東方文化因素」（『華夏考古』二〇〇六―三　二〇〇六年）。

(69) 秦小麗「二里頭文化の地域間交流―山西省西南部の土器動態を中心に―」上・下（『古代文化』第五〇巻第一〇・第一一号　一九九八年）。

(70) 張立東「論輝衛文化」（『考古学集刊』第一〇集　一九九六年）。なお、段天璟『二里頭文化時期的中国』（社会科学文献出版社　二〇一四年）によると、二里頭文化の波及域は最大に達した中期で東西六〇〇km、南北四五〇kmであるらしい。張との相違については後考をまちたい。

(71) 川西宏幸『倭の比較考古学』同成社　二〇〇八年。

(72) 河南文物研究所「河南舞陽賈湖新石器時代遺址第二至六次発掘簡報」（『文物』一九八九―一　一九八九年）。

(73) 注64に同じ。田尻義了「二里頭遺跡における青銅器生産体制」（宮本一夫・白雲翔編『中国初期青銅器文化の研究』九州大学出版会　二〇〇九年）。

(74) 毛振偉ほか「賈湖遺址出土緑松石的無損検測及砿物来源初探」（『華夏考古』二〇〇五―一　二〇〇五年）、龐小霞「中国出土新石器時代緑松石器研究」（『考古学報』二〇一四―二　二〇一四年）で、河南などの可能性が示唆されている。叶暁紅「緑松石的鉱物学分析及来源探索」（中国社会科学院考古研究所編『二里頭（一九九九～二〇〇六）』第三巻　中国田野報告集　考古学専刊　丁種第八七号　文物出版社　二〇一四年）。

(75)　甘粛省文物考古研究所「甘粛粛北馬鬃山玉砿遺址二〇一一年発掘簡報」（『文物』二〇一二―八　二〇一二年）。

(76)　王輝・陳国科「甘粛張掖西城駅遺址」（国家文物局『二〇一一中国重要考古発現』文物出版社　二〇一二年）。

(77)　廉海萍ほか「二里頭遺址鋳銅技術研究」（『考古学報』二〇一一―四　二〇一一年）。

(78)　金正耀「二里頭青銅器的自然科学研究与夏文明探索」（『文物』二〇〇〇―一　二〇〇〇年）。

(79)　夏湘蓉ほか編『中国古代砿業開発史』地質出版社　一九八〇年。陳光祖「商代錫料来源初探」（『考古』二〇一二―六　二〇一二年）。注56参照。

(80)　注57近藤に同じ。

(81)　中国社会科学院考古研究所編『大甸子―夏家店下層文化遺址与墓地発掘報告―』中国田野考古報告集　考古学専刊　丁種第四八号　一九九六年。

(82)　宋建「二里頭文化中的南方因素」（注58杜・許に同じ）。

(83)　向桃初「二里頭文化向南方的伝播」（『考古』二〇一一―一〇　二〇一一年）。

(84)　注36に同じ。

(85)　注45載に同じ。

(86)　注81に同じ。

(87)　河南省文物考古研究所編『輝縣孟庄』中州古籍出版社　二〇〇三年。

(88)　王建華『黄河中下游地区史前人口研究』科学出版社　二〇一一年、王建華「黄河流域史前人口年齢構成研究」（『東方考古』第九集　上冊　二〇一二年）、王建華「黄河流域史前人口性別研究」（『四川文物』二〇一三―一　二〇一三年）。

(89)　杜金鵬「試論夏家店下層文化中的二里頭文化因素」（『華夏考古』一九九五―三　一九九五年）。注37に同じ。

(90)　張家口考古隊「蔚県夏家店下層文化顱骨的人種学研究」（『北方文物』一九八七―一　一九八七年）。注81に同じ。

(91)　李水城『東風西漸―中国西北史前文化之進程―』文物出版社　二〇〇九年。

(92)　王建華「黄河流域史前人口健康状況的初歩考察」（『考古』二〇〇九―五　二〇〇九年）。

(93) 注87に同じ。なお、注3部によると、出土人骨から推定される平均年齢が、馬家窰文化馬廠類型期で三七・五歳、斉家文化期で三八歳であるという。青銅器時代に入り集落形成が隆盛をみたにもかかわらず、平均年齢は伸びていないのである。

(94) 内田吟風『北アジア史研究』鮮卑柔然突厥篇　同朋舎　一九七五年。

(95) 承徳地区内で夏家店上層期の集落址が戦国期に継続している比率を現在の行政区毎に示すと、承徳市区〇%（0/1）、承徳県三八%（5/13）、平泉県六%（7/122）、寛城満族自治県六七%（2/3）、灤平県三三%（4/12）、興隆県〇%（0/0）、豊寧満族自治県三一%（28/89）、囲場満族蒙古族自治県二〇%（11/55）、隆化県三一%（38/123）、総計二三%（95/418）となる。南部の興隆と寛城は夏家店上層期の址数が乏しいのでさておき、址数が多くしかも遼寧と接する平泉で、比率が極端に低い。戦国期址数が四一例を数え、そのうちの一七%が夏家店下層期からの継続例である。戦国期址数が多い豊寧で三五%（28/79）、隆化で五九%（38/64）が、夏家店下層期からの継続例であることと比較すると、平泉での継続例の少なさが際立つ。戦国期への転換にあたって、東部の平泉では新規に集落を設ける傾向が強かったわけである。

(96)『漢書』地理志。注79夏ほかに同じ。

(97) 黄恵賢「上古至魏晋南北朝時期的塩業」（郭正忠編『中国塩業史』古代編　人民出版社　一九九七年）。注79夏ほかに同じ。

(98) 山西省考古研究所『侯馬鋳銅遺址』上・下　文物出版社　一九九三年、山西省考古研究所編『侯馬白店鋳銅遺址』科学出版社　二〇一二年。

(99) 勞榦「両漢戸籍与地理之関係」（『中央研究院歴史語言研究所集刊』第五本　一九七一年再版）。佐藤武敏『中国古代工業史の研究』（吉川弘文館　一九六二年）によると、河東には銅宮も置かれていたらしいという。

(100) 増淵龍夫『新版中国古代の社会と国家』（岩波書店　一九九六年）によると、周に滅ぼされた殷の諸族は多くが洛陽に遷って新都の造営にあたり、のち定住したという。また、陝西省西安市長安県馬王鎮出土の張家坡西周墓群の一部について、被葬者が殷の遺民であることが推測されている。中国社会科学院考古研究所編『張家坡西周墓地』中国田野考古報告集　考古学専刊　丁種第五七号　中国大百科全書出版社　一九九九年。張礼艶「灃西地区殷遺民的社会地位及其変遷」（『考古与文物』二〇一三―二　二〇一三年）。

(101) 中国社会科学院考古研究所・美国明尼蘇達大学科技考古実験室「洹河流域区域考古研究初歩報告」（『考古』一九九八―一〇　一九九八年）。

(102) 注41に同じ。

（103）河南省文物考古研究所・密蘇里州立大学人類学系・華盛頓大学人類学系中美洹河流域考古隊『潁河文明―潁河上游考古調査試掘与研究―』大象出版社　二〇〇八年。
（104）注8に同じ。
（105）注44に同じ。
（106）貝塚茂樹『中国の古代国家』中央公論社　一九八四年。
（107）注48に同じ。
（108）宇都宮清吉『漢代社会経済史研究』弘文堂　一九五五年。
（109）注99勞に同じ。
（110）河南省文物考古研究所編『永城西漢梁国王陵与寝園』中州古籍出版社　一九九六年。
（111）注51に同じ。周代例の址数は、図によると四三、文中では四二とある。
（112）注14に同じ。
（113）注13に同じ。
（114）臨淄関係の報告は多い。二一世紀に公表されたものとして、白雲翔・張光明「山東臨淄斉国故城漢代鏡范的発現与研究」（『考古』二〇〇五―一二　二〇〇五年）、張学海「大遺址探掘：実践与方法論」（『海岱考古』第五集　二〇一二年）が管見にのぼる。
（115）杜正勝『古代社会与国家』美術考古叢刊一　允晨文化実業　一九九二年。山東省文物考古研究所編『山東二〇世紀的考古発現和研究』科学出版社　二〇〇五年。注114張に同じ。山東省文物考古研究所『臨淄斉故城』文物出版社　二〇一三年。
（116）注99佐藤に同じ。
（117）『中国文物地図集』四川分冊（二〇〇九年）に拠る。
（118）成都市文物考古研究所・北京大学考古文博院『金沙淘珍―成都市金沙村遺址出土文物―』文物出版社　二〇〇二年。
（119）江章華「岷江上游新石器時代遺存新発現的幾点思考」（『四川文物』二〇〇四―三　二〇〇四年）。丁見祥「馬家窯文化的分期、分布、来源及其与周辺文化的関係」（注53北京大学中国考古学研究中心・北京大学震旦古代文明研究中心編に同じ）。
（120）Davey, C. J., The Early History of Lost-Wax Casting, in Mei, J. and T. Rehren (eds.), *Metallurgy and Civilization : Eurasia and Beyond*（Archetype Publications, 2009）pp. 147-154
（121）施勁松「蜀文化中的楚文化因素」（李紹明ほか編『三星堆与巴蜀文化』巴蜀書社　一九九三年）。注117に同じ。

(122) 金正耀ほか「広漢三星堆遺物坑青銅器的鉛同位素比値研究」(『文物』一九九五―二　一九九五年)。なお、三星堆青銅器の鉛は雲南省会沢鉱山と同じ鉱脈の同位体比に近く、盤龍城や偃師商城などの長江、黄河流域の商代遺跡出土の青銅器にも同じ比率を示す例があり、殷墟出土品の八割がこの比率に含まれ、西周代の青銅器とこの点で相違するという(「朝日新聞」一九九八年五月二五日朝刊)。四川省文物考古研究所編『三星堆祭祀坑』文物出版社　一九九九年。四川県南部の塩源県老龍頭墓地出土の青銅器、西部の甘孜蔵族自治州での石棺墓とその出土品は、四川の青銅器時代が広く開放的な文化的連関のひとつの核を形成していたことを示唆している。涼山彝族自治州博物館・成都文物考古研究所編『老龍頭墓地与塩源青銅器』文物出版社二〇〇九年。宮本一夫・高大倫編『東チベットの先史社会―四川省チベット自治州における日中共同発掘調査の記録―』中国書店　二〇一三年。

(123) 湖北省文物考古研究所・天門市博物館「湖北天門笑城城址発掘報告」(『考古学報』二〇〇七―四　二〇〇七年)。『中国文物地図集』湖北分冊(二〇〇二年)では、一二haとする。宜昌市秭帰県にも楚王城という集落址が知られているが、二〇haと小さい。

(124) 馮永軒「説楚都」(『江漢考古』一九八〇―二　一九八〇年)。湖北省博物館「当陽季家湖楚城遺址」(『文物』一九八〇―一〇　一九八〇年)。

(125) 楚皇城考古発掘隊「湖北宜城楚皇城勘査簡報」(『考古』一九八〇―二　一九八〇年)。

(126) 湖北省博物館「楚都紀南城的勘査与発掘」上・下(『考古学報』一九八二―三・四　一九八二年)。郭徳維『楚都紀南城復原研究』文物出版社　一九九九年。高介華・劉玉堂『楚国的城市与建築』(湖北教育出版社　一九九六年)参照。

(127) 港下古銅砿遺址発掘小組「湖北陽新港下古砿井遺址発掘簡報」(『考古』一九八八―一　一九八八年)。大冶市銅緑山古銅鉱遺址保護管理委員会編『銅緑山古銅鉱遺址考古発現与研究』(二)　科学出版社　二〇一四年)参照。

(128) 注99佐藤に同じ。

(129) 注79夏ほかに同じ。

(130) 長沙市の馬王堆一~三号墓の副葬品をもって、前漢代における楚の工芸技術や学術水準の高さ、ひいては社会の豊かさを評価する見解があるかもしれない。しかし、春秋・戦国期に王都の近傍で営まれた包山楚墓などの数多くの上層貴族の墓や、長沙市東郊の丘陵上で知られているような下層貴族の集団墓で出土した副葬品の多彩さや工芸技術の高さの方が、はるかに人間活動の活発さを示唆している。馬王堆一~三号墓で青銅器の副葬が乏しいことは、葬祭上の礼制の変化にも原因が求められるであろうが、この地で鋳銅生産が衰微したことを物語っており、産銅地における址数の激減ぶりともこれは符合する。湖南省博物館・中国科学院考古研究所編『長沙馬王堆一号漢墓』文物出版社　一九七三年。湖南省博物館・湖南省文物考古研究所編『長沙馬王堆二、三号漢墓』第一巻　田野考古発掘報告　文物出版社　二〇〇四年。湖北省荊沙鉄路考古隊編『包山楚墓』文物出版社　一九九一年。湖南省博物館ほか『長沙楚墓』文物出版社　二〇〇〇年。

(131)　注99佐藤に同じ。

(132)　注99勞に同じ。

(133)　注79夏ほかに同じ。

(134)　木村正雄『中国古代農民反乱の研究』東京大学出版会　一九七九年。

(135)　中国社会科学院考古研究所内蒙古工作隊「寧城南山根遺址発掘報告」(『考古学報』一九七五―一　一九七五年)。

(136)　千葉基次「遼東青銅器時代開始期―塞外青銅器文化綜考一―」(東北亜細亜考古学研究会編『東北アジアの考古学』第二〔槿域〕　一九九六年)。

(137)　袁祖亮『中国古代人口史専題研究』中州古籍出版社　一九九四年。

(138)　内蒙古自治区博物館文物工作隊編『和林格爾漢墓壁画』文物出版社　一九七八年。

(139)　池田雄一『中国古代の聚落と地方行政』汲古書院　二〇〇二年。

(140)　貝塚茂樹「殷末周初の東方経略に就いて―特に山東省寿張県出土の銅器を通じて―」(『東方学報』(京都)第一一冊第一・第二分　一九四〇年)。

(141)　浅原達郎「蜀兵探原―二里岡インパクトと周・蜀・楚―」(『古史春秋』第二号　一九八五年)。

(142)　張龍海・張愛雲「山東臨博市臨淄区斉国故城出土漢代封泥」(『考古』二〇〇六―九　二〇〇六年)。中国社会科学院考古研究所・山東省文物考古研究所・臨淄区文物局「山東臨淄斉故城秦漢鋳鏡作坊遺址的発掘」(『考古』二〇一四―六　二〇一四年)。

(143)　『中国文物地図集』(江蘇分冊上　二〇〇八年)参照。

(144)　杜金鵬・王学栄『偃師商城遺址研究』科学出版社　二〇〇四年。中国社会科学院考古研究所河南第二工作隊「河南偃師商城宮城第八号宮殿建築基址的発掘」(『考古』二〇〇六―六　二〇〇六年)。中国社会科学院考古研究所河南第二工作隊「河南偃師商城Ⅳ区一九九九年発掘簡報」(『考古』同前)。杜金鵬「偃師商城第八号宮殿建築基址初歩研究」(『考古』同前)。陳旭「偃師商城小城的建築年代与性質」(『中原文物』二〇〇七―二　二〇〇七年)。中国社会科学院考古研究所河南第二工作隊「河南偃師商城西城墻二〇〇七与二〇〇八年勘探発掘報告」(『考古学報』二〇一一―三　二〇一一年)。

(145) 河南省文物考古研究所編『鄭州商城―一九五三年―一九八五年考古発掘報告―』文物出版社　二〇〇一年、河南省文物研究所編『鄭州商城考古新発現与研究一九八五―一九九二』中州古籍出版社　一九九三年。河南省文物考古研究所「河南鄭州商城宮殿区夯土墻一九九八年的発掘」(『考古』二〇〇〇―二　二〇〇〇年)、河南省文物考古研究所「鄭州商城北大街商代宮殿遺址的発掘与研究」(『文物』二〇〇二―三　二〇〇二年)、河南省文物考古研究所「鄭州商城外郭城的調査与試掘」(『考古』二〇〇四―三　二〇〇四年)。

(146) 中国社会科学院考古研究所安陽工作隊「河南安陽市洹北商城的勘察与試掘」(『考古』二〇〇三―五　二〇〇三年)。杜金鵬「洹北商城一号宮殿基址初歩研究」(『文物』二〇〇四―五　二〇〇四年)。中国社会科学院考古研究所安陽工作隊「一九九八～一九九九年安陽洹北商城花園庄東地発掘報告」(『考古学集刊』第一五集　二〇〇四年)。中国社会科学院考古研究所安陽工作隊・中加洹河流域区域考古調査課題組「河南安陽市洹北商城遺址二〇〇五～二〇〇七年勘察簡報」(『考古』二〇一〇―一　二〇一〇年)。中国社会科学院考古研究所安陽工作隊「河南安陽市洹北商城宮殿区二号基址発掘簡報」(『考古』同前)。河南省鄭州の新鄭市望京楼(一六八ha)も王都のひとつに加えられるかもしれない。郭瑋「新鄭望京楼城址与鄭父之丘」(『中原文物』二〇一二―二　二〇一二年)、顧万発「論新鄭望京楼商城東一城門」(『中原文物』二〇一三―四　二〇一三年)。

(147) 洛陽市文物工作隊「洛陽東周王城戦国陶窯遺址発掘報告」(『考古学報』二〇〇三―四　二〇〇三年)、洛陽市文物工作隊「洛陽瞿家屯東周大型夯土建築基址発掘簡報」(『文物』二〇〇七―九　二〇〇七年)。鄭州大学歴史学院・洛陽市文物工作隊「洛陽東周王城東城墻遺址二〇〇四年度発掘簡報」(『文物』二〇〇八―八　二〇〇八年)。

(148) 注106に同じ。

(149) 貝塚茂樹「中国上代史素描」(座右宝刊行会編『世界陶磁全集』第八　中国上代篇　一九五五年)。

(150) 伊藤道治『中国古代国家の支配構造―西周封建制度と金文―』中央公論社　一九八七年。

(151) 注134に同じ。

(152) 注100に同じ。

(153) 佐野元「中国春秋戦国時代の農具鉄器化の諸問題」(広島大学文学部考古学研究室編『考古学論集―潮見浩先生退官記念論文集―』潮見浩先生退官記念事業会　一九九三年)。

(154) 注149に同じ。

(155)注134に同じ。
(156)郭沫若編『中国史稿地図集』上冊（地図出版社　一九七九年）参照。
(157)注99勞に同じ。勞のデータに清河が二箇所あり、一方の人口密度は一九五人、他方は一六八人である。薛国屏編『中国古今地名対照表』（二〇一〇年　上海辞書出版社）によると、漢代に清河の名をもつ国郡が現在の河北省と山東省に各一箇所見いだされる。勞のデータではこれらを区別することができなかったので、密度の高い方を採用し、ここに付記して後考にそなえることにした。
(158)右に同じ。
(159)注137に同じ。
(160)注71に同じ。
(161)大室幹雄『桃源の夢想—古代中国の反劇場都市—』三省堂　一九八四年。
(162)周長山『漢代城市研究』人民出版社　二〇〇一年。
(163)肖愛玲『前漢城市体系的空間演化』商務印書館　二〇一二年。
(164)注134参照。林俊雄『遊牧国家の誕生』（山川出版社　二〇〇九年）によると、バイカル湖に注ぐセレンゲ川の左岸で調査されたイヴォルガ集落址は、前二〜前一世紀で、中国的・定住民的要素が濃いらしい。匈奴の領域へ拉致されたか、逃亡してきた漢人農民が、匈奴人守備兵の監視のもとで、農耕や鉄器・土器生産に従事させられていたと解釈すべきであろうという。
(165)多田狷介「黄巾の乱前史」（『東洋史研究』第二六巻第四号　一九六八年）。
(166)秋月観暎「黄巾の乱の宗教性—太平道教法との関連性を中心として—」（『東洋史研究』第一五巻第一号　一九五六年）。
(167)狩野直禎『後漢政治史の研究』同朋舎　一九九三年。
(168)文字記録に残る塢の所在地を木村が集成しているので参照（注134に同じ）。
(169)宮川尚志『六朝史研究』政治・社会篇　平楽寺書店　一九五六年。
(170)佐久間吉也『魏晋南北朝水利史研究』開明書院　一九八〇年。
(171)郭済橋・李楠「鄴都輿地」（河北省文物研究所編『河北省考古文集』四　科学出版社　二〇一一年）。白雲翔「漢末・三国時代考古およびその新展開—北方曹魏を中心に—」（愛媛大学東アジア古代鉄文化研究センター編『曹操高陵の発見とその意義—三国志　魏の世界—』汲古書院　二〇一一年。

(172)内田吟風『北アジア史研究』匈奴篇　同朋舎　一九七五年。
(173)注94に同じ。
(174)注94、注71に同じ。
(175)宮崎市定『アジア史概説』学生社　一九七三年。
(176)汪寧生『雲南考古』雲南人民出版社　一九八〇年。
(177)注170に同じ。
(178)宋正海編『中国古代重大自然災害和異常年表総集』広東教育出版社　一九九二年。
(179)河地重造「北魏王朝の成立とその性格について—徙民政策の展開から均田制へ—」(『東洋史研究』第一二巻第五号　一九五三年)。
(180)谷川道雄「拓跋国家の展開と貴族制の再編」(『岩波講座世界歴史』五　東アジア世界の形成Ⅱ　一九七〇年)。
(181)越智重明「南朝の国家と社会」(同右)。
(182)注169に同じ。
(183)注170に同じ。鈴木靖民が「梁職貢図」によって復原した、梁を頂点とする東ユーラシアの国際秩序の構図は、苦境にあった王朝の実態からみると、自大的観念の産物であるように思われる。鈴木靖民「東ユーラシア世界史と東アジア世界史—梁の国際関係・国際秩序・国際意識を中心として—」(鈴木靖民・金子修一編『梁職貢図と東部ユーラシア世界』勉誠出版　二〇一四年)。
(184)大宝幹雄『干潟幻想—中世中国の反園林都市—』三省堂　一九九二年。
(185)妹尾達彦「唐長安人口論」(中国古代の国家と民衆編集委員会編『堀敏一先生古稀記念　中国古代の国家と民衆』汲古書院　一九九五年)によると、七〇万ほどという。
(186)礪波護「唐中期の政治と社会」(注180に同じ)によると、均田制は「はじめから虚構的な存在にすぎなかった」という。
(187)注137に同じ。
(188)日野開三郎『唐末混乱史考』日野開三郎東洋史学論集　第一九巻　三一書房　一九九六年。
(189)注178に同じ。
(190)愛宕元「唐代の揚州城とその郊区」(梅原郁編『中国近世の都市と文化』京都大学人文科学研究所　一九八四年)。

(191) 愛宕元『中国の城郭都市』中央公論社　一九九一年。
(192) 斯波義信『中国都市史』東洋叢書九　東京大学出版会　二〇〇二年。
(193) 林和生「中国近世における地方都市の発達―太湖平原烏青鎮の場合―」（注190梅原編に同じ）。
(194) 郭正忠編『中国塩業史』人民出版社　一九九七年。
(195) 右に同じ。
(196) 宮崎市定「宋代における石炭と鉄」（『東方学』第一三輯　一九五七年）。
(197) 田村実造『中国征服王朝の研究』上　東洋史研究会　一九六四年。
(198) 西田龍雄「西夏王国の性格とその文化」（『岩波講座世界歴史』九　中世三　内陸アジア世界の展開Ⅰ　東アジア世界の展開Ⅰ　一九七〇年）。
(199) 注137に同じ。
(200) 河内良弘「金王朝の成立とその国家構造」（注198に同じ）。
(201) 愛宕松男「元の中国支配と漢民族社会」（注198に同じ）。
(202) 注194に同じ。
(203) 矢部良明『中国陶磁の八千年―乱世の峻厳美・泰平の優美―』平凡社　一九九二年。
(204) Abu=Lughod, J.. *Before European Hegemony : The World System AD1250-1350* (Oxford University Press 1989).
(205) 杉山正明「クビライと大都」（注190梅原編に同じ）。
(206) 注201に同じ。
(207) 山崎岳「方国珍と張士誠―元末江浙地方における招撫と叛逆の諸相―」（井上徹編『海域交流と政治権力の対応』東アジア海域叢書二　汲古書院　二〇一一年）。
(208) 注178に同じ。
(209) 注175に同じ。
(210) 湯浅赳男『文明の人口史―人類と環境との衝突、一万年史―』新評論　一九九九年。
(211) 注203に同じ。
(212) 山根幸夫「『元末の反乱』と明朝支配の確立」（『岩波講座世界歴史』一二　中世六　東アジア世界の展開Ⅱ　一九七一年）。

(213) 谷口規矩雄「明代の農民反乱」(『岩波講座世界歴史』一二　中世六　東アジア世界の展開Ⅱ　一九七一年)。
(214) 右に同じ。

第四章　倭の集落形成

第一節　前四千年紀以前（縄文中期以前）の動向

縄文早・前期　九州から始めて東方に叙述を進めていくと、九州における早期の集落址は、鹿児島県霧島市国分上野原遺跡を代表格にして、後・晩期に次いでその数が多いという[1]。土中に建造の痕跡をとどめない平地住居の存在が指摘されている点を考慮すると、早期の集落址数は既知の三〇余を大きく上回る可能性が低くない。ところが前期例では、遺跡数自体が激減し、検出された住居址数も三軒ほどであろうかという。

集落址数と竪穴住居址数を県域別に示すと[2]、長崎県域で、

	早期前半	早期後半	前期
集落址数	〇	一	〇
住居址数	〇（草創期～早期前半〇）	四	〇

佐賀県域で、

	早期	早～前期	前～中期
集落址数	二	一	一

住居址数　三　一（前期一一）　一〇

福岡県域で、

草創期末～早期前半　早期　前期

集落址数　一　三　三

住居址数　二（八）　一一四（七）※　三　※土坑も含む。括弧内は注2別表の軒数

大分県域で、

早期（早期前半）　前期（早期末）

集落址数　一　一

住居址数　二　一

熊本県域で、

早期前半（早期）　早期後半　前期

集落址数　九　〇　二

住居址数　二四　〇　四

宮崎県域で、

早　期　前　期

集落址数　一六※　一　※うち一一例が早期前半

住居址数　三七　二

鹿児島県域で、

早期前葉（前半）　早期後葉（後半）　早期　前期

集落址数	一八	三	三	二
住居址数	二七六（一八三）	六（五）	一一（一九）	六（二）

※括弧内は注2別表の軒数

をそれぞれ数える。これらの九州での結果を通覧すると、早期後半あるいは早・前期の交で集落址数、住居址数とも減少する趨勢がみてとれる。とりわけ例数に恵まれた南半部でこの傾向が著しい。なお、福岡県域の早期住居址数一一四のうちの一〇四を福岡市南区柏原E遺跡で、鹿児島県域の早期前葉の住居址数二七六のうちの五二を上野原遺跡でそれぞれ占めており、住居址数が図抜けて多いのは、このような偏在が招いた結果である。また、佐賀平野での遺跡数は早期後葉に減少し、早期末～前期前葉に増加するけれどもそれぞれ規模が小さく遺物量も少ないという(3)。早期の偏在が集住・定住化傾向を示すとすると、佐賀平野でのこの変化は居住形態が散在・遊動化に転じたことを窺わせる。次項で述べる関東南西部での前期末の変化の動向と、これは類似するので孤立していない。

中国地方の場合、早期中葉の押型文期例で遺跡数が増加し、竪穴住居址検出数（九州に倣って以下住居址数と略称する）も多くなる。とりわけ瀬戸内沿岸を中心に広く分布して一時期を形成する黄島式期例での増加がめざましい。そうして中・後葉例の間で遺跡数が大きく減少し、この低落状態が前期例に続く(4)。ただし日本海側の宍道湖や中海周辺では、前期の遺跡数がいくぶん増加している(5)。島根県域では住居址数が早期例七、前期例五を数え、瀬戸内側ほど甚だしい早期後葉～前期例の低落はみられないようである。なお岡山県域では、貝塚数が早期例六、前期例一六と増えている(6)。後述する例から知られるように、集落址と貝塚とは増減がしばしば一致しない。

四国地方でも瀬戸内と同じく、前期例の方が早期例に較べて遺跡数が少ない。資料数に恵まれた愛媛県域で早期例一六、前期例七(7)、高知県域で早期例七、前期例一を数える如くである(8)。愛媛県域の場合、早期例の大半が前～中葉に属し、後葉の例が見あたらないようである。これは減少が早期後葉例から始まったことを示しているのであろう。徳島県域で遺跡数が早期例三、前期例一を数え(9)、香川県域で早期例七、前期例二が早・前期の遺跡として示されている(10)。

徳島県域で早・前期例間に数の隔たりがあまりなく、香川県域で前期に島嶼部の入江での居住が一般化するというから、四国東半では減少があったとしても、西半ほど甚だしくなかった可能性がある。ともかく資料の増加をまたなければ、帰趨は判明しないだろう。

関西地方として琵琶湖周辺域、京都盆地、奈良県域、生駒山西麓を合わせたデータによると、遺跡数は早期前葉例一一、中葉例一四、後葉例一一、前期前葉例一五、中葉例四〇を数え、また、近畿の二府五県域のうえに福井県域を加えた集成結果によると、集落址数は早期前葉例二、中・後葉例各一、前期前葉例二、中葉例五をそれぞれ数えるという[11]。本文の記述によると、遺跡数、集落址数が増加するのは前期中・後葉例であるらしい。この記述を別の研究結果で補うと、兵庫県域と大阪府域で早期後半〜前期前葉、京都市左京区比叡山南西麓で早期後半〜前期初頭、奈良県域で早期後半〜前・中期にそれぞれ遺跡数が低落状態にあったことが示されている[12]。これらの点を加味すると、遺跡数の減少が早期後半例から始まり、前期初頭・前葉例に及んだようである。

中部・東海地方として三重県域を含めると、遺跡数の低落状態が岐阜県域で早期末〜前期前・中葉、三重県域で早期後葉〜前期前葉にみとめられるという[13]。愛知県域では、早期中葉とされる条痕文系土器群の鴉ヶ島台・茅山下層式期例が遺跡数、集落址数の低落状態にあるが、早期後葉〜前期前葉例で貝塚がその数を増すので、遺跡数は前代例を凌ぐ。そうして住居址が確認され始める前期中・後葉例で貝塚数が減少する[14]。したがって、愛知県域における早・前期の交は、貝塚形成の興隆と集落形成の衰微とによって特色づけられる[15]。

ところが中部地方の自余の諸地域の場合、長野県域における早期の遺跡五一九のうちで四九〇が押型文期の早期前半例で、後半例で遺跡数、住居址数とも少なくなるという[16]。しかし早期末〜前期初頭に集落規模が拡大し、定住度の増した形跡があるらしい。ポスト押型文期に集落形成が衰微する点では、西方の諸地域と近似しているように思われる。山梨県域では前期初頭例で住居址数が大きく減少しており[17]（図46）、静岡県域東部では、早期中葉〜後半例で住居

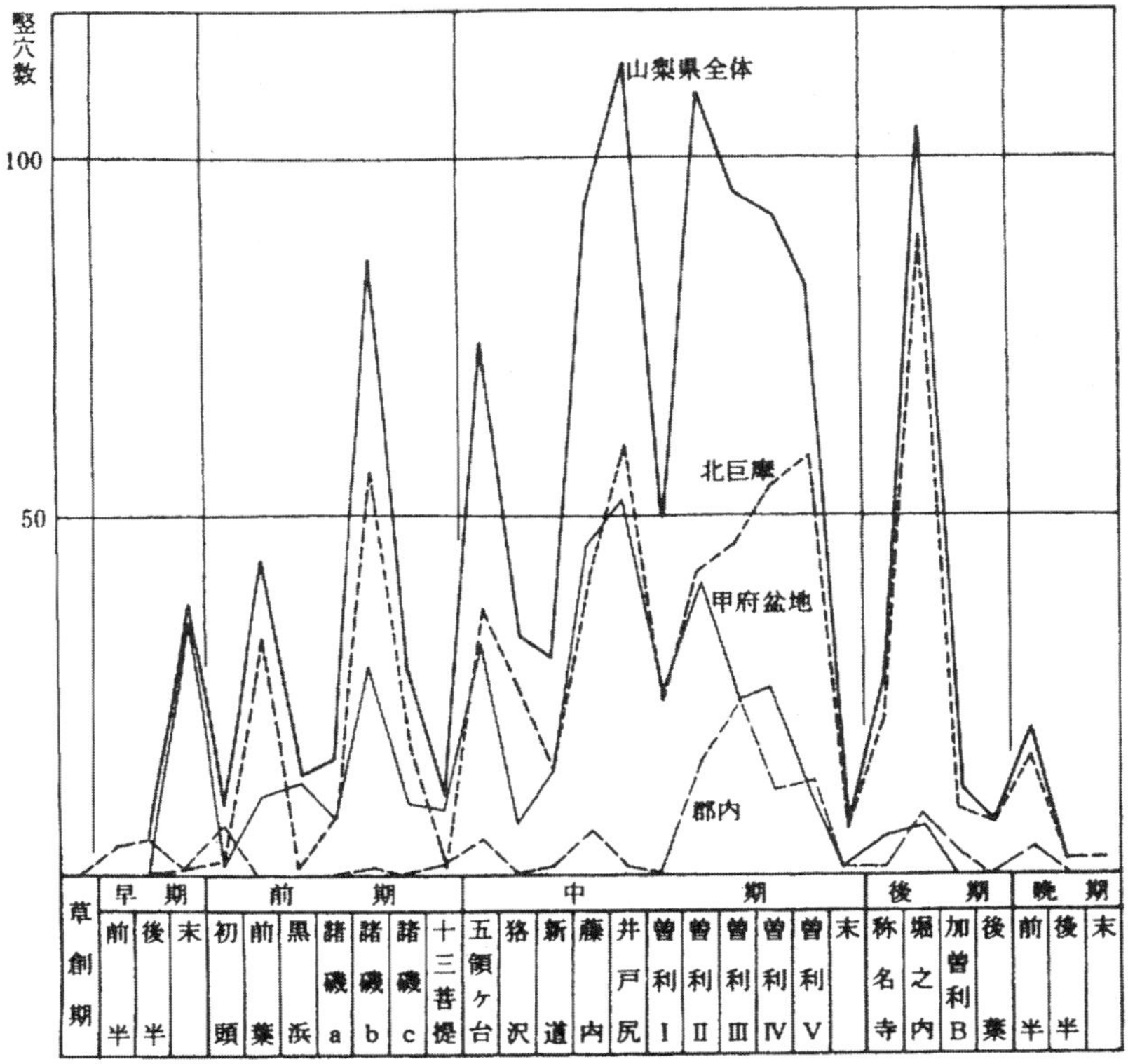

図46　山梨県域の縄文時代における竪穴住居址数の増減（本章注17　図2）

址数が激減し、そのいっぽう遺跡数はピークに達する。その遺跡数が早期末〜前期初頭例で減少し、かわって集落址数が増加するという(18)。この静岡県域東部では、人間活動の形跡が多くても集落形成の微弱な状態が愛知県域よりも早く到来したことになる。いずれにせよ早期末〜前期初頭に長野県域と静岡県域東部で、早期末と前期前葉に山梨県域でそれぞれ集落形成が隆盛に向かうので、集落形成の回復がこれよりも遅れ、しかも集落規模の劣る西方の諸地域とこの点で一線が設けられる。福井県域では前期前葉の遺跡数が低落状態にあるらしい。新潟県域では早・前期例とも集落址が知られているが(19)、福井、石川、富山県域ともども集落形成の衰微の有無を判断するには址数の増加が求められる。

関東地方での縄文時代の集落形成を概観した鈴木保彦が、早期前葉の撚糸文土器群期わけても稲荷台式期に隆盛、中葉の沈線文土器群期に衰退、後葉の条痕文土器群期に隆盛の状態にあったことを、例をあげつつ述べている[20]。ところが早期の集落址例に恵まれた東京都域のデータに基づいて、早期末に「衰退期」が訪れ、これが前期初頭まで継続したことが説かれている[21]。この「衰退期」は条痕文土器群期から羽状縄文系土器群期への移行期にあたり、海面が急速に上昇し貝塚の激増が始まる頃を指すが、はたして「衰退期」がどの範囲を覆ったのか[22]、この原因がもし温暖化と海進に関わるのであれば、問題の所在は倭にとどまらない。

東北地方では早期ないし早・前期の交に集落形成の衰微があった形跡はないようである[23]。もしそれで誤りがないとすると、早期中葉での衰微が九州、関西、東海、長野県域、関東でみとめられ、早期後葉ないし末葉での再興が、甲信、静岡県域東部、関東で知られることになる。そうして瀬戸内での衰微は、早期中葉の黄島式期の隆盛を経た以後であったから、中・後葉の交にあたる。

さて、このような衰微を招いた要因としてあげられるひとつは、鹿児島県喜界ヶ島カルデラの噴火に伴うアカホヤ火山灰の降下であり、もうひとつが気候変動による温暖化と海進である。アカホヤ火山灰の降下年代は福井県水月湖の年縞年代で七三二五 B.P. で、これは早期後葉にあたる。東海西部から東部へこの頃人間の移動したことが土器の伝播によって説かれ、その原因がアカホヤ火山灰の降下による居住環境の悪化に求められているので[24]、降下による影響は東海西部以西で甚大であったことが推測される。そこで、影響圏外に位置する関東に早期中葉の衰微をもたらせ、しかもその衰微が九州や関西など以西の地域とも同調をみせた要因を求めるとすると、それは気候変動に帰着することになるであろう。つまり倭の西半は、気候変動と火山灰の降下という二重の災厄に見舞われたわけである。

縄文前・中期　九州における前期の遺跡は十指に満たず、確認された住居址の総数は二一軒にとどまる[25]。中期の集落址も前期に次いで数少ないが、ただ宮崎県域では、宮崎市清武町上の原第一遺跡で中期中葉〜後葉の約三〇軒、児湯郡高鍋町下耳切第三遺跡で中期中葉の九軒に加えて三二軒の平地住居址が出土するなど、中期の集落址が一五、住居址総数が一〇〇を超える点が注意を引く。このように中期例で集落・住居址数が急増した地域は、九州では他に見あたらず、しいてあげるとしても、前期例の二軒から中期例の一五軒へと増加したという鹿児島県域に尽きる。九州南部で早期の住居址が多かったが、中期の住居址数の増加は、集落形成が早期後半〜前期にわたる長い衰微を脱して中期に復活したことを物語る。これに対して九州の自余の地域には、復活の形跡がみとめられない。佐賀平野北部の遺跡数の内訳をみると、前期例では轟B式期九、曽畑式期一四、轟C・D式期七、中期例では、尾田式期四、船元系期五、春日式期二、並木式期四、阿高式期一一を数え[26]、前期末の轟C・D式期例に始まり、中期中葉の春日式期例で極まる遺跡数の減少をここからみてとることができる。轟B・曽畑式期の遺跡数がそれぞれ多いのは継続年数の長さのせいでもあるというから、数字の差を額面通りに受けとることはできないが、集落址ではみえなかった人間活動の盛衰をこれは示唆している。

中国地方では、中期の遺跡数が瀬戸内側で増加し、山間部ならびに日本海側で減少するという[27]。貝塚の発見数が多い岡山県域で前期例一六から中期例二〇へと増加し、広島県域でも増加し、山口県域での貝塚の出現が中期例であるから、生業の場として中期に海岸域を指向したことが、これらの例からもみてとれる。ただし規模の点で、前期に馬蹄形貝塚を形成していた岡山市灘崎町彦崎貝塚のような大規模な例が中期に存在するのかどうか、海退期の状況として注意を引く点である。集落址は中国地方全域で四例が知られる。前期以来の集落形成の低落状態が中期を覆っていたようである。

四国地方の場合、愛媛県域の前・中期例は島嶼部や海岸域にも遺跡が知られるようになるが、それを含めても数が少ない[28]。集落址は前期例一、中期例二である。高知県域での遺跡数は前期例二、中期例四で、集落址の確実な例は検出されていない。徳島県域でも、後述する中期末例を除くと前・中期の集落址が見あたらない[29]。遺跡数が前期例四か

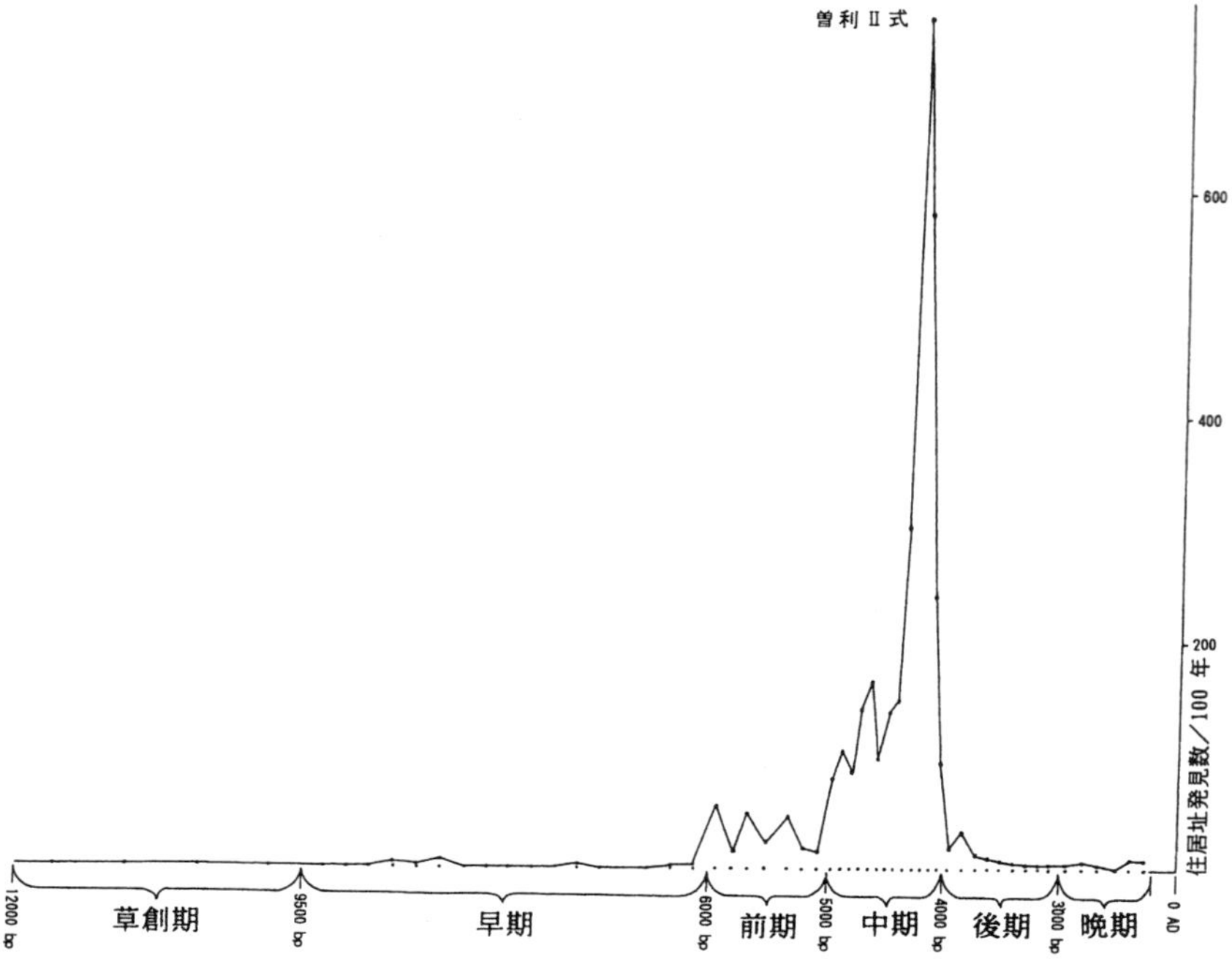

図47　中部高地における土器型式ごとの発掘竪穴住居址数の増減：100年当たりの軒数に換算（本章注39　第Ⅵ部　第2図）

ら中期例一一へと増加し、低地でも例が確認できるようになるというから、愛媛県域や中国地方瀬戸内側の動向と立地の点でも通じる。

関西地方では、遺跡数が中期後葉例で激増している。住居址数も同じ変化を辿っているが、中期前葉例は知られていない。集落形成の微弱な時期であったことが察せられる[30]。

中部地方での前・中期の址数の動向は一様でない。早期末〜前期初頭例以降、集落址数、住居址数とも急増し、前葉例で集落址数二九、住居址数二〇九軒を数えた長野県域では、集落形成のこの隆盛が前期を通じて続き、中期へ移行したという[31]。ところが、中部高地で住居址数を一世紀当たりの軒数におきかえて推移を復原した今村啓爾の結果によると、前期末に数が減少し、この減少を経て中期初頭から急激に増加を重ねている[32]（図47）。前期末のこの減少は後述する関東の場合ほどの甚だしさではないが、集落形成の衰微を物語っている。愛知県域では、前期前葉例で集落址〇、墓域〇、貝塚五、中葉例で集落址一、墓域〇、貝塚四、後葉例で集落址四、墓域一、貝塚〇、中期前葉例で集落址、墓域とも〇、貝塚一、中葉例で集落址二、墓域一、貝塚一、後葉例で集落址二二、墓域五、貝塚七を数える[33]。中期後葉例の増加は後述に委ねると、集落址数の中期前葉例での減少に加えて、貝塚数の前期後葉例での減少とそれに続く中期前・中葉例での低落状態が注意される。すなわち、集落形成の衰微が関西と同時期で、中部高地よりも一時期遅れること、海浜部への進出が中期後葉をまたなければ復活しないことが、愛知県域のデータから察せられるのである。静岡県域東部では前期中葉以降の遺跡数が減少して住居址数が急減し、中期初頭例で遺跡数が増加に転じ、住居址数は中期中葉例以降増加するというから[34]、集落形成の動向はどちらかというと中部高地に近い。

他方、新潟県域では遺跡数が前期後葉〜中期前葉例で増加し、中期中葉例でピークに達するらしい[35]。福井県域で集落址数が前期中葉例二、後葉例三、中期前葉例四と微増し、中期中葉例四、後葉例一二を数える[36]。址数は劣るが、集落形成の衰微がみとめられない点で新潟県域に近く、中部高地や東海地方と一線を画しているようである。

関東に移ると、埼玉、神奈川、東京の関東南西部で、前期後半の諸磯b式期例と諸磯c式期例との間で、集落址数、住居址数とも著しく減少している[37]。そうして次の十三菩提式期例以降の増減に県域ごとの差異がみられるが、おしなべて再増加に向かう五領ヶ台Ⅱ式期までは中期初頭のなかで集落形成の微弱な状態が続くことを、今村が証示している（図48）。前期後葉におけるこの衰微は群馬県域でも確認されているので[38]、関東西部全域にわたったことが推測される。もっとも、今村によると、土器片が数点〜一〇点ほどしか報告書に掲載されていない衰微期の「零細遺跡」は、関東南西部だけで少なくとも五〇〇箇所に達し、短期の停泊を重ねながら移動を続ける生活形態がここから想像されるという[39]。

関東東部の動向は識者からのご教示をまつことにして、東北地方では、宮城県域南部で前期中葉の遺跡数が著しく

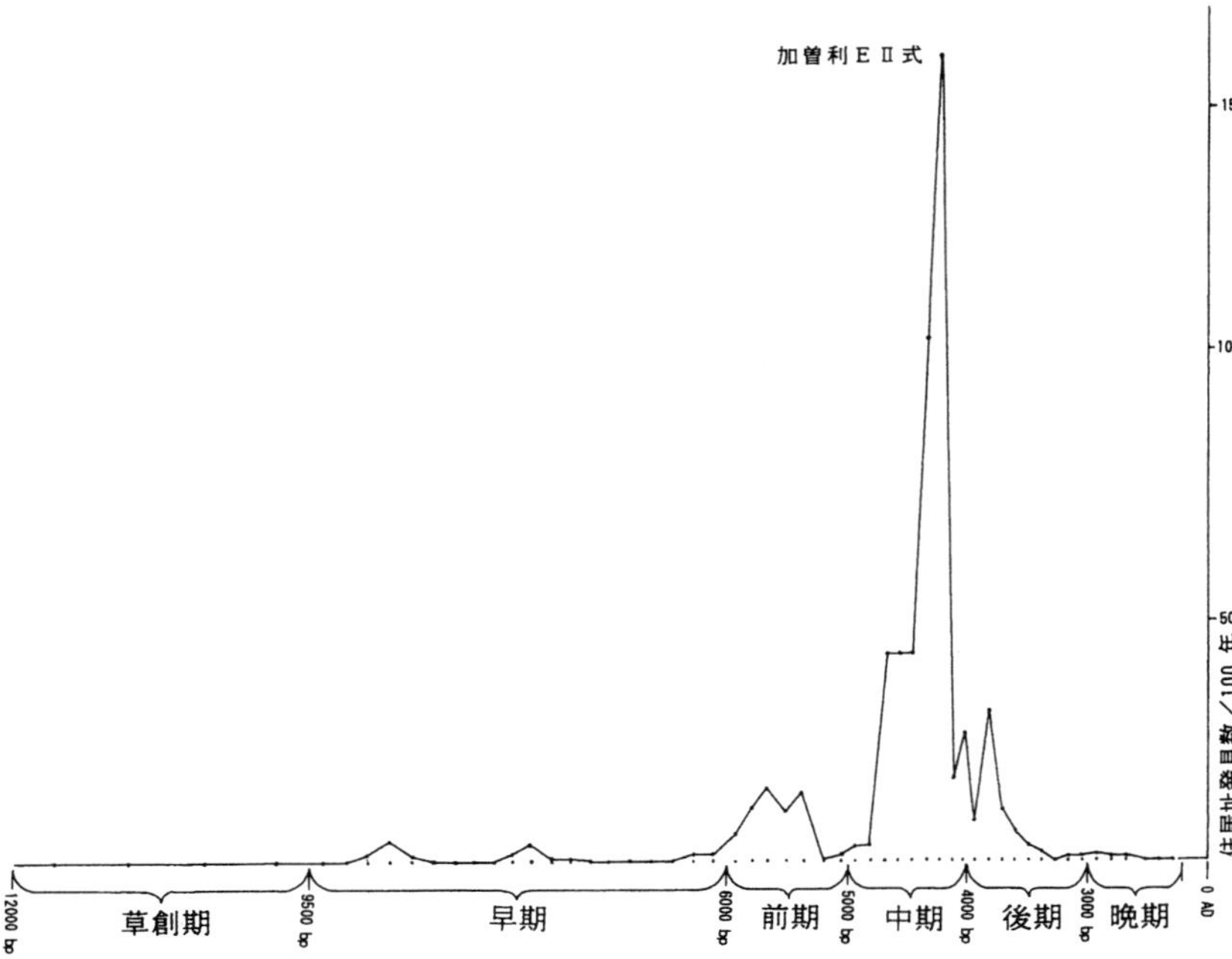

図48　南西関東における土器型式ごとの発掘竪穴住居址数の増減：100年当たりの軒数に換算（本章注39　第Ⅵ部　第1図）

減少したことが指摘され(40)、仙台湾岸域でも同じ状況があったらしい(41)。青森県域では前期前半の深郷式期例で住居址数が最低に陥り、後半の円筒下層式期例で増加に転じ、末葉例で急増し、この増加が中期前葉の円筒上層a式期＝大木6式～7a式期例に継続する(42)。そうして岩手県域で前期中・後葉の大木3式～4式期例(43)、山形県域で大木3式～5式期例で遺跡数の少ないことが説かれ(44)、前期末～中期前葉の大木6式～7a式期例でともに増加したことが述べられている。遺跡数が集落址数や住居址数と同じ増減傾向を辿ったのかどうか、筆者の力では確認できないが、ともかく前・中期の交における集落形成の衰微が発生した形跡を東北でみいだすことは難しく、むしろ隆盛の観さえある。今村によると、東北で五領ヶ台Ⅱ式併行期に集落形式が衰微したという(45)。五領ヶ台Ⅱ式期というと関東南西部で集落形成が復興に転じた時期であり、東北では前後を隆盛期に挟まれた退潮期にあたるというのである。青森県域で円筒上層b式期の集落検出例が極端に少ないらしく、岩手県域で大木7b式＝円筒上層b式期の遺跡数の激減が指摘され、仙台湾岸域で大木7式期例で遺跡数の増加が止まってやや減少し、ついで急増している。今村のいう衰微はこれに対応するのであろう。ただし、関東での復興に東北からの移住者が関与したことは、土器に形跡がみられない点で否定されるという。

以上、中部高地と関東南西部のうえに群馬県域や静岡県域東部が加わる前期末ないし後葉での衰微、東北のうえに愛知県域や関西が加わる中期初頭ないし前葉での衰微がそれぞれ広域に及ぶ点で注目され、盛衰の起伏が明瞭でなかった中・四国と九州のなかにあって佐賀平野北部で中期中葉の衰微が抽出された点も見落とせない。また、前・中期での相違点として、瀬戸内で海浜部指向が説かれているのに対し、貝塚数の減少した愛知県域や東京湾岸がそれと逆行することも、海退期の生存戦略の東西差を復原するうえで注意を引く。

集落形成の衰微が広域に及び、生存戦略の転換が示唆される前・中期の交というと、海退の始まった寒冷期の入口にあたり、五七〇〇～五三〇〇年 B.P. 頃である。(46) これは尾瀬ヶ原のハイマツ花粉量の多寡に基づく阪口豊による気温復原、(47) 福井県水月湖や鳥取県東郷池の年縞堆積物を用いた福沢仁之による海水準復原の結果と符合しているので、年代上の信頼度が高い。(48) 海水準の低下に伴って干潟が陸化ないし縮小・後退して、貝類の生育や採集に不利な条件の増したことが、海浜部集落の衰微要因として指摘されるであろう。なお、岡山県倉敷市船穂町里木貝塚のデータによると、遺跡の占地する浜堤砂州をとりまく海の状況が、前期の岩礁性浅海から中期に泥海へ移行し、それに伴ってハイガイ中心へと貝塚の貝類も変化したという。(49) 移行原因として、海退とともに流出土砂量の増加を促した多雨環境が示唆されていることは、愛知県域や東京湾岸域(50)での貝塚の減少原因を考えるうえで意味をもつかのようである。他方、内陸においては、山形県西村山郡高畠町押出遺跡などの前期の遺跡から大量のクリやクルミなどが出土していることによって知られるように、(51) 植物食への依存度が前期で高かった。寒冷化による堅果類の不作や、多雨に見舞われたとすると、それによる地形の改変が、集落形成の衰微をもたらせたことが考えられる。

付言すると、前期以降の集落形成は盛衰を経つつ、倭の東西で東高西低の著しい格差を示している。この点について河瀬正利が四手井綱英の記述を引用しつつ、東方諸地域が属する落葉広葉樹林帯すなわちブナ林帯と、西方諸地域が属する常緑広葉樹林帯すなわち照葉樹林帯との間で、シカなどの狩猟対象動物の多寡や、ナラ類とカシ類との豊凶間隔の長短に相違があり、狩猟・採集対象の量によってその格差を説明している点が想起される。(52) 西方諸地域で集落址として認識できる考古学上の証左をあまり残さない遊動的な居住形態が続いたために、集落形成が微弱にみえるということではなく、人口自体が東方諸地域よりも劣っていたことを、これは示唆する。

第二節　前三千年紀（縄文中・後期）の動向

九州〜関西地方　九州で中期の集落址が数少ないなかで、宮崎県域が集落址数、住居址とも図抜けて多く、大差がついて鹿児島県域がそれに次ぐことを先に述べたが、後期例に入ると、前・中葉の宮崎市田野町丸野第二遺跡での二六軒、前葉の鹿児島市西別府町山ノ中遺跡での一八軒のように南部で、九州としては大型の部類に入る集落址が確認され、さらに中・後葉例で一〇〜二〇軒あるいはそれ以上の住居址を擁する集落址が、九州各地で知られている。これらの点からみると、中・後期の交を跨いで集落形成が興起し、後期の経過とともに隆盛を呈したようである。(53)

そこで県域別に住居址数を問題にすると、長崎県域では後期前・中葉の住居址が検出されていないらしいので対象から外し、佐賀県域で、

中期例〇、中期末〜後期前葉例五、後期中葉例〇

福岡県域で、

中期例〇、中期末～後期前葉例五、後期中葉例八
大分県域で、
　中期例〇、後期前葉例四、後期中葉例三〇
熊本県域で、
　中期例三　後期前葉例三　後期中葉例三七
宮崎県域で、
　中期例一一五、後期前葉例一五、後期前・中葉例五〇、後期中葉例一三五
鹿児島県域で、
　中期例一五、後期前・中葉例一六

という結果が示されている。この結果もまた、増加度に差異はあっても、長崎・佐賀県域を除いて後期前・中葉における集落形成の興隆を物語っている点で頷けるが、もうひとつ注意したい点は、宮崎県域における後期前葉例の著しい低落である。中期例が一括りになっていることを考慮すると、低落が中期例に端を発する可能性が残るけれども、中期中～後葉とされる宮崎市上の原第一遺跡で住居址約三〇軒を数えるので、低落期は後期前葉例にあったとみるのが穏当である。

遺跡数の増減が細かく辿られている佐賀平野北部の結果をこれに添えてみると、(54) 中期例で、前述の一部再録になるが、

　尾田式期例四、船元系期例五、春日式期例二、並木式期例四、阿高式期例一一、坂の上式期例一五

を数え、後期例で、

　鐘崎式期例二、北久根山式期例三、太郎迫式期例六、三万田式期例五

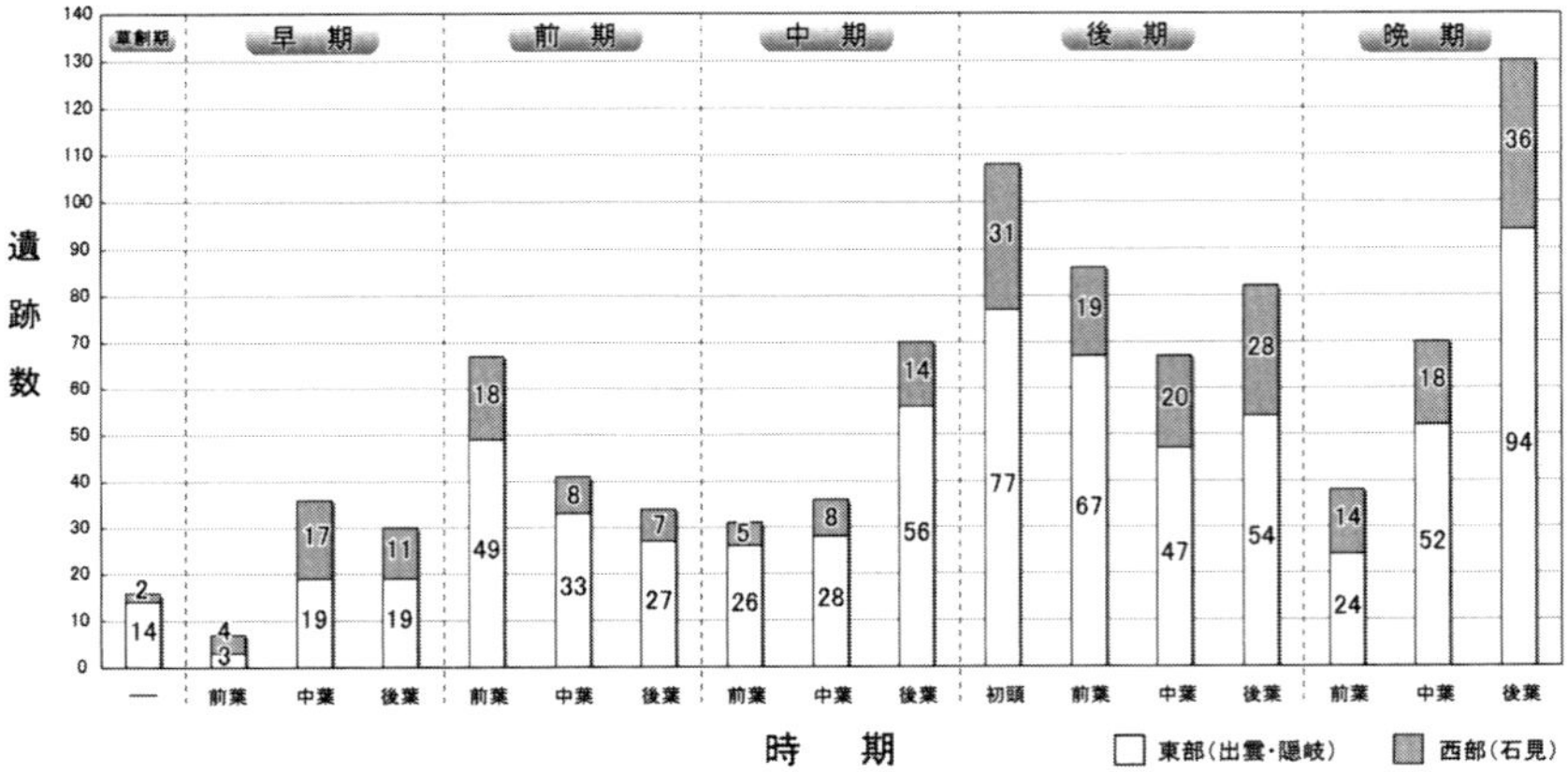

図49　島根県域における縄文時代遺跡数の増減（本章注6幡中　図8）

を数える。中期後葉の遺跡数が増加し、後期前葉の鐘崎式期例が大きく減少している推移をみると、地域を越え遺跡数と住居址数との相違を跨いで、宮崎県域での住居址数の推移とよく符合している。宮崎県域での推移が孤立していないことを示唆するこの結果が、九州一円を覆うのかどうか、この点の解明が求められるのではなかろうか。

中国地方の中期遺跡が前期遺跡と対比して山地で減少し、瀬戸内沿岸寄りで増加することを二〇年ほど前に河瀬正利が指摘していたが[55]、その後の増加資料に基づいて、もう少し精確な人間活動の痕跡を辿ることが可能になっている。それによると、中期の遺跡数が後葉例でもっとも減少し、後期初頭の中津式期例で激増する。そうして、中期後葉例での減少は、移動の頻度が低落して一箇所への定着度が高まったことを示し、中津式期例での激増は、定着地から拡散して移動頻度が高まるとともに他地からの人口流入が惹起したことによるという[56]。島根県域では遺跡数が中期前葉例を低落の極として、後期初頭例に向かって累増しているので、瀬戸内側と差異がある[57]（図49）。

四国地方の中期遺跡は発見数が乏しく、住居址が確認された集落址は、愛媛県域の二例、各一軒にとどまる。それに較べると後期の遺跡数は格段に多く、たとえば愛媛県域で中期例三、後期例一一、高知県域で中期例四、後期例一〇を数える。徳島県域では遺跡数とともに集落址数も後期例が大きく上回り、しかもその増加の端緒が中期末例に遡ることが判明している。中期末〜後期初頭の徳島市国府町矢野遺跡を代表格にして、多くの遺構と遺物を擁した遺跡が後期例で増えるという(58)。中国地方でみられた中期後葉例での遺跡数の減少を徳島県域で抽出することは難しいようであり、自余の県域でこれを抽出しようとしても、中期の遺跡数の少なさがそれを阻む。

関西地方では、遺跡数、住居址数とも中期後葉例で激増することが指摘されている(59)。後期前葉例で、遺跡数がさらに増加を重ねるようであるが、住居址数はやや減少に転じたことが示されている。もっとも、減少度には地域差がみられる。兵庫県域では集落址数、住居址数とも減少の度合が甚だしく、しかし遺跡数に大きな増減がないこと、和歌山県域では関西全般の趨勢と違って後期前葉例の方が遺跡数、集落址数、住居址数とも中期後葉例を大きく凌ぐことを、集成結果からみてとることができる(60)。奈良県域での動向もこれに近いが、ともかくこのような地域差を内包してはいても、中・後期の交に集落形成の著しい衰微を経た形跡がなく、この点で中国地方の瀬戸内沿岸と動向を異にする。他方、集落形成の興隆に注目すると、中期後葉に遡る関西は中・四国に先行し、同期にその徴候をとどめる九州とりわけ南部よりも興隆ぶりが際立つ。

中部地方　中部高地での集落形成が中期に隆盛を極め、中期末に急激に衰微したことを、今村が住居址数の一世紀ごとの増減によって提示している(61)（図46）。最新の集成結果に依拠し、長野県域の中期後葉を代表する曽利式期の住居址に焦点を当てて増減を辿ってみると、住居址数は、

曽利Ⅱ式期例三四五、Ⅲ式期例二二七、Ⅳ式期例八四、Ⅴ式期例四二

と、曽利Ⅳ・Ⅴ式期例で減少を重ね、集落当たりの住居址数も大幅に減少する(62)。そうして中期末に発するこの低落状態は、後期例でも止まず、後半例で低落の極に至る。

山梨県域でも中期末の住居址数の激減が知られる(63)。すなわち、曽利Ⅰ・Ⅱ式期例で住居址数七六、集落址数一三、

Ⅲ・Ⅳ式期例で住居址数一三二、集落址数一一、Ⅴ式期例で住居址数一二、集落址数四を数える如くである。集落址数よりも住居址数の減少の方が甚だしいのは、一集落址当たりの住居址数の減少を物語っている。この集落址数の減少は後期初頭の称名寺式期例でも歯止めがかからず、住居址数一で、堀之内式期例一〇、加曽利B式期例一九、曽谷式～安行式期例九がこれに後続する。前～後葉にいくぶん例数が増加しているが、中期の曽利Ⅰ～Ⅳ式期例の卓越した数にはもとより遠く及ばない。ところが、北部での調査の進捗によって、曽利Ⅴ式期例、称名寺式期例、堀之内式期例の住居址数が大きく増加し、とりわけ後期例のピークにあたる堀之内式期例の址数は、中期例と肩を並べる(64)。こうして後期例全般にわたる低落という見方には変更が加わり、北方山岳部への移住を推測させるようになったが、それでも中期末例での低落は動かないし、住居址数で中期例が後期例を大きく上回る点も変わらない(65)。長野県域でも堀之内式期例の増加する可能性があるが、中期末例での低落、中期住居址数の卓越という点は変更する必要がないようである。

このように集落形成が中期に興隆し、中期末ないし後期に著しく退潮を示すとまで精確に認定できるかどうかわからないが、ともかく遺跡数が中期例よりも後期例で低位にある地域として、太平洋寄りでは三重・岐阜・愛知・静岡県域があげられる。集落址や住居址の数が判明したたとえば愛知県域で、集落址数が中期後葉例三一から後期前葉例五へと激減し、岐阜県域では中期後半例で集落址一二、住居址一二四、後期前葉例で集落址三、住居址一九をそれぞれ数え、継続年数の長短を考慮したとしても後期前葉例の減少は否めない(66)。ところが貝塚は、後期前葉例で急増し、集落址数の減少と逆行している。遠州灘方面にも貝塚が成立し、これは関東からの影響であることが土器や漁具などから知られるという(67)。後述するように東京沿岸でも後期例で貝塚が増加しているが、主に前・中葉例である。

他方、日本海寄りでは、福井県域で中期後葉例が集落址一二、住居址二五、後期前葉例が集落址七、住居址一八、後期中・後葉例が集落址、住居址とも〇で、集落形成の衰微という点では後期中・後葉の方が甚だしい(68)。新潟県域では中期中葉例で増加の極に達した遺跡数が、後期例で減少するいっぽう、小地域に注目すると佐渡や中・下越の海岸部ではむしろ増加するらしい[69]。さらに、信濃川流域で後期初頭の集落址数がやや減少し、しかし住居址数は増加を続けたことが示されてもいる[70]。小地域間の差異を内包しつつ、新潟県域としては集落形成上の甚だしい衰微を経過せずに、中期から後期に移行したようである。富山県域とともに、中期後半から後期前半にかけて存続した集落が目立つというから[71]、中・後期間の継続性の高さは中部地方日本海寄りを、中部高地の甲信や太平洋寄りから隔てる点として特記しうる。

　中部高地で集落形成が著しく衰退し、しかもその発現が中期末に遡ること、福井・三重県域さらに関西一円で中期後葉の集落址数が急増することなどに注目して矢野健一が、中部高地から関西方面へ人口が流出したことを推測している[72]。そうして、集落形成の隆盛が関西よりも遅れる中・四国には「近畿《ママ》」から人口流出のあったことを示唆し、九州での後期の集落形成の隆盛については、打製石斧の出土量の急増を手がかりにして、それを使った生業によって人口が増加したと説いている。中国地方での隆盛には人口拡散によって説明する対案が示され[73]、畑作を念頭においたと思われる九州での隆盛にも地域的偏差の説明が欲しいところであるが、検証されるべき有力な見解として評価したい。

関東地方　関東南西部で中期中・後葉の交にあたる加曽利EⅡ式期例を急増の頂点として、一〇〇年ごとの住居址数が加曽利EⅢ式期例で著しく減少し、EⅣ式期例でやや回復し、後期初頭の称名寺式期例で再び減少し、堀之内式期例でやや再回復したのち、中・後葉の址数は一途に減少を重ねたことを、今村の掲げた図の結果が示している[74]（図47）。曽利Ⅱ式期例を増加の頂点として激減に転じたという中部高地に較べると、関東南西部での激減期の方がやや先行した点、中期末〜後期前葉例で増減を繰り返した点で相違がみられる。さらに、山梨県域における堀之内式期例の激増に対応する変化を、関東南西部でも同式期例の増加として看取することはできるが、もとより山梨県域での甚だしさには及ばない点も、相違として付記してさしつかえないであろう。

ところで、東京湾岸の貝塚分布図によると、後期例の方が中期例よりも格段に多く、中期の偏在が解消して分布は湾岸一帯を縁取っている[75](図50)。海水準が安定したことに伴う後期貝塚の増加は、東海や岡山県域でも指摘されているので[76]、これらの地域と同調している。環状集落の小型化や衰滅、集落規模の相対的縮小、小規模分散化が関東各地の後期集落の特徴であるというが[77]、下総台地での動向によると、このような集落形成の衰微が始まった中期後葉～後期初頭には貝塚形成も衰微し、通年定住・集中居住型集落が成立する前・中葉には貝塚形成が興隆するらしい[78]。

もう少し関東での動静を付け加えると[79]、群馬県域で、環状集落址の消失や遺跡数の減少が中・後期例の交にみられるが、この退潮は前・中期の交の場合ほどドラスティックではないという。同県域の中央部を占める大間々扇状地での縄文時代遺跡数の変遷結果も、これを支持する。栃木県域でも中・後期例の交に住居址が稀有または寡少になるという。ただし、小山市梁寺野東遺跡で検出された住居址は、中・後期を跨いで居住が継続したことを示し、宇都宮市今里町古宿遺跡のように中期末の住居址減少期から居住が始まったことを確認した集落址もあるという。また、宇都宮市域西部の台地や丘陵沿いで後期初頭～前半の遺跡が減少し、かわって県域東部の田川・思川・渡良瀬川流域に沿う台地縁辺で増加する傾向にあるともいう。人間活動が低地を指向する趨勢は海浜部だけにとどまらなかったことを、これは窺わせる。

茨城県域では中期後葉の加曽利EⅢ式期前後に集落規模の拡大が極まり、その後は縮小傾向を示すらしい[80]。かすみがうら市出島半島の分布調査で確かめられた縄文時代の当該期の遺跡数は、中期後葉例一二一、後期前半例で称名寺式期例一二、堀之内式期例三七、加曽利B式期例三一を数えるから[81]、その減少が集落規模の縮小傾向と併行し、称名寺式期例の激減と堀之内式期例の再増加が関東南西部での住居址数の増減と通じる。なお、県域東部に分布する貝塚で形成時期が判明している五六例の内訳を示すと、加曽利E式期例二〇、称名寺式期例五、堀之内式期例一四、加曽利B式期例一七となる[82]。称名寺式期例での減少は集落規模の縮小傾向や出島半島での遺跡数の減少と結ばれるいっぽ

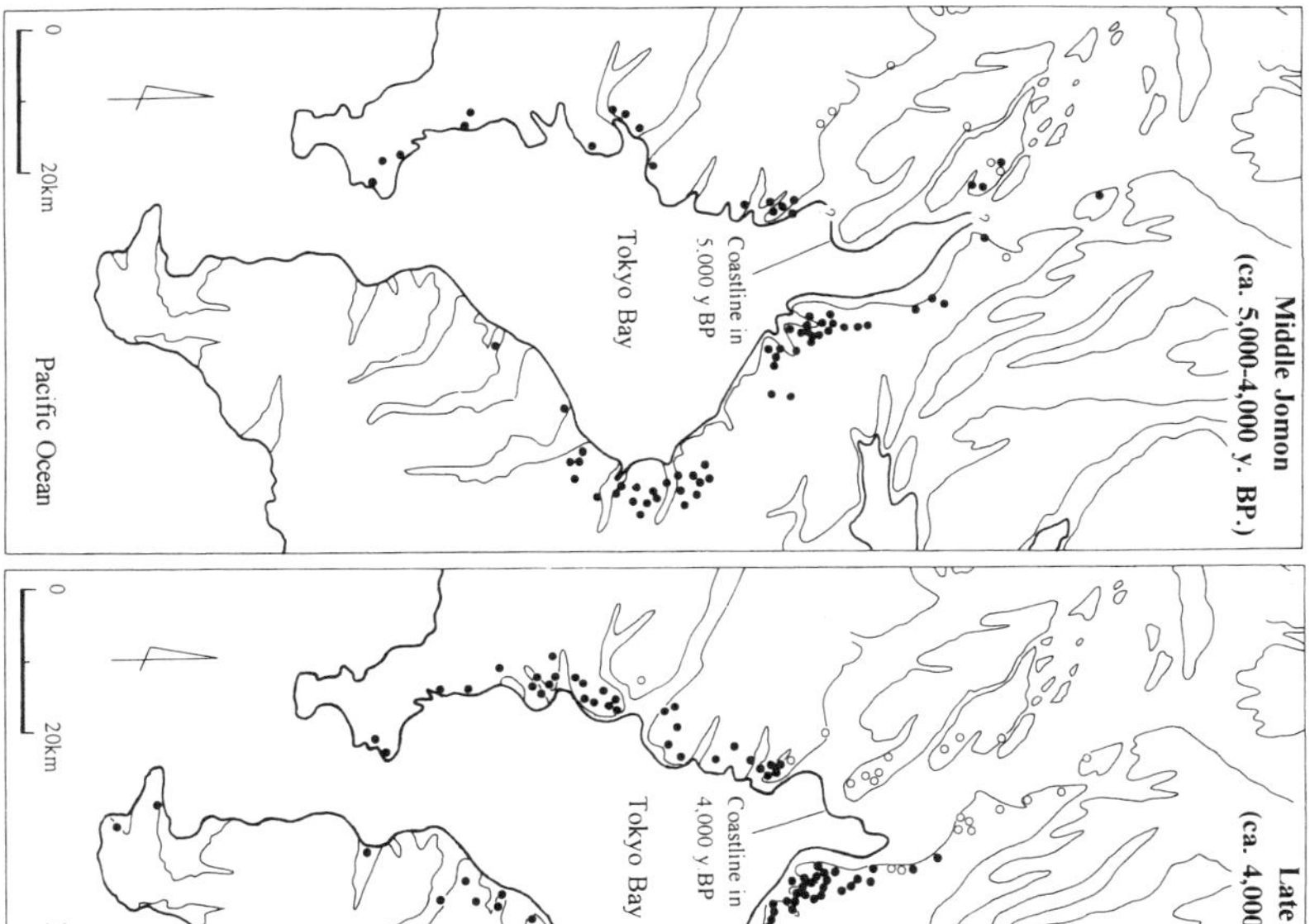

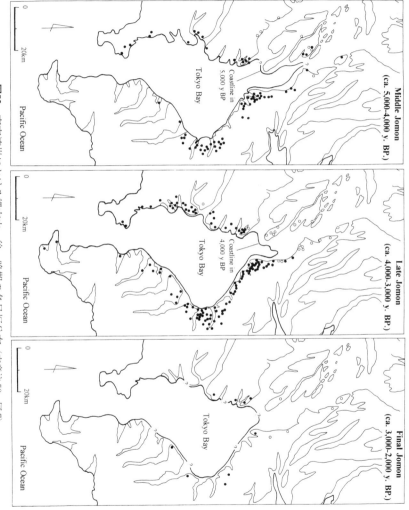

図50　東京湾岸における縄文中・後・晩期の各貝塚分布（本章注50　図7）

う、東京湾岸のような貝塚の増加をみてとることは難しいようである。

ところが、大型集落の盛衰を検討してみると、[83]竜ケ崎市馴馬町廻り地A遺跡では加曽利EⅣ式期、称名寺式期、堀之内式期と衰微せずに集落が存続し、同市羽原町南三島遺跡では加曽利EⅢ～EⅣ式期に集落がもっとも拡大し、称名寺式期も同様の広がりを維持し、堀之内式期で衰微するという。また、つくばみらい市田村前田村遺跡では、加曽利EⅡ式期にもっとも拡大し、EⅣ式期で衰微し、後期初頭以降、住居数が減少しながら集落は存続したという。これらは県域南部の旧霞ヶ浦近辺を占めた集落であるが、いずれも集落の盛衰期を異にしていることは、関東北部に位置して東北地方と隣接する茨城県域の人間活動の複雑さをこの差異から汲みとることができる。

以上概述した関東北部の三県域の動向を通覧すると、南西部と同調しつつ、他方で隔たりのあることが知られるのである。

東北地方　東北全域の趨勢として、中期中葉の大木8式期に集落形成が隆盛をみせ、後葉の大木9式古期にいったん衰微するという。[84]そうして再び隆盛に転じるのであるが、その時期は東北および隣接地で若干の差異があったらしく、南部（福島県域）のうえに栃木県域北部と新潟県域の阿賀野川以北とを加えた地域が大木10式古期、中部（宮城・山形県域、岩手・秋田県域南部）が大木10式中・新期、北部（岩手・秋田県域北部、青森県域）が大木9式新期に、それぞれ集落址数、住居址数とも最大になり、集落形成は隆盛のピークに達する。そうして衰微に向かうのであるが、それぞれ、南部が大木10式中・新期に衰微し、後期初頭にやや再興したのち衰微に陥り、中部が大木10式新期～後期初頭、北部が後期初頭に衰微する。[85]

北方ほど衰微期が遅れることを示した阿部昭典のこの推移観に従うならば、南部の衰退期は関東南西部に近く、中・北部はこれと一線を画していることになる。また北部の場合、後期初頭の最退潮期例は、集落址数こそ低減が目立つものの、住居址数が増加している点でも隔たりがある。すなわち、集落址数と住居址数とがともに減少する中・南部と異なり、後期初頭に住居址数が増える点で関東とも同調していない。青森県域の遺跡数は後期例が中期例の二倍強にのぼっている点で(86)、後期に遺跡数が激減する岩手・秋田・山形県域と明らかに相違し、しいて類例を求めるならば関西および以西に近い。

なお、宮城県域の中・後期の遺跡数の推移を取り上げた別の分析によって、

大木7a式期例九三、大木7b式期例九四、大木8a式期例一八七、大木8b式期例二三七、大木9式期例二三八、大木10式期例二一八、南境式期例一七四、宝ヶ峯式期例一三四、金剛寺式期例一一九

という結果が導かれている(87)。また、宮城県域南部での推移として、

大木7a―7b式期例二〇、大木8a―8b式期例七二、大木9式期例八八、大木10式期例八〇、南境式期例四九

という結果が得られてもいる(88)。後期初頭に遺跡数が減少に転じている点は阿部の集落址の減少と通じるいっぽう、相違点もみられる。これを穿鑿するのは筆者の力量を超えるので、後期初頭における集落形成の衰微ないし人間活動の低下を確認するにとどめざるをえない。

宮城県東松島市宮戸里浜貝塚での花粉分析の結果によると、中期〜後期初頭はクリが卓越する落葉広葉樹林期、後期初頭頃はケヤキやコナラを主とする落葉広葉樹林期、後期中頃はトチノキ林の拡大期、弥生〜平安時代はマツ林の拡大期で、後期初頭頃の植生は人間による干渉が少なくなった結果であるという(89)。集落址数、住居址数の減少と符合する点で注意される。

さらに、東北と関東の一九地点で行った花粉分析に基づいて中期末の植生を復原した結果によると、クリ属が減少してブナが増加したことから冷涼・多雪化（湿潤化）が知られ、オニグルミやケヤキの存在から河川沿いの斜面林や河畔林の、洪水や多雨による攪乱が考えられるという(90)。つまり、冷湿化が人間の既存の生活環境を悪化させたわけである。気候変動の転換期に気候が荒々しく不安定な状況に陥ることは、中国の文字記録から知られるところでもある

ので、この復原案には説得力がある。中・後期の交は前二五〇〇年の前後二〇〇〜三〇〇年であり、阪口豊の復原案にもこれに対応する寒冷化が表れている。[91]

第三節　前二千年紀（縄文後・晩期）の動向

九州〜関西地方　九州の後・晩期例の増減を住居址数でみると、東部の大分・宮崎県域では、後期中葉例で最多に達したのち、後・晩期例の交に向かって激減する。すなわち、大分県域で三〇軒から二軒へ、宮崎県域で一三五軒から一七軒という如くである。西部の熊本県域の場合、後期中葉例三七軒を数えて前葉例の三軒を大きく上回り、この格段の増加は東部二県域と同調し、後期後葉例で程度差はあってもともかく減少する点も一致する。ところが後・晩期例の交で一〇五軒を数えて最多に達し、この点で東部二県域と鮮やかな対比をみせている。[92]熊本県域での後・晩期例の交における住居址数の増加は、熊本平野での遺跡数が後期末の天城式期例と晩期前葉の古閑式期例とも他期例を凌ぐ点からみても、偶然の所産でないことがわかる。[93]

そこで北部で住居址数の多い福岡県域に眼を向けると、それぞれ後期中葉期例八、後期後葉期例三二、後・晩期の交例五三を数え、既述した三県域とはまた違った動向を示しているが、[94]後・晩期の交例がもっとも多い点では、熊本県域と通じるところがある。しかし、土器型式ごとに住居址数を算出したデータによると、

福田KⅡ式期例三、小池原上層式期例四、鐘崎Ⅱ式期例三、鐘崎Ⅲ式期例一七、北久根山式期例三七、西平式期例一一、三万田式期例一九、晩期初頭例一八、晩期前半例三四、晩期後半例八

であり、北久根山式期例が最多となる。[95]そうして、鐘崎式期と西平式期を北久根山式期に加えて後期中葉とする既存の編年案に従うならば、住居址数は中葉例で卓越し、後・晩期例の交に向かって減少する点で、大分・宮崎県域と動

向を等しくすることになる。(96) なお、平面プランが方形の小型住居址が密集して切り合う痕跡をとどめた異色の集落が、晩期初頭に福岡県域でいきなり出現するという。(97) 同県域の晩期前半例が多いのは、そのせいである。

自余の県域の住居址数はおしなべて数が少ない。この点に資料上の不安を残すが、それでも長崎・佐賀県域で後・晩期の交例で増加している。佐賀平野北部の遺跡数が、

坂の下式期例一五、鐘崎式期例二、北久根山式期例三、太郎迫式期例六、三万田式期例五、御領式期例一一、古閑式期例一六、黒川式期例四

を数え、(98) 遺跡数からみても後・晩期例の交〜晩期前葉期例で増加していることが知られる。こうして通覧すると、後期のなかで有明海沿いの集落形成が盛期に達するのは、北部の福岡県域や東部の大分・宮崎県域よりも遅れる可能性が高いといえる。さらに付言すると、熊本県域の後・晩期の交例で住居址数を最多に押し上げたのは、天城式期例の激増に起因する。天城式は御領式の九州西部型式であるから、後・晩期の交に当たる。

後期の集落形成が盛期に相違をみせた以後の動向を瞥見しておくと、それぞれ晩期前半の住居址数が福岡県域で増加、大分県域でわずかながら増加、宮崎県域で大きく増加し、長崎・佐賀・熊本県域で減少している。したがって、後期における集落形成上の地域的時間差は、晩期にも継承されていることになる。そうして晩期後半での総体的衰微へと至るのである。

中国地方の後・晩期例について、後期例で集落址二〇、住居址二八、晩期例で集落址一一、住居址二〇を数えることが集成結果から導かれる。(99) 集落形成上の盛衰をここから汲みとることが筆者には難しいので、遺跡数で代替し、河瀬正利が一九九一年に公表したデータをここでも出発点にすると、(100) 後期前・中葉例が最多で、後葉の彦崎ＫⅡ式期例から減少し、晩期初頭例で最少になる。確認遺跡数が増加した後日の集成結果によっても増減の大勢は変わらないが、最多に達するのが後期前半の中津・福田ＫⅡ式期例で、その直後から減少に転じる点で、河瀬の見立てよりも増から

減への転換がやや遡る[101]。また、晩期の遺跡数が山間部や島根県域での追加によって、いくぶん増加する傾向がみとめられるともいう。

なお、河瀬以後の動向として島根県域での資料の増加が注意される。すなわち、後期前葉例で集落址数四、住居址数約三〇、後期中葉例で集落址数一三、住居址数九〇余、後期後葉例で集落址数六、住居址数約三〇、晩期前葉例で集落址数一三、住居址数八〇弱、晩期中葉例で集落址数三、住居址数約三〇、晩期後葉例で集落址数、住居址数とも〇という結果が得られている[102]。住居址数に平地住居例が算入されており、それが結果として晩期前葉例で住居址数を大きく押し上げているが、ともかく後期中葉と晩期前葉における集落形成の隆盛は際立っている。ただし遺跡数は晩期を通じて増加し、弥生早・前期例で低落をみせないので、集落数の増加が期待される。しかも、後期中・後葉の狭間に約四〇〇〇年前という三瓶太平山の噴火と降灰があり、その影響による衰微期を経て復興した晩期前葉の集落は住居址数が多く墓域が付随するなど、居住地としての景観が一変するという。ただし遺跡数は、後期中葉例で減少、晩期前葉例では最少となり、以降増加を重ねているので、集落・住居址数の動向と正反対となる（図49）。遊動と定着との間で揺らいだのであろう。

遺跡数と集落・住居址数との間で減少期にずれがあるが、後期のなかでともに減少した点は変わらない。晩期例の動向を遺跡数で辿ってみると、岡山県域における晩期後半の黒土BⅡ期例の増加が注意を引く。河瀬が示した吉備地方の変遷図によると、黒土BⅡ式期よりも一段階遡る原下層式期例から増加が始まっており、近年での累算によると増加期は中・後葉とみてさしつかえないようである。島根県域でも晩期後葉例で遺跡数が大きく増加しているので[103]、岡山県域での晩期例の動向は北方の日本海側と結ばれる。

四国地方では[104]、縄文時代遺跡に恵まれた愛媛県域の場合、後・晩期例とも遺跡数三〇余りを数え、早〜中各期例を大きく上回っている。そうして、後期例では前・中葉の例が多く、晩期例では後半の例数が前半を凌ぎ、この点からすると、後期後半〜晩期前半例が低落状態にあったことになる。後・晩期の集落址も、数こそ少ないものの後期例は前・中葉に集中し、晩期例も後半の方が多く、遺跡数の増減と同じ動向をみせている。遺跡数の増加が岡山県域と共通する。徳島県域では、少なくとも二〇軒の住居址が検出されて四国東部の後期初頭〜前葉の住居址数を一挙に増やした矢野遺跡の集落が絶えて以降、後期中葉〜晩期中葉の集落例はみられない。ところが、晩期後葉〜末葉の阿南市長生町宮ノ本遺跡で少なくとも八軒の住居址が検出されている。岡山・愛媛県域での動向を勘案すると、宮ノ本遺跡での集落址の検出は偶然とはいえないだろう。なお、高知・香川県域では資料数が劣るために、動向を抽出することが難しい。

集落・住居址数が中期後葉例で急増した関西でその後の動向を概観すると、後期中・後葉例で減少して晩期前・中葉例で最低に落ち込み、後葉例でやや増加に転じたことを、累計結果が示している。そこでこの総体的動向を地域別に検証していくと、[105]集落址数は、

	後期			晩期		
	前	中	後	前	中	後
兵庫県域	7	3	1	0	3	1
山城地域	4	1	2	0	3	1
大阪府域	7	2	3	1	2	8

となる。すなわち、三地域とも後期中葉例で減少し、それ以降の例は兵庫県域と山城地域で目立つ回復がなく、これに対し大阪府域で晩期後葉例の増加が知られる。このように、後・晩期の交を跨いで址数は大きな変化がなく、低位に終始する点で、愛媛・徳島県域と同調し、九州では大分・宮崎県域と近い。また晩期後葉ないし後半例での増減も、西方での地域的差異として抽出されたところであり、増加した大阪府域の類例として愛媛県域があげられ、徳島県域

もこれに加わる可能性が少なくない。

自余の地域を瞥見すると[106]、奈良県域では、中期末～後期前葉例で遺跡数、住居址数とも急激に増加し、後期中葉～晩期例は一変して低落状態が続く。滋賀県域では、中期末～後期前葉例で住居址数が増加し、後期中・後葉例で減少し、この低落が晩期前・中葉例を覆い、後葉例で増加がみられる。和歌山県域では、居住関連遺構を擁する遺跡が、それぞれ後期前葉例一〇、中葉例二、後葉例〇、晩期前葉例〇、中葉例一、後葉例二を数える。これらの三県域での増減は、後期中葉例で減少する点で前述の三地域と同調し、さらに滋賀県域は晩期後葉例が増加する点で、大阪府域と共通する。和歌山県域もこの増加に連なるかもしれない。

以上要するに、後期における集落形成の隆盛は西遷するにつれて遅れ、関西での後期前葉頃から有明海沿いでの後・晩期の交に至ったことが知られる。このことはもとより、それぞれの直後に訪れた衰微期にも年代上のずれがあり、西遷するにつれて衰微期が遅れたことを物語っている。晩期後葉ないし後半での盛衰については既述したので繰り返さないが、一部の地域で隆盛をみせる偏差を内包しつつ、九州から関西に至る諸地域の多くが衰微状態に陥っていたことは、後期に共時的衰微がみいだせないことと比較すると対照的である。とりわけ九州一円が衰微状態にあったことは、ほどなく始まった水稲耕作の先駆地であるだけに見逃せない意味をもっているように思われる。

中部地方　愛知県域では、中・後期の交における集落址数の激減以降、後期前葉例五、中葉例一、後葉例二、晩期前葉例八、中葉例三、後葉例三を数え、低位にとどまって甚だしい増減はない。また岐阜県域でも中・後期の交における激減以降、後期前葉例三、中葉例一、後葉例一、晩期前半例〇、後半例一であり、遺跡数が低位に終始している[107]。これに対して貝塚は、後期前葉例で急増して三河湾方面に占地を変え、中葉例で減少し、後葉例で三河湾岸に晩期に続く大規模貝塚がみられるようになり、晩期前葉例で最多に達したのち、中葉例で減少が始まり、後葉・末葉例でさらに減少を重ねたらしい[108]。晩期後葉例で土器棺墓の数が急増している点をさらに加味すると、後・晩期に集落形成こそ衰微するものの人間活動は、貝塚例の減少する後期中葉の衰微期を挟んで晩期後葉に及んだことが知られる。集落址の増加を期待する向きもあるが、貝塚形成と集落形成とは必ずしも盛衰を同じくしていない現状に留意する必要がある。今村が前期末例で復原したような、考古学上の痕跡をとどめにくい遊動的な居住形態をとっていたことが考えられる。

静岡県域では晩期の集落址数が後期例よりもいっそう減少し、再増加の形跡を残していない。遺跡数の集成結果を援用すると、

後期前葉例三四、中葉例三二、後葉例二七、晩期初頭～前葉例二六、中葉例九、

を数え、晩期前・中葉例の間に大きく減少している[109]。後期～晩期前葉例は微減を重ねつつ変動が乏しいが、分布からみると、後期後葉例以降、遠江が分布の中心を形成する点で、後期中・後葉例間に一線が設けられる。遠江での大型貝塚の形成は後期後葉をもって終わるというが、人間活動は存続しているので、むしろ駿河側に存続を許さない事態が発生したと考えた方がよい。その意味で、伊豆、箱根、富士山の噴火活動が加曽利B2式期から安行2式期すなわち後期中葉～末に連続的に発生したという知見は重要である[110]。

新潟県域では、中・後期の交に大きな変化を示さなかった遺跡数が、後期中葉例でいったん減少したのち、後期後葉～晩期前葉例で増加し、その後は変化をみせないという[111]。集落址として村上市三面元屋敷遺跡や上越市中郷区籠峰遺跡の集落址のように後・晩期に跨る例があり、晩期末の新発田市金塚青田遺跡で三〇軒を超す掘立柱建物が検出されており[112]、このことも集落形成における後・晩期の交での継続度の高さと、晩期末での隆盛ぶりを示唆している。石川・福井県域での動向として、後期中葉の一部を構成する加曽利B式期古段階の遺跡が「希薄化」し、次段階で同じ中葉に含まれる酒見式期の遺跡が再拡大するという[113]。そうして、「環状木柱列」や「トチ塚」など、晩期例は住居址こ

そ少なくなるものの人間活動の痕跡を色濃く残しているところから推測すると、後・晩期の推移に新潟県域と大きな隔たりはないようである。

長野県域では、日本海寄りの諸地域と動向を少し異にした証左がある。すなわち、後期例は中期末例の低落を継承して集落址数、住居址数とも減少を重ね、晩期前・中葉例も変化をみせず、末葉の氷1・2式（大洞A・A'式）期にいくぶん増加するらしい。[114]ところが隣接する山梨県域の場合、住居址数は中期末の曽利5式期の低落後、後期例は、

称名寺式期例一、堀之内式期例一〇、加曽利B式期例一九、曽谷〜安行式期例九

を数え、晩期例は、

前半の大洞B・C1式期例一七、後半の大洞C2・A式期例二

となる。[115]称名寺式期例の激減以降、後述する関東に連なる若干の回復を示すが増減は低位にとどまり、この点で長野県域での動向と等しい。ただし、晩期後半ないし末例での増加はみられない。

ちなみに、長野県茅野市から山梨県北杜市にかけて広がる八ヶ岳山麓での動向が公表されているので、それを援用してみると、

	遺跡	住居址	掘立柱建物址
中期末（曽利5）	一五五	一五三	五
後期初頭	八七	四〇	九
後期前葉（堀之内）	一〇一	一八一	一六
後期中葉（加曽利B）〜後葉	三七	三三	
晩期	一九		

となる。[116]山梨県域での動向との間に齟齬がみとめられるが、後期中葉例で減少し、以降の例が低位で終始する点で、大勢から逸脱してはいない（図46参照）。

関東地方　集落・住居址数の累計結果がととのっている神奈川・東京・埼玉県域の動向を示すと、[117]神奈川県域では、

後　期	集落址	住居址
称名寺式期	一〇	二七
堀之内1式期	一三	一〇三
堀之内2式期	七	三三
堀之内式期	一一	一三一
加曽利B1式期	七	三四
（以後減少）		
晩　期		
安行3a～3c式期	各一～三	各二～四

となり、東京都域では、

後　期	集落址	住居址
称名寺式期	九	一二
堀之内1式期	一三	三一
堀之内2式期	三	一四
堀之内式期	一一	四二
加曽利B式期	（以後減少）	

晩　期		
安行3a～3c式期	一～三	二～四

となり、埼玉県域では、

後　期	集落址	住居址
称名寺式期	九	一五
堀之内1式期	四	一〇
堀之内2式期	四	五
加曽利B1式期	五以下	一〇
（以後減少）		
晩　期		
安行3a・3b式期	三	七
千網・荒海式期	一	二

となる。これらの数字が示すところは、すでに述べられているように堀之内式期例の再増加が神奈川県域と東京都域にとどまり、山梨県域もこれに同調している点であり、加えて加曽利B式期例をもって減少して晩期に至り、晩期後半例での寡少さが共通する点である。もっとも、さいたま市域東部の見沼地域における遺跡数の推移によると、加曽利E4式期例で減少、堀之内式期例で回復、加曽利B式期例で減少、曽谷式期例でさらに減少、以後の例は横這いを続け、晩期後葉で激減している。[118] 堀之内式期例が再増加する点で東京都域に近いのは、地理的要因によるのであろう。

なお、関東東南部の下総台地における貝塚分布に注目すると、[119] 後期前葉例と後期中葉～晩期前半例との間で貝塚数に大きな隔たりはないが、それぞれの継続年数の長短を考慮すると、後期中葉例以降で減少していることは否めないので、神奈川・東京都域での集落・住居址数の低落とこれはひとつに結ばれる。それとともに貝塚の立地も大きく異なり、台地縁辺の水辺寄りから台地内部への移行が甚だしい。関東で晩期に陸産資源への依存度が高まったという分析結果にこれは符合し[120]、愛知県域や静岡県域東部での貝塚の衰退とも連なる。

茨城県域の場合、東部での貝塚数の推移に依拠すると、称名寺式期例で減少したのち、堀之内・加曽利B式期例で増加、曽谷式期例で激減、後期後葉の安行1・2式期例で増加、晩期前葉例での減少後、低位に終始している[121]。霞ヶ浦西部の出島半島での分布調査結果によると、

称名寺式期例一二、堀之内式期例三七、加曽利B式期例三一、曽谷式期例二、安行1・2式期例一四、安行3式期例一一、前浦式期例一、千網・荒海式期例四（？）

を数え[122]、東部での貝塚数の増減とよく一致している。なお、近隣の旧玉里村（現小美玉市の一部）域では、遺跡数が草創期例四、早期例二二、前期例五五、中期例四三、後期例一四、晩期例二を数え、晩期例は中葉の前浦式期の例で終焉する[123]。茨城県域では後期中葉以降の集落址の調査例がほとんどないという[124]。これが集落形成の衰微を暗示しているとすると、貝塚・遺跡数がともに減少する曽谷式期例よりも一時期早く衰微が始まったことになる。このずれの原因を想像することは可能でも筆者の手で立証することは容易でない。そこで、茨城県域における集落形成の衰微が関東南西部と同調した可能性があることを指摘して、話を先に進めよう。

関東で後・晩期の集落形成を概観した鈴木保彦によると[125]、後期初頭の称名寺式期では中期末の衰微が継続して低調であり、前葉の堀之内1式期に隆盛の色をみせる。しかし隆盛は、関東南西部などでは加曽利B1式期まで、関東北部はやや遡って堀之内式期を最後に終焉した。他方、千葉県域などの関東東部では後期後半以降も一定の集落が維持され、貝塚も形成され、これが地域的特徴であるという。東京湾東岸の集落・住居址数のデータによると、堀之内2式期に集落は存続しても住居の減少が甚だしい[126]。前述の茨城県域での動向をさらに加味するならば、鈴木が説いた関東

東部の概況と必ずしも理想的な一致が得られていないように思われる。

そこで他の所説を援用して関東北部の動向を通覧しておくと、群馬県域では、晩期前半の遺跡に後期後葉から集落の存続する例が多い。そうして遺跡の立地も、晩期前半例までは県域全体に点在しているが、後半例になると山間部に偏在し、平野部でほとんど消失し、集落の実態も定かでなくなるらしい。大間々扇状地での累計結果によると、後期後葉例で遺跡数が激減し、晩期に入っても低落状態が続いたという。晩期後半例の山間部偏在は陸産資源への依存度の高進を示唆しており、集落形成の衰微とともに群馬県域の動向が南部諸地域と共通する点である。栃木県域でもまた、後・晩期を跨いで存続した集落の例が多いらしい。ところが、後期中葉の加曽利B式期に集落・住居址数とも激減し、晩期中葉の大洞C2式期をもって集落形成の痕跡は絶えるというから、南部諸地域と共通していることになる。これらの結果からすると、[127]群馬・栃木県域で、後・晩期に跨る集落が目立つ点に地域的特色が表れているのかもしれないが、南部諸地域との共通点に注意を促しておこう。

東北地方　宮城県域における後・晩期の遺跡数の累算結果によると、中期例七〇三、後期例四八五、晩期例五六六を数え、晩期例での増加が注意を引く。[128]これに対して青森県域では、中期例八九四、後期例一八四二、晩期例八五一を数え、後期の例数が中期例を大きく上回って晩期例は甚だしく減少している。[129]後期例数の増減が両県域を分けているわけである。岩手県域で後期の遺跡・住居址数を辿ると、前葉例が盛岡市域以南できわめて乏しく北部で急増し、中葉例が北部で激減し、中葉末の加曽利B3式併行期に再び急増し、多くが後葉例として継続するという。[130]後期中葉例での減少が注意を引くとともに、北部が後期例に恵まれた青森県域に連なり、盛岡市域以南が宮城県域と結ばれる点も漏らせない。晩期の遺跡・住居址数は全県域で初頭例で減少し、前葉例で激増するらしいから、この動向は晩期例で増加をみた宮城県域に通じるところがあるかのようである。

なお、青森県域で住居址数の推移をみると、中期例八六七、後期例四四四、晩期例五三を数え、中期例が卓越して晩期例の寡少さを際立たせている[131]。この累算値は竪穴住居址数であるが、平地住居の存在を考慮しても増減傾向は動かないようであるから、後期例は中期例に較べて遺跡数が二倍強に、住居址数が約1/2にそれぞれ増減し、晩期例は後期例に較べて遺跡数が1/2弱に、住居址数が約1/8に減少している。遺跡数の増減にかかわらず住居址数が一途に減少し、その減少が加速度的であることを示すこの結果は、集落形成の衰微を物語るとともに、祭祀場や墓域などの非集落の相対的増加と集落規模の縮小を指している。後・晩期における集落形成の加速度的衰微は関東南西部などに類例があるので、孤立してはいない。他方、人間活動の活発度を推測する目安を遺跡数の増減に求めてさしつかえないならば、後期にもっとも活発化し、晩期に中期並みの活発さを維持したことになる。もとより晩期での活発度を中期並みに高く評価することはできないであろうが、それでも関東などの西方諸地域と鮮やかな対照を示し、宮城・岩手県域と同調する北方での晩期の殷賑がここから窺われる。

日本海寄りに転じると、秋田県域の場合、住居址数が中期後半例でもっとも多く、後期例で激減し、晩期例でさらに減少するという[132]。遺跡数の情報が管見に触れなかったので他県域と比較しえないが、後期に始まる住居址数の減少が青森県域と共通することは指摘できる。北部の米代川流域で後期の住居址数が、

初頭例三七、前葉例五、中葉例一五、後葉例四一

を数えるという[133]。県域全体の増減ではみえない小地域の動向を示す例として貴重である。山形県域では、中・後・晩期の各遺跡数を比率に直すと、5：2：2.5になるらしい[134]。中期例がそれぞれ後・晩期例を大きく上回り、しかも、晩期例がわずかにせよ後期例に勝っている点で、青森県域よりも、緯度を同じくする宮城県域にはるかに近いといえる。

そこで、後・晩期の遺跡数の推移を小刻みに辿ってみると、

後期前〜中葉　わずかに減少

後葉　　大きく減少

晩期初頭（〜大洞B式期）　横這い
前葉（大洞BC式期）　増加
中・後葉（大洞C1・A式期）横這い
末葉（大洞A'式期）　半減
弥生前期　さらに半減（遺跡数三二）

となる。(135) 晩期の遺跡数の多さは前葉例での増加によることがこうして知られ、岩手県域北部と同調していることがみてとれる。晩期の例数が後期例を凌ぐ宮城県域とも同調するのかどうか筆者にはわからないが、後期後葉〜晩期前葉例が増加したという新潟県域での動向と同じではないが近い。他方、住居址数によると、後期例で六軒以上が四遺跡、晩期例で三軒以上が六遺跡にとどまるところから察せられるように、後・晩期に集落の小規模化が進む。それとともに、住居址の総数も減少するというから、集落形成が衰微したことは疑いない。青森県域と共通しているわけである。

最後に、東北地方の後・晩期の動向について総括しておくと、遺跡数が晩期例で増加した地域として、宮城・岩手・山形県域があげられ、岩手・山形県域で増加期が晩期前葉例であることが知られる。これに対して減少したことが判明しているのは、秋田・青森県域であり、山形県域でも晩期末例の半減を示すデータが得られている。また、岩手県域で晩期初頭例が減少しているというが、その類例が東北で見いだせるのかどうかわからない。

もうひとつの衰微　関東南西部や中部高地などで知られる中期末での集落形成の衰微が、東北でも北方ほど遅滞を示しながら進行したことを、阿部昭典の研究結果に依拠しつつ述べた。(136) ところが、東北で後期例の増減を通覧すると、もうひとつの衰退が後期に発生した形跡が知られる。すなわち、秋田県域の米代川流域での前・中葉の集落址数の減少、岩手県域北部での中葉の遺跡・住居址数の激減である。また山形県域で後葉の遺跡数が大きく減少することも、衰微を窺わせる例のひとつに加えられてよい。このように、後期中葉あるいはその前後で集落形成だけでなく人間活動も衰微に陥ったかもしれない情況が、はたして東北全域を覆ったのかどうか、筆者には判断がつかないが、「後半になると集落が少なくなる」という後期を概観した鈴木克彦の弁は、[137]後期中葉での衰微が小地域的現象にとどまらないらしいことを示唆しているように思われる。

そこで、既述した他地域での増減を拾い上げてみると、関東ではいったん再増加をみせて減少した南西部を確実な例として北部を含めた住居址数などの減少、中部では新潟・石川・福井県域という日本海寄りの各地と八ヶ岳山麓での遺跡数の減少、関西では滋賀・奈良・和歌山・兵庫県域に大阪府域と京都府域南部の山城とを加えたほぼ近畿一円に及ぶ集落址ないし住居址例の減少、四国では徳島県域での住居址数の減少、中国では岡山・島根県域での遺跡数の減少、[138]九州では佐賀平野北部での遺跡数の減少として、衰微の形跡を例示することができる。ただし、島根県域では集落址・住居址数とも増加していた。

中部の長野・静岡・岐阜・愛知県域がここに加わっていないのは、中・後期の交における址数の激減以降、低落状態が継続したからであり、九州の大半が漏れているのは、後期中葉の遺跡数ないし集落・住居址数が増加しているからである。それでも、漏れる地域を含みつつ衰微の形跡が九州の一部から東北まで及んでいることは、この時期の衰微現象がかなりの広がりをもっていたことを示唆している。関東で後期中葉を後期社会の変節点とみて、「中央窪地集落」の出現などの変動を示す例があげられていることも、[139]ここに画期があることを裏付ける。地域的偏差を擁しつつ衰微状態が広域を覆った、西方なら晩期後葉、東方なら晩期中・後葉の動向と合わせて、後期中葉のこの動向を欠かせない後・晩期での衰微例として強調しておこう。

なお、較正年代によると、後期中葉の古段階に当たる加曽利B式期が前一八七〇～前一五二〇年を指し、晩期前葉の大洞B式期に前一二七〇～前一一〇〇年という結果が得られている。[140]そうすると、後期中葉の衰微期は、阪口豊の結果が示す前一六五〇年前後の寒冷期に、晩期中葉ないし中・後葉の衰微期は前一二五〇年前後と前一〇〇〇年前後の寒冷期に併行する結果が導かれる。[141] 気候変動が人間生活に多大な影響を及ぼしたことは、既述したユーラシア大陸の諸例からも知られる通りであり、したがって気候変動と時期を同じくすることは、抽出した二つの衰微期が資料上の偶発的所産ではないことを裏書きするとともに、衰微の要因までも示唆している。ただし晩期については、倭の東西で継続年数に相違があり、東部の方が長い。弥生時代の開始年代が東部で遅れるからである。較正年代を加味した結果は、本章第六節で言及する。

第四節　前一千～後一千年紀（弥生～古墳前期）の動向

九州地方　九州のなかでとりわけ福岡県域に関して、弥生時代の集落址数の累計結果が少なからず公表されている。もとより、累計年が新しいほど結果に対する信頼度が高く、時期区分も精確になり、当時の集落形成の推移の実相に近づいていることはいうまでもない。この点を汲み小沢佳憲らの集成結果に依拠して福岡県域における集落址数の増減を、図51として示した。[142] 福岡平野の西方を占めるのが早良平野で、ともに博多湾に面し、糸島平野は脊振山地の支脈を隔て、さらに西方に位置する。これに対して宝満川中・上流域は、福岡平野の南にあって筑紫山地で隔てられ、南に開けて筑後平野に連なる。こうして有明海方面と結ばれる点で、玄海灘に向かって北方に開ける上記の三平野と区別される。嘉穂盆地は、西方を限る三郡山地の山塊で福岡平野と隔てられ、響灘に向かって北流する遠賀川の中・上流域を占める。

このような地理的関係を念頭においたうえで、図の結果に眼を向けると、これらの六地域に共通する動向として、址数が前期例から中期例に向かって増加すること、中期例で最多に達すること、後期例で減少しその前葉例がもっとも低落が大きく、中葉以降の例で増加に転じることが指摘できる。ただし、中期例で最多に達する時期に差異があり、

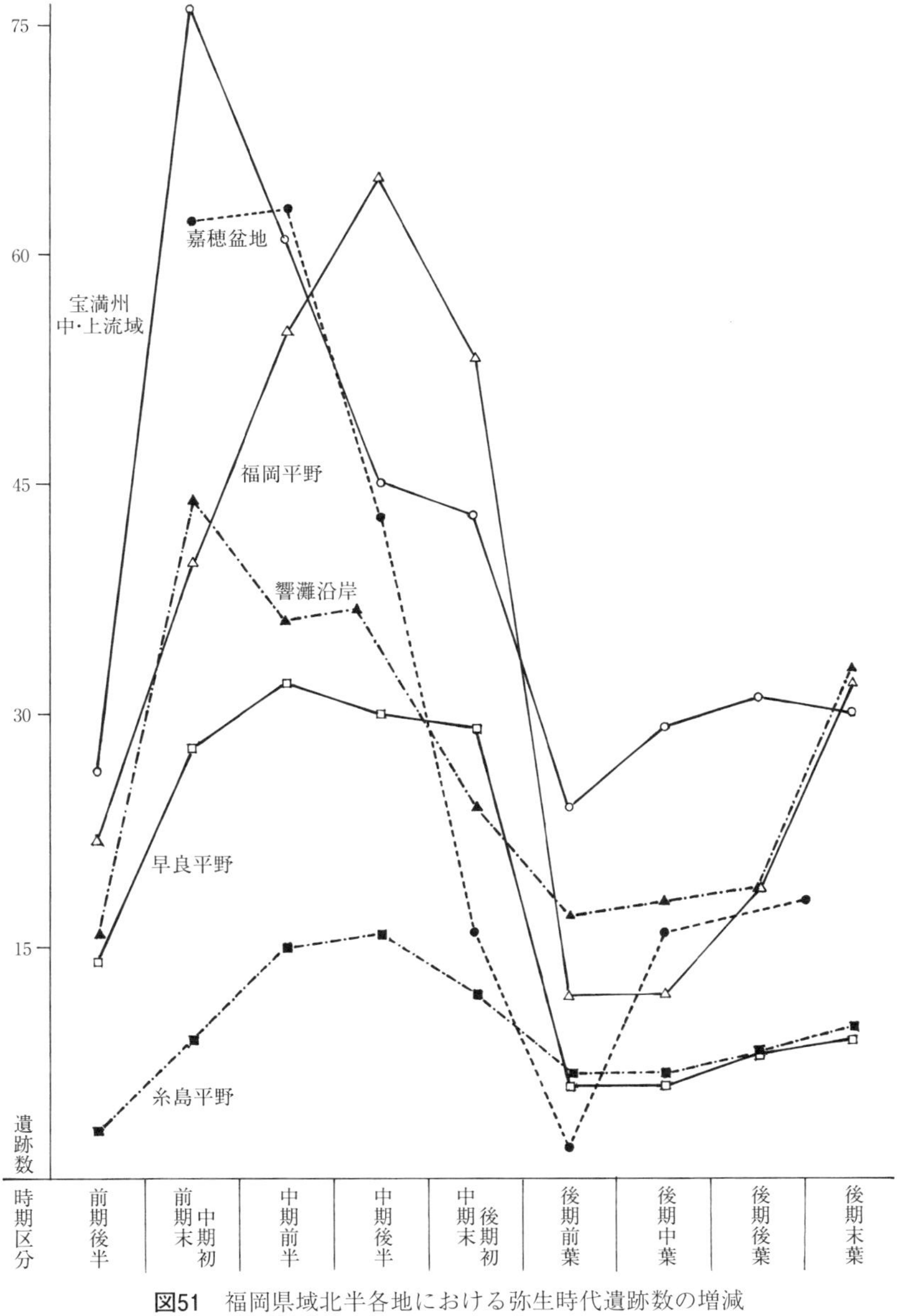

図51　福岡県域北半各地における弥生時代遺跡数の増減

最多期が前期末〜中期初頭の例として宝満川中・上流域と響灘沿岸、中期前半の例として嘉穂盆地と早良平野、中期後半の例として福岡平野と糸島平野がそれぞれあげられる。[143] 嘉穂盆地で前期末〜中期初頭例と中期前葉例との間、早良平野で中期の前半例と後半例との間に、址数の大差がみられないことを勘案すると、玄海灘に向かって開ける福岡・早良・糸島平野が自余の地域よりも最多期が遅れると箇言することも不可能ではない。それは人口の移動を示しているのかもしれないが、ともかく本書の目下の課題に添う後期前葉例での減少の方を強調しておこう。

ところが、後期以前に成立して大規模化し、拠点的と形容されている集落のなかに、後期前葉に衰退せず命脈を保った例がある。たとえば福岡平野で、福岡市博多区比恵・那珂遺跡、同市南区井尻B遺跡、春日市須玖遺跡群、同市弥生赤井手遺跡、同市小倉竹ヶ本遺跡、筑紫郡那珂川町門田遺跡などの、糸島平野で福岡市西区今宿五郎江遺跡、糸島市志摩一の町遺跡稲留地区、同市二丈深江井武田遺跡、同市前原三雲・井原遺跡などの集落例を示すことができる。早良平野では福岡市早良区飯倉C遺跡などが加わるけれども、福岡・糸島平野に較べるとその数は劣る。福岡・糸島平野でいわゆる拠点集落の例がこのように目立ち、県域内の他地域に較べて例数が多いことは、両平野での址数の最多期すなわち集落形成の最隆盛期が遅れることと関連するのかもしれない。

福岡・糸島平野での拠点集落は、数の多さだけにとどまらないようである。福岡平野では、比恵遺跡において弥生後期初頭という方形環濠の掘鑿と井戸の増加、[144] 須玖遺跡群で中期末掘鑿の大溝の存在と青銅器の大量生産化、[145] 糸島平野では今宿五郎江遺跡で後期初頭に行われた環濠域の拡張、三雲・井原遺跡下西五三四地区で確認された中期末における方形区画溝の掘鑿があげられる。これらの点からすると、中期末〜後期初頭に一部の拠点集落であったにせよ、ときに「都市」と表現されるほど体裁を整え、あるいは非農耕的手工業地としての機能を高め、あるいは集落規模を拡げたことが知られる。つまり後期前葉は、一方では址数の減少によって画され、他方では前代に一般集落からさらに隔たる方向に赴いた拠点集落の隆盛によって特色づけられるようである。後期前葉の情況の表裏をなす盛衰の二者は、衰から盛への人口の移動がなければ成立しなかったにちがいない。このような動向はメソポタミアやパレスチナに例があったので、倭に限ったことではない。

後期中葉以降の集落址数が増加に向かったことは前述の通りであるが、福岡・早良・糸島平野を対象にして集落・住居址数の増減を問うた石井陽子の集成結果によると、[146] 後期後半例での址数の増加は各平野とも古墳時代前期（以下古墳前期と略称し、中期と後期も同様とする）前葉例で頂点に達したようである（図52）。加えて、博多湾岸に営まれた福岡市博多遺跡群の集落は大型化し、比恵・那珂遺跡群の集落は南北に貫く道路が敷設されるなど、拠点集落としてなおいっそう隔絶度を高めた。[147] 拠点集落の隆盛と一般集落の復興とが同調した古墳前期前葉を経て中葉に入ると、集落形成は既存の拠点、一般の別なく総体的に衰微に向かった。集落址数が各平野とも前期中葉例で減少し、わけても福岡・早良平野での減少が甚だしい。住居址数も前期

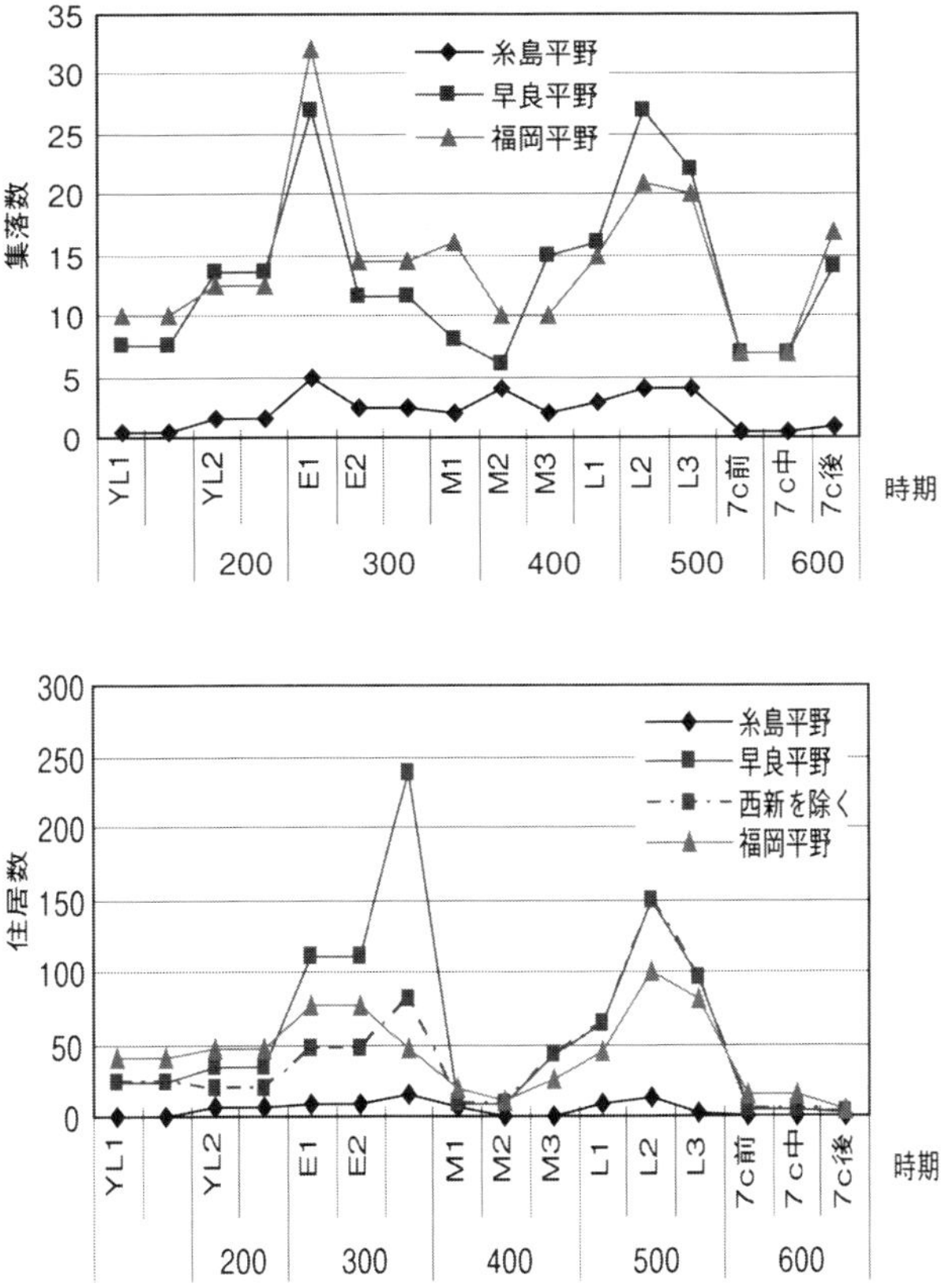

図52　福岡県域の糸島・早良・福岡平野における古墳時代集落址・竪穴住居址数の増減（本章注 146　第 28・29 図）

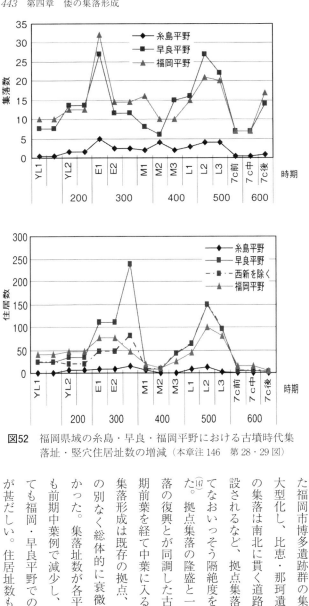

後葉例が福岡平野で減少し、他方、早良平野では増加しているが、これは福岡市西区西新遺跡の住居址数が卓越しているせいであり、他遺跡の住居址数は減少しているという。そうして、中期の前半例と後半例との間は、福岡・早良平野で址数の減少が、糸島平野で集落址数の微増と住居址数の大幅な減少がみられる。つまり、古墳前期中・後葉の低落を回復することなく、集落形成はここに至って衰微を極めたわけである。

自余の地域に眼を向けると、佐賀県域では、有明海域の北端を限る佐賀平野での集落形成動向について、東方の鳥栖市域で弥生中期の多くの集落が末葉をもって終焉し、新たに集落形成を始める後期前半例との間に衰微期が介在し、中・後期を跨いで存続した集落が乏しいこと、この衰微期に鳥栖市柚比遺跡群の集落が大型化すること、西方の佐賀市域でも中・後期を跨ぐ集落が少なく、南方の沖積地でも後期初頭頃に中期以来の既存の集落が断絶して後期中頃以降、場所をかえて集落形成が盛行をみせること、神埼郡吉野ケ里遺跡の所在地として特筆される平野中央部では、中・後期に跨がる集落の少なくないことが示されている。[148] しかし、古墳前期初頭の址数が減少しているので、弥生後期後半の盛行は古墳時代の開始とともに衰微するようである。後期初頭に吉野ケ里遺跡の集落では、居住域と墳丘墓をとり囲む長い環濠が掘鑿され、南北一㎞、東西六〇〇ｍで四〇haをはかる大規模集落へと拡張が進む。[149] さらに、中期末〜後期初頭に形成をみて後期前半に編年される佐賀市久保泉町村徳永遺跡で検出された遺構が掘立柱建物址だけで一〇〇軒を超えることを加味するならば、[150] 後期前葉に集落数が減少し、それとともに拠点集落の大型化／隔絶化が進んだ福岡・糸島平野の場合と、その動向が等しいことになる。なお、代表的拠点集落のひとつである長崎県壱岐市芦部町原ノ辻遺跡例は、中・後期の交に大規模な水害によって集落が一時的に廃絶したらしい。

中期の集落の多くが廃絶し、後期前葉に集落形成が衰微してその後隆盛に転じるという弥生時代集落の動向は、大分県域の主として海岸寄りでもみとめられる。[151] もっとも、衰微と同時期に現れる拠点集落の大型化は知られていない。ところが、県域北半を東流する大分・大野川上流域の山麓や台地上に数多くの集落が後期に形成され、検出竪穴住居址の総数で海岸寄りの遺跡をはるかに凌ぐ隆盛ぶりを呈している。たとえば、集落域が全掘された豊後大野市千歳町鹿道原遺跡で[152]、竪穴住居址の数が弥生中期末～後期中葉例一九軒、後期後葉～古墳前期前葉例一五八軒を数えるともに、山地寄りでの集落形成が隆盛に転じるのは弥生後期後葉であったらしいことも、この結果から察せられる。土器の組成、磨製石鏃を含む石器の存在などの点で、海岸寄りの集落の内容と一線を画しているが、集落形成の隆盛という点では同調している。

弥生後期後半～終末における集落・住居址数の増加は、熊本県域で北部の菊池川流域や内陸の阿蘇方面においても確認されている。とりわけ阿蘇方面では、阿蘇市乙姫下山西遺跡[153]などの例から知られるように、磨製石鏃などの石器類や鉄鏃などの鉄製品を有する点で大分県域の山地寄りの集落例と共通しており、両県域内陸部での集落形成の隆盛は、一体として理解すべき現象であることが察せられる。海岸寄りの集落と並んで古墳前期のなかで衰微する点でも同調しているが、盛衰ともに内陸部の方が著しい。弥生後期末頃の内陸部に、実態の解明を要する強い文化的磁場が存在していたようである。

弥生時代終末期における集落形成の隆盛は、鹿児島県域にもそれを窺わせるデータがある。すなわち、遺跡数の増減をみると、

弥生前期例二二、中期前半例三二、中期後半例三九、後期例二九、終末期例四四、古墳前期例四八、中・後期例四七

となる[154]。各期の継続年数の長短を考慮に入れると、弥生時代終末期例の累算数は見かけよりも多いことになるはずである。また弥生後期例と古墳中・後期例での減少も、福岡県域での既述した増減と、理想的ではないにせよ大勢としては合致している。弥生後期例での減少に併行する拠点集落址の有無や変貌の痕はわからないが、弥生終末期に端を発する日置市吹上町辻堂原遺跡で、住居の数が増加して拠点集落化し、古墳時代を通じて存続した証左が得られてい

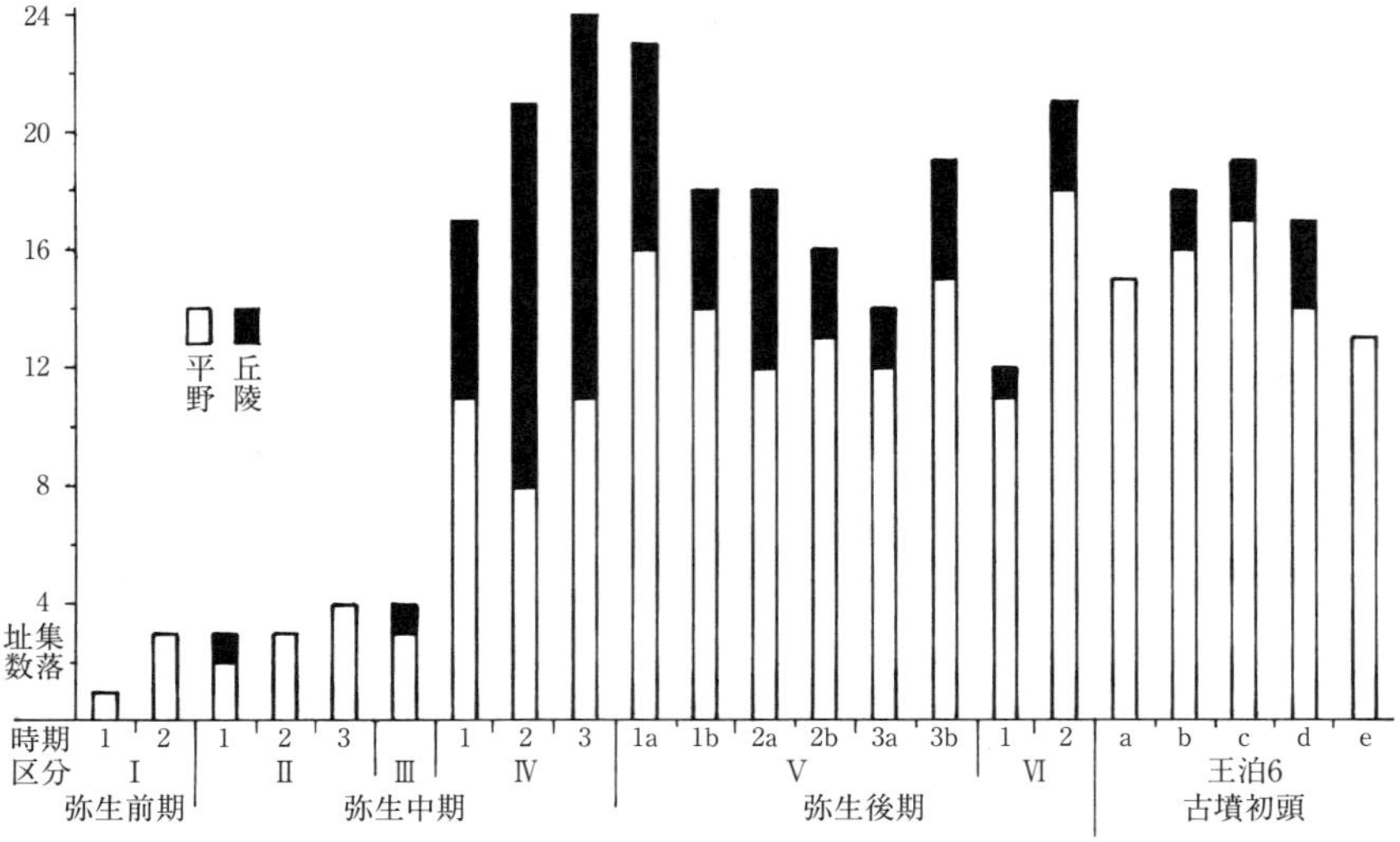

図53　岡山県域南部における弥生前期〜古墳初頭集落址数の増減と立地の内訳

る。[155]

中・四国地方　図53として掲げたのは、岡山県域南部における集落址を丘陵部と平野部とに分け、総址数と内訳を時期別に示したデータから作成したものである。[156] 結果に表れた推移を辿っていくと、弥生中期中・後葉例の間で激増し、後葉例のなかでさらに増加を重ねたことがわかる。そうして、増加の当初こそ平野部での伸びが著しいものの、その後は丘陵部での伸びが大きく総数の増加を支えたことが知られる。ところが後期に入ると、址数全体が減少に転じる。この減少は丘陵部での激減に負うところが大きい。こうして減少を経たのち、後期後葉例から増加に向かい、減少を挟みつつも高位を維持し、古墳時代初頭の後半に至って明らかな逓減傾向をみせている。このような増減を鮮やかにしたのは、もうすでに址数を減らしてしまった丘陵部ではなく、主として平野部での増減による。

他方、図54として示した竪穴住居址数の推移もまた、集落址数の増減と近似した軌跡を描いている。[157] 古墳時代初頭例でその数が最多に達しており、弥生中期末例が最多を指す集落址の場合とこの点で相違がある。竪穴住居址数が古墳時代初

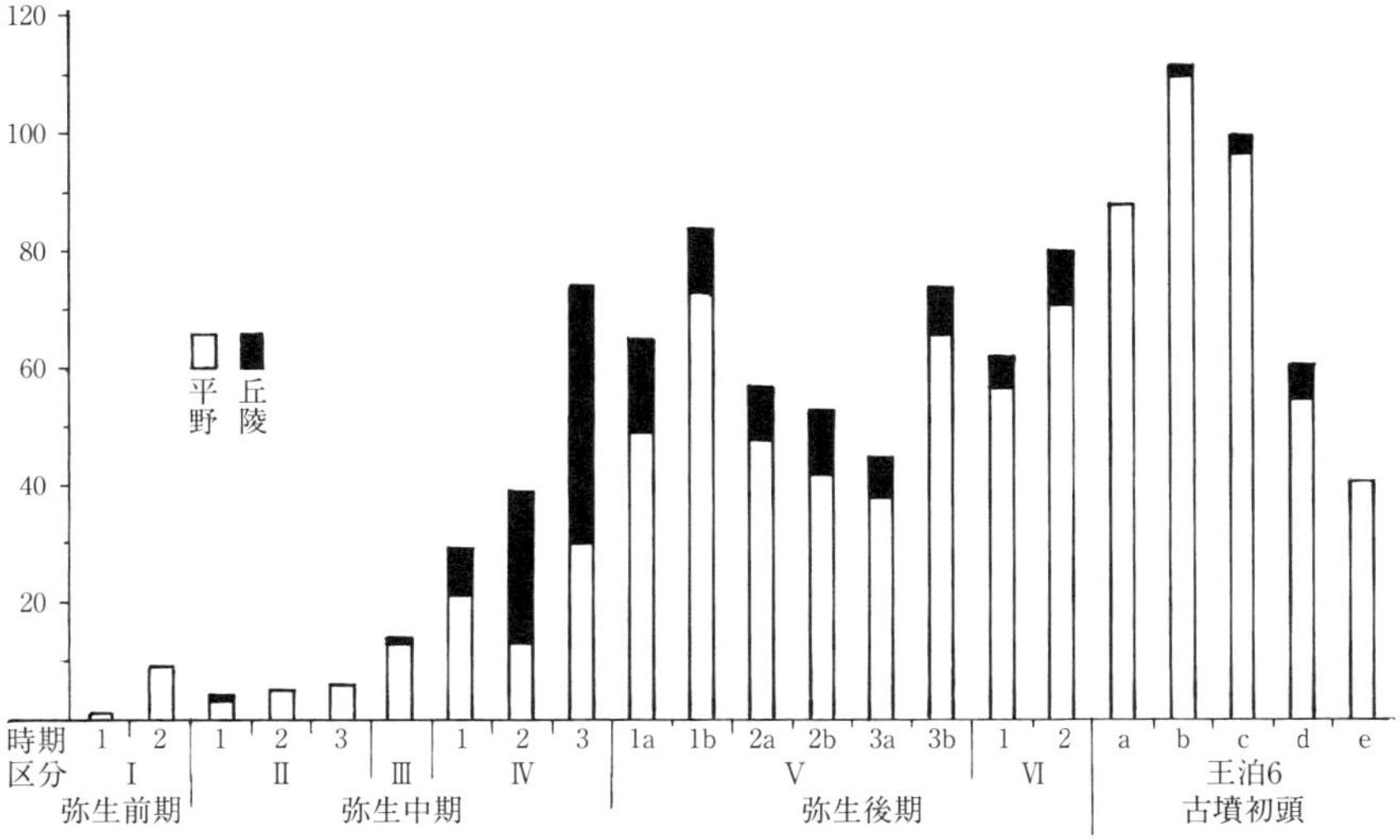

図54　岡山県域南部における弥生前期〜古墳初頭竪穴住居址数の増減と立地の内訳

頭例で最多を極めた内実は、岡山市域西部の北区津寺・加茂Bの両遺跡、東部の中区百間川沢田・原尾島遺跡、鹿田遺跡の各集落が形成の盛期を迎えたことによる。わけても津寺遺跡検出の竪穴住居址数は古墳時代初頭各期例のおよそ五〇％を占めて、自余の集落址例を大きく凌駕しており、この津寺が当時の拠点集落であったことを窺わせる。これに対して、集落・竪穴住居址数とも逓減する弥生後期中葉例のなかで津寺に匹敵するほどの卓越した集落は見あたらず、この点に、津寺を生んだ古墳時代初頭の、弥生時代と一線を画する時代背景を汲みとることができるであろうし、弥生時代のなかで比較するならば、住居址数減少期に拠点集落が大規模化し体裁を整えた形跡を残す九州北部との相違点が抽出される。また、九州に例があった中・後期の交における集落形成の大幅な衰微を、岡山県域南部の例から導くことは難しい。しかし津寺への集中は、後期での衰微に由来する可能性がある。

　ちなみに、古墳時代初頭に盛期に達した津寺に代表される諸集落は、中期の成立をまつことなく前期のなかで衰微する。[158]東方の旭川や西方の足守川が溢水して流域諸集落に大被害をもたらした影響によることも想像されるが、前期のなかで集

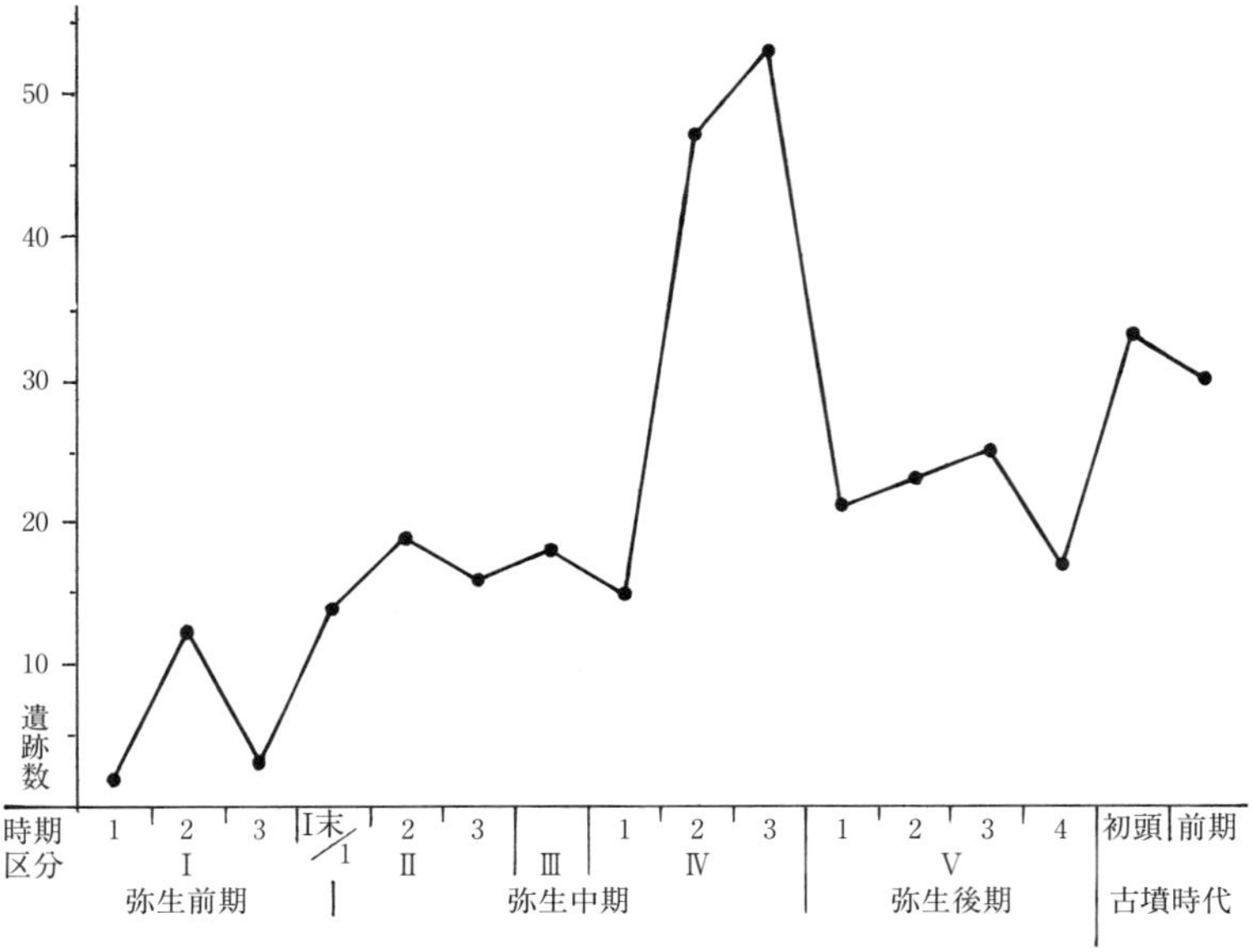

図55　愛媛県今治平野における弥生前期～古墳前期遺跡数の増減

落形成が衰微に向かうのはすでに九州各地でその例を得ている。したがって、衰微の主因として自然災害を強調する場合には、その災厄の範囲は岡山県域だけにとどまらなかったことになる。

山陰地方は後に回して四国地方を取り上げると、瀬戸内海西部に突出する高縄半島の北東に広がる今治平野は、航海上の難所である来島海峡を扼する位置を占め、遺跡に恵まれ、研究上の蓄積も多い。その成果に依拠して遺跡数の推移を図55として示した[159]。遺跡数の常として墳墓例などを一部に含むことは既述分もそうであったように承知しておかなければならないが、ともかくその推移をみると、弥生中期後葉例で遺跡数が激増し、後期初頭例で急落している。そうして、後期例のなかで増加に転じ、後期末例の減少を挟んで古墳時代初頭例で大きく再増加し、古墳前期例で軽く減少している。中期後葉例の激増は、集落形成が高所に及び、高地性や丘陵性とされる集落址が増加し、後期初頭例の激減は主としてこれらの集落が命脈を絶ったことによる。さらに、古墳時代初頭例の増加は、平野部

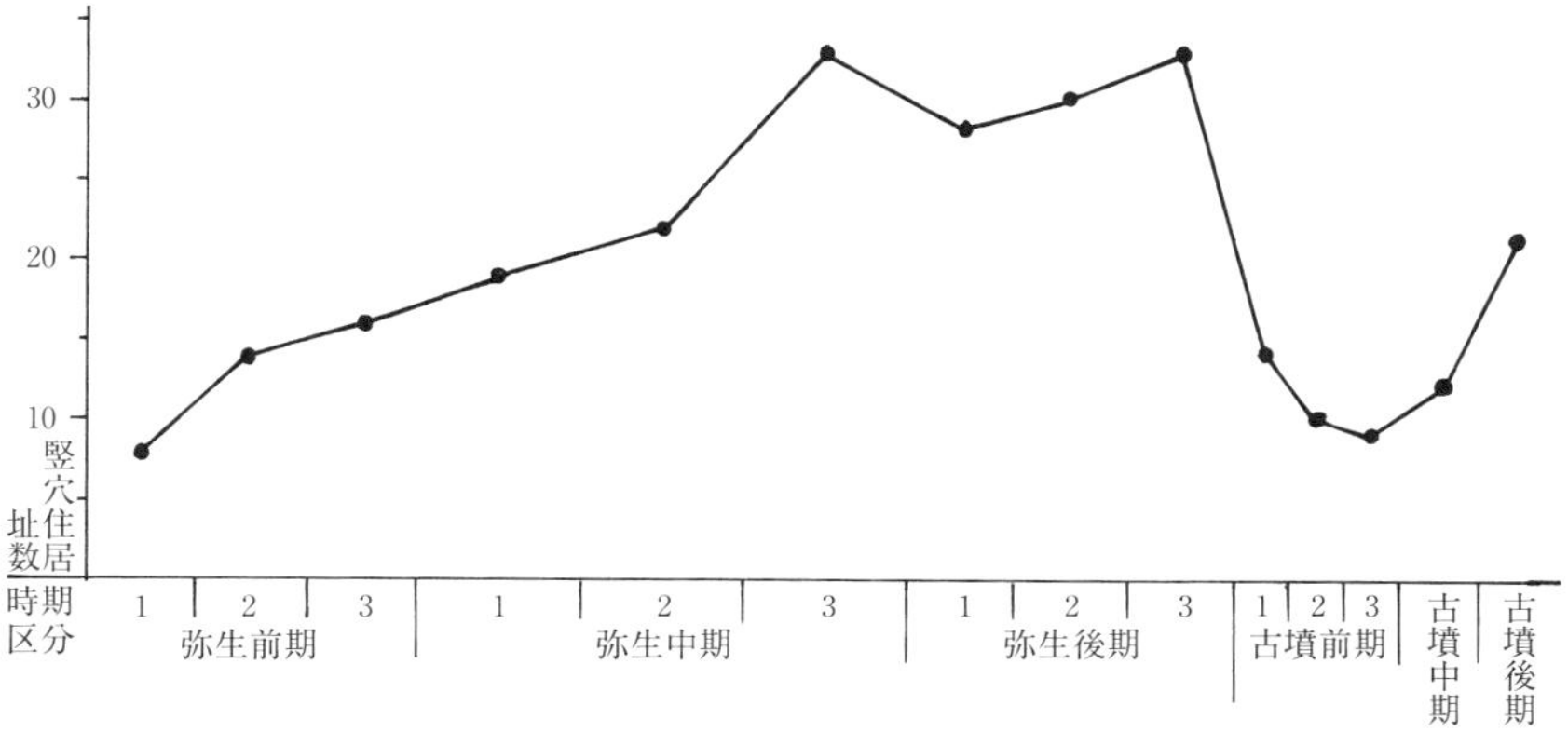

図56　愛媛県道後城北遺跡群における弥生前期〜古墳後期竪穴住居址数の増減

だけにとどまらず島嶼部にも集落の成立したことに起因する。これらの臨海集落址の多くに製塩土器が伴っているという。

このような増減の動向は岡山県域南部での集落・住居址数の増減と時期と程度に相違はあっても遠く隔たってはいない。立地上の変動もまた共通し、減少期に拠点集落の大型化や整備の形跡が見あたらないことも同様である。加えて、古墳時代初頭例で製塩土器出土地が激増している点も、岡山県域の臨海部から香川県域に跨る備讃瀬戸での情況と呼応している。

愛媛県域内のさらに西方に、四〇haをはかるという松山市文京遺跡がある。この遺跡を首座に据えて近隣の諸集落址を合わせた道後城北遺跡群での動向を取り上げると、中期後葉例での増加、後期前葉例での減少とその後の増加、古墳前期例での減少という点では、既述の諸地と同調している。ただし、弥生時代例の増減は他例に較べていかにも鈍い[160]（図56）。文京遺跡には「密集型大型集落」が形成され、そこで他地域と広く交流し、工房でガラス装身具や鉄器などの製作に携わり、集落としての整備を進めた時期が、中期後葉〜後期前葉であったという。しかし「密集型大型集落」としての文京は後期前葉のなかでその盛容を急速に失い、道後城北遺跡群の内外に集落が拡散してしまうらしい。この点からすると、後期前葉例の低落の鈍さは頷ける。

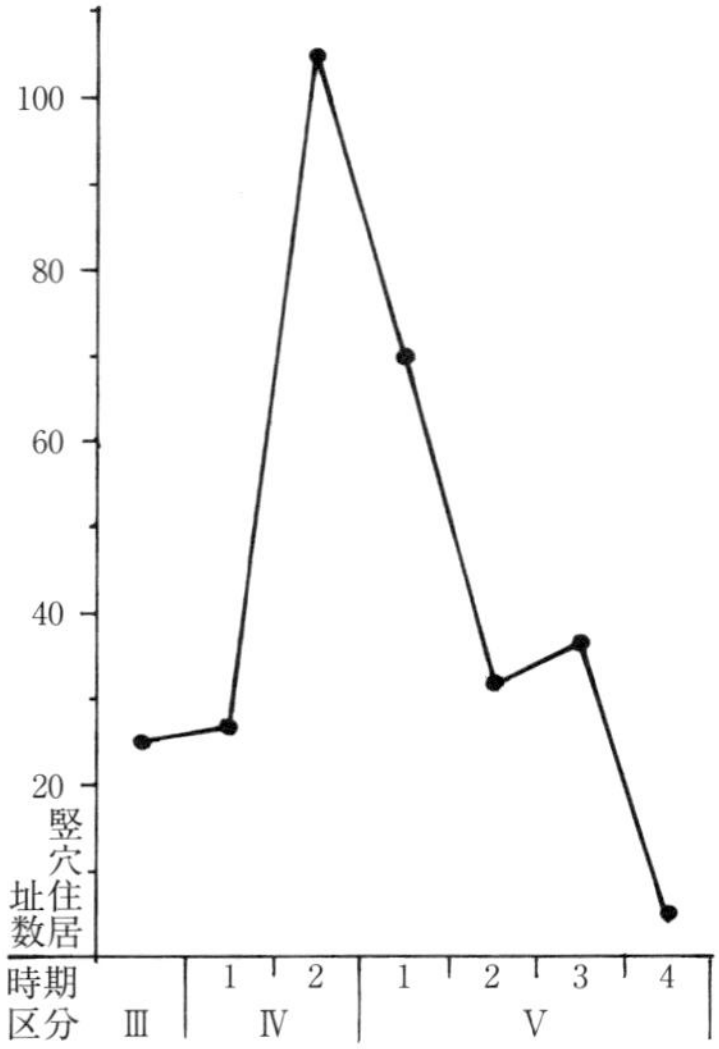

図57　高知県田村遺跡における弥生時代竪穴住居址数の増減

文京遺跡の例と肩を並べる拠点集落が、瀬戸内東部の四国側でみいだされている。香川県域西部の丸亀平野に営まれた善通寺市仙遊町旧錬兵場遺跡の集落である。(161) 集落の範囲は四五haに達するというから規模も遜色ない点、中期後葉〜後期前葉に盛期を迎える点、筑前や豊前から河内に及ぶ各地の移入土器が出土して交流の広さを物語るなどの点で、「密集型大型集落」といえる。

このような大規模な拠点集落は瀬戸内側だけでなく高知県域でも知られている。高知平野東部の南国市田村遺跡の集落がそれである。竪穴住居址数の増減を示した図57の結果からわかるように、(162) 中期末例で急増し、後期初頭例で減少に転じ、微増を経て弥生終末にさらに減少している。Ⅴ1期に竪穴住居址、掘立柱建物址とも減少するが、大型住居址が逆に増加し、加えて、四住居址群でⅣ2期成立の一群の集落構造がⅤ1期に継承されているというから、集落の盛期はかたちを変えて後期初頭にも及んでいたようである。盛期を迎えるとともに中部瀬戸内系の凹線文土器が増加する点、居住域が五〇haに達する点を加味すると、文京・旧錬兵場両遺跡の集落と肩を並べる拠点集落である。なお、中期末に盛期を迎えたという徳島市鮎喰川遺跡群の集落も、この候補にのぼる。

こうして四国の拠点集落の例を通覧すると、いずれも中期末に隆盛の極に達したことが知られる。九州であげた拠点集落の大規模化や整備が中期末ないし後期前葉であり、しかもこの時期に一般集落の形成が衰微の色をみせていた。四国で一般集落の盛衰を辿ったデータが乏しいが、九州や岡山県域と同調する今治平野や道後城北遺跡群で垣間見た動向を、四国の自余の県域にも敷衍しうるとすると、四国では集落形成の隆盛期に拠点集落も隆盛を迎えたことにな

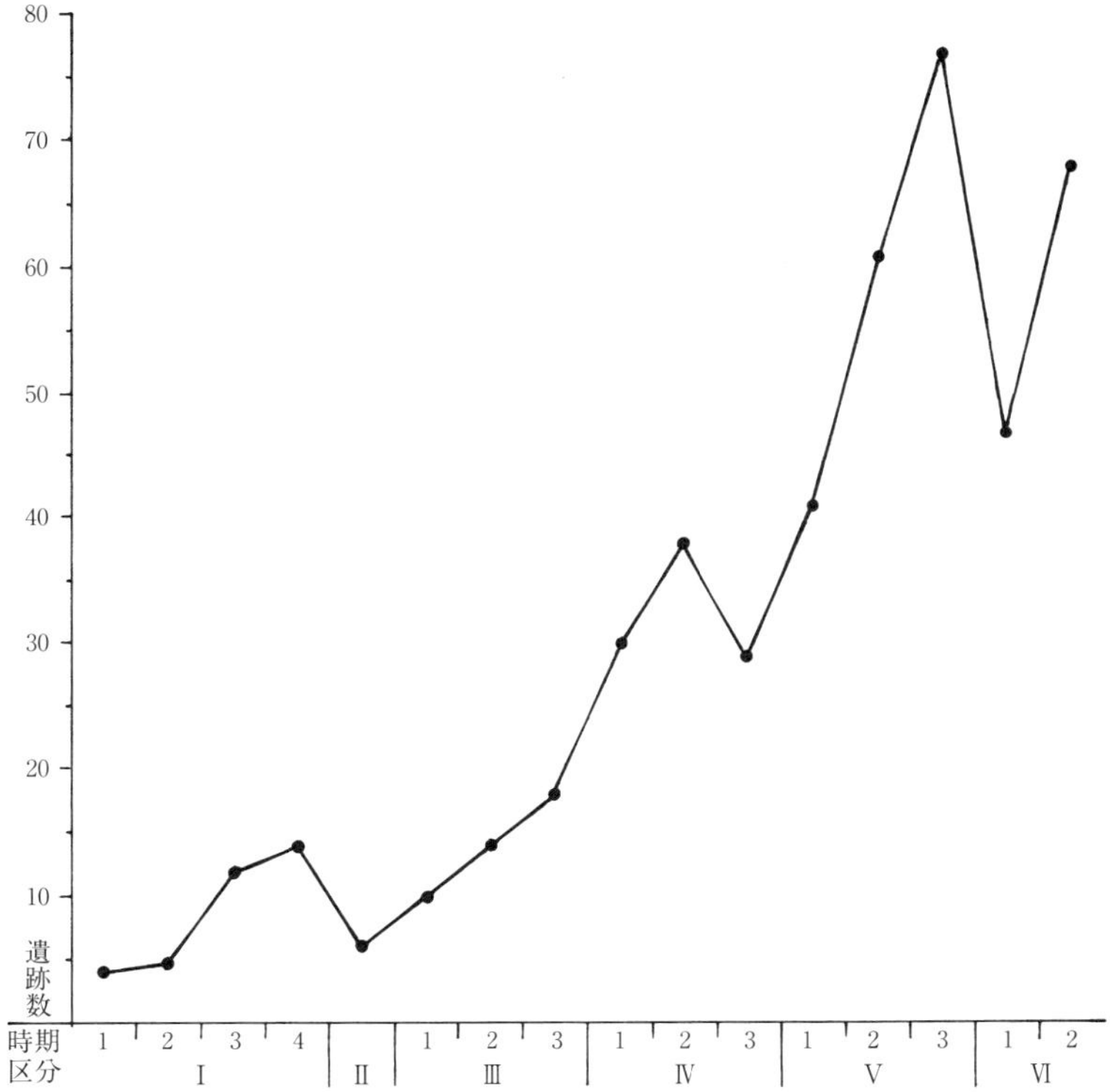

図58　大山山麓～中海南東岸における弥生時代遺跡数の増減

る。他方、拠点集落の衰微については、文京は後期前葉で衰微し、田村の場合は後期中葉で衰微に陥るのと前後して、北方の長岡台地で集落形成が盛んになり、田村から人口が流出して北方の台地へ移住したことを想像させるほど鮮やかな交替をみせている点が注意される[163]。岡山県域南部に加え九州でも、拠点集落の衰微は一般集落と同調していた。むしろこの方が通有であるのかもしれないが、ともかく拠点集落の興隆と衰微の様態は一様でないらしいことを指摘しておこう。

　山陰地方に移り、遺跡の集成が行われている、管見に触れた二地域を俎上にのせると、島根県域東部の安来平野～鳥取県域西端の大山西麓での遺跡数は、弥生中期後葉例でいったん増加の極に達したのち、中期末例での微減

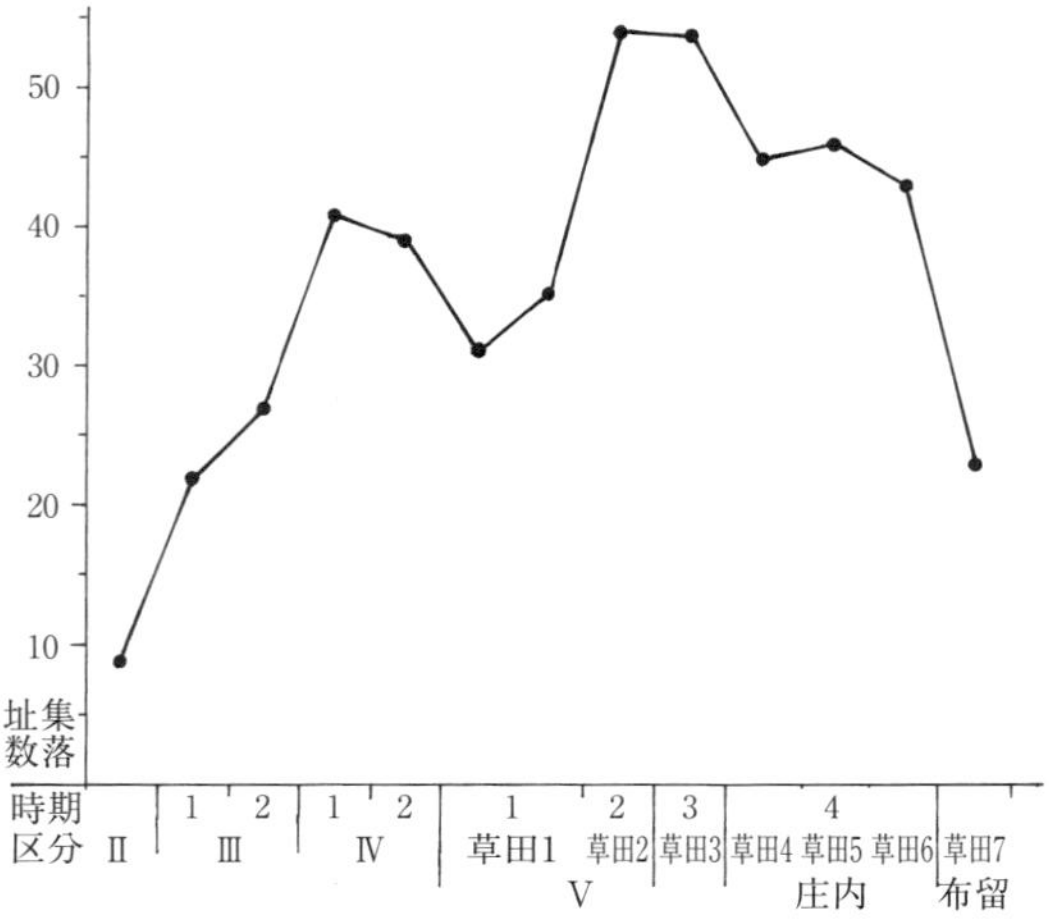

図59　出雲における弥生中期〜古墳前期集落址数の増減

を経て、後期例のなかで急増し、弥生終末期例は減少を挟んで再び増加に向かっている(164)（図58）。既述の諸地域の動向に較べると、中期後葉例で増加が極まる点は変わらないが、その後の減少幅が小さく、しかも後期例が増加を重ねている点で、隔たりがある。また、集落址の増減に立地の変化が伴わず、丘陵上の集落が存続し、終始、平野部の集落と併存するともいう。この点で後期に丘陵部を離れて平野部を指向した岡山県域や今治平野での動向と異なる。土器製塩の存否が関係しているのであろう。

この地域で中核をなす既知の集落として、鳥取県西伯郡大山町と米子市淀江町にまたがる丘陵上に営まれた妻木晩田遺跡の例があげられる。その集落形成はⅣ期に始まりＶ3期に盛期に達し、Ⅵ期以降、規模を縮小しながら、古墳前期前半まで続く。後期前葉すなわちＶ1期に環濠が掘鑿されるが、内部には人間活動の形跡が薄いという。(165)集落の形成が一般集落の増加期に始まり、最隆盛期が増加の極大期にあたる点で、さらには衰微期に一般集落数も低落する点で、妻木晩田の盛衰は一般集落の増減とかなりよく同調している。

島根県域東半の出雲で集落址数の増減を辿ってみると、中期後葉例で頂点に達する増加、後期前葉例での減少とその後の再増加、古墳前期前葉例に向かう低落という推移は、妻木晩田周辺に限った小地域の動向よりもいっそう類例が多い(166)（図59）。ところが、出雲平野に限定すると、遺跡数の推移は後期後半例での低落が出雲全域の結果と隔たっている[167]（図60）。他の動向は一致しているが、ともかく弥生中期後半例から古墳前期前半例までは増減幅が小さいので、この結果を強調しない方が無難であろう。出雲平野の拠点集落というと、出雲市古志町本郷遺跡の集落ではなかろうか。この集落は本格的な形成が中期後半に始まり、ほどなく外囲に大溝を付設し、古墳時代前期前葉に至るまで存続したという。この推移もまた一般集落の増減と同調している。出雲平野の集落は低地に位置しているので、拠点集落の存続と立地上の共通性が、遺跡数の増減を緩慢にした原因であったと思われる。

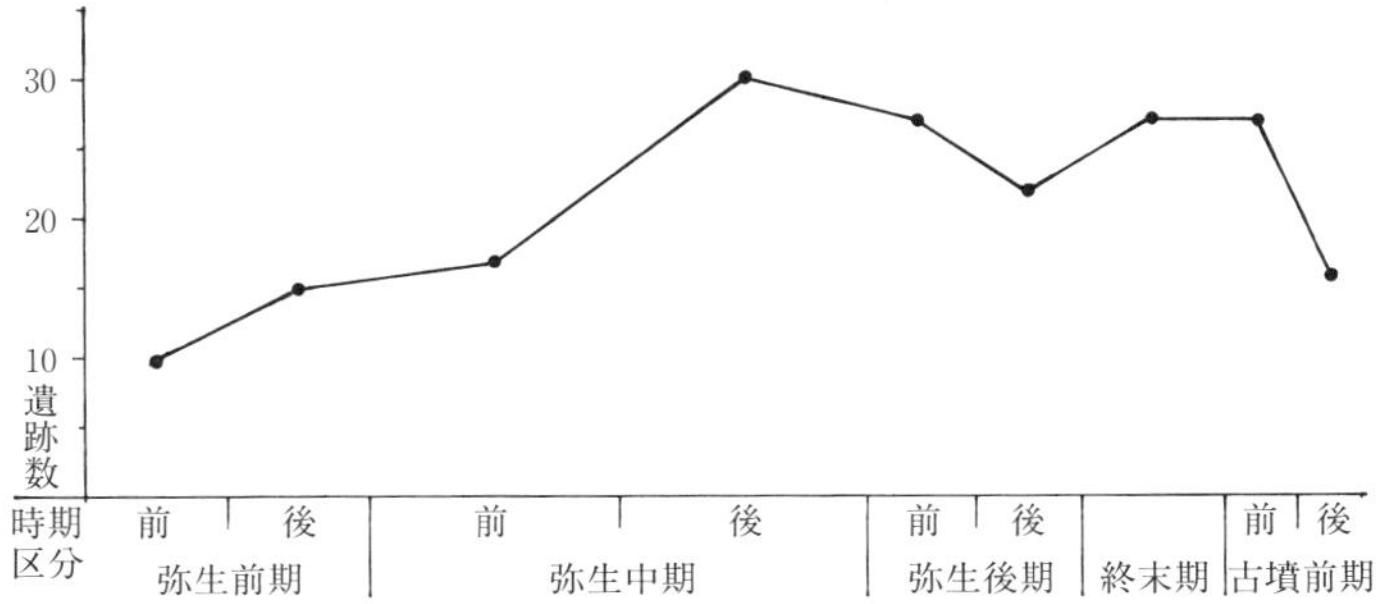

図60　出雲平野における弥生前期〜古墳前期遺跡数の増減

近畿地方　近畿で弥生中・後期集落の増減を問うた荒木幸治の仕事を紹介するところから始めると、荒木が対象にした地域は、兵庫県域南部、大阪府域、京都府域、滋賀県域南東部である[168]。これらの地で遺跡数の増減の内容を吟味し、小地域に分け、集落立地の新旧を重視し、こうして分析を加えた結果、前期例〜中期前葉例では小地域ごとで増減が分かれ、中期前葉例〜中葉例では減少した東摂津と、同数の山城を除くすべての地で増加し、中期中葉例〜中期後葉例では程度の差はあっても漏れなく増加し、中期後葉例〜後期前半例では明石川流域の東播磨東部、西摂津、中摂津、丹後で増加、北和泉と河内平野で微増し、自余の諸地域で同数かまたは減少し、後期前半例〜後半例では東播磨東部、西摂津、中摂津、北和泉、丹後で減少し、自余の諸地域で増加している（図61）。この結果を受けて荒木は、中期後葉例から後期後半例に至る変化のなかで、中期後葉例〜後期前半例で増加し、次の後期前半例〜後半例で減少に転じた、動向の異なる地域が抽出された点に着目し、地域社会論の構築へ向かう足がかりとするのである。

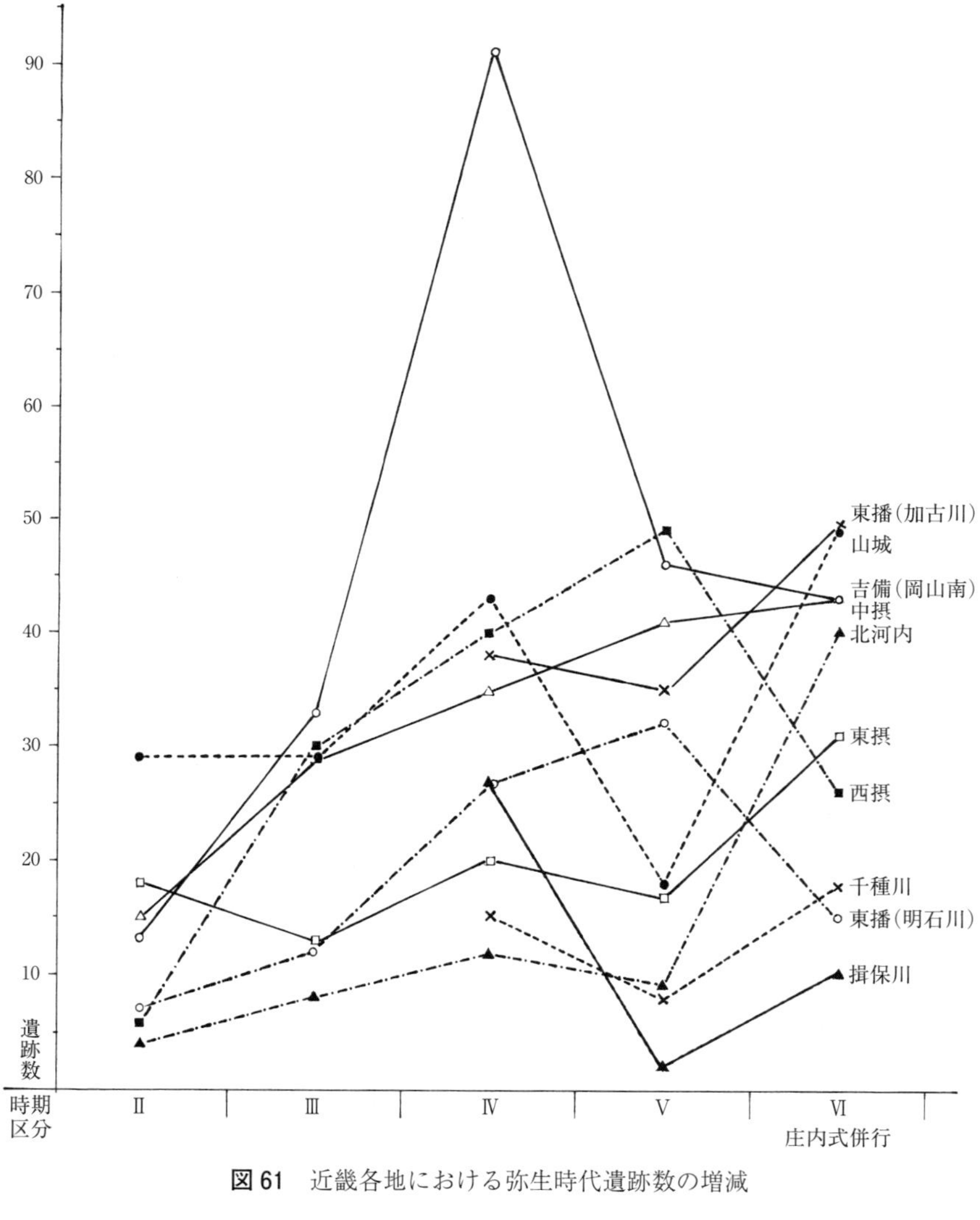

図61　近畿各地における弥生時代遺跡数の増減

　そこで、小地域を筆者の眼に触れた既存の累計データの範囲で取り上げると、西摂津と中摂津との大部分を占める阪神間の遺跡数として、

　縄文晩期後半例二〇、弥生前期前半例一五、後半例二九、中期初頭例一六、中期前半例四九、中期後半例五六、
　　後期初頭例五二、後期中頃例五〇、後期後半例五八、庄内式期例四一、布留式期例一五

という結果が得られている(169)。また丹後については、集計結果に基づいて、「V様式全体を通じてみると集落はさらに増加するが、細かくみるとV様式初頭から前半に属するものはほとんどなく、一時的に集落数が減少、もしくは規模の縮小が行われる」と石崎善久が述べ、京丹後市の弥栄町奈具遺跡や峰山町途中ヶ丘遺跡の集落を代表例としてあげている(170)。いずれの地域も荒木によって、遺跡数が後期前半で増加、後半で減少するとみなされた地であるが、荒木の見立てにとって理想的な結果を示しているのであろうか。さらに西摂津、中摂津について、V期前半例は土器量も遺跡数も少なくて高地性集落の例が目立ち、後半例で遺跡数が急増するという弁もあって(171)、いずれが実相に近いのか判断に迷う。これは分析視角の相違によるのであろう。立地の新旧を重視して継続か否かを問う荒木の視点は新鮮であるが、筆者としては、ユーラシア諸例との整合性を重視して遺跡数や址数によって論を進めていきたい。

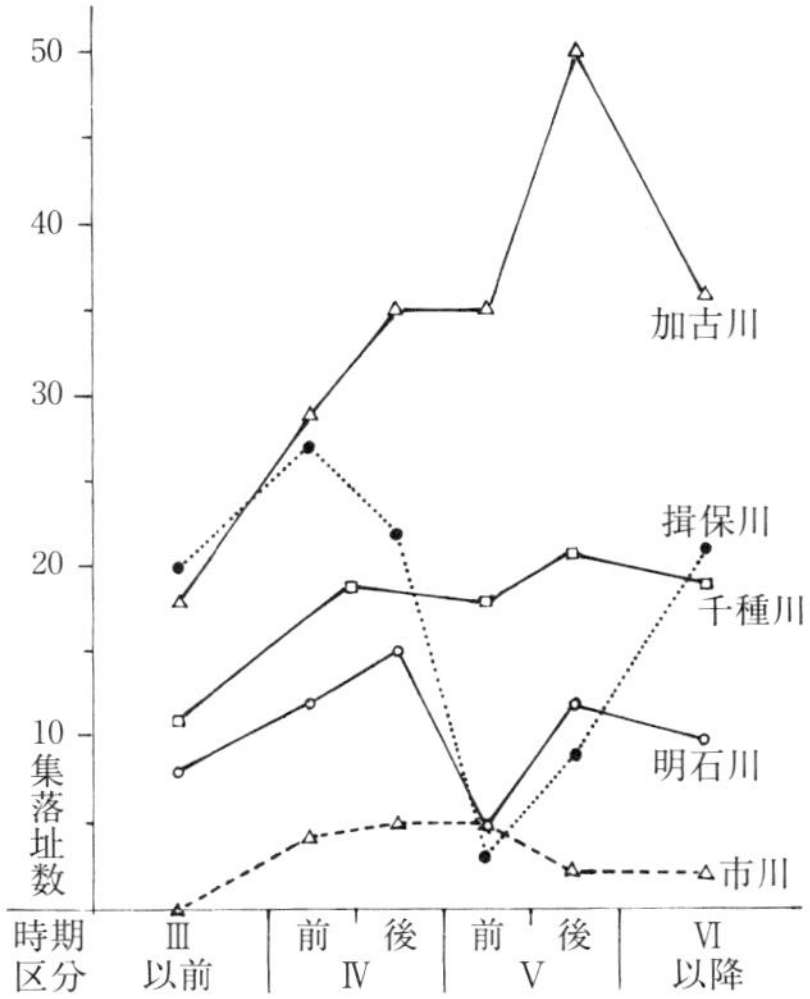

図62　兵庫県域各地における弥生時代～古墳初頭集落址数の増減

　兵庫県域南部の播磨で累計結果が出されている(172)。それによると、V期前半例での増加と後半例での減少は遺跡数が劣る市川流域にとどまり、残る四流域ではV期前半例で同数または減少し、後半例で増加している（図62）。加古川中

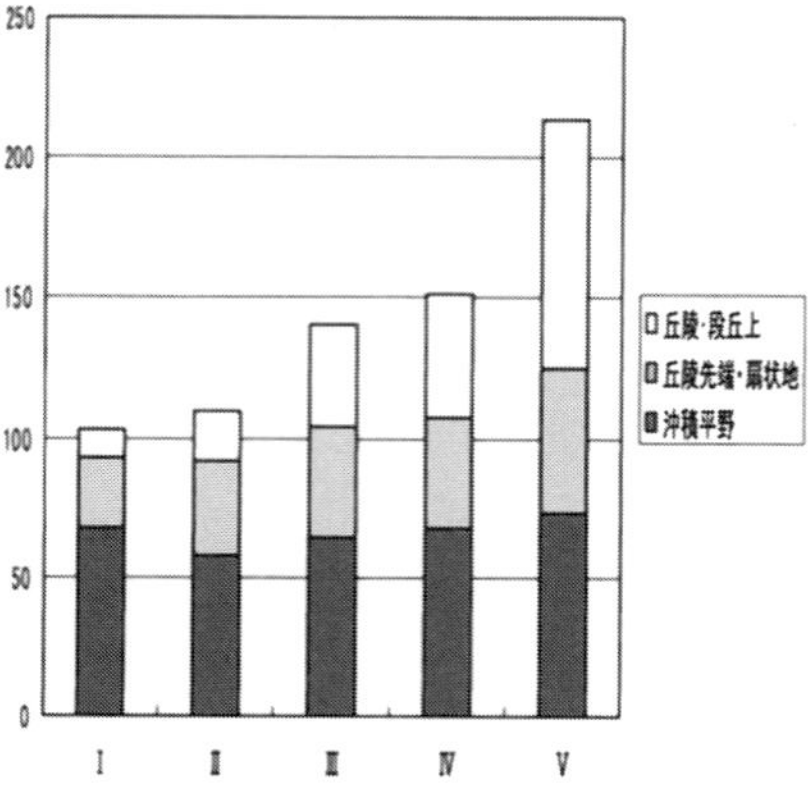

図63　奈良盆地を中心とした弥生時代遺跡数の増減と立地の内訳（本章注174第3図）

流域西部に位置する加西市域での結果によると、各期の遺跡数は、Ⅰ期前半例〇、後半例二、Ⅱ期例五、Ⅲ期前半例六、後半例一〇、Ⅳ期前半例一四、後半例二一、Ⅴ期前半例一三、後半例一九、庄内式期例一四、古墳前期例〇を数える。(173)Ⅳ期後半例の増加、Ⅴ期前半例の減少、後半例の増加、古墳前期例の減少という動向は、増減度に差異はあっても類例が多かった。

奈良県域に移ると、奈良盆地での弥生時代の遺跡数は図63の結果が示すように、Ⅱ～Ⅳ期例で逓増し、Ⅴ期例で激増している。(174)ところがⅤ期例の激増をもたらせたのは後期後半例であったらしいことを、主に盆地中・南部での累算結果が示唆している。(175)Ⅳ期例～Ⅴ期前半例の増減がそこで問題になるが、それに応える恰好のデータは手元にない。盆地における高地性集落形成の盛期がⅤ期前半にある点を重視し、図63のⅤ期例で高率を占める丘陵・段丘上遺跡のことごとくをかりにⅤ期前半とすると、Ⅳ期例～Ⅴ期前半例の増減は緩慢であったことになる。(176)他方、田原本町域でⅤ期前半例が減少し、唐古・鍵遺跡の集落が中期末に洪水に見舞われている点に注目すると、低地での集落形成がいったん衰微したことも想像されてよい。低地での水災が高地への移住を促したというシナリオが可能かどうかわからないが、Ⅳ期例から後期前半例に移る推移には甚だしい増減が伴わなかったとしても、阪神間の動向がこの部分で近似しているので孤立してはいない。ただし、後期後半例で激増したと推定する方が蓋然性が高いことは否めない。

弥生後期～古墳前期例の増減にも注目すると、Ⅴ期後半例からⅥ期／庄内式期例に至る遺跡数の増減は、管見に触れた近畿各地の累算結果を見ると、緩急の差はあっても減少を示す例の方が多い。近畿全域で累算すると、減少の結果が出るにちがいない。これを変化の趨勢とすると、兵庫県域で西播磨の揖保川流域、大阪府域で淀川右岸の東摂津と左岸の北河内、奈良県域で盆地東・東南部の天理・桜井市域で増加し、これらが趨勢から離反した地域としてあげられる。さらに布留式期例へ向かう増減をみると、播磨、阪神間、北河内、北紀伊、山城、近江南部で減少を示している。[177]既述した西方諸地域に多くの類例があるので、これが近畿の趨勢であっても不思議ではない。ところが奈良盆地では、遺跡数が庄内式期前半例六七、庄内式期後半～古墳初頭例六八、古墳前期例一一三、古墳前期末～中期初頭例九五、中期前半例五五を数え、布留式期例で二倍近くに増加している。[178]加えて、盆地の中央～東部を「おおやまと」地域として一括りにしたうえで集落形成の変化を子細に辿った成果によると、布留式期の集落は前半例が大半を占めるという。[179]布留式期前半は古墳前期にほぼ相当するから、盆地全域の結果とこれは符合する。奈良盆地で古墳前期にあいついで大型墳が営まれたことを想起すると、この地域が集落形成上、自余の地域と隔たって隆盛をみせたとしても頷ける。

さらに、大阪府域の河内平野南部、平野・長瀬川流域で弥生後期～古墳前期を七期に細分して人間活動の盛衰を辿ったデータによると、[180]活動が庄内式期前半にいったん停滞したのち、布留式期前半で隆盛の極に達し、後半に大きく衰微したことが、八尾市佐堂・久宝寺・亀井・亀井北各遺跡の発掘結果などから推測されている。この遺跡群の東南に位置する八尾市木の本遺跡の遺構数が、弥生後期～布留式期前半例で漸増し、後半例で減少している点と、活動の衰微期が符合する。[181]布留式期後半を古墳前期の一部に含めるならば、これらは前期後葉での衰微例に加わり、中期に限定するならば、奈良盆地と同調していることになる。

拠点集落の例を加えて盛衰動向の検討を重ねると、近畿における拠点的ないし中核的と形容されている大型集落は、これを二類型に分けることができる。ひとつは兵庫県川西市加茂遺跡や前述の唐古・鍵遺跡の集落に代表される、外周に濠がめぐる類型であり、もうひとつは河内湖南岸遺跡群の例を嚆矢として注意を引くようになった、環濠を欠く類型である。ところが、環濠の有無によって分けられるかにみえるこれらの二類型はともに、若林邦彦によると、径一〇〇mほどで二〇〇mに満たない程度の居住域を擁する一〇〇～二五〇人の集団が複数寄り集まって構成されている点で、共通しているという。[182]これには異見もあるが若林は、その集団を基礎集団、構成体を複合型集落と名付け、世帯共同体と農業共同体とで説明してきた既存の守旧的な弥生時代共同体研究に、新たな一石を投じた。そうして、秋山浩三が若林の所説を継承し、畿外の例を添えて敷衍しうることを示した結果、[183]説は拡充の度を加えた。

そこで環濠の有無にこだわらず、拠点集落と呼ぶのにふさわしい規模と継続度をそなえた例を俎上にのせると、つとに指摘されているように、弥生中期のなかでその数を増し、中期末を境にして急激に減少したことは、趨勢として動かない。いきなり命脈を絶ち、あるいは、存続してしばらく余映をとどめるという差異が見いだされて衰滅情況の複雑さがしのばれるけれども、大半といえるほど高い比率で解体に向かったのである。集落としての実態を窺い知ることができる例として、加茂遺跡（二〇ha[184]）、大阪府和泉市池上・曽根遺跡（内濠域六ha[185]）、唐古・鍵遺跡（三〇ha[186]）、滋賀県の守山市下之郷遺跡（二二ha[187]）、栗東市下鈎遺跡（四〇〇×四〇〇m[188]）などが環濠付設例で、前述の平野・長瀬川流域遺跡群、東大阪市域の河内湖南岸遺跡群や河内湖東岸遺跡群が無環濠例で、京都府向日市鶏冠出遺跡例[189]などがその候補として加わる。加茂遺跡や池上・曽根遺跡の集落は環濠埋没後に小村落が占め、下之郷・下鈎両遺跡の集落は廃絶後ほとんど人跡が絶え、河内湖周辺の集落群では出土遺物の量が減少するなどして人間活動の退行が知られる。[190]

もっとも、河内湖南岸遺跡群の一部を構成する大阪市平野区の八尾南・長原・城山遺跡の集落は、中・後期の交に断絶や衰微がみとめられず、居住域はさらに増加したらしい。[191]南方にのびる羽曳野丘陵寄りの高所を占めたことが、低い沖積地集落と盛衰を分けた可能性がある。その意味で、低地にあって滞水に苦しんだ痕跡をとどめる亀井遺跡の大溝の埋没状況は示唆的であり、[192]したがって、後期に「複合型集落」が縮小して「基礎集団」の一部が丘陵地に移住したと考える若林の所説にも頷ける。

唐古・鍵遺跡の集落が中期末に洪水に見舞われたらしいことは先に述べた。ところが環濠は幅と深さが劣るが掘り直されて集落は盛容を取り戻し、後期終末までは命脈を保ったことが調査で確認されている。拠点集落が衰微した趨勢のなかで、三〇haをはかる中期以来の集落が一時の衰微はあっても盛容を失わずに後期に存続したことは特筆に値する。天理市平等坊町岩室遺跡や桜井市坪井・大福遺跡など、集落の解明があまり進んでいないけれども奈良盆地の環濠付設の拠点集落で、後期に存続したことを窺わせる証左が見いだされている。この点を考慮すると、唐古・鍵遺跡での集落の推移は、盆地内で孤立してはいないと推測される。近畿の自余の地域の拠点集落のほとんどが解体へ向かうのに対して、水災を被ったにせよ旧状に復した例が唐古・鍵だけにとどまらない可能性が高いことは、中期後葉〜後期前半例で一般集落址の増減に甚だしい変化がないとした先の所見とよく符合する。そうして、桜井市纏向遺跡の集落が庄内式期にその巨容を現したことも[193]、天理市域、桜井市域で庄内式期例が増加していることと呼応する。

そこで、奈良盆地以外でも後期の拠点集落の例を検索すると、東摂津で中期に拠点集落を形成していたことが銅鐸鋳型などの出土から察せられる茨木市東奈良遺跡が、後期後半〜庄内式期に集落形成の活発化した形跡をとどめ、また高槻市郡家・川西遺跡は後期後半から集落が著しく拡充して居住・生産・墓葬域を合算した規模が七〇〇×八〇〇mにのぼるという[194]。同じ大阪府域の河内では、八尾市域の中田遺跡群の集落形成がV期終末から始まり、庄内式期〜布留式期初頭に隆盛期を迎えたらしい[195]。搬入土器の多さからみて、群構成をとる拠点集落のひとつであろう。ここは布留式期前半例が奈良盆地と並んで減少していない、近畿では異色の地であり、しかも中田遺跡集落の隆替は纏向とほぼ同調している点も注意を引く。滋賀県域では東南部で、中期の下之郷遺跡よりも広い、七〇〇×四〇〇mの範囲を擁する守山市伊勢遺跡の集落が後期中葉に出現して終末期まで存続する[196]。後期後半における大型建造物の造営が集落の再興を物語る下鈎遺跡、大型建造物の造営などから古墳前期前半の大型集落であったことを窺わせる守山市古高町下長遺跡の例がさらに示すように、[197] 野洲川下流域で後期後半〜古墳前期前半に、継起的に拠点集落が形成されている。後期後半の一般集落址数がこの流域で激増することと、こうして結ばれる。

以上、近畿で拠点集落の例を摘記した結果によると、中・小型の一般集落と同じ盛衰の軌跡を辿ったと推断してもさしつかえなさそうである。すなわち、拠点集落が衰微／廃絶状態に陥った後期初頭ないし前半に、一般集落の形成もまた同調し、再び隆盛の色を濃くした後期後半の到来まで、考古学的痕跡をとどめるような人間活動が退行した。そうして、後期後半に拠点集落も歩調を合わせて興起したが、この隆盛は長く続かず、庄内式期／布留式期前半に衰微に転じた。この趨勢のなかで、少なくとも奈良盆地とおそらく河内平野南部がともにそれと異なる動向を一貫して示したことは、特記してよい。

東海地方　三重県域から始めて東進すると、三重県域での弥生中期の遺跡数は、後葉例に向かって増加したことが知られている。そうして中期後葉以降の址数は、

中期後葉例四六、後期初頭例一五、前葉例三五、後葉例七六、終末期前半例九九、後半例六〇

を数える。[198] 後期初頭例での減少に加え、終末期前半例を頂点とする激増が注意される。拠点集落の候補である津市納所遺跡例は中期中・後葉を盛期として衰微し、集落激増期に大型集落が見あたらないという。

愛知県域では、中期中葉例から後葉例に向かって増加し、若干の減少を挟んで後葉例のなかで再び増加し、後期前葉例で大きく減少している[199]（図64）。そうして増加に転じ、再び減少を挟んで後期後葉例で頂点に達したのち、後期末例から減少に移る。畿内編年にあてはめると、後期はV様式期にほぼ併行し、後期Ⅲ―1期から庄内式期に入るから、後期前葉例、庄内式期初頭併行例、布留式期初頭併行例で遺跡数がそれぞれ減少したことになる。岐阜県域南部の美濃での累計結果によると、中期中・後葉例で増加し、その後、微増、停滞を経て庄内式期併行例で最多に達し、古墳前期例に向かって急減している。[200] 愛知県域の動向と違って後期例の増減が乏しい。愛知県域での減少の原因として水

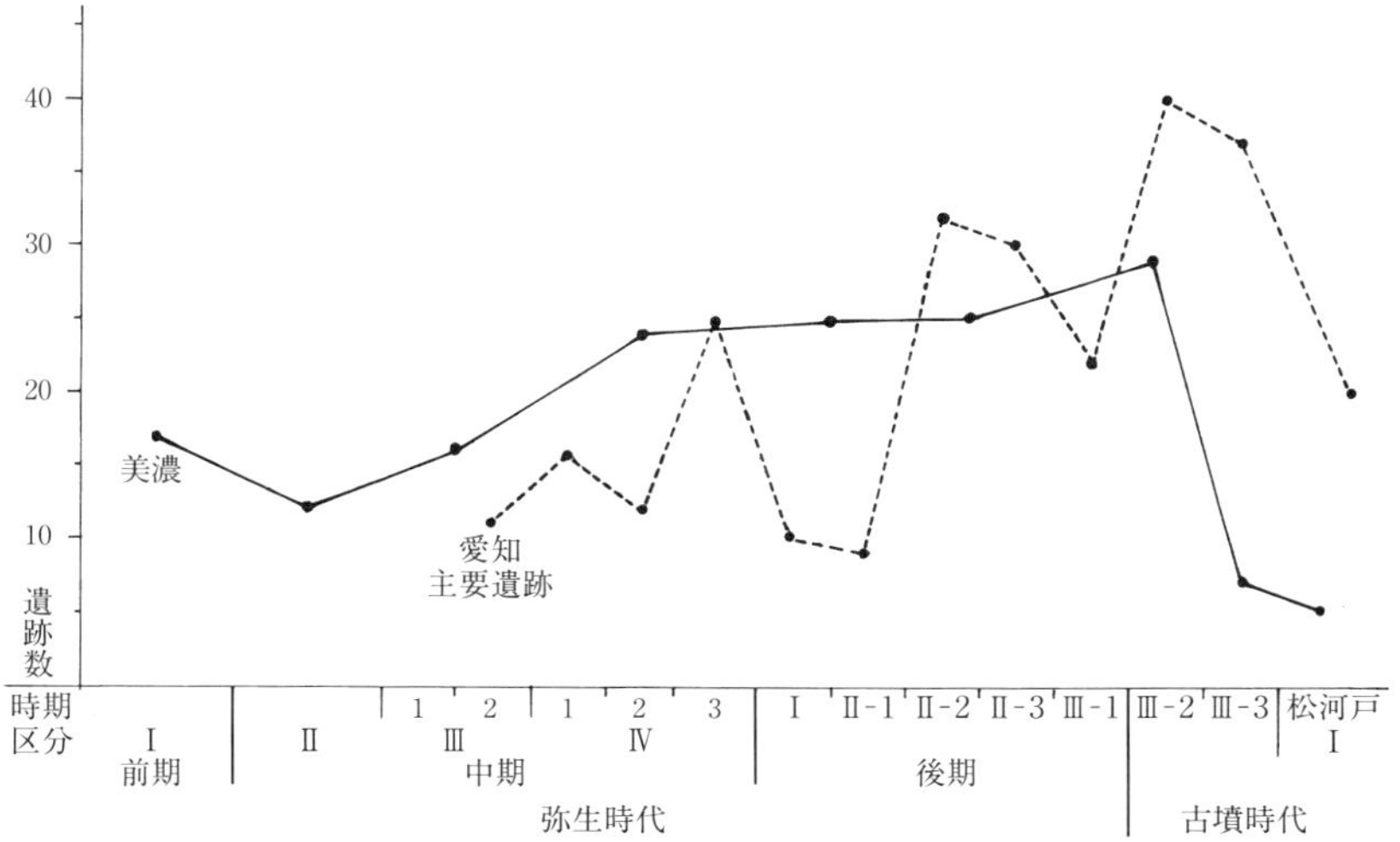

図64　愛知、美濃における弥生前期〜古墳前期遺跡数の増減

災が指摘されている。美濃で増減が乏しいのは水災の影響をあまり被らなかったせいであろうか。

濃尾平野の拠点集落というと、中期例では愛知県清須市朝日遺跡例にまず指を屈するべきであろうし、さらに候補に、稲沢市一色青海遺跡や名古屋市熱田区高蔵遺跡などの集落を盛衰の実態が判明した例として加えることができる。それらの例を通覧すると、朝日遺跡の集落は、中期後葉にすでに衰微の徴候を呈して末葉に洪水を被ったのち、環濠の再掘鑿によって復興の動きをのぞかせるが、往時の規模よりも縮小して衰微を重ね、庄内式期初頭併行期に一時人跡が絶えたのち、寒村として復活し、布留式中段階併行期の松河戸Ⅰ式期に最終的に廃絶したという[201]。つまり、中期に終焉をもたらせた洪水を境にして衰微し、拠点集落の座を降りたわけである。また、一色青海遺跡の集落は中期を最後に終焉し[202]、高蔵遺跡の例は環濠域が長径三〇〇mほどの中規模集落で盛期が中期にあるなど、後期に入ると盛容をみせたかつてのような拠点集落は存在しなくなる。石黒立人の言葉を借りるならば、「自己完結的な地域《ママ》・集団が流動化して移動・再編を繰り返した」情況が濃尾平野を覆っていた[203]。すでに例示したように、後期に入っても拠点集落が機能した西方

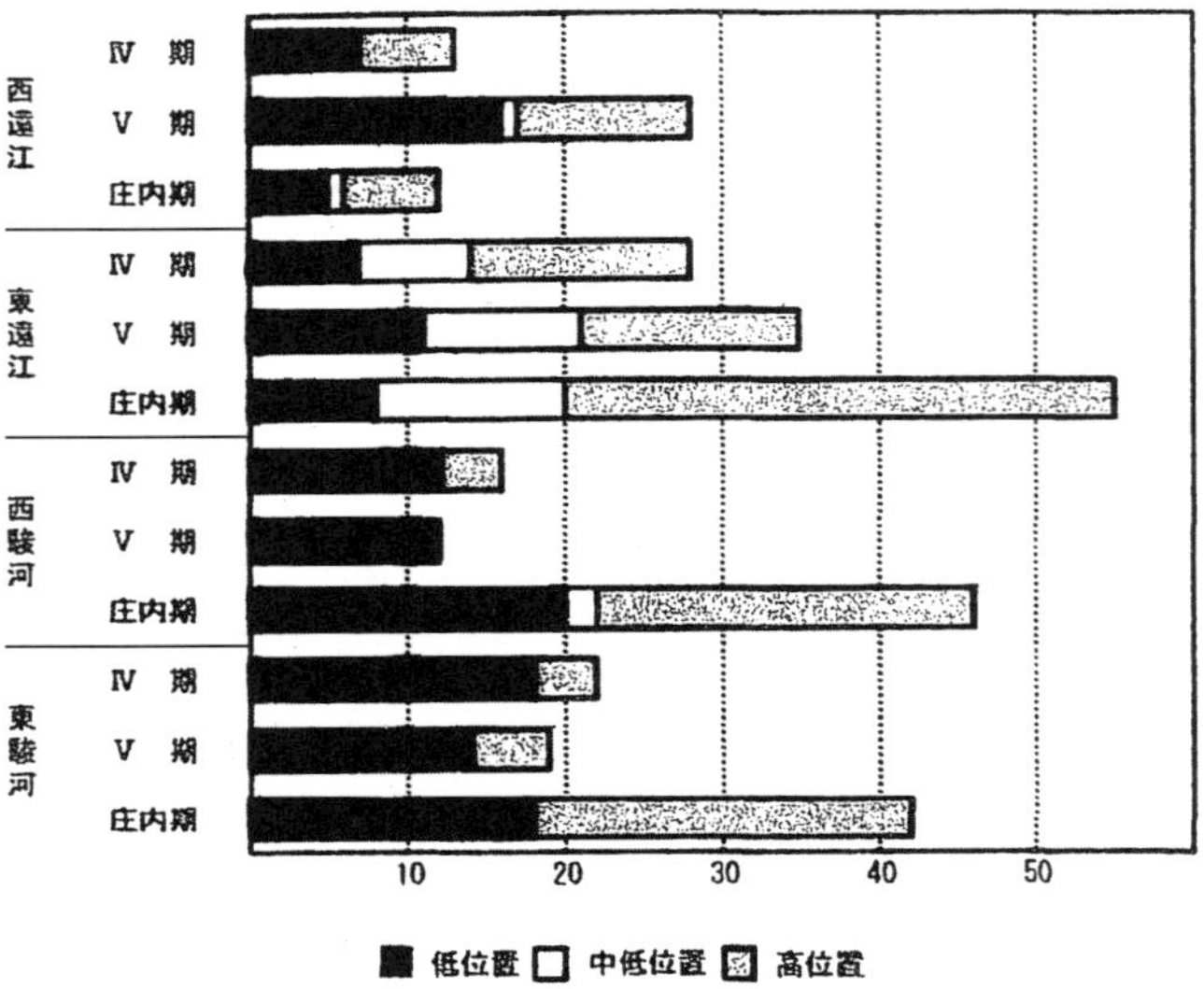

図65　静岡県域における弥生Ⅳ期〜庄内式併行期の集落址数の増減（本章注205　表1）

諸地域と、この点で異なるわけである。

静岡県域に移ると、西方の遠江で確認されている弥生時代の集落址は、中期の中葉例が最古で、後葉例が増加するというから、[204]中期中・後葉間で集落の増加したことが察せられる。他方、東方の駿河では、中期前葉例が知られているが数が乏しく、中葉例で増加し、後葉例でさらに増加するらしい。そうして東西ともに、例数の増加に加え、規模を拡大し濠で外周を区画するなど集落としての体裁をととのえた形跡を残す例が現れる。図65として示したⅣ期～庄内式期の動向を検討するにあたり、[205]集落形成が時とともに活発になったことを示唆するこれらの前史を念頭においておこう。

さて、遠江と駿河とは大井川が限り、遠江の東西を天龍川が、駿河の東西を富士川がそれぞれ分けている。こうして区切ると、四地域のそれぞれは東西三〇～五〇kmで、徒歩の一～二日の旅程にあたる。大河が地域を画し、しかも東西の弥生文化が接する地にあるせいであろうか、集落形成の動向は、遠江の東西間で違いがあり、東遠江と西駿河との間も異なっている。すなわち集落址数が、西遠江ではⅣ・Ⅴ期例間で増加して、庄内式併行期例で減少、東遠江ではⅣ期～庄内式併行期例で増加を重ね、駿河は東西ともⅤ期に減少し、庄内式併行期例で激増している。つまり、集落址数の増減に基づくと、Ⅳ期～庄内式併行期の静岡県域が西遠江、東遠江、駿河に分離されるわけである。

そこで拠点集落の例を検討してみると、西遠江で浜松市中区の伊場遺跡と梶子遺跡などから成る遺跡群の集落がまずあげられる[206]（図66）。中期中・後葉に環濠をそなえた集落を営み、中・後期の交にいっとき人跡が不明瞭になるがほどなく回復し、砂丘の高まりを三重の環濠で区切った集落に生まれ変わった。環濠の内径が一二〇×九〇ｍをはかる規模ではこれを拠点集落とみることはできない。北方の中期集落域が後期に継続し、その環濠集落域が長径六〇〇ｍを超えるから、後期に大型集落へと変貌したようである。後期集落としては濃尾平野にも例がみあたらない規模である。しかし庄内式併行期の開始を目前にして、度重なる洪水で集落が衰滅する。

ついで静岡市駿河区有東遺跡の集落が、西駿河における拠点集落の例としてあげられる[207]。中期の居住域が推定で長径七〇〇ｍをはかり、それを挟むように二つの墓域が付随しているのに対し、後期に入ると複数の小集団に分解して衰微の色が濃い。西駿河でＶ期の集落形成が停頓し低落さえみせていたのは、拠点集落の衰微と同調する動きであることになる。

東遠江と東駿河で拠点集落の存在は管見に触れないが、以上にあげた二例がともに一般集落と盛衰を同じくしたことは留意されてよい。庄内式併行期での拠点集落の存否も判明していない。東遠江以東で庄内式併行期の集落址が激増し、高位置集落址の増加がその激増を生んだことは、伊場・梶子遺跡集落の衰滅の主因が水災であったことを考えると、東遠江以東では高所に移住して難を避けたと想像することが許されるだろう。静岡県域の庄内式併行期がこのような情況にあったとすると、拠点集落が存在した可能性は高くない。

以上要するに、西方諸地域でみとめられたＶ期初頭／前半での集落形成の衰微は、伊場遺跡群例の動向として示される西遠江、有東遺跡例の動向と一般集落の減少によって知られる西駿河、一般集落の減少から察せられる東駿河においで同調した証左を抽出することができる。庄内式併行期での衰微については、西遠江でその形跡が知られ、自余

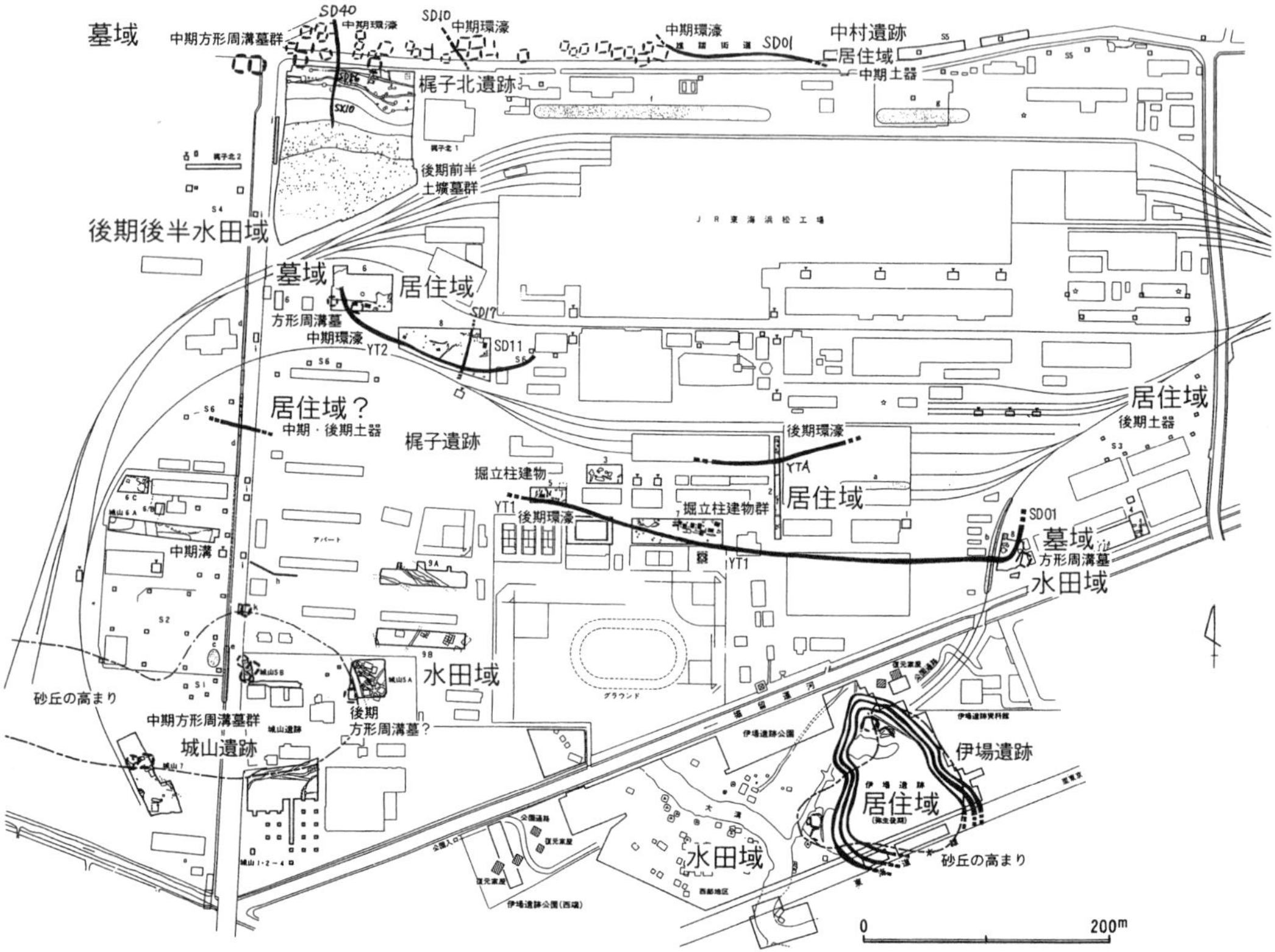

図66　静岡県伊場遺跡と近傍の城山・梶子北・中村遺跡における集落推定（本章注 204　第 3 図）

の地域で隆盛を示す累計結果が得られている。各期の細分が進むと複雑な盛衰が描き出されるのであろうが、西遠江での動向が総体的に東遠江以東と隔たり、むしろ濃尾平野に連なることは、集落形成の動向が突線鈕銅鐸や土器様式の分布状況と一致することになる点で意義深い。なお、古墳前期例を視野に入れて増減を示したデータは手元にないが、後述するように、前期後葉の松河戸Ⅰ・Ⅱ式期の交を低落の極とする集落形成の衰微が、東海地方全域を覆った可能性が高いことを考慮すると、静岡県域で盛衰の相違をみせた庄内式期の情況が一転し、各地とも衰微を指したと推測してデータの不備を補っておくのが無難であろうと思う。

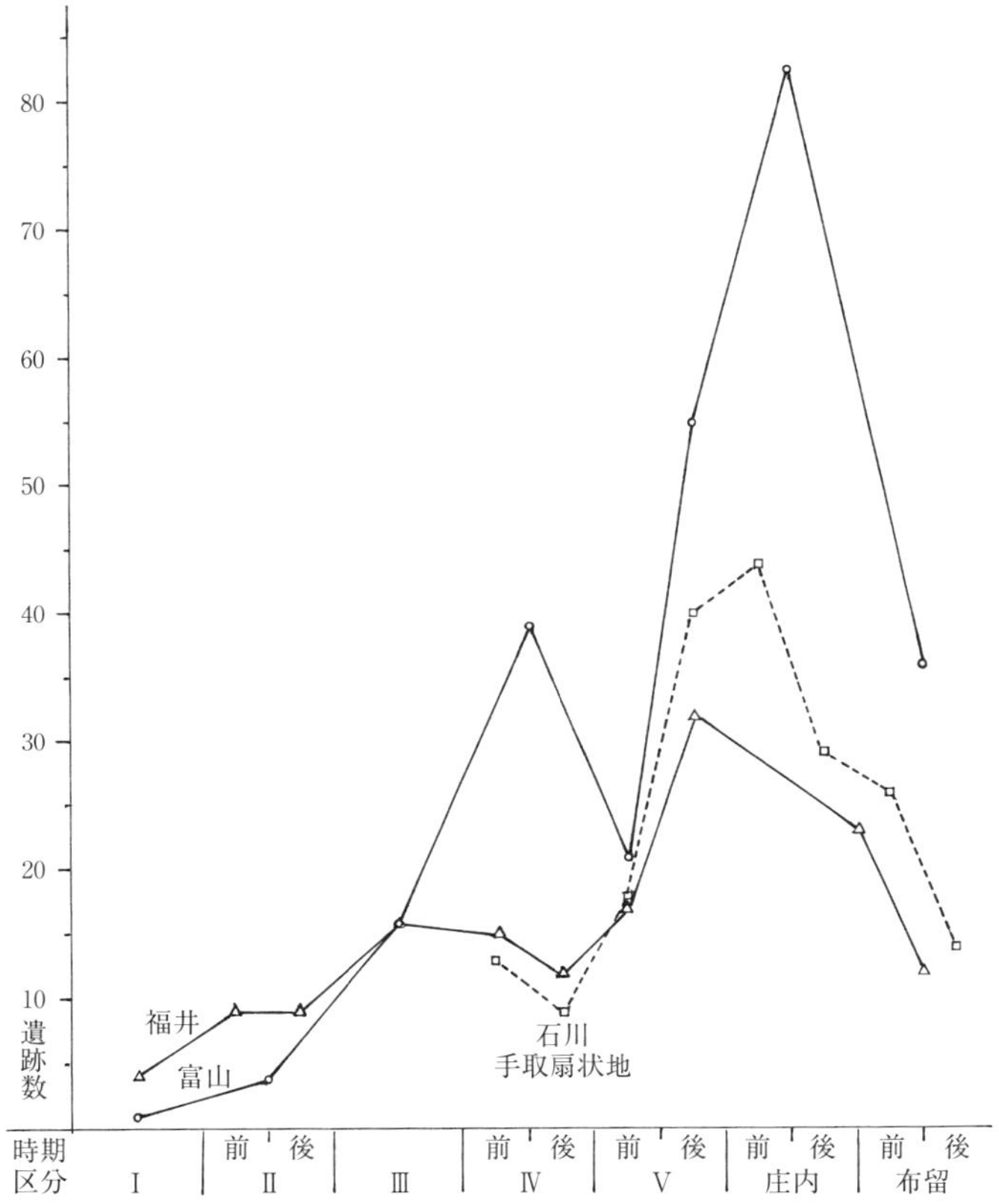

図67　北陸各地における弥生前期～古墳前期遺跡数の増減

北陸・甲信地方　北陸では、図67の遺跡数の推移が語っているように[208]、福井・石川県域の址数がともに、Ⅳ期後半例で減少してⅤ期で増加を重ね、福井県域はⅤ期後半例で、石川県域は庄内式併行期前半例でそれぞれ頂点に達したのち、布留式期後半例へ向かって減少している。これに対して富山県域では、減少がⅤ期前半例で、増加の頂点を極めるのが庄内式併行期例であり、増減とも一時期遅れている。これは他の累計結果によって裏付けられるので、動かないようである。他方、新潟県域では、栗林式土器出土遺跡の増加から察すると、中期後葉わけてもその末葉に、人間活動が活発化したようである。ところが、遺跡数などから推測すると、Ⅴ期初頭／前半に天王山式土器の南下と呼応するかのように退行し、Ⅴ期中・後葉に復活した。そうして庄内・廻間式併行期初頭に活動は、興隆した佐渡を除く本州側で停頓ないし退行したが、ふたたび隆盛をみせたのち布留Ⅱ式併行期の衰微に至る(209)。時期区分の相違や精度によって盛衰像に齟齬が生じるが、これを解消するのが目下の課題ではないし、筆者の手に余る作業ではある。この点に寛恕を乞い細差に眼を瞑ることにすると、新潟県域における人間活動の動向は、富山県域での集落形成の隆替と隔たらないといえる。

手元のデータによって読みとることができた北陸地方の集落形成の盛衰を傍らにおいて、拠点集落の動向を探ると、面積一五haで環濠をそなえた石川県小松市八日市地方遺跡の集落が管見に入る(210)。中期前・中葉が集落の盛期で、後葉の凹線文流布期に衰微する。石川県の手取川扇状地での集落形成の動向はこれとまさに同調している。新潟県域でもまた拠点集落の候補が知られている。存続期間が中・後期に跨って長期に及ぶ点で上越市稲荷の吹上遺跡を、規模の大きさの点では、Ⅴ期後半〜庄内式併行期前半の妙高市宮内〜雪森の斐太遺跡群例やⅤ期後半の新潟市金津・古津・蒲ヶ沢の八幡山遺跡例をそれぞれ俎上にのせることができる(211)。斐太遺跡例の盛衰は一般集落数の増減と同調し、八幡山遺跡例の存続期は一般集落数の増加期にあたる。吹上遺跡例の存続期は増減期を跨ぐが、その出現は最初の増加期と合致し、廃絶は布留式期に訪れた減少期にあたる。

前述の栗林式を育んだ長野県域では、長野盆地南部の累算結果によると、遺跡数が中期後葉1例で増加の頂点に達し、後葉2例〜後期1例で大きく減少し、後期2〜4例で増加、後期5例で減少したのち、廻間Ⅱ式併行期例に向かっ

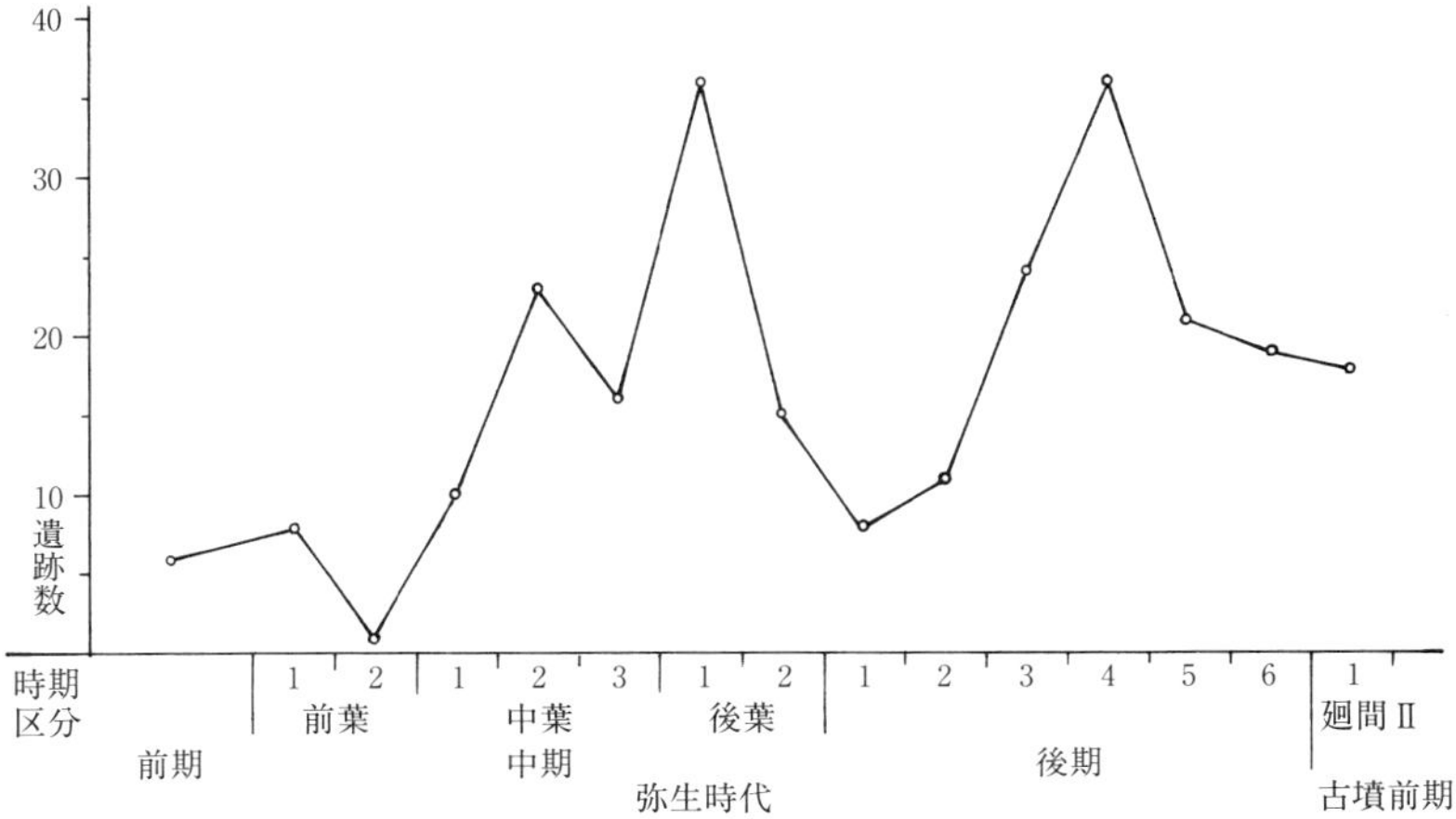

図68　長野盆地南部における弥生前期〜古墳前期遺跡数の増減

て微減を重ねている[212]（図68）。すなわち集落形成は、中・後期の交で衰微し、後期後葉で再興隆のピークを極めたのち、庄内式併行期の到来とともに大きく衰微に転じ、以後、布留式併行期に向かっても衰微を重ねているわけである。なお、盆地北部の中野市域や新潟県境に接した飯山盆地での結果によると、飯山盆地では中期中葉の遺跡数が最多で、長野盆地南部よりも最多期が遡る[213]。これに対して中野盆地の場合、各期の址数があい近いので、増減を導き出すのが難しい。両地域とも址数に恵まれていない点を考慮して、長野盆地南部の結果で県域北部を代表させておく。

県域南部の飯田盆地では、廻間Ⅱ式併行期すなわち庄内式併行期後半を過ぎると、集落址数が激減し、この低落状態が布留Ⅱ式併行期例にも存続する[214]。弥生時代の動向を示すデータは手元にないが、庄内式併行期頃の例数の減少が長野盆地よりも若干遅れることはみてとれる。

長野県域で拠点集落の名にふさわしい例は、一〇〜一五haの規模をそなえるという長野市松代町松原遺跡の集落である。ほかにも同市若穂榎田遺跡や中野市栗林遺跡の例が候補になるようである。松原遺跡の集落は中期後葉前半を盛期として後期の到来までに衰微し、榎田・栗林遺跡の例も同じ推移を辿るというから[215]、長野盆地南部での集落形成の動向と同調していることになる。

山梨県域でのデータが手元に乏しいが、遺跡数として、

時期	中・西部	東部
弥生前期～中期初	四三	一八
中期中・後葉	九	四
後期	二〇	一
終末期	二一	〇

という結果が管見に入る[216]。弥生前期～中期初頭例の数が卓越し、中期中・後葉例で激減するような動向は、既述例のなかに見あたらない。かりに類例が得られたとしても、異色とみてさしつかえないであろう。

関東地方　図69として示した関東南部の低地集落址の累算結果によると、[217]平塚・茅ヶ崎・藤沢方面の神奈川県域では、中期中葉例を増加の頂点にして後期初頭例に向かって逓減し、後期後葉以降の例で急激な増加を示している。東京都域と埼玉県域もこの激増に同調している。これに対して東京湾東岸の木更津・富津方面の千葉県域では、中期中葉例から後期後葉例に向かって漸増し、末葉例で微減して古墳前期例に続いており、神奈川県域よりも増減が緩慢である点で相違がみられる。中期中葉例での増加、後期初頭例へ向かう減少、後期後葉例以降の激増を、東京湾東岸例は刻んでいないわけである。

この結果をめぐって検証を重ねると、神奈川県域の相模における竪穴住居址数の時期別の内訳は、

弥生中期例四四、後期前半例二四、後期後半例八五三

という結果が得られている[218]。さらに、神奈川県域の武蔵側で弥生時代集落址が群在している鶴見川水系では、隣接地の例を含めて、

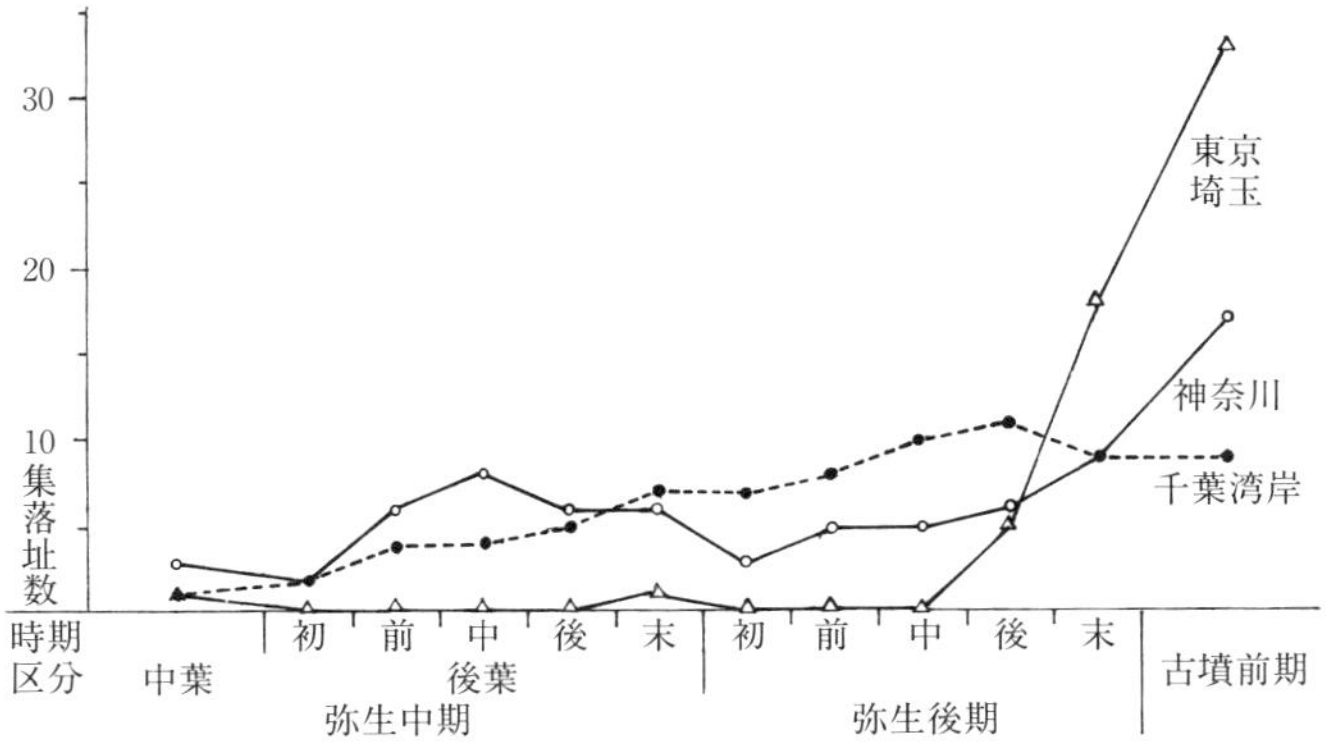

図69　南関東における弥生中期～古墳前期主要低地集落址数の増減

弥生中期例六七、後期例一二〇、終末期例二〇

を数える(219)。中期例のほとんどが後葉の宮ノ台式期で、しかも後期初頭の集落址数が激減するというから、中期後葉例で増加、後期初頭例で激減、中・後葉例で増加、終末期例で激減という経過を辿ったことになる。相模側も細分すれば、これに近いにちがいない。加えて、多摩川をはさんで鶴見川の北方に位置する武蔵野台地東部では、

中期後半例二二、後期例一三三

を数え、後期例はほぼ後半に入るという(220)。後期前半例で減少し増加に転じる点は、鶴見川水系と隔たらない。そうして、古墳時代例への推移を相模で辿った結果をこれに加味すると、古墳前期前半例で増加の頂点を極めたのち、中期初頭例に向かって著しく低落している。竪穴住居址数に表れた相模での後期後半における集落形成の隆盛が古墳前期前半にさらにその度を加えたのち、大きく衰微したということになるのであろう。

東京湾東岸に弥生中・後期を跨ぐ集落が多いという石川日出志らの指摘を想起すると(221)、図69に描かれた緩慢な推移はそれを裏付けているようにみえる。もっとも、君津郡市域（袖ヶ浦、木更津、君津、富津）で検出された竪穴住居址数は、

宮ノ台式期例五三、後期例一四九三、古墳前期例九九七

で(222)、各期の継続年数の長短を考慮に入れたとしても、緩慢な増減に終始した平地集落址数の変化の動向からは想像できないほど甚だしく、集落居住

人口が後期を貫いて増加したことが知られる。そうして、古墳前期後半～中期前半に集落址数が激減するという指摘をこれに加えるならば、弥生後期の旺盛な集落形成は古墳時代に継続し、前期後半で衰微に転じたことになる。相模川流域とこの点で同調している。

以上瞥見した結果からすると、関東南部での集落形成の弥生中期～古墳前期の動向が一様であるとはいいがたい。それは静岡県域の東遠江以東の動向に関東南部が連なることを意味する。類型化して表現するならば、西遠江以西を斉一的、東遠江～関東南部をモザイク的として、それぞれの動向を際立たせることができるのではないかと思う。そこで関東南部の拠点集落ないしその候補に注目すると、神奈川県小田原市中里遺跡例の場合、四haをはかるという居住域は大規模の部類に入らないが、掘立柱建物や東部瀬戸内系の搬入土器の多さで他集落を大きく凌ぐ。(223)関東において異色ともいえるこの集落は、中期中葉のなかで興隆、衰微したらしい。図69が描いた動向は相模中・東部であり、中里遺跡は相模西部に属し、したがって一括りにしない方がよいのかもしれないが、同じ相模の平野部で展開した集落の形成動向として両者の盛期が一致する点は無視できない。なお、千葉県域では君津市常代遺跡例が中期の拠点集落の候補にのぼるが、居住域の実態が判明していない。

中期後葉に入ると、台地上に拠点集落が出現する。その代表格である横浜市港北区折本西原遺跡例は、八haとも一四haともされる比較的大型の集落で、後期の到来をまたずに衰微したという。(224)丘陵部の集落形成が中期後葉に盛期を迎えたこととその出現は符合する。後期の拠点集落として、九〇〇×二〇〇mの範囲に営まれた千葉市ちはら台遺跡群の例が既知の代表格である。(225)古墳前期まで拡大を続け、中期には衰微したことが竪穴住居址の減少によって察せられる。出土住居址数の多さからいうと、さらに神奈川県海老名市本郷遺跡例、(226)東京都北区赤羽台遺跡例、(227)千葉県木更津市伊豆島中尾遺跡群例、(228)同市請西大畑台遺跡群例、(229)同市小浜遺跡群例(230)などがあげられる。隆盛期には差異がみられるが、遅くとも古墳中期までには衰微している。候補にとどまる例が含まれているにせよ後期における拠点集落の増加とその衰微が、集落形成の動向と同調していることは動かない。古墳前期に入るとモザイク的地域差が解消し、衰微が関東南部を覆ったわけである。これが西方にも連なる動向であることは、既述した通りである。

関東北部に移ると、群馬県域では、弥生中期の遺跡は西部にほとんど限られ、しかも、集落の体裁が確立するのは中期後半をまたなければならなかったようである。[231] 倭の東半各地の弥生時代開始年代は確かに西半よりも新しいが、それでも縄文晩期の衰微以降長く集落形成の衰微した状態が関東南部では弥生中期前葉、この関東北部では中期中葉に至るまで続いたことになる。再葬墓の存在がこの衰微期を満たす人間活動の証左として知られているので、縄文晩期以降低落状態を続ける集落址数が示す以上の人口を、衰微期が擁していたと考えるのが妥当であろう。それらの人びとが考古学的痕跡をとどめにくい遊動的な居住形態をとっていなければ、このように墓の方が目立つ結果にはならないにちがいない。

話を戻すと、群馬県域西部で遺跡数を累計した結果によると、

栗林式期例一八、樽Ⅰ式期例四、樽Ⅱ式期例一八、樽Ⅲ式期および古墳時代初頭例一七

を数え、後期初頭例の減少を経て増加したことが知られる。[232] 庄内式期後半〜布留式期初頭にあたる廻間Ⅱ式併行期例は、遺跡の稀薄であった東部などにも分布が拡大するというから、「古墳時代初頭」は県域全体で集落形成の旺盛であったことが察せられる。さらに、鏑川流域の甘楽・富岡地区の結果を添えると、遺跡数は、

弥生後期例三五、古墳前期例三〇、古墳中期例一八

となる。[233] 西部の一地区の結果であるが、古墳中期例が減少している点に注意を促しておこう。

拠点集落として、高崎市新保遺跡の例があげられる。[234] 弥生中期後半に集落形成が始まって古墳時代前期前葉に至った存続期間の長さとともに、四〇〇ｍに達するかもしれない集落域の規模からみて、拠点的と形容するのがふさわしい。長期にわたる存続期間のなかで、後期後葉ににわかに隆盛を迎え、古墳前期前葉にいくぶん衰微したことが、住

居址数の増減から窺われる。

もうひとつの例は富岡市中高瀬観音山遺跡の集落である[235]。山塊に営まれたいわゆる高地性集落であるが、弥生中期後半から居住が始まって後期に続き、断続的にせよ古墳前・中期にも人跡が絶えず、長期にわたって命脈を保ったことが知られる。かつて後期の高地性集落例とされていた兵庫県芦屋市三条町会下山遺跡での集落形成が中期中葉に遡ることが判明するなどして、戦乱に伴う短期居住という高地性集落像が再考されつつあることを、この観音山遺跡例の場合にも勘案する必要がある。このようにみて一般集落と同列に扱ってさしつかえないとすると、居住域は住居の疎密をみせつつ一二haに及んでおり、規模の点でも拠点集落にふさわしい。そこで住居址数の増減によって集落の盛衰を辿ってみると、

弥生中期例一二、後1期例一〇、後2期例一二、後3期例一三、後4期例一二、後5期例二〇、後6期例一八、後7期例一六、終末期例〇、古墳前期例二、中期例八

となり、弥生後期中・後葉が集落の盛期であることがわかる。そうして、これらの二集落の盛衰が集落形成の動向と、理想的でないが齟齬しない程度の同調をみせていることも知られるのである。

茨城県域では、土器編年と集成が行き届いた霞ヶ浦沿岸および周辺域の弥生時代遺跡の増減を、図70として示した[236]。すなわち、中期後葉1期例で減少し、中期末葉1期《ママ》例の頂点に向かって増加、後期2期例に至る減少、そして後期6期例で頂点を極める再増加ののち激減に転じている。中期後葉〜末葉例の増加、後期前葉例の減少、そして末葉例で頂点に達する再増加とその後の激減という経過は、関東の諸地域よりもむしろ倭の西半の動向と驚くほど近い。他地域の例と遜色ない拠点集落は知られていないが、それでも遺跡数が最多に達する後期末葉例では規模が拡大するという。この頃に霞ヶ浦西岸の土浦市域で原田遺跡群例のような大型集落が形成され、他の集落が末葉のなかで衰微してもなお継続して古墳前期前葉に至ったこととならんで、この規模の拡大に注意しておきたい。

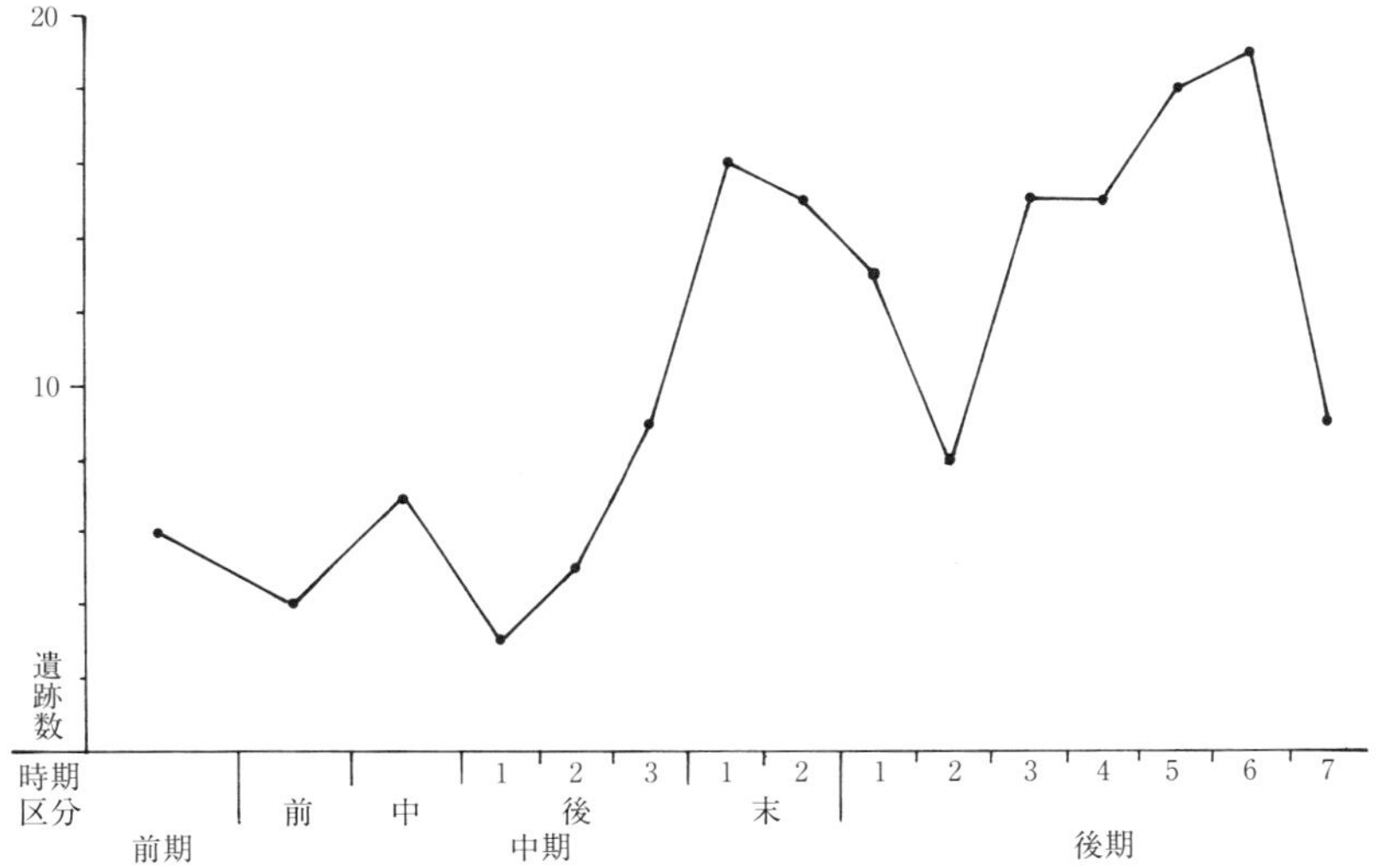

図70　霞ヶ浦沿岸域における弥生時代遺跡数の増減

なお、茨城県域で拠点集落の例を求めるとすると、東茨城郡大洗町髭釜遺跡の例であろう(237)。概略として伝えられる調査結果によると、検出住居址総数三五〇軒のうち、中期後半の足洗式期例、後期中葉の髭釜式期例、後葉の十王台式期例が合算して約二〇〇軒にのぼるというから、これらの三時期に集落の盛期があるとすると、中期後半での興隆、後期前葉での衰微、中・後葉での隆盛という、霞ヶ浦地域での集落形成とも同調する推移をこの拠点集落が辿ったとみても大過ないようである。

東北地方　図71として掲げたのは、住居址の累算結果である(238)。東北全域に集成の輪を広げた斎野裕彦の貴重な成果であるから、この結果を検討しつつ話を進めていくと、東北北・中部ではⅠ・Ⅱ期例間で址数の増加が著しく、そうしてⅢ期例で激減し、Ⅳ期例で北部は増加、中部は停滞を経て、ともにⅤ期例で増加に向かう。すなわち、既述の諸地域の動向と較べて、Ⅰ・Ⅱ期例間での増加は類例があるがこれほど甚だしくはない。Ⅳ・Ⅴ期例間での増加も既存の累算結果のなかに類例がなくはない。ともかく異色といえる推移は、Ⅱ・Ⅲ期例間の著しい減少、さらには中部が示したⅣ期例での停滞

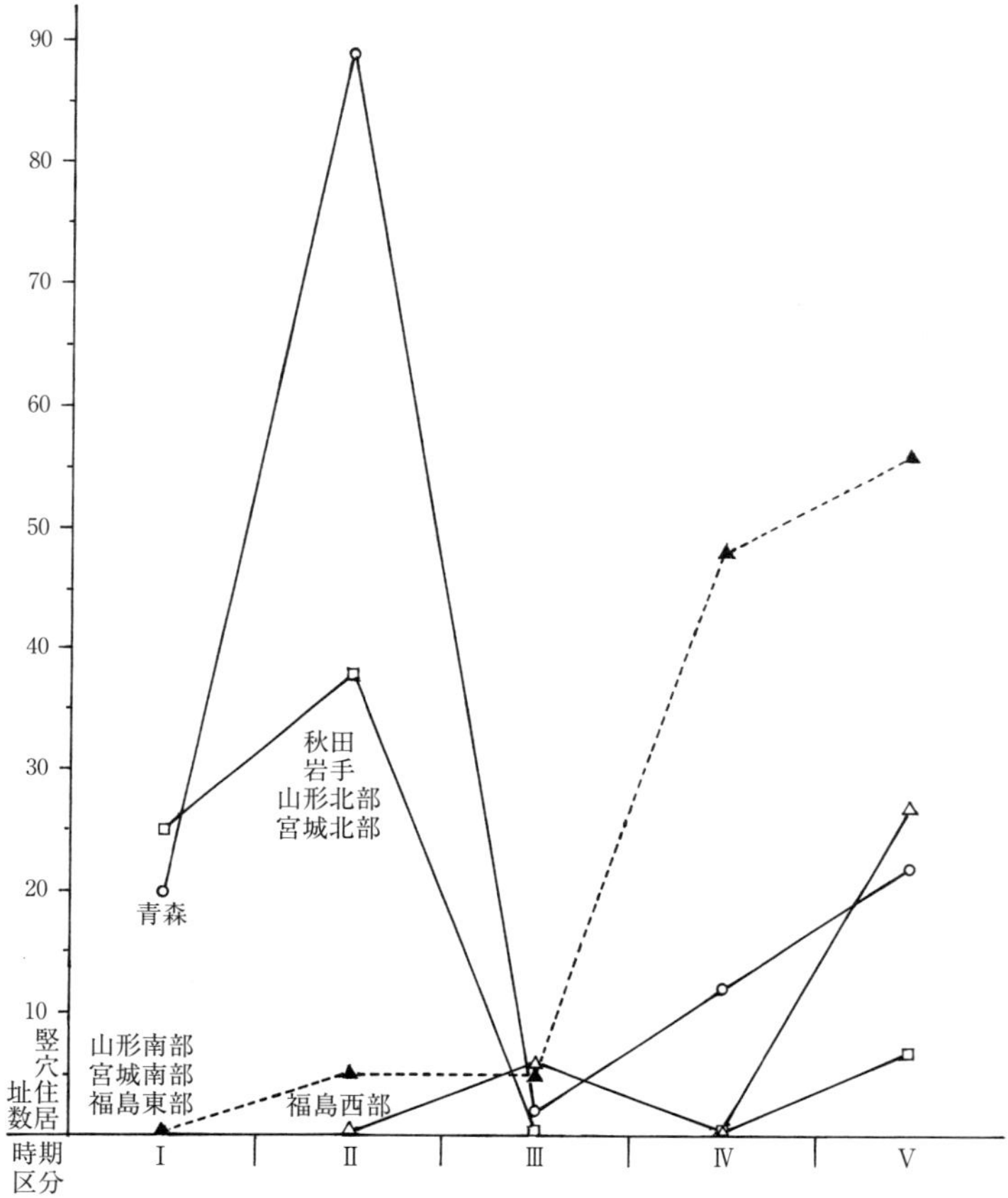

図71　東北地方各地における弥生時代竪穴住居址数の増減

である。しいて類例をあげるならば、山梨県域の動向に等しい。他方、南部は、Ⅲ～Ⅴ期例で激増した南東部であれ、Ⅲ期例でいったん増加を極めたのちⅣ期例で減少し、Ⅴ期例で再増加した南西部であれ、それぞれの動向には類例が乏しくはない。

そこで、北・中部が示した異色の部分を俎上にのせると、Ⅰ・Ⅱ期例間での激増は、Ⅱ期にあてた二枚橋式期の遺跡で集落址の占める比率が高いことに起因する。新しく食料獲得手段に加えた農耕によって、集落形成が盛んになったことを想像させる。中・北部の縄文晩期における人間活動の活発さからすると、Ⅰ期はむしろ活動の低落期で、Ⅱ期は復活期にあたるともいえる。その意味で、縄文晩期の遺跡数が後期例を凌いで五六六を数えた宮城県域での動向を想起すると、住居址数が少ない弥生前半期は同県域の人間活動の低落期であったことになる。

北・中部におけるⅡ・Ⅲ期例間の激減は、墓址数の減少と同調している。この点からすると、人口が減少したかにみえるが、しかし、包含層の土器や用途不明の土坑の存在に注目すると、住居址の激減ぶりから導いた人口減少は寡少に過ぎる結果を生むにちがいない。東北北半の海岸遺跡を時期別に集成して弥生時代の洋上交通の実態を復原した齋藤瑞穂の結果が、前・中期例間で増加し、中期例に著しい増減のなかったことを伝えているのは示唆的である(239)。さらに、Ⅲ期に選地が変わり、低地の土地利用が進められた可能性が高いという斎野の指摘を加味するならば、人間活動の極度の低下や人口の減少によって、Ⅱ・Ⅲ期例間の激減を説明することは難しい。

Ⅳ・Ⅴ期例間では、住居址数の増加が東北全域を覆っている。これは順調な回復というよりも、曲折を伴っていたようである。すなわち、Ⅴ期前半の天王山式期の遺跡数が前代を上回り、しかもその大半が非集落址である点を考慮に入れると、住居址数の増加によって示される以上に人間活動が活発化したことを、少なくとも、増加が低位にとどまる北・中部や南部南西側についても認めてもさしつかえない。その活動とは「Ⅳ期の東北地方の社会は、定住性が低く極めて遊動性に富んだ社会として評価することができる」という石井淳の所説のように(240)、さらに、石川日出志がプレ天王山式期の土器様式の動向から描いたように(241)、すでに踏み出していた遊動化がⅤ期前半で高進した、ということになろうかと思う。

後期後半以降の動向を添えておくと、山形県域で後期後半／末葉の遺跡数が減少して集落址も減少し、以降、集落址数が、廻間Ⅱ式併行期例から急増し、古墳前期後葉例から減少に転じるという(242)。宮城県域では、仙台平野の集落址数が後期末葉〜庄内式併行期例でさらに減少を重ねたこと(243)、布留式併行期成立前後〜古墳前期の遺構数が増加したこと、[244]古墳中期前半の集落址の分布が限られ集落形成の衰微したことが述べられている。[245]緯度を同じくする東西両県域の動向は、若干の時間差があったとしてもほぼ同調していたことが、こうして知られるわけである。ただし、庄内式併行期とも布留式併行期を一部に含むともされる頃の北海道系の後北C2・D式土器の出土遺跡が、山寄りに分布し、単独では集落を形成しないので、[246]同期における集落形成の衰微がただちに人間活動の退行を示すのかどうか、なお検討を要するところである。他方、福島県域とも連なることが判明している古墳中期前半での集落形成の衰微期に、古墳の名で呼ばれる大型墳墓の造営も衰退するので、[247]人間活動自体が退行したようである。

これに対して東北北部では、弥生後期後半〜末葉とされる赤穴式期〜後北C2・D式期の遺構数は少なくないけれども、集落形成の興隆を物語る証左がきわめて乏しく、衰微状態の継続したことが察せられる。そうしてこの状態が北上川上流以北では古墳時代併行期に入っても長く続き、中期中葉をまたなければ興起のきざしがみえない。後北C2・D式土器に後続する北大Ⅰ式土器の出土地は後述するように少ないので、遊動性の高い居住形態が北部で弥生時代終末〜古墳時代前半に相当する時間をふさいでいたことが推測される。

拠点集落の候補として、弥生時代例ならば秋田市御所野台地遺跡群、岩手県九戸郡軽米町馬場野Ⅱ遺跡、岩手郡滝沢村湯舟沢遺跡の例をあげることができるかもしれない。[248]しかし、御所野遺跡群・馬場野Ⅱ遺跡例はⅠないしⅡ期の短期にとどまり、中期前葉〜後期の湯舟沢遺跡例は中期中・後葉に住居の中断期がある。これらの点で、Ⅰ・Ⅱ期さらにはⅤ期で集落形成が盛んになったことを証示する例ではあっても、いずれも拠点集落とまでは言い難い。古墳前期の拠点集落としては、これも候補であるが、宮城県岩沼市長岡北原遺跡、山形市今塚遺跡、福島県いわき市泉町折返A・菅保B遺跡の例が出土住居址数が多い点で、また、栗原市築館伊治城址遺跡や登米市迫町佐沼城址遺跡などの宮城県域の例がいわゆる居館を擁する点で、それぞれ注意を引く。[249]しかしいずれも短期で終焉を迎えているから、拠点的と形容するには欠けるところがあるが、集落形成の隆盛を窺わせるには充分である。

第五節　後一千年紀（古墳中期～平安時代）の動向

九州地方　博多湾沿岸域で集落・住居址数の増減を追った石井陽子の仕事に再び依拠すると、集落址数が早良平野で古墳中期後葉例から、福岡平野で後期前葉例からそれぞれ増加に転じ、ともに後期中葉例で最多に達したのち、七世紀前葉例まで減少を重ねている（図52）。址数が劣る糸島平野の場合、資料の追加で結果が容易に変動する不安はあるが、ともかく中期中葉例がいくぶん増加している点は自余の二平野と相違している。ところが住居址数の増減をみると、三平野間の相違が消えて、よく同調している。すなわち、中期前・中葉例が低落の極にあり、後期中葉例で最多に達し、七世紀後葉例で最少に落ちこんでいる。累算対象の住居址とは竪穴住居址であるから、七世紀例が低落状態で終始した原因として、石井の示唆にある通り、掘立柱建物の普及したことが考えられる。しかし、その可能性を容れる時期としては、集落址数の増加する七世紀後葉例がふさわしい。七世紀中葉例までは集落址数と住居址数とが時期の細差を伴いつつも同調しているからである。

石井が扱った地域とほぼ重なる福岡市域で遺跡数の増減を辿った結果によると、

六世紀例三六、七世紀例二一、七世紀後半～八世紀後半例七六、八世紀後半～九世紀後半例七七、一〇世紀前半～一一世紀前半例三三

を数える。七世紀例での減少がこうして確認されるとともに、七世紀後半～九世紀後半例の増加状態と一〇世紀前半～一一世紀前半例での激減が、新たな知見として加わる。七世紀の集落址数の減少は、福岡県域東部から大分県域北部にまたがる豊前でも知られており、その累算結果によると、

六世紀前～中葉例一五、中～後葉例四三、六世紀後葉～六・七世紀の交例四三、六・七世紀の交例四一、七世紀

前葉例二二、七世紀中葉例二〇、七世紀後葉例二八、八世紀前葉例一七を数え、六世紀後半例での増加と、七世紀例での減少状態をこの結果から導くことができる。(250)なお、七世紀後葉例での増加は福岡・早良平野での増加と対応するのかもしれない。天武・持統朝期にあたるので、注意しておこう。

福岡県域南部の筑後川水系で集落址を累算すると、

弥生時代終末期〜古墳前期前半例一一二、古墳前期後半例四七、中期前半例五六、中期後半例二八、後期前半例二八、後期後半〜七世紀前半例一〇七、七世紀後半例七二

という結果が得られる。(251)前期後半例での激減以降、後期前半例に至る長い低落状態と、後期後半〜七世紀前半例での激増に続く後半例での減少が、この推移を特徴付けている。小郡市域の三国丘陵上に営まれた古墳時代集落群が中期中葉すなわち五世紀中葉から形成され始め、津古生掛遺跡例を代表格として六世紀後半〜七世紀前半に隆盛をみせ、八世紀の到来をまたず七世紀後半で衰微する。(252)六・七世紀の動向は筑後川流域で辿った県域南部の趨勢と合致している。

九州の官衙集落の変遷によると、(253)七世紀例は博多湾沿岸から内陸へ入った太宰府市域と筑後川上・中流域の小郡市域および周辺にとりわけ集中している。七世紀前半に至って集落形成が衰微しなかった地域とよく重なるので、この結果は頷ける。つまり筑後川流域での七世紀の集落形成は、北部の博多湾沿岸や東部の豊前で衰微した七世紀前葉になお隆盛を維持し、北・東部で再興に動いた七世紀後葉に衰微状態に陥っていたことになるわけである。朝鮮半島情勢が緊迫の度合を増し、新羅の拡張策と唐の介入によって百済が、次いで高句麗が滅亡に追いやられ、その間に惹起した白村江の水戦で唐・新羅連合軍に倭が大敗した七世紀前・中葉に、天智朝が対外的危機に晒されたことを想起し、さらに、九州北部が対半島戦略の策源地であったことを加味すると、七世紀における集落形成のこの南北差は示唆するところが多い。

その後の官衙集落は、八世紀のなかで時を追って増加し、後半に頂点に達する。ところが、八・九世紀の交から減少に向かい、九世紀前半～中頃に大きく数を減らし、減少を重ねて一〇世紀の低落状態に至っている。集成した山村信榮によると、八世紀末～九世紀初頭頃を境にして、西海道で律令体制の中核を占めてきた大宰府に人間活動の衰微を示す考古学的表徴が現れ、福岡平野や筑後北部では官衙集落だけにとどまらず集落自体が衰滅し、形成が後退するらしい。前述した福岡市域での累計結果では一〇世紀から衰微していた。このずれを問うて解決に導く蓄積が筆者にないので両説を併記しておくが、ともかく定住を旨とする律令体制からすると、九／一〇世紀にあらわになった変化は体制の弛緩を意味する。

九州南部に移ると、鹿児島県域で古墳中・後期例は遺跡、遺構ともその数を増し、人口増加の著しかったことが指摘されている[254]。須恵器が伴う辻堂原式期から集落数が増加するという所説を容れると[255]、中期前半の低落状態を脱して後半から集落形成に拍車がかかったということになるのであろう。ところが七世紀に入ると、存続が確認されているのは指宿市十二町橋牟礼川遺跡例などの一部にとどまり、多くは六・七世紀の交で断絶したようである[256]。福岡県域北・東部と同時期にあたるこの衰微は宮崎県域でも知られるので、両県域を一括りにすることが不可能ではないが、衰微の鮮やかさの点では鹿児島県域の方が勝っている。その後の動向について、八世紀にも集落形成の衰微状態が続いたらしい点、掘立柱建物例の多くが九世紀後半～一〇世紀初頭に、墨書土器の大半が九世紀に帰属する点を手がかりにすると[257]、九世紀に集落形成が再興し、一〇世紀に再び衰微したことが推測される。国分寺などの官衙関係の施設は営造が八世紀に遡るらしいが、八〇〇年に班田収授法が施行されるなど大隅・薩摩両国への律令制的諸原則の適用が留保されていたというから、八世紀での衰微状態と九世紀での再興はこの政治動向と符合する。そうして一〇世紀の衰微については、鹿児島県域が衰微域に加わって九州の南北が同調していたことになる。熊本、宮崎など自余の県域でのデータをまって検証しなければならないが、この衰微は九州のかなり広い範囲に及んでいたことが想像される。

中・四国地方　瀬戸内側の諸地域のなかで、古墳〜平安時代の集落の内容や推移がよく判明し、歴史的存在感をも示している岡山県域に焦点を絞ると、まず、岡山平野西部を流れる足守川流域の拠点集落である岡山市北区津寺遺跡の例があげられる。その集落形成の動向を報告書の址数に従って概観すると、(258)古墳前期に営まれた三〇〇軒近い竪穴住居はほとんどが前期前・中葉例で終始しているので、後葉には集落が途絶状態に陥ったようである。上流二kmの岡山市高塚遺跡や東方七〇〇mの岡山市加茂政所遺跡などの近傍の集落例もほぼ同じ頃衰微しているので、共通した原因によることが推測される。前節でも述べた古墳前期集落のこのような衰微に関連して、下流に位置する足守川遺跡群の古・前・Ⅱすなわち古墳前期中葉の遺構が洪水砂層で厚く覆われていることを根拠に、衰微は一帯が大規模な水害に見舞われたことに起因すると推測されている。(259)先述の濃尾平野などの例を考え合わせると、古墳前期後葉／後半での衰微要因として水災説は大いに考慮に値する。ただ、該期の衰微例は倭の西半だけにとどまらない広がりを示しているので、水災説だけでは説明の射程が短い。

津寺の地に集落が復興するのは、「初期須恵器の新相」が伴い、竪穴住居にカマドが付設され始める頃であるということから、最短でも二世代、最長に見つもれば三世代ほどの時間の経過を要したことになる。復興した集落は隆盛に向かい、古墳後半期の竪穴住居址一六六軒中七〇軒余が集中しているＴＫ二三・四七型式期に、隆盛は頂点に達した。ところが五世紀後半を覆ったこの隆盛は六世紀初頭頃に突然途絶え、集落が再び賑わいを回復するためには六世紀後葉のＴＫ四三型式期をまたなければならなかった。ちなみに、この動向を近傍の高塚遺跡の竪穴住居址数の増減と対比すると、中期例六五軒中、Ⅰ期例三八、Ⅱ期例一三、不明七で、後期例二一軒中、Ⅰ期例八、Ⅱ期例一三、Ⅲ期例一、不明一で、(260)津寺遺跡例と増減を違え、しかも、津寺の減少期に高進し、増加期に低減する傾向が窺われる。前期後葉での途絶が集落を越えて広がっていたのに対し、中・後期での盛衰は集落間で異なる点で、住民が移動したことを想像させる。

ＴＫ四三型式期に高揚した津寺遺跡の集落形成は、若干の変転をみせつつＴＫ二一七型式期すなわち七世紀前葉に存続した。一六六軒中一〇五軒の竪穴住居がこの間に営まれたことから知られるように、集落は六世紀後葉〜七世紀前葉に隆盛を回復した。そうしてその後は、竪穴住居が消失して掘立柱建物に移行し、官衙集落へと変貌したことが、二重溝を方形にめぐらせた施設の存在によって知られる。掘立柱建物一九軒のうち一六軒が奈良時代に属する。この比率の高さと出土品の年代からみて、八世紀にも人間活動は衰えをみせなかった。しかし平安時代に入ると掘立柱建物は激減し、一〇世紀をまたずに人跡が絶えたようである。高塚遺跡の集落では、建造物が確認されていないが、九世紀に居住域の拡大ないし人口の増加があったことを示唆する証左が得られている。一〇世紀の遺物が人間活動の継続を示しているので、津寺の途絶後も命脈を保ったことが察せられるが、それでも次に興起した一三世紀までには人間活動の痕跡がみえない空白の時間がある。

なお、足守川流域から西方に離れた総社市域の一角に、三須作山古墳（全長二七〇ｍ）や国衙・国分寺址などが残され、古墳〜奈良時代に備中の中枢であったことを窺わせる地区がある。ここを南北に貫いた発掘調査の結果によると、古墳前期後葉〜中期前半、後期後葉（七世紀）、平安時代後半に人間活動が低下し、それぞれに挟まれた古墳中期後葉〜後期中葉、奈良〜平安時代前半に高揚している[261]。作山古墳が埴輪編年私案のⅣ期に、後期の巨墳こうもり塚古墳（全長一〇〇ｍ）が六世紀後葉にあたり、国衙と国分寺がもとより律令期の造営であることを考えると、この動向は納得される。もっとも、作山、こうもり塚の両営造時期に挟まれた五世紀後葉〜六世紀中葉は、人間活動が衰えず、しかし大型墳が営まれていない。集落形成と墳墓造営との関係については次節で触れるので、ともかく人間活動のこの動向が足守川流域の結果と、七世紀で相違をみせつつ同調していることを確認して、データの呈示を続けよう。

岡山平野の中央を流れる旭川の西岸に、長期にわたって存続した岡山市北区津島遺跡の集落が位置する[262]。図72として掲げた竪穴住居址数の増減をみると、古墳前期後葉例で減少したのちに増加に転じ、中期後半例を増加の頂点とし

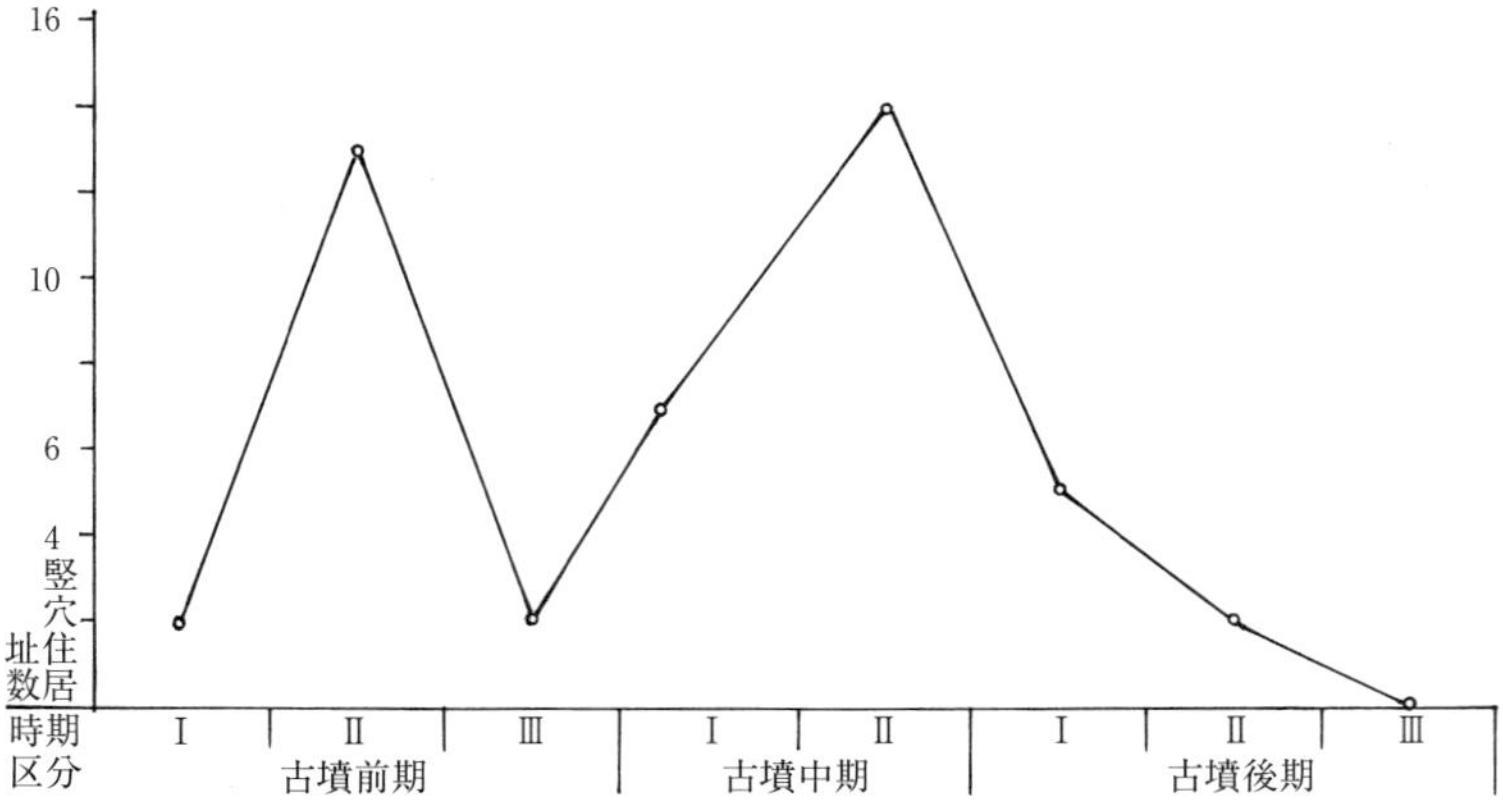

図72　岡山県津島遺跡における古墳時代竪穴住居址数の増減

て後期例で減少を重ねている。中期Ⅱとされた住居址から出土した須恵器はＴＫ二〇八型式を上限とするから、中期Ⅰの一部が初期須恵器の時期に併行するはずである。中期Ⅰでの増加はこの点で、須恵器の出現とともに住居数が増加する既述例の一部が示した趨勢に従っている可能性を否定できない。しかし、この可能性を汲んで中期Ⅰ例の一部に減少状態の存続を認めたとしても、前期Ⅱ例と中期Ⅱ例との間に著しい減少期が介在したことは動かない。またこの減少と前後して住居址数が増加した集落址例を近隣で見いだすことも難しい。減少を重ねた後期例についてもこの点は変わらない。そうして奈良・平安時代の津島遺跡の地は水田化していたらしく、集落の痕跡が絶えている。近隣で微高地を占めた鹿田遺跡から八・九世紀の掘立柱建物九軒が出土しているので[263]、旭川西岸で居住の跡が絶えたということではない。しかし、弥生後期後半の隆盛には及ぶべくもなく、一〇世紀以降の居住痕は見いだされていない。

対岸の旭東平野に移ると、岡山市中区原尾島遺跡の古墳時代住居址は、

時期	竪穴	掘立
古墳Ⅰ～Ⅱ期例	一一	
Ⅲ期例	五	
Ⅳ期例	二一	
Ⅴ期例	三	一（総柱）

Ⅵ期例　三
Ⅶ期例　九　一九

である。[264]Ⅳ期を五世紀後半～六世紀初頭、Ⅴ期を六世紀前半～中頃、Ⅵ期を六世紀後半、Ⅶ期を六世紀末～七世紀初頭にあてているので、Ⅰ～Ⅱ期を四世紀、Ⅲ期を四・五世紀の交とみて支障なさそうである。完掘されていないために資料の追加で増減は変動するであろうが、Ⅲ期の集落例が岡山県域で「判然」としていないという点で、また、既述の例とも同調している点でも、Ⅲ期例での減少が注意を引く。その意味で、同じく旭東平野に位置する兼基遺跡でⅢ期に編年される竪穴住居址九、掘立柱建物二一が出土したことは見逃せないが、[265]Ⅲ期例での全県域的低落はそれでも覆い難い。

六世紀での減少は津島遺跡例と同調している。今谷遺跡例など旭東平野に後期集落址は知られているが、いずれも原尾島の減少を補うほどの隆盛をとどめていない。旭川の東西とも六世紀の集落形成が低調であったかのようであり、足守川流域の津寺遺跡や総社市域の三須地区によって例示した西方での隆盛と大きく隔たっていたことが考えられる。しかし六世紀末～七世紀初頭からは隆盛をみせ、それぞれ幡多廃寺と賞田廃寺が七世紀代、備前国府址が八世紀代、米田遺跡が七・八世紀代における旭東平野の隆盛を伝えている。ところが九世紀に入ると、寺院は衰退し、米田遺跡でも遺物量の激減が人間活動の退行を示唆している。出土遺物の年代が平安時代の全時期に及ぶ兼基遺跡の例が活動の存続を窺わせるけれども、旭東平野全域でみると九世紀の衰微は否めない。そうして、原尾島が集落として復興し始めるのが一一世紀後半である。九世紀での衰微とならんで多くの地域で例が知られており、その一例に加えられる。

島根県域の出雲平野では、遺跡数が図73として示したような増減を示している。[266]すなわち、古墳前期後半例に端を発する減少が中期後半例に続き、そこから増加に転じて八世紀例で頂点に達したのち、一一世紀例に向かって減少を

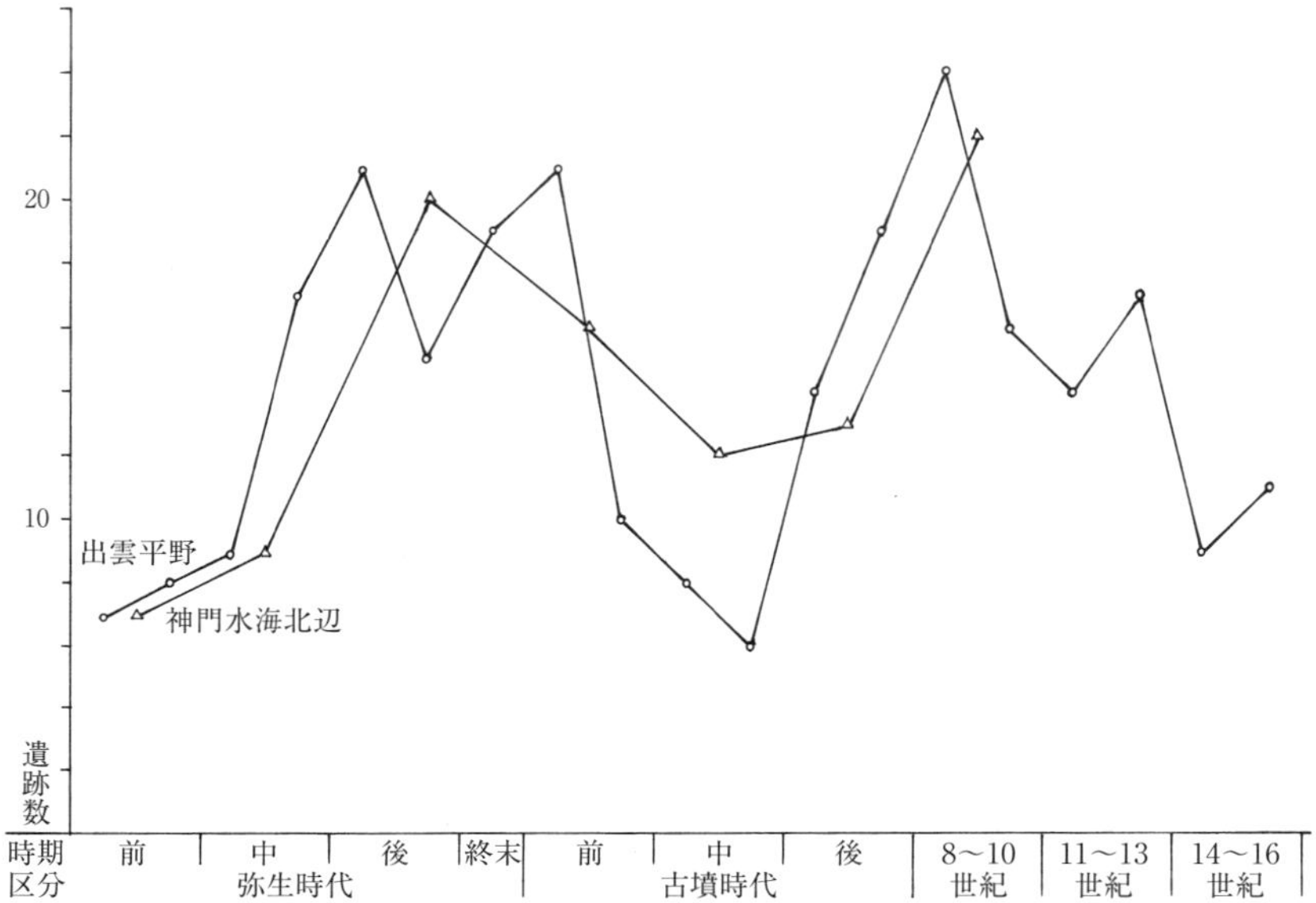

図73　出雲平野における遺跡数の増減：弥生前期〜16 世紀

重ね、再び増加し、一四世紀例で減少に至っている。出雲平野北辺をさらに子細に取り上げた結果もまた、この動向と離反していないので、同平野での集落形成の隆替をこのデータが表しているとみても大過はないであろう。

県域全体の動向を復原することはできないが、それに近づくための例を二つあげておこう。ひとつは県域東部の松江市大草町出雲国衙域下層から出土した古墳時代集落／居館址である。[267] 集落の時期は前・中期に跨っているが中期が中心で、わけても、須恵器出現時のＴＧ二三二型式期〜ＴＫ二〇八型式期の松山Ⅲ期に編年される住居址がもっとも多い。集落の盛期が中期前葉の一部と中葉にあったことをこれは窺わせる。もうひとつの例は玉作遺跡である。[268] すでに説かれているように、中期に入ると玉作集落の分布が東部に拡大し、とりわけ中期中葉での展開ぶりはめざましい。そうして、弥生後期に玉生産を行っていた出雲平野では、古墳時代の到来とともに生産が絶えて復活しなかったのである。これらの二例の存在を加味すると、中期中葉

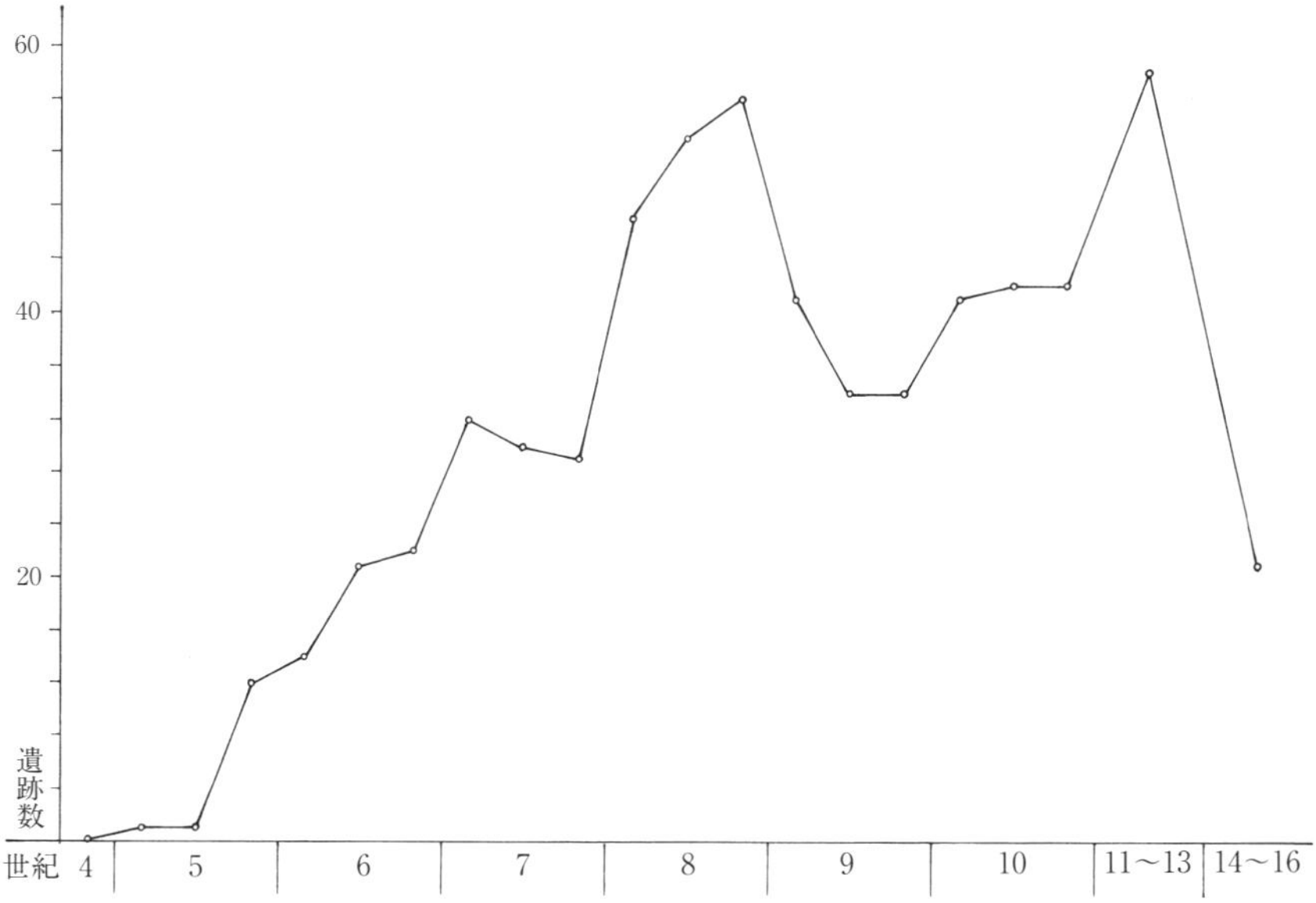

図74　兵庫県加西市域における遺跡数の増減：4〜16 世紀

には集落形成が再興したことを、県域的動向として指摘できそうである。なお、四国地方はデータに恵まれない。

近畿地方　図74として示した結果は、前節でも取り上げた兵庫県加西市域における遺跡数の、四〜一六世紀例の増減である[269]。古墳や窯業生産址や寺院址を除いてあるというから、累算した対象はほぼ集落址や官衙址とみてよい。この結果によると、大きく減少していた四世紀例を起点として五世紀後葉例で増加が始まり、七世紀中・後葉例と九世紀例での減少を挟み、一〇世紀例の停滞を経て、一一〜一三世紀例の増加に至り、一四〜一六世紀例で激減している。なお、一一世紀以降の増減は三〇〇年単位の累算結果であるから、一〇〇年を三分して刻んだ五〜一〇世紀の動向と同列には扱えない。そこで、さしあたって一一世紀以降の増減を副次的に扱うことにしておく。

近畿での例示を進めていくと、古墳前期後葉かまたは前・中期の交に河内平野南部で集落形成が衰微した点を可能性として前節で指摘しておいたが、八尾市木の本遺跡での遺構数の変化から察せられるように、ともかく古墳中期前半には集落形成が活発化した。近隣では大阪市平野区長原遺跡やその一帯の動向からもその隆盛を窺うことができるが、[270]加えて、豊中市蛍池東遺跡、茨木市安威遺跡、[271]四条畷市蔀屋北遺跡、[272]堺市平井小阪遺跡[273]などの集落址確認例の多さ、漢式系土器や初期須恵器の出土例の多さや万遍ない分布状況からすると、[274]この隆盛が大阪府域全体を覆ったことが察せられる。

なお、ここでいう中期前半とは、須恵器生産が始まるTG二三二型式期〜TK二一六型式期を指す。したがって、須恵器生産の開始が前・中期の交にあたるということであれば、集落形成の衰微は前期をもって終わったことになるであろうし、その開始がいくぶんにせよ遅れるか開窯しても試作にとどまって製品が普及しなかったということであれば、中期が到来してもなお少しの間は衰微状態が続いたことになる。筆者としては後者の可能性の方を積極的に認めたいが、いずれにせよ問題の所在は、佐堂3期に当たる辻編年1期の扱いにある。[275]

中期後半例以降に検討の対象を移すと、木の本遺跡では中期後半の遺構数が激減している。隣接する長原遺跡東地区でも集落形成が衰微した痕跡をとどめ、かわって西地区での隆盛が知られ、しかしそれも、墳墓造営の退潮と呼応するように後期前半を境にして集落が衰滅に至ったという。[276]八尾市域の久宝寺遺跡群や東郷・中田遺跡群や高安千塚山麓遺跡群の集落が後期中／後葉を盛期とするので、中河内全体で集落形成が衰微したということではない。[277]大型倉庫群を擁した蛍池東遺跡例は継続期間が短くて、中期前半にほぼとどまり、[278]小阪遺跡例は中・後期の交まで、安威遺跡例は後期前半まで存続したことがそれぞれ確認されている。そうして蔀屋北遺跡例は中期後半にむしろ隆盛を迎え、さらに後期後半にその度を加えたのち衰亡に至ったようである。中期前半に集落形成の始まったことが発掘で明らかにされたこれらの代表例の推移を辿っていくと、それぞれに変転を経て七世紀をまたずに廃絶したことになるわけである。

さらに例示を続けると、大阪市域の上町台地の主要遺跡で人間活動の盛衰を編年体にした成果が、中期後半からの隆盛と、後期後葉でのさらなる高揚を伝えている。[279] 堺市百舌鳥古墳群内の陵西遺跡や浅香山遺跡、[280] 高石市西取石大園遺跡、[281] 東大阪市西岩田遺跡[282] や古市古墳群内の藤井寺市道明寺土師の里遺跡、[283] 茨木市学園町溝咋遺跡[284] など、中・後期や後期における集落形成の活発化を伝える遺跡例は、前述の八尾市域例も加えると、瞥見しただけでも数多い。したがって、中期前半に須恵器生産の開始と同じ頃に再興の色をみせ始める大阪府域での集落形成は、変転を内包しつつも趨勢としては、加西市域が示すように隆盛の度を加えて、後期に至ったとみても大過ないであろう。

七世紀に向かう集落形成の動向を辿るうえで、兵庫県神戸市北区長尾町宅原遺跡の例は示唆的である。[285] すなわち、古墳中期後半～後期（ＴＫ二〇八～ＴＫ四三型式期）では、有井地区を中心として、近隣に小型集落が分散していたが、後期末（ＴＫ二〇九型式期）を転機に、近隣の宮ノ元・豊浦地区に中心が移った。しかも、近隣の集落のほとんどが途絶して人間活動がここに集約し、掘立柱建物や「評」の墨書土器が示すように官衙の設置された形跡が得られている。加西市域の七世紀例が表していた集落形成の停滞は、原因のことごとくではないにせよ、集落のこのような集約化によることが考えられる。大阪府下の摂河泉で集成された七世紀集落のうち、六世紀から継続した例が多めに見つもっても三〇％であることは、[286] 六・七世紀の交における集落形成の転換がかなり広がっていたことを示唆する。

この例に関連して大阪府域で注意を引くのは和泉北部である。古墳後期後半に数多くの掘立柱建物を擁してこの地の中心を占めていた大園遺跡の集落が衰微し、和泉市室堂町池田寺遺跡や同市万町北遺跡などで掘立柱建物の群在する集落の興起した証左が示されている。[287] そうして、この槇尾川流域に加えて北方の石津川流域でも、古墳後期に営まれていた集落が消滅した点で、[288] 人間活動が池田寺・万町北遺跡の集落に集約した観がある。宅原遺跡例と動向を同じくしたことを想像させる大阪府域の例である。

そこで、七世紀以降の集落形成の動向を概観すると、[289] 河内では大阪市平野区瓜破遺跡、堺市美原区平尾遺跡、藤井寺市川北船橋遺跡、南河内郡太子町伽山遺跡などで、七世紀の掘立柱建物群の存在が明らかにされ、平野南部の羽曳野・国府台地に藤井寺市道明寺土師の里遺跡や同市藤ヶ岡はざみ山遺跡例を代表格として、七世紀の集落址の分布が知られている。しかも、中・南河内で確認されているそれらの七世紀集落の八〇%強が、六・七世紀の交ないし七世紀に興起した新集落によって占められている。古墳中・後期に大型墳の営造が絶えず、高安千塚などの大型群集墳が営まれた地であるから、数多くの古墳後期集落が存在したことを想像して誤りないとすると、七世紀集落の多くはその廃絶後に成立したことになる。

河内平野における条里制の施行は、八尾市美園遺跡などでの検出例によると、七世紀後半に遡る。(290) 七世紀集落のうちで八世紀に継続した割合は、中・南河内で五〇%弱、大阪府全域でもほぼ同率である。そうして八世紀に入ると新集落が加わり、集落形成は隆盛を呈するのであるが、この律令村落の原型が六・七世紀の交に成立し、八尾市美園遺跡などで痕跡が確認されている七世紀後半の条里制の施行を経てこの隆盛に達したことを、前史として指摘しておきたい。

七世紀後半というと、前期難波宮の造営・存続期にあたる。この難波宮の中軸線の延長上を南行する大道が発掘で明らかにされている。難波大道と名付けられたこの直線路の推移を問題にした三宮昌弘によると、七世紀後半の敷設以降、八世紀後半〜九世紀の間に管理が放棄され、一〇世紀後半頃には耕地化して往時の姿を完全に失ったという。(291) 瓜破遺跡例は七世紀末に、平尾・はざみ山両遺跡例は九世紀の到来をまたず、池田寺・万町北遺跡例は九世紀のなかでほぼ衰亡する。そうして羽曳野・国府台地上の諸遺跡も、八世紀を増加の頂点として一〇世紀の遺構・遺物数が大幅な低減状態にあるらしい。高槻市郡家今城遺跡のように一〇世紀前半まで掘立柱建物の存続を示す例があることに配慮したとしても、八世紀での隆盛に比較すると九世紀に衰微が始まったことは否めない。

紙幅を費した大阪府域を離れて近畿の他地域に移ると、奈良県域は前期例で集落址数が増加をみせた異色の地であった。ところが、盆地中央部で「拠点的集落」の増減を検討した結果によると、前期末〜中期初頭とした布留2式期でいったん減少し、布留3～4式期で増加に転じている(292)。また盆地西部でも、葛城市太田遺跡例が中期の到来をまたず前期のなかでほぼ終焉し、須恵器生産が始まる頃に集落の隆盛が同市竹内遺跡例の方に移ったというから、両集落の交替期に衰微の時間が介在したようである(293)。これらの点からみて、盆地内の古墳時代集落址を網羅して増減を辿った佐々木好直の表示結果には表れないほどの短期の衰微が、前・中期の交に盆地内の集落を襲った可能性はけっして低くない。

佐々木が累算した奈良盆地の古墳時代集落址数は、

前期前半例二五、後半例三五、中期前半例四二、後半例三八、後期前半例二九、後半例二八、古墳時代に端を発する飛鳥京期例一四

である(294)。中期前半が須恵器編年のＴＫ七三・二一六型式期に、後半がＴＫ二三・四七型式期に、後期前半がＭＴ一五・ＴＫ一〇型式期に、後半がＴＫ四三・二〇九型式期にそれぞれ対応するという。したがって、初期須恵器の時期の例が最多で、後期前半例で減少、後半例で微減という経過を辿り、飛鳥京期へ続く例が半減している。須恵器の出現とともに集落が増加した点、後期後半での断絶例が多い点で大阪府域と同調するとともに、古墳時代例を通じて址数の増減が甚だしくない点、複数時期に跨り長期継続を示す例の多い点が既述の地域の例と比較して注意を引く。古墳時代の継続時期数が、

六期例一〇、五期例七、四期例九、三期例一二、二期例六、一期例六

という結果をみると、その長期継続ぶりが知られるはずである。また時期間の継続率もあわせ求めてみると、

前期前半～後半間九二％、前期後半～中期前半間九一％、中期前半～後半間七九％、中期後半～後期前半間六八％、後期前半～後半間七六％、後期後半～飛鳥京期間四六％

となり、古墳時代内における継続率の高さと、飛鳥京期に向かうその低さが対照的である。なお、中期後半～後期前

半の間がいくぶん低い点すなわち断絶率がやや高い点は、址数の減少とあわせて問題になるかもしれない。『日本書紀』が伝える継体朝の諸事情と関連する可能性があるからである。ともかく奈良盆地の古墳時代は、集落形成の断絶や短期的衰微が介在したとしても定住度が高く、したがって社会的に安定していたことが形成動向によって察せられる。

ところが七世紀の集落は、前半に編年される七例がいずれも後半に至らず途絶する。それに対して後半の七例が、八世紀への継続例や変遷時期数の多い例を含む点で、後半に成立した集落の方が前半例に較べて継続度が高いらしい(295)。それでも九世紀に及んだ例はみられないというから、古墳時代集落に較べると定住度は低い。律令体制を掲げて定住化を推進しようとした政権の本貫地の情況としては、奇異に映る。七・八世紀には宮都や寺院の造営に携わり、その維持や運営を最底辺で支えた人びとが盆地内にも居住していたにちがいないが、その人びとの集落の実態が解明されるまでには、さらに多くの時間の経過を要するようである。

京都府域南部の山城と滋賀県域に移ると、京都府相楽郡精華町森垣内遺跡での掘立柱建物群址や滋賀県東近江市子沖町堂田遺跡での集落の拡大跡など(296)、初期須恵器の時期における集落形成の興隆を伝える例は少なくない。森垣内遺跡の集落はＴＫ二三～四七型式期に隆盛の頂点に達し、同じ頃、山城で八幡市内里八丁遺跡や乙訓郡大山崎町の下植野南・松田両遺跡の例が加わり(297)、木津川流域は集落で賑わうようになる。また滋賀県域でも同じ頃、堂田が存続して近傍に新集落が加わり、湖東南部の日野川や野洲川流域でも集落形成に拍車がかかる(298)。

ところが森垣内は後期中葉に衰微し、交替するように後葉から城陽市寺田正道遺跡およびその近傍、京都市山科区中臣遺跡(299)で集落形成が隆盛に向かい始め、正道はやがて官衙へ移行する(300)。木津川東岸に形成の中心が移ったようである。他方、山城西部にあたる乙訓地域の南部では、後期中・後葉の集落形成は旺盛で、大規模例も出現しているが、七世紀に継続しない例が目立つ点で近畿の既述例と同調している(301)。滋賀県域では、堂田が後期後半に衰微するが、大型集落であった栗東市辻遺跡例などが存続するとともに、岡遺跡例などで新たに集落が興起して官衙あるいは居館へと変貌を遂げる[302]。また、下坂本穴太遺跡例など大津市域に、朝鮮半島の渡来人が形成の主体になったとおぼしい、大壁で囲いオンドルを設けた住居を数多く含む集落も後期末に出現した[303]。湖東中部の犬上川流域でも後期後半の集落址が激増し、七世紀の到来とともに六〇％が断絶して集落址数が半減している[304]。

そうして、犬上川が琵琶湖に注ぐ彦根市域から湖東を南へ下って七世紀以降の集落址例の増減を辿った結果によると（図75・76）、いずれの地域でも八世紀例の増加を伝えている[305]。九世紀以降の例は一〇または一一世紀例に向かって減少し、一二または一三世紀例で再増加し、一四世紀例で申し合わせたように減少している。旧能登川町域はこの趨勢から外れているようにみえるが、集成者の水野章二によると、「八世紀に斗西遺跡などの官衙的な遺跡数が増加するが、九世紀に入ると減少し、一〇世紀には垣見北・長福寺・西浦・高岸遺跡などの短期間営まれた遺跡が増加する。一一世紀にはこれらの遺跡はほとんどがいったん断絶する」という。したがって九・一〇世紀例の増加は、人口数からみると、集落址数が減少した他地域との隔たりが小さくなる。さらに南下した守山・草津・栗東市域でも同じ趨勢をみせており[306]、こうして湖東中・南部で七～一四世紀の長期にわたる集落形成の動向を復原する手がかりが示され、しかも趨勢をほぼ同じくする結果が得られていることは特筆に値する。

中部地方　北陸から始めると、図77として掲げた金沢平野西部で集落の消長を追った結果が、古墳中期～飛鳥時代例と平安中～末期例で低落状態にあったことを伝えている[307]。すなわち集落形成が、五～七世紀で衰微、八・九世紀で隆盛、一〇～一二世紀で衰微、一三世紀で回復という変遷を辿ったことになる。既述の諸地域の例と大きな隔たりがないこの動向を基軸として、北陸での細部を管見の及んだ範囲で検証していこう。

古墳前・中期の交については、弥生終末期から続く隆盛が古墳前期のなかで停頓して衰微に転じる。中期との交に至ると、金沢市域で上荒屋遺跡や沖町遺跡[308]、加えて石川県小松市漆町遺跡[309]、福井市木田遺跡[310]などの例があり、上荒屋

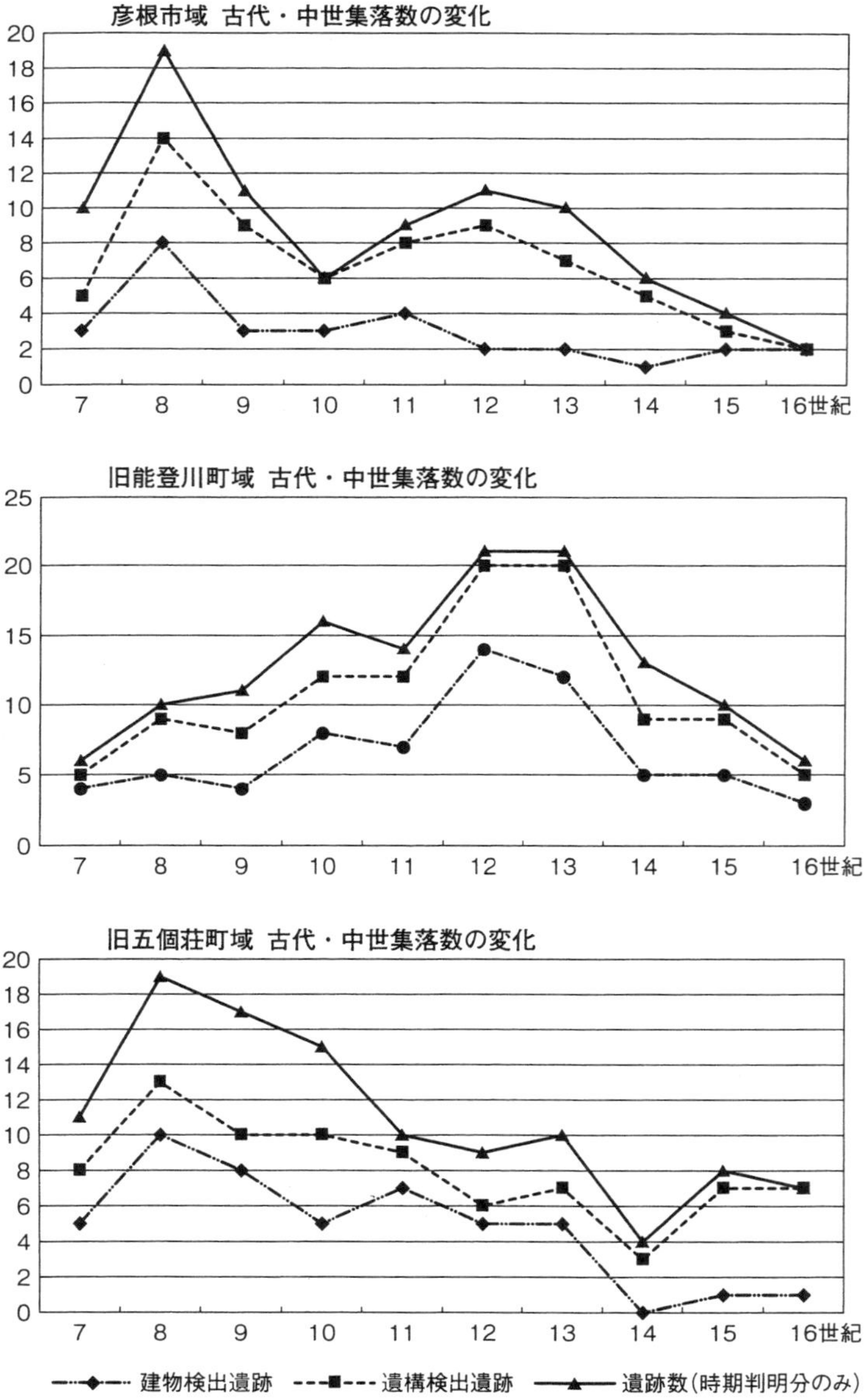

図75 琵琶湖東岸の彦根市・旧能登川町・旧五個荘町域における 7〜16 世紀集落址数の増減（本章注 305 表 1〜3）

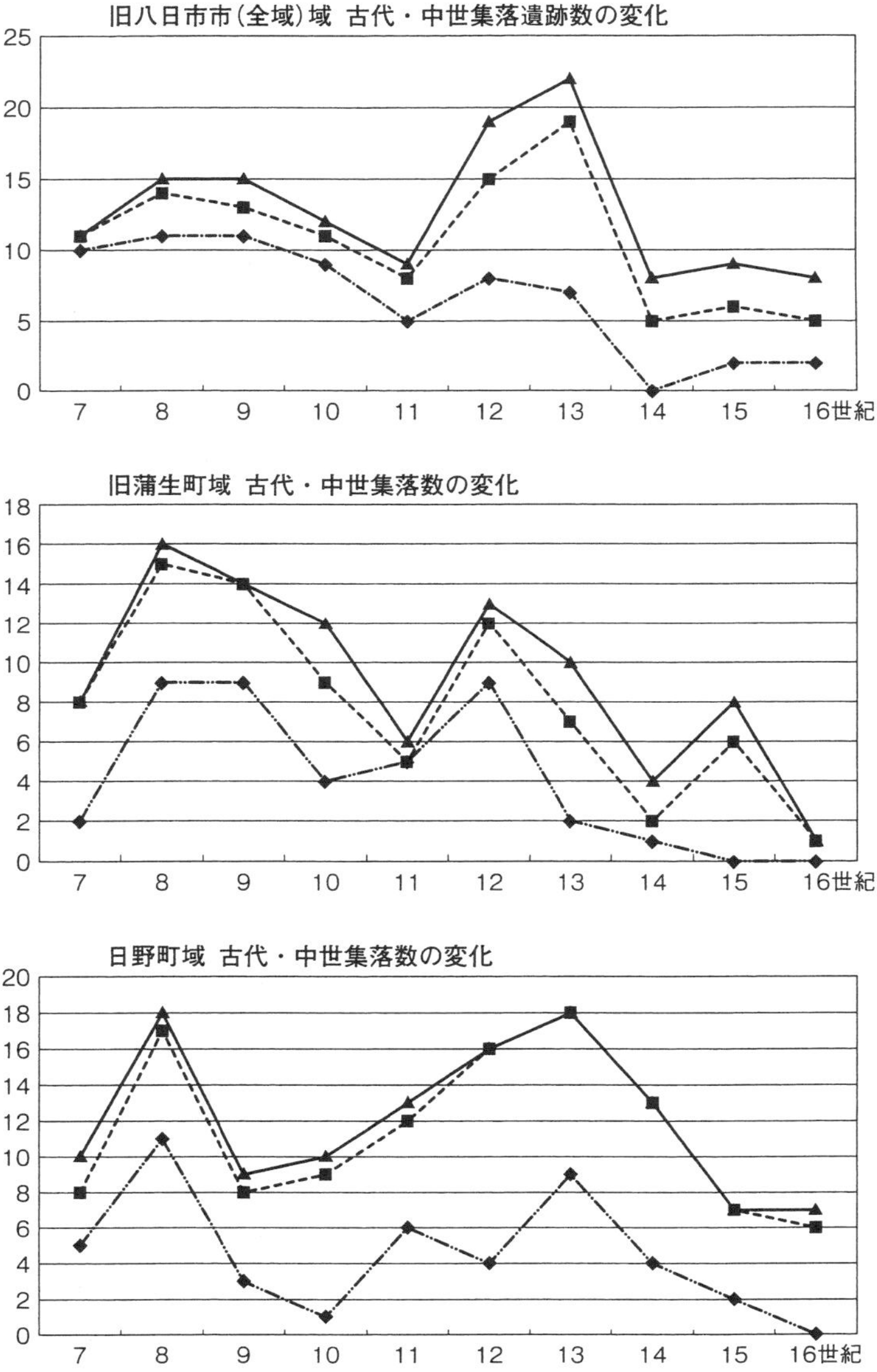

図76　琵琶湖東岸の旧八日市市・旧蒲生町・日野市域における7〜16世紀集落址数の増減（本章注305 表4〜6）

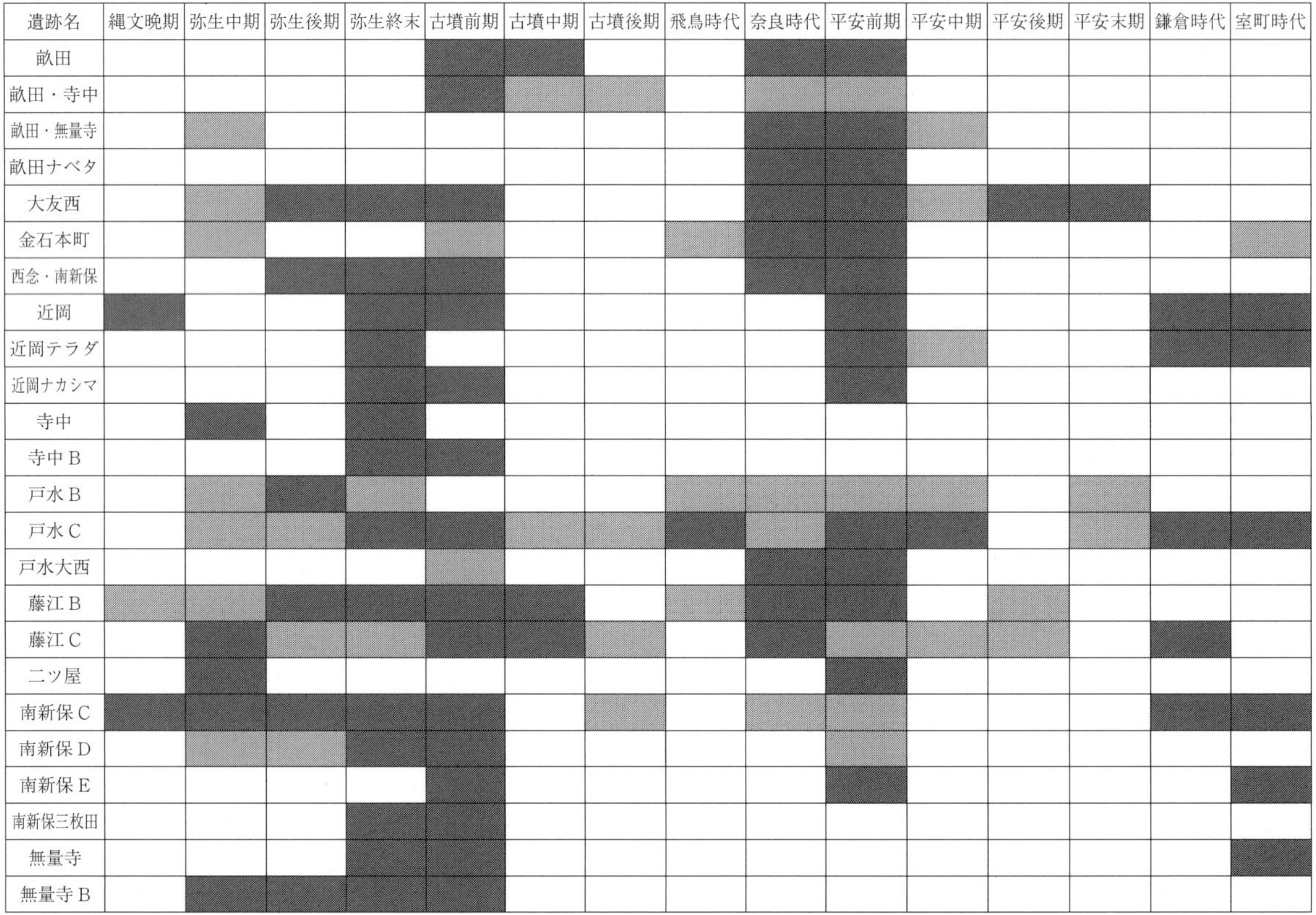

図77　金沢平野西部における集落の消長：縄文晩期～室町時代（本章注307　p. 3）

遺跡例は掘立柱建物の多さで注目されるが、かつての隆盛に較べると衰微の色は拭えない。しかし、倭における須恵器生産の開窯期、あるいは北陸各地で須恵器が土器様式に加わり始めるON四六型式期頃になると、金沢市域で大豆田本町犀川鉄橋遺跡、田中B遺跡、畝田西遺跡など(311)、能登で羽咋郡志賀町高田遺跡(312)、七尾市万行赤岩山遺跡(313)など、南加賀で加賀市美岬町千崎遺跡(314)、漆町遺跡など、石川県域に限定したとしてもこの時期の遺跡が少なくないし、富山県域の例をさらに加えるならば(315)、前期以来の衰微に歯止めがかかったようである。そうして、復興に向かって動き始めたかに見える状態が後期前葉のTK二三・四七型式に続いたらしいことも、集落の存続や新出を示す例によって察せられる。

ところが、漆町遺跡例が後期中葉のMT一五・TK一〇型式期を最後に衰微し、羽咋市押水町冬野遺跡群や畝田西遺跡の集落址(316)、高田遺跡の祭祀址など、前代に活動の痕をとどめていた遺跡で同じ頃に衰微したことを示す例が見いだされる。そうして、須恵器生産の後退とあたかも連動したかにみえるこの石川県域での衰微が回復に向かった証左が知られるのは、TK二〇九型式期の六・七世紀の交の頃からである。この頃の例として、金沢市域では掲示例に加えて古府クルビ遺跡があり(317)、南加賀では額見町遺跡によって代表される小松市三湖台集落址群などをあげることができる(318)。また能登でも、再興の形跡をとどめる万行赤岩山遺跡に加え、六世紀後葉に端を発する羽咋市柳田シャコデ遺跡(319)、七世紀に入るとほどなく大規模な祭祀の始まったことを伝える同市寺家遺跡(320)、さらに鳳珠郡穴水町西川島遺跡(321)を添えて例数を増すこともできる。いずれにせよ金沢平野よりも、南加賀の手取川流域や能登で集落形成の活発さが目立つ。

なお、額見町遺跡で七世紀初頭に渡来系住人が存在したことを想像させる、L字形カマドの付設した住居址が出土している。朝鮮半島系の形制をそなえた七尾市能登島蝦夷穴墳墓が七世紀中葉に営まれたこととともに(322)、七世紀における集落形成の復興要因を解明するうえで見逃せない。

石川県域で抽出した後期後葉における集落形成の衰微が、北陸全域を覆っていたのかどうか、筆者の手元にそれを確かめるデータがない。いずれにせよ七世紀に入って隆盛に向かったことを、富山県域については射水市小杉大門流通業務団地遺跡群例などからみて指摘してさしつかえなさそうである。[323] そうして八世紀に入ると両県域とも堰を切ったように集落址例が増加し、九世紀にも減少をみせない。官衙を含む集落形成のこのめざましさは、石川県域で実例を混じえてすでに説かれており、[324] 富山県域では西部の射水・砺波平野の呉羽丘陵における遺跡数の激増ぶりや東部で富山平野の富山市任海遺跡群の分析結果から汲みとることができる。[325]

この律令・荘園期集落の盛んな形成は、九世紀後半から衰微に向かい、一〇世紀のなかで集落数が激減する。一一世紀にも継続するこの減衰状態のなかにあって、なお衰微せず存続した金沢市大友西遺跡のような例が、加賀市南郷町敷地鉄橋遺跡、白山市安養寺遺跡などほかにも散見される。[326] しかしそれらの例が、集落の廃絶に伴って居住地を失った数多くの人びとの新たな受け皿になったことを推測させる考古学上の形跡はみとめがたい。集落の減衰と交替するように、九世紀後半〜一一世紀前半に短期で散村的な住居耕地一体型の集落が東日本で出現、存続することを、坂井秀弥が説いている。[327] 田嶋明人がかつて示した九・一〇世紀における漆町遺跡などの遺物ブロックが、これに該当するのかもしれない。[328] あるいは、九世紀末の東大寺撤退後もなお一世紀ほど衰微状態で存続した横江庄のような例が、初期荘園例のなかに存在するのかもしれない。[329] 富山県域とも同調するらしい[330]律令・荘園期集落の衰微に続く人間活動の動向をそれらの例で復原しようとすれば、とにかく例数の増加が望まれる。そうしてこの低落状態を抜けて集落形成が回復するのが一二世紀であったことは、掲示した金沢平野西部の例に加えて任海宮田遺跡でも確認されているので、石川・富山県域の共通の動向としてさしつかえないのであろう。

次に甲信地方に移る。長野盆地南部の発掘調査で確認された集落形成の盛衰から取り上げると、弥生後／末期に興隆した集落形成が古墳前期のなかで衰微していく様子をみてとることができる。すなわち、形成の首座を占めたことが出土住居址数の多さなどから察せられる長野市篠ノ井遺跡群[331]や千曲市屋代遺跡群[332]で、住居址数が前期後半例で大きく減少している。たとえば篠ノ井遺跡群で、竪穴住居址数が前期前半例一五一、後半例三一の如くである。長野市篠ノ井石川条里遺跡[333]や屋代清水遺跡[334]でこの衰微した前期後半の土器が出土しており、したがって人跡が絶えたということではないが、かつての隆盛が失われたことは否めない。

ところで、土器様式の変化に基づいて設定した屋代編年によると[335]、衰微した前期後半は「古墳3期」に当たり、X形器台、坩、鉢から成るいわゆる小型三種のうえに屈曲脚高坏が加わった段階である。そうして「古墳5期」にはTK二〇八・二三型式の須恵器が伴うということであるから、「古墳4期」は初期須恵器の製作時期と一部にせよ併行していることになる。飯田盆地で遺跡数と竪穴住居址数の増減を辿った結果が、古墳前・中期の交における集落形成の最衰微を伝え、そのⅢ・Ⅳ段階が松河戸Ⅰ式～Ⅱ式前半期に併行するというから[336]、長野県域の南北で衰微期に時間的隔たりはない。

初期須恵器の時期に、飯田盆地で遺跡数、竪穴住居址数とも激増しているので、集落形成は隆盛に転じた。TG二三二・TK七三型式の須恵器生産の開始期を過ぎた頃である。この頃に長野盆地南部でも、集落形成が盛んになる。屋代遺跡群がそれを示す一例であり、篠ノ井遺跡群の集落は再興せずかわって南方の塩崎遺跡群例[337]に隆盛が移る。南部だけでなく東部でもまた、長野市若穂榎田遺跡での住居址数の激増が中期後半での隆盛を物語っている。[338]ほかにも中期中葉から興起あるいは復活した証左をとどめる幾多の例を県域のなかで加えることができる。

ところが中期を過ぎると、衰微状態に陥ったようである。たとえば盆地内で有数の竪穴住居址数を擁する榎田遺跡で、中期の例数が、

Ⅰ期古例二、Ⅰ期新例七、Ⅱ期例六八

で、後期の例数が、

Ⅲ期例三四、Ⅳ期例四四、Ⅴ期例一〇六である。Ⅱ期の一部にTK二三・四七型式期を含んでいる点を考え合わせると、減少が始まるのはMT一五型式期で、筆者の編年観に添わせてよければ後期中葉ということになる。同じ千曲川流域に位置する上田盆地で、中期中葉から始まる上田市国分寺台周辺遺跡群の集落が後期に隆盛をみせている。[339] 後期に千曲川の氾濫があいついだらしいが、同流域内でこのような盛衰の相違が生まれたのは、立地に起因するのかもしれない。ところが天龍川流域の飯田盆地では、遺跡数と竪穴住居址数が後期後半例で減少し、後期末例でさらに減少を重ねている。[340] 後期前半例でわずかにせよ、遺跡数が減少、竪穴住居址数が増加しているのに対し、後期後半例では遺跡数、竪穴住居址数とも減少し、わけても竪穴住居址数の減少は激減と表現するのがふさわしい。つまり、大型化の動きを呈していた集落がいっきょに小型化し、集落居住人口が激減したことをこれは示唆する。

山梨県域では、古墳時代住居址の総数が一〇〇〇軒を超え、内訳は前期例六〇〇軒、中期例四〇軒、後期例四〇〇軒ほどを数えるという。[341] 一九九九年刊行『山梨県史』資料編2の記載であるから、現在ではむろん増加しているにちがいないが、数が大きい点で大勢は変わらないとみてよければ、前期例の多さと中期例の極度の少なさが目立つ。県域の前期というのは、東海・北陸系が土器様式の一部を構成している時期であり、小林健二が古墳時代土器を一二期に細分したうちのⅠ〜Ⅳ期にあたる。[342] そうしてこれに次ぐⅤ期は、TG二三二型式に代表される須恵器生産の開始期、屈曲脚高坏の定着期で、中期はここから始まり、TK二三・四七型式期のⅧ期をもって終わる。したがって、この編年案に依拠すると、前期末のⅣ期は前述の屋代編年の古墳3期、Ⅴ期はその4期に併行することになる。

山梨県域で前期住居址の多くを占めている遺跡は、盆地北西部の韮崎市藤井町坂井南遺跡の九八軒、[343] 西部の南アルプス市十五所村前東A遺跡の一三〇軒余であり、両遺跡の集落とも中期の到来をまたず、Ⅲ・Ⅳ期のなかで衰微する。[344] 大型二集落のこの動向からみて、県域での前期集落の隆盛は前期前半にあったことが推測される。そうして次のⅤ期例で集落・住居址数とも大きく減少し、Ⅵ期例で盆地南東部の笛吹市御坂町二之宮・姥塚両遺跡例を代表格として、[345]集落址が増加の方向に向かう。二之宮・姥塚遺跡の住居址は、

前期例三〇、中期例二一、後期前半例一二一、後半例九九

で、県域の住居址総数の内訳によると、中・後期例のそれぞれ半ばを占めている。須恵器生産が倭で窯煙をあげ始めた前後の時期における集落形成の衰微がこうして知られるとともに、住居址数の多い大型集落が後期に出現している点が、山梨県域の動向として注意される。これは長野県域とも連なる点である。

さて、再び長野盆地南部に戻り、七世紀以降の集落形成に眼を向けよう。その前に付言しておきたいのは、同県域で古墳後期の暦年代を六世紀後葉〜七世紀第三四半期としている点である。そこでこれに従って、古墳後期を含めて七世紀以降の動向とすると、南部の遺跡数は、

古墳後期例三八、奈良時代例三八、平安時代前半例四八、中期例一七、後半例八

を数える。[346]平安時代前半例でピークに達し、中期・後半例と減少を重ねているわけである。古墳後期例と奈良時代例とは同数であるが、古墳後期後葉すなわち七世紀前・中葉に住居が激増していた榎田遺跡の集落で七世紀第四四半期〜八世紀第一四半期に、住居址のほとんど確認できない衰微期が訪れたという。他方、篠ノ井遺跡群例で集落が復活し、長野市田中沖Ⅱ遺跡で集落が興起し、[347]ともに平安時代に継続している。さらに断絶率が、古墳後期例から奈良時代例へは五三％、奈良時代例から平安時代前半例へは三二％であることを考えあわせると、七・八世紀は、遺跡数こそ変わらないけれども、集落形成が安定した情況ではなかったようである。

その後の動向を篠ノ井遺跡群例で垣間見ると、[348]

7世紀後葉		8世紀			9世紀		10世紀前半		
古代1	2	3	4	5	6	7	8	9	10
二八	三五	一四	一五	五二	四九	一〇六	二四	七	一一
七	六	五	四	二	四	二	八	〇	〇

(上段：竪穴、下段：掘立)

となり、この集落群は九世紀に形成の最盛期を迎え、一〇世紀前半で衰滅したことが知られる。屋代遺跡群例でも八世紀末～九世紀前半に住居数が増え、九世紀中頃に集落がもっとも活況を呈し、九世紀末でそれが途絶する。九・一〇世紀の交でこのように集落が衰微し、遺跡数の激減が数多くの集落の途絶を示唆していることについて、『扶桑略記』にある仁和三年（八八七）か『類聚三代格』仁和四年（八八八）の水災に起因する可能性の高いことが、もうすでに指摘されている[349]。この水災の直接の原因は、前年の地震によって山岳が崩壊し、岩石や土砂が千曲川の流路を塞ぎ、これに降雨が加わって発生したものであるらしい。もっとも、一〇世紀における集落形成の衰微は、他県域でも多くの例が知られているので、ことごとくを水災で片付けることは難しい。

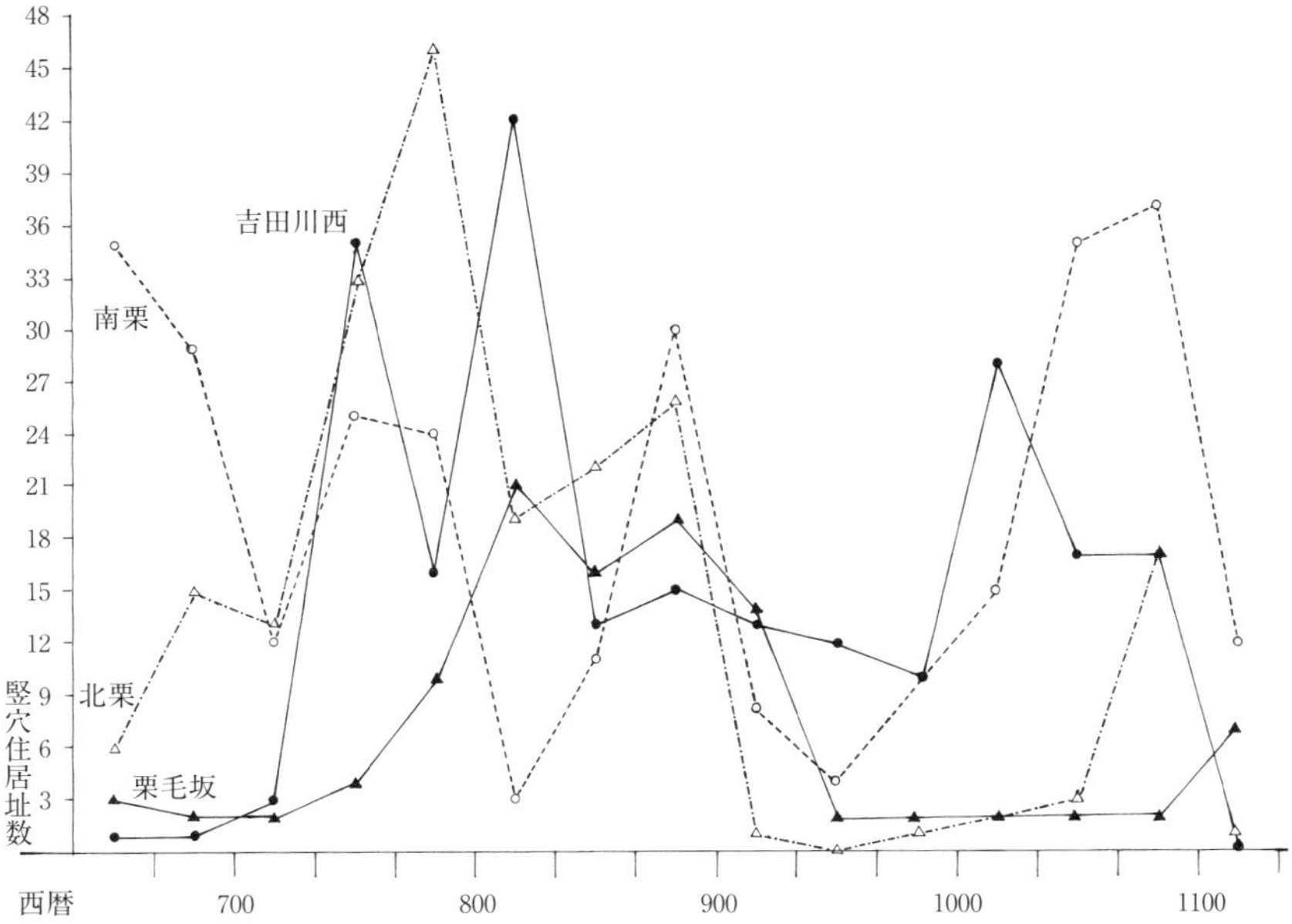

図78　長野県松本盆地における遺跡別の竪穴住居址数の増減：7～12 世紀

なお、国分寺周辺遺跡群例の場合、八世紀中・後葉に住居数が急増し、八世紀末～九世紀初頭に激減したのち、閑散とした状態が一一世紀まで続いたらしい。隆盛が国分寺造営・機能時にとどまり、盆地南部で集落形成が隆盛をみせる九世紀に衰微したことは、官営の宗教施設が人びとの生活から遊離していたことを考えさせる。

長野盆地南部を離れ、千曲川に合流する犀川の上流域にある松本盆地での集落形成動向を、図78として掲げた竪穴住居址数の増減によって概観すると[350]、八・集落址ごとに増減を刻んでいても大勢として、八・九世紀での隆盛、一〇世紀での衰微、一一世紀での復興をみてとることができる。すでに推測されているように、松本盆地でも仁和の洪水の災厄は避けがたかったようである[351]。ただし、盆地南縁の塩尻市広丘吉田川西遺跡例では同調する衰微がみとめられない[352]。台地に位置したことが幸いしたのであろうが、被害の有無にかかわらず社会的激動が一〇世紀を覆ったことは、文献史家の論述が示している通りである。

詳細はその論述に委ねて集落の隆替に注目すると、九世紀中葉～一〇世紀前半に盆地の東方山麓で数多くの短期集落が盛衰を重ねている(353)。山梨盆地北西の八ヶ岳・駒ヶ岳・茅ヶ岳山麓でも同期に松本側を上回る夥しい数の短期集落の存在したことが知られており(354)、これらは牧に関連する集落であろうという。四一七軒の竪穴住居址が確認され、奈良・平安時代に有数の規模をそなえていたことが知られる韮崎市藤井町宮ノ前遺跡の集落が、同じく盆地北西部を占め、しかも短期集落の群立期に盛期を迎えている(355)。加えて、松本側の吉田川西遺跡の集落は、宮ノ前の盛期と同じ頃に、方形環濠内部に大型住居を擁する居館的体裁へと大きく姿を変える。この体裁が保たれていた時期も短期集落の盛期に当たる。したがって、短期集落の群立期と盛衰／変貌をともにしたこれらの平地の拠点集落もまた、牧の経営に関与していた可能性は低くない。

しかしこれらの短期集落群は、松本側で一〇世紀中葉に途絶し、山梨側ではこの頃に減衰して一〇・一一世紀の交に終焉する。そうして途絶した松本側では前後して、盆地の平地寄りで集落数が増え、吉田川西遺跡の集落では方形環濠埋没後の一一世紀中頃に一時的にせよ住居数が増えている。長野盆地南部が集落復興のきざしを示すのもこの頃であるから、同調していたことになる。山梨側では二之宮遺跡の集落が最後の隆盛をみせて一一世紀のなかで衰微し、盆地内で目立つ大型集落は消滅したようであるがそれでも、西部の峡西地域(356)や北西部の山麓地域(357)などの一部の集落で例が知られるような、次代の復興の先駆けとなる一一世紀の集落例が存在する点に留意しておこう。

最後に東海地方を取り上げると、愛知県域で古墳前期の遺跡数が前期のなかで減少に向かったことを、すでに美濃の例とともに示しておいたが、名古屋市西区月縄手遺跡出土品から構成される松河戸Ⅰ式新段階や(358)、稲沢市増田東町福田遺跡出土品で代表される松河戸Ⅱ式の時期(359)、つまり古墳前・中期の交に、減少は極まり、以降増加に転じる。名古屋台地の中区正木町・伊勢山中学校遺跡(360)、同区大須二子山古墳下層遺跡(361)などで渡来系かと疑われる集落が検出されており、これらの集落の出現を皮切りにして、豊田市渡刈町水入遺跡[362]や同市鴛鴨町神明遺跡[363]など、古墳中期後半に集落規模を拡大したことを示す例がみられる。そうして、中・後期の交を跨ぐＴＫ二〇八～四七型式期に至って集落数のさらに増加したことが、発掘調査の結果から知られる。

ところが、後続するＭＴ一五・ＴＫ一〇型式期になると、水入・神明遺跡の集落は衰微に向かう。県域東部の安城市域の鹿乗川流域遺跡群で復原された集落の断絶もこの時期にあたり[364]、尾張における宇田Ⅱ式期集落の儀長式期における衰滅もこれと同調しているので、県域全体が衰微状態に陥ったようである。前・中期の交の衰滅については、「大毛池田層」の存在によって洪水に起因することが説かれているが[365]、後期中葉のこの衰微の原因を解明しようとした所説は管見にのぼらない。自然災害でないとすると、文献史学者が論じてきた継体朝の諸問題と関連する可能性がある点で、とにかく今後の調査研究の結果を注視することにしよう。

話を進めると、後期末頃すなわちＴＫ二〇九・二一七型式期に集落がその数を増し、豊田市東梅坪町梅坪遺跡[366]や岡崎市小針遺跡例[367]のように、住居数が増加しあるいは集落域の拡大した証左を残す例が多くなることは、この時期の遺跡に恵まれた矢作川流域の西三河で指摘されているところでもある[368]。そうしてまた七世紀に入ると、集落例をあまり確認していない尾張でも著しく増加し、西三河でさらに例が加わり[369]、集落形成がにわかに活況を呈し、八世紀にさらに高進することも、すでに明らかになっている。美濃でもこれに近い情況がみてとれる[370]。ところが、九世紀以降の動向を『愛知県史』資料編４を指針にして辿ってみると、九世紀に集落址数の減少が始まり、一〇・一一世紀にさらに拍車がかかる（図79）。これを尾張と三河とに分離すると、八世紀の址数の増加を生んだのは三河であり、九世紀例の減少をもたらせたのも三河であり、これに対して一〇世紀例の減少は主に尾張に、一一世紀例の減少は両者に起因することがわかる。

西尾市八ツ面山北部遺跡[371]や豊橋市牟呂市道公文遺跡[372]のように九世紀以降に存続したことを物語る集落址の例が、矢

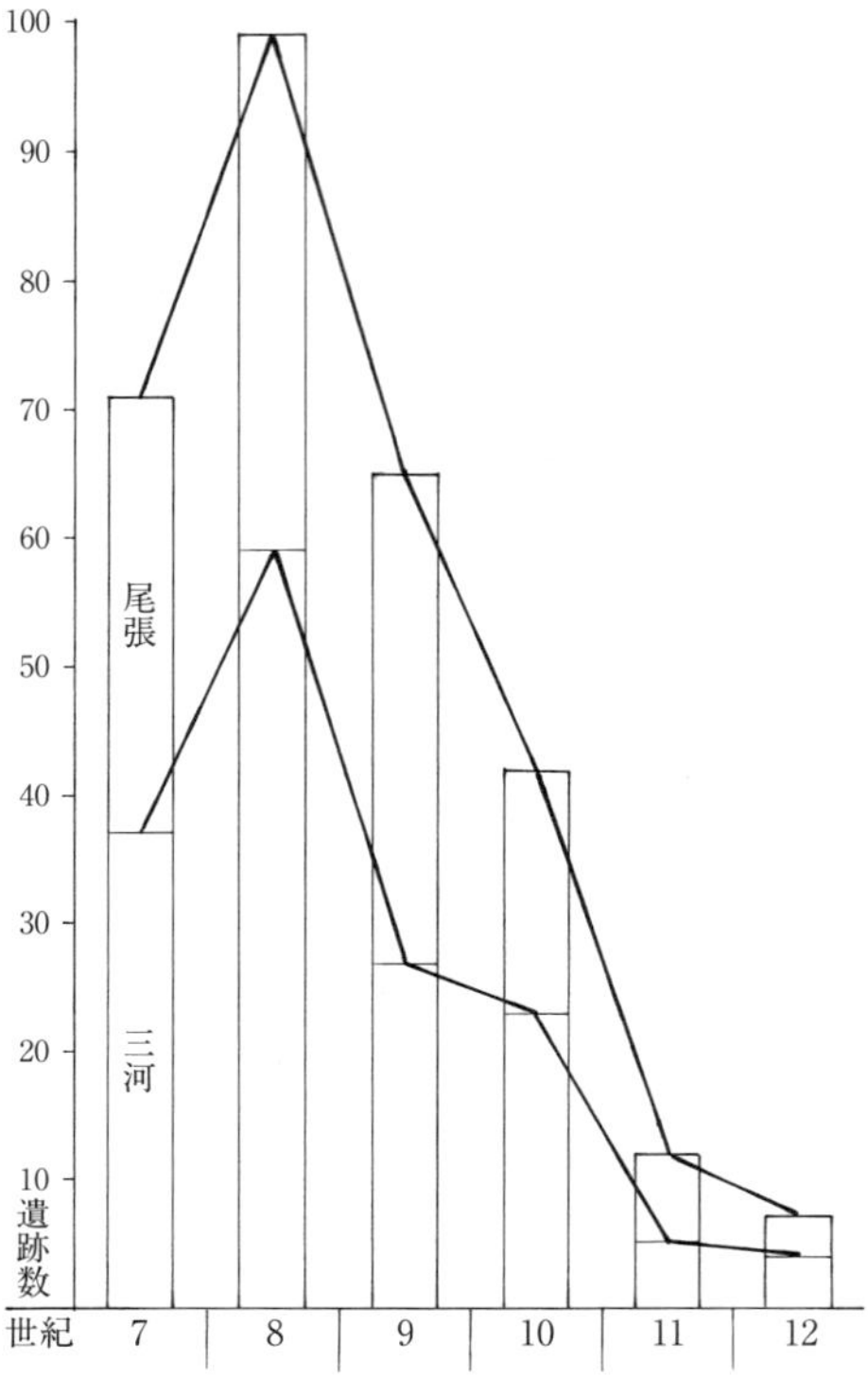

図79　愛知県域における遺跡数の増減：7〜12世紀

作川流域や三河の海岸寄りで目立ち、北方の山間部では増加傾向さえ呈している。これが製塩と内陸への塩の運搬に関連することは、永井邦仁の一連の論考から示唆されるところである。[373] さらに、窯業生産が美濃・尾張・三河のなかで場所ごとに盛衰を刻みながら九世紀以降に窯煙を絶やさなかった点を加味すると、三河における一〇世紀の址数が微減にとどまったことも頷ける。一〇世紀に牧が形成され数多くの集落が出現した甲信地方の情況を考え合わせると、塩などの三河の物産が甲信を指したことは想像されてよい。しかし一一世紀に入ると尾張、三河とも集落形成が衰微し、次世紀に復興へ動き、活況を呈するのは一三世紀をまたなければならなかった。[374]

以上述べた点を念頭において東海地方の他県域での動向を概観すると、静岡県域西部の天龍川西岸〜浜名湖周辺で松河戸Ｉ式併行期に集落形成の衰微したことがすでに知られている。[375] すなわち、浜松市北区引佐町北神宮寺遺跡の集落における住居数の減少、同市東区和田町山の神遺跡での人間活動の途絶などが、衰微の痕跡を伝えている。そうして衰微はこの地だけにとどまらず、静岡県域東部の静岡市清水区長崎遺跡[376]など、ひるがえって三重県津市の雲出嶋抜遺跡[377]や大里窪田町六大Ａ遺跡[378]などでも現れており、したがって東海全体を覆った可能性が高い。

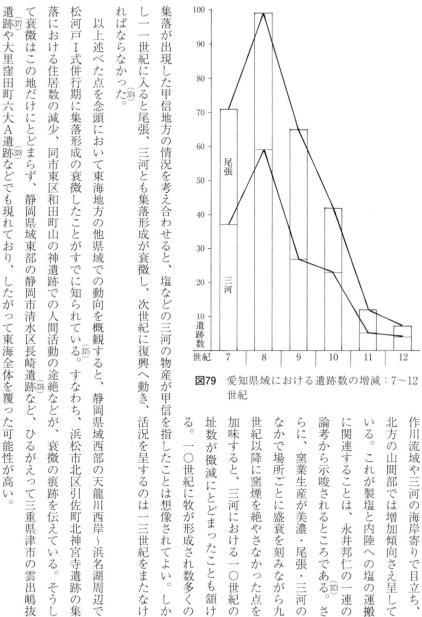

この衰微状態は須恵器生産開始期頃から復調し、ＴＫ二三・四七型式期に至る松河戸Ⅱ式〜宇田式併行期に集落があいついで新出ないし復興する。これもまた静岡県域西部に限らず、隆替を混じえつつ東海全域が同調している。天龍川西岸〜浜名湖周辺の西遠江の例に加え、東遠江で袋井市浅羽町古新田遺跡の新興例[379]、袋井市国本坂尻遺跡[380]の拡大例、東部の駿河で焼津市焼津宮之腰遺跡[381]や賀茂郡南伊豆町日詰遺跡[382]の新興例、三重県域で嶋抜・六大Ａ遺跡の再興例、亀山市太岡寺町大鼻遺跡[383]の新興例をあげて、隆盛の一端を示しておこう。

　その後の推移をみると、西遠江でＭＴ一五・一〇型式期に衰微したらしいことが浜松市北区細江町井通遺跡の例などをあげて示唆されており[384]、愛知県域と結ばれる点で注意を引く。例示した諸遺跡で集落形成の動向を辿ると、他地域でも同調していた可能性があるが、歴史上の重要事象と関連することを考慮すると、類例をさらに集成して断定するのが望ましい。この点は後考をまつことにして、後期後葉で集落形成が盛況を呈して七世紀に継続したことは、疑いないようである。遠江で浜松市北区都田町沢上Ⅰ遺跡[385]、坂尻遺跡、駿河で富士宮・富士市域の諸遺跡[386]、駿東郡小山町横山遺跡[387]など、三重県域で四日市市伊坂町菟上遺跡[388]などの集落からこれが察せられる。さらに、伊場遺跡とその近隣遺跡[389]、井通遺跡などでの形成情況を加えると、変転を混じえつつ盛況は八世紀に存続したことが窺われるのである。

　しかし官衙が営まれた伊場とその近隣集落は大溝の埋没と時期を同じくして一〇世紀のなかで衰微し、浜名湖北東岸の港津址とされる井通遺跡の集落もこれと同調している。他方、菟上遺跡、袋井市高尾掛の上遺跡[390]、横山遺跡のように大規模集落や官衙であっても九世紀の到来をまたずに衰微する例があり、他方、富士宮・富士市域では一一世紀に至るまで急激な衰微がみとめられず、この点で北方の山梨県域での動向と通じるところがあるのは、偶然とは思われない。なお、駿河湾奥の富士・沼津市域のデータによると、沼津市域の狩野川河口や富士市域の海岸砂礫洲上に営まれた集落は一〇世紀をまたず九世紀のなかで衰微する。海岸沿いの律令期駿河郡域の集落や官衙の衰微の方が先行し、内陸の交通上の拠点が一〇世紀あるいはそれ以降も存続しているのは示唆的である。三河で例示された運搬が次代に繋がる業態のひとつとして一〇世紀に胚胎したことを推測させるからである。しかし集落形成における一〇・一一世紀の衰微状態は、愛知県域だけでなく東海全域にわたっている。そうして一二世紀で復興し、一三世紀に隆盛を極め、一四世紀に再び衰微するという経過を、東海全域で共有していたことも、「中世集落」の集成研究の成果として示されている。(391) 復興の色をみせた一二世紀はまだしも、集落形成が衰微の極にあった一〇・一一世紀の人びとの動向を考古学資料で語るには、なお欠落が大きいのである。人びとはどこに生活の糧を求めたのであろうか。

関東地方 比田井克仁が関東各地と福島・宮城県域の古墳前期を三段階に分けて、各段階の遺構数を比率に直して示している。(392) その結果を紹介すると、

地域名	Ⅰ段階	Ⅱ段階	Ⅲ段階
南武蔵	四七	三九	一四%
上総	四二	四六	一二%
下総	七一	一五	一四%
常陸	二三	五一	二六%
北武蔵	五八	二七	一五%
上野	一一	七一	一八%
下野	四一	五二	七%
福島	三	五五	四二%
宮城	〇	三一	六九%

となる。すなわち、Ⅰ〜Ⅲ段階の比率の推移が低落で終始した地域は、

南武蔵、下総、北武蔵

で、Ⅱ段階の比率が最高に達した地域は、

上総、常陸、上野、下野、福島

で、増加で終始した地域は宮城である。この結果のうえに土器様式の伝播状況を加味して比田井は、「太平洋側東北地方における古墳時代の幕開けは、南関東圏からの人的北上による」と説く。[393] 古墳前期の集落形成の衰微を人間の動きによって解明しようとしたこの所説を尊重し評価したうえで、関東の南北差にもう少しこだわって贅言を重ねると、さしあたって上総の扱いが注意にのぼる。Ⅰ・Ⅱ段階の比率差が四％の僅差で近接しているからである。そこで上総の去就を保留にしてみると、関東での南北差はさらに鮮明さを増す。もう一点は、南北ともⅢ段階で遺構数が減少している点である。前節で、古墳前期には集落形成が後退したことを例示しておいたが、比田井の結果を容れると、南北間の差異を含みつつ、ともかくⅢ段階で集落形成も衰微の極に至った可能性が高い。Ⅲ段階とは「布留式後半・松河戸併行期」で、「須恵器出現直前」にあたるというから、[394] 東海地方をはじめとする例示した西方諸地域での衰微と、同じ時期にあたるわけである。

さて、関東全域を覆ったらしい集落形成の衰微状態は、[395] ほどなく解消に向かい、住居で須恵器の使用が目立ち始める中期中・後葉には復興する。ところが、関東南部での回復ははかばかしくなかったようである。房総東部のデータによると、[396] 竪穴住居址数が、

前期Ⅲ期例九六、中期Ⅰ期例四六、Ⅱ期例二五、Ⅲ期例四四、Ⅳ期例三〇、Ⅴ期例九二、Ⅵ期例一三三、後期Ⅰ期例九〇

である。それぞれ、中期Ⅰ期を陶質土器段階、Ⅱ期をＴＧ二三二・二三一型式期、Ⅲ期をＯＮ二三一・ＴＫ七三型式期、Ⅳ期をＴＫ二一六型式期、Ⅴ期をＯＮ四六・ＴＫ二〇八型式期、Ⅵ期をＴＫ二三・四七型式期、後期Ⅰ期をＭＴ

一五型式期としているので、須恵器生産開始直前から集落形成の衰微が始まり、ＴＫ七三・二一六型式期まで継続し、ＯＮ四六・ＴＫ二〇八型式期から隆盛に転じたわけである。前・中期の交で断絶して以降、中期のなかで回復の徴候をみせていない相模での主要集落の消長も、関東南部での復興の遅滞を示す例として加えられよう。上総でＴＫ七三型式期とＴＫ二一六・ＯＮ四六型式期との間で集落規模が拡大するというから(397)、房総東部での竪穴住居址数の増加とほぼ同じ頃に、上総でも回復の動きがみられるわけである。

他方、関東北部では、中期住居址約三五六軒を数えるという太田市成塚住宅団地遺跡(398)、二〇〇軒近い太田市尾島工業団地遺跡群(399)、五世紀後半例が一八五軒に達するという高崎市中大類町高崎情報団地Ⅱ遺跡(400)などの大集落址例の存在によって、さらに集落址数のめざましい増加によって、群馬県域での復興の著しさが注意を引く。復興へ向かう動きが千葉県域の場合よりも早いとまでは断定できないが、とにかく集落規模の大きさによって特筆されるのである。居館・竪穴住居址が出土した栃木県宇都宮市東谷町杉村遺跡(401)、茨城県ひたちなか市三反田下高井遺跡(402)など大型集落・集落群を形成する可能性のある例が、関東北部で追加されるかもしれないことを考えると、群馬県太田市内ヶ島町天神山古墳、茨城県石岡市北根本舟塚山古墳という有数の中期の大型墳がともに関東北部に営まれたことも、歴史上の必然性を有することになるはずである。

後期に入ると、成塚住宅団地遺跡や高崎情報団地Ⅱ遺跡の集落は長く衰微状態に陥る。茨城県域のつくば市島名遺跡群(403)や鹿嶋市宮中野厨台遺跡群(404)の例は後期前葉にいったん衰微したのち中・後葉に復興する。小規模ながら前・中期に形成を続けていた多摩川中流域や荒川下流右岸の諸集落は、後期にほぼ絶え、回復には七世紀の到来をまたなければならなかったらしい。中期に大型化した集落や集落群の増加した地域のなかには、このように後期に衰微した例がみられる。他方、住居址数が中期例を上回って九〇〇軒に達する激増ぶりを示す尾島工業団地遺跡群の例を筆頭にして、高崎市三ツ寺Ｉ遺跡周辺や同市保渡田東遺跡周辺の集落群のように(405)、後期にさらに住居数が増加した例が群馬県域で広くみられ、中期に集落形成が微弱であった例のなかに、後期に住居数の激増した例が知られる。たとえば、茨城県域ならば約二五〇軒のつくば市島名熊の山遺跡[406]、千葉県域ならば六七七軒という千葉市緑区生実・椎名崎遺跡群[407]を最多として同市花見川区上ノ台遺跡[408]や流山市三輪野山遺跡群[409]など二〇〇〜三〇〇軒の例がこれに次ぐ。また市原市ちはら台遺跡群[410]の集落をさらに規模が大きくなる候補として加えることもできる。こうして南北に例を求めて較べると、両地域の間に遜色がない点で、後期における集落・住居数の増加は関東全域にわたり、とりわけ中期の復興に停滞を示した関東南部ではいっそうその増加が際立つのである。

そこで七世紀以降を概観すると、集落形成は七世紀に停滞、衰微し、八・九世紀に盛期を迎えたことが察せられる。もとより、集落址別にあるいは地域ごとに検討された結果をみると、一様にこの最盛に向かったということではなく、衰微期や衰微例を含むが幾多の結果を集合すればここに頂点があることは動かない。しかし差異もまた、欠かせない歴史の一部である。既存の累計結果のなかから管見に触れた一部を例示すると、群馬県西部で律令期の多胡郡に当たる高崎市吉井・山名町域の集落群での七世紀と八世紀後半〜九世紀前半における住居数の減少[411]（図80）、東部の伊勢崎市域および近傍の集落形成の中断があげられる[412]。もとより群馬県域だけでなく、茨城県つくば市域の熊の山遺跡などの七世紀中・後葉、埼玉県域の坂戸・川越市などに跨る律令期の入間郡域集落の七世紀末〜八世紀初頭[413]、東京都日野市落川・一の宮遺跡例と近傍集落の八世紀後半など[414]が一時的衰微の例である。ちなみに、群馬県域で九世紀前半に衰微例の多いことが示されている。これは弘仁九年（八一八）に発生した赤城山の噴火と地震の影響による可能性が高いらしい[415]。

差異のもうひとつとして加えたいのが、遅れて隆盛あるいは再興をみせた例である。該当例を、一〇世紀に最盛を迎えた茨城県桜川市岩瀬辰海道遺跡[416]、東京都府中市武蔵国衙址[417]、神奈川県海老名市本郷遺跡[418]と、一一世紀に遅れた東京都多摩ニュータウン遺跡群[419]、茨城県厨台遺跡群、群馬県保渡田東遺跡周辺[420]との例で代表させておきたい。これらの

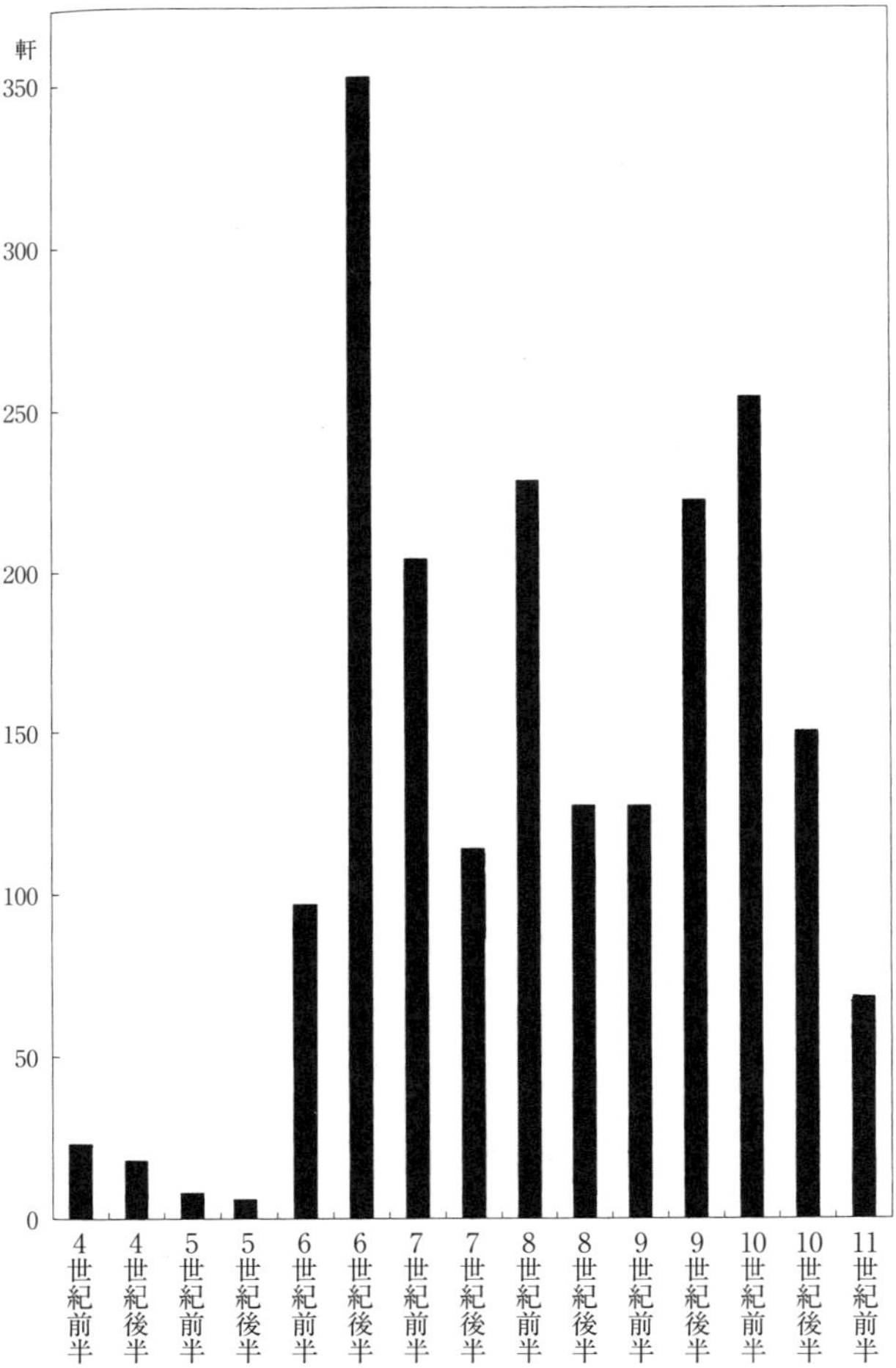

図80　群馬県吉井町・高崎市山名地区（推定古代多胡郡内）における竪穴住居址数の増減（本章注411 第576図を一部改変）

例の盛衰をもう少し検討すると、辰海道遺跡例では九世紀から隆盛に向かい、武蔵国衙址例では九世紀で衰微を経たのちに急激に隆盛に転じている。多摩ニュータウン遺跡群例と本郷遺跡例では九世紀から隆盛に向かい、厨台遺跡群例では九世紀の衰微ののち一〇世紀からめざましく回復し、保渡田東遺跡周辺例では一〇世紀の衰微ののち一一世紀に前代並みに戻っている。つまり、これらの集落動向には二様があり、いったん隆盛を迎えたのちに衰微し再興した再興型と、律令期の集落形成は低調で律令体制の弛緩とともに興隆した新興型とである。再興型には武蔵国衙址、厨台遺跡群、保渡田東遺跡周辺の例が、新興型には辰海道遺跡、多摩ニュータウン遺跡群、本郷遺跡の例がそれぞれ該当する。こうして二類型に分けると、再興型の例は官衙や国家宗教の場の近隣に位置し、新興型は

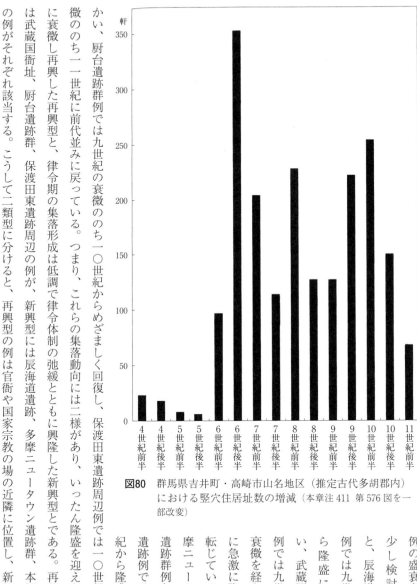

いわゆる一般集落の範疇に入るから、二類型は集落の属性と符合することになる。なお、多摩ニュータウン遺跡群の諸集落には牧説があることも付言しておこう[421]。

しかし、辰海道遺跡例は一一世紀に、武蔵国衙址例は一〇世紀後半〜一一世紀に、本郷遺跡例は一〇世紀末に、保渡田東遺跡周辺、厨台遺跡群、多摩ニュータウン遺跡群の例は一一・一二世紀の交までにそれぞれ衰微し、一二世紀には存続していない。落川・一の宮遺跡例などごく一部の例が、集落形態を変えてこの空白の一二世紀を生きのびて鎌倉時代に至ったことが知られる。こうしていよいよ、八・九世紀に集落に居住していた多大な人口を容れる場が、考古学の視野からは失われてしまうのである。集落が台地を降りたこと、掘立柱建物へ移行したこと、散村形態を採るようになったことなどをあげて、考古学上の空白を埋める意見があり、たしかに原因としてはそれぞれ当を得ている。しかし、これらの原因をことごとく認めたとしても、それで律令期の定住人口を収容しえたと考えるのは、希望的観測の域を出ない。一〇・一一世紀に富士の噴火が四度に及び、天仁元年（一一〇八）に浅間山の大噴火では上野の荒廃が極限に達したという[422]。これらの厄災が人口の減少を招き、遊動者の増加をさらに促し、一一世紀の関東を「亡弊の国」とまで言わしめる状態に陥らせたことを考えるならば、一二世紀の情況のなかに、次代へ繋がる動きを探さざるをえないであろう。しかし、考古学はなお充分な答えを用意できない[423]。

東北地方　古墳前期のなかで人間活動が、宮城県域で隆盛に向かったことを、比田井の結果から導いた。その宮城県域で隆盛がほどなく止み、衰微が訪れた。その時期が宮城県域で土器編年を組んだ高橋誠明のⅠ—2〜3段階であり、須恵器編年のＴＫ七三・二一六型式期頃にあたるというから[424]、生産開始期のＴＧ二三二型式期に衰微へと転舵したことになる。そうして、集落が再興し規模を拡大していくのが、ＯＮ四六〜ＴＫ四七型式期に併行するⅡ段階であるという点を加味して関東北部と比較すると、衰微の開始は幾分遅れ、興隆は時期が隔たらないことになる。

山形県域では、東村山郡中山町物見台遺跡[425]など、ＯＮ四六〜ＴＫ二三型式の須恵器が出土した集落址例が少なくない。古墳前期末に集落数が減少したという植松暁彦の指摘[426]、さらに、古墳中期前葉の集落址を確認した調査例が乏しいことを考え合わせると、山形県域では衰微の開始と再興が関東北部と隔たらなかったことが推測される。関東北部と宮城・山形県域に南北を挟まれた福島県域では、比田井の結果を振り返ると、前期Ⅰ段階三%、Ⅱ段階五五%、Ⅲ段階四二%であった。このⅡ・Ⅲ段階間の低落が小さいことを重視し、さらに、郡山市田村町正直A遺跡例などTK二〇八型式期頃から集落が増加する点に注目するならば[427]、福島県域は関東北部よりも盛衰の時期がいくぶんにせよ遅れた可能性がある。

岩手県域では、古墳時代の遺跡が珍しく集中するという南部の北上川中流域に位置する奥州市水沢区佐倉河中半入遺跡での調査結果によると、出土住居の時期が中期中・後葉とON四六～TK四七型式期にあたり、初期須恵器の時期の例が欠落している[428]。近傍での造墓や集落形成もこの欠落期には低調である。青森県域では、例外的な古墳文化の集落址である青森県八戸市田向冷水遺跡の出土須恵器が、TK二一六～二三型式の範囲に含まれ、これは集落の存続期を示唆している[429]。東北中・南部における集落形成の再興と隆盛が点的にせよ北上川を遡って中半入に達し、さらには北上川から馬淵川沿いに抜けて北部に及んだことをこれらの二例が物語っている。秋田県域では、横手市オホン清水遺跡出土のTK二〇八型式例をもって県域出土須恵器の最古とするから[430]、点的、面的の差を擁しつつON四六型式期頃すなわち古墳中期中葉から、集落形成や須恵器の使用を伴う人間活動が、東北全域で隆盛に向かい始めたことが知られる。つまり、筆者が『同型鏡とワカタケル』で説示した国家形成への転換期にあたるわけである。

ところで、北海道の続縄文様式のひとつである後北C2・D式土器の出土地は、青森県域で約八〇、岩手県域で六〇以上、秋田県域で一〇以上を数える[431]。これより南にも分布し一部が新潟県域に及んでいるが、集中する地域は東北北部である。ところが、後続する北大Ⅰ式土器の出土地は青森県域の一〇遺跡ほどで、この減少は東北全域を覆っているらしい[432]。両様式間に継続年数の甚だしい差異がなく、さらに、後続する北大Ⅱ・Ⅲ式土器とも出土地が青森県域で皆無か僅かである点から推測すると、北大Ｉ式土器出土地の東北における減少は、額面通り人間活動の低下が始まったことを指すとみてさしつかえないであろう。

後北C2・D式であれ北大式であれ、出土土器がこれらの続縄文系のみで構成される集落址は東北で見いだされていない。したがって土器の散布地は遊動生活者のキャンプ・サイトと考えるのが穏当なように思われるが、反対意見もある(433)。また後北C2・D式から北大Ｉ式へ転換した時期についても、宮城県栗原市築館伊治城址で最後出の後北C2・D式土器、最古の北大Ｉ式土器、辻秀人編年Ⅲ―3期土師器が「伴出」したことに依拠して前期末に遡らせる説があり、「伴出」土器の同時代性に疑問を呈する説もある(434)。筆者には判断がつかないが、もし同時代であるということになれば、東北北部での人間活動の低下は、多くの例をあげてきた前・中期の交における集落形成の衰微と時期を同じくしたことになる。いずれにせよ北大Ｉ式併行期に始まる東北北部での人間活動の衰微は、後述するように七世紀に入って回復に転じるので、長期に及んだことが知られる。この、いうなれば過疎状態の地に、中期中葉に古墳文化域の人間が北上して、田向冷水の集落を営んだわけである。

さて、古墳後期に入ると、中期における集落形成の興起ないし興隆は翳りをみせたことが、すでに指摘されている。福島県域を取り上げた横須賀倫達によると、「六世紀初頭までに大規模集落が断絶、縮小する場合が多く、六世紀前～中頃の集落は小規模、分散化する傾向が認められる」という(435)。出土須恵器型式の下限が田向冷水遺跡でＴＫ二三型式、中半入遺跡でＴＫ一〇型式の一点を除くとＴＫ四七型式にあたり、この型式期頃を最後に両遺跡の集落もまた衰滅した。さらに、中半入遺跡周辺で後期の遺跡数が減少し、仙台平野以北で後期の古墳数が同じく減少する点も、人間活動の後期における退行を窺わせる事実として添えられる。なお、これらの太平洋側の諸地域と異なり山形県域では、ＭＴ一五型式の須恵器の出土量がもっとも多く、次のＴＫ一〇型式品で格段に減少するという(436)。集落形成の動向もこれに倣うようであるから、太平洋側よりも衰微の開始が遅れる可能性がある。東西間で須恵器一型式ほどの時間差はあったにせよ、東北中・南部のＭＴ一五／ＴＫ一〇型式期における集落形成の衰微は、関東・東海地方にも類例があったから、倭の東半に限ったとしても孤立してはいない。東北地方の集落形成／人間活動の盛衰というと、北上にせよ南下にせよ、他地域からの移民説が高唱され、ややもすれば特殊地のようにみなされがちであるが、その盛衰がかなりよく他地域と同調している点を強調しておこう。

集落形成が再び隆盛に転じるのは、多くの論者が例をあげて説いているように、後期後葉すなわちＴＫ四三型式期の頃である。一例をあげると、福島県域有数の規模をそなえた安達郡本宮町高木・北ノ脇遺跡例の場合、分期された各時期の竪穴住居址数が、

Ⅰ期（舞台式期～住社式期古段階）　六
Ⅱ期（住社式期新段階）　二〇余
Ⅲ期（栗囲式期前葉）　約六〇
Ⅳ期（栗囲式期中・後葉）　約六〇
Ⅴ期（国分寺下層式期）　約二〇
Ⅵ期（表杉ノ入式期）　七

を数える[437]。既存の土器様式の年代観を援用して、Ⅰ・Ⅱ両期に六世紀中・後葉、Ⅲ・Ⅳ両期に七世紀、Ⅴ期に八世紀、Ⅵ期に九世紀の年代が与えられているので、各期の年代の長短を考慮すると、この集落が隆盛を迎えたのはⅢ・Ⅳ期すなわち七世紀であったことになる。集落の一部を画する大溝をはじめて掘鑿して一般集落との違いを際立たせていたのもこの頃である。

関東から東北に出た地に営まれた白河市舟田中道遺跡[438]や、仙台平野に向かう阿武隈川沿いの要路を占めるこの高木・北ノ脇遺跡の集落動向が象徴的に示しているように、後期後葉に端を発する集落形成の隆盛は、七世紀に入って

さらにその度を加え、官衙施設や福島県域太平洋岸の大規模製鉄工房群[439]の成立を含みつつ、東北東半の中・南部を覆った。そうして北方の岩手県域では、七世紀代の集落・住居址数が前代を大きく凌ぎ[440]、しかも、青森県域東部及び岩手県域北部を対象とした松本建速の集成結果によると、集落・住居址数の増加が七世紀前半例から始まり後半例で倍加している[441]。岩手県域南部の中半入遺跡で古墳後期初頭を最後に途絶していた集落形成が七世紀後半に復活する点、仙台平野北方の大崎平野で古墳後期後半以降集落が絶えたのち七世紀後半〜八世紀初頭に「囲郭集落」があいついで出現した点[442]、仙台平野南方の名取川流域では「後期後葉」から隆盛に向かった点[443]をさらに考え合わせると、集落形成に拍車のかかった年代は仙台平野を境にして北方諸地域で遅れたようである。そうして、北方が隆盛に向かったこの七世紀後半は、塀と溝をめぐらせ内部に掘立柱建物を配した官衙的施設が仙台平野で出現した時期でもあることは、北方での隆盛が律令体制に向かおうとする動きと連なっていたことを暗示している。白村江大敗後の、天武・持続朝における倭国内の体制整備におそらく伴うのであろう。

このように後期後葉から異例なほど急激に集落と住居の数を増す変化は、関東にも類例がある。千葉県域では千葉市域、旧山武郡域、印旛、佐倉・成田市域方面の、主として下総に例があり、また群馬県域西部の律令期の多胡郡域や茨城県熊の山遺跡の例も増加数の多さで眼を引く。さらに以西でも類例がみいだされるが、ともかく東北のこの動向は孤立しておらず、関東に限るならば東北に「移民」を送り出したとされる候補地とかなりよく一致していることは、示唆的でさえある[444]。なお、多胡郡域や熊の山遺跡例の場合、七世紀のなかで住居址数の減少が著しく、この点で千葉県域の例と相違している。これがはたして「移民」説とどのように関連するのか、研究の進展を期待したい。

ところが、東北の太平洋側の動向にはこうして同調例が得られるのに対して日本海側の場合、六世紀後葉〜七世紀の集落形成に興隆の跡がみとめられない。山形県域ではＴＫ一〇型式期をもって集落形成が衰微し[445]、秋田県域ではもっぱら中・南部に限られていた須恵器の存在がＴＫ一〇型式期を最後にほぼ絶え、集落形成も同じ頃に衰微したようである(446)。そうして七世紀の集落形成は、前代に続いて低調状態にある青森県域西部～秋田県域北部をいっぽうの極とし、幾分にせよ集落例に恵まれた山形県域南部をもういっぽうの極として、めざましい隆盛をみせた太平洋側とはともに対照的な状態を呈している。この空白を埋めるのにふさわしい遊動生活を示唆する手がかりさえほとんど知られていないので、考古学的には人口がきわめて稀薄であったと考えざるをえない。そうして七世紀代の北海道で、渡島半島は遺跡数の寡少な、人間活動の低調さを物語る状態が継続し、石狩低地わけてもシコツと呼ばれる恵庭・千歳市域は人間活動が活発になった時期にあたるというから(447)、東北の太平洋側の興隆は道央と、日本海側の低調ぶりは渡島とそれぞれ結ばれることになるわけである。

さて、北海道にも連なるこの東西差がまがりなりにも解消に向けて動き始めたのは、八世紀後半である。山形県域における「爆発的」と形容された集落の増加と拡散(448)、秋田県域では中部の秋田平野や北東部の小坂町・鹿角市域における集落の出現と増加(449)、青森県域西部では集落の増加や内陸に入った平川市李平下安原遺跡例に代表される大型集落の出現によって(450)、日本海側が隆盛に向かったことを知ることができる。そうして九世紀に入ると、秋田平野での増加はさらにその度を加え、県域北東部と青森県西部の津軽方面では九世紀前半にいったん減少したのち、九世紀後半に著しく増加する遺跡数の増減によって、集落形成の隆盛を窺うことができる（図81）。元慶二年（八七八）に出羽国の「夷俘」が乱を起こして秋田城などを焼いたというが、乱の前後で集落址数が減少するのは秋田平野北部と北方の八郎潟周辺で、平野南部では増加するらしい。乱の前後に遊動者が北方へ走り、これが県域北東部や津軽での集落数の激増をもたらせたというので、もしそうであるとすると、北方を故地とする「夷俘」が秋田平野北部や八郎潟周辺に居住し、その数が逃散先で集落の激増をもたらすほどの多さであったことを想像させる。しかし多きに過ぎるということであれば、考古学的には過疎地とみられる逃散先に少なからぬ数の遊動者が存在し彼等もまた集落形成に加わったことが考えられる。

南の山形県域では、大型集落である寒河江市柴橋高瀬山遺跡例[451]の盛んなさまが示しているように、九世紀に入ってもしばらくは集落形成の隆盛が続き、後半から衰微に向かった。これもまた乱が発生する前後の騒擾の余波を被ったせいであるとみれば、説明がつく。ところが一〇世紀前葉を最後に著しく衰微し、秋田平野や八郎潟周辺でもこれと同調しているので、衰微は山形県域〜秋田県域中部の広域にわたったことが知られる。元慶の乱の発生後も騒擾は慢性化し、なかでも平将門が常陸国府を占拠した年すなわち天慶二年（九三九）の秋田城下のそれは、ことに大規模であったという。このような情況が影響しているのであろうか、一〇世紀中葉以降も集落形成に回復の気配はみとめられない。なお、払田柵の位置する秋田県南東部の横手盆地の一部は、衰微の度合いが低い[452]。この地が東行し和賀川を下って後述する北上川中流域と結ばれることを考えると、この動向は頷ける。

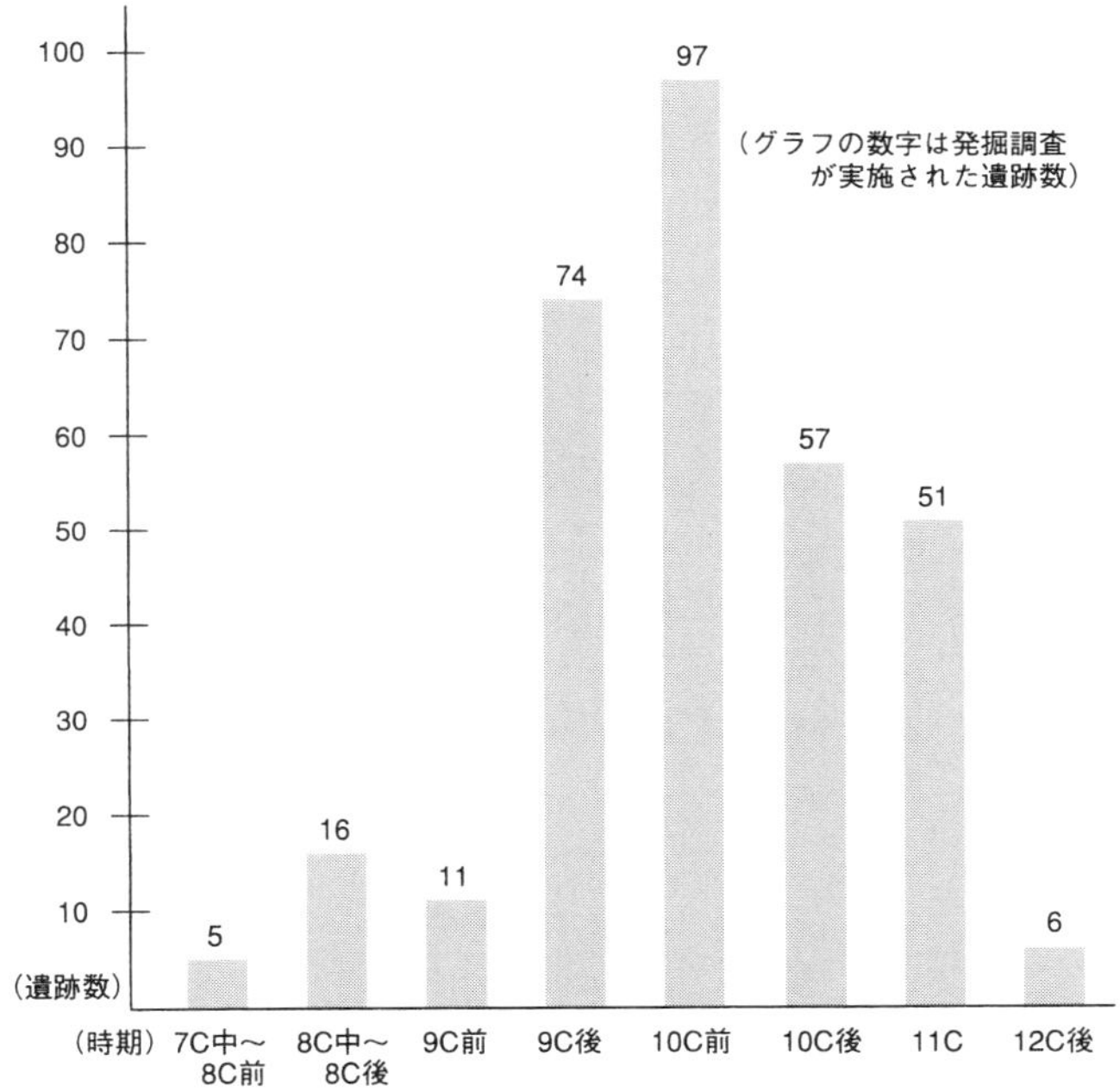

図81　津軽における遺跡数の増減（本章注450三浦　図3）

他方、九世紀中・後葉に著しい隆盛をみせた秋田県域北部〜津軽方面では、一〇世紀中葉の頂点に向かって集落址数が累増し、以後、一一世紀に向かって減少を重ねている。九・一〇世紀の交は、日本海側の諸地域の人びとにとって多端な時期であった。元慶の乱とその後の騒擾に加えて、延喜

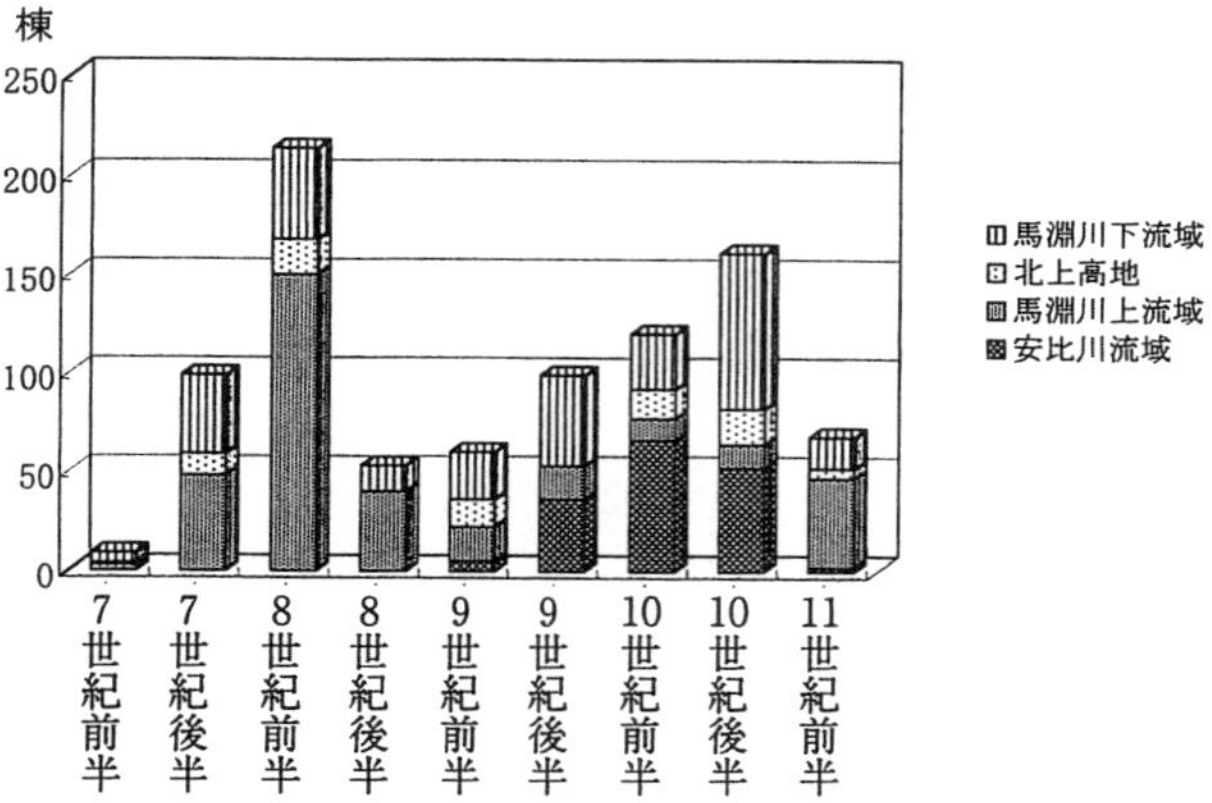

図82　爾薩体における竪穴住居址数の増減（本章注454 第2図）

一五年（九一五）に十和田湖が史上有数の大噴火を起こし、十和田ａと呼ばれる火山灰を南方に降下させた。偏西風が弱まる夏期に噴火したせいである。これによって秋田平野～山形県域での集落形成が甚だしく衰微し、被災した人びとは北行して難を避けたという[453]。火山灰の降下はたしかに集落を衰滅に追いやるのであろうが、関東の例がそうであったように衰滅は一時的で、ほどなく再興を果たしていた。したがって、衰微状態がその後も長く継続した秋田平野～山形県域の場合には再興を妨げる別の要因が介在したことを推測させる。それはおそらく、西方諸地域で例示した一〇世紀での衰微の原因に連なるとみてさしつかえあるまい。

太平洋側に移ると、青森県域南東部～岩手県域北部の爾薩体《にさて》と呼ばれていた馬淵川水系では、八世紀前半に激増した集落址数が、後半にいったん減少し、以後一〇世紀後半の頂点に向かって累増している[454]（図82）。青森県域東半～岩手県域を扱った松本建速の集成結果もこれに近い変化の軌道を示しているので、西方の津軽～秋田県域北部よりも半世紀ほど遅れて太平洋側が最多期に達したわけである。八世紀後半の一時的減少については、七七四～八一一年の三八年戦争と通称される「蝦夷」との戦乱の影響によることが推測されるし、最多期の遅れについては西方からの人間の流入が考えられてよい。前述したように天慶二年（九三九）に大反乱が勃発するなど騒擾が続いているからである。

ところが岩手県域の既掘分の累計によると、

地域	七世紀	八世紀	九世紀	一〇世紀
馬淵川中流域	二五	一四九	一八	小規模集落が全県域的に分布拡大
北上山地北部	三	一	九（北上山地北部・沿岸北部）	
沿岸北部	〇	三		
北上川上流域	一	五	〇	
中流域	八二	一六〇	二九一	
総計　竪穴住居址	一一一	三一八	三一八	
総計　集落址	一八	四一	五五	

となる。[455]さらに、この結果が公表された一九九二年以降のデータを加算した結果をみると、

地域	奈良	平安
県北	二一（一二五）	五九（一四二）
県央	一四（一八〇）	六七（一一〇〇）
県南	一三（五五）	四七（四〇〇）
沿岸北	四（二五）	六（七八）
中	七	八
南	二	三
総計	六一（三八五＋）	一九〇（一七二〇＋）

括弧内は住居址数

である。[456]発掘の進展によって数字は膨らんでいるが、両表の結果を汲んで集落形成の動向を辿ると、七～九世紀で住居址数の累増したことを数字が示しているが、わけても、県央・県南の北上川中流域での激増が目を引くとともに、七・八世紀例間で激増し、九世紀例で停滞／減少した県北の馬淵川中流域の動向が注意にのぼる。この県北の動向は前述した爾薩体の結果とおおむね整合しているので、動かないであろう。

爾薩体の動向が北上川中流域と隔たることになった八・九世紀の交というと、三八年戦争（七七四～八一一）、県央での志波（八〇三）・徳丹城（八一二）、県南での胆沢城（八〇二）の造営によって倭政権側の北方経略がその度を強めた時期にあたる。政権側によるこの圧迫が、爾薩体では集落形成の停滞／衰微を招き、県央、県南の北上川中流域で事にあたる人員の居住地を含めてその隆盛をもたらせたのであろう。志波城址に近い一帯で調査された大遺跡群は平安時代の住居址数を大きく増加させた代表格で、また徳丹城移転後もなおこの大集落が継続したことを窺わせる点でも特筆に値する。なかでも盛岡市向中野台太郎遺跡は10haを覆い、竪穴住居址五〇〇軒以上が検出され、とりわけ七世紀後半～八世紀前半、九世紀後半～一〇世紀前半の遺構密度が濃いという。[457]

岩手県域における平安時代の集落形成は、九世紀はもとより一〇世紀に入ってもなお北・中部でしばらくの間は、青森県域と同様に隆盛を失わない。これに対して南部では、九・一〇世紀の交を境にして急速に衰微したことが示されている。[458]胆沢城の終末が九世紀末～一〇世紀前半とされているので、それとほぼ時期が等しいことになる。ただし、胆沢城外の伯済寺遺跡や二㎞ほど離れた鳥海柵址で後続する可能性のある建造物がみいだされている。[459]秋田県域の横手盆地に通じる和賀川流域に九世紀初頭から営まれ始めた北上市和賀町岩崎台地遺跡群の集落が一一世紀まで存続し、[460]横手盆地側の払田柵が一〇世紀後半にも命脈を保つ。[461]これらの点で集落形成は、拠点を限って続くのであろう。

ところで、岩手県域北部を含む北緯四〇度以北で「防御性集落」が一〇世紀後半に出現して、一一・一二世紀の交まで続いたという。[462]したがって、津軽方面では集落形成の衰微とともに、爾薩体ではその隆盛と重なりながら出現し、それぞれに衰微後を「防御性集落」が補ったことになる。また、「防御性集落」の範疇に入るのかどうかわからないが、環濠と土塁をそなえた青森市浪岡高屋敷館遺跡のように一一世紀を盛期として一二世紀に続く集落が、低地でみいだされている。[463] ほかにも青森県上北郡野辺地町向田（35）遺跡などの、一一世紀例としては比較的規模の大きい集落が散見されるが、[464] 他方、北部の非郡制施行地域の南では、前に触れた胆沢郡金ヶ崎町鳥海柵址の調査で、北方の「防御性集落」よりもはるかに整った建造物と重厚な防禦施設をそなえた、一一世紀の平地住居の存在が知られている。さらに日本海側では、秋田県横手市大鳥町大鳥井山遺跡の調査で、一〇世紀後半に始まり一一世紀末まで存続した、防禦機能に秀でた同種の低地集落址が確認され、[465] 山形県域の庄内平野で、九世紀前半創建の酒田市城輪柵が政庁としての体裁をかろうじて保ちつつ一一世紀に至ったことが判明するなど、[466] 不分明とされてきた一〇世紀後半～一一世紀の集落状況が、垣間見えるようにはなってきた。また、鳥海柵が安倍氏、大鳥井山が清原氏関係の遺址とされているように、[467] 官衙機能衰微後に訪れた統制弛緩のなかで抬頭した有力氏族の存在も、こうして集落と結びつけて解明されつつある。

しかし、九・一〇世紀に東北北・中部を占めていた幾多の住民達のその後の行方は、まだよくわかっていない。平地住居に移行したせいで検出しがたいともいうが、そうであるとしても当時の器物は残るはずである。簡易の住居を営んで遊動生活を送ったのか、有力者のもとに身をおいて戦いの場に出向いたのか、「防御性集落」に移り住んだのか、製鉄、馬匹生産、漁業などに携わったのか、物産の交易に従事したのか、そうではなく散村形態へ移行したために検出数が減ったのか、想像することは可能でも決め手に乏しい。

宮城県域では、北部大崎平野での集落形成が七世紀後半から復興に転じ、隆盛の度を加えて九世紀に頂点に達し、他方、同平野のような中断を経過しなかった中・南部では八世紀後半～九世紀に隆盛を極めた。ところが、一〇世紀初頭にともに衰微に陥る。数多くの城柵官衙も衰滅をともにするが、ただ、栗原市築館伊治城は形を変えて、多賀城市高崎多賀城は国衙の体裁をまがりなりにもとどめて、ともに一一世紀中葉まで存続し、多賀城の一部はさらに一二世紀に至ったことが、発掘で確認されている。[468] 胆沢城の存続を加味すると、北方経略の国家的中核ではそれぞれのかたちで人間活動が続いたようである。貞観一一年（八六九）の地震と津波の災厄を被り、復興を果たして半世紀ほど集落形成は維持されたわけである。[469]

福島県域の場合、浜・中通りでは七世紀代の大型集落の衰退と入れかわるように新たな集落形成の波がおとずれ、九世紀前半〜中頃に頂点を極める。ところが長くは続かず、九世紀後半から大型集落の衰退が始まり、九世紀末〜一〇世紀前半に集落数が激減する。[470] 六世紀後葉に集落形成が衰微した点で山形県域と同調している会津盆地も、八世紀後葉からは集落の存在が知られるようになり、九世紀前半〜中頃に増加の極を迎える。その後、九・一〇世紀の交を境にして集落が激減し、特定の居宅の大型化が進むが、これも一〇世紀のなかで衰滅すること、一一世紀に入ると盆地北西部に数少ない集落の集中することが指摘され、[471] 激減後の動向がいくぶんにせよ判明している。

以上、主に七世紀以降の動向を辿ってきた。その結果を概観すると、七世紀における集落形成は太平洋側で隆盛し、日本海側では古墳後期後葉以来の衰微状態が続くこと、隆盛は古墳後期後葉に南部で端を発し、仙台平野より北上すると遅れること、八世紀は東北全域で隆盛の動きをみせ、とりわけ衰微状態にあった日本海側での興隆が八世紀後半にめざましいこと、ところが東西間で格差が解消に向かい始めると東北北部で異なる動きが現れ、東方で八世紀後半に、西方は九世紀前半にいったん衰微し、以後、中・南部と歩調を合わせて隆盛に向かうこと、中・南部は九世紀に隆盛の極に達し、九・一〇世紀の交を境にして著しく衰微すること、これに対して北部は隆盛・衰微期が遅れ、西方では一〇世紀前半に、東方では一〇世紀後半にそれぞれ隆盛を極めて衰微に転じたこと、一〇・一一世紀に遅速を内包しつつあらわになった東北全域での総体的衰微状態のなかで集落形成の動きが拠点的に現れることが指摘できる。

地域ごとの差異にはないがしろにできない重要な歴史事象の襞が刻みこまれていることを念頭においたうえで、あえてその動向を大把みにすると、東西差から南北差へという、これまで述べた点に帰着するかと思う。

　ここで関東の動向を思い起こしてみると、再興と新興を含め、一〇世紀に盛期を迎えた集落例が少なくなく、一一世紀に隆盛を示した例も見うけられた。この点で、東北中・南部の衰微はむしろ中部地方以西と時期を同じくしている。もとより、千曲川流域の大洪水、例示した富士山や赤城山や十和田湖の噴火、東北の太平洋岸を襲った地震と津波など、九世紀～一〇世紀前葉は倭の東半に大災害が多発した時期であったから、それが居住者の逃散を招き、集落形成を衰微に導く原因になったことは、考えておくべきであろう。

　そうではあっても、再興を果たして存続した例もまた少なくない。そうして九・一〇世紀の交で衰微していることに注目するならば、大災害だけにとどまらない政治上の理由が加わり、東北中・南部の集落形成を最終的に衰微に導いたのであろう。その穿鑿は文献史家の論議に委ね、ともかく衰微後の人びとの生存戦略として、想像の域を出ないが、関東に移住したことが東北中・南部の人びとについては考えられないであろうか。考古学上の可否についてご教示を得ることができれば幸いである。

第六節　通時態としての衰滅―倭―

第一の波　本章で扱った時間幅のなかで、激しさと広がりの大きさとによって画される集落形成の衰微は、縄文早期後葉ないし早・前期の交をもって嚆矢とする。そこでこれをユーラシアの例に倣って第一の波と呼ぶと、AMS法を使ったその到来年代は、前五六〇〇～前五〇〇〇年頃にあたる。この頃は温暖化に伴う海水準の上昇期であり、前五三〇〇年頃に惹起した喜界ヶ島カルデラの噴火に伴うアカホヤ火山灰の降下した時期でもあった。火山灰の降下と集落形成との因果関係にはなお解明の余地があると思うが、ともかく九州～中部西寄りの多くで集落形成の衰微がことに著しい原因をこの噴火に求めることは、地域的には整合性がある。もっとも、岡山県域や愛知県域でこの衰微期に貝塚は増加しているので、考古学上の人跡が絶えたということではなく、検出が難しいような居住形態をとり、しかも恵まれた地域では生存の糧を海浜で得ようとした、ということであろう。この点で、集落形成の衰微が示すほどには人口の減少を推測する必要はない。

西方諸地域での衰微に対して、残る以東の諸地域の場合、長野県域では遺跡・住居址数とも早期後半例で減少し、しかし早期末〜前期初頭例には集落規模が拡大して定住度の増した形跡があるという。また山梨県域では、早期末に集落形成が興隆し、前期初頭で衰微し、前葉で再興している。海浜から隔たる甲信地方では、植物性食料に糧を求め、これが集落の拡大と定住度の高進をもたらせたことを想像させる。東海、関東でも早期中葉にいったん衰微したのち、後葉以降は前期に向かって隆盛を示し、東北では早・前期を通じて衰微なく隆盛を維持したので、温暖化の影響を相対的に軽微に済ませることができたようである。それを可能にする動植物資源に恵まれていたからであろう。土器の伝播に基づいて、東海西部から東部へ人間の移動したことが説かれているが、(472) 移動も生存の重要な方策であった。

第二の波　第二の波は縄文前期末にあたり、較正年代の前三七〇〇〜前三五〇〇年で、寒冷化に伴って海水準が低下した時期である。縄文前・中期の集落形成を概括すると、西方諸地域では前期に始まった衰微が九州南部を除いて、著しい再興をみることなく続き、これに対して東方諸地域では盛衰が激しい。激しいこの盛衰を単純化をおそれずにいうと、甲信〜関東と東北とが正反対の軌道を辿ることである。すなわち、甲信〜関東が隆盛をみせた前期前・中葉の頃、東北ではおしなべて集落形成が低調で、前者で著しく衰微した前期末から、後者で隆盛が始まる。そうして、甲信〜関東が隆盛を示した中期には、東北が衰微の色をみせるのである。なお、ここでいう関東とはとくに南西部を指す。群馬県域や下総台地が含まれる可能性が少なくないが、栃木・茨城県域は盛衰を示したデータが筆者の管見に入らないために、保留扱いとする。

甲信〜関東南西部における前期末の衰微について精細な考察を加えた今村啓爾は、この衰微期例として「零細遺跡」が激増することを取り上げて、短期の停泊を重ねつつ移動を続ける遊動的な居住形態を復原してみせた(473)。傾聴に値する卓見であり、それを立証したところに真価がある。なお今村によると、北陸西部の前期末にあたる真脇式期の末葉に北陸集団が、人口の稀薄な秋田市域周辺へ沿岸沿いに移住したという。このような中間地帯を跨ぐ長距離の移住があるいっぽう、関東での集落形成の復興には東北からの移住者が関与していないらしい。ともに土器を根拠にした論述であるから、説得力がある。そうすると、甲信〜関東南西部での中期中葉における集落形成のめざましい復興は、遊動人口の定着化と人口増加に起因することになる。東北でも中期中葉における集落形成の隆盛が知られているから、温暖化に伴う動植物資源の増収がその隆盛をもたらしたと考えるほかない。

そこで、次のような推算を試みよう。すなわち、集落形成が低減の極にある十三菩提式期から隆盛を極めた加曽利EⅡ式期までの所要年数を、較正年代に依拠して八〇〇年とし(474)、〇・三%というあまり無理のない人口増加率を採用すると、人口は八〇〇年間に約一一倍になる。それでも竪穴住居址数のめざましい増加ぶりに足りない。人口増加率をさらに高くし、しかも遊動から定着へ移った人口を多大に見つもらなければ、それを満たすことはできないだろう。はたしてそれが難しいということであれば、住居を形成しつつ移動する、前章の夏家店上・下層式期例で推測したような情況がこの場合にもあてはまることになるのではなかろうか。ともかくこの分野に通暁した諸賢の検討を乞いたい。

第三の波　第三の波は縄文中・後期の交で、較正年代によると前二五〇〇年の前後二〇〇〜三〇〇年頃に当たる。遺跡数の増減によって推測すると、九州では宮崎県域と佐賀平野北部で後期前葉に人間活動が衰微し、福岡・大分・熊本県域で後期中葉に隆盛を示すまで中期以来の衰微状態が続いた。鹿児島県域で大きな隆替が知られていない点を加味すると、九州における中・後期の変動のなかで、後期前葉が総体的衰微期にあたるようである。これに対して中国地方の集落形成は、中期後葉に衰微し、後期初頭に一挙に隆盛に転じた。衰微は定着度の高進、隆盛は定着地からの拡散と他地からの移住を示すという。島根県域での遺跡数が中期前葉例を低落の極として累増している点は見逃せないが、後期初頭例で増加の頂点に達する点は集落形成の動向と通じる。中津式期にあたるこの隆盛は、移動頻度の高揚と人口の流入によるらしい。四国でも後期に人間活動が活発化して、中期の衰微状態が一新される。関西では、その高揚が中期後葉に遡り、島根県域を除く西方諸地域に先行して始まって後期に継続する。この点で島根県域と同様に、中・後期の交での衰微はみとめられない。

他方、中部各地での集落形成は、甲信地方で中期末に急激に衰微し、この状態が後期に続く。太平洋岸でも中・後期の交に衰微した証左が得られおり、日本海側わけても遺跡数に恵まれた新潟県域に同期の衰微がみられない点と対照的である。衰微と前後して太平洋岸では、貝塚が急増するらしいから、食料獲得手段として海への依存度を高め、集落の形跡を残しにくい遊動的な居住形態へ移行したことが想像される。早・前期の交にも集落形成の衰微と貝塚形成の興隆とが愛知県域で連動していた点を想起すると、加えて、中部高地から関西方面、関西から中・四国への人口流出が推測されている点を重視すると、海浜への指向と居住形態の遊動化が、環境悪化時の生存戦略として浮かび上がってくる。

関東では、南西部で中期中・後葉の交を隆盛の極として、以後大きく衰微し、隆替を重ねつつ後期中・後葉の衰微に至ったことが判明している。下総台地では中期後葉〜後期初頭の集落形成の衰微期に貝塚形成も衰微し、後期前葉〜中葉古段階に通年・集中居住型住居が地歩を占めるとともに大・小型の貝塚形成が高進するというから、愛知県域の場合とは情況を異にするようである。埼玉県域や東京都域でも後期に入ると集落が低地に移るらしいことは、海水準が低下した寒冷期の生存戦略にかなっている。群馬県域での集落形成も南部に近い動向を示しているが、中・後期の交における衰微がそれほど急激ではない。また、関東北・東部の状況は複雑で、たとえば茨城県域の場合、衰微期が加曽利EⅣ・称名寺・堀之内式期に分かれている。このような複雑さは人口の流動状態を暗示しているのかもしれない。

東北での集落形成は中期後葉にいったん衰微したのち、地域ごとに若干の時期差をみせながら隆盛に向かい、再び衰微する。この衰微は北方ほど遅れるらしいが、それでも後期初頭のことである。ところが青森県域では、東北中・南部が集落・住居址数とも減少するのに対して、住居址数が増している。この頃の東北地方は冷涼多雪化して気候条件が不安定であったらしいから、構成人数の増加した集落が出現したことは、遊動化と並ぶ、東北北部でのもうひとつの生存戦略であったのであろう。このように考えると、下総台地での動向と結ばれる。

以上、縄文中期後葉／後期前葉にみとめられた人間活動あるいは集落形成の衰微は、中部地方の日本海側などのように外れる地を含みながらそれでも、九州から東北北部にわたっていた。主として、第一の波は倭の西方、第二の波は東方で発現していたのに対し、この第三の波は九州の一部を含みつつ主に東方でその形跡を鮮明にしている。

第四の波　第四の波は後期中・後葉で、この波もまた倭の全域を包んだ形跡をとどめている。較正年代でいうと、前一八〇〇～前一五〇〇年の頃である。第三の波を被らなかった西方の諸地域や中部の日本海側をも巻きこんだ点で、この波の方がはるかに広域を覆ったといえる。そうして、第三の波との間隔の短さゆえに、人間生活に与えた影響はとりわけ東方において深刻であったことであろう。今村が推定した嬰児殺しは意図的な人口調整のひとつであろうし、瀬口眞司が近畿および周辺の資料をもとに算出した貯蔵穴の数と容量の後期後葉での急増も(475)、食料貯蔵量を増やして飢饉にそなえるためであったにちがいない。加えて、配石遺構や土偶や抜歯に現出した祭儀や社会規範に関わる習俗が(476)、後期に倭の東から西へ伝播したのは、人口の西遷に伴う流伝というだけにとどまらず、西方もまたこれを迎える情況にあったことを、人間活動や集落形成の衰微が示唆している。中期末～後期前葉に東北地方の北半で、環状列石、墓、住居から構成された複合的集落が出現するが、出現が物語る精神世界の肥大化が、当地だけでなく、かたちをかえて倭を覆うようになったのである。

また、後期後葉に霞ヶ浦沿岸で、晩期初頭に仙台湾沿岸で土器製塩が始まったことも、遠くは第三の波、近くはこの第四の波の到来を直接の契機として模索された生存戦略のひとつであったと考えられる。身体の維持はもとより食料の貯蔵にとって塩は不可欠であるから、日々の糧が保証されない飢饉や遊動者の増加によって需要は高まったにちがいない。集落形成が隆盛をみせた中期におけるヒスイ製品生産の興隆とは異なる情況を背景として、塩生産が始まったというわけである。もとより後世に現れるような専業生産ではないけれども、生産者側にとっては不足物資を補うための重要な交換財であったにちがいない。このように考えてよければ、人口流動期に特定の物産の生産がかえって興隆をみせていたユーラシアや後世の倭の諸例と、時空を隔てて結ばれることになる。

第五の波　第五の波は晩期後半／後葉に到来した。第四の波を経たのち、地域ごとに盛衰の差異をみせた集落形成が、この頃から倭のほぼ全域で衰微状態を呈するのである。較正年代によって導かれる到来期の年代は、前一二〇〇～前一一〇〇年頃で、阪口豊が提示した寒冷期の年代を参照すると、前一二五〇年前後と前一〇〇〇年前後にあたる。(477) 到来期には年代上の隔たりがあまりないのに対して、集落形成が再び興起して波が収束する時期は倭の南北で大きく隔たる。

衰微の波に覆われた時期が縄文・弥生時代に跨るので、各地の遺跡・集落址数の低落期を摘記していくと、九州では縄文晩期後半～弥生前期前葉例が遺跡・集落址数とも低落。福岡県域北部では弥生早期から遺跡数が増加。中国地方では縄文晩期後半／後葉～弥生前期前葉／前半例が集落址数で低落。遺跡数は縄文晩期中・後葉例が岡山・島根県域で増加。島根県域では弥生早・前期に集落形成が衰微しない可能性大。岡山県域では衰微した可能性あり。四国では愛媛県域の縄文晩期後半例で遺跡・集落址数とも増加。徳島県域でも晩期後葉～末の集落址例があり、後期後半～晩期前半例の低落状態から回復。四国での低落状態は弥生前期前半例。関西では晩期後葉～弥生前期前半例で遺跡・

集落址数とも低落。ただし大阪府域、滋賀県域で集落址数が晩期後葉例で増加。中部地方では、東海西部で晩期後葉〜弥生前期例、東海東部で晩期中葉〜弥生前期例で遺跡・集落址数とも低落。ただし東海西部で土器棺墓が増加。長野県域で縄文晩期後半〜弥生前期例で住居址数低減。甲府盆地で縄文晩期後半例で住居址数低落。弥生前期の遺跡数は多い。北陸の場合、新潟県域では晩期の集落形成が末葉まで隆盛。弥生前期〜中期中葉例は集落址数の低落期。墓址は存在。富山県域は縄文晩期後半〜弥生中期前葉例で集落址数の低落。石川・福井県域は縄文晩期後半〜弥生中期前葉例で集落址数の低落。石川県域の一部は弥生前期前半例まで。関東では縄文晩期後半〜弥生中期前半例が遺跡・集落址数の低落期。東北地方では晩期後葉例で集落址数の低落と小型住居址例の存続。遺跡数の減少もこれに同調か。東北北部では晩期全般で集落形成が衰微。低落は弥生前期例に継続する。

　以上要するに、縄文晩期後半／後葉での集落形成や人間活動は、興隆を示す地域が主に倭の西方でみとめられ、これに対して東方では隆盛情況にあった地域が新潟県域など一部を除いて見あたらず、概して衰微に向かった。そうして西方では弥生早期／前期前半まで、東方では弥生前期／中期前半まで衰微状態が続いた。第五の波を大把みにすると、このような結果になるであろう。したがって、較正年代の結果を加味するならば、九州では前一一〇〇〜前七〇〇年頃、中四国〜関西では前一〇〇〇〜前五〇〇年頃、中部では東海で前九〇〇〜前四〇〇年頃、北陸で前九〇〇〜前三五〇年頃、関東では前九〇〇〜前三〇〇年頃、東北では北部での晩期の衰微を重視すると前一二〇〇〜前三五〇年頃が、地域的偏差を伴いつつそれぞれ集落形成／人間活動の衰微期であったことになる。それでは、西方に始まり前一千年紀前・中葉の間に倭を貫いたこの波の渦中に身をおいた人びとは、どのような生存戦略をとったのであろうか。大洞C2式後半〜A1式の土器が倭のはるか西方に及んでいるのは(478)、人びとが遊動化した一端を垣間見せている。あるいは、稲作を伴う弥生文化の東方への伝播は、遊動化した人びとが主役を務めたと考えることが可能であろうか。いずれにせよ、人口の大幅な減少を想定しない限り、考古学的痕跡を残しにくい活動に転じて糊口を凌いだとみるほかない。これは後述する第八の波の一一世紀の情況と通じる考古学上の「暗黒時代」である。

第六の波　第六の波は弥生中・後期の交～後期前葉／前半で、較正年代の紀元前後～後一世紀にあたる。ただし山梨県域と東北地方の大半は、中期中葉で衰微する固有の動向を示している。山梨県域では弥生前期～中期初頭の遺跡数が、東北地方わけても中・北部では弥生中期前葉の住居址数がそれぞれ、大きく増加している。ともに縄文晩期に集落形成や人間活動が衰微し､それでも倭の西方の各地よりも多大な人口を擁していた証左をとどめた地であるから、弥生時代にその人口が維持されて中期中葉の衰微に先行する隆盛を生んだとしても不思議ではない。自余の地域の集落形成が、少なからざる地域で衰微や停滞をみせた中期前葉を挟みつつ、中期中葉の隆盛に向かったことと比較すると、その対極にあたる中期中葉の衰微について、これもまた自余地域の隆盛と並ぶ集落形成上のひとつの類型として評価すべきであろう。もとより、東北各地で中期中葉の水田址が見いだされていることを重視するならば、低地の集落址例が将来増加し、倭の全域で定住と稲作が高進した中期中葉像が描き出される可能性はある。しかし、考古学的痕跡の乏しい「暗黒時代」が後代に東北地方で再三みとめられる点を考慮して、定住と稲作に背を向けて遊動化したという可能性を容れる余地を、あえて残しておきたい。

さて、後期前葉／前半における集落形成の衰微は、九州～関東に広がっている。逆行する地域として福井県域が前述の山梨県域と東北地方に加わり、さらに石川県域の手取川扇状地のような小地域例が添えられるが、広大な衰微地で集落居住を捨てた人びとの受け入れ先のひとつではあったとしても、すべてではない。大規模な洪水の発生を伝える例があるので、自然環境が悪化して生産基盤が縮小した結果、人口が減少しさらに流動化したことが考えられる。流動化して住地を移したというだけでなく、遊動生活に転じたというわけである。そうして、この頃の東北地方でも遊動化の高進したことが指摘されている点を想起すると、人口の流動化が倭の全域を覆ったことになる。

このような情況のなかで拠点集落は、一般集落と動向をともにして中・後期の交～後期前葉／前半で衰滅する例があり、他方、この衰微期を越えて存続し、かえって隆盛を呈した例があった。衰滅例をいっぽうの極とし、隆盛例をもういっぽうの極に置くと、存続例と一時的衰微例がこの間を埋めることになり、さらに、このようにして類型化すると、九州北部の比恵・那珂遺跡群などの集落例を隆盛例の代表格として、存続・一時的衰微例のほとんどが九州北部〜畿内に集中していることが知られるのである。一般集落が衰微する情況であるがゆえに、それらの拠点集落はよりいっそう存在感を高めたにちがいない。

存在感の高揚はむろん外容だけにとどまらない。鉄素材や鉄製武器、ガラスなどのユーラシアからもたらされた、さらには青銅製品などの倭のなかで流通した種々の物資の中継・集積地として、製作・加工地として機能したことは、すでに推測されている通りである。手工業生産や物資の流通が殷盛に向かうためには、原材採取、製作、搬出、交易などのさまざまな局面でそれに携わり下支えする人間を必要とする。また、富と呼ぶべき物資が拠点集落に集積され、輸送の機会が重なれば、その奪取を企てる「賊」も当然増加したにちがいない。そうして、下支えであれ「賊」的行為であれ、遊動化した人びとのなかからそれらに関わる人間が現れたことは、既述したユーラシアの諸例を引くまでもなく推測に難くないところであろう。その意味で、島根県古志町本郷遺跡の近隣で集落址の増減が相対的に鈍かったことは、拠点集落への人間の集約を想像させる点で示唆的である。

さて集落形成は、後期中葉を境にして隆盛に向かい、庄内式期すなわち三世紀を転換点として、異論なく古墳時代と呼びうる時期に入ると衰微の色があらわになる。これが九州〜中部地方での趨勢であり、しかも、奈良盆地とおそらく河内平野南部は、この趨勢から外れて古墳時代に入っても隆盛を失わない。他方、関東・東北地方の動向は複雑であり、関東の場合は、比田井克仁の結果によると南北で衰微期の到来に時間差があり、北部では古墳時代に入ってもなお前期のなかでしばらくの間隆盛が続いたようである(479)。さらに東北地方についても、南部の福島県域がやや遅れて関東北部と動向をともにし、中部の宮城県域で前期に隆盛を重ねたことが、比田井によって示されている。他方、山形・宮城県域では弥生後期後半／末葉にいったん衰微してのち隆盛に向かい、東北北部では古墳前期を通じて弥生後期の衰微状態が続いている。

関東・東海地方の動向の三・四世紀における複雑さは、土器様式の変化とも連動している可能性がある。これを単純化していうと関東～東北中・南部の集落形成は、東海系の廻間式の影響期に隆盛をみせ、畿内の布留式の影響が及ぶと衰微した、ということになろうかと思う。布留式系への転換が集落形成を衰微に向かわせた要因と関連し、西方諸地域においてもそうであった可能性が少なくない点からすると、広域にわたる政治秩序の形成という古墳時代開始の歴史的意義が、集落形成の衰微という側面からあらためて問われることになるはずである。

それはさておいて目下の論題に戻ると、弥生後期中葉を境にして集落形成に復興と隆盛をもたらせた実態は、新興であれ再興であれ、古墳前期に大きく踏み入ることなく途絶した小型集落の増加であったことが、趨勢として指摘できる。この隆盛は人口増加のせいでもあろうが、同時に、後期前半に遊動生活に転じていた人びとが集落形成に参画したことも見逃せない。もっとも、安定して生業に携わり、長期居住をめざした集落形成ではなく、一～三世代で移住を重ねた遊動性の高い居住形態をとり、これがまた集落址数の増加に繋がっている点も考えておかなければならない。このように考えなければ、人口増加と定住化だけで集落形成の総体的隆盛を説明するのが難しいからである。さらに、弥生終末期に大規模な水災に見舞われて廃絶した例がみられる点を重視すると、自然環境の悪化も長期の定住を許さなかった要因のひとつであったにちがいない。つまり、後期中葉から現れた集落形成の隆盛は、居住の痕跡を残さない遊動化ではなく、移住を重ねた流動化の結果であったといえる。その意味で、同時期に遊動化した証左をとどめる東北北・中部とも大きな隔たりなく結ばれることになる。

流動化、遊動化の実態は土器が雄弁に語ってくれるが、それは識者に委ね、人びとの生存戦略を取り上げると、朝鮮半島に及ぶ彼此の交易や倭内での物資の流通がさらに高進した。対馬、壱岐、玄海灘沿岸や、日本海沿岸、瀬戸内地域の動向が示す通りであり、久住猛雄や会下和宏らの論考で詳述されてもいる(480)。備讃瀬戸の土器製塩や北陸の玉作りのような地域間分業の成立も注意を引く。茨城県域東部の十王台式土器分布域における織／編物生産、東北北・中部の皮革も候補にのぼり、九州山地でも何らかの物産が集落形成のにわかな興隆をもたらせた可能性がある。また、福岡県西新町遺跡や岡山県津寺遺跡などの例で代表されるように、特定の地に人口の集中する現象があらわになるのも、この頃にいっそう顕在化したことである。つまり、交易、流通、手工業生産、拠点的結集が流動期の生存戦略として浮かび上がってくるわけである。

第七の波　第七の波は古墳前・中期の交で、到来は須恵器生産が開始される前段階にあたる。暦年代でいうと四世紀後葉～四・五世紀の交である。波の到来と後退は前述したように地域によって時期差と長短があるが、ほとんどの地域が共有する衰微期である。この衰微期が介在しなかったか、介在したとしても短期にとどまった地域として、奈良盆地があげられ、河内平野南部がこれに加わる可能性がある。他方、東北北部では古墳前期併行期の衰微状態がさらに甚だしくなるので、衰微を共有する地域に加わる。

さて、この頃尾張などで大洪水が起き、神奈川県域の海岸域を大津波が洗ったという。神奈川県域が津波に襲われたのであれば、房総や仙台平野などの太平洋岸がその災厄に見舞われたとしても不思議ではない。したがって自然災害が、古墳前・中期の交に衰微をもたらせた原因の一部であることは疑いない。このうえに気候の悪化が加わって衰微地が既述したような広域に及ぶことになったのかもしれない。東ユーラシアでの気候の悪化情況を勘案すると、倭がその影響から外れていたとは考えにくい。これについては次章で再言する。

ところで、最初の大型墳である奈良県桜井市纏向箸墓の営造時期は、集落形成が趨勢として衰微に向かう転換期にあたる。そうして、全長二七八ｍのこの箸墓以降、全長二〇〇ｍ級の大型墳の造営が奈良盆地各所で続き、その最大が編年私案Ⅱ期の景行陵で全長三一〇ｍをはかる。さらにⅢ期以降は大型墳の造営が主として大阪府域に移り、Ⅲ期の履中陵（全長三六三ｍ）、Ⅳ期前半の応神陵（全長四一九ｍ）、Ⅳ期後半の仁徳陵（全長四八六ｍ）で大型化を極め、以降、甚だしく規模の縮小が進む。Ⅱ期からは墳丘の外囲に盾形プランの周濠を付設するなどの整備が加わったので、造墓に費やす労力はさらに多大になった。畿外で造墓の大型化と外容の整備が進むのもⅡ期からであり、Ⅲ期に入ると規模のうえでは畿内と遜色ない大型墳が宮崎・岡山・群馬・茨城県域に現れた。とりわけ岡山県域でⅢ期の造山古墳（全長三五〇ｍ）、Ⅳ期前半の作山古墳（全長二八六ｍ）として知られる大型墳の造営があいついだことは特筆される。

以上瞥見した結果から察せられるように、集落形成が趨勢として衰微に転じ始める頃に営まれた箸墓以降、衰微の高進とともに規模が大きくなり、数が増し、外囲施設の整備が進んだ。こうして造墓への投下労働量が加速度的といえるほど増大していったのである。そうして、趨勢が隆盛に転じ始めた頃に、大型化と整備が極まり、畿外でもこれと同調し、隆盛があらわになるのと前後して畿内外例とも規模が縮小し、一墳の造営に投下する労働量が大きく減少していった。なお、集落形成は生活の場の構築であり、墳墓の完整は死後の行為であるから、両者が示す動向の間に若干にせよ年代上のずれが生じている危惧がある。しかし、大型墳の被葬者の生前に遡らせて集落形成の隆替の年代と整合させたとしても、大型化を極めた墳墓の被葬者の生前が集落形成の最衰微期に近づくことはあっても、その逆はありえない。

ともすれば畿内政権の強勢化として説明されがちな墳墓の大型化と外容の整備、さらには大型墳の増加について、視角を変えて集落形成の動向と対照させると、以上述べた結果が導かれる。大型墳があいついで営まれた地である古墳前期の奈良盆地は集落形成が隆盛を重ね、中期の大阪府域は須恵器生産の開始とともに集落形成が隆盛をみせ、しかも、前・中期の交における衰微は介在したとしても短期にとどまった、他地域と較べると異色の地であった。前述した大型墳の造営情況を考えると、これは頷ける。しかし、奈良時代の国別人口をもとにして近畿各地の四・五世紀の人口を導き、大和でそれぞれ八万三〇〇と九万二四〇〇、和泉を含む河内で七万四五〇〇と八万五七〇〇とした石川昇の推算に従うと、[481] 大型墳の造営に伴う労働総体をこの人口が供出しうる労働力で賄うことは、とうてい無理である。時間を隔てた一墳ごとの造営ならばともかく、実際の造墓は中・小型墳を含めて継起的、同時進行的に遂行されているからである。

そこで、検証を重ねるべき仮説であるが、集落形成の衰微とともに発生した各地の遊動者が造墓地に赴いて労働に携わった、という推測に逢着する。造墓のために集まった遊動者の数はもとより大和と河内、和泉で図抜けて多かったであろうが、大型墳を営み造墓の盛んであった畿外の各地でも、ありえた構図であったにちがいない。これは畿内であれ畿外であれ、造墓地へ赴いたのは遊動者の生存戦略であり、日々の糧を得る体制がそれぞれの造墓地で準備されていたからにほかならない。労働力の国家的徴発がまがりなりにも実現するまでには、さらに三〇〇年ほどの時間を閲し、歴史的変転を経なければならなかったのである。

遊動者の赴いた先は、もとより造墓地だけにとどまらなかったであろう。造墓技術や副葬品の内容が弥生時代よりもいっそう頻繁で広域に及んだ倭内外の人間の動きを伝え、海浜部に近接するようになった大・中型墳の選地上の変化が海上活動の殷盛を暗示している点で、それらの倭内外の往来や活動にも加わったことは想像に難くない。また、須恵器や鉄製品の生産体制が倭のなかでやがて整い、半島との軋轢が昂じて軍備が要請されると、それらの諸活動に身を寄せたこともありうる。さらに、比田井克仁が力説したように関東南部から東北へ赴いた人もいたであろうし、玉作りや鍛冶を生業として渡りを重ね、結果として技術伝播に貢献した遊動者も少なくなかったにちがいない。極言するならば、遊動者の働きがなければ、これらの諸活動も畿内政権の強勢化もおそらくは実現しなかった、という点に尽きるのである。これはまた、向背いずれともあれ、弥生時代までの恣意的・自律的遊動に一定の秩序が加わったことを含意している。

第八の波 本節で示しうる最後の波は、九世紀に到来し、余波を含めて一二世紀まで続いた。継続期間の長さと波及域の広さでこれに匹敵するのは、縄文晩期後半に始まった第五の波である。その点で、集落形成の衰微史上特筆される。すなわち第七の波以降、古墳中期中葉を境にして集落形成は隆盛に向かい、奈良県域や東海西部などが後期中葉に、倭の西方や東北の日本海側などが七世紀に衰微の色をみせるが倭の全域には至らず、八世紀を迎えると各地とも隆盛を呈する。ところが、この第八の波の場合、八世紀に隆盛の極を迎えた主として西方の諸地域では九世紀から衰微に転じ、九世紀にも隆盛を重ねた関東と東北中・南部では一〇世紀から、一〇世紀に隆盛を極めた東北北部では一一世紀からそれぞれ衰微に陥った。そうして衰微後、牧経営、製塩、窯業、運搬などの非農耕的生業が地域的に抬頭し、集落形成を促しはしたが、一三世紀が近付くまで本格的復興には至らなかったのである。

衰微に陥った原因として、河川の氾濫、火山噴火、津波の例をあげておいた。これらの自然災害がもたらした災厄も、とりわけ渦中にあったことが判明している東方の各地では、それを機に衰微に陥った例が多かったことを想起すると、深刻であったにちがいない。しかし、災害後も集落形成を必要としたのであれば、占地を変えてでも復興に向かったはずである。したがって、復興が実現しなかったことは、居住者にとって集落を捨てても厭わず、為政者側もそれを抑止することができない情況が訪れたことを意味する。文献史学が語るところによると、律令制が完整へ向かおうとする七世紀からすでに課役を忌避する「浮浪」が発生し、八世紀に新たな抑止策を講じたが、その末葉には、「浮浪」人を合法化して調庸の確保をはかるように方針を転換し、それによって律令制の根幹である公民制の空洞化が進んだという(482)。もっとも、天平一五年（七四三）の墾田永世私財法の施行によって公地制はすでに八世紀中葉から変更が加わっているが、これはかえって定住化を促したらしいこと、延喜二年（九〇二）を嚆矢として一一世紀に至る間にしばしば発せられた荘園整理令は、実効が伴ったとしても集落形成の衰微を促しこそすれ歯止めにならなかったことを、考古学上の既述の結果から添えることができる。さらに、「浮浪」人の発生や騒擾を伝える文字記録が九世紀以降多くなることを加味するならば、集落形成の衰微はまぎれもなく人口の流動化さらには遊動化を意味する。

『本朝文粋』巻二の三善清行『意見封事一二箇条』（九一四）のなかに、「天下人民三分之二、皆禿頭者」として、課役逃れの私度僧の増加を嘆いた記事がある。そこで、八世紀末の平安京遷都から一〇世紀中葉の承平・天慶の乱に至るまでの平安前・中期における騒擾記事を列挙してみると、(483)

西暦	倭東方	倭西方
八三七	出羽の百姓騒擾	
八四八	上総で俘囚反乱	
八五七		対馬の郡司ら反乱
八六一	武蔵で群盗多い	
八六二		山陽・南海道に海賊
八六五		山陽・南海道に海賊
八六六		海賊追捕の徹底
八六七		山陽・南海道に海賊
八七五	下総で俘囚反乱	
八七八	出羽で夷俘反乱	
八八一		山陽・南海道に海賊
八八三	上総で俘囚反乱	
八八九	東国で群盗蜂起	
八九九	上野で僦馬党による強盗蜂起	

九〇〇　上野の群盗追捕（〜九〇一）
九〇二　駿河富士郡の官舎が群盗に焼かれる
九〇六　鈴鹿山の群盗
九〇九　下総で騒乱
九一九　武蔵で前権介が国府襲撃
九三二　　　　備前の海賊
九三三　　　　南海道諸国に海賊
九三四　　　　海賊が伊予不動穀を奪う
九三五　将門の乱起こる
九三九　　　　純友の乱

という結果になる。こうしてみると、九世紀後半から騒擾記事が頻出し、しかも大半が、東方では俘囚や群盗、西方では海賊によることが注意を引く。すなわち、遊動者のなかで盗に生存戦略を定めた者が少なくなく、一〇世紀に入ると盗の対象が拡がり官物や官舎に及ぶようになったことがみてとれる。またこれらの騒擾には追捕が実行されているが、「賊」をもって「賊」を制する戦略からいうと、追捕側に遊動者が参入していたとしても不思議でない。

これらの騒擾を生んだ基底的要因はもとより遊動者の増加であるが、誘因として、西方では八二二年に新羅で発生した金憲昌の大乱によって彼地の流民の来寇に脅かされるようになったこと、東方では「夷俘」や「俘囚」の反乱の生起したことがあげられるであろう。さらにまた、異常気象や悪疫流行の記事がこの頃から多くなるので(484)、これらも誘因に加えられるであろう。ともかく一一世紀に入ると、西方の海賊は『新猿楽記』が記す八郎真人のような広域商人の活動を生み、東方の群盗は武士団へと集約し、ともに次代を拓くことになるのである。ちなみに、平安京内の官衙や貴族邸宅が、一〇〇〇年頃から小宅や小人宅さらには小屋によって占められるようになるという。[485] 西山良平が活写した王城の地でのこのような変貌も付記しておこう。

なお、再び考古学に戻って衰微後の動向に言及しておくと、福岡県博多遺跡の中国銭の出土数[486]、出雲平野、兵庫県加西市域、岐阜・愛知県域での各遺跡数がおしなべて一二・一三世紀例で増加し、一四世紀例で減少している。さらに、一二・一三世紀に平安京の商工業の中心をなしていた現京都駅近傍の動向[487]、山形県飽海郡遊佐町大楯遺跡での中国陶磁の出土[488]、「中世」考古学の諸成果からみて、一二世紀に発起し一三世紀に集落形成や人間活動が高揚を極めたことはほぼ動かない[489]。ただし一四世紀の衰微については、さらに資料上の裏付けが求められる。そこで、次の波の到来が一四世紀にあることを予見として示して、資料の充実をまつことにしたい。

注

(1) 水ノ江和同「九州地方の縄文集落と『縄文文化』」(鈴木克彦・鈴木保彦編『集落の変遷と地域性』シリーズ縄文集落の多様性Ⅰ　雄山閣出版　二〇〇九年)。

(2) 九州縄文研究会熊本大会事務局編『第一八回九州縄文研究会熊本大会　九州の縄文住居』Ⅱ(二〇〇八年)のデータに依拠した。事務局が「九州各県における縄文住居規模の変遷」として総括した末尾の図表データと県域ごとの記述とが、部分的に整合していない。そこで、総括データを括弧内に示すことにした。

(3) 山崎真治「佐賀平野の縄文遺跡―縄文時代における地域集団の諸相二―」(『古文化談叢』第六二集　二〇〇九年)。

(4) 山田康弘「中国地方における縄文時代集落の諸様相」(縄文時代文化研究会編『列島における縄文時代集落の諸様相』第一回研究集会基礎資料集　二〇〇一年)。

(5) 右に同じ。山田康弘「中国地方の縄文時代集落」(『島根考古学会誌』第一九集　二〇〇二年)あわせ参照。

(6) 稲田陽介「島根県における縄文集落の基礎的研究」(中四国縄文研究会島根大会実行委員会編『遺構から見た中四国地方の縄文集落像』第二一回中四国縄文研究会島根大会発表資料集　二〇一〇年)。幡中光輔「山陰地方山間部の縄文遺跡群と地域社会の変容―島根県志津見・尾原地区からの分析―」（『島根考古学会誌』第二八集　二〇一一年）あわせ参照。
（7）兵頭勲「愛媛県における各種遺構から見た縄文時代集落像」（注6中四国縄文研究会島根大会実行委員会編に同じ）。
（8）松本安紀彦「高知県域の縄文遺構集成―集落復元に向けて―」（注6中四国縄文研究会島根大会実行委員会編に同じ）。
（9）高島芳弘「遺構から見た徳島県の縄文集落」（注6中四国縄文研究会島根大会実行委員会編に同じ）。
（10）丹羽佑一「香川県における縄文集落の実相」（注6中四国縄文研究会島根大会実行委員会編に同じ）。
（11）瀬口眞司「資源利用から見た縄文時代集落と地域社会―試論：関西地方の集落は、なぜ少数・小規模だったのか？―」（関西縄文文化研究会編『関西縄文時代の集落と地域社会』第一〇回関西縄文文化研究会第一〇回記念研究集会発表要旨集・資料集　二〇〇九年）、瀬口眞司『縄文集落の考古学―西日本における定住集落の成立と展開―』昭和堂　二〇〇九年。
（12）深井明比古「兵庫県における縄文時代の集落と地域社会」、熊谷博司「大阪府の縄文時代集落・遺構の概要」、千葉豊「比叡山西南麓の縄文時代遺跡群」、岡田憲一・福西貴彦「奈良県の縄文集落と地域社会」（注11関西縄文文化研究会編に同じ）。
（13）田部剛士「三重県の概要・集成」、田中祐二・早瀬亮介「福井県における縄文集落の概要」（注11関西縄文文化研究会編に同じ）。
（14）纐纈茂・村上昇「愛知県における縄文集落の概要」（注11関西縄文文化研究会編に同じ）。
（15）森達也「東海西部における縄文早期後葉～前期初頭遺跡の分布―小地域圏の形成とその特色について―」（『伊勢灣考古』一九　二〇〇五年）。
（16）櫛原功一「北陸・中部地方の縄文集落と世界観」（注1鈴木・鈴木編に同じ）。
（17）櫛原功一「山梨県における縄文時代集落の諸様相」（注4縄文時代文化研究会編に同じ）。
（18）池谷信之・松本一男「静岡県における縄文時代集落の諸様相」（注4縄文時代文化研究会編に同じ）。
（19）寺崎裕助ほか「新潟県における縄文時代集落の諸様相」（注4縄文時代文化研究会編に同じ）。
（20）鈴木保彦「関東・東海地方の縄文集落と縄文社会」（注1鈴木・鈴木編に同じ）。
（21）土井義夫・黒尾和久「東京都における縄文時代集落の諸様相」（注4縄文時代文化研究会編に同じ）。
（22）山本暉久ほか「神奈川県における縄文時代集落の諸様相」（注4縄文時代文化研究会編に同じ）参照。
（23）注4縄文時代文化研究会編の青森、岩手、秋田、宮城、福島の各県域の記述を参照。
（24）打越式シンポジウム実行委員会編『縄文海進の考古学―早期末葉・埼玉県打越遺跡とその時代―』考古学リーダー一八　六

一書房　二〇一〇年。
(25) 注2九州縄文研究会熊本大会事務局編の福岡、佐賀、長崎、熊本、大分、宮崎、鹿児島の各県域の記述を参照。
(26) 注3に同じ。
(27) 注6中四国縄文研究会島根大会実行委員会編の山口、広島、岡山、島根、鳥取の各県域の記述を参照。注4、注6幡中に同じ。
(28) 注6中四国縄文研究会島根大会実行委員会編の愛媛、香川、高知、徳島の各県域の記述を参照。
(29) 湯浅利彦「縄文時代」（徳島考古学論集刊行会編『論集　徳島の考古学』二〇〇二年）。
(30) 注11に同じ。
(31) 鈴木保彦『縄文時代集落の研究』雄山閣出版　二〇〇六年。
(32) 今村啓爾「縄文時代の住居址数と人口の変動」（藤本強編『住の考古学』同成社　一九九七年）。
(33) 注14に同じ。
(34) 注18に同じ。
(35) 宮尾亮氏のご教示による。
(36) 注13田中・早瀬に同じ。
(37) 谷口康浩「環状集落の成立過程─縄文時代前期における集団墓造営と拠点形成の意味─」（『帝京大学山梨文化財研究所研究報告』第一二集　二〇〇四年）。
(38) 石坂茂・大工原豊「群馬県における縄文時代集落の諸様相」（注4縄文時代文化研究会編に同じ）。
(39) 今村啓爾『土器から見る縄文人の生態』同成社　二〇一〇年。
(40) 相原淳一「縄文時代中期における宮城県内の遺跡数の推移について」（東北大学大学院文学研究科考古学研究室・須藤隆先生退任記念論文集刊行会編『考古学談叢』六一書房　二〇〇七年）。
(41) 菅野智則「仙台湾における縄文早期・前期集落の構造変化」（日本考古学協会二〇〇九年度山形大会実行委員会編『日本考古学協会二〇〇九年度山形大会研究発表資料集』二〇〇九年）。
(42) 斉藤慶吏「青森県域における縄文時代前半期集落の様相─小川原湖沼群周辺地域を中心として─」（注41日本考古学協会二〇〇九年度山形大会実行委員会編に同じ）。

(43) 金子昭彦「岩手県における縄文時代集落の諸様相」(注4縄文時代文化研究会編に同じ)。
(44) 小林圭一「山形県における縄文時代集落の諸様相」(注4縄文時代文化研究会編に同じ)。
(45) 注39に同じ。
(46) 小林謙一『縄紋社会研究の新視点—炭素14年代測定の利用—』六一書房 二〇〇八年。
(47) 阪口豊『尾瀬ヶ原の自然史—景観の秘密をさぐる—』中央公論社 一九八九年。
(48) 福沢仁之「天然の『時計』・『環境変動検出計』としての湖沼の年縞堆積物」(『第四紀研究』第三四巻第三号 一九九五年)。福沢仁之「海と湖のはざま—汽水湖沼は地球環境変動の共鳴箱—」(小泉格・田中耕司編『海と環境』講座文明と環境 第一〇巻 朝倉書店 一九九五年)。福沢仁之ほか「湖沼年稿およびレス—古土壌堆積物による地球環境変動の高精度復元」(『国立歴史民俗博物館研究報告』第八一集 一九九九年)。
(49) 間壁忠彦ほか「里木貝塚」(『倉敷考古館集報』第七号 一九七一年)。
(50) 樋泉岳二「東京湾岸地域における完新世の海洋環境変遷と縄文貝塚形成史」(『国立歴史民俗博物館研究報告』第八一集 一九九九年)。
(51) 水戸部秀樹ほか『押出遺跡第四・五次発掘調査報告書』山形県埋蔵文化財センター調査報告書 第二一二集 二〇一四年。
(52) 河瀬正利「中国地方の縄文中期文化をめぐって」(児嶋隆人先生喜寿記念事業会編『古文化論叢』一九九一年)。
(53) 注2九州縄文研究会熊本大会事務局編参照。
(54) 注3に同じ。
(55) 注52に同じ。
(56) 山口雄治「中国地方縄文時代中・後期の居住形態」(『考古学研究』第五四巻第四号 二〇〇八年)。
(57) 注6幡中に同じ。
(58) 注28に同じ。
(59) 矢野健一「西日本における縄文時代住居址数の増減」(考古学研究会編『文化の多様性と比較考古学』二〇〇四年)。注11に同じ。
(60) 注11関西縄文文化研究会編に同じ。
(61) 注32、注39に同じ。

(62) 注31に同じ。
(63) 右に同じ。
(64) 注16に同じ。
(65) 注17に同じ。
(66) 注14に同じ。大石崇史「岐阜県における縄文集落関係遺構」（注11関西縄文文化研究会編に同じ）。
(67) 岩瀬彰利「東海の貝塚」（日本考古学協会二〇〇八年度愛知大会実行委員会編『日本考古学協会二〇〇八年度愛知大会研究発表資料集』二〇〇八年）。なお、五味奈々子「東海東部における縄文時代後晩期の生業から見た地域性」（『静岡県考古学研究』四〇　二〇〇八年）によると、静岡県域の後期前葉の他系統土器は、近畿系の北白川上層式例が散在し、関東系の堀之内式例が圧倒的に多い。岩瀬の指摘と符合する点として付記しておく。
(68) 注13田中・早瀬に同じ。
(69) 増子正三「集落と住居」（新潟県考古学会編『新潟県の考古学』高志書院　一九九九年）。
(70) 阿部昭典『縄文時代の社会変動論』未完成考古学叢書六　アム・プロモーション　二〇〇八年。
(71) 注16に同じ。
(72) 注59に同じ。
(73) 注56に同じ。
(74) 注32、注39に同じ。
(75) 注50に同じ。
(76) 注67岩瀬に同じ。注6中四国縄文研究会島根大会実行委員会編に同じ。
(77) 石井寛「関東地方における集落変遷の画期と研究の現状」（縄文時代文化研究会編『縄文集落研究の現段階』第一回研究集会発表要旨　二〇〇一年）。
(78) 西野雅人ほか「関東と東海の晩期貝塚」（注67日本考古学協会二〇〇八年度愛知大会実行委員会編に同じ）。
(79) 注4縄文時代文化研究会編の群馬、栃木の各県域の記述に加え、小菅将夫「大間々扇状地の岩宿・縄文時代」（大間々扇状地研究会編『群馬県大間々扇状地の地域と景観—自然・考古・歴史・地理—』二〇一〇年）をあわせ参照。
(80) 瓦吹堅「茨城県における縄文時代集落の諸様相」（注4縄文時代文化研究会編に同じ）。

(81) 筑波大学考古学研究室編『霞ヶ浦町遺跡分布調査報告書―遺跡地図編―』二〇〇一年。
(82) 茂木雅博ほか編『常陸の貝塚』茨城大学人文学部考古学研究報告　第六冊　二〇〇三年。
(83) 注80に同じ。
(84) 菅野智則「複式炉を有する縄文集落の分布」(日本考古学協会二〇〇五年度福島大会実行委員会編『日本考古学協会二〇〇五年度福島大会シンポジウム資料集』二〇〇五年)。
(85) 注70に同じ。
(86) 注42に同じ。
(87) 相原淳一「宮城県における複式炉と集落の様相」(注84日本考古学協会二〇〇五年度福島大会実行委員会編に同じ)。注40に同じ。
(88) 注40に同じ。
(89) 相原淳一「宮城県における縄文時代集落の諸様相」(注4縄文時代文化研究会編に同じ)。
(90) 吉川昌伸・吉川純子「縄文時代中・後期の環境変化」(注84日本考古学協会二〇〇五年度福島大会実行委員会編に同じ)。なお、東北地方の太平洋岸が中期末の大木10式期に大津波に襲われたらしい。これも集落形成の衰微を促した可能性がある。齋藤瑞穂「三陸海岸で検出された津波イベント堆積物の年代と遺跡の消長―岩手県域を中心に―」(前近代歴史地震史料研究会編『二〇一四年前近代歴史地震史料研究会講演要旨集』二〇一四年)。
(91) 注46、注47に同じ。
(92) 注2九州縄文研究会熊本大会事務局編の大分、宮崎、熊本の各県域の総数に拠る。
(93) 金田一精「熊本平野における弥生文化受容期の様相」(『古代文化』第六一巻第二号　二〇〇九年)。
(94) 注2九州縄文文化研究会熊本大会事務局編の福岡県域の総数に拠る。
(95) 小池史哲「北部九州の縄文時代住居跡について」(注2九州縄文研究会熊本大会事務局編に同じ)のデータから福岡県域分を抽出。
(96) 注59で福岡・熊本各県域における一〇〇年間当たりの住居址数の推移が図示されている。ともに拙論の結果と整合する。
(97) 水ノ江和同「九州北部における縄文時代集落の諸様相」(注4縄文時代文化研究会編に同じ)。
(98) 注3に同じ。

(99) 注4、注5に同じ。
(100) 注52に同じ。
(101) 注56に同じ。
(102) 注6稲田に同じ。注6稲田の結果は同じく注6の畑中と大きく隔たるようにみえる。双方を比較して適否を推断する準備が筆者には乏しいが、隔たりは編年と分期に由来するように思われる。また、稲田が集落址と住居址に絞ったのに対して、幡中は遺跡を対象としたことも、隔たりを大きくした原因である。幡中が得た結果は瀬戸内側の動向に近い。幡中光輔「縄文・弥生移行期の遺跡群動態―島根県の平野部・山間部を中心に―」（第四一回山陰考古学研究集会編『農耕社会成立期の山陰地方』二〇一三年）参照。岡山県域では弥生早期～前期前葉の遺跡数は一〇例に満たず、集落址は皆無であるという。渡邉恵里子「岡山県における弥生時代早期～前期の遺跡の動向」（第五五回埋蔵文化財研究集会実行委員会編『弥生集落の成立と展開』発表要旨集　二〇〇六年）。
(103) 注6幡中に同じ。奥原このみ「鳥取県における縄文―弥生移行期の様相」（第四一回山陰考古学研究集会事務局編『農耕社会成立期の山陰地方』二〇一三年）によると、鳥取県域における晩期の遺跡数は九例で、島根県域よりもかなり劣る。増加は弥生前期前半をまたなければならなかったようである。
(104) 注28に同じ。
(105) 注11関西縄文文化研究会編の兵庫、京都、大阪各県／府域の記述を参照。
(106) 注11関西縄文文化研究会編の奈良、滋賀、和歌山各県域の記述を参照。
(107) 注11関西縄文文化研究会編の愛知、岐阜各県域の記述を参照。
(108) 注67岩瀬に同じ。
(109) 注67五味に同じ。
(110) 杉山浩平・金子隆之「縄文時代後晩期の伊豆・箱根・富士山の噴火活動と集落動態」（『考古学研究』第六〇巻第二号　二〇一三年）。
(111) 宮尾亮氏のご教示による。
(112) 注16に同じ。
(113) 注19に同じ。

(114) 注31に同じ。
(115) 右に同じ。注17で示された竪穴住居址数の変遷によると、中期末例が大きく低落し、堀之内式期例が激増し、加曽利B式期例が再び激減し、晩期前半例の微増を経て、後半~末例が低落している。注31に較べて著しく母数が多い変遷結果であるから、信頼度の点で注17の方が勝っているように思われる。もしそうだとすると、堀之内式期例での激増は、長野県域に現れていない。
(116) 佐野隆「中部地方の縄文後期集落」(『考古学ジャーナル』第五八四号　二〇〇九年)。
(117) 注31に同じ。
(118) 齋藤瑞穂「見沼周辺地域における縄文・弥生時代集落の増減」(馬場小室山遺跡研究会編『「見沼文化」を形成した遺跡群の分布と馬場小室山遺跡における縄文時代後晩期集落形成に至る中期集落の様相』二〇〇六年)。
(119) 注50に同じ。
(120) 注78に同じ。縄文後・晩期における洞穴遺跡の増加ともおそらく同調しているのであろう。
(121) 注82に同じ。
(122) 注81に同じ。
(123) 小玉秀成ほか『玉里の遺跡』玉里村村内遺跡分布調査報告書　二〇〇四年。
(124) 注80に同じ。
(125) 注20に同じ。
(126) 設楽博己『弥生再葬墓と社会』塙書房　二〇〇八年。
(127) 注79に同じ。
(128) 注41に同じ。
(129) 注42に同じ。
(130) 金子昭彦「岩手県における縄文時代集落の諸様相」(注4縄文時代文化研究会編に同じ)。
(131) 注42に同じ。
(132) 小島朋夏・小林克「秋田県における縄文時代集落の諸様相」(注4縄文時代文化研究会編に同じ)。
(133) 榎本剛治「米代川流域における集落遺跡と環状列石について」(『考古学ジャーナル』第五八四号　二〇〇九年)。

(134) 注44に同じ。
(135) 右に同じ。
(136) 注70に同じ。
(137) 鈴木克彦「東北地方の縄文集落の社会組織と村落」（注1鈴木・鈴木編に同じ）。
(138) 注6幡中の結果に依拠すると、島根県域も例に加わる。
(139) 石井寛「居住システムの変化―関東後晩期―」（小杉康ほか編『生活空間―集落と遺跡群―』縄文時代の考古学八　同成社　二〇〇九年）。
(140) 小林謙一「近畿地方以東の地域への拡散」（西本豊弘編『弥生農耕のはじまりとその年代』新弥生時代のはじまり　第四巻　雄山閣　二〇〇九年）。
(141) 注47に同じ。
(142) 小沢佳憲「弥生時代における地域集団の形成」（埋蔵文化財研究会二五周年記念論文集編集委員会編『究班』Ⅱ　二〇〇二年）掲載の「集落動態」に基づいて作成。
(143) 宝満川西岸の三国丘陵の集落址も最多期が前期末～中期初頭にあるので、この結果は偶然でない。白木守「筑紫平野における集落の動向―中期から後期を中心として―」（第四五回埋蔵文化財研究集会実行委員会編『弥生時代の集落―中・後期を中心として―』発表要旨集　一九九八年）。
(144) 久住猛雄「比恵・那珂遺跡群―弥生時代後期の集落動態を中心として―」（第五八回埋蔵文化財研究集会実行委員会編『弥生時代後期の社会変化』発表要旨・資料集　二〇〇九年）。
(145) 井上義也「須玖遺跡群の集落構造」（注144第五八回埋蔵文化財研究集会実行委員会に同じ）。
(146) 石井陽子「博多湾沿岸地域における古墳時代の集落動態」（『九州考古学』第八四号　二〇〇九年）。
(147) 久住猛雄「弥生時代終末期『道路』の検出」（『九州考古学』第七四号　一九九九年）。
(148) 細川金也・土田了介「佐賀県における弥生時代後期の社会変化」（注144第五八回埋蔵文化財研究集会実行委員会編に同じ）。七田忠昭「拠点集落の首長とその墳墓―弥生時代中期から後期の地域集落群の動向の一例―」（日韓集落研究会編『日韓集落研究の新たな視角を求めて』Ⅱ　日韓集落研究会第六回共同研究会　二〇一〇年）。
(149) 七田忠昭「吉野ケ里遺跡の集落構成―有明海北岸・筑後川流域の弥生時代後期集落の構造変化―」（注144第五八回埋蔵文化

財研究集会実行委員会編に同じ）。

(150) 木島慎治編『村徳永遺跡』佐賀市文化財調査報告書 第三二集 一九九〇年。前田達男編『村徳永遺跡』佐賀市文化財調査報告書 第三四集 一九九一年。

(151) 高橋徹ほか「大分県の弥生時代」（大分県総務部総務課編『大分県史』先史篇Ⅱ 一九八八年）。坪根伸也「大分県における弥生時代後期の社会変化」（注144第五八回埋蔵文化財研究集会実行委員会編に同じ）。

(152) 栗田勝弘『鹿道原遺跡』千歳村文化財調査報告書 第Ⅶ集 二〇〇一年。

(153) 高谷和生編『下山西遺跡』熊本県文化財調査報告 第八八集 一九八七年。福田匡朗「中九州における弥生後期集落の変遷」（高倉洋彰編『東アジア古文化論攷』2 中国書店 二〇一四年）をあわせ参照。

(154) 中村直子「居住遺跡からみた南九州弥生・古墳時代の人口変動」（鹿児島大学考古学研究室二五周年記念論集刊行会編『Archaeology from the South』鹿児島大学考古学研究室二五周年記念論集 二〇〇六年）。

(155) 池畑耕一「古墳周縁地域における拠点集落―鹿児島県日置市辻堂原遺跡―」（『半田山地理学』第一号 二〇一三年）。

(156) 重根弘和「岡山県南部の弥生時代集落遺跡」（古代吉備研究会委員会編『環瀬戸内海の考古学』平井勝氏追悼論文集 上巻 二〇〇二年）掲載の図表に基づいて作成。

(157) 右に同じ。松木武彦「墓と集落および人口からみた弥生―古墳移行期の社会変化」（『古代吉備』第二五集 二〇一三年）参照。

(158) 高畑知功・中野雅美編『津寺遺跡』五 山陽自動車道建設に伴う発掘調査一五 第二分冊 岡山県埋蔵文化財発掘調査報告一二七 一九九八年。

(159) 柴田昌児「今治平野における弥生社会の展開―その一―」（愛媛大学法文学部考古学研究室編『地域・文化の考古学』下條信行先生退任記念論文集 二〇〇八年）掲載の図表に基づいて作成。

(160) 田崎博之「四国・瀬戸内における弥生集落―愛媛県文京遺跡の密集型大規模集落、北部九州との比較―」（日本考古学協会二〇〇六年度愛媛大会実行委員会編『日本考古学協会二〇〇六年愛媛大会研究発表資料集』二〇〇六年）掲載の図表に基づいて作成。柴田昌児「松山平野」（設楽博己ほか編『集落からよむ弥生社会』弥生時代の考古学八 同成社 二〇〇八年）、柴田昌児「松山平野における弥生社会の展開」（『国立歴史民俗博物館研究報告』第一四九集 二〇〇九年）、柴田昌児「中・四国西部」（甲元眞之・寺沢薫編『講座日本の考古学』弥生時代上 青木書店 二〇一一年）をあわせ参照。

(161) 森下英治「瀬戸内の大規模密集型集落—香川県旧練兵場遺跡と周辺遺跡—」(注160日本考古学協会二〇〇六年度愛媛大会実行委員会編に同じ)。渡邊誠「弥生時代中期から後期における高松平野の集落動態」(注153高倉編に同じ)によると、高松平野における弥生時代集落形成の衰微は中期中〜後葉にあるという。他地域と異なるこの結果は何に起因するのであろうか。同平野に限られる地域的特色であろうか。検討を要する点である。

(162) 出原恵三「田村遺跡弥生時代中期から後期の集落変遷」(注160日本考古学協会二〇〇六年度愛媛大会実行委員会編に同じ)掲載の図表に基づいて作成。

(163) 出原恵三「南四国における弥生時代中・後期集落の消長」(注143第四五回埋蔵文化財研究集会実行委員会編に同じ)。

(164) 濵田竜彦「山陰地方における弥生時代集落の立地と動態—大山山麓・中海南東岸地域を中心に—」(『古代文化』第五八巻第Ⅱ号　二〇〇六年)掲載の図表に基づいて作成。

(165) 濵田竜彦編『史跡妻木晩田遺跡第四次発掘調査報告書—洞ノ原地区西側丘陵の発掘調査—』史跡妻木晩田遺跡発掘調査報告書　第Ⅰ集　鳥取県文化財保存協会　二〇〇三年。

(166) 中川寧「出雲の外来系土器と集落」(香芝市二上山博物館編『シンポジウム「邪馬台国時代の出雲と大和」資料集』ふたかみ邪馬台国シンポジウム三　二〇〇三年)掲載の図表に基づいて作成。

(167) 米田美江子「遺跡分布から見た出雲平野の形成史」(『島根考古学会誌』第二三集　二〇〇六年)掲載の図表に基づいて作成。守岡利栄編『古志本郷—K区の調査—』斐伊川放水路建設予定地内埋蔵文化財発掘調査報告書ⅩⅦ　島根県教育委員会　二〇〇三年)。

(168) 荒木幸治「近畿地方における弥生集落変遷の分析(試論)」(注144第五八回埋蔵文化財研究集会実行委員会編に同じ)、荒木幸治「後期社会の確立をどうみるか—社会変化の比較分析—」(『考古学ジャーナル』第五八二号　二〇〇九年)。

(169) 西川卓志「弥生時代遺跡群の地域的展開について—阪神間に所在する遺跡と遺跡群—」(菟原刊行会『菟原』Ⅱ　森岡秀人さん還暦記念論文集　二〇一二年)。

(170) 石崎善久「丹後地域における弥生遺跡の動向」(『みずほ』第三九号　二〇〇四年)。石井智大「弥生時代中期から後期への社会変化—丹後地域の事例から—」(大阪大学考古学研究室編『待兼山考古学論集—都出比呂志先生退任記念—』二〇〇五年)。

(171) 森岡秀人「弥生集落研究の新動向(Ⅵ)—小特集『兵庫県東南部における集落の様相』に寄せて—」(『みずほ』第三五号　二〇〇一年)。

(172) 第四回播磨考古学研究集会実行委員会編『播磨の弥生社会を探る―弥生時代中期から後期における集落動態―』第四回播磨考古学研究集会の記録　二〇〇三年。
(173) 菱田哲郎「加西の弥生時代」（加西市史編さん委員会編『加西市史』第七巻　史料編一　考古　二〇一〇年）。
(174) 若林邦彦「丘陵上弥生集落と複合社会の拡大―近畿地方の事例から―」（『古代文化』第五八巻第Ⅱ号　二〇〇六年）。
(175) 清水琢哉「大和第Ⅵ様式の唐古・鍵遺跡」（『みずほ』第三一号　一九九九年）。池田保信「都祁・天理地域における後期集落の動向」（『みずほ』第三六号　二〇〇一年）。
(176) 川部浩司『大和弥生文化の特質』学生社　二〇〇九年。福家恭「奈良県の高地性集落―近年の調査と研究を踏まえて―」（『みずほ』第四三号　二〇一二年）。
(177) 伊藤淳史「国家形成前夜の遺跡動態―京都府南部（山城）地域の事例から―」（前川和也・岡村秀典編『国家形成の比較研究』学生社　二〇〇五年）。伊藤淳史・山口欧志「京都府南部の弥生遺跡」（宇野隆夫編『実践考古学ＧＩＳ―先端技術で歴史空間を読む―』ＮＴＴ出版　二〇〇六年。古代学研究会『集落動態からみた弥生時代から古墳時代への社会変化』（古代学研究会二〇一四年度拡大例会・シンポジウム資料集　古代学研究会　二〇一四年）。本資料によると、山城での減少は布留式期後半のＴＧ二三二式期であるという。
(178) 注177古代学研究会。また、青木勘時「弥生集落から古墳集落へ―奈良盆地における集落の変容とその画期―」（『みずほ』第一六号　一九九五年）、注175清水に同じ、辻本宗久「大和弥生後期社会の動態㈻」（『みずほ』第三七号　二〇〇二年）、豆谷和之「大和の弥生時代遺跡」（『みずほ』第四一号　二〇〇九年）もあわせ参照。
(179) 坂靖『古墳時代の遺跡学―ヤマト王権の支配構造と埴輪文化―』雄山閣出版　二〇〇九年。
(180) 田島夕美子・若林邦彦「弥生後期から古墳前期における河内平野南遺跡群―土器と遺構の関係から―」（若林邦彦編『河内平野遺跡群の動態』Ⅶ　近畿自動車天理吹田線建設に伴う埋蔵文化財発掘調査報告書　南遺跡群・弥生時代後期〜古墳時代前期　石器・木製品・金属器・動植物遺体・考察編　大阪府文化財調査研究センター　一九九九年）。
(181) 杉本厚典「八尾南・長原・城山遺跡における集落構成の変化―弥生時代から古墳時代にかけての地域社会の一様相―」（『大阪歴史博物館研究紀要』第二号　二〇〇三年）。米田敏幸「古式土師器から見た『河内平野の集落と古墳』」（『古墳出現期土器研究』第一号　二〇一三年）参照。注177古代学研究会によると、庄内式期〜布留式期後半例の間で、集落址数が摂津（大阪府域）で逓減、和泉で逓増している。摂津（大阪府域）での逓減は他地域での動向に近いともいえるが、和泉での逓増はそれと隔たる。付記して後考をまちたい。

(182)若林邦彦「弥生時代大規模集落の評価―大阪平野の弥生中期遺跡群を中心に―」（『日本考古学』第一二号　二〇〇一年）。若林説には異論が出されている。（豆谷和之「大規模集落の成立と展開／近畿」（石黒立人編『大規模集落と弥生社会』伊勢湾岸弥生社会シンポジウム・中期篇　二〇一〇年）。

(183)秋山浩三『弥生大形農耕集落の研究』青木書店　二〇〇七年。

(184)岡野慶隆『加茂遺跡―大型建物をもつ畿内の弥生大集落―』日本の遺跡八　同成社　二〇〇六年。

(185)注183に同じ。

(186)豆谷和之「弥生環濠集落の終焉―唐古・鍵遺跡の場合―」（『みずほ』第三五号　二〇〇一年）、豆谷和之「弥生環濠論―唐古・鍵遺跡から見た場合―」（近藤喬一先生退官記念事業会編『山口大学考古学論集』近藤喬一先生退官記念論文集　二〇〇三年）。

(187)滋賀県立安土城考古博物館編「大型建物から見えてくるもの―弥生時代のまつりと社会―」展図録　二〇〇九年。

(188)右に同じ。

(189)伊藤淳史「山城地域における弥生集落の動態」（『みずほ』第三二号　二〇〇〇年）。伊藤によると、山城地域において環濠の付設は普遍的なものとはいえないという。

(190)三好孝一「河内湖周辺部における弥生時代中・後期の集落」（注143第四五回埋蔵文化財研究集会実行委員会編に同じ）。

(191)注181に同じ。

(192)注180に同じ。

(193)石野博信・関川尚功編『纒向―奈良県桜井市纒向遺跡の調査―』桜井市教育委員会　一九七六年。

(194)森岡秀人「摂津における土器交流拠点の性格―真正弥生時代と庄内式期を比べて―」（『庄内式土器研究』XXI　一九九九年）。

(195)山田隆一「古墳時代初頭前後の中河内地域―旧大和川に立地する遺跡群の枠組みについて―」（『弥生文化博物館研究報告』第三集　一九九四年）。

(196)注187に同じ。

(197)右に同じ。

(198)石井智大「伊勢湾西岸地域における弥生時代後期集落の様相」（石黒立人編『伊勢湾岸域の後期弥生社会』伊勢湾岸弥生社

会シンポジウム・後期篇　二〇一一年）。

(199) 石黒立人「愛知県における弥生時代後期の社会変化」（注144第五八回埋蔵文化財研究集会実行委員会編に同じ）掲載の図表に基づいて算出。主要集落例の盛衰一覧であるが、網羅的に集成した他の結果と整合。宮腰健司「弥生後期集落の動向―濃尾平野・名古屋台地―」（注198石黒編に同じ）。岡安雅彦「鹿乗川流域遺跡群の集落の動向」（考古学フォーラム編集部編『変貌する弥生社会―安城市鹿乗川流域の弥生時代から古墳時代―』二〇一三年）。

(200) 恩田知美「美濃地域における弥生時代から古墳時代遺跡の立地―周辺の植生と立地環境の復元から―」（『美濃の考古学』第一二号　二〇一一年）。

(201) 赤塚次郎編『朝日遺跡』Ⅷ　総集編　愛知県埋蔵文化財センター調査報告書　第一五四集　二〇〇九年。

(202) 蔭山誠一ほか『一色青海遺跡』愛知県埋蔵文化財センター調査報告書　第七九集　一九九八年。

(203) 注199石黒に同じ。

(204) 井村広巳「弥生時代集落の概観―西部地域―」（静岡県考古学会編『静岡県における弥生時代集落の変遷』二〇〇一年度静岡県考古学会シンポジウム資料集　二〇〇二年）。

(205) 小泉祐紀「静岡県における弥生時代後期の社会変化」（注144第五八回埋蔵文化財研究集会実行委員会編に同じ）。

(206) 注204静岡県考古学会編の「西部地域主要遺跡の概要」掲載。

(207) 篠原和大「静岡・清水平野における弥生遺跡の分布と展開」（『静岡県考古学研究』四〇　二〇〇八年）。

(208) 赤澤徳明「福井県における弥生時代後期の社会変化」（注144第五八回埋蔵文化財研究集会実行委員会編に同じ）。安英樹・布尾和史「手取扇状地の遺跡動態」、藤田慎一「富山県内における弥生遺跡の立地」（中部弥生時代研究会編『第一〇回例会発表要旨集』二〇〇五年）参照、および同掲載の図表に基づいて作成。久々忠義「特集弥生時代前期・中期概説」（『大境』第二八号　二〇一〇年）の図表によると、遺跡数は弥生前期三九、中期の前葉三、中葉四〇、後葉四二を数える。表示の結果と較べると、弥生前期例の隔たりが著しい。編年区分上の相異によるのかもしれない。なお、高橋浩二「弥生後期における住居跡数の変化と人口の動態」（注170大阪大学考古学研究室編に同じ）によると、弥生中期末の戸水B式期から古墳前期後葉の高畠式期に至る間の集落址数は、法仏Ⅱ式期～月影Ⅱ式期すなわち後期後葉～末期前半が、若狭から越中に至る北陸地方の最多期にあたる。遺跡数の増減と近いこの結果は、丹後、丹波（兵庫）、大山山麓・中海南東岸の遺跡数の推移とも同調している。

(209) 「シンポジウム新潟県における高地性集落の解体と古墳の出現」実行委員会編『新潟県における高地性集落の解体と古墳の

出現』二〇〇五年。
(210) 福海貴子「北陸地域・石川県八日市地方遺跡」（日本考古学協会二〇〇二年度橿原大会実行委員会編『日本考古学協会二〇〇二年度橿原大会研究発表会資料』二〇〇二年）。
(211) 注209に同じ。
(212) 馬場伸一郎「長野盆地南部における縄文晩期後半から弥生時代の遺跡動態と竪穴住居構造」（明治大学文学部考古学研究室編『地域と文化の考古学』Ⅱ　六一書房　二〇〇八年）掲載の図表に基づいて作成。
(213) 馬場伸一郎「大規模集落と手工業生産にみる弥生中期後葉の長野盆地南部」（『考古学研究』第五四巻第一号　二〇〇七年）。
(214) 山下誠一「飯田盆地における古墳時代前・中期集落の動向」（『飯田市美術博物館研究紀要』第一三号　二〇〇三年）。
(215) 青木一男ほか『上信越自動車道埋蔵文化財発掘調査報告書』五　松原遺跡弥生・総論六　長野市内その三　長野県埋蔵文化財センター発掘調査報告書三六　一九九八年。土屋積ほか『上信越自動車道埋蔵文化財発掘調査報告書』一二　榎田遺跡　長野市内その一〇　長野県埋蔵文化財センター発掘調査報告書三七　一九九九年。注213に同じ。
(216) 網倉邦生「山梨県都留市に所在する生出山山塊の弥生時代遺跡について」（『山梨県考古学協会誌』第一九号　二〇一〇年）。中山誠二「甲府盆地の高地性集落」（東海大学考古学教室開設二〇周年記念論文集編集委員会編『日々の考古学』東海大学考古学教室開設二〇周年記念論文集　二〇〇二年）参照。
(217) 安藤広道「南関東地方における弥生時代集落研究の課題―いわゆる『低地』遺跡の評価をめぐって―」（山岸良二編『原始・古代日本の集落』同成社　二〇〇四年）掲載の図表に基づいて作成。福田聖『低地遺跡からみた関東地方における古墳時代への変革』（六一書房　二〇一四年）参照。
(218) 西川修一「相模後期弥生社会の研究」（滝口宏編『古代探叢』Ⅲ　早稲田大学考古学会創立四〇周年記念考古学論集　早稲田大学出版部　一九九一年）。ちなみに、伊豆諸島で確認集落数が皆無となる弥生中期後葉は、三浦半島で海蝕洞穴の利用が低下する時期にあたるらしい。杉山浩平『弥生文化と海人』六一書房　二〇一四年。
(219) 久世辰男『集落遺構からみた南関東の弥生社会』六一書房　二〇〇一年。
(220) 松本完「武蔵野台地東部における弥生文化の展開過程」（滝口宏先生追悼考古学論集編集委員会・早稲田大学所沢校地埋蔵文化財調査室編『古代探叢』Ⅳ　滝口宏先生追悼考古学論集　早稲田大学出版部　一九九五年）。比田井克仁「弥生時代後期における武蔵野台地南部の地域動態―輪積痕ナデ甕と刷毛甕の境界―」（『法政考古学』第四〇集　二〇一四年）。古屋紀之「南武

蔵地域における弥生時代後期の小地域圏とその動態」（西相模考古学研究会編『久ケ原・弥生町期の現在《いま》—相模湾／東京湾の弥生後期の様相—』西相模考古学研究会記念シンポジウム資料集　二〇一四年）をあわせ参照。

(221) 石川日出志「南関東の弥生社会展開図式・再考」（頌寿記念会編『大塚初重先生頌寿記念考古学論集』東京堂出版　二〇〇〇年）。佐藤祐樹「集落の消長から見た古墳出現前後の君津地方」（注212明治大学文学部考古学研究室編に同じ）。

(222) 注221石川に同じ。

(223) 戸田哲也「東日本弥生農耕成立期の集落」（『季刊考古学』第六七号　一九九九年）。設楽博己「東日本農耕文化の形成と北方文化」（稲田孝司・林謙作編『先史日本を復原する』四　稲作伝来　岩波書店　二〇〇五年）。

(224) 岡田威夫ほか『折本西原遺跡—一』折本西原遺跡調査団　一九八八年。注219に同じ。浜田晋介『弥生農耕集落の研究—南関東を中心に—』雄山閣　二〇一一年。

(225) 大谷弘幸・白井久美子「ちはら台遺跡群」（千葉県史料研究財団編『千葉県の歴史』資料編　考古二　弥生・古墳時代　二〇〇三年）。

(226) 中村勉「本郷遺跡」（海老名市編『海老名市史』一　資料編　原始・古代　一九九八年）。

(227) 森田信博・渡辺昭一『赤羽台遺跡』国立王子病院跡地遺跡調査会　二〇〇〇年。

(228) 西原崇浩「中尾遺跡群」（注225千葉県史料研究財団編に同じ）。

(229) 當眞嗣史「大畑台遺跡群」（注225千葉県史料研究財団編に同じ）。

(230) 小沢洋「小浜遺跡群」（注225千葉県史料研究財団編に同じ）。

(231) 若狭徹『古墳時代の水利社会研究』学生社　二〇〇七年。なお、埼玉県熊谷市上之前中西遺跡の集落は、七〇〇×五〇〇mの大型例である。中期中葉に集落形成が始まり、中期後葉に大型化を極め、後期前葉で終焉を迎えるという。関東弥生文化研究会・埼玉弥生土器観会『熊谷市前中西遺跡を語る—弥生時代の大集落—』（考古学リーダー二三　六一書房　二〇一四年）。

(232) 右に同じ。

(233) 石塚久則・深澤敦仁「古墳時代中期土器」（坂井隆ほか『中高瀬観音山遺跡』関越自動車道（上越線）地域埋蔵文化財発掘調査報告書　第三一集　群馬県埋蔵文化財調査事業団発掘報告　第一九四集　一九九五年）。

(234) 佐藤明人編『新保遺跡』II　弥生・古墳時代集落編　関越自動車道（新潟線）地域埋蔵文化財発掘調査報告書　第一八集　群馬県埋蔵文化財調査事業団発掘報告　第六六集　一九八八年。

(235) 注233坂井ほかに同じ。
(236) 玉里村立史料館「霞ヶ浦の弥生土器」展図録（二〇〇四年）掲載図に基づいて作成。
(237) 井上義安・宮田毅「髭釜遺跡（大洗町）─涸沼東岸の大集落─」（茨城県考古学協会編『十王台土器制定六〇周年記念シンポジウム　茨城県における弥生時代研究の到達点─弥生時代後期の集落構成から─』一九九九年）。大洗町髭釜遺跡調査団『後期弥生土器図録─茨城県髭釜遺跡出土品─』（纂修堂　一九八二年）参照。
(238) 斎野裕彦「東北地域」（注160甲元・寺沢編に同じ）掲載の図表に基づいて作成。
(239) 齋藤瑞穂「東北北部における弥生時代の海岸遺跡」（『物質文化』第七九号　二〇〇五年）。弥生中期中葉の前一世紀に三陸海岸が津波に見舞われた可能性があるらしい。中期後半に三陸地方で集落が少なく、後期の集落がことごとく丘陵上に形成されているのは、この津波の影響によることを、齋藤瑞穂が示唆している。注89齋藤に同じ。高瀬克範「続縄文文化の資源・土地利用」（『国立歴史民俗博物館研究報告』第一八五集　二〇一四年）をあわせ参照。
(240) 石井淳「東北地方天王山式成立期における集団の様相─土器属性の二者─」下（『古代文化』第四九巻第九号　一九九七年）。
(241) 石川日出志「弥生後期天王山式土器成立期における地域間関係」（『駿台史学』第一二〇号　二〇〇四年）。
(242) 植松暁彦「山形県の弥生後期～古墳前期の様相」（注209「シンポジウム新潟県における高地性集落の解体と古墳の出現」実行委員会編に同じ）。
(243) 斎野裕彦「仙台平野」（注160設楽ほか編に同じ）。
(244) 比田井克仁「地域政権と土器移動─古墳時代前期の南関東土器圏の北上に関連して─」（『古代』第一一六号　二〇〇四年）、比田井克仁「土器から見た五世紀前夜の南関東と東北─謎の四世紀を考える─」（第一六回東北・関東前方後円墳研究会大会実行委員会編『第一六回東北・関東前方後円墳研究会大会シンポジウム〈もの〉と〈わざ〉』発表要旨資料　二〇一一年）。
(245) 高橋誠明「宮城県における古墳時代中期の土器様相」（『東国土器研究』第五号　一九九九年）。
(246) 木村高「東北地方北部における弥生系土器と古式土師器の並行関係─続縄文土器との共伴事例から─」（青森県埋蔵文化財調査センター『研究紀要』第四号　一九九九年）。相澤清利「東北地方続縄文文化小考─仙台平野の事例を主にして─」（『宮城考古学』第一号　一九九九年）。青森県史編さん考古部会編『青森県史』資料編　考古三　弥生～古代　二〇〇五年。
(247) 菊地芳朗『古墳時代史の展開と東北社会』大阪大学出版会　二〇一〇年。
(248) 注238に同じ。

(249) 注238、注247に同じ。菊池逸夫ほか『伊治城跡―平成三年度調査報告書―』築館町文化財調査報告書　第五集　一九九二年。佐久間光平・小村田達也編『佐沼城跡―近世武家屋敷と古代の集落跡―』迫町文化財調査報告書　第二集　一九九五年。

(250) 菅波正人「筑前地域の様相」（埋蔵文化財研究会・第六一回埋蔵文化財研究集会実行委員会編『集落から見た七世紀―律令体制成立期前後における地域社会の変貌―』発表要旨集　二〇一二年）掲載の図表に基づいて作成。吉田東明「豊前の古代集落」（『古文化談叢』第六八集　二〇一二年）。なお、豊後の旧大分・海部郡のデータによると、五世紀中葉と七世紀後半～八世紀前半とに、集落形成の衰微がみとめられるようである。長直信「九州における長舎の出現と展開―七世紀代を中心に―」（奈良文化財研究所編『第一七回古代官衙・集落研究会報告　長舎と官衙の建物配置』報告編　クバプロ　二〇一四年）。

(251) 中島圭「筑前南部～筑後の諸勢力と対外交渉」（第一五回九州前方後円墳研究会北九州大会実行委員会編『沖ノ島祭祀と九州諸勢力の対外交渉』第一五回九州前方後円墳研究会北九州大会資料集　二〇一二年）。

(252) 宮田浩之「筑紫平野北部における六世紀から八世紀にかけての集落と墓制の動向について」（第四一回埋蔵文化財研究集会実行委員会編『古墳時代から古代における地域社会』発表要旨資料　一九九七年）。神保公久「筑後地域の様相」（注250埋蔵文化財研究会・第六一回埋蔵文化財研究集会実行委員会編に同じ）。宮田浩之「筑後国御原郡における倉庫遺構」（奈良国立文化財研究所埋蔵文化財センター編『古代の稲倉と村落・郷里の支配』一九九八年）によると、三国丘陵を含む御原郡での集落形成動向は、九世紀に入ると極端に衰微している。

(253) 山村信榮「九世紀の大宰府管内」（『古代文化』第五四巻第一一号　二〇〇二年）。吉田東明「福岡県両筑平野における六～八世紀の集落」（山中英彦先生退職記念論文集刊行会編『勾玉』山中英彦先生退職記念論文集　二〇〇一年）も、挙示された例数は少ないが同じ動向を表している。

(254) 吉本正典「七世紀の列島南西域―村落の諸相―」（注154鹿児島大学考古学研究室二五周年記念論集刊行会編に同じ）。

(255) 坪根伸也「南九州における土器と集落」（第六回九州前方後円墳研究会大会事務局・鹿児島大学総合研究博物館〔橋本達也〕編『前方後円墳築造周縁域における古墳時代社会の多様性』二〇〇三年）。

(256) 鹿児島県教育委員会編『先史・古代の鹿児島』通史編　二〇〇六年。鎌田洋昭ほか『橋牟礼川遺跡―火山灰に埋もれた隼人の古代集落―』日本の遺跡四〇　同成社　二〇〇九年。注155に同じ。

(257) 注254、注256に同じ。

(258) 注158に同じ。

(259) 島崎東ほか「足守川加茂A遺跡」（岡山県古代吉備文化財センター編『岡山県埋蔵文化財発掘調査報告』九六　一九九六年。亀山行雄「古墳時代前期の津寺遺跡」（注158高畑・中野編に同じ）。
(260) 江見正己ほか編『高塚遺跡・三手遺跡2』山陽自動車道建設に伴う発掘調査一八　岡山県埋蔵文化財発掘調査報告一五〇　二〇〇〇年。高田浩二「吉備南部における古墳社会形成期の様相―集落の分析を中心として―」（注156古代吉備研究会委員会編下巻に同じ）。中・後期例の各総数と分期例の合算とが整合していないが、報告書の数字を踏襲した。
(261) 物部茂樹ほか編『岡谷大溝散布地、三須今溝遺跡、三須河原遺跡、三須畠田遺跡、井手見延遺跡、井手天原遺跡』国道四二九号線改良に伴う発掘調査Ⅱ　岡山県埋蔵文化財発掘調査報告一五六　二〇〇一年。
(262) 島崎東ほか編『津島遺跡』四　岡山県陸上競技場改修に伴う発掘調査　岡山県埋蔵文化財発掘調査報告一七三（二〇〇三年）に基づいて積算。
(263) 吉留秀敏・山本悦世編『鹿田遺跡』Ⅰ　岡山大学構内遺跡発掘調査報告　第三冊　一九八八年。
(264) 柳瀬昭彦「弥生～古墳時代の集落変遷」（小嶋善邦編『百間川原尾島遺跡』六　旭川放水路（百間川）改修工事に伴う発掘調査XV　岡山県埋蔵文化財発掘調査報告一七九　二〇〇四年。
(265) 柳瀬昭彦ほか『百間川兼基遺跡3、百間川今谷遺跡3、百間川沢田遺跡4』岡山県埋蔵文化財調査報告一一九　一九九七年。
(266) 注167、岩橋孝典ほか「神門水海北辺の遺跡」（島根県古代文化センター編『出雲国風土記の研究』Ⅲ　資料編　島根県古代文化センター調査研究報告書三四　二〇〇六年）掲載の図表に基づいて作成。
(267) 角田徳幸「出雲国府跡下層の古墳時代集落」（『島根考古学会誌』第二五集　二〇〇八年）。池淵俊一「淤宇宿禰の登場と意宇平野の開発」（島根県立古代出雲歴史博物館「倭の五王と出雲の豪族―ヤマト王権を支えた出雲―」展図録　二〇一四年）。
(268) 深田浩「まとめに代えて」（深田浩編『出雲玉作の特質に関する研究―古代出雲における玉作の研究Ⅲ―』二〇〇九年）。
(269) 菱田哲郎「加西の古墳時代」、菱田哲郎「加西の古代」、菱田哲郎「加西の中近世」（注173加西市史編さん委員会編に同じ）掲載の図表に基づいて作成。
(270) 辻美紀ほか『大阪市平野区長原遺跡発掘調査報告』Ⅸ　市営長吉長原東第二住宅建設工事に伴う発掘調査報告書　大阪市文化財協会　二〇〇二年。
(271) 奥和之編『安威遺跡』大阪府埋蔵文化財調査報告一九九九―六　大阪府教育委員会　二〇〇〇年。
(272) 岩瀬透ほか編『部屋北遺跡』Ⅰ　なわて水みらいセンター建設に伴う発掘調査　大阪府埋蔵文化財調査報告二〇〇九―三

二〇一〇年。
(273) 赤木克視編『小阪遺跡』近畿自動車道松原海南線および府道松原泉大津線建設に伴う発掘調査報告書　大阪府教育委員会・大阪文化財センター　一九九二年。
(274) 中野咲「近畿地域・韓式系土器集成」(和田晴吾編『渡来遺物からみた古代日韓交流の考古学的研究』二〇〇七年)。注177古代学研究会もあわせ参照。
(275) 辻美紀「古墳時代中・後期の土師器に関する一考察」(大阪大学考古学研究室編『国家形成の考古学』大阪大学考古学研究室一〇周年記念論集　一九九九年)。
(276) 森屋美佐子・正岡大実編『八尾南遺跡』大和川改修(高規格堤防)建設事業に伴う埋蔵文化財発掘調査報告書　第一分冊(遺構編)　大阪府文化財センター調査報告書　第一七二冊　二〇〇八年。
(277) 吉田野乃「高安千塚と中河内の集落についての基礎的考察」(龍谷大学考古学論集刊行会編『龍谷大学考古学論集』Ⅱ　網干善教先生追悼論文集　二〇一二年)。
(278) 柳本照男「蛍池東遺跡」(豊中市史編さん委員会編『新修豊中市史』第四巻　考古　二〇〇五年)。
(279) 積山洋「上町台地の北と南—難波地域における古墳時代の集落変遷—」(大阪市文化財協会編『大阪市文化財論集』一九九四年)。
(280) 樋口吉文「百舌鳥古墳群領域の集落遺跡の動向について」(藤井克己氏追悼論文集刊行会編『藤井克己氏追悼論文集』一九九七年)。
(281) 上林史郎編『大園遺跡発掘調査概要』Ⅵ　大阪府教育委員会　一九八一年。
(282) 大阪文化財センター編『西岩田』近畿自動車道天理～吹田線建設に伴う埋蔵文化財発掘調査報告書　一九八三年。
(283) 三木弘編『土師の里遺跡—土師氏の墓域と集落の調査—』大阪府埋蔵文化財調査報告一九九八—二　一九九九年。
(284) 合田幸美編『溝咋遺跡』その一・二　茨木・学園町地区埋蔵文化財発掘調査一次・二次報告書　大阪府文化財調査研究センター調査報告書　第四九集　二〇〇〇年。
(285) 安田滋「神戸市宅原遺跡における官衙遺構」(注252第四一回埋蔵文化財研究集会実行委員会編に同じ)。
(286) 吉田知史「大阪府内の様相」(注250埋蔵文化財研究会・第六一回埋蔵文化財研究集会実行委員会編に同じ)。
(287) 広瀬和雄「畿内の古代集落」(『国立歴史民俗博物館研究報告』第二二集　一九八九年)。大阪府埋蔵文化財協会編『池田寺遺跡』Ⅳ　近畿自動車道松原海南線・都市計画道路泉州山手線・和泉中央丘陵新住宅市街地開発事業に伴う発掘調査報告書　大阪府埋蔵文化財協会調査報告書　第七一輯　一九九一年。

(288) 大阪文化財センター編『府道松原泉大津線関連遺跡発掘調査報告書』Ⅰ　一九八四年。

(289) 注283、注286に同じ。石毛彩子「古代豪族居宅の構造―官衙・集落との比較から―」（国立文化財機構奈良文化財研究所編『古代豪族居宅の構造と機能』二〇〇七年）。

(290) 渡辺昌宏編『美園』近畿自動車道天理～吹田線建設に伴う埋蔵文化財発掘調査概要報告書　大阪文化財センター　一九八五年。

(291) 三宮昌弘「『難波大道』の存続期間を考える」（松藤和人編『考古学は何を語れるか』同志社大学考古学シリーズⅩ　二〇一〇年）。

(292) 注179に同じ。

(293) 神庭滋「葛城市北部の地域首長系譜墓について―葛城氏の影響範囲をめぐって―」（『博古研究』第三一号　二〇〇六年）。

(294) 佐々木好直「奈良盆地における古墳時代集落の消長」（勝部明生先生喜寿記念論文集刊行会編『勝部明生先生喜寿記念論文集』二〇一一年）。注177古代学研究会もあわせ参照。

(295) 鈴木一議・井上主税「奈良県の様相」（注250埋蔵文化財研究会・第六一回埋蔵文化財研究集会実行委員会編に同じ）。

(296) 小池寛「古墳時代中期における集落の動態と古墳の変遷」（小山雅人編『京都府埋蔵文化財論集』第五集　京都府埋蔵文化財調査研究センター　二〇〇六年）。宮崎幹也・岡本武憲『堂田・市子遺跡2―蒲生郡蒲生町市子沖・市子川原所在―』ほ場整備関係遺跡発掘調査報告書ⅩⅥ―五　滋賀県教育委員会文化部文化財保護課　一九八九年。

(297) 森下衛・柴暁彦『内里八丁遺跡』Ⅱ　京都府遺跡調査報告書　第三〇冊　二〇〇一年。石井清司ほか『下植野南遺跡Ⅱ』京都府遺跡調査報告書第三五冊　二〇〇四年。古閑正浩『松田遺跡』長岡京跡右京第九三三次（７ＡＮＳＭＤ―７地区）第二トレンチ発掘調査報告　大山崎町埋蔵文化財調査報告書　第四〇集　二〇一〇年。古閑正浩編『松田遺跡』長岡京跡右京第九三三次（７ＡＮＳＭＤ―７地区）第一トレンチ発掘調査報告　大山崎町埋蔵文化財調査報告書　第四一集　二〇一一年。

(298) 林博通『古代近江の遺跡』サンライズ出版　一九九八年。小笠原好彦『近江の考古学』サンライズ出版　二〇〇〇年。

(299) 京都市埋蔵文化財研究所編『中臣遺跡発掘調査概要』昭和五五・五七・五八・六〇・六一・六二・平成一〇年度　一九八一・八三・八四・八六・八七・八八年、二〇〇〇年。

(300) 注287広瀬に同じ。
(301) 中島皆夫「山城地域の様相—乙訓南部地域を一例にして—」（注250埋蔵文化財研究会・第六一回埋蔵文化財研究集会実行委員会編に同じ）。
(302) 注298に同じ。
(303) 上垣幸徳・松室孝樹「石組みの煙道を持つカマド—古代の暖房施設試論—」（滋賀県文化財保護協会『紀要』第九号　一九九六年）。
(304) 田中勝弘「古代集落と地域開発（3）—犬上川流域とその周辺における開発経緯の諸相—」（『近江文化財論叢』第四輯　二〇一二年）。
(305) 水野章二「湖東地域の古代・中世集落遺跡」（水野章二編『琵琶湖と人の環境史』岩田書院　二〇一一年）。
(306) 雨森智美「近江国栗太郡における倉庫遺構」（注252奈良国立文化財研究所埋蔵文化財センター編に同じ）。注298林に同じ。
(307) 会誌編集係「北加賀の古代遺跡の特集にあたって」（『石川考古学研究会々誌』第四七号　北加賀の古代遺跡　二〇〇四年）。
(308) 伊藤雅文・出越茂和「古墳時代」（金沢市史編さん委員会編『金沢市史』資料編一九　考古　一九九九年）。
(309) 田嶋明人編『漆町遺跡』Ⅰ・Ⅱ　石川県立埋蔵文化財センター　一九八六・八八年。
(310) 福井市編『福井市史』資料編一　考古　一九九〇年。
(311) 注308金沢市史編さん委員会編に同じ。
(312) 四柳嘉章編『高田遺跡—能登における古墳時代祭祀遺構等の調査—』石川県富来町・富来町教育委員会　一九九九年）。
(313) 土肥富士夫編『万行赤岩山遺跡』宅地開発に係る緊急発掘調査報告書　七尾市教育委員会　一九八三年。
(314) 西野秀和編『能美丘陵東遺跡群』Ⅴ　いしかわサイエンスパーク整備事業に係る埋蔵文化財発掘調査報告書　石川県埋蔵文化財センター　一九九九年。
(315) 青山晃「富山県におけるカマド出現期の様相—婦中町中名Ⅵ遺跡検出のカマド付き竪穴住居跡を中心として—」（『富山考古学研究』紀要第三号　二〇〇〇年）。
(316) 西野秀和編『押水町冬野遺跡群』石川県埋蔵文化財センター　一九九一年。安英樹・松尾実編『金沢市畝田西遺跡群』Ⅳ　金沢西部第二土地区画整理事業に係る埋蔵文化財発掘調査報告書九　石川県教育委員会・石川県埋蔵文化財センター　二〇〇六年。

(317)橋本澄夫・高橋裕『金沢市古府クルビ遺跡（第一・二次）』北陸自動車道路・金沢バイパス関係埋蔵文化財調査概報　石川県教育委員会　一九七二年。
(318)望月精司・西田由美子編『額見町遺跡』串・額見地区産業団地造成に伴う埋蔵文化財発掘調査報告書Ⅱ　小松市教育委員会　二〇〇七年。
(319)河村好光『羽咋市柳田シャコデ遺跡』能登海浜道関係埋蔵文化財調査報告書Ⅲ　石川県埋蔵文化財センター　一九八四年。
(320)小嶋芳孝編『寺家遺跡発掘調査報告』Ⅰ・Ⅱ　能登海浜道関係埋蔵文化財調査報告書Ⅵ・Ⅶ　石川県立埋蔵文化財センター　一九八六・八八年。
(321)四柳嘉章・辻本馨『西川島』Ⅰ　穴水町教育委員会　一九八〇年。四柳嘉章ほか『西川島』Ⅱ　穴水町教育委員会　一九八一年。橋本澄夫「七、八世紀における能登鹿嶋津の歴史的意義」（「北陸の考古学」特別編集委員会編『北陸の考古学』石川考古学研究会々誌　第二六号　一九八三年）。
(322)冨田和気夫ほか『史跡須曽蝦夷穴古墳』Ⅱ　発掘調査報告書　石川県能登島町教育委員会　二〇〇一年。
(323)内田亜紀子「富山県の黒色土器―六～八世紀の県内資料を中心にして―」（『富山考古学研究』紀要第五号　二〇〇二年）。
(324)田嶋明人「手取扇状地にみる古代遺跡の動態」（吉岡康暢ほか『東大寺領横江庄遺跡』Ⅱ　石川県松任市教育委員会　一九九六年）。注314に同じ。
(325)武田健次郎「砺波・射水平野における遺跡群の展開」（『富山考古学研究』紀要第三号　二〇〇〇年）。森隆ほか『任海宮田遺跡発掘調査報告』Ⅱ　公害防除特別土地改良事業に伴う埋蔵文化財発掘調査報告Ⅶ　第二分冊　富山県文化振興財団埋蔵文化財発掘調査報告　第三四集　二〇〇七年。
(326)注314に同じ。中島俊一・梶幸夫『安養寺遺跡群発掘調査概報（安養寺・柴木・部入道地区）』石川県教育委員会　一九七五年。
(327)坂井秀弥『古代地域社会の考古学』同成社　二〇〇八年。
(328)田嶋明人「奈良・平安時代の建物グループと集落遺跡―加賀・能登の掘立柱建物群を中心とした覚え書―」（注321「北陸の考古学」特別編集委員会編に同じ）。
(329)注324吉岡ほかに同じ。
(330)注325森ほかに同じ。

(331)西山克己ほか『中央自動車道長野線埋蔵文化財発掘調査報告書』一六　篠ノ井遺跡群　長野市内その四　長野県埋蔵文化財センター発掘調査報告書二二　一九九七年。
(332)木下正史ほか『屋代遺跡群』国道四〇三号（土口バイパス）道路改良に伴う発掘調査報告書　更埴市教育委員会　二〇〇〇年。
(333)臼居直之・市川隆之編『中央自動車道長野線埋蔵文化財発掘調査報告書』一五　石川条里遺跡　長野市内その三　長野県埋蔵文化財センター発掘調査報告書二六　一九九七年。
(334)佐藤信之・黒岩隆編『屋代清水遺跡』（仮称）県立歴史館建設に伴う発掘調査報告書　更埴市教育委員会　一九九二年。
(335)鳥羽英継「善光寺平南縁の古墳時代前期～古代の土器編年」（長野県埋蔵文化財センター編『上信越自動車道埋蔵文化財発掘調査報告書』二七　更埴条里遺跡・屋代遺跡群　総集編　二〇〇〇年）。
(336)注214に同じ。
(337)矢口忠良・青木和明『塩崎遺跡群6、石川条里遺跡5』長野市の埋蔵文化財　第三九集　一九九一年。
(338)土屋積ほか『上信越自動車道埋蔵文化財発掘調査報告書』一二　榎田遺跡　長野市内その一〇　長野県埋蔵文化財センター発掘調査報告書三七　一九九九年。
(339)柳澤亮ほか『北陸新幹線埋蔵文化財発掘調査報告書』二　国分寺周辺遺跡群・上田城跡・風呂川古墳・弥勒堂遺跡・開畝遺跡　上田市内・坂城町内　長野県埋蔵文化財センター発掘調査報告書三一　一九九八年。
(340)山下誠一「南信の古墳時代」（豊橋市美術博物館・飯田市美術博物館「黄金の世紀」展図録　二〇一一年）。
(341)宮澤公雄「古墳時代の住居と集落」（山梨県編『山梨県史』資料編二　原始・古代二　一九九九年）。
(342)小林健二「古墳時代における甲斐の地域社会─土器編年と墳墓の変遷」（『山梨県考古学協会誌』第一九号　二〇一〇年）。
(343)伊藤正彦「韮崎市の弥生時代後期から古墳時代前期の様相─坂井南遺跡を中心として─」（『山梨県考古学協会誌』第八号　一九九七年）。
(344)注341に同じ。
(345)末木健『姥塚遺跡・姥塚無名墳』山梨県中央自動車道埋蔵文化財包蔵地発掘調査報告書　山梨県埋蔵文化財センター調査報告　第二四集　一九八七年。坂本美夫編『二之宮遺跡』山梨県中央自動車道埋蔵文化財包蔵地発掘調査報告書　山梨県埋蔵文化財センター調査報告　第二三集　一九八七年。

(346)　市川隆之ほか『北陸新幹線埋蔵文化財発掘調査報告書』四　篠ノ井遺跡群・石川条里遺跡・築地遺跡・於下遺跡・今里遺跡　長野市内その一　長野県埋蔵文化財センター発掘調査報告書三三　一九九八年。
(347)　長野市教育委員会編『田中沖遺跡』Ⅱ　長野市の埋蔵文化財　第四二集　一九九一年。
(348)　注331に同じ。
(349)　注346に同じ。金原正が分析の対象とした佐久市栗毛坂遺跡群例の衰微も、この洪水による可能性がある。金原正「古代集落の変化と墨書土器―長野県の事例を中心に―」（吉田晶編『日本古代の国家と村落』塙書房　一九九八年）。
(350)　注327掲載の図表に基づいて作成。
(351)　石上周蔵ほか『中央自動車道長野線埋蔵文化財発掘調査報告書』六　下神遺跡　松本市内その三　長野県埋蔵文化財センター発掘調査報告書六　一九九〇年。
(352)　市川隆之ほか『中央自動車道長野線埋蔵文化財発掘調査報告書』三　吉田川西遺跡　塩尻市内その二　長野県埋蔵文化財センター発掘調査報告書三　一九八九年。
(353)　原明芳「信濃における奈良・平安時代の集落展開―松本平東南部、田川流域を中心として―」（『帝京大学山梨文化財研究所研究報告』第七集　一九九六年）。注327に同じ。鵜飼幸雄「土壙墓からみた八ケ岳山麓における平安時代集落の成立」（『長野県考古学会誌』第一四七・一四八号　二〇一四年）。
(354)　平野修「古代甲斐国の山麓開発と御牧―集落遺跡の消長から―」（山梨県考古学協会二五周年記念論文集編集委員会編『山梨考古学論集』Ⅴ　山梨県考古学協会二五周年記念論文集　二〇〇四年）。
(355)　平野修「奈良・平安時代の住居と集落」（注341山梨県編に同じ）。
(356)　斎藤秀樹「峡西地域における奈良・平安時代の集落変遷」（『山梨県考古学協会誌』第一六号　二〇〇六年）。
(357)　注354に同じ。
(358)　服部哲也「月縄手遺跡」（愛知県史編さん委員会編『愛知県史』資料編三　考古三　古墳　二〇〇五年）。
(359)　早野浩二「福田遺跡」（注358愛知県史編さん委員会編に同じ）。赤塚次郎・早野浩二「松河戸・宇田様式の再編」（愛知県埋蔵文化財センター『研究紀要』第二号　二〇〇一年）参照。
(360)　服部哲也「正木町遺跡、伊勢山中学校遺跡」（注358愛知県史編さん委員会編に同じ）。
(361)　服部哲也「大須二子山古墳」（注358愛知県史編さん委員会編に同じ）。

(362) 永井邦仁ほか『水入遺跡』愛知県埋蔵文化財センター調査報告書　第一〇八集　二〇〇五年。
(363) 森泰通ほか『神明遺跡』Ⅱ　豊田市埋蔵文化財発掘調査報告書　第一七集　二〇〇一年。
(364) 注199岡安に同じ。
(365) 伊藤明良「尾張における埴輪導入期の様相―高塚古墳への埴輪導入と地域社会の動態―」（赤塚次郎編『尾張・三河の古墳と古代社会』東海の古代三　同成社　二〇一二年）。
(366) 森泰道「梅坪遺跡」（注358愛知県史編さん委員会編に同じ）。
(367) 山口遥介「岡崎市小針遺跡の再評価―古代集落の変遷と画期を中心として―」（『考古学フォーラム』二〇　二〇一一年）。
(368) 石原憲人「西三河における古墳時代後期の集落遺跡―集落の消長を中心に―」（右に同じ）。
(369) 永井邦仁「西三河の古代集落―八世紀後葉の画期―」（菊池徹夫編『比較考古学の新地平』同成社　二〇一〇年）。
(370) 岐阜県編『岐阜県史』考古資料（二〇〇三年）参照。
(371) 杉浦裕幸「八ッ面山北部遺跡」（愛知県史編さん委員会編『愛知県史』資料編四　考古四　飛鳥～平安　二〇一〇年）。
(372) 贄元洋「公文遺跡」（注371愛知県史編さん委員会編に同じ）。
(373) 永井邦仁「古代の足助」（愛知県埋蔵文化財センター『研究紀要』第六号　二〇〇五年）、永井邦仁「碧海台地東縁の古代集落」（愛知県埋蔵文化財センター『研究紀要』第一一号　二〇一〇年）、注369に同じ。
(374) 第九回東海考古学フォーラム尾張大会実行委員会編『東海の中世集落を考える―考古学から中世のムラをどう読み解くか―』第九回東海考古学フォーラム尾張大会資料集（二〇〇二年）参照。
(375) 鈴木一有『北神宮寺遺跡』浜松市教育委員会　二〇〇九年。
(376) 足立順司ほか『長崎遺跡』Ⅳ（遺物・考察編）昭和六二～平成元年度・四年度静清バイパス（長崎地区）埋蔵文化財調査報告書　静岡県埋蔵文化財調査研究所調査報告　第五九号　一九九五年。
(377) 伊藤裕偉・川崎志乃『嶋抜第一次調査』三重県埋蔵文化財調査報告一七四　一九九八年。
(378) 穂積裕昌『一般国道二三号中勢道路（八工区）建設事業に伴う六大A遺跡発掘調査報告』三重県埋蔵文化財調査報告一一五―一六　二〇〇二年。
(379) 柴田稔編『古新田』Ⅰ　遺構編　一九九二年、柴田稔・柴田睦編『古新田』Ⅱ　遺物編　静岡県浅羽町教育委員会　一九九三年。

(380) 五島康司編『坂尻遺跡』序文・古墳時代編　一般国道一号袋井バイパス（袋井地区）埋蔵文化財発掘調査報告書　建設省中部地方建設局・静岡県教育委員会・袋井市教育委員会　一九八五年。
(381) 堀田美桜男・増井義巳『宮之腰遺跡』焼津市教育委員会　一九六四年。
(382) 鈴木敏弘『南伊豆下賀茂　日詰遺跡発掘調査報告』日詰遺跡発掘調査団・南伊豆町教育委員会　一九七八年。
(383) 山田猛編『大鼻遺跡』三重県埋蔵文化財調査報告一〇〇―五　一九九四年。
(384) 丸杉俊一郎ほか『井通遺跡』平成八～一八年度井伊谷川河川改修工事に伴う埋蔵文化財発掘調査報告書　本文編二　静岡県埋蔵文化財調査研究所調査報告　第一七四集　二〇〇七年。
(385) 浜松市博物館編『都田地区発掘調査報告書』下巻　本文編　一九九〇年。
(386) 佐野五十三「駿河国富士郡における八世紀代の移住と集住」（『静岡県考古学研究』四〇　二〇〇八年）、佐野五十三「古代官道と郡衙の求心性―駿河国富士郡と駿河郡の事例検討―」（『山梨県考古学協会誌』第二〇号　二〇一一年）。
(387) 平野吾郎ほか『横山遺跡』小山町教育委員会　一九八四年。
(388) 穂積裕昌ほか編『菟上遺跡発掘調査報告』三重県埋蔵文化財調査報告二七―七　二〇〇五年。
(389) 鈴木敏則ほか『伊場遺跡総括編』伊場遺跡発掘調査報告書　第一二冊（文字資料・時代別総括）浜松市教育委員会　二〇〇八年。
(390) 松井一明『掛之上遺跡一四・一五・一九』本文編　袋井市駅前第二地区土地区画整理事業に伴う発掘調査報告書七　袋井市教育委員会　二〇〇三年。
(391) 注374に同じ。
(392) 注244に同じ。
(393) 注244第一六回東北・関東前方後円墳研究会大会実行委員会編に同じ。
(394) 右に同じ。
(395) 小沢洋らによる分析が千葉県域の、「相武国の古墳」展図録が神奈川県域の衰微情況をそれぞれ伝え、また、『東国土器研究』第五号所収の中期土器編年でしばしばⅠ期における資料不足が漏らされていることは、関東各地にこの情況が広がっていたことを間接的にせよ窺わせる。小沢洋「上総における古墳中期土器編年と古墳・集落の諸相」（『君津郡市文化財センター紀要』Ⅷ　一九九八年）。注221佐藤に同じ。平塚市博物館「相武国の古墳―相模川流域の古墳時代―」展図録　二〇〇一年。この衰微の原因が大地震と津波によるらしいことを相武地域について上本進二が説き、実査によって検証している。上本進二「古墳時代前期～中期の相模を襲った地震と災害―巨大地震と津波による災害の可能性を探る―」（『神奈川考古』第二八号　一九九二年）、上本進二「古墳時代前期の南関東を襲った巨大地震の痕跡」（日本文化財科学会第二九回実行委員会事務局編『日本文化財科学会第二九回大会研究発表要旨集』二〇一二年）。

(396) 木原高弘「東部地域の集落」（千葉県教育振興財団文化財センター『研究紀要』二七　二〇一二年）。

(397) 注395小沢に同じ。

(398) 富塚義人・小林秀次編『成塚住宅団地遺跡』Ⅲ　分析編　群馬県企業局・太田市教育委員会　一九九三年。石塚久則「成塚住宅団地遺跡」（太田市編『太田市史』通史編　原始古代　一九九六年）。

(399) 坂口一「五世紀代における集落の拡大現象―三ツ寺Ⅰ遺跡居館の消長と集落の動向―」（『古代文化』第四二巻第二号　一九九〇年）。

(400) 角田真也ほか『高崎情報団地Ⅱ遺跡』高崎市文化財調査報告書　第一七七集　二〇〇二年。

(401) 藤田典夫・安藤美保『杉村・磯岡・磯岡北』北関東自動車道建設に伴う埋蔵文化財発掘調査Ⅱ　栃木県埋蔵文化財調査報告第二四一集　二〇〇〇年。

(402) 田所則夫・川又清明『一般国道六号東水戸道路改築工事地内埋蔵文化財調査報告書』Ⅳ　三反田下高井遺跡　茨城県教育財団文化財調査報告　第一二八集　一九九八年。

(403) 酒井雄一ほか『島名熊の山遺跡』島名・福田坪一体型特定土地区画整理事業地内埋蔵文化財調査報告書』XⅢ　茨城県教育財団文化財調査報告　第二八〇集　二〇〇七年。

(404) 笹生衛「鹿島神宮と『卜氏の居む所』」（椙山林継先生古稀記念論集刊行会編『日本基層文化論叢』椙山林継先生古稀記念論集　雄山閣　二〇一〇年）。

(405) 注399に同じ。

(406) 注403に同じ。

(407) 白井久美子・西野雅人「生実・椎名崎遺跡群」（注225千葉県史料研究財団編に同じ）。

(408) 酒井清治「上ノ台遺跡」（注225千葉県史料研究財団編に同じ）。

(409) 小栗信一郎「三輪野山遺跡群」（注225千葉県史料研究財団編に同じ）。

(410) 大谷弘幸・白井久美子「ちはら台遺跡群」（注225千葉県史料研究財団編に同じ）。

(411) 中沢悟・小林昌二『矢田遺跡』Ⅶ　関越自動車道（上越線）地域埋蔵文化財発掘調査報告書　第四五集　群馬県埋蔵文化財調査事業団調査報告　第二二〇集　一九九七年。

(412) 出浦崇「上野国の地域開発―佐位郡内における集落の変遷―」（『古代文化』第五九巻第二号　二〇〇七年）。

(413) 加藤恭朗「入間台地の遺跡と律令体制の整備」（古代の入間を考える会編『論叢　古代武蔵国入間郡家Ⅱ―多角的視点からの考察―』二〇〇九年）。

(414) 福田健司「落川・一の宮遺跡の集落変遷―東国古代集落の形成と解体過程の一側面―」、服部敬司「古代多摩地域の低地集落とその背景」（『古代文化』第五六巻第七号　二〇〇四年）。福田健司『南武蔵の考古学』六一書房　二〇〇八年。比田井克仁「南武蔵における律令国家形成期の集落動態―多摩郡と豊島郡の比較から―」（『東京考古』二三　二〇〇五年）参照。市川市史編さん歴史部会（古代）下総国戸籍研究グループ編『市川市史編さん事業調査報告書』下総戸籍遺構編　二〇一四年）にも一時的衰微の例がみられる。

(415) 坂口一「榛名山麓の火山災害（Ｈｒ―ＦＡ）」（群馬県埋蔵文化財調査事業団編『自然災害と考古学―災害・復興をぐんまの遺跡から探る―』二〇一三年）。

(416) 越田真太郎『辰海道遺跡』二　北関東自動車道（協和～友部）建設事業地内埋蔵文化財調査報告書Ⅱ　茨城県教育事業団文化財調査報告　第二二三集　二〇〇四年）。茨城県域の奈良・平安時代集落の形成動向については、茨城県考古学協会シンポジウム実行委員会編『古代地方官衙周辺における集落の様相―常陸国河内郡を中心として―』（二〇〇五年）で総括されている。

(417) 深澤靖幸『古代武蔵国府』府中市郷土の森博物館ブックレット二　府中文化振興財団・府中市郷土の森博物館　二〇〇一年。荒井健治「武蔵国府の時系列的分析」（『東京考古』三二　二〇一四年）。

(418) 大坪宣雄「本郷遺跡」（海老名市編『海老名市史』一　資料編　原始・古代　一九九八年）。

(419) 鶴間正昭「古代の丘陵開発―多摩ニュータウン遺跡群一〇年の軌跡」（東京都埋蔵文化財センター『研究論集』Ｘ　一九九一年）。

(420) 注415に同じ。

(421) 松崎元樹「武蔵国多磨郡域の牧をさぐる」（入間田宣夫・谷口一夫編『牧の考古学』高志書院　二〇〇八年）。

(422) 峰岸純夫『中世　災害・戦乱の社会史』吉川弘文館　二〇〇一年。

(423) 能登健ほか「山棲み集落の出現とその背景―二つの『ヤマ』に関する考古学的分析―」(『信濃』第三七巻第四号　一九八五年)や既述した長野・山梨・愛知県域でのデータを参照すると、非農耕地帯の山岳/海浜部へ移ったことがひとつの案として考えられる。一〇世紀後半～一一世紀に上武甲信の四国に設置された勅旨牧や諸国牧を馬の飼育地と山間交通の拠点として重視する田中広明説は、一二世紀の動向を見通した卓見であると思う。それでも集落形成の衰微から察せられる遊動者の行方には、なお問題を残している。田中広明『地方の豪族と古代の官人―考古学が解く古代社会の権力構造―』柏書房　二〇〇三年。

(424) 注245に同じ。

(425) 阿部明彦『三軒屋物見台遺跡発掘調査報告書』二　山形県埋蔵文化財発掘調査報告書　第一〇七集　一九八七年。

(426) 注242に同じ。

(427) 注247に同じ。

(428) 高木晃編『中半入遺跡・蝦夷塚古墳発掘調査報告書』担い手育成基盤整備事業東田地区圃場整備工事　岩手県文化振興事業団埋蔵文化財発掘調査報告書　第三八〇集　二〇〇二年。岩手県域北部の盛岡市とその近傍で宇田型甕の出土が確認されている点も注意を要する。井上雅孝・早野浩二「岩手県岩手郡滝沢村大釜館遺跡出土の宇田型甕について」(『筑波大学先史学・考古学研究』第一四号　二〇〇三年)。

(429) 小保内裕之ほか編『田向冷水遺跡』Ⅱ　田向土地区画整理事業に伴う発掘調査報告書二　八戸市埋蔵文化財調査報告書　第一一三集　二〇〇六年。

(430) 横手市教育委員会編『秋田県横手市オホン清水』第三次遺跡発掘調査報告書　横手市文化財調査報告一〇　一九八四年。

(431) 藤沼邦彦「古墳時代の青森県」(注246青森県史編さん考古部会編に同じ)。

(432) 今泉隆雄「律令国家とエミシ」(須藤隆ほか編『新版古代の日本』第九巻　東北・北海道　角川書店　一九九二年)。注246青森県史編さん考古部会編に同じ。

(433) 相原康二「古代の集落と生活―蝦夷の集落」(注432須藤ほか編に同じ)。

(434) 注246木村、相澤、注249菊池ほかに同じ。佐藤剛「後北C2・D式土器の時期区分と細分」㈠(『北方島文化研究』第一号　二〇〇三年)。

(435) 横須賀倫達「陸奥南部の居館・集落」(注84日本考古学協会二〇〇五年度福島大会実行委員会編に同じ)。

(436) 伊藤邦弘「山形県内出土の古墳時代須恵器の編年」(山形県立うたむき風土記の丘考古資料館「やまがたの古墳時代―最上

川流域のムラと古墳―』展図録　二〇一一年。
(437) 安田稔ほか『阿武隈川右岸築堤遺跡調査報告』高木・北ノ脇遺跡二　福島県文化財調査報告書　第四〇一集　二〇〇二年。
(438) 鈴木功編『ほ場整備事業舟田地区関連遺跡発掘調査報告書』二・四　舟田中道遺跡Ⅰ・Ⅱ　白河市埋蔵文化財調査報告書第三一・第三三集　二〇〇一・〇二年。
(439) 飯村均『律令国家の対蝦夷対策・相馬の製鉄遺跡群』シリーズ「遺跡を学ぶ」〇二一　新泉社　二〇〇五年。
(440) 注433に同じ。
(441) 松本建速「東北北部における古代集落とその居住者」（川西宏幸編『東国の地域考古学』六一書房　二〇一一年）。
(442) 注435に同じ。熊谷公男「律令国家形成期における柵戸と関東系土師器」（国士舘大学考古学会編『古代社会と地域間交流―土師器からみた関東と東北の様相―』六一書房　二〇〇九年）。大谷基「『移民』と『新型土師器坏』―宮城県内における囲郭集落をもとに―」（辻秀人先生還暦記念論集刊行会編『北杜』辻秀人先生還暦記念論集　二〇一〇年）。松本太郎『東国の土器と官衙遺跡』六一書房　二〇一三年。
(443) 村田晃一「七世紀における陸奥北辺の様相―宮城県域を中心として―」（注84日本考古学協会二〇〇五年度福島大会実行委員会編に同じ）。
(444) 高橋誠明「律令国家の成立期における境界地帯と関東との一関係―宮城県大崎地方出土の関東系土師器と出土遺跡の意義―」（『国士舘考古学』第三号　二〇〇七年）。富田和夫「移民の携えた土器―北武蔵・上野由来の『関東系土師器』をめぐって―」（注442国士舘大学考古学会編に同じ）。
(445) 菅原祥夫「東北古墳時代終末期の在地社会再編」（注217山岸編に同じ）。
(446) 利部修「秋田の古墳時代土器とその遺跡」（川崎利夫編『出羽の古墳時代』奥羽史研究叢書八　高志書院　二〇〇四年）。
(447) 八木光則「渡島半島における土師器の導入」（『北方島文化研究』第五号　二〇〇七年）。
(448) 山形県立うたむき風土記の丘考古資料館編「出羽国ができるころ―出羽建国期における南出羽の考古学―」展図録　二〇〇八年。
(449) 小松正夫「元慶の乱期における出羽国の蝦夷社会」（鈴木靖民編『古代蝦夷の世界と交流』古代王権と交流一　名著出版　一九九六年）。神田和彦「秋田平野周辺における集落の様相」、宇田川浩一「『元慶の乱』前後の集落と生業―米代川流域と旧八郎湖東北岸の違い―」、島田祐悦「横手盆地における集落の様相」（古代城柵官衙遺跡検討会編『第三一回古代城柵官衙遺跡検討会資料集』二〇〇五年)。神田和彦「元慶の乱と古代地域社会―秋田平野における古代集落遺跡の分析を中心として―」(注40東北大学大学院文学研究科考古学研究室・須藤隆先生退任記念論文集刊行会編に同じ)。

(450) 工藤清泰「津軽平野の様相」(第二四回古代城柵官衙検討会事務局編『第二四回古代城柵官衙検討会資料集』一九九八年)。三浦圭介「古代防御性集落と北日本古代史上の意義について」(三浦圭介ほか編『北の防御性集落と激動の時代』同成社 二〇〇六年)。注441に同じ。

(451) 丸山晶子『高瀬山遺跡(二期)第二・第三次発掘調査報告書』山形県埋蔵文化財センター調査報告書 第八〇集 二〇〇〇年。伊藤邦弘『高瀬山遺跡(SA)第二・三次発掘調査報告書』山形県埋蔵文化財センター調査報告書 第九四集 二〇〇一年。小林圭一『高瀬山遺跡(HO地区)発掘調査報告書』山形県埋蔵文化財センター調査報告書 第一四五集 二〇〇五年。

(452) 注449島田に同じ。

(453) 齋藤淳「北奥『蝦夷』社会の展開」(注212明治大学文学部考古学研究室編に同じ)。

(454) 八木光則「徳丹城・胆沢城と蝦夷政策」(『古代文化』第五四巻第一一号 二〇〇二年)。

(455) 注433の叙述に基づいて作成。

(456) 岩手県文化振興事業団埋蔵文化財センター編『岩手を掘る―いわて発掘三〇年―』二〇〇八年。

(457) 北田勲・杉沢昭太郎『矢盛遺跡第一〇・一一次、向中野館遺跡第九次、台太郎遺跡第五八次発掘調査報告書』盛岡南新都市土地区画整理事業関連遺跡発掘調査 岩手県文化振興事業団埋蔵文化財調査報告書 第五一六集 二〇〇八年。

(458) 伊藤博幸「北上盆地南部の様相」(注450第二四回古代城柵官衙検討会事務局編に同じ)。

(459) 古川一明「陸奥国城柵の終末」(古代城柵官衙遺跡検討会第三七回大会資料集編集担当編『第三七回古代城柵官衙遺跡検討会資料集』二〇一一年)。

(460) 西野修「北上盆地北部の様相」(注450第二四回古代城柵官衙遺跡検討会事務局編に同じ)。

(461) 注449島田に同じ。

(462) 注450三浦に同じ。

(463) 注450工藤に同じ。佐藤智生「青森県における防御性集落の時代と生業―その考古学的現状の確認と仮説の検証を中心に―」(注450三浦ほか編に同じ)。

(464) 注463佐藤に同じ。

(465) 高橋学「秋田県における古代防御性集落」(注450三浦ほか編に同じ)。島田祐悦「古代出羽国の柵・館―後三年合戦関連遺跡群を中心に―」(注459古代城柵官衙遺跡検討会第三七回大会資料集編集担当編に同じ)。

(466) 荒木志伸「城輪柵と周辺の様相―一〇～一一世紀を中心に―」(注459古代城柵官衙遺跡検討会第三七回大会資料集編集担当編に同じ)。

(467) 樋口知志「古代城柵の終焉と『館』の形成」、羽柴直人「古代末の陸奥―前九年合戦期の遺跡を中心に―」(注459古代城柵官衙遺跡検討会第三七回大会資料集編集担当編に同じ)。

(468) 注450三浦に同じ。

(469) 柳澤和明「発掘調査より知られる貞観一一年(八六九)陸奥国巨大地震・津波の被害とその復興」(『史林』第九六巻第一号　二〇一三年)。

(470) 菅原祥夫「城柵終末期前後の陸奥南部」(注459古代城柵官衙遺跡検討会第三七回大会資料集編集担当編に同じ)。

(471) 右に同じ。

(472) 注24に同じ。

(473) 注39に同じ。

(474) 注46に同じ。

(475) 注11に同じ。

(476) 伊藤正人「文化的環境」(注67日本考古学協会二〇〇八年度愛知大会実行委員会編に同じ)。

(477) 注47、注48に同じ。

(478) 小林青樹編『縄文・弥生移行期の東日本系土器』考古学資料集九　国立歴史民俗博物館春成研究室　一九九九年。鈴木正博「『土器型式』の眼差しと『細別』の手触り―大洞A1式『縁辺文化』の成立と西部弥生式における位相―」(『埼玉考古』第三五号　二〇〇〇年)。鈴木によれば「北奥の『亀ヶ岡式』の貫入が大洞C2式後半から大洞A1式にかけてかなり強力に西日本の遠隔地に進行した」という。

(479) 注244に同じ。

(480) 久住猛雄「古墳時代初頭前後の博多湾岸遺跡群の歴史的意義」(大阪府立弥生文化博物館「大和王権と渡来人―三・四世紀の倭人社会―」展図録　二〇〇四年)、久住猛雄「『博多湾貿易』の成立と解体」(『考古学研究』第五三巻第四号　二〇〇七年)。

会下和宏「東アジアからみた弥生墳墓の地域性―弥生中期後葉～終末期を中心に―」（注59考古学研究会編に同じ）、会下和宏「弥生時代の鉄剣・鉄刀について」（『日本考古学』第二三号　二〇〇七年）。
(481) 石川昇『前方後円墳築造の研究』六興出版　一九八九年。
(482) 原島礼二『日本古代社会の基礎構造』吉川弘文館　一九六八年。大町健『日本古代の国家と在地首長制』校倉書房　一九八六年。坂江渉「古代国家の農民像と地域社会」（注349吉田編に同じ）。鎌田元一『律令公民制の研究』塙書房　二〇〇一年。荒井秀規「日本古代の『公民』をめぐって」（吉村武彦編『律令制国家と古代社会』塙書房　二〇〇五年）。
(483) 加藤友康ほか編『日本史総合年表』吉川弘文館　二〇〇一年。
(484) 服部敏良『平安時代医学史の研究』吉川弘文館　一九五五年。
(485) 西山良平「平安京の小屋と小宅」（西山良平・藤田勝也編『平安京の住まい』京都大学学術出版会　二〇〇七年）。
(486) 大庭康時「出土遺物にみる日明貿易と博多」（『考古学ジャーナル』第五七九号　二〇〇八年）。橋田正徳「中世前期における居館の展開―考古学による『在地領主』論の検証作業―」（『古文化談叢』第六九集　二〇一三年）参照。
(487) 下條信行・川西宏幸編『平安京左京八条三坊二町』平安京跡研究調査報告　第六輯　古代学協会　一九七三年。野口実「京都七条町の中世的展開」（『朱雀』第一号　一九八八年）。
(488) 阿部明彦・伊藤邦弘編『大楯遺跡』第一次・第二次発掘調査報告書　山形県埋蔵文化財調査報告書　第一二一・第一三九集　一九八八・八九年。伊藤邦弘「遊佐町大楯遺跡について」（『歴史手帖』第二四巻第一〇号　一九九六年）。
(489) 大田由紀夫「渡来銭と中世の経済」（荒野泰典ほか編『倭寇と「日本国王」』日本の対外関係四　吉川弘文館　二〇一〇年）。

第五章　衰滅・流亡論の構築

第一節　共時態としての衰滅

前一〇〇〇年以前　東西ユーラシアと倭のそれぞれで抽出した集落形成上の衰微の波動を、次は共時空間のなかに措いて比較を試みよう。本項では前一千年紀に達するまでを取り上げると、倭の第一の波が前六千年紀後葉に、西ユーラシアの第一の波が前五千年紀中葉に到来した。すなわち、倭では縄文早期後葉ないし早・前期の交である。西ユーラシアではメソポタミアのウバイド期末ならびに北ギリシアの新石器中期末で、到来がやや遅れた結果が得られているブルガリアでのカラノヴォⅥ文化期末の例もここに加わる。衰微の波がことに激しく広域に及んだ形跡をとどめているのは、倭では火山噴火の影響が加わったその西半、西ユーラシアでは南メソポタミアであった。さらに北ギリシアとブルガリアでの衰微例などが加わるので、共時的波動の例は西ユーラシアに集中している。東ユーラシアがこの波動に連なるのかどうか、それを推断するには集落址資料の追加をまたなければならない。

ついであげられる波動は、西ユーラシアの第二の波、東ユーラシアの第一の波、倭の第二の波である。西ユーラシアでは、メソポタミアのウルク後期、エジプトのナカダⅡd期、パレスチナの銅石器時代末、温帯ヨーロッパ（西岸海洋性気候帯域を指す）のＴＲＢ文化期末にあたり、東ユーラシアでは、新石器中期後葉〜後期前葉に、倭では縄文前期末にあたる。それぞれ縄文前期末は前三七〇〇～前三三〇〇年、TRB文化期からコーデッド土器文化期への移行は前四千年紀末、ウルク後期は前四千年紀後葉、ナカダⅡd期は前四千年紀の中・後葉の交、東ユーラシアの新石器中・後期の交は前三〇〇〇年頃に求められている。

年代上の一致が望ましいという立場からすると、倭とヨーロッパとの間に少なからぬ齟齬のみとめられる点が問題になる。年代推定上の誤差の有無を疑わせるからである。これに対して、生活や文化が相違するので年代上の厳密な一致は得られるはずがないという立場からすると、齟齬が環境適応の遅速をあぶり出すことになる。いずれにせよ、いま早急に答えを導くのは難しい。もとより、到来年代の一致／近接を偶然視する立場もあってよい。しかし、このような一致／近接は後代にも少なからず見いだされるので、前四千年紀の場合だけを偶然の所産とすることはできないだろう。そこで、年代上の齟齬の問題を将来の検証に委ねることにして、前四千年紀後半という最大公約数的年代を採用して、この波動の共有を一括りにしておきたい。

この時期に各地に到来した波は、西ユーラシアではエジプトを含めた西アジア一帯と温帯ヨーロッパを覆い、東ユーラシアでは遅速を伴いつつ広域に及んでとりわけ北方・黄河流域諸地域を痛打し、倭では西方諸地域の集落形成の低調さの存続と東方諸地域の激しい隆替として現出した。波動の及んだ範囲が前五千年紀の西ユーラシアの場合よりもはるかに広域であるようにみえるのは、集落形成が各地に拡がり、かつ充実の度を加えたことによる。西アジアでの都市の出現、東ユーラシアでの仰韶期や倭の縄文前期での集落数の増加を例にあげて示すまでもなく、集落形成人口が総体的に増加したことは疑いないから、今次の波で流動化した人びとの数も、前代の場合よりもはるかに多かったことが想像される。

さて、これについで到来したのが、西ユーラシアの第三、東ユーラシアの第二、倭の第三の波である。すなわち、西ユーラシアでは、南メソポタミアを除く西アジアのEB期末、エジプトの第一中間期、ギリシアのEH期末、クレタのＥＭ期ⅢＢ、ブルガリアやマケドニアでのテル居住の放棄、東ユーラシアでは新石器・青銅器時代の交、黄河流域編年でいう龍山・二里頭文化期の交が、倭では縄文中・後期の交が、それぞれこれに加わる。ユーラシアの西方では前三千年紀後葉、東方では前二〇〇〇年頃、倭では前二五〇〇年の前後二〇〇～三〇〇年頃というから、年代上の齟齬は小さい。温帯ヨーロッパが加わっていないのは、ベル・ビーカー土器文化期の集落形成がおしなべて微弱なせいで、隆替を抽出するのが難しいことによる。

東西ユーラシアと倭を覆ったこの広汎な衰微の波を特色づける点は、まず焼壊のような暴力的情況のなかで終焉を迎えた例が、数多く見いだされることである。西アジアと東地中海・エーゲ海域に例が多いことは既述の通りであり、また東ユーラシアでも山西省陶寺遺跡の例が知られている。東ユーラシアの場合、龍山文化期における武器の発達を考慮し、さらに、日乾レンガや石を使う西アジアの建築様式と違って破壊の痕跡を見分けにくい点を念頭におくならば、陶寺遺跡例にとどまるほど破壊が稀有であったとは考えにくい。集落居住者と遊動者、都市民と非都市民、財の保有者と非保有者という差異が拡がっていたことが、暴力的破壊行為を生んだのであろう。ところが、倭ではこのような例が知られておらず、武器類の発達もみられない。北方や西方では集落形成に隆盛の動きがあるので、そちらへ移住したことが考えられているが、移住に争乱が伴ったことはなかったのであろうか。もしそうだとすると差異の乏しさにその原因が求められるであろう。

第二に、西ユーラシアでは南メソポタミアが、東ユーラシアでは北東部と西部とが、それぞれ集落形成で隆盛をみせ、集落を放棄した人びとを吸収した可能性があることである。すなわち、放棄者のことごとくではないが、既存の証左からすると、メソポタミアでは海に近い南を、東ユーラシアでは西部や北東部の乾燥地帯をそれぞれ目指したということになる。ユーラシアの東西で移住方向の異なるとみた点がもし大過ないとすると、この相違はいったい何に起因するのか、次節であらためてこの問題を取り上げることにする。

話を戻すと、次に近い年代を共有する衰滅は、西ユーラシアの第四、東ユーラシアの第三、倭の第四の波である。すなわち、西ユーラシアでは、西アジアのMB・LB期の交、キプロスのMCⅢ期末、クレタの第一宮殿期末、キクラデスのMC期末が、東ユーラシアでは夏家店下層期と斉家期の末が、倭では縄文後期中・後葉がそれぞれこの波の例を構成する。これらはおしなべて前二千年紀中葉にあたる。

西アジアの場合、メソポタミアではヒッタイトやエジプトなどの領域国家による進攻に加え、レヴァントの一部で原因のわからない空白があり、キプロスやエーゲ海島嶼部では正体不明の外敵による破壊が、それぞれ集落形成を頓挫させた。強国による出師か域外集団による暴掠かを問わず、物理的暴力がこれらの地域で集落形成の帰趨をますます左右するようになったわけである。東ユーラシアでの夏家店下層期と斉家期の末での衰微は、暴力を伴わず、広域的動揺も発生しなかったようである。夏家店下層期の集落には囲郭施設をそなえた例が少なくないので、衰微に暴力的行為が伴っていても不思議ではない。考古学的証左に現れない暴力が惹起したのかもしれないが、いずれにせよ、斉家文化ともども定住へのこだわりの乏しさが、さらに居住環境の悪化が、集落の放棄を促した原因であったとみられる。また、移住先を見いだすのが難しいほど衰微が広域を覆った倭の場合も、争乱の形跡は知られていない。「戦争」は農耕生産の開始とともに始まったという見解に依拠すると、これは当然といえるのであろうが、動物にみられる集団間の争いが、狩猟採集を生業としていた人間には発生しなかったということになるのであろうか。

それはさておき、要塞が増加した温帯ヨーロッパはこの衰微の列に加わらず、ギリシア本土、エジプト、黄河・長江流域ではかえって隆盛にさえ転じていた。これらの地域が衰微に陥った前代の波と、この点で相違している。ユーラシアの東西と倭に衰微を促す共通要因が起動し、それがこの波の場合にも気候変動であった可能性が、後述するように少なくないのであるが、気候変動＝集落形成の衰微という等式がここでは通用しない。このような状況があらわになったことを強調しておこう。

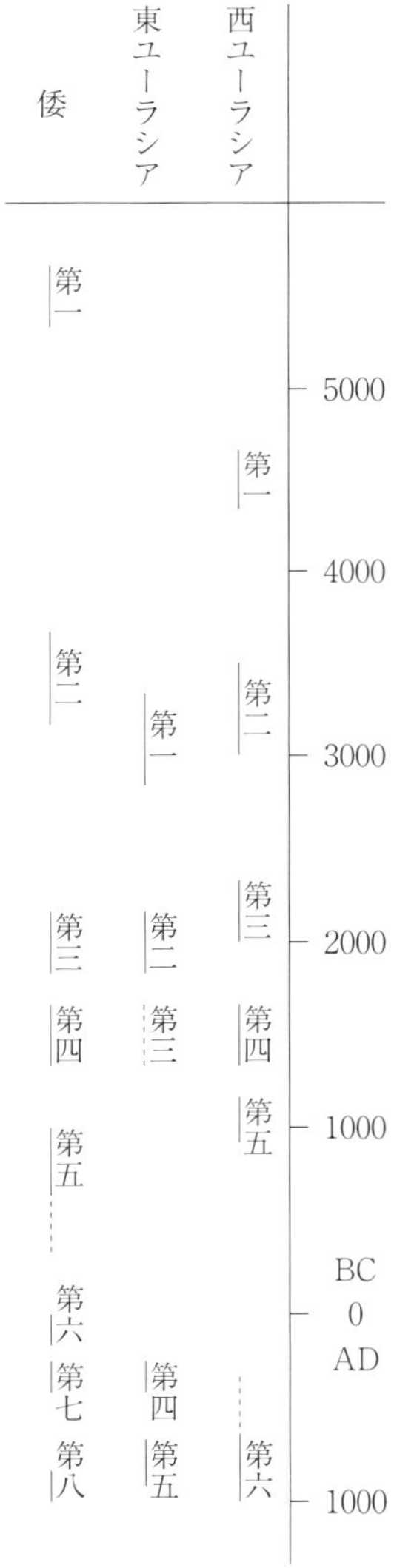

次に取り上げたいのは、西ユーラシアの第五、倭の第五の波であり、前二千年紀後葉〜前一千年紀前葉に編年される。前二千年紀後葉というと、東ユーラシアで商・周代の交にあたるが、河北や河南という商の本拠地での衰微はみられるにせよ、それが広域に及んだ可能性は低く、周代に入って集落形成がさらに隆盛を重ねたことを、址数の倍加から汲みとることができる。周代に施行したと伝えられる井田制という定住策が、実効を伴っていたかのようである。前五千年紀以降、ユーラシアの東西や倭で連動していた衰微の波が、前二千年紀中葉に強弱の乱れを生じ、後葉に有無の相違を現すに至ったことは注意される。

西ユーラシアの第五の波に連なった地域は広大で、西アジアのほぼ全域から東地中海・エーゲ海域、ギリシア本土に及び、温帯ヨーロッパも流動性の高進という点でこの例に加えられる。つまり、エジプト、レヴァントのフェニキア、西地中海域を除き、ほぼ全域がこの波のもとにあったのである。この波を惹起した直接の原因が争乱であり、たとえば東地中海方面では「海の民」に代表される「非文明」の民の進攻や移住によることが、破壊例をあげて示されている。前三千年紀後葉の衰微時に端を発する「文明」と「非文明」との対立構図が前二千年紀のなかで鮮やかさを増し、ここにおいて極まった、ということになるわけである。しかし、この構図に進化論的偏見が投影されていることは、すでに察せられている通りである。

倭での第五の波は、縄文晩期後半／後葉に激化し、西方では弥生早期／前期前半まで、東・北方では弥生前期／中期前半まで衰微の状態が続いた。年代幅を最大にとると、前一二〇〇年頃に始まり、東・北方の一部では前三〇〇年頃まで続いたことになる。西方の一部の地域で興隆の形跡をとどめるものの、多くの地域で人びとは考古学的痕跡をとどめにくい遊動状態に陥ったことが推測される。弥生時代の開始をめぐって、朝鮮半島からの人間の移動が説かれ、水田耕作の開始が高唱されているが、縄文晩期に端を発する遊動状況が継続していたことを直視するならば、新文化の伝来や農耕の開始にのみ焦点を合わせて時代の転換を語ることははばかられるはずである。ここにも進化論的偏見の陥穽がみとめられる。

前一〇〇〇年以降　前項の衰微に続く例が、西ユーラシアのアケメネス朝期における北メソポタミアでの前一千年紀中葉の衰微である。同じ頃、東ユーラシアで匈奴などの進攻に対処する長城が築かれている点を考えあわせると、西・中央アジアの乾燥地帯では人口の流動性が高進したのかもしれない。しかし、エジプトや地中海域、黄河・長江流域、倭で衰微情況に陥った形跡は見あたらない。類例を求めるとすれば、倭の東北地方の例があげられる。前一〇〇〇年以降は、このように同調を欠く衰微の例が、長期にわたって続くのである。

アケメネス朝期に次ぐ衰微例は倭の第六の波であり、弥生中・後期の交～後期前葉／前半すなわち紀元一世紀にあたる。中・小型集落が衰微するとともに、中期以来の拠点集落のなかで隆盛を遂げつつ存続した例が倭の西方にみられる。人口の全般的流動化と拠点的結集が西方では同時進行したわけである。

この頃の西ユーラシアは、ローマ帝国がパックス・ロマーナの美辞で讃えられた二世紀の盛大に向かう興隆期であった。帝権の不安定さは拭えないにせよ、ユダヤなどの反乱を抑え、ガリアの独立運動も破り、属州の拡張も果たし、経済も順調で、繁栄の途上にあった。紀元五～九年、四〇・四一年、五一年、六二年、六八～七〇年に軽重を混じえた食料危機がローマで発生したというが、人口一〇〇万に達したという巨都を衰退に導くところまでは、むろん至っていない。

東ユーラシアは漢王朝の支配下にあったが、前漢を簒奪した王莽政権の末期に赤眉の乱と呼ばれる大規模な農民暴動が紀元一八年に発生し、劉秀のちの光武帝によって鎮定されるまで一〇年間にわたって続いた。そうして鎮定後、一世紀のあいだは、王朝の勢威が維持された。これは版籍による人口推計の結果や、史書の語る政治動向が示している通りであるが、赤眉の乱の大規模化や後漢創始期の版籍人口の激減を重視すると、一世紀前半は、遊動者が大量に発生し、事あれば暴徒化する情況にあったらしいことを注意しておこう。次節で詳述するようにこの原因が気候変動にあったとすると、倭の情況と結ばれることになる。そうして二世紀に入ると、暴徒化する情況は深刻さを増し、王朝内の紛擾がこれに加わって漢は衰退の淵に沈み、三世紀前葉に滅亡した。集落形成の隆替に現れた東ユーラシアの第四の波は、漢のこの衰微とともに到来した。

他方、西ユーラシアのローマ帝国でも、一六〇～一八〇年に猖獗を極めた疫病の流行、一八九年の食料危機、一六六年にライン国境を破って進攻したマルコマンニー族との一〇年近くに及ぶ戦役、カシウスの反乱、戦費の増大などが重なって帝国が危機に陥った。そうして三世紀に入ると、東方でパルティアに替わって興起したササン朝との攻防が思わしく進展せず、北辺は外囲の諸集団の蹂躙を被り、インフレがいっそう高進し、三世紀後半の乱立で皇帝の権威が低落し、帝国の混迷はさらに深まった。しかし、こうして帝国の混迷は深まっても都市の衰微にまでは至らず、とりわけ北アフリカの諸都市は混迷の外にあって盛容を保っていたという。都市と道路網が、そして住民の懐いていた都市への帰属意識の強さが、帝国を支えたといえるかもしれない。

ユーラシアの東西を占めた漢とローマの両帝国が混迷の度を加えていた二世紀後半というと、倭では集落形成が一世紀の衰微から脱して、すでに隆盛をみせていた時期であった。しかしこの隆盛が短期で興亡した小型集落の累積の結果であることは、既述の通りである。したがって、人口が流動状態にあった点では東ユーラシアに連なるが、もとより、三世紀に入って流動化が極に達した彼の地とは情況が違っていたことを、三世紀を転換期とし地域的偏差を内包しつつ衰微に向かって転舵した倭の集落形成の動向が示唆している。

この衰微は四世紀後葉～五世紀前葉に極まった。倭を覆った第七の波である。これを流動状態の鎮静化とみるのか、考古学的痕跡を残しにくいような遊動化に陥ったのか、おそらく見解が分かれるところであろう。いずれともあれ、大型墳墓の造営に伴う労働力の結集が果たされるようになった点で、恣意に委ねられていたであろう遊動に、畿内指向にせよ背を向けるにせよ一定の秩序が加わったにちがいない。

この頃の東ユーラシアは、四世紀の江南を支配した東晋の末期であり、同時に、五胡十六国期の争乱を収めて後に魏と号した鮮卑拓跋族王朝の抬頭期にあたる。北方の争乱を避けた遊動者の南下によって江南は人口が増えて開発が進んだ。そうして東晋末期に勃発した孫恩の乱も鎮圧され、その顕功に乗じて劉裕が宋王朝を樹てて次代を継承し、民生の安定をはかった。これに対し、三九八年に山西省域北端の大同に造都して国を樹てた魏すなわち北魏は、部族制からの解放を断行して漢人を積極的に登用し、北方諸地域の統一へ向かった。北燕、北涼を滅ぼして、この宿願がかなったのは、四三九年のことである。

他方、ローマ帝国は、いわゆる三世紀の危機をディオクレティアヌス帝の強権によって脱して以降、皇帝の専制君主化とキリスト教化が四世紀に進行した。しかし、北方域外集団群のあいつぐ進攻と、ササン朝との長びく対立によって戦費が嵩み、肥大化した官僚群への冗費が加わり、財政は破綻寸前であった。そうして、三九五年に東西に帝国が分かれると、北方からの進入が激しい西ローマ帝国は、たちまち苦境に陥った。進攻した西ゴート族らは都市文化の伝統を帯びていなかったから、首都ローマは劫掠の恰好の対象となった。またキリスト教の流布や統制経済の実施も、都市の空洞化を促し、長く帝国を支えてきた都市群と交通網を衰微に向かわせた。しかし東ローマ帝国領や北アフリカの諸都市は、外貌を変えながら存続した点で、四世紀後葉～五世紀前葉における衰微の開始は、なお旧帝国領の主として北西部にとどまっていたといえる。

こうしてユーラシアの東西を概観すると、北方に居を占めて「文明」圏への南下を企ててきた域外集団が、時期をほぼ同じくして、域内の一角で動かぬ地歩を確立し、そこに至る前夜の四世紀はヨーロッパの西半、東ユーラシアの北部で、人口の流動性のひときわ高進した時期であったことが注意を引く。倭における集落形成の衰微は、この点で孤立していない。

さて倭の集落形成は、五世紀前半を境にして隆盛に転じ、地域的な衰微と偏差を内包しつつ、八世紀の極へ向かって動き始めた。東ユーラシアでも、版籍人口が前漢代に記録した最大値に復した唐代に向かって動いていった。ところが旧ローマ帝国領では、北西部の諸都市が五世紀には衰微し、東ローマ帝国すなわちビザンティン帝国領の諸都市は六世紀のアナトリアを嚆矢として、七～八世紀の間に急速に衰微を重ねていった。そうして、七世紀中葉に興起したイスラム勢力によって統合された西アジアでも同様に、ササン朝期の集落形成の隆盛が同勢力下で大きく衰微に傾いたのである。これが西ユーラシアの第六の波である。

ところが、この波には次章がある。考古学上の裏付けが手元に乏しいので歴史的推移を述べるにとどめて多くを後考に委ねると、ヨーロッパが最低の人口に陥った七〇〇年頃で二七〇〇万、一〇〇〇年頃で四二〇〇万、一二〇〇年頃で六一〇〇万、一三〇〇年頃で七三〇〇万を数えたという。(1) ちなみに、アウグストゥス死去時のローマ帝国の推計人口が五四〇〇万という。(2) これが帝国の盛期の人口であるとするると、ヨーロッパは一三世紀に至ってそれを凌いだことになる。前漢盛期の版籍人口は六〇〇〇万でこれに近い。この数字は、体制上の相違はあっても古代帝国が組織しえた人口の、極限値を示しているかのようである。

歴史的推移に戻ると、西ユーラシアで七～一〇世紀に人口の流動化が甚だしくなった。その一例はイスラム教を信奉する諸集団による進攻で、ビザンティン帝国領だけでなくイタリア半島やイベリア半島にも及んだ。もう一例は北方にいたノルマンの進攻で、商業なども含むその活動は、八世紀末から始まり、ウクライナ、シシリー、グリーンランド、北アメリカに及んだという。(3) 残るもうひとつの例はマジャール人の進攻で、黒海からハンガリー平原に移動し、中央ヨーロッパで劫掠を重ねたらしい。八九九年のバイエルン進攻を皮切りに、九五五年までの間に確実な例だけでも三三回に及んだというから、(4) その激しさがしのばれる。ローマ帝国へ向かったかつての進攻者達が、新たな進攻によって守勢に回ることになったわけである。しかし彼等の攻勢も一〇世紀を境にして鎮まり、進攻に伴う遊動化の波も収束に転じたようである。ヨーロッパが一三世紀の人口に達するまでにこのような曲折があったのである。

さて、西ユーラシアで人口の流動化が高潮に達していた九世紀に、東ユーラシアや倭でも同様な事態が惹起した。東ユーラシアの第五の波、倭の第八の波がこれにあたる。唐代末に始まり五代十国期に及んだ東ユーラシアでの争乱、倭では、律令体制の弛緩に伴う集落形成の衰微と、官衙施設を襲撃するところまで高揚した一〇世紀での反乱の頻発が、それぞれこれに呼応する。紀元前一〇〇〇年以後、ユーラシアの東西、倭で年代上のずれをはさみつつ、あるいは地域的同調をみせながら惹起していた人口の流動化や集落形成の衰微の波が、ここに至って同時かつ広域的同調を再現したことになるわけである。

この波が収まった一一～一三世紀に、西ヨーロッパで羊毛や麻の織物業が興隆して市場経済が発達し、都市化が進んだ。一三〇〇年頃には都市数五〇〇〇を超え、総人口の一〇～一五%が都市住民であったという。(5) こうして、衰退に向かうビザンティン帝国領を中心とする東ヨーロッパをはるかに凌ぐ経済力をそなえるに至ったのである。また西アジアでは、九世紀後半のアッバース朝衰退後に訪れた政治的分立期に、イスラム宗教圏が飛躍的に拡大し、中央・南アジア、中央アフリカに教線が及んだ。もとよりこの拡大には軍事行動や劫掠が伴ったが、広域がひとつの宗教で結ばれたことによって、イスラム商人による交易活動が商圏を拡げ活況をみせた。

イスラムが教線を拡げ始めた一〇世紀後半には、すでにもう五代十国期のなかで、遊動者の南下によって人口が増加した江南を中心に、磁器や塩などの手工業生産と商業が盛行し、市場経済によって必然的に生まれる都市の増加が東ユーラシアの趨勢となっていた。統一王朝の宋が樹立されて以降も、この趨勢は高まりこそすれ停滞することがなかった。これに呼応して倭でもまた、遅くとも一一世紀中葉にはこの趨勢に連なる動きがあらわになったことを、福岡市博多遺跡群での調査結果や、『新猿楽記』が記す海商八郎真人の扱った商品の多彩さと行動域の広さから察せられる。倭の集落形成が再び隆盛に転じるのもこの平安後期の頃からである。

こうして通覧すると、世界システム論を援用してアブ=ルゴドが説いた一三世紀における汎ユーラシア的交易活動の盛況は、モンゴル帝国の成立や重商策によってにわかに現出したというよりも、すでにもう各地で準備されていたことが察せられる。ところが一四世紀に入ると、各地とも盛況に翳りがみえる。一四世紀中葉にユーラシア全域で猛威を振るったペストの流行による人口減少に加え、東方では災害や元の失政、反乱の多発が重なって、社会的混迷に陥った。さらに、次代を継承した明が海禁策に転じたことも、広域の交易活動に打撃を与えた。中央アジアではモンゴル帝国が一三世紀後半以降、チムールによる一四世紀後葉の統一まで、分裂と再分裂を繰りかえしたが、これがイスラム商人の活動をどの程度阻害したのか、筆者にはわからない。いずれにせよ、ヨーロッパ人口を2/3とも1/2とも推算されている激減に導いたペスト流行の影響に加えて、東ユーラシアの王朝が混迷に陥ったことも考慮するならば、一四世紀の交易活動が退潮の色を濃くしたとしても不思議でないし、その活動に連なっていた倭が対外交易や集落形成の衰微を垣間見せていることも納得される。

以上、一四世紀に至るまでの東西ユーラシアと倭が経た推移を概観してきたが、九世紀にこれらの地が同時かつ広域的同調を再現して以降、同じ隆替の波を共有したことが察せられたかと思う。すなわち、一三世紀の隆盛にせよ、一四世紀の衰微にせよ、同調の淵源を遡れば九世紀の衰微に逢着するのである。この点を指摘して次節の要因論へ稿を進め、筆者には荷が重い一四世紀以降の動向については、諸賢の究明をまつことにしたい。

第二節　要因論

要因論（1）　集落形成を衰微に導いた要因のことごとくではないにせよ気候変動が関与したことは、事例をあげるなかですでに言及してきた。また気候変動が衰微を招かなかった例も、示してきたつもりである。そこで、要因論としてあらためて節を開くにあたり、衰微の諸例を次のように分期するところから出発しよう。すなわち、本書が扱った年代幅のなかでいうと、東西ユーラシアに倭を加えた地域が衰微年代を比較的共有していた前五千年紀～前二千年紀中葉、年代上の齟齬を現した前二千年紀後葉～後一千年紀前半、そして再び同調をみせた後一千年紀後半～後二千年紀前半である。これらを古い順からそれぞれⅠ期、Ⅱ期、Ⅲ期の名称を付して一括りにしたうえで、まずⅠ期の諸例を要因論の俎上にのせることにする。

さて、Ⅰ期の衰微例は、前五千年紀中葉、前四千年紀後半、前三千年紀後葉、前二千年紀中葉という四例であった。人為的要因あるいは地震や津波や火山噴火のような局地的要因によっては説明しがたい同調の広域さからすると、気候変動以外にこれを満たす要因が見あたらない。なお、気候変動といっても、温暖化や寒冷化に代表される平板な言辞で済ませることを、少なくとも歴史研究に関わる人間は避けた方がよい、中国の史書が語り、現在進行中の温暖化が如実に示しているように、〇〇化に気象の異常が伴うこと、到来した予測不能の事態が人間生活を痛打することは、災厄が頻発している現状からも容易に推測されるにちがいない。〇〇化がもし徐々に進行するのであれば、これに対処する手段を人びとは見いだすことができるからである。

前五千年紀中葉例をまず取り上げると、ウバイド期末にペルシア湾の海水面が急速に上昇したことを伝えている。

倭では後氷期の温暖化基調に伴う海水面の上昇が前四五〇〇年頃に極点に達したことを、博多湾の海水準の変動データが示している。(6) また古気候の復原によってもこの頃に温暖化が極まり下降に転じたことを、阪口豊の尾瀬ヶ原（図83）、(7) 裴安平の湖北湘北平原などのデータから汲みとることができる。

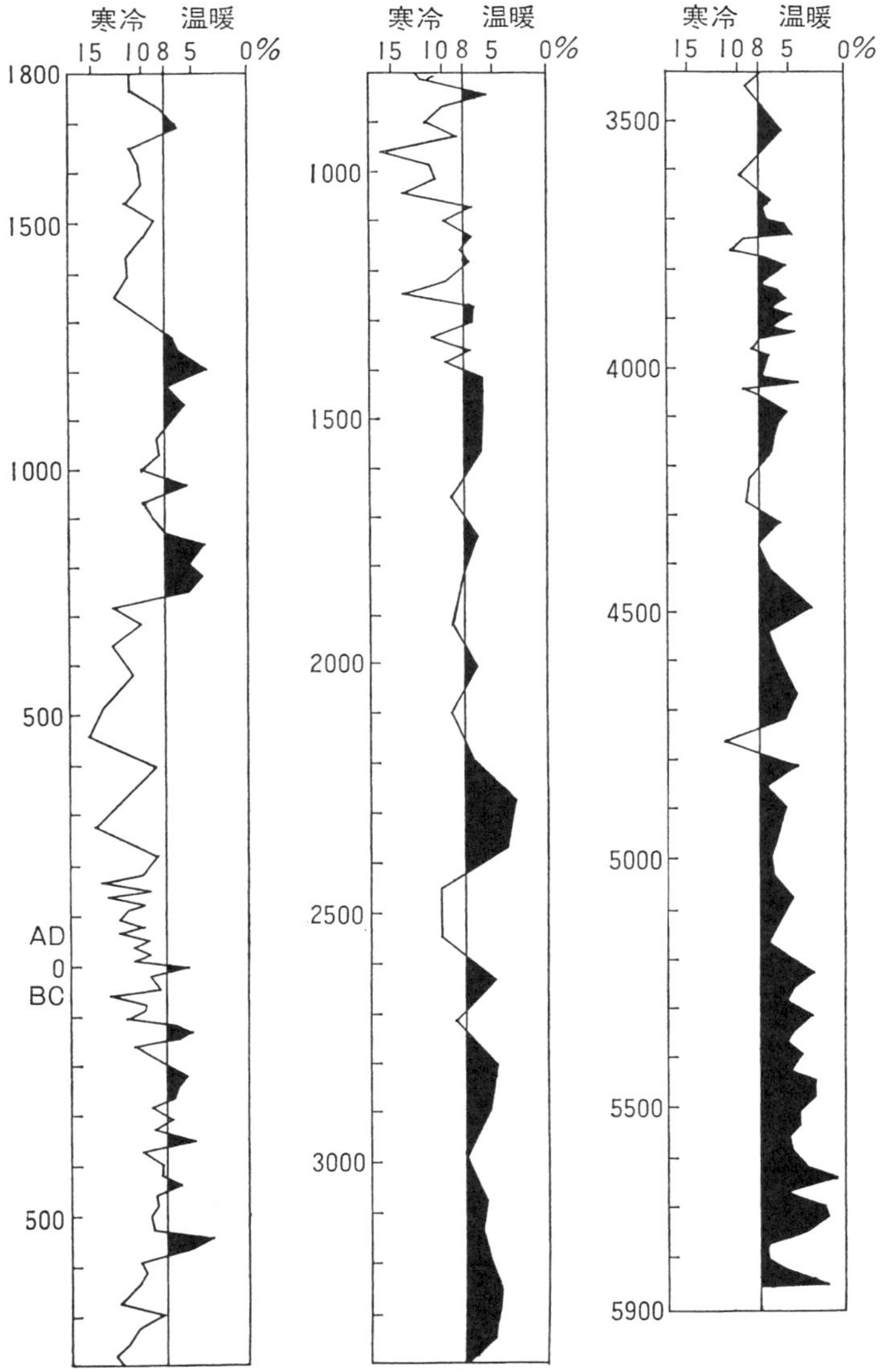

図83　尾瀬ヶ原のハイマツ花粉量による気温変動分析（第4章注47 図45）

ところで、温暖化に湿潤化あるいは乾燥化が伴うことは、よく知られている。遼河上流域の花粉分析の結果によると、前六〇〇〇～前四〇〇〇年の間に温暖化が進むとともに、降水量が増加している(8)。内蒙古中南部の花粉分析結果でも、前四八〇〇～前四三〇〇年頃に温暖・湿潤化したといい(9)、黄河流域でも前五〇〇〇～前三〇〇〇年頃が最温暖期で湿潤状態にあったことを示す花粉分析結果が得られている(10)。長江下流域三角洲南部の海水準変動データが、前五〇〇〇～前四五〇〇年の海面低下を伝えており(11)、北方との間で齟齬がみられる。このような南北間の齟齬は後代にも例がある。これに対して西アジアでは、前四八〇〇～前三五〇〇年に乾燥化が続いたことを、シリアのパルミラでの花粉分析結果が物語っている(12)。したがって、南メソポタミアでの海面上昇に乾燥化が伴ったとみてさしつかえないとすると、ウバイド期の人びとの生活に与えた影響はさらに甚大であったにちがいない。

前四千年紀後半に移ると、倭の東北～関東で冷涼・湿潤化（多雪化）したことを示す花粉分析の結果が得られていることは、先述した通りである。東ユーラシアでは、河北北部の太師庄における花粉分析結果が前三七〇〇～前三四〇〇年の冷湿、前三四〇〇～前二八〇〇年の温湿、前二八〇〇～前二二〇〇年の冷乾を伝え、この冷乾への移行が前三二〇〇年頃に始まったという(13)。さらに、内蒙古中南部での花粉分析結果が、前四三三〇年から冷乾状態が始まり、乾燥化がさらに進展し、前三一〇〇～前二三〇〇年に砂漠が拡大するに至ったことを記録している(14)。海に近い海岱方面で前三三〇〇年前後から冷乾状態が到来して、前二八〇〇～前二二〇〇年に気温が回復するまで続き(15)、江蘇でも前三五〇〇年頃から冷乾に転じたというから(16)、前四千年紀後半に東ユーラシア全域が冷乾へ移行したとみられる。冷涼化という点では倭と同調しているが、しかし東ユーラシアでは乾燥化に転じたわけである。この相違が古気候学でどのように説明しうるのか、識者からのご教示を得たい。

西ユーラシアでは、西アジアのチグリス・ユーフラテス川で前三二〇〇年の、エジプトのナイル川で前二八〇〇年のそれぞれ最低域に向かう水位の下降が示されている(17)（図84）。ヨーロッパでは、前三〇〇〇年頃のポーラーフロント

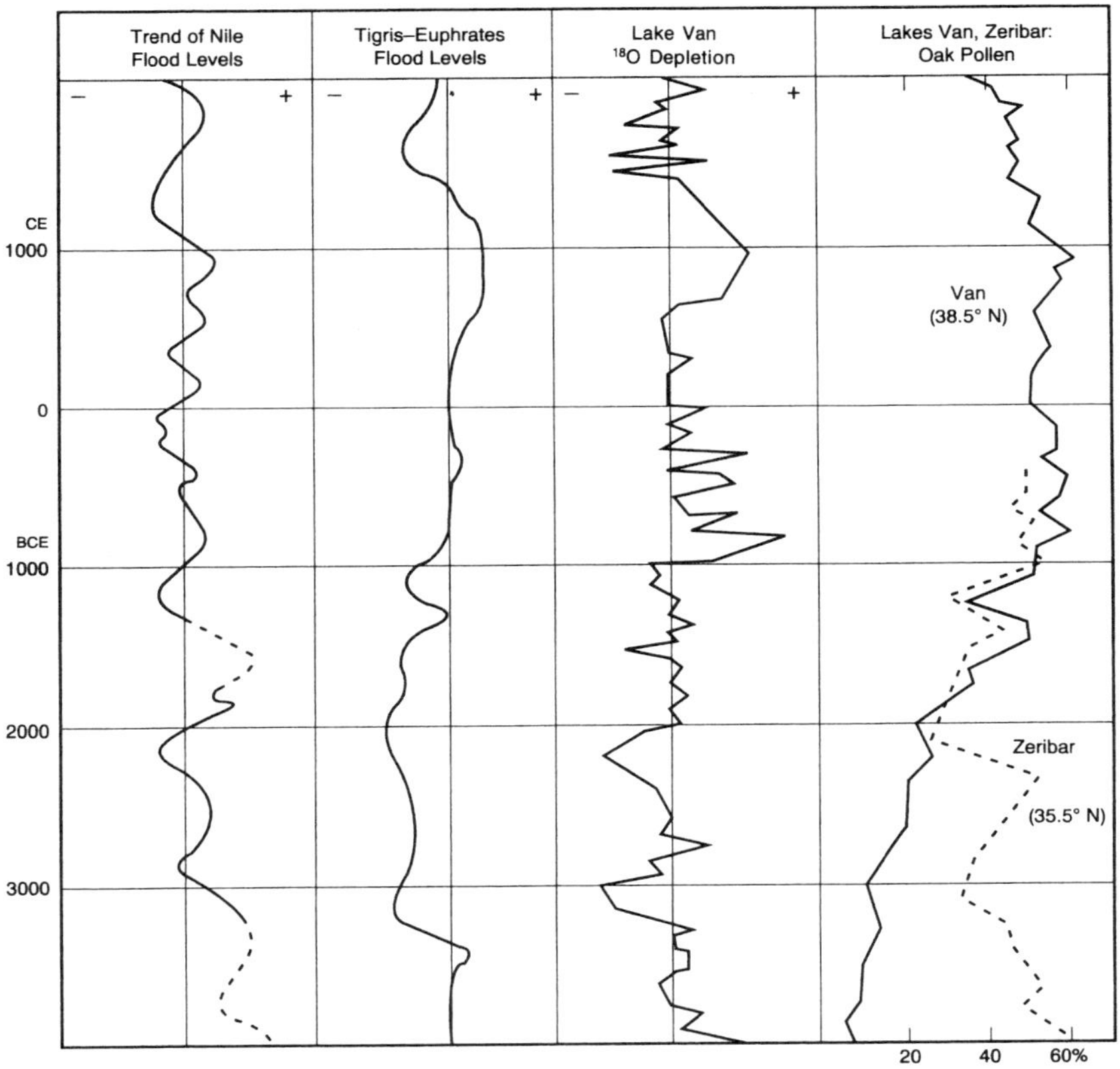

図84　ナイル川とチグリス・ユーフラテス川の水位変動と源流地域における^{18}O 同位体とカシ花粉分析（本章注 17 Fig. 2）

の南下によってギリシアが湿潤化し、中・北欧が乾燥化したらしいが、[18]いずれにせよ前三〇〇〇年頃に冷涼化に転じたことは動かないようである。

前三千年紀後葉に移ると、倭では鳥取県東郷池の年縞分析結果が、温暖化に向かったことを示している。[19]尾瀬ヶ原湿原のハイマツ花粉分析結果でも、博多湾の海水準の上昇によっても、温暖化の基調をうかがわせるので、これは疑いないところであろう。なお、乾湿の動向を知るデータには接していない。

東ユーラシアの場合、河北の太師庄での分析が前二二〇〇～前一三〇〇年に暖乾期の訪れたことを、内蒙古中南部の分析が前二三〇〇～前一五〇〇年に砂漠の収縮したことを伝えている。内蒙古中南部の場合、前二三〇〇～前二〇〇〇年頃に一時的に冷涼化したというから、冷と湿の訪れがあいついだことになるが、太師庄での結果には表れていない。前二〇〇〇年前後に、黄河流域で異常な洪水が多発し[20]、西方の甘粛と青海で冷乾化が進んだらしい[21]。海岱方面で前二二〇〇年頃に冷乾化し、長江流域で前二〇〇〇年頃に大洪水が頻発して太湖が塞がり、前一九〇〇～前一三〇〇年に冷乾状態が続いたという[22]。これらのデータを通覧すると、暖冷、乾湿とも理想的な一致をみせていないが、整合性をしいて求めるならば、冷乾化を基調として、北東部は暖乾化、北西部は冷湿化したということになるであろう。ともかく、前三千年紀後葉は気候変動の転換期にあって安定を欠き、人間にとっての災厄が多かった、ということに帰着するようである。

西ユーラシアでは、ナイル川が前二二〇〇年に、チグリス・ユーフラテス川が前二〇〇〇年に、それぞれ最低域まで水位を低下させている。既述したように北メソポタミアのテル・レイランで、前二二〇〇年頃に都市が放棄され、その原因として、火山活動、乾燥化と強風、土壌浸食をもたらす豪雨が、土壌分析の結果から導かれている点も再言しておこう。またエジプトでも、前二二五〇～前二〇五〇年にナイルの増水が低下したことをデルタでのボーリング調査結果が示し、砂漠の砂が古王国時代集落を覆ったことをメンフィスでの調査結果が伝えていた。東地中海域で前二二〇〇年頃に降水量が二〇～三〇%減少したという点も加味するならば、この乾燥化は西アジア、エジプトの全域に及んだようである。気温の変動を伴ったのかどうかわからないが、これらの地域の人びとにとって、乾燥化は温度変化よりも深刻であったにちがいない。

なおヨーロッパでの動向は、これに応えてくれるデータが手元に乏しい。ただ、オーストリア・アルプスが氷河の後退を始めるのが前三千年紀後葉であり、フランス・アルプスの湖水面がめまぐるしく昇降を示し始めるのもこの頃である[23]。また、デンマークの海水準変動データがこの頃から海進の徴候をみせ始めてもいる（図85）。それならば温暖化に転じたということになるのであろうし、湖水面の変動ぶりは気候の不安定さを示唆しているかのようである。

Ⅰ期として一括りにした最後は、前二千年紀中葉である。倭では、前一六五〇～前一四〇〇年に温暖基調になったことを、尾瀬ヶ原の結果が示している。ところが、水月湖と東郷池の湖水面変動はこの頃に著しい下降をみせた（図85）。縄文後期中・後葉に東京湾で貝塚の激減と丘陵地への集落の移動が知られ、愛知県域でも後期中葉から貝塚が急速に減少し、渥美半島で末葉から再び貝塚形成が始まって晩期まで続き、静岡県域東部で後期後半以降に貝塚が激減するという。これらの考古学上の知見を添えるならば、前二千年紀中葉は冷涼化に転じたと推定した方がよいのではなかろうか。

東ユーラシアでは、太師庄の結果によると、前二二〇〇～前一三八〇年は温暖でやや乾燥した時期にあたるという。前代の冷涼から温暖基調へ転じたわけであり、温暖という点では尾瀬ヶ原の結果と近い。ところが内蒙古中南部の結果によると、砂漠は前二二〇〇～前一五〇〇年の縮小が過ぎて、前一一〇〇～前四〇〇年の拡大へと向かい、陝西北部の新華遺跡の土壌・花粉分析結果によると、前二一五〇～前一九〇〇年の草原から、前一五〇〇年には冷乾で多風の砂漠へと景観が変貌したらしい[24]。気温変化について、内蒙古の湖水、吉林の泥炭層、陝西などで、前二〇〇〇～前一五〇〇年の冷涼化を示す結果が得られている[25]。これらの整合しない結果を生かすとすると、前二千年紀中葉頃は、地域的偏差を含みつつ冷乾へ移る転換期であったということになるであろう。

これが東ユーラシア北部の動向であったとすると、南部では、山東で黄河口近傍の海岸線の遷移調査結果に基づくと、前一四〇〇～前一〇〇〇年の線が、前二五〇〇～前二〇〇〇年の線よりも陸化を示している[26]。前二千年紀前・中葉に海水準が低下したという結果は倭に近い。また、江蘇の彭祖墩遺跡での土壌分析結果は、前一九〇〇～前一三〇〇年の馬橋期に冷乾化と風成堆積の進んでいたことを伝えている[27]。さらに、黄河中流域での花粉分析結果に基づく温度曲線が、前二千年紀中葉を湿潤のピークとして湿から乾へ移ったことを示している点を添えるならば[28]、前二千年紀

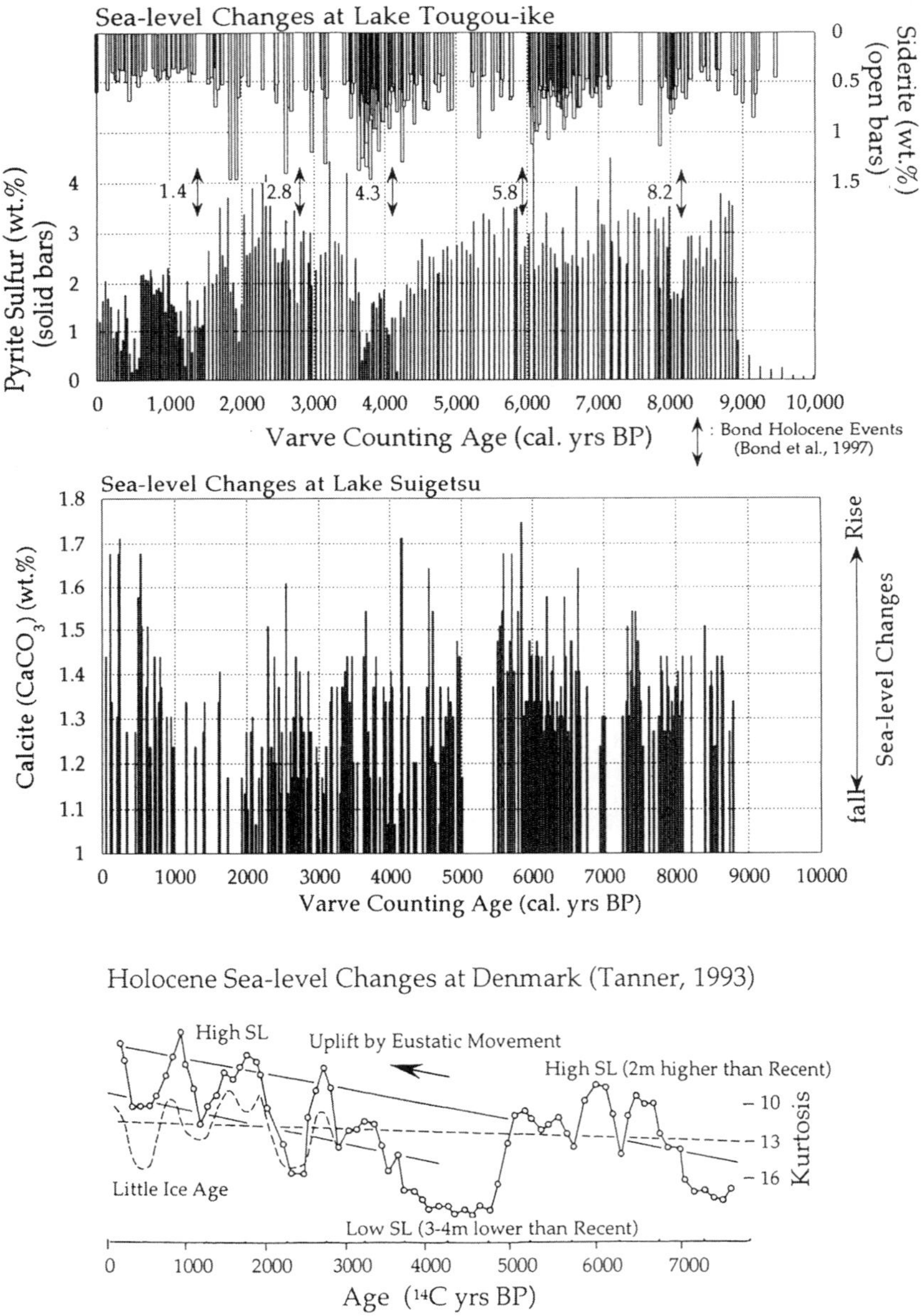

図85　東郷池と水月湖、デンマークにおける海水準変動（本章注 19 Fig. 10）

中葉頃からの冷乾化は、黄河流域でも到来したことが察せられる。

西ユーラシアに転じると、ナイル川が前一八五〇年頃に、チグリス・ユーフラテス川が前二千年紀中葉に、それぞれ甚だしくはないが水位の低下を示している。チグリス・ユーフラテス川の水位を左右したアナトリアでの降水量も、ヴァン湖の水位からみると同時期に減少しているので、前二千年紀中葉に西アジアで少し乾燥化したようである。同期におけるナイル川の水位は、上昇から下降に転じたことが明らかにされているが、いずれにせよ、この頃の水位の下降は、チグリス・ユーフラテス川ともども、前三千年紀後葉や次代の前二千年紀後葉の例に較べると、軽微であったようである。ヨーロッパでは、デンマークの海水準変動データが前三千年紀での著しい海退とそれに続く前二千年紀の海進を伝えており、また、ノルウェー西部で前二四〇〇～前一四〇〇年の間に、厳しい冬の嵐で雪崩が頻発した結果、森林破壊が劇的に増加したという。オーストリア・アルプスで前二千年紀中葉から氷河が後退を止めて前進に移り、フランス・アルプスの湖水位が上昇に転じている。冷湿に移行したということであろうが、ノルウェー西部と冷涼期の年代に齟齬がみられる。いずれともあれ、前二千年紀中葉を転換点とする。

以上、Ⅰ期として一括りにした衰微期の四例について、気候変動の面から検討を加えてきた。もう気付かれているかもしれないが、これらの四例の年代がそれぞれ気候変動の転換期にあたっていたことである。すなわち、集落形成の衰微を招き人びとの遊動化をもたらせた要因を気候変動に求める場合、それは〇〇化というよりも、〇〇から××への移行に伴う気候の不安定化、人間にとっての気候の悪化にあったのである。もとより、乾燥化や海水準上昇は農耕を不能にして、定住放棄に至らせるので、〇〇化は衰微の要因になりうる。しかし、衰微が広域にわたった点からすると、適地への移住さえ容易には許さない厳しい情況が、気候変動の転換期に現出したということになるであろう。筆者としてはこの点を問題にしたいのである。

要因論（2）

Ⅱ期として一括りにした諸例のうちで、まず前二千年紀後葉を俎上にのせると、倭では、前二千年紀中葉から始まる海水準の下降が極まって上昇に転じたのがこの頃であったことを、水月湖と東郷池の結果が示している。博多湾での海水準は前二千年紀後葉～前一〇〇〇年での低下を伝え、尾瀬ヶ原での結果が前一二五〇年、前一〇五〇年、前九五〇年にそれぞれ冷涼が極まったことを物語る波動を刻んでいる。したがって、縄文晩期後半に始まり、地域的偏差を伴いつつ弥生時代に続く集落形成の衰微は、冷涼から温暖へ転じる頃に惹起したことになる。

東ユーラシアでは、内蒙古中南部で前一一〇〇～前四〇〇年に砂漠が拡張したことを先に述べたが、前一〇〇〇年頃に気候が急激に悪化して風砂層の堆積が甚だしくなり、冷乾化が極点に達したことも付言しておこう。黄河中流域で商代の気候変動を復原した結果によると、前期の短い乾燥期が過ぎると中・後期は温暖状態が続き、末期に冷乾状態に入ったらしい(29)。商が存続した前二千年紀後半が示したこのような変化は、中国東部や湖北、湖南とも同調し(30)、水月湖と東郷池の結果にも近い。

西ユーラシアでも前二千年紀後葉は、気候変動上のひとつの画期を成している。西アジアでは、チグリス・ユーフラテス川、ナイル川とも水位低下の極を記録している。ヴァン湖での水位低下や、ヴァン・ゼニバル両湖でのカシ花粉の激減を加味すると、この頃の西アジアは乾燥化の極にあって湿潤へ向かう転換期にあたっている。ヨーロッパでは(31)、地中海域で前一二〇〇年頃に著しく冷涼化し、しかも湿潤化が伴ったという。オーストリア・アルプスの氷河が進出を止めて後退に転じるのが前二千年紀後葉で、フランス・アルプスの湖水面が前一〇〇〇年頃から下降に転じている。前二千年紀後葉ないし前一千年頃から中欧が暖乾に向かったことを示しているのであろう。これに対してデンマークでは、前二千年紀後葉に海退へ移行している。

ところが、このように東西ユーラシアと倭がほぼひとしく気候変動上の画期を共有した前二千年紀後葉に、東ユーラシアでは集落形成上の衰微がみとめられなかった。商代後期にことに北方から器物が流入してそれらを受容し、北西方にいた遊牧民系の「邛方」へ向けて出兵を重ねている点から推測すると、北方や西方との接触が盛んであったことが察せられる。前二千年紀中葉に始まる内蒙古中南部の冷乾化が甚だしかったことを考慮すると、これは北・西方の乾燥地帯の人びとが遊動化したことを示唆しているのであろうし、遡れば、夏家店下層期や斉家期の集落形成が衰微したこととも符合する。しかしその衰微は、黄河・長江流域に波及しなかった。商・周代間の集落形成がむしろ隆盛を示していたことは、既述の通りである。商代の末期に封建制度が準備され、王の父子相続ともども周がそれを継承したという指摘は(32)、この隆盛を説明するうえで示唆的である。

なお、エジプトでも集落形成が衰微した形跡はほとんどみられないようである。ほとんどというのは、デルタ北東部でその例が確認されているからであるが、第二〇王朝のラムセスⅥ世期をもってパレスチナの宗主権を失うい っぽう、第二一王朝はタニス、第二二王朝はブバスティスを王都とし、ともにデルタ東部を根拠とした。したがって、集落数の減少という意味でのこの衰微例は、額面通り受けとらない方がよい。たしかに、前一一七〇～前一一〇〇年に穀物不足がエジプトを襲い、前一〇七〇年頃まで食料の高騰が続いたのは増水不足のせいであろうが、それは王権を低下せしめた一因ではあっても、集落形成の全土的衰微にまでは至らなかったのである。

さて、これに後続する前一千年紀の例として、中葉にあたるアケメネス朝期のシリア内陸部があげられる。乾燥化がこの衰微をもたらせたというが、チグリス・ユーフラテス川の水位はこの頃に低下していない。これに後続する例が後一千年紀の三例である。気候変動の状況と組み合わせつつ、まず倭から叙述を始めると、倭では、紀元前後に短い温暖化の極に達したのち、一～二世紀に冷涼化が進み、五世紀中葉を境に温暖化に向かい始めたことを、尾瀬ヶ原の結果が記録している。この間、一～二世紀の冷涼化には小刻みな昇降が伴い、その後も冷涼基調を維持しつつ、三世紀初頭と四・五世紀の交とに温暖化の、三世紀末と五世紀中葉とに冷涼化の、それぞれの極が訪れている。このようなめまぐるしい推移は、全体として気候が不安定であったことを示唆しており、とりわけ紀元前後から二世紀後半に及んだ小刻みな変動は、不安定さが高じた状況を推測させる点で注意を引く。他方、水月湖での水位の昇降によると、前二千年紀後葉を転換点として上昇に転じて前一千年紀前葉には上昇を止め、以降は、二世紀中葉の極に向かって上下動の揺らぎを伴いつつ下降し、三世紀前半と五世紀初頭に上昇の、四世紀初頭に下降のそれぞれの極をみせたのち、五世紀代は高位を維持しつついくぶん下降している。また東郷池のデータは、紀元後一世紀の下降を鮮やかに示している。これらが尾瀬ヶ原の結果とよく合致することは、水位の昇降を温度変化に読みかえることを許すとともに、降水量の増減もこれに連動したとみてよいようである。つまり、暖湿と冷乾との間で変動を重ねたことになるわけである。

すなわち、衰微の第六の波が訪れた一世紀は、冷涼化しつつ安定を欠いた時期にあたり、第七の波が訪れた四世紀後葉〜四・五世紀の交は温暖化の極のひとつで冷涼化への転換点にあたる点で、これもまた安定を欠いたことが推測される時期であった。そうして、第六から第七へ至る間に集落形成が隆盛をみせた二世紀後半〜四世紀前葉の間は、小刻みな不安定さが収まったことと関連づけることができるであろう(33)。ただし、この隆盛が短期的小型集落の累積の結果によることは既述の通りである。つまり、一千年紀前半における倭の集落形成の隆替は、気候変動に大きく左右されていたことが、こうして知られるのである。これにはさまざまな要因が考えられるが、気候変動による集落形成の衰微を妨げる社会・政治的構成体が強固でなかったこと、島嶼を形成して相対的に孤立していたことを、東西ユーラシアとの相違としてあげておこう。

東ユーラシアに移ると、水月湖で実施された東ユーラシア内陸部の古気候復原の結果によると(34)、一世紀に暖湿から冷乾へ転じて二世紀に極に達したのち、三世紀の温湿へ向けて大きく変化し、三世紀のなかで再び冷乾へ急転回し、その基調が五世紀に続く。そうして五世紀のなかで暖湿へ転じて五〇〇年頃に極に達するが、この温湿化は低位にとどまる(図86)。海岸に近い東部が辿った気候変動のデータとこの結果を対照させてみると(35)、一世紀の冷から暖へ、三世紀の暖から冷へはよく合致し、一・二世紀の交における暖から冷へも近いが、三・四世紀の交での冷から暖へ、四

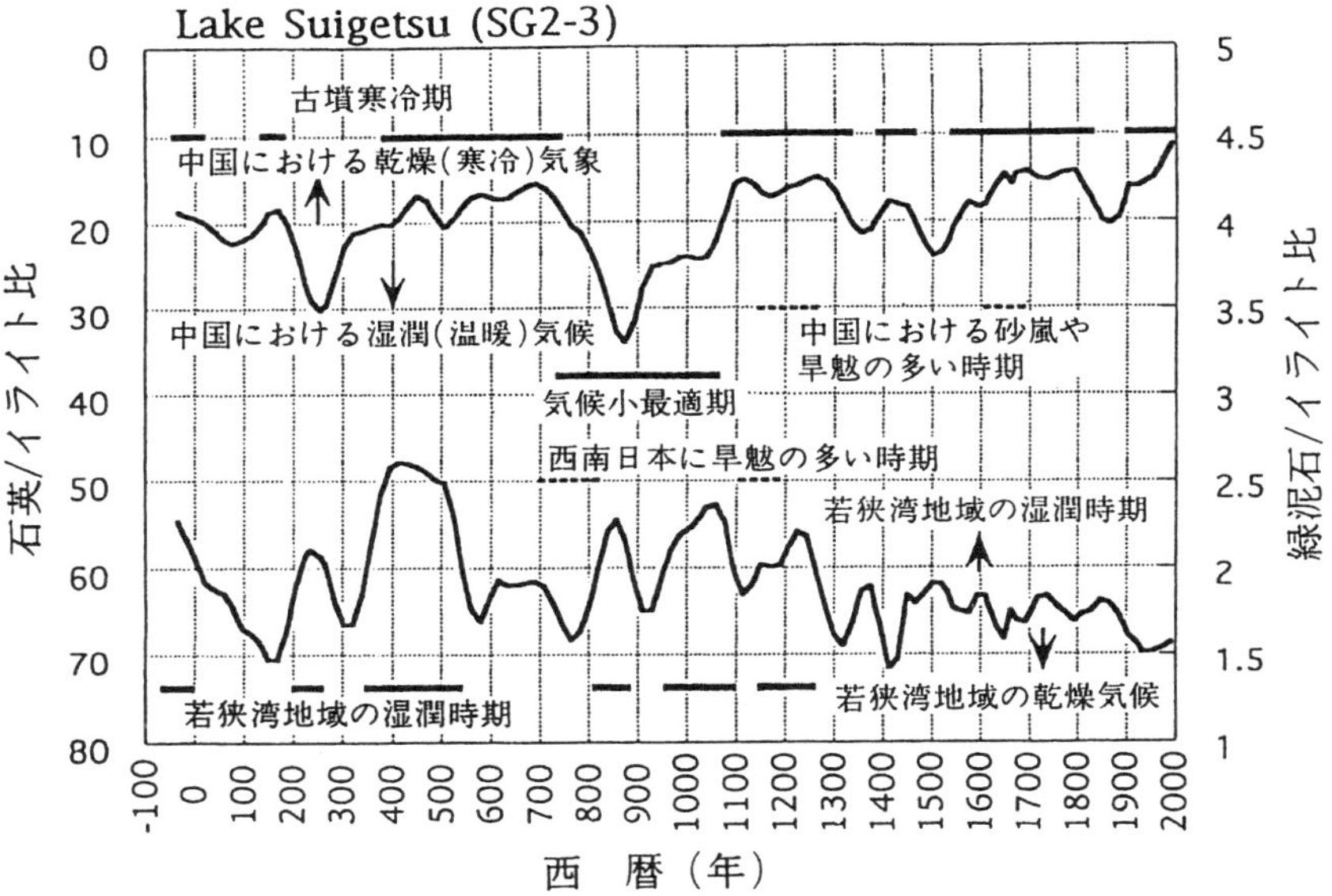

図86　水月湖の分析結果による中国大陸の乾湿（寒暖）変動と若狭湾沿岸の降水変動（本章注 34 図 1.7）

世紀後葉での暖から冷へは水月湖データに見あたらず、五〇〇年頃に冷涼が極まって温暖へ向かう点は同データと正反対である。この相違が内陸と海岸部との差として意味をもつのか、年代測定上の誤差によるものか、筆者には判断がつかない。ともかく、一千年紀前半における気候変動のめまぐるしさと不安定さを伝えている点では共通し、倭のデータとも符合している。

東ユーラシアの一千年紀前半というと、後漢代から南北朝期前半にあたり、この間で二世紀後半から人口の流動化が始まったことは、すでに述べた。また、北・西方域外集団の動静として、前四世紀末に活発化して秦・前漢と抗争を重ねた匈奴が、前一世紀の内紛以降に弱体化し、かわって抬頭した鮮卑が一世紀末から烏垣とともに北方から進攻し、同じ頃始まった西羌の進攻とあわせて、後漢に打撃を与えたことは、前著で詳述した[36]。太師庄などの結果を繋ぎあわせると、北方では前四世紀から暖乾へ転じ、また、青海での樹木年輪分析の結果によると[37]、前一〇〇年頃の湿潤期を過ぎて乾燥期が訪れ、四世紀中葉まで続いたというから、これらの結果はそれぞれ北・西方域外集団の活発化との関連を疑わせる。そうして一世紀以降、北・西方域外集団の進攻が頻発して四世紀に淮河以北が異集団同士で抗争する状態にまで陥ったことも、政治上の要因だけにとどまらない、気候の不安定さによるところがあったにちがいない。

しかし他方、両漢の間は、史書に表れた「陰陽失序」の頻度から推定されているように[38]、気候の不順な時期であり、反乱や騒擾が頻発した時期でもあった。しかし、集落形成に甚だしい衰微の痕跡は見いだせない。そうして、一世紀には進攻もほぼ絶え、二世紀後半の後漢代末から人口の流動化と集落形成の衰微が始まり三世紀に高進する情況からすると、王朝の確固とした存在が、かりに短期の衰微は介在したとしても、長期に及ぶ衰微や遊動化を妨げる条件であったことが察せられる。社会・政治的構成体がそなわっていなかった北・西方の域外集団が隆替常ならない状態で遊動化したことと、これは対照的である。

西ユーラシアの一千年紀前半も、ローマ帝国領に向かって北方域外集団が進攻を重ねた時期であった。二世紀後半、ダニューブ川北岸にいたゲルマン系のマルコマンニー族が北方諸集団と同盟を結んで国境を破り、北イタリアや中部ギリシアに進攻したのを皮切りにして、三世紀中葉にゴート、ヴァンダル、サルマタイ、アレマンニ、ユトゥンギ、フランクの諸集団にあいついで北の国境を蹂躪された。そうして三七五年、いわゆるゲルマン民族の大移動が惹起し、ローマ領内に進攻して、イタリア・イベリア半島、さらには北アフリカに達して王朝を樹てたヴァンダルのような集団もあった。この大移動がローマ帝国を東西に裂き、西ローマ帝国領に集落形成の衰微をもたらせたことは、すでに述べた通りである。

北方諸集団が帝国国境を破り始めたのは確かに二世紀後半であるが、彼等の進攻は前二世紀に始まり、その一派のキンブリ族が前二世紀末にガリアに進入してローマ軍を大いに負かした史実から察すると、北方での人間の遊動化は、この頃に端を発して四世紀後葉の大移動に至ったとみなければならない。さらに、東ユーラシアにおける匈奴の進攻が前四世紀には遡ることを加味すると、前一千年紀後半の北ユーラシアに、東西で進攻を引きおこさせた共通要因があり、それが一千年紀前半にも継続したらしいことを考えさせる。しかし翻って通覧すると、温帯ヨーロッパで、前二千年紀末の火葬の流布以降、前四世紀におけるラ・テーヌ文化の拡張など、人間の移動が頻繁になったことを窺わせる、気候悪化を含む証左があること、加えて、前七〇年の周の東遷の主因は犬戎と呼ばれた西方集団の進攻であったことが想起される。つまり、後漢やローマ帝国が進攻を被るはるか以前の前一千年紀前半には、ユーラシアの東西で「非文明」域の人びとの遊動化が甚だしくなっていたのである。アケメネス朝期における北メソポタミアでの集落形成の衰微は、これと結ばれるのであろう。したがって、「非文明」域からみるならば、「文明」域への進攻は遊動化状態のなかで採った生存戦略であり、「文明」域からすると彼等は秩序の破壊者ということになる。「文明」域の動向に眼を注ぎがちな通弊を避ける意味で、この点を付記しておきたい。

話を戻して、西ユーラシアの一千年紀前半の気候変動をみると、チグリス・ユーフラテス川の水位は紀元前後の低落状態が三世紀頃から上昇に転じて六世紀で極に達し、以後、一千年紀の間は高位状態が続く。ナイル川の水位は一・二世紀の交を上昇の、三世紀を下降の極とし、以降、六世紀で上昇を極める。チグリス・ユーフラテス川が比較的安定していたのに対し、ナイル川は短期の昇降を繰りかえしたことになるわけである。エジプトは農耕生産をナイルの年ごとの増水に依存し、しかも北アフリカと並ぶローマ帝国の穀倉であったから、三世紀の増水不足が与えた災厄はエジプトだけにとどまらなかったであろう。中エジプトのオキシリンコスで、二六八〜二七二年に穀物施与が行われたことを伝える出土パピルスの記録は、農耕生産の不調を物語っているかのようである。一六五・一六六両年に襲った大疫に続くこの不調は、エジプト社会を痛打したにちがいない。たしかに三世紀に都市機能が衰微したらしいことは、アコリスでの調査結果もこれを物語っているのであるが、しかし、都市の途絶にまでは至らなかった。

温帯ヨーロッパでは、一世紀の温暖状態が過ぎて二世紀から冷涼期に入った。そうして、四世紀後半は紀元後で最冷涼期にあたり、五世紀にもこれが持続して、七世紀に温暖状態に復したらしい[39]。このような二～五世紀の冷涼状態がゲルマン諸族の南下を促したことは頷ける。ローマ帝国内の農耕生産が気候変動の影響を被ったのかどうか、手元の資料でこの点に言及するのは難しいが、帝国内で都市を含む諸集落がいちはやく衰微の色をあらわにした地域はヨーロッパ側の北西部で、冷涼期への移行と時を同じくしているので、気候変動が農耕生産の不調を生み、集落を衰微に追いこんだ可能性は、検討に値する。しかし帝国内の自余の地域で多くの集落がさらに存続して一千年紀後半で衰滅に至ったことは、すでに述べた通りであり、気候変動と乖離する。

以上、一千年紀前半の東西ユーラシアと倭を取り上げ、集落形成の衰微と気候変動との関連について検討を加えてきた。この結果を箇言すると、倭での衰微は気候変動を比較的忠実になぞり、ローマ帝国内の衰微は倭はもとより漢代に較べても気候変動との関連が薄かった。国家の名で呼ばれている政治的秩序が完整していなかった倭、皇帝中心の官僚的専制体制を敷いた漢、都市分権体制で出発したローマ帝国という相違がおそらくここに投影されているのであろう。さらにローマ帝国については、他に較べて領域の緯度の開きが大きく、多様な生態系を擁し、各地を結ぶ交通網を整備していたこともまた、総体的衰微に至らなかった原因としてあげられる。

要因論（3） 東西ユーラシアと倭とが同調を示すとして一括りにしたⅢ期の衰微は、九世紀と一四世紀との例であった。なお厳密にいうと、九世紀例の衰微は西ユーラシアの方が一世紀以上早く始まった形跡があったが、煩瑣を避けるために、総体的に衰微状態にあった九世紀をもって代表させた。

さて、一千年紀後半～二千年紀前半の気候変動を概観すると、倭では八世紀中葉、一〇世紀前葉、一二世紀前葉、一四世紀前葉に冷涼の、九世紀中葉、一一世紀中葉、一三世紀中葉に温暖のそれぞれの極があったことを、水月湖の結果が示している（図86）。尾瀬ヶ原の結果も年代上の若干のずれはあっても、これに近い推移をみせ、屋久杉の分析結果に従うと、七世紀中葉、八世紀前葉、一四世紀前半に冷涼の、九世紀後半、一一世紀中葉、一三世紀前葉に温暖の目立つ極があり、これも近い結果を示している(40)。つまり、八世紀は冷から暖へ、九世紀は暖から冷へ、一一世紀中葉は暖から冷へ、一三世紀中葉も暖から冷へ、一四世紀前葉は冷から暖への転換点にあたるわけである。また、文字記録に表れた洪水の積算結果によると、九世紀後半に鴨川と淀川で、一四世紀後半に淀川で洪水が急増し、一二～一三世紀には渇水と旱魃が急増したことが伝えられているので(41)、九世紀と一四世紀の温暖化の極は洪水を招き、一二世紀前葉に始まり一三世紀中葉に極まった温暖化は渇水と旱魃をもたらせたことがそれぞれ知られる。なお、遺跡に残る洪水痕を地域ごとに累算した結果のなかで、一三・一四世紀は近畿で洪水例の急増している点が注意を引く(42)。文字記録が伝える一四世紀の洪水の急増は、近畿に限られるのかもしれない。

他方、東ユーラシアでは、水月湖の結果に基づくと、長く続いた内陸部の冷乾状態が七〇〇年頃から暖湿に向かい、九世紀後半に極に達したのち、冷乾へ転じる。そうして、一一〇〇年頃に冷乾が極まり、ほぼ動かない状態が続いて一三世紀に暖湿へ動き、一四世紀にそれが転換する。とりわけ九世紀の暖湿状態は、三世紀のそれを凌ぐ点で特筆される。しかし災厄の数からいうと、九世紀には洪水、旱魃とも数を増しておらず、一四世紀に洪水が大疫とともに頻発したことは、既述した通りである。また、各地の乾湿変動結果によると(43)、河北と山東で一三世紀を湿潤の極として一四世紀の甚だしい乾燥に向かい、江蘇と安徽、浙江と江西北部でもこれに近い変動をみせ、内陸の河南もこの動きと隔たらない。これに対して北方の山西では、一三世紀はなお乾燥期で、湿潤状態が一四世紀に訪れている。そうして、水月湖の一〇世紀以降の変動とよく合致するのは、河北と山東である。一四世紀の洪水が主に黄河で頻発していたことは、湿潤から乾燥へ向かう気候の不順さを物語っているかのようである。

西ユーラシアの場合、チグリス・ユーフラテスの水位は、一千年紀中葉に始まる上昇基調が持続して九世紀に極まり、一〇世紀前葉から下降し、一五世紀に紀元後の最低を記録する。その上昇と下降はヴァン湖の水位変動と連動している点から、西アジアは九世紀に湿潤、一五世紀に乾燥が極に達したとみられる。そうしてヴァン湖の水位は一四世紀以降、小刻みに大きく昇降しているので、降水量に安定を欠いたことが察せられる。他方、ナイル川の場合、八世紀の低位の極から回復して九世紀に上りつめ、以降、一三世紀に下降の極に至る。この下降は紀元後もっとも大きい。カイロのロダ島に設けられた水位計の結果は、八世紀の低位からの回復と九世紀の高止まり基調を伝えている点では図84として示したこのK・ブッツァーの結果と変わらないが、最下降を一六世紀とする点に相違がある。(44) 一三・一四世紀ともそれぞれに昇降をみせているが、その幅は一六世紀と比較にならないほど小さいのである。

これらの点を総合すると、チグリス・ユーフラテスとナイルで九世紀に充分な水位が保たれていたことは疑いないようである。これに対して、一三〜一六世紀のナイルの水位はブッツァーとロダ島測定との間に相違があり、ロダ島の結果はどちらかというとチグリス・ユーフラテスに近い。エジプトで一三世紀末にナイルの増水不足が深刻となり、一四世紀中葉にペストが大流行して人口が激減したというから、社会情況は一四世紀の方が一六世紀よりもはるかに深刻であった。

温帯ヨーロッパでは、八世紀前葉に温暖の極を迎えて冷涼に転じたのち九世紀の温暖期に向かい、後葉に訪れた一時的冷涼を経て、一〇世紀の温暖状態に至った。そうして、一二世紀後葉の一時的冷涼を経て一三世紀に温暖に転じたのち、再び冷涼化に向かい、一四世紀にその極に達したらしい。(45) つまり、九世紀は倭や東ユーラシアと同様に温暖期であり、一四世紀は両地域と違って冷涼期であったことになる。九世紀が冷涼期であったとする記述がみられるので、気温の変動が東ユーラシアと同じ推移を辿ったとまで断言はできないが、九世紀と一四世紀とが気候変動上の画期である点は変わらない。

そもそも気候変動というのは、人為による現今の温暖化が始まるまでは、地球規模の自然の脈動であり、これに対して集落形成の隆替とは人間の意志決定の結果である。人間をとりまく諸条件を環境と表現することが許されるとすると、人間の意志決定は自然環境だけでなく人為環境にも左右されてきたといえる。人間は自然の一部であると同時に、自然を変えて人為環境を創出し、こうして歴史を紡ぎ出してきたからである。その意味で、災厄とは本来的に人為環境の損壊を意味し、その度合は自然環境の変動曲線と必ずしも同調しない。

たとえば、一四世紀に全ユーラシアに猛威を振るって人口の減少をもたらせたペストは、一三世紀における交易活動の拡大と隆盛がなければ、さらには人間が集住する都市の増大がなければ、かくも広汎で急速な伝染をみせることはなかったにちがいない。これが一四世紀にユーラシアの東西で集落形成を衰微に導き人口の流動化を促したひとつの大きな要因であり、それに伴って惹起した交易の停滞が倭の集落形成を衰微に導いたらしいことはすでに述べた。それでは、九世紀に時期を同じくした衰微は、何に起因するのであろうか。なぜ時期を同じくしたのであろうか。温暖化、冷涼化、不安定化のいずれにせよ、自然環境という意味での気候条件が、他の時期に抜きんでて人間の居住を難しくするほど悪化していた証左は、九世紀に見あたらないのである。

そこで、東西ユーラシアと倭の三者が共有した人為環境に同時多発的衰微が発生した原因を求めるとすれば、それは国家体制が中央集権的であった点に帰せられるであろう。唐が整然とした官制を敷いて多くの官僚群を皇帝のもとに配し、個別人身支配の貫徹した国家体制を構築するところから出発したこと、倭もまた中国に倣って律令体制と通称されている中央集権と個別人身支配の体制を八世紀に整えていたことはよく知られている。したがって西ユーラシアに力点をおいて叙述を進めると、ローマ帝国では、四世紀に入ると帝権がキリスト教権と結びついて、皇帝は神の代理人とさえみなされるようになっていった。そうしてこの皇帝観がビザンティン帝国に継承され、皇帝の膝下に数多くの官僚群が組織されるようになった。唐ほどの整然とした体制にはほど遠いが、共和制以来の都市分権体制と較べると、はるかに皇帝中心の専制体制が構築されるに至ったわけである。

また、キリスト教の国教化が伝統的神がみの神殿を荒廃に追いやったことも先に述べたが、都市の中核施設の一角を占めた神殿の荒廃に加え、徴税体系の変化も都市に衰微をもたらした。すなわち、間接税や属州からの収益に依存し、公共施設の建造は富裕名門層の拠出に負うところが少なくなかった三世紀までの情況から、主に人頭税と地租に移行した。こうして個別人身支配色が濃くなったのである。かつての都市の結集軸であった公共建造物も、神殿とともに荒廃の途を辿り、キリスト教信仰の流布とあいまって、都市へのアイデンティティは稀薄になっていった。

七世紀に西アジアとエジプトを席巻したイスラム勢力もまた、支配下においた諸地域を統治するにあたって、人頭税と地租を採用した。地租は信仰の如何にかかわらず課したのに対し、人頭税は改宗を促すために非イスラム教徒に限られていた。税率は低かったが、非イスラム教徒にとっては恥辱に感じられたという。イスラム勢力による中央集権体制はアッバース朝第二代カリフのマンスールが統治した八世紀中葉に完整した。彼は新都バグダードを建設し、神権的カリフ観念の確立と権力の中央集権化をめざして、官僚機構や地方行政機構を整備し、カリフ軍を掌握し、財政制度の改革をはかった。いかに多くの租税を農民から合法的かつきめ細かく徴収するかという国家目的に沿って、行政機構を整備したというから、農民の負担は過酷であったにちがいない。

西ヨーロッパの八〜九世紀というと、メロヴィング朝末期からカロリング朝前半にあたる。カロリング朝初期に帝権と教権とを統合する神政政治的な国家体制をめざしたこと、メロヴィング朝末期から集村化を基礎とした領主制が跛行性をもちながら進行し、農民保有地からの賦役労働によって領主直轄地を経営するようになったこと、領主と農民との支配・隷属関係は個々の農民が直接に特定領主に従属する形をとっていたことが指摘されている(46)。他の諸地域にみる国家的個別人身支配とはもとより異なり、中間に領主層が介在するが、それでも、農民による土地保有が進行しなかったメロヴィング朝期よりもはるかに、定住化と人身支配が進行したのである。

以上、概観したところから、東西ユーラシアと倭が国家体制のうえで同調していたことが知られたかと思う。古気候の復原結果は気候変動が繰りかえされたことを語っている。その変動の一例である九世紀に広域にわたって衰微が集中した原因を求めるとすれば、国家体制の基調が、個別人身支配へと移行していた点があげられるわけである。このような人為環境は、域外集団の進攻や天変地異のような外的刺激によって定住者が逃散し、集落形成を衰微に導きやすかった、ということを帰結として強調しておきたい。気候変動が引き金になったと考えられるⅠ期の衰微の同調とは、この点で異なっていたのである。

第三節　流亡の歴史形成

遊動者の発生　集落形成の衰微は人口の流動化を促し、遊動者を生む。もとより災害や戦乱などによって住民のことごとくが死に絶えた事態がありうる点を考えると、衰微が必然的に遊動者を生むとは断定できない。しかし、本書で紙幅を費して問題の俎上にのせてきた幾多の例は、狭くても北メソポタミア全域を覆うような広範囲の衰微であったから、惨禍が並はずれていたにせよ、人口の減少は避けられなかったにせよ、かくも広域の人口の大半が死滅する状況はありえない。

なお、本項の表題にした遊動者という用語について付言しておくと、考古学的痕跡をとどめにくい居住形態を採った人びとを指して、遊動者と呼んできた。これは、家畜を伴う遊牧民に加え、短期居住で憩息の地を得ない移住者、仮寝のなかで生きたであろう漂泊者の総称であった。したがって、生業の有無や種類は問うていない。

さて、本書で扱った年代幅のなかで、西ユーラシアにおける最初の遊動者の発生は、集落形成の衰微の第一の波と呼んだ前五千年紀中葉、西アジアの時代区分でいうとウバイド期末であった。次のウルク期は一般に、都市の出現によって特色づけられているから、ウバイド期末はその出現前夜にあたるわけである。両期の差異について、墓制や集落構造などを手がかりにして考究した小泉龍人の所説を紹介すると(47)、ウルク前期に入って、墓制上の格差が明瞭になり、社会的階層化が定着し、首長が世俗化し、集落の空間利用が分化して首長館が一角を占め、通年専業と交通網と地域的拠点が出現した。そうしてこれらの変化を促したのは、海水準の上昇に伴う南メソポタミア低地での農地不足によって、人間が北方などへ移動を余儀なくされ、あるいは、この窮地に対応しえた集落に人口が集中したことである。つまり、小泉の用語を借りるならば「よそ者」による既存の共同体への進出が、集落内の安定していた社会関係を揺るがせたというのである。

詳細は氏の高著を参照願うことにして、生産の余剰自体が社会変化を引きおこしたのではなく、「よそ者」の流入に対する社会的反応こそが、余剰を触媒として生産、流通、消費におけるさまざまな変化を生んだと切言する小泉説は、ウルク期の成立だけにとどまらず、歴史の展開を説明するうえで新しいパラダイムを提供していると思われる。またこの「よそ者」理論は、集落形成の衰微を重視し、遊動者の発生に注目する本書の主旨と、外史扱いの領域に踏みいった点で通底する。提唱者である小泉の勇気と炯眼を高く評価したうえで、その驥尾に付して、以後の論を進めていくことにする。

西ユーラシアで第二の波とした前四千年紀後半が、次の遊動者の発生期であった。南メソポタミアのウルク後期、北メソポタミアのウルク植民市衰滅期、エジプトのナカダⅡd期、パレスチナの銅石器時代末、温帯ヨーロッパのTRB文化期末すなわちコーデッド土器文化期の開始がこれにあたる。ウルク後期は文字が発明されてその最末期に粘土板による記録システムが成立し、都市国家が呱々の声をあげた。北メソポタミアでは、ウルク植民市の衰滅後、ニネヴェV期にいったん農村に回帰したあと、前三千年紀中葉に都市国家が成立し、その拡大ぶりはすさまじい。パレスチナでは銅石器時代末に空白期が介在して、EB期における都市社会の成立に至り、エジプトではナカダⅢ期における0王朝の成立前夜にあたる。要するに、遊動者の発生期は西アジア、エジプトの場合、いわゆる「文明」へ転換する前夜にあたるか、あるいは南メソポタミアのウルク後期の場合は、遊動者の発生と転換とが同時進行したわけである。これに対して温帯ヨーロッパでは、TRB文化期からコーデッド土器文化期への移行によって、かえって遊動性が高まる。したがって、「文明」という物差しを押しあてるならば、後退した感がある。

次いで東ユーラシアでは、西ユーラシアと共時性を有した新石器中・後期の交における衰微を経て成立した龍山期で、前代と比較にならないほど甚だしい集落間の規模の差が生まれるとともに、大型集落を首座とする群を形成した。さらに、二〇haに達しない規模であるが外壁で方形に限った非日常空間を構築した例が現れること、前代に較べて争乱の頻度が増したこと、一部で鋳銅生産が始まったことも知られた。社会が階層化し、祭儀が盛大化し、争乱が増加し、いわゆる威信財の生産が興起し、生産を可能にする遠距離の交換・交易網が整うという、「文明」化への胎動があらわになったわけである。東ユーラシアの衰微の第一の波は、その前史にあたる。

倭に向かうと、前六千年紀後葉が衰微の第一の波であった。衰微は倭の西半であり、その結果が人びとに何をもたらせたのか、筆者には定かでない。これに次ぐ前期末の第二の波は、東ユーラシアの第一の波と同調していた。その後に現れた中部高地と南西関東での集落形成の隆盛について、植物性食料の人為的な確保が可能になったことに要因があるという。衰微のなかで試行された生存戦略のひとつが、次代の隆盛に繋がったということになるのであろう。

次に訪れた前三千年紀後葉の衰微は、南メソポタミアを除いて、東西ユーラシアと倭を広く覆った。西ユーラシアから取り上げると、遊動者として一括りにした人びとのなかには、集落居住の出身者に加え、南メソポタミアの諸都市の存立を揺さぶったグティなどの進攻集団や、北メソポタミアで遊牧や半農半牧を生業として既存の都市や農耕地を脅かしたアモリ人も含まれる。

集落形成に衰微の痕がみとめられない南メソポタミアは、アッカド王朝のもとで、都市国家群から統一的な領土国家へ移行し、そしてメソポタミア外縁へ軍を進める、帝国の名で呼ばれる政治形態へと変革を遂げた。しかしグティの進攻によって滅び、グティ退去後は、ラガシュのグテアによる短い支配を経て、前二一一二年に成立したウルⅢ王朝が、西アジアの東半を包摂する広い領土を維持するために中央集権的行政機構を組織したらしい。このウルⅢ王朝はアモリ人の脅威を受け、また、王朝を樹立していたエラムと攻防を重ね、結局エラムの軍門に屈したのであるが、領土国家や帝国の成立、官僚制の整備という政治史上の画期をもたらせた要因のことごとくではないにせよ、グティやアモリによる進攻がその欠かせない一因であったことが考えられる。

他方、集落形成の衰微によって遊動者が発生した北メソポタミアでは、マリ、エブラ、ウガリトなど、いったん廃絶した既存の都市にアモリ人の王朝が成立し、都市が再び盛容を回復した。そうして、再興した有力都市国家の対外関係はメソポタミア内だけにとどまらず遠方に及んだ。すでに前三千年紀後葉にアッカド王朝のもとで始まっていたインダス方面との間接的接触に加えて、東方のオクサス、西方の東地中海方面、北方のアナトリアへと接触域が拡大した。これらは主に交易関係である。すなわち、カスピ海東方で興起したいわゆるオクサス文明の地で存在が確認された錫は、交易によってメソポタミア、アナトリア、レヴァントと結ばれ、ＭＢ期に一般化した青銅生産にキプロスの銅とならんで素材を提供したことが考えられる。

またエジプトでも、中王国時代に入って、エーゲ海域のクレタ産土器の流入や、カフーンの出土品から知られるように、西アジア、エーゲ海・東地中海方面との交易による接触が盛んになった。さらに温帯ヨーロッパでも、ベル・ビーカー土器文化期に盛行していた銅器や羊毛の生産に加えて、前二〇〇〇年頃からボヘミアの錫による青銅生産が興起して一対の鋳型を用いた複雑な器物の生産が可能になり、バルト海岸の琥珀とともに交易を隆盛に導いた。このように前二千年紀前半の西ユーラシアは、前代よりもはるかに交易が隆盛をみせたのである。資源の開発、輸送、製作面でこの交易を下支えしたのは、集落の衰微を被った遊動者達であったであろう。

なお、エジプトは中王国時代に、域外集団の進攻に対処する外征を盛んに行い、ファイユムの干拓を進めて農耕生産の振興をはかり、官僚制的中央集権体制を確立した。これらはいずれも進攻、飢餓、分裂に苦しんだ前代の混迷から導かれた施策であった。これに加えて社会正義の発見があげられる。すなわち、神は正義であるとすると、秩序を保つ責任は人間の側にある。「よき牧人」である王も、「神の家畜」である一般の人間も、宇宙秩序に基づく正義を守らなければならない、という道徳観である。南メソポタミアでもグティの進攻後のウルⅢ王朝期、古バビロン期に社会正義観が生まれた。エジプトとやや色合いを異にするようであるが、遊動者の発生が王の神聖性を減殺する類似の思想を育んだ点で注意される。官僚体制の整備、交易の広域化と隆盛に加え、この点でも両地域の王朝の動きは不思議なほど類似している。

この頃、東ユーラシアでは、祭儀施設を都市核とする巨大都市が二里頭で姿を現そうとしていた。新石器後期後葉から始まった人口の全土的流動化のなかで、こうして結集軸が出現したのである。時間は隔たるが、南メソポタミアでのウルク、エジプトでのヒエラコンポリスと出現情況において通底し、また、遠隔地からの原素材の搬入を前提としたいわゆる威信財生産が盛んになった点で、同時期のメソポタミアやエジプトと同調している。

これに対して倭の場合は、縄文中期後葉ないし末を境にして、大型石棒や配石施設、続いて分銅形土偶、刀剣形石製品、環状列石が、集落の多い東・北部で流行する。社会を構成する諸サブシステムのなかで祭儀が肥大化し、屋内から屋外へと祭儀の場が移り、共同体の統合原理が強調されるようになる。また、倭の東から西へという一方向で説明しうる中期の文化伝播が改まり、後期に西から東へ、中間を占める東海から東西へという方向が加わり、伝播の方向が複雑化する。これは人間の動きの変化を示唆しているのであろう。この変化の前夜にあたる倭の第三の波が、九州を含みつつ主に東方でその形跡を鮮明にしていたことを想起すると、祭儀に傾斜して共同体の統合原理を強調する方向へ向かい、人間の動きが変化したことは頷ける。集落形成が衰微して人口が流動化し、社会秩序が弛緩した混迷期には、往々にして人間の実存的生存戦略があらわになるが、その意味で、祭儀への傾斜が二里頭の情況と、種々の相違を越えて結ばれることは不思議でない。

次に到来した前二千年紀中葉の遊動者の発生について述べる前に、中央ユーラシアで展開し、セイマ＝トゥルビノ現象の名で呼ばれている大規模な人間の移動に言及しておく。オビ川上流域の西シベリアから東ヨーロッパへ高度な青銅器鋳造技術を伴って人間が移動し、その年代は前二二〇〇～前一七〇〇年であることが、提唱者であるE・N・チェルヌィフの著作の中国語訳に追加された附文で示されているからである。(48) AMS年代測定法を援用した年代観は、温帯ヨーロッパにおける青銅技術の革新年代とも整合するので、信頼性が高いと思われる。前述のいわゆるオクサス文明は、この現象を惹起したアンドロノヴォ文化複合の一角を占めているのである。

なお、青海省西寧出土という銅矛が、西シベリアのロストフカ墓の出土品に酷似している。出土地は青海省域北東端に位置し斉家後期にあたるというから、(49) セイマ＝トゥルビノ現象期に一部にせよ東方へ向かう伝播があり、黄河上流域に及んでいたことを、この遺品は示唆している。斉家期における銅製品の多さも、淵源は西方に求められるかのようである。チェルヌィフの附文によると、同現象の主たる東遷は前一四〇〇／前一三〇〇年から前八〇〇年に至る商周代にあたるが、それ以前に散発的にせよ東遷があったことになるのであろうか。いずれともあれ前三千年紀後葉は、交易にせよ移住にせよ遊動にせよ、人間の移動が激化した時期であったことが、セイマ＝トゥルビノ現象を加えることによって、あらためて知られるわけである。

前二千年紀中葉に移ると、この時期の遊動者の発生後に現れた西ユーラシア世界は、ヒッタイト、ミタンニ、アッシリア、バビロン、エラム、エジプトが並立した前一四世紀中葉の状況が物語っているように、ウガリトなどの都市国家を巻きこみつつ、強国が外交関係をとり結んで覇を競った。また東地中海域でも、ミケーネとキプロスとが海上交易の覇権を争った。商王朝も同時期であったから、ユーラシアの東西とも強国主導の時代に入ったことになる。文字記録で知られるエジプトの例から推測すると、それぞれの強国の膝下で組織された軍隊に、この頃の衰微で集落を離れた遊動者が少なからず含まれていたことが充分考えられる。

ところが、時の経過とともに遊動者の活動が活発になり、前一二〇〇年頃に高揚に達した。強国や有力都市国家は進攻を受けて滅亡／衰退し、前一一～前一〇世紀の西ユーラシアに強国不在の情況が現出した。ここで進攻を免れたフェニキアの都市国家群と、比較的被害が軽微であったキプロスとが地中海交易を掌握し、フェニキアの商圏はナイル上流域や西地中海方面にまで及んだ。他方、内陸では新アッシリアが版図を拡げ、南北メソポタミアからアナトリアの一部までを自領とした。さらにレヴァント、エジプト、キプロスにも軍を進めて征服活動と強制移住によって大帝国を築き、首都ニネヴェや未完に終わったホルサバードは、定型都市として前代に類をみない規模を有した。西方の温帯ヨーロッパでは、火葬墓制の流布と集落の要塞化によって察せられる、前二千年紀後葉に始まる人口の流動化と抗争の激化を経て、ベル・ビーカー土器文化期以来の斉一性が失われ、文化の地域色が著しくなった。このような多様化は後世の民族集団に結びつくのかもしれない。

遊動者が大量発生したのちの前一千年紀前半に、混迷から脱した西ユーラシアは大きく変化した。政治体制の面では、新アッシリアの仮借ない征服活動と、ギリシアの植民活動ならびにアテネの民主主義とが並び立ち、後世に長く続いた東西間抗争の原型が生まれた。交易面では、王朝の軛をひとまず脱したフェニキアによる自由交易と植民活動が、社会的基本材の点では鉄器の流布が、後世に与えた影響の大きさによって特筆される。

前二千年紀後葉は、西ユーラシアがこのように人口の流動化で彩られたのに対し、東ユーラシアでは同調した動きがみられなかった。北・西方の域外集団からの刺激があったことは「邛方」などとの戦闘が発生していることから知られるが、商の支配地で大量の遊動者が発生したことを窺わせる考古学上の証左はみられなかった。そうしてこの情況が、秦代末や両漢代の間における一時的流動化をはさみつつ、漢代末まで続いたのである。ところが政治体制の面では、この間に、都市国家、領土国家、中央集権国家という宮崎市定の段階設定からも知られるように、大きな変化を遂げた。社会の基本材も青銅から鉄へ移行し、普及に偏りを示しながら武器や農工具の素材として流布した。さらに、都市の興隆と大型化、儒家・道家思想の誕生など、瞥見しただけでも、後世に多大な影響を残した変化が、商～漢代の間に生成した(50)。域外集団はこの間にも常に王朝に脅威を与え続けたが、これが種々の変化を促す主因になったとまではいえない。

ところで、本書で扱った倭の範囲は本州北端から九州までで、全長一五〇〇kmに及ぶ。一五〇〇kmというと、およそ山東から陝西、河北から江蘇に至る距離である。また、河口からユーフラテスを遡上して南アナトリアの源流地帯に至る距離でもある。そこで集落形成の衰微状況を比較してみると、東西ユーラシアの場合、一五〇〇km域がおしなべて衰微をみせた例が遅くとも前四千年紀には知られ、倭での嚆矢は前二千年紀に跛行しつつあいついで惹起した第四と第五の波がこれにあたっていた。地域的あるいはモザイク的衰微から総体的衰微へと移行したわけである。このような情況のなかで、第四の波を前史として土器製塩が始まり、社会における祭儀の高揚が広域化し、第五の波の渦中で水稲耕作が呱々の声をあげたのである。前二千年紀にもし総体的衰微が発生していなかったならば、すなわち遊動者が倭を満たしていなければ、これらの変化は生まれなかったにちがいない。

次代における倭での遊動者の発生期は、紀元後一世紀であった。この時期を経て集落形成が回復に向かってもなお流動化が止まない情況のなかで、西半の拠点集落が生産と流通の中核として存在をきわだたせた。朝鮮半島との通交が隆盛をみせて鉄器が普及し、土器製塩などの地域間分業が進展した。拠点集落への結集、手工業生産や交易への傾斜は、遊動者の生存戦略であったにちがいない。これが三世紀末までの目立つ変化であるが、さらに三世紀を境にして集落形成の衰微が始まり、四世紀にさらに高進の色を濃くした。この間に奈良県域を中心として墳墓の大型化が進み、通交は鑑鏡やガラスなどから知られるように中国本土に及び、手工業生産も前代と比較にならないほど隆盛の度を加えた。これらの変化もまた、遊動者の多出とその下支えがなければ実現しなかったであろう。その後、五世紀前半のなかで遊動者の多出は収束に転じ、後半には墳墓の大型化にも歯止めがかかり、律令体制へ向かう国家としての整備が始まった。

東ユーラシアをみると、二世紀後半から始まった遊動者の大量発生が三世紀に存続し、四世紀前葉に南渡して成立した東晋治下の江南が、遊動者の赴く先となった。五胡十六国期の争乱の渦中にあった北方に較べればまだしも安定していたこの王朝のもとで、農耕や手工業生産を軸として開発が進んだ。それとともに、宇宙的思惟から内的思弁へという表現で端的に言いあらわされているように、漢代儒家思想に残っていた神秘主義が清算されて懐疑論と個人主義思想が江南門閥貴族達の心をとらえ、一般庶民層は現世利益を希求した。さらに、後世からそれぞれ書聖、画聖と仰がれる王羲之、顧愷之が登場したのも、仏教が流布したのも東晋代であった。

五胡十六国期の争乱のなかにあった北方は、四世紀後葉、北魏の抬頭により政治的安定に向かって動いた。域外集団が樹立した初めての統一王朝である北魏は、皇帝を中核に据えた胡漢同視策の推進、均田制の施行、国家仏教の宣布、里坊制による巨都の造営など、隋唐に継承される中央集権体制の範を作った。北魏と併立しつつ隆替を重ねた南朝の性格とは対照的に、皇帝至上の国家管理色に彩られていたわけである。南北両朝のこのような性格の相違が、今に至る中国史を二潮流として貫いていることを考えると、また、漢代と三国期との間に古代と中世との境を設ける史観がなお有力な見解であることを想起すると、漢代末から始まった遊動者の大量発生が内包する史的意義は大きい。

西ユーラシアに転じると、西アジアでは新アッシリアの衰滅以降、北西イランに興起したメディアと、セム系遊牧民出身でバビロンに首都を営んだ新バビロンとの対立を最後に、アケメネス朝、セレウコス朝、パルティア、ササン朝、イスラム王朝と推移し、常に外来の統一王朝がメソポタミアを支配する時代へと移行した。プトレマイオス朝の樹立以降のエジプトでも外来王朝による支配が続くので、前一千年紀のなかでかつての在地の雄国の地が政治的に凋落したことをこれは物語っている。パルティアとササン朝はそれぞれ統一王朝にふさわしい巨都を造営し、その円形プランはアッバース朝の王都バグダードの先蹤をなした。広大な領土を生かした遠距離交易が王朝に富をもたらし、政治体制の面でササン朝は、パルティアの半独立的臣従王制を廃して、アケメネス朝の中央集権体制を継承強化した。アフラ=マズダから統治権を神授された絶対神聖王権のもと、派遣総督による属州制を敷くとともに地方巡察使をおいて、各地への監視を強化した。また、生産物課税を止め、地租と人頭税による税制に改めた。この税制はイスラム王朝に継承された。このように新アッシリアの興起からイスラム王朝の成立に至る一六〇〇年の間、西アジアは種々の点で変化を遂げた。しかしこの間に、アケメネス朝期の北メソポタミアの例はあっても、全域を覆うような遊動者の発生はみとめられなかった。したがって、これらの変化が遊動者の発生に起因するとまではいえない。

ヨーロッパ方面では、二世紀から甚だしくなり始めた遊動者の発生が、ローマ帝国を危機に陥れ、オリエント帝国風の国家体制へ傾斜させ、東西分裂へと導き、西ローマ帝国を衰滅させる欠かせない一因になった。その意味では東ユーラシアの情況に近いが、大量発生の開始は三~四世紀後のことであった。そうして、イスラム勢力、ノルマン、マジャールの進攻が続き、一〇世紀を境にして鎮静に向かうのと前後して、西ヨーロッパで市場経済が発達し都市化が進捗した。西アジアを支配したイスラム王朝は、アッバース朝衰退後の一〇世紀後半から教圏を拡大し、イスラム商人の活動がユーラシア全域や中央アフリカにも及ぶようになった。東ユーラシアでは唐代末からの遊動者の大量発生を経て、手工業生産と商業活動が活発化して都市が増加し、倭もやがてこの高揚に連なるようになった。つまり、九世紀に東西ユーラシアと倭で同調した遊動者の大量発生を前史として、商業活動の汎ユーラシア的隆盛が始まったわけである。そうしてこの隆盛は、ペストの流行や明の海禁策によって一四世紀に停頓し、その後ヨーロッパはルネサンス、大航海時代を経て産業革命に至った。西ヨーロッパのこの興隆も一四世紀における人口減少を前史とすることを、付け加えておこう。

以上、歴史上の変化を素描しつつ、遊動者の発生との関連の有無について叙述を重ねてきた。その結果を通観すると、発生が共時関係にあったI期すなわち前二千年紀中葉までは歴史が転換する前夜に、遊動者が発生していた。「文明」の名を冠せられている地ほどその傾向が鮮明であった。ところが、Ⅱ期すなわち前二千年紀後葉〜後一千年紀前半には、漢代末〜西晋代のように遊動者の発生が次代の転換前夜を画す例があり、他方、商から漢へ、新アッシリアからササン朝への国家体制などの変化のように、遊動者の発生を織りこまない例が現れた。そうして、東西ユーラシアと倭が再びその発生期を同じくしたⅢ期すなわち一千年紀後葉〜二千年紀前半に至って、再び歴史上の転換との同調をみせた、ということになるであろう。そこで、幾多の例をあげつつ縷述してきた遊動者の発生が、どのようなかたちで歴史上の転換に関与したのか、項をあらためて検討していくことにしよう。

遊動者の趨向　遊動者の趨向について本格的に取り上げた歴史学分野の研究は、管見によれば多くはない。倭に関しては今村啓爾、赤塚次郎、比田井克仁の論考や網野善彦の一連の仕事、西アジアでは月本昭男や小泉龍人の論考、中国では日野開三郎の雄篇があげられる。さらに、ヨーロッパ関係で阿部謹也の中世社会史研究があり、前述のチェルニェフの著作、H・バーナードとW・ウェンドリッチの共編本などが知られるが、博捜するのは荷が重い。それは本書の主旨を汲んでやろうという諸賢に委ねることにして、本項の導き手として注目したいのが、唐代末に発生した遊動者の惨状と活路を文字記録に添って生きいきと描き出した、日野開三郎の流民論である[51]。

それを紹介すると、日野は遊動者の趨向を次のように述べている。

> 困窮の果てに郷村を逃亡した流民が悲惨な流浪の後に他郷で見出していた活路として重要な役割を果していた主な正業は、大地主の荘傭・佃戸、商業・交通・運輸等の流通業務に従う被傭者、兵士等と無頼遊手や盗賊等とであった。

唐代末の情況に即してそれぞれの例を詳述してあるので参照願うことにして、それらが集約されたこの一文を玩味するならば、小泉の「よそ者」理論、本書が断片的に言及してきた遊動者の趨向と、時空を跨いで共鳴しあうところが多い。そうして、このうえに西アジアにおける遊牧生活への移行を添えるならば、遊動者の趨向は言いつくされているといってもさしつかえないのではなかろうか。すなわち、日野のこの弁は、遊動者の発生と歴史上の転換とを結ぶ環として、時空の隔たりを越えた長い射程を有するのである。

そこでさらに、飢饉時の社会情況を取り上げた論考に注目すると、陸域と水域とが不定期に可逆的に推移する水辺のエコトーンすなわち生態移行帯における漁撈を俎上にのせた橋本道範の論文のなかで、農耕生産が停滞した飢饉時に、かえって有利に働く生業があり、その例として手工業をあげるとともに、魚鳥や猪鹿も商品として市場価値を高め、水辺エコトーンでの小規模な漁撈も重要性を増したことを指摘している[52]。飢饉が商工業の興隆を招き、非農耕地とその産出物への関心を高めたという所説は、遊動者の趨向を考えるうえで示唆に富んでいる。

本論文は倭の鎌倉時代の飢饉時の一局面を活写したものであり、日野は唐代末の、小泉はウバイド期末の遊動者の趨向を示したものである。時空の隔たるこれらの事例が共鳴しあうことは、社会進化論のなかで注目された生産技術や政治・社会体制が地域的差異を内包しつつ変化し、時空の限定を被っていたこととの対極に位置する。このような共鳴は、王権や国家や二次的な社会的構成体から離脱した遊動者が生存の危機に直面した際に、よりいっそうあらわになる人間の本性に根差すところがあるせいではなかろうか。つまり極言すると、「発展」を掬いとると進化論に至り、遊動者に眼を注ぐと人間論に逢着する、ということになろうかと思う。そこで、人間の心底を占める二極、すなわち結集と離絶とを概念装置とし、あらためて遊動者の趨向を通観してみよう。

後世に与えた影響が大きかった結集例をあげると、西ユーラシアでは、ウルクを図抜けた頂点とするウルク後期の都市形成とエジプトでのヒエラコンポリスに代表される都市の出現、東ユーラシアでは青銅器時代前期の二里頭の抬頭、倭で庄内式期の纒向の登場が想起される。これらは文明や王朝の誕生、広域的政治秩序の形成に至る画期である。また、東西ユーラシアで一〇世紀後半から始まり遅れて倭が加わる交易の盛大化、都市の増加も、結集例を代表する。一三世紀に汎ユーラシア的規模にまで交易活動が拡大する画期をなした点で、さらに、西ヨーロッパ優位の世界が現出する端緒をなした意味で、この結集の歴史的意義も前例に劣らない。

例示を続けると、パレスチナなどのＥＢ期後葉に都市が急速に拡大、発展する衰微前夜の現象、エーゲ海・東地中海域で青銅器時代に多くの例が知られている都市壊滅後の再建、東ユーラシアで筆者が復活・回帰率として算定した集落の再興など、遊動者の結集を推測させる例には事欠かない。また、「文明」の域外で遊動状態にあった集団が進攻して政治体制を確立した例も結集に含めると、北魏や元に加え、西アジアのアモリ王朝やカッシート、エジプトのヒクソス王朝などがあり、これもまた事例は少なくない。さらに、宗教的結集の例として、漢代末の黄巾の賊、元代末の紅巾の賊、イスラム勢力の征服活動などが念頭に浮かぶ。

これに対して離絶に傾斜した例というと、遊動的生活形態への移行がそのひとつで、代表格は遊牧化である。シリアのテル・アリ・アル・ハッジの場合、途絶に至る直前のＭＢ期の集落規模は、推定一・三haである。この面積ならば、多く見積っても人口は、二〇〇～三〇〇人であろう(53)。南メソポタミアの青銅器時代集落址は、四ha未満が全集落址数の五〇～七〇％を占め(54)、南パレスチナのＬＢ期集落址は、三haを超えると数が大きく減少する(55)。そうして、Ｂ・トリッガーが注目した五〇〇人を超えない社会的小集団の居住地として(56)、これらの夥多の集落は維持され、遊牧に転じてもその紐帯は保たれていたことを窺わせる証左がある。その意味で、三ha以下の集落址が全体の五〇％、それを凌ぐ六ha未満例が二〇％を占めた漢代の山西省域の構成が同省域だけにとどまらないこと、若林邦彦が弥生時代の例として示した「基礎集団」も例に加わることが注意される(57)。すなわち、遊牧するアモリ人の社会構成でいうとクランにあたる規模の小集団が(58)、本源的社会構成体として、時空を跨って存在していたことを、推測させるからである。

離絶にあたって本源的な集団単位を保持していたのかどうかわからないが、西アジアの青銅器時代に存在が確認されるハビルやナメーと呼ばれた集団、あるいは、海上や山岳に生きる手だてを求めた人びとも、離絶例である。ハビルは銀などを扱う商業活動にも携わっていたというし、海上や山岳へ向かった人びとのなかには、商業や交易という美名の実態が賊と呼ばれる行為である連中も少なからずいたにちがいない(59)。

本源的な集団から離脱した人びとは、確かに存在した。アコリスに痕跡を残した高熱利用の鋳銅などの生産、関東の古墳時代集落址で散見される短期の鍛冶生産に携わったであろう渡り工人は、その一例であるし、倭の中世絵巻に描かれた種々の芸能者もこれにあたる。そのなかで特に焦点を合わせたい離絶例は、宗教者である。平安時代に数多くの民間僧が遊行しつつ布教活動を行い、空也や行円や一遍のように高名を残した僧も少なくない。もとより名利を求めず回国しつつ果てていった数多くの無名僧がいたことは、村堂の記述からも察せられる(60)。このような回国僧の活動が目立つようになった時期は、遊動者の発生が甚だしくなり始めた九世紀からであり、なかには徳一のように教団を組織する僧まで現れ、私度僧の増加は三善清行を嘆かせていた。私度僧には課役逃れや悪行を働く者も少なくなかったであろうが、もういっぽうで、社会不安に慄く人びとの内的希求の高まりが、回国僧の活動を下支えしていたはずである。その意味で、有名無名の回国僧の活動が人びとの精神世界に大きな影響を与えたことは、離絶者の足跡として特記される。

遊動者の発生を促した社会的混迷が次代の精神世界を啓く契機となった例は、倭に限らず、漢代末〜西晋代における道教や仏教への傾斜、唐代末における禅の深化が管見に触れる。ユダヤ教やキリスト教の成立も、ユダヤ社会の混迷期にあたる点を重視すると、これに加えられるかもしれない。これらのなかに、結集に動いて太平道や五斗米道に連なった遊動者の例があるいっぽう、離絶に向かった人びともいたにちがいない。その例を網羅する準備がないので、市井を離れて宗教生活を送るキリスト教の修道士がエジプトで四世紀以降増加した例(61)、政治世界から逃避して非社会的、耐乏的生活を送った西晋代の孫登などの隠逸人の例をあげるとともに(62)、唐代に禁令を出すほど私度僧が増加した事実(63)も付記しその実態については後考に委ねたい。例は断片的であるが、キリスト教の修道士が人びとの信仰を集め、隠逸人の所行が文字記録に残り後世人の生活上のひとつの範となったことからも、その歴史上の意義が察せられる。

遊動する「自己」　歴史の舞台でいうと暗転にもたとえられる集落形成の衰微すなわち遊動者の発生について、管見の範囲で例をあげて叙述を進めてきた。考古学的には痕跡を残しにくいけれども、文献史学の成果にも依拠しつつ、諸例をあたかもネガのように重ねて透過してくる像を抽出し、かつ遊動者発生期をはさむ前後の時代を等置して比較を試みた。その結果、遊動者の趨向が時空の色に染まりつつも共鳴しあうことが定かになってきたかと思う。人口論の立場からいうと、本書は人口の流動性を問うたことになるのであろうが、遊動者の趨向すなわち生存戦略や心性に測鉛を下ろそうとした点で、趣意が明らかに異なり、また、生産技術や政治体制の「発展」を重視する進化論の立場とはもとよりあいいれない。変動することを前提としてその様態を問うことが歴史学の欠かせない条件であるとすると、その条件にもかなっていないのである。ともあれ小論では、時空を隔てた遊動者の趨向上の共鳴を、生存の危機に直面した際にあらわになる人間の本性に根差すとして、共鳴の由縁に分け入った。そうして、趨向上の諸事象から結集と離絶との両極を設け、各事象をこの間に布置して、それぞれの歴史上の働きに言及した。その結果、遊動者の発生がかりに暗転になぞらえられるとしても、歴史の舞台で多大な働きをしてきたことが知られたかと思う。

そこでさらに論を重ねていくと、遊動者の史的働きについて、「世相は混乱していながら、その混乱は新しい秩序ある世界づくりのための前提であり、そうした破壊や犠牲のなかから真に革新的な秩序が生まれてくる」という記述が想起される(64)。中国陶磁研究のなかで開陳されたこの記述は、混乱や破壊に対する歴史的な評価を代表しているように思う。なぜなら、書き手と読み手がともに「秩序」のなかに身をおいて進化主義を共有しているからである。すなわち、「現在の生の関心のみこそが人を動かして過去の事実を知ろうとさせることができる」と言い放ったB・クローチェの弁に依拠するならば(65)、現在の秩序こそが過去の秩序に眼を向けさせ、混乱を新秩序形成の前提におく進化論的言辞に書き手を導き、読み手もまたそれを受容するという共同性が成立していることになる。それでは今を生きる我われは、はたして進化論的「秩序」のなかに身をおいているのであろうか。

我われは近代という船に乗り合わせている。理性に基づくヨーロッパ起源の近代知への懐疑と、それにかわるポスト世俗主義の抬頭があり、他方で、コンピュータの発達による科学技術の飛躍的進展と情報社会化、グローバリゼーションという名の資本主義の膨張、エネルギー多消費型社会への転換に伴う自然環境への過度な負荷が人間世界を覆い、この船は方向が定まらず迷走の度を加えている。近代というシステムがこうして「出口なし」の情況に直面しているわけである。近代を支える理念として植村邦彦が市民社会の思想、世界史の思想、ナショナリズムをあげて論評を加えているが(66)、もとより植村に限らず近代を問うた著作は日本以外でも数多いし、そのうちのいくつかはすでに第一章で言及した。ともかく、近代に身をおく我われの自画像は、精神世界の骨格を失って溟濛に陥り、資本主義の大波にもてあそばれつつ漂っている情況が、偽りのない姿であろう。この情況はまさに遊動者である。

そこで、進化論に激しい反駁を加えてきたヨッフィの対案をあらためて紹介すると、彼は自らの論説のなかで、次のように述べている(67)。

自壊は一般に、周縁からの資源が確保できなくなった時に生じ、組織化された伝統集団の物品と奉仕を不可欠としてきた正統性を通常失ってしまう。崩壊の過程は、資源や情報の伝達、集団間の争いの解決、相違する構成組織体の正統な表現を容易にしてきた伝統的中心組織の消滅を伴っている。これらの組織を維持するためには、中心自身やあい争う地域集団群によって継続的に生まれ、しばしばあい容れない緊張関係、さらには外的脅威や拡張策に対して、柔軟で弾力的な対応が求められる。最大値を求める戦略――政治的中心は社会よりもそれ自身のために資源と奉仕を集中させる傾向がある――は終焉し、周縁からの援助と正統性の承認はそれゆえ減殺され崩壊に至る（拙訳）。

この、中心と周縁とを設けた立論から察せられるように、ヨッフィの崩壊説は世界システム論に立脚した構造主義的色彩が濃い。彼はまた中心と周縁との関係として結集と離脱とを設定しており、概念装置のうえでは小論に近いけれども、遊動者の趨向としてこれらを導いた小論とは基盤を異にしている。しかしながら、世界システム論にこそ基づいていないものの、小論の結集と離絶もまた構造主義の網の目のなかにあることは疑いない。

すなわち、結集は、進化論を構築するのにふさわしいシステム上の変化を将来し、また、文明が非文明を誕生させたように差別化と複雑化を促した。これに対して離絶は、本源的構成体に属したにせよ、孤介を選んだにせよ、非結集者が身をおく永続的包摂的場であり、ここから現れ出た働きも歴史にさまざまな足跡を印していた。もとより本書は、脱進化の考古学をめざして出発した。したがって、遊動者の時空を跨ぐ趨向として結集と離絶とをこうして抽出しえたことは、結集を重視して進化主義に傾くのでも、また、離絶を評価して反進化を掲げるのでもなく、両極発動以前の遊動者の生存戦略や心性に眼を注ぐことによって、脱進化という所期の目的にはひとまず到達したことになろうかと思う。しかしこの、世界システム論を排した構造主義的帰結の射程をはかるならば、近代の所産としての考古学を糺し、進化論を育んだ近代を尋ねるところまでは、とうてい届いていない。脱進化が手先の技にとどまり、深化されていないのである。

さて、近代に身をおく我われの自画像が遊動者であることを先に述べた。それならば、進化論的「秩序」への無意識的信頼が論調をはからずも進化論的色彩で染めた例のように、遊動者としての自覚が衰滅・流亡論へ筆者を投げ入れ、構造主義的帰結へ向かわせた、ということになるのであろうか。そうではなく、人間の規定としてホモ・サピエンス、ホモ・ファベルのうえにホモ・ヴィアトールすなわち旅する人を加えた山内得立の所説のように(68)、遊動者という自覚は時空に囚われない人間の本源に由来するのであろうか。つまり、人間の本源論に立ち入らなければ、深化は望めないということである。

それではあらためて問おう。考古学とは何なのか、考古学的営為は何を意味するのか、なぜ考古学に携わっているのか、考古学で過去を語っているお前はいったい何者なのか。現在では個人に委ねるか不問に付されて論議の俎上にのぼりにくいこれらの問いは、一九六〇年代後半のカウンター・カルチュア運動のなかで議論された過去がある。ニューアーケオロジーの一部が社会的責任論を問題にしているので、問いが放棄されたとは思われない。しかし社会的責任論が、考古学を行うという前提からもし出発しているのであれば、問いを投げかけた筆者の真意を満たしてはいない。筆者は出発そのものを問うているからである。

そもそも考古学とは、営為の主体である「自己」があって、遺跡や遺物と呼ばれている物質があり、それらの物質を資料と化して「自己」が働き出すところに成立する学的領域である。「自己」の側からいうと、物質資料によって過去を手繰り寄せて今に定置させ、同時に、それを未来へ向かって投企する営為である。つまり、過ぎ行きつつある過去と訪れつつある未来という、あい矛盾する時間相が接する今に、「自己」は帰属し、ここに考古学的営為が開かれているのである。

ところが、考古学的営為が開かれる今は、人間の行住坐臥のことごとくがそうであるように、過去に起因する。過去とは、遠く遡れば宇宙誕生の遼遠の時に発し、近くは営為の主体である「自己」にさまざまな形で刻印され、こうして連綿として累積されてきた結果の総和である。したがって「自己」は、自覚の有無にかかわらず過去的限定から遁れられず、その限定を被りつつ過去の形成に関与している。他方、カタストロフィーであれパラダイスであれ、未来の果てに至れば歴史が停止するという終末思想がかつては人びとの心を把えていた。しかし、終末思想が後退した現代では、未来は視界不良の混迷の世界である。そうしてこの世界へ向かって、過去的限定に促されつつ過去の形成に関与し、投企を続けているのが「自己」存在の実像であり、考古学的営為はその一部にあたる。刻印されて消しようのない過去的限定、混迷の未来、遊動する生というと、ペシミズムやニヒリズムに至る途を思い浮かべるかもしれない。しかし、過去でも未来でもなく、足下の今に徹し、しかも生の本源を遊動と観じるところに、別の途が開かれているのではないか。脱近代の考古学の営為者の「自己」はここに立脚し、ここから脱近代の考古学が発出する。

本書は、考古学を問う考古学の書である。そのめざしたところは、次代を導こうとする先端的思潮を容れて、未来を展くような考古学像を構築しようとすることではない。そうではなく、アプリオリに存在することを前提として組みあげられてきた考古学の学的皮殻を棄却して、学未生以前に戻すことである。すなわち、trans でも inter でもなく、もとより supra でも meta でもなく、このような進化主義的形容詞を拒む考古学である。あえていえば、「自己」の本源に立ち戻るという意味で、還元の考古学と表現するのがふさわしい。しかし、近代に身をおく「自己」が近代の所産である考古学を問うことは、限界を抱えた自己矛盾である。これは蛮勇という喜劇であろうし、そうせざるをえない悲劇でもある。したがって、脱近代を必須とする脱進化の考古学は、必然的に、足下の今に徹し、絶えざる自己解体と脱自化の業苦として現成するのである。

注

（1）湯浅赳夫『文明の人口史―人類と環境との衝突、一万年史―』（新評論　一九九九年）で紹介されたM・K・ベネットの推算。
（2）弓削達によると、一八八六年公表のK・J・ベロッホのこの人口推定に、多くの人が今も従っているという。『平凡社大百科事典』（一九八五年）ローマの項。
（3）堀米庸三・木村豊「外民族の侵入と中世諸国家の成立」（『岩波講座世界歴史』七　中世ヨーロッパ世界Ｉ　一九六九年）。
（4）右に同じ。
（5）『平凡社大百科事典』（一九八五年）ヨーロッパの項の増田四郎の記述に拠る。
（6）下山正一ほか「鳥飼低地の第四紀層と地形形成」（小林茂ほか編『福岡平野の古環境と遺跡立地―環境としての遺跡との共存のために―』九州大学出版会　一九九八年）。なお、吉川昌伸「関東平野における過去一二〇〇〇年間の環境変遷」（『国立歴史民俗博物館研究報告』第八一集　一九九九年）が復原した関東地方の海水準変動データは、博多湾での復原例との間に齟齬がみられる。倭の東西間の衰微動向の相違を説明するうえでこの差異は意味があるのかもしれないが、宮城の松島湾での海水準変動データは博多湾での結果に近い。藤本潔「松島湾の現生珪藻群集といわゆる〝弥生の海退〟期の海水準について」（『東北地理』第四〇巻第一号　一九八八年）。

（7）裴安平「澧陽平原史前聚落形態的特点与演変」（『考古』二〇〇四―一一　二〇〇四年）。斐論文中のデータの方が福岡市周辺データと整合性が高い。

（8）賈偉明「古環境的復原及全新世時期的上遼河流域」（『華夏考古』二〇一〇―四　二〇一〇年）。

（9）魏峻「内蒙古中南部考古学文化演変的環境学透視」（『華夏考古』二〇〇五―一　二〇〇五年）。

（10）張宏彦「黄河流域史前文化変化過程的環境考古学観察」（『考古与文物』二〇〇九―四　二〇〇九年）。

（11）陳傑「文明化進程中的環境作用―以長江三角州為例―」（上海博物館編『長江下游地区文明化進程学術研討会論文集』上海書画出版社　二〇〇四年）。Zheng, X. *et al.* Holocene Evolution and Neolithic Settlement upon the Southern Yangtze Delta Plain, East China（注6『国立歴史民俗博物館研究報告』に同じ）。

（12）鈴木秀夫『気候変化と人間―一万年の歴史―』大明堂　二〇〇〇年。

（13）靳桂雲「燕山南北長城地帯中全新世気候環境的演化及影響」（『考古学報』二〇〇四―四　二〇〇四年）。

（14）注9に同じ。

（15）燕生東「全新世大暖期華北平原環境、文化与海岱文化区」（『環境考古研究』第三輯　二〇〇六年）。

（16）粛家儀ほか「江蘇昆山姜里新石器時代遺址孢粉記録与古環境初歩研究」（『文物』二〇一三―一　二〇一三年）。

（17）Butzer, K. W., Environmental Change in the Near East and Human Impact on the Land, in Sasson, J.M. *et al.* (eds), *Civilization of the Ancient Near East* vol. 1 (Charles Scribner's Sons, 1995) pp. 123-151

（18）安田喜憲『気候と文明の盛衰』朝倉書店　一九九〇年。

（19）福沢仁之ほか「湖沼年縞およびレス―古土壌堆積物による地球環境変動の高精度復元」（注6『国立歴史民俗博物館研究報告』に同じ）。

（20）注10に同じ。

（21）水涛「論甘青地区青銅器時代文化和経済形態転変与環境変化的関係」（『環境考古研究』第二輯　二〇〇〇年）。安成邦ほか「甘粛中部距今四〇〇〇年前后気候干涼化与古文化変化」（『環境考古研究』第三輯　二〇〇六年）。

（22）呉維棠（加藤真二訳）「良渚文化期の地理環境―杭嘉湖地区―」、王富葆・曹琼英「良渚文化期の自然環境―太湖地区―」（『日中文化研究』第一一号　一九九六年）。宋建「従広富林遺存看環太湖地区早期文明的衰変」（注11上海博物館編に同じ）。方起東・祝焯平「浙江省長興県土墩墓分布与古地理環境関係探討」（『科技考古論叢』第二輯　二〇〇〇年）。

（23）注12に同じ。

（24）楊亜長「浅談陝北地区全新世気候的相関問題」（『環境考古研究』第四輯　二〇〇七年）。

（25）索秀芬「内蒙古農牧交錯帯考古学文化経済形態転変及其原因」（『内蒙古文物考古』二〇〇三―一　二〇〇三年）。許清海ほか「燕山地区花粉気候響応面及其定量恢復的気候変化」（『環境考古研究』第三輯　二〇〇六年）。田広金・郭素新「中国北方畜牧―游牧民族的形成与発展」（中国社会科学院考古研究所編『中国商文化国際学術討論会論文集』中国大百科全書出版社　一九九八年）。張宏彦「渭水流域全新世環境変化的初歩研究」（『環境考古研究』第二輯　二〇〇〇年）。張渭蓮「気候変遷与商人南下」（『中原文物』二〇〇六―一　二〇〇六年）。

（26）王青「魯北地区的先秦遺址分布与中全新世海岸変遷」（『環境考古研究』第三輯　二〇〇六年）。

（27）朱誠ほか「江蘇無錫彭祖墩新石器時代遺址考古地層学研究」（『環境考古研究』第三輯　二〇〇六年）。

（28）注25張に同じ。

（29）王星光「生態環境変遷与商代農業発展」（『環境考古研究』第三輯　二〇〇六年）。

（30）鄭景雲ほか「過去二〇〇〇年中国北方地区農牧交錯帯位置移動」（『環境考古研究』第三輯　二〇〇六年）。注7に同じ。

（31）注12に同じ。Beug, H.-J., Vegetation History and Climate Changes in Central and Southern Europe, in Harding, A. A. (ed.), *Climate Change in Later Prehistory* (Edinburgh University Press, 1982) pp. 85-102

（32）貝塚茂樹「殷周時代」（『貝塚茂樹著作集』第三巻　殷周古代史の再構成　中央公論社　一九七七年）。初出は『世界歴史事典』第二巻　平凡社　一九五一年。

（33）この結果は玄界灘沿岸を俎上にのせた田崎博之の所説と符合する点が少なくない。田崎博之「発掘データからみた土地環境とその利用―北部九州玄界灘沿岸における検討―」（愛媛大学考古学研究室編『地域・文化の考古学』下條信行先生退任記念論文集　二〇〇八年）。

（34）福澤仁之・安田喜憲「水月湖の細粒堆積物で検出された過去二〇〇〇年間の気候変動」（吉野正敏・安田喜憲編『歴史と気候』講座文明と環境　第六巻　朝倉書店　一九九五年）。

（35）注30に同じ。

(36) 川西宏幸『倭の比較考古学』同成社　二〇〇八年。

(37) 王樹芝「青梅都蘭地区公元前五一五年以来樹木年輪表的建立及応用」（『考古与文物』二〇〇四―六　二〇〇四年）。

(38) 陳良佐「再探戦国到両漢的気候変遷」（『中央研究院歴史語言研究所集刊』第六七本第二分　一九九六年）。

(39) 注12に同じ。新納泉「六世紀前半の環境変動を考える」（『考古学研究』第六〇巻第四号　二〇一四年）、Ｂ・Ｍ・フェイガン（東郷えりか訳）『古代文明と気候大変動―人類の運命を変えた二万年―』（河出書房新社　二〇〇五年）を参照。

(40) 北川浩之「屋久杉に刻まれた歴史時代の気候変動」（注34吉野・安田に同じ）。

(41) 中塚良「治水の景観考古学的研究―京都盆地中北部地域の遺跡調査成果から―」（立命館大学考古学論集刊行会編『立命館大学考古学論集』Ⅴ　二〇一〇年）。

(42) 谷岡能史「古気候データから見た考古遺跡における洪水痕跡」（『考古学研究』第五五巻第二号　二〇〇八年）。

(43) Zhang, D. Climate Variation of Wetness in Eastern China over the Past Millennium（注6『国立歴史民俗博物館研究報告』に同じ）。

(44) Hassan, F. A., Historical Nile Floods and Their Implications for Climate Change（*Science* vol. 212 no. 4499, 1981）pp. 1142-1145 : Reid, A., Ancient Egypt and the Source of the Nile, in O'Conner D. and A. Reid（eds.）, *Ancient Egypt in Africa*（UCL Press, 2003）pp. 55-76

(45) 注12に同じ。角谷英則『ヴァイキング時代』シリーズ諸文明の起源九　京都大学学術出版会　二〇〇六年。

(46) 森本芳樹「中世初期の社会と経済」（『岩波講座世界歴史』七　中世ヨーロッパ世界Ⅰ　一九六九年）。カール・ハーゼル（山縣光晶訳）『森が語るドイツの歴史』（築地書館　一九九六年）によると、カロリング朝第二代カルル一世（在位七六八―八一四）の死後、ノルマン人やサラセン人、マジャールたちの進入、疫病や飢饉によって、人口増加が停まり、土地開墾も止んだ。そうして一一〇〇年頃に最後の大きな開墾期が始まり、ザクセンの人口は一〇〇〇～一三〇〇年の間に一〇倍に増大したという。九世紀の温暖化の影響がここからもみてとれる。

(47) 小泉龍人『都市誕生の考古学』世界の考古学一七　同成社　二〇〇一年。

(48) 王博・李明華訳『欧亜大陸北部的古代冶金―塞伊瑪―図爾濱諸現象―』中華書局　二〇一〇年。

(49) 李水城「西北与中原早期冶銅業的区域特征及交互作用」（中国社会科学院辺疆考古研究中心編『新疆石器時代与青銅時代』文物出版社　二〇〇八年）。松本圭太「新疆、長城地帯の初期青銅器―中央ユーラシア後期青銅器時代との対比から―」（『古文化談叢』第六二集（二〇〇九年）参照。
（50）ヤスパースが「枢軸時代」と呼んだ精神史上の画期に加え、政治上の、さらには貨幣の出現という意味での経済上の画期でもある。K・ヤスパース（重田英世訳）『歴史の起源と目標』世界の大思想Ⅱ―一二　河出書房　一九六八年。川西宏幸『古墳時代の比較考古学―日本考古学の未来像を求めて―』同成社　一九九九年。
（51）日野開三郎『唐末混乱史考』日野開三郎東洋史学論集　第一九巻　三一書房　一九九六年　九九頁。
（52）橋本道範「日本中世における水辺の環境と生業―河川と湖沼の漁撈から―」（『史林』第九二巻第一号　二〇〇九年）。秋山笑子「農漁民の提唱」（『民具研究』第一五〇号　二〇一四年）参照。
（53）ストウンによると、一ha当たり北メソポタミアは一〇〇人、南メソポタミアは二〇〇人であるという。Stone, E. C., The Development of Cities in Ancient Mesopotamia, in Sasson, J. M. *et al* (eds.), *op. cit.* pp. 235-248
（54）Adams, R. M., *Heartland of Cities : Surveys of Ancient Settlement and Land Use on the Central Floodplain of the Euphrates*（The University of Chicago Press, 1981）.
（55）Finkelstein, I., The Philistine Countryside（*Israel Exploration Journal* vol. 46 nos. 3-4, 1996）pp. 225-242 ; *id.*, The Philistine Settlements : When, Where and How Many?, in Oren, E. D. (ed.), *The Sea Peoples and Their World : A Reassessment*（University of Pennsylvania Museum of Archaeology and Anthropology, 2000）pp. 159-180
（56）Trigger, B. G., *Time and Traditions : Essays in Archaeological Interpretation*（Columbia University Press, 1978）pp. 194-196
（57）若林邦彦「弥生時代大規模集落の評価―大阪平野の弥生中期遺跡群を中心に―」（『日本考古学』第一二号　二〇〇一年）。
（58）Buccellati, G., Amorites, in Meyers, E. M. *et al.*（eds.）, *The Oxford Encyclopedia of Archeology in the Near East* vol. 1（Oxford University Press, 1997）pp. 107-111
（59）Rowton, M. B., Dimorphic Structure and the Parasocial Element（*Journal of Near Eastern Studies* vol. 36 no. 3, 1977）pp. 181-198 : cf. Nichols, J. J. and J. A. Weber, Amorites, Onager and Social Reorganization in Middle Bronze Age Syria, in Schwartz, G. M. and J. J. Nichols（eds.）, *After Collapse : The Regeneration of Complex Societies*（The University of Arizona Press, 2006）pp. 38-57
（60）『今昔物語集』巻一九。
（61）Meinardus, O. F. A., *Two Thousand Years of Coptic Christianity*（The American University in Cairo Press, Paperback, 2002）

pp. 143, 144

(62) 村上嘉実『六朝思想史研究』平楽寺書店　一九七四年。

(63) 張践『中国古代政教関係史』下巻　中国社会科学出版社　二〇一二年。

(64) 矢部良明『中国陶磁の八千年—乱世の峻厳美・泰平の優美』平凡社　一九九二年　一〇一頁。

(65) Croce, B., *Filosofia come scienza dello spirito, IV, Teoria e storia della storiografia* (Laterza, 1920). 羽仁五郎訳『歴史の理論と歴史』岩波書店　一九五二年　一七頁。

(66) 植村邦彦『「近代」を支える思想—市民社会・世界史・ナショナリズム—』ナカニシヤ出版　二〇〇一年。

(67) Yoffee, N. Orienting Collapse, in Yoffee, N. and G. L. Cowgill (eds.), *The Collapse of Ancient States and Civilizations* (The University of Arizona Press, 1988) p. 13

(68) 山内得立『旅する人—芭蕉にふれて—』燈影舎　一九八七年。

あとがき

本書の下書きに着手したのは、二〇〇九年一一月で、前著『倭の比較考古学』を形にした翌年にあたる。日本史という国民国家幻想史を克服しようとした前著を受け、次の目標を進化主義からの脱脚に定めたのである。ともに脱近代を目指した模索である。思いかえせば、二十歳代の終りから三年間、シリアのテル・アリ・アル・ハッジ遺跡調査に携わり、そこで青銅器時代後期における集落形成の途絶を眼前にしたことが、本書に至る考古学上の端緒になった。それ以来、折に触れて関連資料の収集に努めるとともに、平安京址、南イタリアのポンペイ、現在も続く中エジプトのアコリスでの調査を経て、筆者の「衰微史観」は少しずつ熟していった。また『中国文物地図集』の刊行も、彼の地に臨場感が薄い筆者には、まことに時宜を得たものとなった。

それでも、叙述の対象にしようとした地域は広大で、扱う時間の幅はあまりにも長かった。そのため、本来ならば原典にあたるべきところを、孫引きで済まさざるをえなかった個所が少なくない。原典、孫引きとも引用にもし間違いがあれば、その責めは筆者が負わなければならない。また、各分野の研究の現状にそぐわない部分や、先達の既存の論述と重なる部分があれば、これは筆者の寡聞のせいである。上梓に至った今となっては、ひたすらご寛恕を乞うほかない。

ベビーブーマー世代で、カウンター・カルチュア運動の渦中に否応なく身をおいた筆者にとって、考古学に従事することは必ずしも善ではない。我が身を苛んで自死や失踪を選んだ同世代の人達に対する後ろめたさと自責の念が、いつも心にかかっている。また、教師をお前呼ばわりして学問研究の外在的・内在的意味を問いつめていた同世代の学生達の言動が、いまも筆者の心を動かしてやまない。彼等の心底には何があり、何を求めようとしていたのか。運動に心を寄せた学生の大半にとって、それはマルキシズムではなく、ヒューマニズムではなかったかと思う。それではヒューマニズムの根元である人間とはどういう存在なのか。けっきょく深化されなかったが、問いは今も生きて、我われが身をおく近代総体を告発しているのではないか。

当時、「造反有理」、「自己解体」というスローガンが掲げられていた。「造反有理」は毛沢東からの借用であるが、「自己解体」は出所を知らない。ともかく「造反有理」を「殺仏殺祖」、「自己解体」を「己事究明」と生齧りの禅語に置きかえ、傾注していた茶禅との間で、かろうじて心の平衡を保とうとしていた自分がいた。そうして、置きかえたことにより、常に二語が心底を占め、本書で脱近代を指向する原点となった。

しかし、自分を例にとると、私の書いてきた論文は、良寛の漢詩の一篇、山頭火の一句にしょせん及ばない。存在自体や時には生死さえかけた境涯を吐露した彼等に較べると、資料収集、実証、論述という近代科学の手順に沿い、秩序に身を置いて手先の操作に終始してきたからである。秀れた詩歌が人の心を打つのに対し、研究という名の営為によって組み上げた論文にはその力がそなわっていないということなのであろう。小林行雄先生の晩年のお作に、痩せ雀を詠んだ一句がある。痩せ雀に心を寄せられた先生のご心境は忖度するほかないが、考古学としては表現されなかった、あるいはできかねた、寂漠とした慈愛の世界が胸底に秘められていたのかもしれない。もしそうだとしても、先生の残された諸論文からその世界に思いを及ぼすのは難しい。

芭蕉の『笈の小文』のなかに、

西行の和歌における、宗祇の連歌における、雪舟の絵における、利休が茶における、其貫道する物は一なり。

という一節がある。芭蕉自身もまたこの「一」に連なることが含意されているので、西行が生きた一二世紀から芭蕉の一七世紀に続く「一」があることを、彼が直覚していたわけである。それでは、芭蕉が直覚し、激動の時代を貫いて動かなかったこの「一」とは何なのか。アナール学派の説く基層文化ではない。昭和期に茶禅を体現された久松抱石先生の存在を思うと、兼好から芭蕉までを中世とする文学史上の時代区分の枠にも収まらない。もとより精神史という範疇にも入らない。それならば、歴史主義の対極にある構造主義、ポスト構造主義、さらにはポスト世俗主義でこの「一」を掬いとることができるのであろうか。筆者の予感であるが、これらのイズムが成立する根底に、人間の本源を指すこの「一」があるのではないかと思う。そうであるとすると、イズムをもって「一」は掬いとれない。西谷啓治先生に導かれつつ本書の末尾で示した、「今」に徹することによって開かれる自己解体と脱自化とは、近代知の実践者である「自己」を問い続け、「一」に至り、「一」から働き出すこと、この往と還による自己覚醒である。近代、進化の申し子である考古学は、こうして既存の学的基盤から離脱し、詩歌の世界とも交わりを結ぶにちがいない。しかし筆者にその道は遠い。

本書を成すにあたり、実に多くの方がたから恩沢を蒙った。時空を跨ぐ先賢や先学はもとより、学術の場から隔たる方がたからも多大な啓発を受けた。このなかには、三十余年にわたって筆者が変貌を見つめてきたエジプト・アコリス遺跡近傍のテヘネ村の人達も含まれる。出版にあたり、同成社会長山脇洋亮氏が、脱稿の日まで温かく見守って上梓の労をとってくださり、加治恵氏が厄介な編集作業に携わってくださった。業界不況の折柄、同社の俠気にはいつもながら頭を垂れるほかない。これらのすべての方がたに、深い感謝の念を込めて本書を捧げ、厚い恩沢の一端に報いたい。

二〇一四年六月　エジプト渡航を前にして

徳島の寓居にて

川西宏幸

索　　引

ア　行

カ　行

サ　行

タ　行

ナ　行

ハ　行

マ　行

ヤ　行

ラ　行

ワ　行

脱進化《だつしんか》の考古学《こうこがく》

■著者略歴■
川西宏幸（かわにし　ひろゆき）
1947 年　徳島県に生まれる
1976 年　京都大学文学研究科博士課程（考古学専攻）修了
財団法人・古代学協会を経て
筑波大学名誉教授　文学博士
著　書　『古墳時代政治史序説』塙書房、1988 年
『古墳時代の比較考古学』同成社、1999 年
『初期文明の比較考古学』（翻訳）同成社、2001 年
『同型鏡とワカタケルー古墳時代国家論の再構築ー』同成社、2004 年
『倭の比較考古学』同成社、2008 年

2015 年 5 月 20 日発行

著　者　川　西　宏　幸
発行者　山　脇　洋　亮
印　刷　三報社印刷㈱
製　本　協栄製本㈱

発行所　東京都千代田区飯田橋 4-4-8（〒 102-0072）東京中央ビル　㈱ 同成社
TEL 03-3239-1467　振替 00140-0-20618

©Kawanishi Hiroyuki 2015. Printed in Japan

ISBN978-4-88621-696-0 C3021